Dr. Wichern

Fliegende Blätter aus dem Rauhen Hause bei Hamburg

Jahr 1863

Dr. Wichern

Fliegende Blätter aus dem Rauhen Hause bei Hamburg
Jahr 1863

ISBN/EAN: 9783742858009

Hergestellt in Europa, USA, Kanada, Australien, Japan

Cover: Foto ©ninafisch / pixelio.de

Manufactured and distributed by brebook publishing software (www.brebook.com)

Dr. Wichern

Fliegende Blätter aus dem Rauhen Hause bei Hamburg

Fliegende Blätter

aus dem

Rauhen Hause zu Horn bei Hamburg,

von

Dr. Wichern,

Vorsteher des Rauhen Hauses.

Zwanzigste Serie.

Organ
des Central-Ausschusses für die innere Mission der deutschen
evangelischen Kirche.

Hamburg, 1863.
Agentur des Rauhen Hauses.

Ueberſicht des Inhalts
der
XX. Serie der Fliegenden Blätter, und des vierzehnten Jahrganges des Beiblattes vom Jahre 1863.

(Der Inhalt der betreffenden Rubriken iſt im Weſentlichen ſachlich geordnet. Diejenigen Artikel, deren Seitenzahl das Zeichen † hat, ſind aus dem Beiblatte.)

I. Allgemeine Artikel.
Seite.
Ein Zeugniß der Wiſſenſchaft wider den religionsloſen Staat .. 33—43, 77—89
Die Urſachen der ſo vielfach erfolgloſen Bemühungen in der heutigen Kindererziehung .... 65—77, 97—110
Welche Aufgaben empfehlen ſich unſern Presbyterien und Synoden zur Behandlung in Beziehung auf die Stärkung des Gemeindelebens ... 193—212
Zur Volksliteratur in England .... 225—236
Die Einheit des Menſchengeſchlechts .... 289—306, 321—334
   1) Bedeutung dieſer Frage .... 289—295
   2) Die Abſtammung des Menſchen .... 295—306
   3) Die Raſſen des Menſchengeſchlechts .... 321—334
Die Verpflichtung zur Armenpflege .... 361—371

II. Ueberſichtliche Darſtellungen aus dem Gebiete der i. M.
Die Gemeinde Korntbal in Württemberg .... 1—8, 43—49
Noth und Hülfe unter den Fabrikarbeitern, auf Anlaß der Baumwollenſperre in England und insbeſondere in Lancaſhire .... 50—59, 85—89
Die Evangeliſche Geſellſchaft Zürichs oder die deutſche i. M. in der zwingliſch-reformirten Kirche .... 115—120
Die Arbeiten des Vereins für i. M. in Hamburg .... 141—143, 169—183
Stand der Arbeit der i. M. in Schleſien .... 213—220
Mittheilungen über den Beſtand und die Erfahrungen verſchiedener Rettungs- und verwandter Erziehungshäuſer, reſp. Vereine 237—242, 306—315, 344—349, 376—378
Die Deutſchen und die deutſche evangeliſche Miſſion in Paris ...... 257—268
Das Evangelium auf den Schlachtfeldern und in den Hoſpitälern des nordamerikaniſchen Krieges .... 268—273
Deutſches Kirchen- und Schulweſen in Rußland .... 163—169

III. Kirchliche und ſociale Nothſtände.
Die Genoſſenſchaften ohne Chriſtenthum ein ſocialer Mißſtand 10, 11
Die Noth in Lancaſhire .... 11—14, 51—53
Die Baumwollennoth in England, namentlich zu Rochdale .... 14—22, 52 ff.
Die Nothſtände auf dem Gebiet der heutigen Kindererziehung .... 65—77
Die Einwirkung des Zeitgeiſtes auf die Jugend .... 71—72
Die chriſtlichen Zuſtände der Schweiz, ſpec. im Canton Zürich ...... 112—115
Die großen Städte und ihre Nothſtände, namentl. in den nied. Volksklaſſen 129—143
   Die Wohnungen der Armen 131, 132
   Vgl. die in London 234, 235
   Die ſchlechten Bilder und Zeitſchriften, die Lecture der Armen .... 133—134
   Der Branntewein und die zerrütteten Ehen .... 135—136
   Die wilden Ehen 136
   Vergnügungsſucht, Luxus, Arbeitsſcheu unter den Armen ..... 136—137
   Der Bettel .... 137—139
   Die Verwahrloſung der Kinder .... 139—140

Seite.

Nothstände im Schulwesen der deutschen Evangelischen Rußlands…?..... 168
Criminal-Statistik Frankreichs von 1851—1860 186
Das Bedürfniß von Schutzvereinen für entlassene Sträflinge in Schlesien.. 219
Das Elend unt. d. armen Tagelöhner-, namentl. Weberbevölkerung Schlesiens 220
Abnahme der Communicantenzahl in Schlesien 220
Verbreitung schlechter Literatur in England......................; 229
Die schlechten Romane 234
Die Noth der Epileptischen .... 242—244
Statistik derselben in Frankreich 249
Zur Statistik der Selbstmorde .... 250—251
Die Nothstände unter den Deutschen der Vorstadt St. Antoine von Paris 263—265
Kirchennoth in großen Städten .... 273—274
Die Felder von St. Giles in London .... † 137
Nothstände unter der ländlichen Arbeiter-Bevölkerung...... 339—340, 361 ffg.
Abnahme betr. Nothstände in Baden 380

IV. **Amtliche, namentlich kirchenamtliche Thätigkeit für die i. M.**

Thätigkeit d. russischen Kirchenbehörden f. d. deutsche ev. Diaspora in Rußland 164 ff.
Umschreiben des preußischen evangelischen Ober-Kirchenraths an die königl.
  Consistorien, Superintendenten und Pfarrer, betreffend die Aufnahme
  und resp. Unterstützung der Reiseagenten des Central-Ausschusses..... 187
Die Pflege d. kirchl. Gemeinschaftslebens i. Amte Herborn, Herzogth. Nassau 221—223
Mitwirkung der Bischöfe Londons zur Erbauung von Kirchen........ 274—275

V. **Bildungsanstalten für Arbeiter der i. M.**

Die Diakonissen- und Heilanstalt Bethesda in Hamburg .... 23—24
Nachrichten über das Brüderhaus Zelienopel in Pensylvanien.. 24—26, 60—63
Das Seminar und die Brüderanstalt zu Düsselthal 242
Die rheinisch-westphälische Pastoral-Gehülfenanstalt zu Duisburg .... 306—307
Die Pilgermission auf St. Chrischona .... 334—339
Die Schullehreranstalten zu Lichtenstern und Tempelhof 314
Seminar für innere Mission zu Ahlborg in Schweden................. 383

VI. **Die europäische und transatlantische Diaspora.**

Deutsches Kirchen- und Schulwesen in Rußland .... 163—169
Die Deutschen in Rotterdam .... 223—224
Bestand der luther. Synoden in den vereinigten Staaten Nordamerikas 251—252
Die Deutschen und die deutsche evangelische Mission in Paris....... 257—268
Evangelische Mission unter den Deutschen in Nordamerika. Weiterer Be-
  richt über die Thätigkeit der Berliner Gesellschaft.............. 275—277
Die deutsche Stadtmission in London .... 278—280

VII. **Verbreitung der Bibel, Bibelgesellschaften, Reisepredigt, Colportage.**

Werner, der Reiseprediger..................................... 111
Reiseprediger unter den Deutschen in Rußland..................... 164
Die Bemühungen der Stadtmission in Hamburg.................... 176
Bibel- und Tractat-Colportage in Schweden .... 185—186
Christliche Volksbibliotheken in Schlesien 220
Reiseprediger im nassauischen Dillthale........................... 221
Zur Volksliteratur in England. Bericht über die Wirksamkeit der verschie-
  denen englischen Gesellschaften und Vereine zur Verbreitung christlicher,
  wie überhaupt gemeinnütziger Literatur und Kenntnisse .... 225 ff.
Bücher- und Bilder-Colportage in England 233
Populäre Literatur zur Gesundheitspflege 233, 236
Wirksamkeit des Calwer Verlagsvereins 253
Reisepredigt unter den Hollandsgängern 285
Die allgemeine Bibelgesellschaft in Nordamerika 316
Die amerikanische Tractatgesellschaft .... 316—317
Katholische Tractat- und Bibelgesellschaften .... 379—380

— V —

Seite.
VIII. Armen- und Krankenpflege. Hospitäler.

Die Diakonissen- und Heilanstalt Bethesda zu Hamburg .... 23—24
Das Wittwenhaus in Kornthal in Württemberg..................... 49
Armen-, Kranken- und Diakonissenanstalten in Zürich.............. 118—119
Die Armenvereine Hamburgs..................................... 141
Bethesda und Siloah, Asyle für weibliche Elende u. für Knaben in Laforce 184
Armenvereine in Schlesien...................................... 217
Krankenpflege in Schlesien..................................... 218
Die Thätigkeit der Diakonissen u. die Bildung von Frauen- u. Jungfrauenver-
  einen zur Pflege der Armen, Kranken u. Hülfsbedürftigen in Schlesien 218—219
Das Armenkinderhaus in Narva.................................. 238—240
Das Asyl „Bon secours" in der Vorstadt St Antoine von Paris...... 266
Protestantischer Verein zur Unterstützung armer Brautpaare in Paris 267—268
Die Anstalten für die Epileptischen Eben-Ezer und Bethel in Laforce..... 184
Tettnang auf der Pfingstweide in Württemberg.................... 245—246
Des Grafen Larnage Heilanstalt für Epileptische in Tain (Dep Drôme) 249—250
Die Verpflichtung zur Armenpflege .... 361—371

IX. Erziehungsanstalten (Rettungs- und Waisenhäuser u. s. w.) und -Vereine.

Das Waisenhaus zu Zelienopel in Pensylvanien............... 24—26, 60—63
Die Anstalten zu Kornthal und Wilhelmsdorf in Württemberg........ 45—49
Das Waisenhaus für evangelische Mädchen in Laforce.............. 184
Comittee in Genf zur Gründung eines französischen Rettungshauses 184
Die Idioten-Anstalt in Kiel..................................... 185
Geschichte und Stand der Rettungshäuser in Schlesien .... 213—216
Das Tabeenstift zu Frankenstein in Schlesien.................... 214
Die Rettungsvereine und die Waisenhäuser in Schlesien............ 215—216
Rettungshaus bei St. Leonhard in Braunschweig................... 240—241
Düsselthal, Overdyk und Zoppenbrück....................... 241—242, 306
Die Anstalten für Blödsinnige, insbesondere die Heil- und Pflegeanstalt für
  schwachsinnige Kinder in Winterbach......................... 247
Asyl f. Waisenkinder u Kleinkinderschule in d. Vorstadt St. Antoine von Paris 266
Knabenschule von Menilmontant in der Vorstadt St. Antoine von Paris.. 267
Das Augustenstift und andere Institute für i. M. in Mecklenburg. † 119—121
Schweizerische Rettungsanstalten: Friedheim bei Bubikon, Cant. Zürich 307—313
Die Württembergischen Rettungsanstalten im Jahre 1862. 313—315, 344—348
Die Rettungsvereine und Anstalten in Baden .... 348—349
Rettungshaus in Holzwickede bei Unna in Westfalen............... 318
Die Rettungshäuser in Baiern (zu Nürnberg, Puckenhof, Trautberg ic.) 376 ffg.
G. Werners Anstalten zu Reutlingen u. s. w...................... 380 ffg.

X. Fürsorge für die erwachsene Jugend, resp. Lehrlings-, Gesellen- und Jünglingsvereine.

Sonntags-Lesesäle für Gesellen und Lehrlinge in Zürich............ 116, 119
Schutzaufsichtsverein für junge Männer in Zürich................ 118
Pensionat für Studirende in Zürich.............................. 119
Die Bemühungen d. Hamburger Stadtmissionare f. d. heranwachsende Jugend 173 f.
Die Marthastiftung in Hamburg.................................. 176
Der (Gesellenverein) „Feierabend" in Hamburg................... 177
Gesellenherbergen „zur Heimath" in Halberstadt, Cöln............ 185
Armen-Ackerbauschule des Görlitzer Rettungshauses................ 215
Jünglingsvereine in Schlesien.................................. 216—217
Verein zur Bewahrung der heranwachsenden weiblichen Jugend in Breslau 217
Arbeiter-Erziehungsverein in England .... 231—232
Pflege der Lehrlinge und jungen Arbeiter in dem deutschen Hospital „Bon
  secours" zu Paris... 266

— VI —

Seite.
Gesellenherberge im Vereinshaus zu Brandenburg a/H. 280
Deutsch-evangelisches Gesellenhaus in Petersburg 281
Herberge zur Heimath in Frankfurt a/O. .... 349, 371—376

XI. Enthaltsamkeitssache.

Continentaler Mäßigkeits-Congreß zu Hannover 282, 317

XII. Schule und innere Mission.

Die Schulen unter der evangelisch-deutschen Diaspora in Rußland ... 165—166
Die Hamburger Sonntags- und resp. Werkeltagsschulen .... 170, 172—175

XIII. Gefängnißwesen, Vereine für entlassene Sträflinge.

Besserungsanstalt für entl. weibl. Sträflinge in Wilhelmsdorf (Württemb.) 49
Schutzverein für entlassene Sträflinge in Breslau 219
Asyl für Männer in Lintorf 307
Ueber Anwendung der körperl. Züchtigung in den preuß. Gefängnissen 349—350
Statistisches aus Baden 382

XIV. Dorf- und Stadtmission. — Vereine für i. M., Vereinshäuser.

Die Stadtmission der Schriftlesergesellschaft in Liverpool .... 94—95
Die Stadtmission der evangelischen Gesellschaft in Zürich .... 115—120
Die Stadtmission in Hamburg, Mittheilungen aus dem 13. und 14. Jahresbericht des Vereins für i. M. daselbst .... 131—143, 169—183
Instruction für die von demselben angestellten Stadtmissionare .... 180—183
Die evangelische Gesellschaft in Stockholm .... 185—186
Frauenvereine in Schweden 186
Bildung eines schlesischen Provinzial-Ausschusses für i. M. ...... 186, 212—213
Stadtmission unter den evangelischen Deutschen in Paris .... 260—268
Deutsche Stadtmission in London .... 278—280
Vereinshäuser: Allgemeines über dieselben .... 144—146
Vereinshaus zu Herford .... 120—128
  „ der St. Theobaldistiftung in Wernigerode .... 145—150
  „ zu Genf, zu Halberstadt, Cöln 185
  „ zu Brandenburg 280, 281
  „ zu Lippstadt in Westfalen 317
  „ zu Petersburg in Rußland 281
  „ zu Bremen 144
  „ zu Berlin, Elberfeld, Barmen, Hannover, Stettin, Erfurt u. Gotha 145
  „ zu Frankfurt a/O. .... 145, 371—376

XV. Versammlungen für i. M., Jahresfeste und dergl.

Verschiedene Pastoral-Conferenzen und Versammlungen für i. M. in Schlesien 186
Die erste schlesische Conferenz für i. M. .... 212—221
Das 30jährige Jubelfest und der Brüdertag des R. H. vgl. unter XX.

XVI. Genossenschaftliches.

Allgemeines über die Genossenschaften .... 8ff.
Die beiden Stuhlarbeitervereine in Berlin 10
Die Feuerprobe d. engl. Genossensch. in d. Baumwollennoth, bes. in Rochdale 14—22
Das Genossenschaftswesen in England .... 88—89
Genossenschaftliche Briefe .... 89—94
Genossenschaft in der Grafschaft Ravensberg .... 120—128
Einzelnes aus der Geschichte und den Erfolgen der Genossenschaften in England, Frankreich, Deutschland und der Schweiz .... 125—127
Genossenschaften unter den Deutschen in Rotterdam .... 223—224
Das Genossenschaftswesen und die ländlichen Tagelöhner .... 339—344
Die landwirthschaftliche cooperative Genossenschaft von Assington .... 341—342
G. Werner's Anstalten in Reutlingen u. s. w. .... 380—382

— VII —

XVII. **Vermischtes, Biographisches, Nekrologisches.**

	Seite.
Zum neuen Jahr	† 1—2
Der Freihof	† 2—24
Bis ins dritte und vierte Glied	25—29
Zwei Gräber in Süddeutschland	† 34—48, 50—56
Die Königin Eberhardine von Polen im Schmerz um ihres Sohnes Glaubenswechsel	† 66—74
Zur kirchlichen Kunst	59—60
Aus Hochschottland	† 74—80
Im Dom zu Lübeck	† 80
Bischof Friedrich von Utrecht	† 80
Was aus einem großen Bauer werden kann	† 81—89
Wie die Leute in Gißen ihre Kinder erzogen	† 89—96
Aus Binet	† 96
Vater Hurter auf der Steig	† 98—105
Etwas von den alten deutschen Landsknechten	† 105—108
Auguste, Großherzogin von Mecklenburg-Schwerin	† 113—128
Der Anfang des Rauhen Hauses	† 129—136
Die Frau Marianne in London	† 136—144
Vater Steckkönig in Leinfelden und seine drei Söhne	† 166—172
Credit ist Geld	† 173—175
Wem kann Geld helfen?	† 175
Biblische Bilder zum Ausschneiden und Zusammensetzen ꝛc.	350—351
Ergebnisse der neuesten Statistik in Baden	382—383

XVIII. **Bücheranzeigen.**
(Vergl. XX. in Sachen der Agentur.)

Trendelenburg, Naturrecht auf dem Grunde der Ethik	35 ff.
Quellwasser für das deutsche Volk	† 89—96
Lectures delivered before the young men's christian association	232
Die Vorträge zum Besten des Stipendienfonds in Bonn und Aehnliches	232
Sociale Fragen I. von B. A. Huber	339—344
Empfehlenswerthe Bücher und Bilder für Weihnachten	† 176. vgl. 350—351

XIX. **In Sachen des Central-Ausschusses.**

Neu gewählte Mitglieder des C.-A.	63
Anzeige der beiden Vorträge von Dr. Wichern und Dr. Kögel	63
Vgl dazu die Anzeige der Agentur	192. 288
Die Anstellung resp. Aussendung von Reiseagenten und Reisepredigern des Central-Ausschusses	151—153
Preisschrift des C.-A. (Bibel und Natur in der Harmonie ihrer Offenbarungen)	161—163
Nachrichten über die Thätigkeit d. Reiseprediger u Agenten d. C.-A.	186 f., 283 ff.
Bildung eines schlesischen Provinzial-Ausschusses für i. M.	186, 212—213
Bekanntmachung betreffend Postsendungen an den C.-A.	253
Reisepredigt unter den Holländsgängern	285

Quittungen des C.-A.:
Januar 64, Februar 96, März und April 153—155, 1. Mai bis 17. Juni 188 ff., 17. Juni bis 31. Juli 253 f., August 285 ff., Sept., Oct. u. Nov. 351, 378

XX. **In Sachen des Rauhen Hauses.**

Kurze übersichtliche Mittheilungen über das R. H. im Jahre 1862:

Finanzbericht der Kinderanstalt	27
Die Personalveränderungen, namentlich die zahlreichen Meldungen, Forderungen und Entsendungen von Brüdern	27—29
Der Preßproceß gegen das Hamburgische Norddeutsche Volksblatt	28—29
Weihnachtsfest 1862	29

— VIII —

Seite.

Nachrichten speciell für die auswärtigen Brüder: 29—30, 64, 95, 158, 192, 224, 255, 287, 318, 351. 383
Nachrichten von den Brüdern in Zelienopel................ 24—26, 60—63
Nachrichten, insbesondere auch für die früheren Hausgenossen........ 155—158
   Die Confirmation.. 155
   Die Schwierigkeiten der Brüderanstalt....................................... 156
   Die Entsendungen und anderweitigen Veränderungen und Ereignisse im engeren wie weiteren Brüderkreise....................... 156—157, 191
   Die Tomstiftung.. 158, 159
   Der Besuch Sr. Kgl. Hoheit, des Großherzogs von Mecklenburg=Schwerin und sein Geschenk eines neuen Bienenkorbs........ † 109—110. vgl. 254
   Das Deficit.. † 110, 254
   Fünfundzwanzig Arbeiter gesucht von der Brüderanstalt des R. H. 255 f. † 111 f.

Zur Feier des 30jährigen Bestehens des Rauhen Hauses:
Anzeigen und Einladung zur Feier.......... 254. † 110, † 128, † 144; 287
Bild und Anfang des R. H. im Jahre 1833................. † 129—136
Bild des zum 4. Oct. errichteten Denkmals der 30jährigen Jubelfeier .. † 145
Beschreibung der verschied. Feiern u. Versamml. am 3., 4., 5. Oct. † 145—160
Das Richtfest und die Kranzrede des neuen Bienenkorbs am 31. Oct. † 161—166
Bitte zu Weihnachten für das Rauhe Haus.................... 352, 392

Nekrologisches:
Bruder Seidel I... † 29—32
Bruder Meyer II.. † 111

Quittungen.
Zu Weihnachten und pro December 1862........................ 30—32
Für die Kinder= und Brüderanstalt pro Januar 1863: 64, Februar 96, März und April 159, Mai 192, Juni 224, Juli 255, August 288, September 318, October 351—352, November 392, zu Weihnachten 1863......... 319. † 160
Für das Pensionat.. 159
Für das Johannesstift in Berlin............ 32. 96, 159, 224, 255, 288, 392
Für die Abgebrannten in Zelienopel............................. 96, 159
Zur Deckung des Deficits......... 255. † 128. 288. † 144. 319. † 160. 352

In Sachen der Agentur.
Neue Verlagsartikel.
Dr. Wichern, Die Verpflichtung der Kirche zum Kampf gegen die Wider= sacher d Glaubens in ihrer Bedeutung für d. Selbsterbauung d. Gemeinde 63
Dr. Kögel, Die Unwissenheit in christlichen Dingen in ihrer Bedeutung für die Irreligiosität der Gegenwart........................... 63
W. Baur, O du fröhliche, o du selige, gnadenbringende Osterzeit...... † 48
Dr. Wichern, Die Ursachen der so vielfach erfolglosen Bemühungen in der heutigen Kindererziehung.................... 128. † 64
V. A. Huber, Noth und Hülfe unter den Fabrikarbeitern auf Anlaß der Baumwollensperre in England........................... 96
E. Oelze, Balthasar Schuppe.................................. 160
J Kreyher, Die preußische Expedition nach Ostasien 1859—1862........ 160
Vierzig Sprüche der heiligen Schrift 2c., neue Auflage............. 192
J. Bonnet, Aonio Palearo. Uebersetzt von Dr. Merschmann........ 319
H. Dalton, Der verlorne Sohn............................... 319
F. Lübker, Kaiser Julians Kampf und Ende..................... 320
J. J van Oosterzee, Das Bild Christi nach der Schrift. Uebersetzt von F. Meyeringh........................... 320

Empfehlenswerthe Festgeschenke zu Weihnachten 353—360, 384—391; † 176—183, † 195—203

XX. Serie.
Januar.
Jährlich 24 Bogen zu
1.4 fl. in 12 (monat-
lichen) Lieferungen.

1863.
No. 1.
Durch alle Buchhand-
lungen u. Postämter
zu beziehen.

Fliegende Blätter

aus dem

Rauhen Hause zu Horn bei Hamburg.

Organ des Central-Ausschusses für die innere Mission der deutschen evangel. Kirche.

Hauptblatt.

Die Gemeinde Kornthal in Würtemberg.

Vielleicht ist es Ihnen nicht unwillkommen, gelegentlich aus dem Süden des Vaterlandes und vom Fuße der Alpen her zu vernehmen, wie sich die Dinge des Reiches Gottes — ältere und neuere — hier gestaltet haben. Vorläufig sind es Bemerkungen, welche als die eines Reisenden aufzunehmen sind, der keine Ansprüche darauf machen kann, Vollständiges oder Erschöpfendes mitzutheilen.

Würtembergs Reichthum an christlichen Lebenswerken der mannigfaltigsten und eigenthümlichsten Art ist bekannt. Kornthal nimmt unter den Pflanzstätten lebendigen Christenthums keine unbedeutende Stelle ein und es verlohnt sehr, sich durch eigene Anschauung davon zu überzeugen, wie gesund und ächt und von wie ausgebreitetem Segen das hier gepflegte Gemeindeleben ist und wie es in aller Stille und Demuth dem apostolischen Vorbilde nachzukommen ringt. Man gelangt von Stuttgart in nordwestlicher Richtung oder auch von Ludwigsburg in kaum zwei Stunden dorthin, und die Lieblichkeit der sanft auf- und absteigenden, mit waldigen Höhen umkränzten Gegend, mit den hellschimmernden Dörfern in Mitten trefflich angebauter Felder und Obstpflanzungen, stimmt die Seele im Voraus harmonisch zum Genuß des tieferen Friedens, der sie im stillen Kornthal erwartet. Sanft ansteigende Weinberge, fruchtbare Hügel, weiterhin der Gebirgszug, auf dem die durch Herzog Karl erbaute Soli-

tube liegt, fassen das weit gedehnte Thal ein, dem es zur vollen
Lieblichkeit nur an einem See oder Flüßchen fehlt. Eichenwälder in
der Nähe bieten Schatten und schöne Spaziergänge dar. Reinliche
Straßen, einzelne stattliche Gebäude der verschiedenen Institute umgeben uns, wir steigen freundlichst empfangen an dem einzigen nur
von Fremden besuchten Gasthause ab, das in dem früheren Schloß
des gräflichen Besitzers, zwischen dem ansehnlichen, aber schlichten
Bethaus — denn von einer Kirche pflegt man hier nicht zu reden —
und dem Pfarrhause liegt, welches zugleich das große Töchter-Institut,
augenblicklich von ca. 130 Töchtern der verschiedensten Gegenden und
Sprachen, in sich faßt. In dem oberen Saal des Gasthauses empfangen uns gleich so manche lebendig redende Zeichen des Geistes, der
hier waltet und bedeutende Erinnerungen, eine Sammlung interessan-
ter Gegenstände aus der Indischen Missionswelt, das Bildniß des
vielgeliebten Vaters Köllner, dessen eine Tochter die treffliche In-
haberin des Gasthauses ist, eine andere die verehrte Frau Pfarrer
Staudt, die Hausmutter der 130 Töchter, eine dritte die nicht minder
verehrte Frau Pfarrer Blumhardt in Boll, biblische Bilder rings-
herum an den Wänden u. s. w. Man fühlt sich sehr bald heimisch
angesprochen und ist auch im Pfarrhause des allerherzlichsten Empfan-
ges gewiß. Dort ist ein bienenartiges Treiben, ebenso wohl geordnet
wie froh und ungezwungen. In der Mitte aller ihrer Töchter,
die an neun Tafeln im großen Speisesaal Mittags und Abends sich
versammeln, speist die Pfarrerfamilie an einer kleineren Tafel. Bald
verkündet die Glocke des Bethauses die Stunde der täglichen Abendandacht, wo in dem fast dunkeln Gotteshause ein Kapitel der heiligen
Schrift und die Losung des Tages wie in der Brüdergemeinde verlesen, einige Verse gesungen werden und dann aus dem Herzen gebetet wird, insbesondere für die Kranken, Abwesenden, Leidenden der
Gemeinde. Hier hat schon manches Herz des Tages schwere Last und
Sorge vor dem Kreuz des Herrn niedergelegt. Mittwochs findet, wie
auch am Sonntagabend, eine etwas längere eigenthümliche Erbauungsstunde statt, die mit der Eigenthümlichkeit der Gemeinde überhaupt in
innerem Zusammenhange steht. Man bemerkt dieselbe schon in der
Einrichtung des Bethauses, welches statt der Kanzel nur einen um
4 Stufen erhöhten Raum mit dem Altar hat, hinter welchem auf einer
Bank neben dem ohne Chorrock erscheinenden Pfarrer auch die Vorsteher und Lehrer der Gemeinde sitzen, gelegentlich auch besuchende

Fremde. Ohne irgend demokratische Tendenzen hat diese übrigens lutherische und keineswegs von der Landeskirche getrennte Gemeinde von Anfang an in dem Sinne sich gestaltet, daß nach apostolischer Weise die Aeltesten und Vorsteher der Gemeinde auf gleicher Stufe stehen und der Prediger des Worts nur ein besonders dazu Befähigter und Beauftragter aus ihrer Mitte ist. In den angegebenen, fast von der ganzen Gemeinde regelmäßig besuchten Abendstunden findet nun eine brüderliche Unterredung des Predigers, der Lehrer und Vorsteher über biblische Stellen in Gegenwart der Gemeinde statt, z. B. über die Episteln, wenn Vormittags über die Evangelien gepredigt worden ist, immer aber im Sinne eines thätigen, nicht eines grübelnden Christenthums, wobei die Gemeinde durch das Zeugniß einfacher Brüder und den Austausch ihrer Erfahrungen vielfach erbaut und belehrt wird. So ist denn eine größere Regsamkeit und Mitthätigkeit der Gemeinde, wie sie in den Würtembergischen Privaterbauungsstunden von jeher vorgekommen und ein tiefes Bedürfniß jedes christlichen Volkslebens ist, hier auch in den regelmäßigen kirchlichen Gottesdienst übergegangen.

Erinnern wir uns, wie diese Gemeinde entstanden ist. Nur die wichtigsten Punkte können hier angeführt werden. Kornthal verdankt seinen Ursprung den beiden zusammentreffenden Grundtrieben des Würtembergischen Christenthums: dem Festhalten an den Glaubensüberlieferungen der Väter nach der heiligen Schrift und dem Hinausschauen auf das Ziel der christlichen Hoffnung, auf die Zukunft des Herrn und das vollere Eintreten seines Reiches auf Erden. Jener Trieb führte dazu, die 1809 eingeführte neue Liturgie und das neue Gesangbuch zu verwerfen und zu den alten Gebeten und Liedern zurückzukehren. Der andere Trieb ließ eine Sammlung der „Gläubigen aus der dem Abfall zueilenden Welt", in einem der Brüdergemeinde ähnlichen und doch wiederum allgemein-christlicheren und kirchlicheren Sinn und die Herstellung eines dem apostolischen näher kommenden Gemeindelebens schon frühzeitig ins Auge fassen. Außer der Beschäftigung mit den Schriften der gesegneten Würtembergischen Theologen Bengel, Oetinger, Storr, Roos, Steinhofer war dabei sehr einflußreich, daß aus dem Volke selbst ein Mann auftrat, der die Reste der guten alten Zeit in sich vereinigte mit tiefem beschaulichen Geiste sie weiter ausbildete, durch frommes Leben sie bewährte und in volksmäßiger Weise in Erbauungsstunden und Gesprächen sie vortrug.

Dieser Mann war der von Gott gelehrte Bauer Michael Hahn, gestorben 1819, bald nach Gründung der Gemeinde, an welcher er thätigen Antheil nahm. Seine spekulativen Gedanken und geistreichen Bibelerklärungen sind in 10 Bänden nach seinem Tode gesammelt und stehen noch jetzt in großem Ansehen. Lebendige Heiligung ist sein Grundgedanke. Ohne die weise und liebevolle Art, wie der treffliche Consistorialrath Rieger sich zu ihm stellte, hätte Hahn sich wahrscheinlich von der Kirche abgesondert, wozu auch seine Anhänger sehr geneigt waren. Wenn ein Bauer so geistreich lehren könne, wie man es in den Kirchen selten höre, so brauche man diese nicht, so urtheilten sie. Ohne die Gründung Kornthals wäre dies sich absondernde Wesen vielleicht sehr ausgebildet worden und hätte Würtemberg noch größere Schaaren von christlichen Landleuten und Bürgern in die Fremde wandern sehen. Ein Hauptgrund der Aengstlichkeit, womit man sich gegen alle, auch die an sich weniger bedenklichen kirchlichen Neuerungen erklärte, war eben jene unter fast sämmtlichen s. g. „Pietisten" des Landes verbreitete prophetische Zeitanschauung, wonach mit der französischen Revolution und Napoleons Herrschaft der „letzte Abfall" eingetreten sei. Rußland wurde sonderbarer Weise von Vielen als ein Bergungsort für die in die Wüste fliehende Gemeinde (Off. c. 12) angesehen. Die Neuerungen in Kirche und Schule waren aber auch in der That der Art, daß sie selbst die Besonneneren bedenklich machen mußten. Die Liturgie bewegte sich möglichst in der Ausdrucksweise der Stunden der Andacht und diese modern zugeschnittenen Gebete, in welchen das Volk schlechtweg „die neue Lehre" sah, sollte nun vom 1. Januar 1809 in allen Kirchen ausschließend gebraucht werden, ohne daß selbst die Landessynode wäre befragt worden. Von der Geistlichkeit weigerte sich nur der Pfarrer Friedrich, nachheriger erster Geistlicher von Kornthal. Er ward ohne Weiteres abgesetzt und erhielt für sich und seine Familie 78 fl. Pension, so daß er hätte betteln müssen, wenn er nicht in Leonberg, wo Hoffmann, der Gründer der Gemeinde, wohnte, freudig wäre aufgenommen und von vielen Seiten unterstützt worden. Man muß sich auch solcher Dinge erinnern, um zu begreifen, woher der heutige Verfall alles obrigkeitlichen Ansehens stammt. In unzähligen Eingaben bat man die Pfarrer, das Consistorium und den König selbst um die Erlaubniß, wenigstens die alte lutherische Taufform bei der Kindertaufe beibehalten zu dürfen. Auch dies wurde abgeschlagen. 8 Jahre lang dauerte diese Bedrängniß und trieb viele redliche Familienväter, zumal seit 1816, wo die Freizügigkeit eintrat, zur Auswanderung nach Amerika und Rußland.

Es war am 18. Februar 1817, als Gottlieb Wilhelm Hoffmann, damals Bürgermeister und öffentlicher Notar zu Leonberg, dem Könige Wilhelm, der ihn persönlich schätzte und manches Mal in aller Vertraulichkeit um Rath fragte, eine unmittelbare Eingabe übergab, worin die mancherlei Ursachen der um sich greifenden Auswanderungssucht einleuchtend gemacht und für die in ihrem Gewissen bedrängten Hausväter die Erlaubniß nachgesucht wurde zur Anlegung einer Gemeinde durch Ankauf von Höfen und Gütern und durch kirchliche Einrichtungen nach ihren Ueberzeugungen. Die lutherische Landeskirche würde dabei so wenig als der Staat verlieren, denn der Zweck sei eben, die rein lutherische Lehre in ihrer Mitte gegen Neuerungen aufrecht zu erhalten. In kurzer Zeit waren auf das Verlangen der Regierung nach namentlicher Angabe der Bittsteller Verzeichnisse von 700 eigenhändig unterschriebenen Familienvätern aus verschiedenen Gegenden des Landes eingelaufen und andere Listen von noch über 1000 Familien folgten nach, darunter Leute von 6—8000 fl. im Vermögen. Hätten damals Hoffmann und Hahn sich für die Auswanderung entschieden, mehrere tausend Familien wären fortgezogen. Die Regierung zögerte und gab endlich 1818 nur für Kornthal die Erlaubniß einer neuen Gemeindegründung. Indessen wurde durch theilweise Herstellung der alten Liturgie und größere Gewissensfreiheit die Auswanderung der Meisten verhütet. Es hatte sich unterdessen ein Collegium von 17 Männern gebildet, um diese Angelegenheit im Namen aller Gleichgesinnten zu betreiben. Als Glaubensbekenntniß übergab man die Augsburgische Confession und dazu den Entwurf einer Kirchenordnung, der von Hoffmann herstammte. Nach mehreren fehlgeschlagenen Unterhandlungen kaufte das Collegium im Januar 1819 das Rittergut Kornthal von dem Grafen von Görlitz und dem Freiherrn von Münchingen. Rasch mehrte sich die Zahl der neuen Anbauer. Am 9. Juli wurde der Grundstein zum jetzigen Betsaale gelegt, wobei die 68 Familien der neuen Gemeinde und über tausend fremde versammelt waren und Hoffmann die erste Ansprache hielt. Unter Andern sprach auch ein Nachkomme des alten lieben Flattich, auch ein Pfarrer Flattich aus dem benachbarten Dorfe Münchingen, der anfangs auch den Gottesdienst abwechselnd versah. Am 7. November desselben Jahres wurde der Betsaal unter einem Zulauf von

8000 Menschen eingeweiht, so daß die erhebende Feier unter freiem Himmel statt finden mußte. Die Auslage von 11,800 fl. wurde durch freiwillige Beiträge gedeckt. Immer mehr Familien ließen sich nieder, selbst mit großem Verlust wegen der hohen Preise von Holz und Stein und des schwer zu kultivirenden Bodens. Es fehlte nicht an mancherlei Uebungen der Liebe und Geduld. Die geistige Verschiedenheit war noch größer als die äußere. Da gab es alte Pietisten aus der Bengelschen Schule, herrnhutisch Gesinnte, Michelianer und Pregizerianer (vom Pfarrer Pregizer sogenannt, welcher die Rechtfertigung und die aus ihr stammende Freiheit und Freudigkeit oft gar zu ausschließlich betonte). Aus der ersten und dritten Klasse ist die Gemeinde hauptsächlich zusammengesetzt. Im Festhalten am Gotteswort und am alten Glauben waren alle Eins. Die verschiedenen Glaubensmeinungen schmolzen allmählich zusammen. Mancher schroffere Geist, der später hieher kam, fand seine Brüder zu weit oder gar allgemein, mußte aber bekennen, er habe in Kornthal gelernt, auch Brüdern von anderer Farbe die Hand zu geben. Alles Sorgengewölk wurde überdies verscheucht, wenn in den abendlichen Versammlungen die Flamme der Bruderliebe und der Gebetsgemeinschaft die erlöschenden Kohlen auf dem Heerde des inneren Lebens wieder anfachte.

Das vom König bestätigte Grundgesetz der Gemeinde vom August 1819 enthält zuerst die Bestimmungen über die bürgerliche Verfassung, daß der Ortsvorstand aus einem geistlichen und einem weltlichen Vorsteher und aus einer weiteren Anzahl von Gemeindegliedern bestehen solle, welche zusammen den Gemeinderath bilden. Sie werden von allen Hausvätern gewählt und vom Oberamt in Leonberg durch Abnehmung der Handtreue verpflichtet. Niemand kann in der Gemeinde wohnen, ohne sich durch seine Unterschrift ihren Ordnungen zu unterwerfen. Kein Gemeindeglied darf sich ohne Zustimmung der Vorsteher mit einer auswärtigen Person verloben und dieselbe mit sich bringen. Jedes Gemeindeglied kann zu jeder Zeit die Gemeinde verlassen und sein ganzes Vermögen mitnehmen; doch ist er schuldig, seine unbeweglichen Grundstücke an einen von der Gemeinde anerkannten Käufer zu verkaufen. Im andern Fall übernimmt entweder die Gemeinde selbst die Güter oder der Hinwegziehende giebt sie so lange in Administration eines von ihm dazu gewählten Gemeindegliedes, bis sich ein passender Käufer darbietet. Ein solcher Fall scheint aber noch nicht vorgekommen zu sein, so wenig als die Ausschließung eines Gliedes, für welche die Vorschrift besteht, daß für die angemessene Unterkunft eines solchen in einer andern Gemeinde muß gesorgt oder, wo dies nicht gelingt, die Sache der Behörde muß übergeben werden. So ist auch die Aufnahme neuer Mitglieder mit einer sehr genauen Prüfung aller Verhältnisse verbunden und jeder Aufzunehmende muß in seinem vorherigen Wohnort Bürger bleiben. Ein Gemeinde-Vermögensbuch enthält für jeden Einwohner ein Blatt, auf dessen einer Seite das Activ-, auf der andern das Passiv-Vermögen eingetragen wird. Bei dem Uebergewicht des letzteren wird die Sache in Stille und Liebe untersucht und so ein Bankerott in der Gemeinde unter Gottes Beistand verhütet. Auch ist weder ein solcher noch eine Ehescheidung, nicht einmal ein Prozeß in den mehr als 40 Jahren des Bestandes der Gemeinde vorgekommen. — Die Eidesleistung wird von der Gemeinde als etwas dem Wort des Herrn Widersprechendes angesehen. Ihr Handschlag gilt vor der Obrigkeit als Eid. Alles, was den Schein einer Gütergemeinschaft hat, wird sorgfältig vermieden; gewerblose Müßiggänger und fromme Schwätzer werden nicht geduldet. Was die geistliche Verfassung betrifft, so kann nur ein obrigkeitlich bestätigter und ordinirter Geistlicher das Pfarramt versehen; übrigens wählt die Gemeinde ihre Prediger und Schuldiener selbst. Sie steht unter der unmittelbaren Aufsicht des geistlichen Ministeriums, welches regelmäßige Visitationen vornehmen läßt. Die 28 Artikel der Augsburgischen Confession, welche auch jedesmal am Sonntag nach dem 25. Juni öffentlich verlesen und der Gemeinde an's Herz gelegt werden, gelten als Glaubensbekenntniß. Nur der gewöhnliche Zusatz: „Es werden verworfen alle Ketzereien", oder auch: „Die Anderslehrenden werden verdammt" wird weggelassen, aus folgenden Gründen: „Allen Religionshaß wird die Gemeinde als dem Sinne Christi schlechterdings zuwider verabscheuen und alle Kinder Gottes, sie seien in welcher christlichen Religionsverfassung sie wollen, für ihre Brüder erkennen, solche besuchen und auch gern von ihnen sich besuchen lassen, ja alle Menschen als Miterlöste aufrichtig lieben." — Zum 14. Artikel vom Kirchenregiment wird der bemerkte Zusatz gemacht, der für alle Würtembergischen Erbauungsversammlungen sich Geltung verschafft hat, daß auch Nicht-Geistliche in besonderen Erbauungsstunden im Auftrage der Gemeinde öffentlich beten und lehren können. Auch daß Leichtsinnige und Unbußfertige vom heiligen Abendmahl auszuschließen sind, hält die Gemeinde für einen wichtigen Theil des Kirchenregiments. — Auch die übrigen symbolischen Bücher, vor allem der Katechismus Luther's, werden hoch und theuer gehalten. Ein Gesangbuch hat man nicht; um eine möglichst große Auswahl von Liedern für die zahlreichen Gottesdienste zu haben und um der vielen sonntäglich sich einfindenden Fremden willen wird strophenweise von einem der Vorsteher jedes Lied vorgesagt. Das heilige Abendmahl feiert man alle vier Wochen am Sonnabendabend bei angezündeten Lichtern, zur größeren Aehnlichkeit des ersten Abendmahles, wie in der Brüdergemeinde. Am Sonntag vorher kommen die zur Communion sich meldenden verheiratheten Männer zu brüderlicher Besprechung zusammen; Frauen, Söhne und Töchter werden je von einem oder zwei Vorstehern angesprochen und vorbereitet; gegebene Aergernisse werden namentlich (doch meist in der Stille) geahndet und eventuell die Zulassung zum Tische des Herrn verschoben. Bei dem freien Gebete des Predigers vor der Communion kniet die ganze Gemeinde; die Gemeindevorsteher tragen die vier Kelche und ebenso viele Teller nach der Consekration umher und geben sie den reihenweise aufstehenden Communikanten in die Hand, welche sie dann weiter geben. — Die Kindertaufe wird sehr hoch gehalten, und die Taufen geschehen vor versammelter Gemeinde, meistens an Sonntagnachmittagen unmittelbar vor der Kinderlehre, zu welcher die gesammte Jugend des Ortes sich einfindet. Die Confirmationen geschehen wie in der alten Kirche am Sonntage Quasimodogeniti nach Ostern. — Stille Hausvisitationen des Vorstandes überzeugen von Zeit zu Zeit vom Stande der Hausandacht, Kinderzucht, Ordnung und Reinlichkeit.

(Fortsetzung folgt.)

Allgemeines
über das Genossenschaftswesen.

(Die Genossenschaftswesen als gemeinsame Selbsthülfe — die beiden Stuhlarbeitervereine in Berlin — die Mitwirkung der Kirche — die Noth in Lancashire — Rochdale.)

Im Anschluß an den ersten einleitenden Artikel über das Genossenschaftswesen in der letzten Nr. des vorigen Jahrganges (p. 353) folgt hier versprochenermaßen die erste Fortsetzung jener Mittheilungen. Mögen dieselben auch ihrerseits dazu beitragen, Hülfe für die Lohnarbeiter und die kleinen Handwerker anzubahnen, ihnen neue Wege der socialen Hülfe bekannt zu machen, deren sie, um nicht „herunter", sondern „heraufzukommen", so sehr bedürfen. Einer dieser Wege ist diese gemeinsame erwerb- und gewerbliche Selbsthülfe, wie sie sich in dem Genossenschaftswesen darbietet, die von dem Wrge der Almosenempfänger, aus denen zuletzt Bettler werden, abführt und mit Gottes Hülfe im Stande ist, in die Reihe derjenigen, die ihr täglich Brod im Familienkreise mit Danksagung genießen können und noch übrig haben, hinüber zu leiten. Wir wünschen, mit diesen Mittheilungen aber namentlich auch recht Viele von solchen zu erreichen, welche unzweifelhaft mit zu denjenigen gehören, die zuerst unabweisbare Verpflichtungen gegen diejenigen haben, die von der socialen Noth bedrängt sind. So gewiß nämlich eine Wahrheit in der oft gehörten Behauptung ist, daß der Handwerker und Arbeiter selbst seine Nöthe am besten kennt und seine Angelegenheiten in eigener Person am besten berathen kann, verstehen wir die Selbsthülfe doch nicht also, als ob nicht auch andere intelligentere Kräfte dabei Handreichung zu thun und zum Finden und Anbahnen der helfenden Wege zu dienen hätten. Nehmen doch heutiges Tages Viele gerade von denjenigen, welche am lautesten gegen solche Mitwirkung anderer Berufsgenossen zum Besten der Handwerker und Arbeiter meinen protestiren zu dürfen, zu anderen Zeiten für sich selbst solche Mitwirkung zu Rath und That in Anspruch. Wenn es anders wäre, wäre freilich die Lage der Arbeitgeber, der Fabrikherren, Gutsherren, der größeren Handwerksmeister, der Bürgermeister, Rathsherren und Pastoren und ähnlich gestellter Personen eine sehr viel gemächlichere und bequemere; allein diesen allen und sonstigen Menschenfreunden und, wir setzen mit Nachdruck hinzu, christlichen Menschenfreunden kann diese Sorge nicht abgenommen, vielmehr muß sie denselben recht eigentlich auf's Gewissen und ihnen deßwegen auch die Sache dieser Genossenschaften auf's Eindringlichste, wäre es zunächst auch nur zur gewissenhaften Prüfung und Erwägung, anempfohlen werden. Wenn nachher die Kunde von diesen Dingen sich weiter ausbreitet, werden unzweifelhaft, wie es auch anderswo und namentlich in England der Fall gewesen und noch der Fall ist, die Arbeiter sich selbst aufmachen und vielfach es unternehmen, selber, ohne weitere Beihülfe Anderer, ihre ökonomischen Angelegenheiten besser zu ordnen. Wie das in England bereits mannigfach geschehen, so wird es auch in Deutschland nicht daran fehlen, wenn auch hier im Vaterlande, abgesehen von den Schulze-Delitzsch'-

schen Vorschußvereinen, derjenigen Stellen, welche unseren Satz bestätigen können, bis jetzt leider nur wenige sind.

Indem wir dieses gegen Schluß des alten Jahres niederschreiben, kommt uns (aus der letzten Nr. der Schulze-Delitzsch'schen Blätter für das Genossenschaftswesen) eine Nachricht zu, die als Beleg dafür dienen kann, daß solche unmittelbar aus dem Kreise der Handwerker selbst hervorgehende Hülfe unter uns mehr und mehr im Anzuge ist. Gerade jetzt nämlich haben sich, unabhängig von einander, zwei Vereine selbstständiger Stuhlarbeiter (Shawlweber) in Berlin gebildet, welche zu solcher gemeinsamen Selbsthülfe rein aus eigener Bewegung, nachdem ihnen das Genossenschaftswesen von anderswoher bekannt geworden, sich verbunden haben, um für sich durch genossenschaftliche Verbindung eine Production von Erzeugnissen ihres Industriezweiges herbeizuführen. Was dieselben in der Einleitung ihres Statuts über die Veranlassung ihrer Verbindung sagen, ist ein so schlichtes, verständiges Wort, so unmittelbar geschöpft aus der Erfahrung der „gemeinschaftlichen Leiden", daß man dem Ganzen die innere Wahrheit und Berechtigung abfühlt. Aber woher kommt es, daß diese sonst so braven Männer, indem sie — und wer wollte sich dessen nicht freuen? — die „Religion" bei ihrem Unternehmen nicht vergessen, sich dabei nicht, wie es die Handwerksmeister zu der Väter Zeit so aufrichtig gethan, auf den Christenglauben gründen, sondern statt dessen das angeblich „allen Religionen gleich heilige Gebot der Nächstenliebe" ihre Stütze nennen und dann ausdrücklich erklären, daß sie „die Wahrheit des Ausspruchs eines der edelsten Männer unserer Zeit" an sich zu beweisen beabsichtigen:

„Bedenke, Mensch, wie groß du bist,
Dein Wille dein Erlöser ist!"

Woher, fragen wir, der Geist, aus dem solch Bekenntniß fließt, das wie das Punktum auf dem J am Schluß des Ganzen recht eigentlich sagt, daß man vom Christenthume nichts mehr weiß? Woher diese carrikirte Umdeutung der Selbsthülfe, auf die bei einfachem Christenverstande kein Mensch kommen kann, so wenig wie es möglich ist, die Forderung der Selbsterziehung als das Ende aller wahren Christenerziehung also zu mißdeuten? Die Erklärung ist sehr einfach: die Deutung oder vielmehr Umdeutung stammt aus dem Geiste, der in dem allergrößten Theile der arbeitenden Classen lebt, dessen dem christlichen Glauben meist fern stehende Förderer in unseren Tagen um diese von der Kirche so stiefmütterlich behandelte und übersehene Classe der Bevölkerung mit so großem Erfolge buhlen, und bei ihrer selbsteignen Unwissenheit, die sich für Aufklärung und wahre Bildung ausgiebt, die in christlicher Beziehung ebenso bodenlos unwissende untere Bevölkerung leicht dahin bringen können, an die Stelle des Erlösers den eigenen Willen zu stellen. So stellt sich eine angebliche Selbsthülfe an die Stelle der Religion, wobei man sich vielleicht gar auf das „allgemeine Priesterthum" der Christen beruft! Eben deßwegen aber ist es die Pflicht der jetzigen Bekenner Christi, diese socialen Wahrheiten und Hülfen in dem Geiste Christi darzubieten und deßwegen auch die Genossenschaftssache nicht „ohne die Weihe des heiligen Geistes zu lassen." Diese Sache ist deßwegen von solcher Wichtigkeit, weil sie unläugbar eine der socialen Reformversuche ist, die an die reformbedürftigen öffentlichen Zustände, als welche mit den politischen und kirchlichen Hand in Hand gehen müssen, hinantreten. Entzieht die Kirche sich dieser Aufgabe und dieser Verpflichtung auch ferner, so wird ebenso sich die Lösung dieser Aufgaben von ihr absondern. Es handelt sich, um es mit Einem Worte zu sagen, auch hier um die Lösung der diakonischen Aufgabe der Kirche. Man wähne doch nicht, daß dieselbe mit Einsetzung der Gemeindekirchenräthe gelöst sei. Dieselben sind und bleiben auch für diese Angelegenheit wichtig genug, sofern sie mit Armenpflege und Abwehr der Armennoth zu thun haben; sie haben aber deßwegen auch diese Sache unmittelbar mit in den Kreis ihrer Erörterung herüberzuziehen. Dennoch aber bleibt für die Lösung dieser Aufgabe der Diakonie das Schwierigste und Durchgreifendste noch jenseits dieser amtlichen Diakonie, nämlich in der freien Diakonie zu thun, worauf wir aber an dieser Stelle noch nicht weiter eingehen können. Für jetzt bleibt uns rücksichtlich der nachfolgenden Mittheilungen über Rochdale nur noch eine andere Erinnerung übrig.

Die nachfolgende Mittheilung über die Zustände in dem genannten englischen Fabrikorte ist gerade jetzt von ganz besonderem Interesse. Sie berichtet nämlich über eine thatsächliche Bewährung des Genossenschaftswesens inmitten einer jetzt waltenden socialen Noth, die ihresgleichen jedenfalls nur selten gehabt hat. Aus allen Zeitungen sind diese Nothstände in der Grafschaft Lancashire bekannt, wo durch den nordamerikanischen Bürgerkrieg und das damit verbundene Blokadesystem die gränzenloseste Verlegenheit innerhalb der ungeheueren Fabrikbevölkerung, die von der Baumwollenindustrie lebt, ausgebrochen

Nach einer neulich von Cobden in Midhurst über diesen Gegenstand gehaltene Rede, ist die Bevölkerung der genannten Grafschaft seit Anfang des Jahrhunderts von 673,000 Einwohnern auf 2,428,000 gestiegen, und zwar lediglich in Folge der Baumwollenindustrie. Die gute umsichtige Wirthschaft der Fabrikherren hat sehr viel beigetragen zur Hebung des gewerblichen und socialen Zustandes in jenen Arbeitermassen. Das in Gebäuden und Maschinen angelegte Capital von Lancashire wird auf 40—50 Millionen £ veranschlagt, das, wenn die Fabriken, wie es in diesem Augenblick geschieht, zum Stillstand kommen, mit einem Mal ganz unproductiv wird. Das gegenwärtig in Nordamerika gegen die Ausfuhr von Baumwolle angewandte System veranlaßt, daß Lancashire gegenwärtig an 9,000,000 £ einbüßt, weil der Nothstand in solchem Umfange eingetreten, daß das ganze Land zur Hülfe sich erheben muß. „Bisher, sagt Cobden, waren die Fabrikarbeiter nicht gewohnt, bei Versorgungsanstalten zu betteln. Als die Noth hereinbrach, verzehrten diese braven Leute, so zu sagen, lieber ihre Sonntagskleidung und ihren Hausrath, als daß sie sich an die öffentliche Mildthätigkeit gewandt hätten. Sie thaten es erst, als die Noth unabsehbar wurde. Da freilich hörte man von vielen Seiten die Behauptung, an den Fabrikherren sei es jetzt, ihre reichen Cassen zu öffnen. Die ein solches Verlangen stellten, wußten freilich nicht, daß das Capital der Fabrikherren nicht in deren Geldspinden, sondern in unveräußerlichen Maschinen und Gebäuden steckt. Der arme Arbeiter, er wußte es längst, und darum war es eine seiner Hauptbesorgnisse, daß die Fabrikanten sich nicht arm ausgeben, ihr Capital vielmehr beisammen halten, um später wieder ihr Geschäft fortsetzen zu können. — Cobden rühmt dann den „Wetteifer des Edelmuths, wie ihn die Welt noch nicht gesehen." Desto trauriger sei es, daß damit dem Uebel auf die Dauer nicht abgeholfen werden könne. Manchester allein werde 1,000,000 £ an freiwilligen Beiträgen zusammenschießen; doch da der Ausfall der Löhne sich im Jahre auf 9,000,000 £ belaufe, so reiche jene Summe am Ende doch nur für sechs Wochen aus. So wahrhaft trostlos diese Berechnung, so erhebend sei es andererseits, zu sehen, mit welcher Umsicht Schulen für Näherinnen, Unterrichtsanstalten für Arbeiter jeden Alters gegründet worden, in denen Grauköpfe zum ersten Male die Kunst des Lesens und Schreibens lernen, um vielleicht in späteren Jahren mit Befriedigung auf diese Zeit der Noth zurückzublicken."

Wir haben dieß Alles hier aufgeführt, um den nachfolgenden Bericht in das rechte Licht zu stellen, dann aber noch aus zwei anderen Gründen:

Einmal um daran zu erinnern, daß mitten in Deutschland gerade diesen Augenblick die Baumwollennoth droht, wenn auch nicht gleiche, doch nur zu ähnliche Zustände heraufzuführen; in Schlesien nämlich, im Eulengebirge um Reichenbach herum, erheben sich bereits die größten Besorgnisse, die das Schlimmste für diesen Winter fürchten lassen, und ebenso im Fichtelgebirge und in andern Weberdistricten.

Dann aber, um unsere Verwunderung darüber auszusprechen, daß in allen Zeitungsberichten über jene Zustände von Lancashire mit keinem Worte derjenigen Erfahrungen erwähnt ist, die bei all jenem Elend in solchen Kreisen, in denen das Genossenschaftswesen, namentlich in erwerblicher Beziehung bereits tiefgehende Wurzeln geschlagen, gemacht werden. Der nachfolgende Aufsatz, „die Feuerprobe", führt uns in die Mitte jener socialen Nöthe der Fabrikbevölkerung, aber auch in die Mitte der unter dem Namen der Pioniere bekannten Genossenschaftsleute zu Rochdale. Wenigstens an dieser Stelle fließt ein Theil der Hülfsquellen, welche den übrigen armen Fabrikarbeitern eröffnet werden, aus dem Brunnen, welchen diese Genossenschaft einst in besseren Tagen, also rechtzeitig, für sich gegraben.

Sollte eine derartige Thatsache nicht die größte Aufmerksamkeit aller derjenigen verdienen, die nach den Grundsätzen fragen und forschen, nach welchen eine gesunde Regelung der Fabrikarbeiter möglich gemacht werden kann? Und was für einen Grund mag es haben, daß eine derartige Entwickelung noch nirgends in Deutschland auch nur zu einem Anfang gekommen? Und wenn vollends ein christlicher Geist sich dieser Gestaltungen bemächtigte, wie das in Rochdale, so reich an bürgerlichen Tugenden dasselbe in der That auch sein mag, doch nicht der Fall ist! Wenn ein Geist, wie der in der Fabrik der Herren Price & Comp. zu Belmont in London, dessen wir schon neulich erwähnten, diese Genossenschaften erfüllte! Welche Aufgaben also sind in unserer Fabrik- und Arbeiterwelt, und zwar auf Grund des Genossenschaftswesens, noch zu lösen!

Rochdale betreffend, sei nur noch bemerkt, daß es eine Strecke nördlich von Manchester liegt. Als Professor Huber vor einigen Jahren diese Fabrikorte besuchte, gab es dort und in der nächsten Umgegend mehr als 13 solche Genossenschaften. Der Genannte giebt in seinen Reisebriefen, Band II, pag. 252—269, eine ausführliche Beschreibung dessen, was er in Rochdale gesehen, — namentlich beschreibt er einen der dortigen Kaufläden dieser Genossen (cooperators), ihr Lesezimmer und die große von ihnen gemeinsam angelegte Kornmühle, eine Unternehmung, die jetzt zu einem einträglichen Geschäft geworden; dieselbe entstand im Jahre 1844 in Folge eines strike der Flanellweber und mit der Idee: durch eine von den Arbeitsherren unabhängiges Geschäft die Lage der Arbeiter zu verbessern. Doch kam man, weil das Vertrauen fehlte, damals nur dazu, einen Consumverein zu gründen oder einen Laden (store) anzulegen, wozu mit großer Mühe 28 £ zusammengebracht wurden. Die große Krise 1847 wurde dann von dieser Genossenschaft glücklich überstanden, während viele Tausende der anderen allein stehenden Arbeiter zu Grunde gingen. Nun wuchs das Vertrauen schnell und damit auch das Betriebscapital, namentlich wurden Kleidungsstoffe und fertige Kleider in das Geschäft gezogen. Das jährliche Geschäft wurde 1854, als Huber die Gegend besuchte, auf 30,000 £ berechnet. Ob die Genossenschaft die jetzige Feuerprobe bestehen wird? Man zweifelt bis jetzt nicht daran. — Nach diesen Vormittheilungen wird der nachfolgende Bericht eines Augenzeugen erst seinen rechten Werth bekommen.   D. H.

Die Feuerprobe der englischen Genossenschaften in der Baumwollennoth, namentlich zu Rochdale.

Wir theilen mit andern Freunden der Sache die Ueberzeugung, daß das beste Mittel, das Genossenschaftswesen auch in Deutschland und namentlich da einheimisch zu machen, wo es am meisten Noth thut und bisher so gut wie gänzlich fehlte — unter den Lohnarbeitern zumal in den Fabriken, weniger in allgemeinen Belehrungen und Besprechungen, als, wenigstens zunächst, in der Vorführung bestimmter einzelner Erfahrungen aus dem Leben sein dürfte. Wir würden diese begreiflich am liebsten im Vaterland suchen; da es hier aber leider bisher eben daran fehlt — von den Vorschuß- und Rohstoffvereinen der Handwerker ist hier nicht die Rede, — so müssen wir uns wohl in der Fremde umsehen. Und da bietet denn England gerade in diesem Augenblick, in Folge der beispiellosen Arbeitslosigkeit der nördlichen Fabrikbevölkerung, so reiche und so lehrreiche und die unermeßlich wohlthätige Bedeutung des Genossenschaftswesens gerade für diese Volksschichte entscheidende Erfahrungen dar, daß wir nichts besseres thun zu können glauben, als eine derselben hier mitzutheilen. Wir möchten uns gern der Hoffnung getrösten, daß die Wirkungen solcher fremder Beispiele sich bei uns schnell genug in rettenden Thaten spüren lassen, ehe ähnliche Heimsuchungen über Deutschland hereinbrechen, wenn solche in Gottes Rath bevorstehen. Aber wie dem auch sei, unter Gottes Segen wird der Saame nicht ganz ohne wenn auch spätere Frucht bleiben. So theilen wir denn in einigermaßen freier, doch den wesentlichen Inhalt ungefährdet lassender Bearbeitung, den folgenden Bericht eines Augenzeugen mit, den wir in einer englischen Zeitung (Evening Standard vom 24. November) fanden.

Die Reise auf der Eisenbahn von Manchester nach Rochdale, bietet in dieser düstern Jahreszeit dem Freund der malerischen Naturschönheiten wenig anziehendes; im Schmuck des Sommers und bei heitererem Himmel hat indessen auch die ebenere aber von vielen tiefen, stillen bewaldeten von klaren Bächen durchrauschte Schluchten durchzogene Umgegend von Manchester Reitze, die viel zu wenig bekannt und anerkannt sind. Denn weiter hin nach Nordosten bietet das eigentliche Hügelland, welches der volksthümliche Ausdruck sehr bezeichnend das Rückgrad von Altengland nennt, eine große Mannigfaltigkeit und Abwechselung von lieblichen und wild romantischen Ansichten, welche zwar häufig durch die rastlos schaffenden Riesenschöpfungen der britischen Weltindustrie mehr entstellt als belebt sind, aber doch oft genug auch durch diese Rauch- und Feuerspeienden weithin ragenden Obelisken einen eigenthümlichen wo nicht schönen, doch bedeutenden Charakter erhalten. Jedenfalls wird aber auch der begeistertste und leichtherzigste Naturfreund in diesem Augenblick den fast gänzlichen Mangel jener viel verrufenen Auswürfe der rastlosen Dampfriesen der Arbeit, tief beklagen und sich nach dem oft betäubenden Getöse der Web- und Spinnstühle mit Schmerzen sehnen, und auch die geringsten Anzeichen der Art, die das gespannte Ohr, das angestrengte Auge aus irgend einem Seitenthal zu bemerken meint, mit Freuden begrüßen. Die fast überall herrschende tiefe Stille, die gleichsam kalt und todt, rauch- und funkenlos in die Lüfte starrenden Schornsteinminarets der Tempel des Mammon hatten etwas wahrhaft schauerliches für uns, denen das rastlos lärmende Treiben der Industrie gerade in diesem Hügelland allein und vielleicht mit nur zu großer Selbstbefriedigung als Leben und des Lebens Ziel und Werth erscheint. — Es ist das Zeugniß zugleich und die nächste Ursache der furchtbaren Heimsuchung, welche wir mit dem nur allzu bezeichnenden Namen der Cotton-famine (Baumwollenhungersnoth) benennen.*) Wenn aber ein mit diesen Dingen weniger vertrauter Fremder wohl in bessern Zeiten meinen konnte Grund genug zu haben um betrübende Beobachtungen über die Massen der beschäftigenden Arbeiter anzustellen, die ameisenartig in und um die großen Webereien und Spinnereien ihr Gewimmel und Wesen haben, so ist die wie von einem bösen Zauber hervorgerufene Erscheinung der arbeits=, erwerb=, und broblosen Arbeiter wohl geeignet, in ihm die heißesten Wünsche für die baldige Wiederkehr jenes bisher ihm und so vielen Seinesgleichen so mißliebigen Treibens hervorzurufen. War dies Alles bei dem trüben Nebel worin wir Manchester verließen trostlos genug, so wurde es noch schlimmer, als die Sonne die Oberhand in einem sogenannten schönen kalten Wintertag behielt und all das Elend nur um so greller und nackter, wie zum Hohn emporgehoben wurde. Wir mußten zu unserem Schrecken sehen, wie der scharfe Ostwind die armen mit den elenden Resten ihrer dünnen Sommerkleider kaum halb bekleideten, Männer, Frauen und Kinder aus den geschützten Plätzen worin sie herum saßen oder standen aufjagte, die einen zu zitternd hastigem Hin- und Hertrippeln, die andern zum Verkriechen in ihre noch vor kurzem vielleicht mit Allem wohl versorgten und warmen, jetzt kahlen düstern und kalten Wohnungen.

So saßen wir denn stumm in sehr trüben Gedanken versunken beisammen, Männer aus den verschiedensten Gegenden und Ständen, mit den verschiedensten Interessen und Ansichten des Lebens, aber in der einen großen Frage versenkt: wo soll das hinaus, wenn es noch lang dauert? Und wer überall weiter blickte, bei dem knüpfte sich unmittelbar die andere und noch bedenklichere Frage daran: giebt es denn kein Mittel die Wiederkehr solcher Heimsuchungen wenigstens in solcher entsetzlichen Höhe zu verhindern? Und schneller als wir irgend für möglich gehalten hatten, sollte uns, wenn auch keine ganz

---

*) Wir wollen hier nur erinnern, daß die Zahl der hülflos Armen in drei Grafschaften mit etwa 2½ Millionen Einwohnern seit vorigem Jahr um diese Zeit von 52,000 auf etwa 280,000 gestiegen ist.

befriedigende Antwort, kein ganz genügender Trost, doch gleichsam ein Sonnenblick in diesem Dunkel, nicht nur ein erfreulicherer Eindruck für den Augenblick, sondern auch eine tröstliche Hoffnung oder Möglichkeit für die Zukunft zu Theil werden. Der Zug donnert durch einen Tunnel, dann über eine Brücke. Dieselbe überspannt das nicht breite, aber wasserreiche, rasch dahin rauschende, in bessern Zeiten unzählige Räder aller Art treibende Flüßchen Roche. Noch einige Minuten und wir waren in Rochdale, und schon der Name rief in mir plötzlich erfreuliche Gedanken und Erinnerungen wach, die ich in der allgemeinen Verdüsterung der Stimmung vergessen hatte: die wackern Rochdaler Pioniers und ihre nach gerade, soweit die britische Welt reicht, weltberühmte Genossenschaft! Freilich folgte dem Aufflackern der Hoffnung, auch gleich die sorgliche Frage: wie mag es jetzt mit den Leuten und ihrer Genossenschaftssache stehn? Wie mag dort die Fluth des Elends gehaust haben? Schon der erste allgemeine Umblick beruhigte mich einigermaßen wieder; Rochdale, der ganze Ort, machte einen erfreulichern oder doch weniger düstern Eindruck, als Alles was wir in und seit Manchester gesehen hatten. Die Stadt — eigentlich von Haus aus ein Flecken von ganz ländlicher Anlage, womit allmählig, um große Fabrikgebäude gruppirt, sich eine ziemliche Zahl von Dörfern in den Mündungen der benachbarten Thäler verschmolzen haben, — hat gegenwärtig über 38,000 Einwohner, was nur seit 1851 eine Vermehrung von 9000 ergiebt. An der Gränze der beiden großen Industrieprovinzen der Baumwolle und Wolle, welche ungefähr den Grafschaften Lancaster und York entsprechen, vermittelt und verbindet sie beide, sowohl jede für sich, als in gemischten Zeugen u. s. w.; auch Metalle werden zu mannigfaltigem Gebrauch verarbeitet. Durch reiche nie versiegende Wasserkräfte und die Nähe mächtiger Kohlenlager, schon seit mehr denn einem halben Jahrhundert durch natürliche und künstliche Wasserverbindungen, und in der neuern Zeit durch ein Netz von Eisenbahnen so sehr begünstigt, wie nur irgend ein Theil unserer Insel, zeichnet diese Landesart noch außerdem der Vortheil einer ganz besonders tüchtigen, energischen und wenn auch in etwas rauher Form, doch im Ganzen ehrenhaft selbstständigen Bevölkerung mehr oder weniger vor den meisten andern Gegenden aus, die in jenen andern äußerlichen Bedingungen gedeihlicher Entwicklung ihr gleichstehn mögen. Darnach ist es begreiflich, wie in diesem rauhen, kahlen, meist unfruchtbaren und nur Schafweiden bietenden Hügelland, Rochdale und seine Umgebungen nicht weniger als 146 große Fabriken (Mills), mit einer Arbeiterbevölkerung von 24,300, noch bis vor Jahr und Tag in voller Arbeit und reichlichem Lohn aufzuweisen hatte. Von diesen Fabriken arbeiten diesen Augenblick nur 5 volle Zeit und 2 auf kurze Zeit, während 114 mit 19,038 Arbeitern ganz still stehen. Man kann sich denken, welche Verlüste an Lohn, welche Entbehrung an allen auch den nothwendigsten Lebensbedürfnissen, welch schreckliches, weitverbreitetes Elend in solchen Zahlen ausgedrückt sein müßte, wenn nicht auf irgend eine Weise eine Aus- und Abhülfe einträte. Wie anderwärts, so geschieht dies auch hier in großem Maaße durch einen so großartigen und wohlgeordneten Aufschwung des nationalen Wohlthätigkeitssinnes, wie sich kaum ein ähnlicher in der Geschichte nachweisen ließe. Aber obgleich nicht ausschließlich, denn dasselbe gilt mehr oder weniger von hunderten von andern durch dieselbe Noth heimgesuchten Orten, doch in weit höherem Maße als irgendwo sonst, ist diese Hülfe, die wenigstens nothdürftige Ausfüllung des furchtbaren Abgrundes, den die Arbeitslosigkeit so plötzlich aufgerissen, eine Selbsthülfe im besten würdigsten Sinn des Wortes. Wie aber könnte man bei einiger Einsicht in diese Verhältnisse den Unterschied hoch genug anschlagen, der darin liegt: ob der Arbeiter sich, wenn auch noch so nothbürftig, ohne Almosen durchschlägt, oder ob er, wenn auch vielleicht reichlicher, ganz auf das bittere und nur allzuoft die sittlichen Kräfte der Selbsterhaltung im Schweiß des Angesichts auf immer schwächende Brot des Almosens angewiesen ist!

Eben die Wirkungen dieses Unterschieds aber sind es, welche sich uns mit jedem Augenblicke unseres Eintritts und Verweilens in Rochdale bemerklicher machte. Die Arbeits- und Erwerblosigkeit war offenbar nicht viel geringer als in andern Orten, und leider fristen auch hier Tausende ihr und der Ihrigen Leben nur durch fremde Wohlthaten; aber Tausende sind es auch, die zu diesen bisher nicht ihre Zuflucht genommen haben, weil sie — wenn auch unter vielleicht verhältnißmäßig eben so großen oder größeren Entbehrungen solcher Dinge, die bisher Lebensbedürfnisse oder Lebensgenüsse für sie waren — doch noch von ihren Ersparnissen leben können. Dazu kommt allerdings, daß viele von ihnen, da sie zu den besten Arbeitern gehören, eben deshalb noch wenigstens an der Arbeit Theil haben, die es überhaupt noch giebt. Ohne Zweifel darunter nicht wenige, die noch von ihren Einlagen in den Sparkassen zehren; aber abgesehn davon, daß diese überhaupt verhältnißmäßig weit weniger von Fabrikarbeitern, als von Dienstboten u. dgl. benutzt werden, so zeigt es sich gerade bei dieser Gelegenheit, daß diese Anstalten in solchen Nothständen nicht ausreichen, sondern, daß eine fruchtbarere Verwerthung der Ersparnisse nöthig ist, wenn die Leute wirklich etwas vor sich und unter die Füße bringen wollen, worauf sie dann in solchen Stürmen Stand halten können. Und eben in diesem Sinne bewährt sich dies cooperative movement (Genossenschaftswesen) in dieser beispiellosen Noth auf eine, sogar denen, welche vorher die günstigste Meinung davon hatten, ganz überraschende, fast wundervolle Weise. Dies gilt fast ohne Ausnahme von den etwa 400 Genossenschaften, (unter den etwa 1000 welche England zählt) die im nördlichen England innerhalb des unmittelbaren Bereichs dieser Ueberschwemmung des Nothstandes liegen, aber es gilt zu allermeist von den etwa 50 Genossenschaften, welche in Rochdale und den benachbarten Orten bestehen, vor Allem aber von der, man darf wohl sagen Mustergenossenschaft der sogenannten Pioniers, welche vor etwa 15 Jahren von einem kleinen Häuflein fast völlig verarmter Flanellweber gegründet, gegenwärtig über 3,500 Mitglieder zählt, und in ihrem Consumverein, ihrer Mehlmühle, Schlachthaus und Fleischhalle, und Spinnerei mit einem Capital von etwa 135,000 £. (gegen 945,000 ℳ.) arbeitet, welcher bis auf eine unbedeutende Summe entweder eigener Besitz der Genossenschaft, oder der einzelnen Genossen ist, denen es einschließlich der Dividende durchschnittlich 10—12 Procent einbringt.— abgesehen noch von der bessern und wohlfeilern Waare für alle Lebensbedürfnisse im Verhältniß zum gewöhnlichen Handel. Wie hoch aber diese greifbaren Früchte des Genossenschaftswesens anzuschlagen sein mögen, weit höher stehn noch die Wirkungen sittlicher und geistiger Hebung, die sich in der ganzen Haltung und Führung der Leute schon seit Jahren, aber zumal auch und nach einstimmigem Zeugniß der ganzen Stadt und des ganzen Districts eben in dieser schweren Feuerprobe über alle Erwartung bewähren, wozu natürlich die reich ausgestatteten Bildungsanstalten der Genossenschaft wesentlich beitragen. Man braucht nur die ruhig mannhafte aber innerlich freudige Zuversicht zu sehen und zu hören, womit namentlich die Führer unsern besorglichen Fragen und Blicken entgegentraten mit ihrem: „Die Genossenschaften behaupten ihre Stellungen, Herr, und werden sie mit Gottes Hülfe auch ferner behaupten, wie's auch kommen mag."*)

Nach allem was ich hier gesehen und gehört, ist meine früher gehegte und oft ausgesprochene Besorgniß über diese Sache, soweit menschliche Ein- und Fernsicht gehen kann, vollständig beseitigt. Trotz des ungeheuren, außerordentlichen und ganz unvorhergesehenen Druckes, dem diese genossenschaftlichen Geschäfte ausgesetzt sind, ist doch mit wenig Ausnahmen (wobei meist schon vorher durch Mißgriffe u. s. w. eine Schwächung eingetreten) die Erhaltung derselben bisher durchaus nicht ernstlich gefährdet worden. Auch bei den Pioniers wie in noch höherem Maaße bei vielen andern Genossenschaften, haben manche Mitglieder ihre Guthaben in dem genossenschaftlichen Betriebscapital ganz oder zum Theil herausgezogen (zu 20—60 und mehr £.) und leben kümmerlich genug davon, während die meisten sich mit den Zinsen und Dividenden hinhalten, die sie sonst wohl wieder im Geschäft stehn und verwerthen ließen. Der Umsatz des Geschäfts selbst, des Consumvereins zumal, hat durch die Beschränkung der Kunden auf das Nothwendigste bedeutend abgenommen; aber dies Alles greift die sichern Grundlagen der Sache gar nicht an. Auch treten fast ebensoviel neue Mitglieder ein als alte ab. Genug — weit entfernt an Auflösung zu denken, bereitet man schon Alles zu einem neuen kräftigen Anlauf in allen Zweigen dieser genossenschaftlichen Betriebe vor, sobald die neu eröffneten Quellen der Baumwollenzufuhr in vollern Fluß kommen. Bis dahin ist man noch auf große, im Einzelnen vielleicht noch gesteigerte Noth gefaßt; im Großen und Ganzen aber glaubt man „über den Berg" zu sein. Und diese Leute haben ein so ruhiges, besonnenes Wesen, daß sie auch uns, trotz aller Zweifel und Bedenken, die wir mitgebracht hatten, mit ihrer Zuversicht gleichsam erweckten. Dabei kommt allerdings in Betracht, daß ziemlich viele Mitglieder dieser Genossenschaften ihren Verdienst nicht nur in der Wollenindustrie, sondern auch in den Eisen- und Messinggießereien haben, und also von der Baumwollennoth nicht unmittelbar berührt

---

*) Wir wollen hier nur bemerken, daß in diesem Bericht der Umstand übersehen oder übergangen ist, daß die oben genannten Unternehmungen streng geschäftlich genommen nicht einer sondern drei Genossenschaften angehören. Die Pioniers bilden als solche nur den Consumverein (Store), aber sie sind die Hauptgründer und Theilnehmer der Mühle und Spinnerei.

werden. Die große Mehrzahl indessen steht mit diesem Industriezweige mittelbar oder unmittelbar in Verbindung, und die Noth macht sich allmählig mehr oder weniger in allen Zweigen und Classen der Arbeit fühlbar. Wie dem auch sei, so haben sich die Pioniers nicht von der Ausführung des vor dem Anfang der Baumwollen-Sperre gefaßten Entschlusses abschrecken lassen, und ist die Errichtung einer neuen genossenschaftlichen Spinnerei und Weberei, neben der seit drei Jahren betriebenen in vollem Gang. Diese letztere, in der ein Capital von 50,000 £. (350,000 ₰) steckt, arbeitet auch jetzt noch immer drei Tage die Woche, mit etwa 300 Arbeitern. Sie verarbeiten schon seit einiger Zeit größtentheils ostindische Baumwolle, obgleich sich dieser neue Stoff lange nicht so leicht handhaben läßt als der amerikanische, wie wir denn auch vielfach ein Spottlied auf denselben, in dem kernigen, eigenthümlichen nordenglischen Dialekt haben singen hören, auch ein Beweis, daß die wackern Leute sich von der Noth nicht unterbringen lassen. Ueberhaupt kann man das Alles nicht ansehen und anhören, ohne den heißesten und nicht hoffnungslosen Wunsch zu fassen und zu bewahren, daß solch unüberwindliche, ächt britische Tapferkeit*) schließlich nicht zu Schanden werden, sondern nachhaltig die wohlverdienten Früchte des schwererkämpften Sieges ernten möge.

Weit entfernt davon fremde Wohlthat anzurufen, trägt diese Genossenschaft vielmehr wöchentlich 23 £. (161 ₰) zur Unterstützung der Nothleidenden ihrer Bekanntschaft bei, welche jetzt zu spät beklagen, daß sie nicht längst beigetreten sind. Alle Dienstag und Freitag wird an etwa 13—1400 Personen Reis und Gerstenmehl in der Mühle der Pioniers ausgetheilt. Es war ein auffallender, rührender Anblick, diese Schaaren von zerlumpten, elenden, frierenden, hungrigen Männern und Weibern zu sehen, die sich an der Pforte drängten und geduldig die Zeit der Vertheilung erwarteten. Mit dem Schlag der festgesetzten Stunde, wurde die Pforte geöffnet und jeder erhielt in bester Ordnung und in freundlichster Weise, gegen Vorweisung einer Marke, seinen Antheil, aus einigen Dutzend reinlichen, stattlichen Säcken, welche dort standen; der noch vor Kurzem wohlhäbige Arbeiter, der, solcher Stel-

---

*) Der englische Ausdruck: „indomitable pluck" läßt sich in seiner Eigenthümlichkeit nicht ganz wiedergeben — im südlichen Deutschland würde man etwa „Schneide" sagen. Wie viele und große Fehler aber das englische Wesen auch zeigt — jenes Lob gebührt ihm, wenigstens im bürgerlichen Leben, mehr als irgend einem andern Volk.

lung noch ganz ungewohnt, sich mehr schieben ließ, als daß er sich selbst vorwärts drängte, und seine Marke verlegen in zitternden Händen zu verbergen suchte und schamrothen Angesichts die reichlich zugemessene Gabe empfing, — das blasse, hagere, junge Mädchen in leichtester Kleidung, vor Kälte zitternd, und in ein reinliches Tuch hastig die Speise einhüllend, während sie vor krampfhaftem Schluchzen kaum fähig abgebrochene Worte des Dankes auszusprechen — die schwache alte Wittwe, die sich nur mühsam auf dem glatten, feuchten Pflaster fortbewegt und von einer rohen, nur dem Trieb des Hungers zugänglichen Irländerin auf die Seite und fast umgestoßen wird — die Mutter ängstlich getheilt zwischen der Sorge, das blasse, zarte, abgemagerte Kindlein in ihren Armen vor rauher Berührung zu schützen und doch die Gelegenheit zu nutzen, ihm und den zu Hause harrenden reichlichere Nahrung zu bieten. Es war ein Anblick, der dem rechten Meister der Kunst reichen Stoff zu dem ergreifendsten und hoffentlich nicht wirkungslosen Gemälde gegeben hätte, mehr als jene Klosterspeisungen des Südens, welche unsere Maler darzustellen lieben. Die meisten dieser Männer mit ihren strengen, ehrlichen, tiefgefurchten Gesichtern, dieser Frauen, deren Züge man noch in ihrem gegenwärtigen Elend mit Wohlgefallen betrachten konnte, und die mit einer gewissen schamhaften Zurückhaltung ihr halblautes „schön Dank" sprachen — sie gehören zu der ehrenhaftesten und bisher selbstständigsten, ordentlichsten, vorsichtigsten Auswahl der Arbeitsbevölkerung, und bei vielen war es wohl gerade ihre günstige, scheinbar gesicherte Lage, die sie abhielt der Genossenschaft beizutreten, deren Wohlthat sie jetzt genießen, nachdem sie sich durch Verkauf oder Versatz ihres früher wohlhäbig ausgestatteten Hausrathes u. s. w., so lange wie möglich hingehalten haben. Wer aber kann sagen, wie lange es dauern wird, ehe sie und Tausende ihres gleichen sich von den Nachwehen dieses „schwarzen Baumwollenhungers" (wie sich eine der Frauen ausdrückte) erholt haben werden. Uebrigens muß ich noch bemerken, daß die Pioniers nicht etwa diese außerordentliche Heimsuchung abgewartet haben, um zu zeigen, daß sie nicht bloß an sich und ihren Erwerb, sondern auch an die Armuth und das gemeine Beste denken. So geben sie jährlich nicht unbedeutende Beiträge zu mehreren wohlthätigen Anstalten, und haben einen in Erz sehr reich verzierten und schön geformten öffentlichen Brunnen gestiftet...

Die Diaconissen- und Heilanstalt Bethesda in Hamburg.

Obige Anstalt "Bethesda" hat die Absicht, junge Christinnen, die bereit sind dem Herrn Jesu zu dienen, zu Krankenpflegerinnen auszubilden, um sie sowohl in Privathäuser wie in Anstalten senden zu können, damit die Kranken gepflegt werden aus herzlicher Liebe und nicht um Gewinnstes willen, — aber wo sind solche Christinnen? Dieser Aufruf soll an alle christliche Häuser und Herzen klopfen und fragen: Sind denn keine Schwestern da, denen der Herr so viele Sünden vergeben hat, daß die Liebe Christi sie dringt, Ihm ihre Zeit, ihre Kräfte, ihr Gut und Blut und Leib und Leben zum Dienst zu stellen, aus Dankbarkeit dafür, daß er sich für sie hat in die Krippe legen und nach dreiunddreißig Leidensjahren ans Kreuz schlagen lassen? Wir möchten unserm treuen Herrn gern in seinen kranken Gliedern dienen, unser Dienst wird auch oft verlangt, gesucht, und wir sind immer wieder und wieder gehemmt, weil die Schwestern fehlen, die den Dienst ausrichten sollen. Kommt doch, kommt und helft! Die wenigen Schwestern, die hier sind, haben mit den Anstaltskranken und mit dem Hauswesen so viel zu thun, daß sie die Arbeit kaum bewältigen können. Eine Schwester war in Privatpflege, wir mußten sie zurückrufen, weil eine andere erkrankte und wir sie nun durchaus nicht entbehren konnten. Da ward für eine junge kranke Mutter eine Pflegerin gesucht, die wir so gern sendeten, aber wir haben keine, es ist nicht möglich. Da soll ein Knabe, der an Krämpfen leidet, aufgenommen werden; es geht nicht, wir haben keine Schwester, die wir mit dem Kranken isoliren könnten, wenn sein Zustand das nothwendig macht. Kinder über Kinder werden gemeldet; die eine Kinderstube ist voll, aber wir haben oben leeren Raum, wir könnten eine zweite Kinderstube anlegen, aber es muß unterbleiben, weil die Schwester fehlt. Die vorhandenen Schwestern bedürfen alle des Unterrichts, aber es bleibt keine Zeit dazu, wenigstens lange nicht genug. Selbst die tägliche stille halbe Stunde, die jede Schwester zur innern Sammlung so nothwendig bedarf, wird manchmal verdrängt von der Arbeit. Die Eintheilung der Arbeit, so sorgfältig sie auch gemacht wird, wird durch jeden kleinen Umstand umgestoßen, weil nirgends ergänzende Kräfte sind, um die ausfallenden zu ersetzen. Daraus entsteht dann so leicht eine nicht zu vermeidende Unordnung, die dem Ganzen so schädlich ist, und die Schwestern, besonders die jüngern unter ihnen, oft muthlos und verzagt macht. Darum kommt, liebe Schwestern, und helft uns!

Es melde sich, wer helfen will; Jeder sollen die Aufnahme-Bedingungen zugesandt werden. Mit Allen, die kommen, wollen wir zusammen dem dienen, der uns gedient und sein Leben für uns gelassen hat.

Die Hausmutter von Bethesda.
Hamburg, St. Georg, Stiftsstraße No. 4.

Der vorstehende Aufruf der Hausmutter von Bethesda, wird mir von derselben mit der Bitte, ihn zu unterstützen, übersandt. Gern vereinige ich mit der Freundin meine Bitte an alle diejenigen, und ihrer sind nur allzuviele, die wohl im Stande wären, ihre Kräfte diesem schönen Zweck der Krankenpflege, als einem um Christi willen heiligen und theuren Dienste, zu widmen, wenn sie Selbstverläugnung genug hätten in der Nachfolge dessen, der uns Allen zum Heil gekommen. Mögen recht viele das Wort hören und dem Geist der Liebe folgen, der sie ziehen will, um ihnen in Bethesda, hier bei uns in Hamburg, eine Arbeitsstätte zu bereiten. — Doch ersuche ich die etwaigen Zusendungen nicht an mich, sondern an die oben angegebene Adresse der Hausmutter, Fräulein Elise Averdieck, direct gelangen zu lassen.

Hamburg, im December 1862. Dr. Wichern.

Das Brüderhaus und Waisenhaus zu Zelienopel durch Brand zerstört.

Nachdem wir in No. 3 des „Beiblattes" 1862, pag. 33 ffg., ausführlich über die Uebersiedelung unsrer 6 Brüder in das neue Brüderhaus zu Zelienopel (unweit Pittsburg in Pensylvanien) berichtet, war die Absicht, dießmal erfreuliche Nachrichten über das Zusammenleben derselben mit den 50 Waisenkindern, die dort unserem Br. Holls als Hausvater und den 6 Brüdern anvertraut sind, zu bringen. Da langt am Schlusse des Jahres von dort aus der Feder unsres Br. Theiß, der in Zelienopel Pfarrer an der deutsch-lutherischen Gemeinde ist, eine ganz andere als eine Freudenbotschaft an. Die sämmtlichen Räume der Anstalt sind durch Feuer in einen Schutthaufen verwandelt. Fast an demselben Tage, an dem wir an dem Grabe unsers Br. Seidel gestanden (Vgl. unten: Nachrichten aus dem Rauhen Hause), ereignete sich das große Unglück, über das wir nun zu berichten haben. Hören wir Br. Theiß selbst, der in seinem eilig geschriebenen Briefe vom 10. Folgendes berichtet: „Denken Sie sich das Elend und den Jammer! Unser schönes liebes Waisenhaus ist Sonnabend, den 6. December, durch eine furchtbare Feuersbrunst bis auf den Grund zerstört. Ich saß an dem Morgen jenes Tages (es war Sonnabend) in meiner Arbeitsstube und bereitete mich auf die Predigt für den Sonntag vor. Als ich einmal zum Waisenhaus hinüberblicke, bemerke ich ungeheure Rauchwolken über dem Hause und gleich darauf schlagen die hellen Flammen oben aus dem Dach! Ich eile sofort an den Ort des Schreckens. Dort finde ich schon Hunderte von Leuten versammelt, theilweise Sachen rettend, theilweise nur zuschauend. Viele fürchteten sich vor dem Sturz der 1200 ℔ schweren Glocke und blieben deßhalb aus dem Hause. Die Waisenkinder und die Familie unsres Br. Holls waren in das Haus des Predigers Basler hinübergebracht. Da wir an dem Tage einen furchtbar starken Nordweststurm hatten, so griff das Feuer rasend schnell um sich: in Zeit von anderthalb Stunden lag das ganze stattliche Gebäude*) bis auf die 4 auswendigen Mauern in Asche. Um ½11 Uhr begann die Feuersbrunst, um 12 Uhr war fast Alles niedergebrannt. Leider hat unser Städtchen gar keine Löschanstalten. Wir retteten denn, was irgend unter den gegebenen Umständen gerettet werden konnte, bis das Feuermeer es uns unmöglich machte. Die Kinder waren, als das Feuer ausbrach, gerade in der Singstunde und übten Weihnachtslieder. Wer hätte denken können, daß in dem Hause Niemand mehr Weihnachten feiern sollte, und wer weiß, wie und wo die lieben Kinder ihr dießjähriges Weihnachtsfest begehen werden!

Der durch das Feuer angerichtete Schaden ist groß. Wie viele Möbel, Kleidungsstücke, Bücher, Betten, Küchengeräthe, Speisevorräthe ꝛc. sind verbrannt! Auch unsere lieben Brüder haben, insonderheit an Büchern, Kleidern und Handwerksgeräthschaften, die erheblichsten Verluste erlitten. Unsrem Br. Holls und seiner Frau sind sämmtliche Kleidungsstücke verbrannt, sie besitzen nichts, als was sie auf dem Leibe tragen.

Sobald die Feuersbrunst zu Ende war, wurde natürlich vor Allem für das Unterkommen der Kinder und Hausgenossen Vorsorge getroffen. Es erboten sich viele der Einwohner unseres Städtchens, einen Theil der Kinder oder Erwachsenen zu sich zu nehmen. So ist denn die große Waisenfamilie

---

*) Die Leser entsinnen sich des im Beiblatt (No. 3, 1862) mitgetheilten Bildes.

überallhin zerstreut: in einem Hause sind ihrer 4, in einem andren 2, in einem dritten 8 oder 10 u. s. f. Eben so sind auch unsre Brüder nach allen Seiten vertheilt.

So sehr ich den Verlust des schönen großen Waisenhauses beklage, so kommt es mir doch vor, als ob aus der Trübsal lauter Heil und Segen für die Anstalt entstehen solle. Ich hoffe zum Herrn, daß wir nun auch Familienhäuser, ähnlich wie die im Rauhen Hause, bekommen werden. Das abgebrannte Haus, das einen Werth von 30,000 Dollars hatte, war freilich nur für 10,000 Dollars versichert; doch läßt sich mit dieser Summe immerhin wenigstens ein guter Anfang im Neubau machen. Und dann hoffe ich nicht minder zuversichtlich, daß die Christenleute von nah' und fern uns beistehen werden, damit Gottes Werk hier könne fortgeführt werden. In unserm kleinen Städtchen sind bis jetzt 450 Dollars unterschrieben. Aus dem Concept eines heut' an die lutherische Kirchenzeitung zu Columbus, Ohio, abgeschickten Nothrufs, welches ich beilege, werden Sie ersehen, daß einstweilen für die Waisenfamilie Bretterhütten auf dem Waisenhaus-Areal gebaut werden sollen. Heut ist schon der Zimmermeister, der 12 Meilen von hier, in Rochester, wohnt, und das Bauwesen leiten wird, hergekommen". —

Das Vorstehende genügt, uns ein lebendiges Bild der Lage, in der sich die Anstalt mit ihren uns so nahe stehenden Bewohnern befindet, zu geben. Ein großes Werk, das einst die treue hoffende Liebe gebaut, ist von dem blinden Element zerstört. Aber der Herr, dessen Auge über die vergänglichen Dinge wacht, wird sich auch in dieser Heimsuchung unsrer theuren Freunde als die Quelle aller Hülfe und alles Trostes beweisen. Wir wissen, daß sie in diesem Glauben stehen, und sie wissen, daß wir ihnen in dieser Zuversicht verbunden sind.

Da sich bereits an verschiedenen Stellen eine lebendige Theilnahme an der nothwendigen Hülfeleistung gezeigt, erklärt der Herausgeber sich hiermit gerne bereit, auch von anderen Seiten her Liebesgaben in Empfang nehmen und befördern zu wollen. Solche Beihülfe, zu der ich alle, denen sie keine Last sein würde, auffordere, wird den Betroffenen ein herzlicher Trost und ein lebendiges Zeugniß der auch alle Fernen überfliegenden Liebe sein — sie wird ihnen um so wohler thun, je schwerer das ganze dortige Land von den bittersten Nöthen eines unglückseligen Krieges heimgesucht ist.

W.

Nachrichten aus dem Rauhen Hause.

1.

Unsere Nachrichten aus dem Rauhen Hause für unsere Brüder und fernen Freunde eröffnen wir heute mit dem Bericht, daß am 3. December unser theurer Bruder Seidel, der zuletzt in Westpreußen als Krankenpfleger arbeitete, daselbst plötzlich dem Leben entrückt ist. Er ist auf dem Eise eingebrochen und auf der Stelle, vom Schlag gerührt, in die Tiefe versunken. Das Ausführlichere wird das nächstemal in einem Nekrolog im Beiblatt mitgetheilt werden.

2.

Mit Rücksicht auf den ausführlichen Jahresbericht, der erst gegen Ende des Jahres 1861 erschienen, ist im Jahr 1862 über das Jahr 1861 kein besonderer Bericht ausgegeben worden; die Verwaltung hat sich darauf beschränkt, in den Hamburger Nachrichten über die Kinderanstalt einen Finanzbericht zu erstatten, der auch den einzelnen Wohlthätern mitgetheilt ist oder noch mitgetheilt werden wird. Wir geben hier die Hauptresultate. Die Einnahmen der Kinderanstalt haben 1861 betragen zusammen 32,181 ℳ 15 β. (Die Hauptposten dieser Einnahme sind: a) 23,714 ℳ 7 β Pensionen und Kostgelder, die von der Agentur, Druckerei, den Eltern der Zöglinge und dem Curatorium der Brüderanstalt gezahlt worden. b) Zufällige und jährliche Beiträge zusammen 6993 ℳ 15 β. c) Zinsen von belegten Geldern 1573 ℳ 9 β). Verausgabt sind zusammen 33,126 ℳ —¼ β. (Darunter Lebensmittel mit 16,753 ℳ, Feuerung 2535 ℳ, Kleidung und Leinewand 2017 ℳ, Gehälter ꝛc. 2592 ℳ ꝛc.) — Das Jahr 1861 schließt mit einem Defizit von 944 ℳ 1¼ β. — Im Laufe des Jahrs 1861 sind zwei Legate à 500 ℳ Bco. eingegangen. Als Cassirer für die Kinderanstalt ist Herr H. M. Waitz aus=, und Herr F. W. Jacobi eingetreten. — Im Jahr 1861 haben sich durchschnittlich 105 Kinder, (d. h. mit Ausschluß des Pensionats,) in der Kinderanstalt befunden. 18 Kinder traten aus und 21 traten wieder ein. — Leider hat sich durch Tod und Verzug die Zahl der regelmäßigen Contribuenten, die ohnehin nie eine sehr bedeutende gewesen, abermals! vermindert; in Folge dessen sind neue Anstrengungen zur Wiedervermehrung derselben im Werke.

3.

Beim Eintritt in das neue Jahr geben wir eine allgemeine Uebersicht über die bei Verwaltung der Anstalt im J. 1862 hinsichtlich des Personals vorgekommenen Veränderungen, Anmeldung, Aufnahme und Entlassung.

a) Für die Kinderanstalt mit Einschluß des Pensionates sind grade 100 Kinder (73 Knaben und 27 Mädchen) angemeldet. Aufgenommen sind 26 (19 Knaben und 7 Mädchen). Entlassen 37 (8 Mädchen und 29 Knaben). Bestand des Kinderpersonals am 31. Dec. 1862: 100 Kinder (65 Knaben und 35 Mädchen) und außerdem 14 Zöglinge im Pensionat; zusammen also 114 Kinder.

b) Als Oberhelfer sind abgegangen: 2, die Candidaten Kröger und Schwencke, von denen der erstere ein Pfarramt übernommen hat; eingetreten die Candidaten Dellmann, Senckel und Schulz. — Von den Gehülfinnen sind ausgetreten 1 und eingetreten 2.

c) Die größte Bewegung hat im Jahr 1862 in der Brüderanstalt stattgefunden. Die von gewissen Blät=

tern verbreiteten Nachrichten, daß das Rauhe Haus nicht mehr im Stande sei, junge Männer zu gewinnen, die bereit und fähig seien, den freilich nicht ganz leicht zu erfüllenden Aufnahmebedingungen zu entsprechen, mögen ihre Widerlegung darin finden, daß sich im J. 1862 im Ganzen 130 jüngere Männer zum Eintritt in die Brüderanstalt gemeldet haben, und darunter allein 104 nach der von mir im August erlassenen öffentlichen Aufforderung. Diese Meldungen kamen aus dem Königreich Preußen: (Provinz Preußen 13, Posen 2, Brandenburg 10, Schlesien 10, Sachsen 8, Pommern 13, Westphalen 4, Rheinprovinz 7,) zusammen 77; Mecklenburg 7; Hannover 3; Königreich Sachsen 15; Württemberg 4; Baiern 4; Nassau, Hessen-Darmstadt, Kurhessen, Braunschweig, Holstein, Lippe-Detmold, Schwarzburg-Rudolstadt, Böhmen je 1. Von außerhalb Deutschlands aus der Schweiz (8); aus Ungarn (2); Frankreich (1); Mexico (1). — Aufgenommen wurden im Jahr 1862: 26 Brüder. — Gefordert wurden (ungerechnet einer Reihe von Forderungen nach Nordamerika) 38 und zwar nach Preußen: 22, nach Hannover 3, nach Kurhessen und Hamburg je 2, und je 1 nach Nassau, Gotha, Holstein, Bremen, der Schweiz, nach England (Liverpool), nach Frankreich (Paris), nach Italien, nach der Moldau (Galaz), nach Rußland; und zwar wurden Dienste verlangt für Gefängnisse (7), für Rettungshäuser (12), für Stadtmission und Armenpflege (7), für Privatkrankenpflege (2), für Herbergen (3), für Schulen (3), zur Colportage (1) und andere verwandte Zwecke (3). — Entsandt wurden, zum Theil noch mit Beziehung auf vorjährige Forderungen, zusammen 36, nämlich in den Strafanstaltsdienst (4), in Rettungshäuser (13), nach Amerika zur Begründung des neuen Brüderhauses daselbst (6), Stadtmission und Armenpflege (5), Krankenpflege (2), Herberge (1), Schule (1) und Johannesstift nach Berlin (4). Oertlich vertheilen sich dieselben über die Provinz Brandenburg (11), Provinz Schlesien (4), je 1 in die Provinzen Pommern, Preußen, Westphalen und Rheinpreußen; je 2 nach Hannover und Bremen; 3 nach Hamburg; je 1 nach Paris, Liverpool, Reval und Galacz, nach Amerika 6. — In der Anstalt befanden sich am Schluß des Jahres 1862: 37 Brüder. Diese kurzen Angaben mögen zugleich darthun, daß die Arbeit unsrer Brüderanstalt nicht zum Stillstand gekommen und daß die seit einigen Jahren durch Brochüren und Localblätter angestellten gewaltthätigen Versuche, die Arbeit zu hemmen, ohne Erfolg geblieben; unsre Arbeit ist im Gegentheil dadurch in ganz neue Kreise eingeführt worden, und noch immer neue Thüren thun sich auf.

4.

In der Mainummer vorigen Jahres ist p. 159 berichtet, daß gegen eines der Hamburgischen Blätter, das „Norddeutsche Volksblatt", ein Preßprozeß von dem Hausvater des Ellenerhofes, unserm Bruder W. erhoben worden, über welchen jenes Blatt die Nachricht verbreitet, er sei wegen schwerer Verbrechen zu 14jähriger Zuchthausstrafe verurtheilt — eine vollständige Erfindung, die alles thatsächlichen Grundes entbehrt, da der Genannte seines Orts als geachteter und vollständig unbescholtener Mann seit länger als einem Jahrzehend wirkt. Fast alle Hamburgische und Bremische und in deren Gefolge auch andere auswärtige Blätter, nämlich solche, die sich bis dahin aufs emsigste beflissen hatten, den Namen unserer Brüder zu verläumden, haben sich mit diesem Preßprozeß beschäftigt. Aus einer dieser Offizinen sind grade in diesen letzten Wochen auch bereits wieder mehrere Brochüren ähnlichen Geistes gegen unsre Brüdersache hervorgegangen. — Jener Prozeß ist inzwischen am 15. Dec. v. J. in letzter Instanz beim Obergericht in Hamburg endgültig entschieden — und zwar dahin, daß jene Redaction zu einer Satisfactionssumme von 1000 ℳ Bco. und zur Tragung sämmtlicher Kosten verurtheilt ist. (Die 1000 ℳ Bco. hat der Kläger zu mildthätigen Zwecken bestimmt.) In dem Erkenntniß des Obergerichts ist die von dem Verurtheilten erhobene Einrede des Verzichts, wegen der dabei gebrauchten Argumentation, als eine von dem Niedergericht mit Recht für „höchst frivol erklärte" und als solche verworfene bezeichnet.

5.

Die Zahl der bei mir im Monat December und zum Jahresschluß eingegangenen Briefe ist so groß, daß ich, so dankbar ich für dieselben bin und so gerne ich dieselben eingehend erwidern möchte, doch mich dazu außer Stand erklären und bitten muß, mich auf die allmählige Beantwortung derjenigen Briefe beschränken zu dürfen, die zur Erledigung von Geschäften durchaus eine Beantwortung erfordern.

Noch bitte ich wiederholt zu beachten, daß meine Adresse für Briefe nach Berlin ist: Victoriastraße 29a., für Briefe nach Hamburg: Hahntrapp 5.

6.

Es bleibt mir jetzt nur noch der herzlichste Dank übrig für die vielen reichen Gaben, die unserm Rauhen Hause auch wieder zu diesem Weihnachtsfest zu Theil geworden sind. Das Verzeichniß derselben ist im Nachfolgenden im Einzelnen aufgeführt. Ein Blick auf dasselbe giebt ein neues Zeugniß, wie reich die Liebe in der Nähe und Ferne unser gedenkt. Nach dem Abschluß eines Jahres, das uns so viele Kämpfe und Mühen, so viele tiefgreifende, oft wehthuende Erfahrungen gebracht, mußte diese neue Bezeugung der unserm Rauhen Hause und seinen Bestrebungen zugewandten Theilnahme für uns, die Betheiligten, zu einem Quell reichen Trostes und zu einem neuen Antrieb werden, im Vertrauen auf des Herrn Beistand freudig weiter zu gehen. — Das Fest ist in unserer Anstalt unter vielen Freuden der Kinder und Erwachsenen gefeiert; die reichen Gaben sind nicht bloß zur vorübergehenden Ergötzung, sondern zugleich zur dauernden Freude und zum Nutzen der Hausgenossen verwandt, namentlich sind Kleidungsstücke, Bücher, Hausgeräthe dafür angeschafft. Unter andern ist auch ein großer Theil der im letzten Jahre aus unsern Kinderhäusern durch Einbruch gestohlenen Zinngeräthe wieder ersetzt. Was von diesen Gaben noch nicht ausgegeben ist, wird im Laufe des Jahres für ähnliche Zwecke, z. B. bei den Hausfesten und ähnlichen Veranlassungen seine Verwendung finden. Der Herr wolle allen Wohlthätern an ihren eigenen Herzen, Kindern und Häusern vergelten, was sie auch in diesem Jahre durch diese Liebe an unsern Herzen, Kindern und Häusern gethan!

W.

Speciell für die auswärtigen Brüder.

Den Brüdern sind die Jahressprüche auf 1863 rechtzeitig zugesandt. Leider ist durch ein Versehen die damit zu verbindende Zuschrift weggeblieben. Die-

selbe enthielt zugleich einen Segenswunsch zum Neuen Jahr, den ich hiemit nachhole.

Für die Hülfscasse sind bis zum 10. Januar eingegangen 1) an Jahresbeiträgen für 1862: à 1 ♃ von B. (78), P. (126), L. (223), N. (353), S. (364) (es fehlen immer noch Beiträge für 1862. —); für 1863: à 1 ℳ von P. (67), C. (101), E. (120), S. (136), W. (168), P. (274), L. (302), S. (364), 2 ♃ von B. (77), 2⅝ ℳ von K. (76); 2) ohne nähere Angabe 2 ℳ von B. (134).

Aus dem B. H. entsandt sind: L. (326) in die Gefangenpflege nach Moabit an die Stelle des nach der Stadtvogtei versetzten R. (295); P. (281) zur Armenpflege unter den nothleidenden armen Webern im schlesischen Gebirge. Drei Brüder sind als Gehülfen je in die betreffenden Rettungshäuser zu Gr. Cammin, Kieckow und Angermünde gegangen (in den beiden erstgenannten war den Hausvätern solche Hülfleistung wegen ihres sehr leidenden Gesundheitszustandes doppelt nöthig); zwei Brüder sind nach dem Johannesstift in Berlin übergesiedelt. Auf eine andere Schulstelle (Vgl. Anhang zu den Jahressprüchen) versetzt ist D. (139); ausgeschieden (Y) ist B. (327), ausgeschlossen (Z) K. (256).

Geburtsanzeigen: ein Sohn: 19/11. 62. F. (38); 2/1. 63. O. (125), 18/12. 62. V. (277); eine Tochter: 6/12. 62. F. (26); 3/12. 62. M. (47); 16/12. 62. B. (108); 17/11. 62. H. (162); 4/1. 63. D. (289). — Verheirathet haben sich 4/1. 63. A. M. (159) und C. M. (181); verlobt hat sich P. (274).
W.

Zu Weihnachten 1862 eingegangene Gaben.

(Die im Nov. v. J. eingegangenen Gaben sind bereits in Nr. XII. des Jahrgangs der Fl. Bl. von 1862 p. 382 quittirt worden.)

Durch Herrn J. W. Jacobi:

Hr. Egm. Hageborn 5 ℳ; H. N. 5 ℳ; N. N. „für den Weihnachtstisch des R. H." 10 ℳ; Frl. L. D. 10 ℳ; Hr. Dr. Sieveking 20 ℳ; Hr. Dr. Jacobi 10 ℳ; Hr. G. Grafemann 10 ℳ; Hr. C. Wöltje 5 ℳ.

Durch Herrn H. M. Baly:

Mad. J. H. S., geb. v. S. 12 ℳ 8 β; J. G. S. 2 ℳ 8 β; Sen. H. 2 ℳ 8 β; H. M. W. 5 ℳ; Mad. R. 8 ℳ; N. H. 20 ℳ; L. E. B. in K. 25 ℳ; D. F. W. sen. 10 ℳ; Mad. John Smith 4 ℳ; wollene Strümpfe, Lucie B. 5 ℳ; Anonym 5 ℳ; C. W. 12 ℳ 16 β; W. W. 2 ℳ 8 β; durch W. W. von J. F. R. 2 ℳ 8 β; W. B. 5 ℳ; H. R. 5 ℳ; H. und R. 10 ℳ; Geschwister W. 7 ℳ 8 β; G. B. N. 3 ℳ; G. B. G. 7 ℳ 8 β; H. F. K. 1 Ld'or; M. B. 2 ℳ 8 β; Hr. Physicus Dr. G. 20 ℳ; B. B. 15 ℳ; C. G. M. 5 ℳ; Fr. Sen. H. 2 ℳ 8 β; Anonym 8 ℳ, halbwollenes Zeug; J. H. N. 5 ℳ; N. N. 5 ℳ, N. R. 6 ℳ 8 β; F. K. 12 ℳ 8 β; Mad. Dreetjen 1 Unterrock, 2 Hemden, 2 P. Strümpfe 2 Shawls, 3 P. Handmüffchen, 2 P. Handschuhe und diverse Spielsachen; N. N. durch J. O. L. 20 ℳ; Hr. F. Benecke 2 ℳ 8 β; Hr. L. Matthäi 10 ℳ.

Bei dem Herausgeber:

Hamburg: Hr. Past. Jänisch in Altengamme 2 ℳ 8 β; N. N. gesiegelt H. P. 10 ℳ; J. M. 2 ℳ 8 β; G. C. L. M. 8 ℳ; B. D. „Ein Scherflein für den Weihnachtstisch des R. h." 5 ℳ; Hr. Inspector Schubad 5 ℳ; Hr. Thielecke 5 ℳ; J. D. M. 10 ℳ; F. K. „Fürs R. H." zur Weihnachtsfreude" 2 ℳ 8 β; Fr. Sen. Haller 1 wollene Unterhose, 32 Ell. Kattun (neu), 1 Bilderbuch, 1 Hose, 1 Weste, 1 Packen Gardinen (alt); Dr K 2 P. baumwollene Socken, 1 Rock, 2 P. Beinkleider (alt); N. S. 7 ℳ 8 β; der „Jonathan" 10 ℳ; R. X 5 ℳ; E und W. D. 2 ℳ 8 β; Hr. Cand. G. Ritter 1 merkl. Plaster: „Caroline" 2 ℳ 8 β; Frl. C. W. 7 ℳ 8 β (davon 2 ℳ 8 β für C. u. G.); M. 8 verschiedene Reste Wollenzeug, 19 Ell. Schürzenzeug, 22 Ell. Flanell; N. N.; „Eine kleine Gabe für die Rauhhäusler zum Weihnachtsfest": 4 P. Kinderhändschen, 2 P. wollene Socken, eine Anzahl Bilder, 2 Lesezeichen, 2 Mädchenhemden und 5 ℳ; „Zur Weihnachtsfreude für die Kinder des R. H. von einer Treu-din" 3 getragene Röcke und 5 ℳ; Hr. H. Helms 3 ℳ; P. St. in D 2 ℳ; M. 3 ℳ. in Hom. 2 ℳ 8 β; P. 5 ℳ; L. L. 4 Röcke, 4 Hosen, 2 Westen, 1 Parthie Fußzeug, 1 Hut, 1 wollenes Kleid (alt) und 1 ℳ; Hr. Egm. Hageborn 2 Knabenröcke, 5 Hosen, 1 Jacke,

2 Kittel, 1 Weste u. s. w. (alt); G. G. 6 Schachteln Bleisoldaten (alt); H. G. 1 ℳ 8 ß; D. 1 ℳ; Hr. H. Suck in Horn 1 ℓ Ell. Schürzenzeug; Mad. Nölting 1 Rock, 1 Hut (alt); Fr. Synd. Merck einige größere und verschiedene kleine Stücke Spielzeug (alt); Frl. M. Gropp 2 ℳ 8 ß; Hr. Dr. J. X Schmidt 10 ℳ; N. N. durch Hrn. Ludewig 5 ℳ; Hr. Vollmer 5 ℳ; Frl. Riesenberger eine Anzahl alter Bücher; Mad. Parish 1 leinenes Hemd, 1 eingerahmtes Bild, 2 Zündholzbehälter, 1 Kästchen mit Stahlfedern, diverse Bücher ic. (alt); S. S. 5 ℳ; Hr. L. Meyer 2 ℳ 8 ß; „ein Arbeiter" 2 ℳ 8 ß, N. N 1 P. Schlittschuhe (alt); N. N. 1 Rock, 1 Weste (alt); durch Fr. N. N. 4 Hemden, 3 Hosen, 2 Jacken, 2 Westen, 1 Tasche, 6 Schürzen, 8 Nachtjacken, 6 Mädchen-, 6 Knabenhemden, 3 P. wollene, 3 P. baumwollene Socken, 1 Parthie Flicken; Frl. Aug. Perfiehl 1 Dukaten und 6 leinene Hemden: Fr. Past. Wendt 100 kleine Trompeten und 30 P. Strümpfe; Hr. J. G. Wolff 1 Frack, 1 Weste (alt); aus X. N.'s Sparbose 1 Dukaten; Fr. Sen. Hartung 2 ℳ 8 ß; N. N. 7 alte Bücher.

Baden: G. N. N. aus B. „ein Scherflein zur Weihnachtsbescherung" 1 ℳ.

Bremen: Hr. J. D. Noltenius 75 Exempl. von „Drei Tage aus Gellerts Leben" von W. D. von Horn und 5 Exempl. von „Der Fürst des Lebens" von H. F. Haccius.

Hannover: Frl. X. Wackerbagen in Hannover 4 Shawls, 6 Knüpftücher, 6 Schürzen, 2 Knabenhemden, 4 Mädchenhemden, 2 P. baumwollene Strümpfe ic.

Hessen-Darmstadt: Fr. Gräfin Helene zu Stolberg in Gedern 2 ℳ.

Holland: Fr. Past. Brandt und Kinder in Amsterdam 10 Gulden holl.; Wilhelm Brandt in Amsterdam 1 ℳ.

Holstein: Durch Hrn. Lor. Berendsen in Tondern der dortige Missions-Nähverein 9 P. wollene, 5 P. baumwollene Strümpfe, 6 Knabenkittel, 7 Knabenhemden, 1 Kapuze, 1 Schürze, 1 Shawl; Hr. Etatsrath Poel in Itzehoe 10 ℳ R. M.: durch Frl Luise Christiani in Brunsbüttel L. C. 2 ℳ 8 ß, P. G. 2 ℳ 8 ß, L. G. M. 2 ℳ 8 ß, X. N. 4 ℳ, Mab. D. X. in M. 2 ℳ 8 ß, Mad. X. P. in N. 1 ℳ 12 ß, Frl. F. P. 1 ℳ 14 ß, Frl. X. P. G. H. 2 ℳ 8 ß und 5 Shawls, 2 Ohrenwärmer, 2 Schürzen, 7 Knüpftücher; Hr. N. N. in Altona 50 ℔ braune Kuchen.

Lauenburg: Hr. Probst Rußwurm in Ratzeburg 1 ℳ.

Mecklenburg: Fr. Landräthin v. Derßen auf Kittendorf bei Stavenhagen 10 ℳ; Hr. Polizei-Inspector Ackermann in Schwerin durch die Agentur 1 ℳ 17 Sgr.; Frl Santelmann in Darsentin bei Güstrow 3 P. wollene Socken; Hr. Minister v. Derßen in Schwerin 2 Lvor.; Frl. Agnes von Ziegler und Frau von Derßen, geb. von Malschitzky in Schwerin 3 ℳ.

Preußen: Hr. Past. Huber in Gr. Wolfsdorf (Ostpreußen) 1 ℳ; Hr. v. Loebell zu Burg-Schabeleben in Gr. Salze 1 ℳ 3 Sgr.; durch denselben Hr. Dr. Guichard 1 ℳ; Frl. Inna Leopold in Burgsteinfurt 1 Schürze, 2 Knüpftücher, 1 Knabenmütze, 1 Shawl; Frl. Minna Hooff in Rondsen der Graubenz 15 Sgr.; Hr. Past. Krummacher in Brandenburg 1 ℳ; Hr. Horn daselbst 1 ℳ; Hr. Hoffmann daselbst 1 ℳ; durch Hrn. Cand. Giersdorf in Prieborn „einige Freunde des R. H. Luc †. 14— 3 ℳ 10 Sgr.; Hr Past. Pfeifer in Bibra 2 ℳ; X. in Osterweddingen 1 ℳ; Hr. Mühlenbesitzer Aug. Wüsler in Kreisfeld bei Eisleben 1 ℳ 8 ß; Hr. Oberpostsecretair Meyne in Magdeburg 3 ℳ; durch Hrn. Past. Oldenberg in Berlin die Brüder in Moabit 10 ℳ, Frl. Meltring in B. 1 ℳ; Hr. H. Welter in Berlin 2 ℳ; durch Hrn. Past. Heinecke in Zeitz, Sammlung in dortiger Erziehungsanstalt 5 ℳ; Hr. Dr. Peip in Berlin 1 ℳ; Fr. Subrector Müller in Stendal 2 P. wollene Strümpfe und 1 ℳ; W. in Münster 2 ℳ; Hr. Banz und Hr. Renner in Berlin 15 Sgr.; Hr. Prof. Dr. Beyschlag in Halle 2 ℳ; Posit. Neustadt-Magdeburg „dem lieben Christkind" 1 ℳ; Hr. Past. Ziegler in Pleismar 1 ℳ; Hr. Sup. Herbst in Laudstädt 1 ℳ; aus Jäskendorf (Ostpreußen): Hr. Graf von Finckenstein 5 ℳ, Fr. von Tippelskirch 2 ℳ, Fr. von Schkopp 1 ℳ, Hr. von Westphal 1 ℳ; N. N. Poststempel Salze 4 ℳ.

Sachsen-Coburg: N. N in Gotha 1 Duß Taschentücher, 2 Shawls, 1 P. wollene Strümpfe nebst Stopfgarn, 2 P. Eggenschuhe, 1 wollenes Halstuch; Hr. Samuel Friedr. Möller in Gotha 5 ℳ.

Schleswig: Durch Frl. M. v. b. Emissen in Friedrichsstadt der dortige Nähverein 6 Küchenschürzen, 6 Sonntagsschürzen, 12 P. wollene Strümpfe, 6 Knabenkittel, 4 Shawls; der Verein von drei verwittweten und vier ledigen Schwestern im Wittwenhause zu Christiansfeld 6 Mannshemden, 12 Boihemden, 12 P. wollene Socken; durch Hrn. Chr. Lehmann daselbst aus dem Wittwenhause 19 P. weiße und 8 P. bunte wollene Strümpfe.

Schwarzburg-Sondershausen: Hr Schulrath Dr. Pabst in Arnstadt 1 ℳ.

Waldeck: Frl. S. Stehr in Arolsen: 2 Schürzen, 2 Knüpftücher, einige Ell. baumwollenes Zeug zu einem Kleide, 1 Tuschkasten, 1 Heft mit Bildern und Bleifedern.

Württemberg: Durch Hrn. Pfarrverweser Leising die „Gemeinschaft" zu Wildenstein 2 ℳ; durch Hrn. Pfarrvicar Majer in Bonsdorf 2 ℳ 5 Sgr.; Hr. Diakonus Beitsch in Markgröningen 2 ℳ.

Quittungen vom Monat December 1862.

Für die Kinderanstalt. Hamburg: Hr. Past. Jänisch in Altengamme 2 ℳ 8 ß; Hr. J. A. Petersen 25 ß; J. G. M. durch Hrn. Inspector Schuback 10 ℳ; Hr. Dr. Gries Namens der Testamentserben des verstorbenen Hrn. F. Gordes 1000 ℳ. — **Hessen-Darmstadt:** Hr. Pfr. W. Baur in Ruppertsburg 1 ℳ. — **Holstein:** N. N. Postst Preetz 20 ℳ R. M.; durch Frl. E. Christiani in Brunsbüttel von einigen früheren Vereinsmitgliedern 23 ℳ 12 ß. — **Mecklenburg:** Fr. A. von Oerßen auf Woltow bei Tessin 10 ℳ. — **Oldenburg:** Hr. Past. Meyer in Zetel 1 ℳ. — **Preußen:** Hr. Past. Krummacher in Brandenburg 1 ℳ; Hr. Bomnüter in Langenberg durch die Agentur 11 Sgr., durch denselben Hr. Past. Schürmann 10½ Sgr. — **Schleswig:** Hr. Past. Ehler in Osterhaven durch die Agentur 1 ℳ 3 ß. — **Schwarzburg-Sondershausen:** Hr. Schulr. Dr. Pabst in Arnstadt 15 Sgr.

Hausbüchse: 5 ℳ 10 ß. Inhalt der Becken am 25. Dec. 29 ℳ 12 ß.

Für die Brüderanstalt. Hamburg: Hr. Past. Jänisch in Altengamme 2 ℳ 8 ß. — **Bremen:** M. und G. Postst. Bremen 2 ℳ. — **Hessen-Darmstadt:** Hr. Pfr. W. Baur 1 ℳ. — **Holstein:** durch Frl. E. Christiani in Brunsbüttel E. E. 2 ℳ 8 ß, E. G. M. 1 ℳ 14 ß. — **Oldenburg:** Hr. Past. Meyer in Zetel 1 ℳ. — **Preußen:** Aus Oels v. K. 1 ℳ, H. v. K. 1 ℳ; Hr. Past. Krummacher in Brandenburg 2 ℳ; durch Fr. von Gadow auf Drechow bei Tribsees: Fr. Gräfin von Behr auf Semlow 11 ℳ, Fr. Baronin von Schoult auf Barnedow 5 ℳ, aus Drechow 9 ℳ; X in Osterwedbingen 1 ℳ. — **Schwarzburg-Sondershausen:** Hr. Schulrath Dr. Pabst in Arnstadt 15 Sgr.

Für die Kinder- und Brüderanstalt gemeinschaftlich. Hamburg: „ein Arbeiter" 5 ℳ. — **Hannover:** Frl. Agnes Wackerhagen in Hannover 2 ℳ. — **Mecklenburg:** G. W. 5 ℳ; durch Frl. Agnes von Ziegler in Schwerin Hr. Minister von Levetow 10 ℳ. — **Preußen:** Hr. E. Heidenhain in Graudenz durch die Agentur 1 ℳ 6 ß.; Hr. Past. Conrad in Crummendorf bei Prieborn 1 ℳ; Hr. Reg.- und Schulrath Bock in Gumbinnen 10 ℳ. — **Sachsen-Altenburg:** F. K. in Altenburg 1 ℳ.

Naturalien. Hamburg: Der Hamburger Nähverein durch Frl. E. Eckermann 12 Hemden; Hr. Dr. Busse in Ham 1 Tuchrock, 4 Tuchjacken, 11 Hosen, 4 Westen u. s. w. (alt); Hr. Nölting ein Säckchen Reis. — **Mecklenburg:** Fr. A. von Oerßen auf Woltow bei Tessin 4 Mädchenhemden, 5 P. wollene Socken (neu), 3 Knabenwesten (alt). — **Preußen:** Fr. von Gadow auf Drechow bei Tribsees 1 getragener Pelzoberrock, 9 Faltenhemden, 12 P. wollene Strümpfe, 12 getragene Hemden; durch dieselbe Fr. Gräfin von Krassow 1 Dutz. hedene Handtücher, 4 Betttücher, 6 Hemden, Fr. Gräfin von Stolberg 6 feine Hemden.

Außerdem: Für das Evangelische Johannesstift in Berlin. Bremen: M. u. G. Postst. Bremen 2 ℳ. — **Preußen:** Aus Oels M. v. G. 1 ℳ; durch Hrn. Graf in Königsberg von einer Freundin in Heiliuenbeil 1 ℳ; Hr. Past. Schenk in Dobendorf 1 ℳ; Hr. Landrath a. D. von Kröcher auf Binzelberg im Magdeburgischen 25 ℳ; durch Fr. Professorin Lepsius in Berlin von Verschiedenen „zur Weihnachtsfeier der Kinder in der Johannishülfe" 12 ℳ; vier Kinder v. B. 2 ℳ.

Ferner erhalten vom „Pfarrer aus Elstertrebnitz in Sachsen" 10 ℳ — mit besonderem Danke für den angegebenen Zweck.

Dr. Wichern.

Die wiederholten Erfahrungen, daß die Original-Artikel dieser Blätter sogar ohne alle Angabe der Quelle in andere Blätter eingerückt worden, veranlassen uns hiemit zu der Erinnerung, daß Niemand zu solchem Nachdruck berechtigt ist. Jedenfalls behalten wir uns unser Recht an unserm Eigenthum vor. Von denen, die eine derartige Benutzung der hier veröffentlichten Artikel wünschen möchten, erwarten wir vorgängige Anfrage bei uns.

Die Agentur des Rauhen Hauses.

Inhalt des Hauptblattes: Die Gemeinde Kornthal in Württemberg. — Allgemeines über das Genossenschaftswesen. — Die Feuerprobe der englischen Genossenschaften in der Baumwollennoth, namentlich zu Rochdale. — Die Diakonissen- und Heilanstalt Bethesda in Hamburg. — Das Brüderhaus und Waisenhaus in Zelienopel durch Brand zerstört. — Nachrichten aus dem Rauhen Hause. (Quittungen u. s. w.)

Inhalt des Beiblattes: Zum Neuen Jahr. — Der Freihof.

Herausgeber Dr. Wichern, Vorsteher des Rauhen Hauses. — Verlag der Agentur des R. H. zu Horn bei Hamburg. — Gedruckt im R. H.

XX. Serie.
Februar.
Jährlich 24 Bogen zu
1 Gr. in 12 (monat-
lichen) Lieferungen.

1863.
No. 2.
Durch alle Buchhand-
lungen u. Postämter
zu beziehen.

fliegende Blätter

aus dem

Rauhen Hause zu Horn bei Hamburg.

Organ des Central-Ausschusses für die innere Mission der deutschen evangel. Kirche.

Hauptblatt.

Ein Zeugniß der Wissenschaft wider den religions-losen Staat.

I.

Nächst der Frage, wie Wissen und Glauben, Wissenschaft und Christenthum sich zu einander verhalten, ist wohl keine einigermaßen verwandte so vielfach und so verschiedentlich besprochen worden als die über Staat und Religion, Staat und Kirche. Auch kann in Betreff der engen Zusammengehörigkeit beider Fragen schwerlich ein Zweifel obwalten. Denn wer Wissen und Glauben schlechthin trennt, will folgerecht immer auch Staat und Kirche getrennt sehen. Dieß ist thatsächlich und ist in unserer Zeit begreiflicher als je, wenn wir erwägen, daß, von unreifen Vorstellungen und rohen Vorurtheilen zu schweigen, unter denen, die gegenwärtig über Wesen und Zweck des Staates Untersuchungen führen, Einstimmigkeit darüber herrscht, daß nur der Culturstaat der wahre sei, an dem Punkt aber die Meinungen auseinandergehen, wo es gilt, zu entscheiden, ob wahre Cultur allein auf dem Glaubensgrunde gedeihen oder desselben entrathen könne.

Da die letztere Frage, wie sich von selbst versteht, für diese der inneren Mission dienenden Blätter entschieden ist, so kann auch ihre Stellung zu unserem Thema keinem Bedenken unterliegen. Sie verwerfen und bekämpfen den religionslosen Staat, sie wollen und vertheidigen den christlichen.

Die Stellung des Zeitgeistes ist bekanntlich eine andere. In all seinen Blättern, an allen Orten seiner Wirksamkeit streitet er mit ungeheurer Majorität wider den christlichen Staat, für den religionslosen. Weil in seinen Augen eben die Majorität, vorzugsweise auf dem staatlichen Gebiete, an und für sich schon den Ausschlag giebt, so streitet er siegessicher.

Uns darf diese Sicherheit nicht entmuthigen. Zwar läßt sogar von christlicher Seite in Beziehung auf den berühmt gewordenen Wahlspruch des verewigten Stahl bisweilen der Einwand sich vernehmen, daß doch auch die „Autorität" und jeder, der ihr anhängt, so viel möglich die „Majorität" für sich zu gewinnen trachte, es also nicht gerathen sei, die beiden in so schroffen Gegensatz zu stellen. Und wer mag läugnen, daß selbst die höchste, die anderen alle bedingende Autorität, Gott in Christo, von der Majorität, ja Totalität der Menschen anerkannt zu sein begehrt? Aber, die den Einwand erheben, scheinen die Hauptsache zu vergessen, daß nämlich diese allbedingende Autorität, die sie mit uns anerkennen, nicht von der Anerkennung die Gültigkeit ihrer selbst abhängig macht, nicht aus der Majorität ihre Berechtigung schöpft, sondern sich als Autorität behauptet und darstellt, ob ihr gleich im Voraus feststeht, daß von vielen Berufenen nur Wenige auserwählt sind, nur Wenige dem breiten Wege den schmalen vorziehen. Die Majorität hingegen will, gerade weil sie Majorität ist, Autorität sein. Wie dieser ihr Begriff schon, den sie sich von sich selbst gebildet, auf Willkür und Fälschung beruht, so ist sie — darüber täusche sich niemand — geschichtlich, im Entwicklungsgange der Menschheit und Christenheit, stets gegen die Wahrheit gewesen, d. h. gegen die volle sittliche Wahrheit, gegen die Wahrheit, die für den natürlichen Menschen immerdar herbe ist und hart. Nur dann etwa, wenn diese Wahrheit in einer mehr oder weniger zweideutigen Form erschien, in einer Form, in welche zur Noth auch die Welt mit der List ihrer Vernunft das Ihrige hineinzulegen vermochte, nur dann fiel die Mehrzahl der Köpfe ihr bei. So oft aber und wo nur immer die verhängnißvollste aller Fragen in ganzer Reinheit und Schärfe an die Menge herantrat, hat sie jederzeit geantwortet, wie sie höchst wahrscheinlich auch heute antworten würde: Hinweg mit Diesem, gieb uns den So und so! Der Zeiten Unterschied besteht lediglich darin, daß in den einen, in langen Perioden, die Majorität den ihrer Ansicht nach wichtigsten Platz, den

Vordergrund der geschichtlichen Action, einnimmt, in den anderen, in kurzen Epochen, überwältigt, nicht überzeugt, passiv zurückweicht oder blindlings folgt. Es ist kläglich, aber es ist so, und nach dem festen prophetischen Worte wie nach dem an ihm herangereisten Urtheile christlicher Vernunft muß es so sein. Oder soll die Weltgeschichte am Ende der Zeiten unbedingt, wie Manche wähnen, sich in ein allgemeines, Klage und Leid ausschließendes Freudenreich auflösen? Dann hätte, auch abgesehen von dem das Gegentheil klar bezeugenden Wortlaute der Offenbarung, der ewige Herr der Zeiten die Seinen wahrlich zu theuer erkauft. Das wäre, menschlich geredet, um einen billigeren Preis zu haben gewesen. Nein. Diese Erde, auf der so viel Blut und Thränen geflossen, ist eine Wahlstatt: Entweder, Oder. Leben heißt kämpfen, und glauben siegen: der Glaube ist der Sieg. Wir streiten auch siegesssicher gegen die, welche schließlich doch nichts wider die Wahrheit können.

Es darf nun freilich nicht die Absicht sein, Fragen, wie die vorliegende, hier auch nur versuchsweise zu erledigen. Ueberhaupt sollten, wenn wir anders die Aufgabe der Presse recht verstehen, Tages- und Zeitschriften, die wirklich und ehrlich der Volksbildung dienen wollen, ein ernstes, selbstständiges Studium niemals zu ersetzen, vielmehr immer nur zu einem solchen anzuregen und anzuleiten sich bestreben. Wir hoffen, dieser Pflicht am besten zu genügen, indem wir, wie in früheren Fällen, auch bei unserer dießmaligen Erörterung auf ein unlängst erschienenes größeres Werk Bezug nehmen, welches wir der weiteren Nachforschung unserer Leser empfehlen möchten. Es ist Trendelenburg's „Naturrecht auf dem Grunde der Ethik" (Leipzig, Verlag von S. Hirzel, 1860): ein Werk, dessen uns willkommene Erträge wir um so höher anzuschlagen haben, als der Verfasser den Weg der reinen und strengen Wissenschaft zu gehen beflissen ist. Die folgende Betrachtung soll zeigen, was wir in dem genannten Werke zum Behuf eines ergiebigen Streites gegen den religionslosen Staat des Zeitgeistes finden und vermissen. Natürlich setzt der begränzte Zweck unserer Betrachtung auch dieser selbst ihre Gränzen; doch sind wir einem gründlichen Werke schuldig, ihm in seine Gründe nachzugehen.

Trendelenburg's „Naturrecht" ruht, wie der Titel besagt, auf dem Grunde der Ethik, seine ethische (sittliche) Ansicht aber wiederum, da es die Ansicht eines Philosophen ist, auf dem Grunde einer umfassenden Weltanschauung, welche er selbst als die organische bezeichnet. Im Unterschiede von der mechanischen, nach welcher die blinde Kraft oder eine bunte Vielheit von Theilkräften als das Ursprüngliche vor dem bewußten, das Weltganze begreifenden Gedanken steht und diesen als ihr Erzeugniß sich unterordnet, wie von einer dritten Anschauung (der des Spinoza), nach welcher Kraft und Gedanke nur verschiedene Ausdrücke einer und derselben Sache sind, bestimmt er das Wesen der organischen dahin, daß nach ihr der bewußte Gedanke, ein innerer Zweck, als das Ursprüngliche vor der blinden Kraft stehe und diese regiere, daß folgeweise durchweg das Ganze, eben in dem ursprünglichen Gedanken und Zwecke gegründet, vor den Theilen sei und sich zweckmäßig sowohl in sich wie in den Theilen vollende. Diese Bestimmung bleibt als allgemeine Grundlage oder kehrt nur in einer eigenthümlichen Form wieder auf dem Gebiete des Sittlichen, wo der einzelne Mensch, von Natur selbst zwar ein Ganzes, aber zugleich ein geschichtliches Wesen, einem höheren Ganzen sich als Glied einfügt, um dadurch von dem blind Organischen, das, von der Geschichte ihn lösend, ihn sofort auch macht- und hülflos erscheinen läßt, sich zu befreien und zu einem seiner Idee entsprechenden Dasein sich zu erheben. Hiernach ist, von Seiten des Einzelnen angesehen, das sittliche Bedürfniß Verstärkung, von Seiten des Ganzen die sittliche Form Gliederung; beide müssen zusammenfallen, um wahrhaft sittlich zu sein; geschieht dieß, so kann der Vorgang der sittlichen Entwicklung Ergänzung heißen. Das Maß und die Regel für diesen Vorgang zu finden und durchzuführen, ist die Aufgabe der gesammten Sittenlehre, von welcher das „Naturrecht", auch Rechtsphilosophie oder philosophische Staatslehre genannt, als ein besonderer Theil sich abzweigt. Es ist bekannt, daß jene, die Sittenlehre (als Güter-, Tugend- und Pflichtenlehre) ihre idealen Gestalten gewöhnlich nach drei Richtungen entwirft, und zwar so, daß eine und dieselbe sittliche Idee in dem höchsten Gut, dem gegliederten Ganzen des sittlichen Organismus, in den Tugenden, den Thätigkeiten im Sinne der sittlichen Idee, und in den Pflichten, den Forderungen mit bestimmtem Inhalt für das Sittliche, das bereits verwirklicht ist oder verwirklicht wird, nach verschiedenen Seiten sich darstellt; dann aber reiht das Recht in diese Grundgestalten der Ethik sich insofern ein, als aus demselben Geiste, aus welchem die Pflichten hervorgehen, die gegebenen sittlichen Verhältnisse, die ethischen Güter erhaltend und mehrend, auch das Recht entsteht, das die äußeren Bedingungen für die Verwirklichung des Sittlichen mit der Macht des Ganzen wahrt oder, genauer gefaßt, der Inbegriff derjenigen allgemeinen Bestimmungen des Handelns ist, durch welche es geschieht, daß das sittliche Ganze und seine Gliederung sich erhalten und weiter bilden kann.

Dieses sich gliedernde und gegliederte Ganze wird also vom Recht, das die äußeren Bedingungen des Sittlichen wahren soll, gleichsam als das natürlich und geschichtlich gegebene Material, in und an welchem es wirke, vorausgesetzt und vorgefunden. Es ist, in seinen Ursprung verfolgt, die Familie. In ihr scheiden sich sogleich Haupt und Glieder; sie wird daher die erste Quelle von Rechtsverhältnissen. Familien aber ergänzen sich zu Gemeinden, Gemeinden zu Staaten. Der Staat ist der höchste sittliche Organismus auf natürlich-geschichtlichem Boden, dazu bestimmt und berufen, in der individuellen Form des Volkes den universellen Menschen, den „Menschen im Großen", die Idee des Menschen, zu verwirklichen. Was der einzelne Mensch dem Vermögen nach ist, was in dem Einzelnen angelegt liegt, aber in dem Einzelnen für sich Anlage bliebe, das ist der Staat in der Entwicklung und Wirklichkeit. Aus dem Bedürfniß der für sich macht- und hülflosen Einzelnen, sich zu einem menschlichen Leben zu ergänzen, sicher hervorwachsend, aus dem göttlichen Urbilde des Menschen seinen großen Inhalt schöpfend, und für die Verwirklichung desselben in der individuellen Form des selbstständigen Volkes arbeitend, ist der Staat keine menschliche Erfindung irgend einer Art, sondern ein nothwendiges Erzeugniß der Geschichte, darauf gewiesen, die Macht mit dem Guten zu einigen. Denn die Macht zwar bildet die Grundlage, ohne welche es keinen Staat geben kann: nach ihr strebt der Mensch, indem er, seinem fundamentalsten Triebe folgend, sich selbst zu erhalten und zu behaupten strebt; aber für sich ist sie nur die blinde Grundlage, werthlos, wenn durch sie nicht ein Höheres möglich wird, heillos, wenn sie das Höhere unterdrückt oder zerstört. Die Selbsterhaltung hat keinen Werth, wenn nicht das Selbst einen Werth und höheren Zweck in sich hat; der Zweck, welcher erst die Macht berechtigt, ist das sittlich Gute, die menschliche Bestimmung, die Entwicklung des „Menschen im Großen". Dieser kurze, den Staatszweck bezeichnende Ausdruck aber faßt eine Fülle von Zwecken, Thätigkeiten, Richtungen in sich zusammen, welche wohl müssen unterschieden werden. Es sind, der zuvor dargelegten Natur der Sache nach, erstlich Richtungen Einzelner als solcher, Thätigkeiten, welche in den ihre Befriedigung suchenden Bedürfnissen der Einzelnen, seien es leibliche oder geistige, ihren Antrieb haben; sodann Richtungen des Ganzen, des Staates als solchen, damit beschäftigt, das Ganze in den Theilen und das Ganze gegen andere Ganze, also den Staat in den Unterthanen und den Staat gegen andere Staaten, zu vertreten; endlich Richtungen und Gestaltungen, in welchen sich die Zwecke der Einzelnen und des Ganzen begegnen und vereinigt ausbilden. Im Zusammenhange mit den beiden entgegengesetzten Punkten, von denen diese Richtungen im Staate ausgehen, steht die doppelte Werthschätzung, welche die Thätigkeiten erfahren, je nachdem man auf die Einzelnen sieht, welche Befriedigung ihrer Bedürfnisse suchen, oder das Ganze zum Grunde legt, in welchem die Einzelnen auf die Einheit des Staats bezogen werden. Die erstere Schätzung oder Ansicht läßt sich als die national-ökonomische, die andere im Sinne der Alten als die politische bezeichnen.*) Beide Ansichten stellen sich im Kampfe der Parteien dar, und es handelt sich in der Gesetzgebung fortwährend um ihre Ausgleichung und rechte Einigung. Die eingehende dritte Ansicht, welche die Mitte sucht, aber nicht zwischen den Gegensätzen, sondern über den Gegensätzen, mag die staatsmännische, die politische im ethischen und höheren Sinne heißen. Es ist die Ansicht, nach welcher sich die Einzelnen dem Ganzen unterordnen und im sittlichen Sinne das Ganze um der Einzelnen willen thätig ist. Von den Parteien, welche nur nach Einer Seite zu ziehen pflegen, nicht vertreten, ist sie in der Monarchie die königliche Ansicht der Dinge im Volke und Staate.

Hierin liegt schon genugsam angedeutet, welcher von den verschiedenen Staats-Verfassungen oder Formen, deren vergleichende Würdigung von jeher eine der wichtigsten und schwierigsten Aufgaben des Naturrechts gewesen, der Preis gebührt. Denn die drei Formen, die uns die Geschichte zeigt, Monarchie, Aristokratie und Demokratie, sind zwar alle drei, weil nothwendig entstanden, in demselben Maße

---

*) Den durchgreifenden Gegensatz dieser beiden Ansichten beleuchtet Trendelenburg sehr treffend und lehrreich an den verschiedensten Punkten seines „Naturrechts". Man vgl. z. B. S. 323 (bei der Frage nach Zerstückelung oder Untheilbarkeit des großen Grundbesitzes), S. 417 (in Bezug auf die allgemeine Wehrpflicht), S. 529 (Krieg und Frieden).

berechtigt, als ihnen gelingt, was keiner von ihnen schlechthin unmöglich ist, die Idee des Staates zu erfüllen. Und wenn in unserer Zeit besonders oft die Frage aufgeworfen wird, ob alle Ausbildung der Staaten zuletzt zu der Demokratie treibe, der „späteren und nachgeborenen Staatsform", oder ob umgekehrt die Demokratie sich in den geschichtlichen Ursprung aller Staaten, die Monarchie, zurückbilden werde: so kann die Antwort immer nur dahin ausfallen, daß beide, die Monarchie und die Demokratie, als gesetzmäßige Grundformen das sittliche Ziel verfolgen, um deffentwillen sie da sind, und die eigenthümliche Größe, deren jede in ihrer Anlage fähig ist, darzustellen versuchen. Gleichwohl lassen sich die eigenthümlichen Vorzüge des ursprünglichen und namentlich des **erblichen Königthums** (deffen Entartung die Despotie ist) für die Befestigung des Rechts nicht verkennen.*) Aus keiner Partei hervorgegangen und in keine zurückgehend, ist der erbliche König ein König aus sich selbst, über den Parteien erhaben, der Vertreter des Ganzen. Wo in der Demokratie die Parteien einander entgegenstehen, unterdrückt die eine die andere, sei es durch das Gesetz der Stimmenmehrheit, sei es, wenn dieß nicht mehr anerkannt wird, durch physische Gewalt. Der erbliche König hingegen ist im Streit der Parteien der geborene Obmann des Rechts; denn von keiner Partei auf den Schild gehoben, hat er nichts zu schonen und nichts zu begünstigen als das Recht. Nur aus dem Ganzen, welches vor den Theilen ist, hat er mit der Pflicht sein Recht und seine Macht. Während jedem Anderen im Volke und Staate, jedem anderen Stande und jedem anderen Einzelnen, der Theil zunächst liegt, in welchem er mit seinem Leben und seiner Thätigkeit gegründet ist, und während ihm beständig aus diesem Theil mit der Bewegung seines Begehrens die lebhaftesten und klarsten und eifrigsten Vorstellungen entquellen, so daß es ihm schwer, ja oft unmöglich wird, die Theile neben ihm oder gar das Ganze zu verstehen, wächst der geborene König mit den Gedanken und Empfindungen auf, welche aus dem Ganzen entspringen. Die Vorstellungen der Theile begreift und stützt und berichtigt er im Ganzen; mit den

---

*) Man vgl. zum Folgenden (bei Trendelenburg a. a. O. S. 487 f.) das verwandte Urtheil in der „Politik" von Dahlmann (zweite Aufl., bes. S. 114 f.), mit dessen ernstem geschichtlichen Sinne die philosophische Betrachtung Trendelenburg's in Gesichtspunkten und Ergebnissen vielfach übereintrifft.

Theilen empfindend, empfindet er für das Ganze. Aus der königlichen Betrachtung der Dinge, welche eine Betrachtung aus dem Mittelpunkt ist und nicht aus zerstreuten Oertern des Umfangs, stammt Dingen und Menschen gegenüber die königliche Kunst, welche sich in edlen Fürstengeschlechtern wie ein Geheimniß vererbt und, vom Volke als ein Höheres gefühlt, Jeden an seinem Orte und für sein Geschäft beseelt und die Dinge groß und furchtlos behandelt. Von Jugend auf an das Ganze gewiesen und in das Ganze eingewohnt, ist der geborene König der Halt und Hort der sittlichen Begriffe, die ja alle organisch aus dem Ganzen stammen, und es hat das königliche Wort Johann's II. von Frankreich, das Friedrich der Große wiederholt, einen tieferen Sinn: wenn es in der Welt keine Treue und Wahrheit mehr gäbe, müßte man ihre Spur bei den Fürsten wiederfinden. Der König ist und bleibt das sehende Gesetz; es bleibt ihm trotz aller künstlichen Anstalten der Verfassung der ritterliche Beruf, welchen einst Kaiser Ludwig der Fromme (von dem bekanntlich auch das „von Gottes Gnaden" zuerst „im Sinne der Demuth gebraucht" ward*)) als das kaiserliche und fürstliche Amt aussprach: sein Dienst sei Schutz der Kirche und Erhaltung des Friedens und der Gerechtigkeit. Der große König ist sich dessen gewiß, daß, was dem Ganzen, auch ihm, und, was wirklich ihm, auch dem Ganzen fromme. So wird die ethische Größe des Königthums dem erblichen König erleichtert, und ihm wächst der allgemeine Sinn als die Seele seiner Anschauungen wie von selbst zu. An das erbliche Herrscherhaus knüpft sich eine Geschichte, wie schon bei Homer an den väterlichen, nimmer vergänglichen Stab des Königs, und das Volk sieht gern in ihm seine eigene Geschichte; wie lebendig schauet es in dem angestammten Königshause die schwer faßbare Einheit des Staats; das Vaterland, welches, demokratisch betrachtet, eine Allgemeinheit bleibt, wird ihm im König persönlich, und im erblichen König nicht bloß das Vaterland in der Gegenwart, sondern in der Bewegung von der Vergangenheit zur Zukunft. Die Liebe und Treue gegen das Vaterland, die Ehrfurcht vor dem Gesetze, welche in jeder Verfassungsform eine ethische Forderung ist, hat in der erblichen Monarchie, in der Fürst und Volk Eine Geschichte haben, gute und böse Tage, Niederlage und Erhebung theilen, gleichsam persönliche Wurzeln.

---

*) Wuttke, „Handbuch der christlichen Sittenlehre", II. (1862), S. 530.

Die volksthümliche Dynastie verknüpft die abstracte Staatsordnung mit der lebendigen Empfindung des Volks, und sich von Geschlecht zu Geschlecht in das Bewußtsein des Volks einwohnend, schafft sie dem Staate Dauer und Bestand. Die Pietät gegen das Fürstenhaus ist ein Moment individueller Sittlichkeit, welches dazu beiträgt, das Ganze sittlich zu erhalten.

Bloß formal genommen, bleibt freilich auch die beste Verfassung nur ein Schema und leer wie ein Schema. Die Thätigkeiten des Volkes müssen sie, wie bemerkt, von Geschlecht zu Geschlecht im Geiste ihres Ursprungs erfüllen. Daher gehört als fortlaufende Ergänzung zur Verfassung die **nationale Erziehung**, welche zunächst durch Kirche und Schule geschieht.

Ueberhaupt ist ungeachtet der sittlichen Quelle, aus welcher das Recht fließt, seine Kraft beschränkt. Die Macht des Ganzen bildet es, um sittliches Dasein zu behaupten und die Einzelnen zu weisen und zu warnen, damit innerhalb der strengen Gränzlinien die das Leben anbauenden Thätigkeiten gedeihen. Aber das Recht bleibt hinter seinem Ziel zurück, wenn nicht der Sinn und die Sitte der Einzelnen ihm entgegenkommen und in den Einzelnen derselbe sittliche Geist schon überwiegt, welchen es gegen Alles, was ihm widerspricht, zu wahren unternimmt. Das Recht schneidet Auswüchse ab und stärkt dadurch das gesunde Leben, aber es kann keine innere Krankheit heilen. Wenn der Widerspruch üppig nachwächst, so erlahmt das Recht. Die feste Schale bleibt, aber der Kern, den sie schützen sollte, verkümmert inwendig. Rom's Recht blieb, aber das Volk verkam. Das Recht reicht zuletzt nicht aus, den inneren Untergang aufzuhalten, der, wenn Organ auf Organ sittlich abstirbt, mit beschleunigter Bewegung erfolgt. Dieser Untergang des Ganzen ist das göttliche Gericht, wenn das menschliche gegen die Einzelnen vergeblich geworden. Die Völker sterben, wenn sie der Natur verfallen, statt den sittlichen Geist zu behaupten. So lange ein Volk gesunde Schosse treibt, fühlt es sein Recht vom Sittlichen beseelt und ahnt in den geschriebenen Gesetzen die ungeschriebenen. Sein Glaube an sein gutes Recht verschmilzt ihm mit der Zuversicht zu dem gerechten Gott. Und sein Glaube trügt nicht; denn das alte Wort hat ewige Bedeutung: alle menschliche Gesetze nähren sich von dem einen göttlichen.*)

---

*) So schließt das Werk von Trendelenburg, S. 545 f.

Daß eine Rechts- und Staatslehre wie diese von religiösem, ja christlichem Geiste durchdrungen ist, erhellt aus dem Vorstehenden, auf dessen Mittheilung wir für unsern Zweck uns beschränken mußten, zur Genüge. Gegen das Bild vom Staate, das Trendelenburg entwirft, gehalten, erscheint der religionslose Staat des Zeitgeistes in seiner ganzen Nichtswürdigkeit und Nichtigkeit, gleichsam bei der Geburt schon reif für den Tod. Auch im Einzelnen — mag er, stets die Zustände und Nothstände der Gegenwart mit in's Auge fassend, vom Eid und Meineid handeln, oder von der Ehe-Schließung und Scheidung, von der Erziehung, von der Theilung der Arbeit, vom Wesen des Amts und der Aemter, vom Krieg und Frieden — überall verräth die tiefe Einsicht in das Verhängniß der Weltlage wie die umsichtige Weisheit, die jedes Für und Wider sorgfam abwägt und jede Verletzung berechtigter Ansprüche scheut, einen edlen Zorn gegen das Gemeine und insgemein Beliebte, einen vollen Antheil an der Gemeinschaft mit dem, der heilig ist. Aber es fehlt überdieß nicht an ausdrücklichen Erklärungen des Philosophen über das hier in Rede stehende Problem. Ohne die Gesinnung der Religion, gegen sie gleichgültig, lehrt er, würde der Staat seine menschliche Aufgabe nimmermehr lösen. Nur die einseitige Theorie des Rechtsstaats begünstige eine völlige Loslösung des Staats von der Kirche, bei welcher der Staat sich selbst einer geistigen Hülfe beraube. Die Voraussetzung, daß es denen, die es wollen, auch möglich sein müsse, ohne Religion im Staate zu leben, dürfe so wenig gedacht werden, als alle Gesetzgeber die Möglichkeit des Vatermordes gar nicht denken wollten. (A. a. O. S. 477.) Die Kirche, soweit sie den ewigen Ursprung und die unverfälschte Lauterkeit der sittlichen Begriffe vertrete, könne das Gewissen im Staate heißen. (S. 468.) Es bestehe ein „nothwendiger Zusammenhang des Staats mit der Kirche". (S. 448.) Beide bedürfen einander: die Kirche des Staats, damit ihr die äußeren Gesetze den Boden bereiten und das Gebiet einer Wirksamkeit sichern; der Staat hinwiederum der Kirche, um sich selbst und seine Genossen aus dem innersten Grunde des menschlichen Wesens zu beleben und sich vor dem Verderben zu bewahren, in das ihn sonst die ungehemmte Moral der Selbstliebe und des Wohlseins hineinziehe. Der von der Kirche schlechthin getrennte Staat sei verstümmelt und sterbe geistig ab; die Theorie von Trennung der Kirche und des Staats entstehe nur als

Nothbehelf in den Zeiten unreifer Conflicte. Die Regel, das allein richtige Verhältniß, sei, daß sich der Staat mit der Kirche befreunde und beide gemeinsam wirken. (S. 351.) Die vollendete Einigung von Religion und Staat bleibe, wenn je möglich, ein Ideal der Zukunft. (S. 349.)

Diese Aeußerungen über das Verhältniß der Religion und Kirche zum Staat stimmen großentheils fast wörtlich mit dem, worin die dermalen wohl ziemlich unbestritten herrschende christliche oder doch evangelische Gesammtüberzeugung der Zeitgenossen, zumal der theologischen, ihr Urtheil über dasselbe Verhältniß auszusprechen pflegt.

Es fragt sich indeß, ob die Berührung in den Ausdrücken den Schluß auf eine tiefere Uebereinstimmung der Ansichten gestatte. Trendelenburg hat die Gedanken, auf die er die seinige baut, nicht zurückgehalten. (S. 51 ff. S. 343—355.) Die Tragkraft dieser Gedanken zu prüfen, bleibt uns noch übrig.

Die Gemeinde Kornthal in Würtemberg.
(Schluß.)

Diese Ordnungen wie das Werk selbst haben sich durch eine Reihe von Jahren hinlänglich bewährt. Der nunmehrige Prälat von Kapff ist, so viel wir wissen, der dritte Pfarrer Kornthals gewesen und hat auch ein Büchlein über die Gemeinde veröffentlicht, Pfarrer Staudt ist jetzt schon eine Reihe von Jahren in großem Segen thätig. Eine seltene Wärme und Fülle des gläubigen Gemüths bei großer Verstandesklarheit strömt von seinen Predigten und Gebeten wahrhaft erquickend aus. Wie ein fruchtbarer Keim hat diese Gemeinde sehr bald auch nach Außen Schößlinge angesetzt. Zwar die nachgesuchte Anlegung anderer Gemeinden wurde ihr verwehrt, ohne Zweifel, weil man der Landeskirche durch Aussonderung ihrer besten und frömmsten Glieder Schaden zuzufügen besorgte. Indessen ist es sehr fraglich, ob nicht mehrere solche Gemeinden an verschiedenen Stellen des Landes angelegt als Brennpunkte des christlichen und sittlichen Lebens würden gedient haben, wie Kornthal unstreitig ein solcher geworden ist. Indessen ging von dem jetzigen Könige Wilhelm von Würtemberg selber der Antrieb zu einer Art von Kolonie der Gemeinde Kornthal aus. Lange war über die Austrocknung und Urbarmachung des sogenannten Langenweiler Riedes, eines großen Moorſtrecke im Süden des Landes, vergeblich verhandelt worden, da Niemand ſich auf das überaus ſchwierige Unternehmen einlaſſen wollte. Eines Tages erklärte der König, als das Geſpräch wieder darauf kam: „Wenn Niemand es thut, ſo thun es die Pietiſten". An Zweifel und Widerſpruch der Hofleute fehlte es natürlich nicht. Der König ſetzte dem Vorſteher Hoffmann die Sache auseinander, reiste perſönlich mit ihm hin, und obwohl Hoffmann ſeine großen Bedenken äußerte, ſo wollte er das Wort ſeines Königs nicht zu Schanden werden laſſen. Mitten im Winter 1824 nahm die Arbeit ihren Anfang mit 70 Arbeitern unter der Aufſicht zweier Kornthaler Gemeindemitglieder und in 6 Monaten war die ſchwere Arbeit eines Abzugkanals von 12,000 Schuh Länge, 12 Schuh Breite und 6 Schuh Tiefe nebſt vielen Seitengräben vollendet. 40 größtentheils arme Familien, ein Theil aus Kornthal, entſchloſſen ſich im Vertrauen auf Gott und aus Ergebenheit gegen den König, das neue Dorf Wilhelmsdorf begründen zu helfen. Es waren Jahre gewaltiger Anſtrengungen und Entbehrungen nöthig, um nicht zu verzagen. So feucht war der Boden, daß oft noch im Mai, ja ſogar im Juni und Juli Reif fiel und das Getreide oder die Kartoffeln in der Blüthe erfroren. Auch nur die Zinſen der auf ihren Gütern haftenden Schulden abzutragen, war den Koloniſten anfangs unmöglich. Ein Pfarrverweſer kam alle vier Wochen 12 Stunden weit (denn die Gegend iſt weit und breit katholiſch), um die Predigt u. ſ. w. zu verrichten. 1828 konnte der Betſaal eingeweiht werden, wozu Leute aus Baiern, Baden und der Schweiz zuſammenkamen; mit Stahlſtäben ſtatt der Glocken wurde geläutet. Endlich wurde durch den Druck eines Predigtbuches von 44 Würtembergiſchen Pfarrern, welches mit auffallendem Segen begleitet und bald in 10,000 Exemplaren verkauft war, für die Anſtellung eines Predigers die Summe von 12,000 Gulden in wenigen Jahren zuſammengebracht. Eine zweite Auflage von 5300 Exemplaren bezahlte das Pfarrhaus und den Garten. Schon 1833 war der Pfarrer Carl Mann, unter vorläufiger Garantie Kornthals für ſeine Beſoldung, nach Wilhelmsdorf berufen worden. Die „Pietiſten" hatten das Wort ihres Königs mit Ehren eingelöst und zwar um ſo mehr, als von Seiten deſſelben, abgeſehen von einigen Vergünſtigungen anderer Art, kein Geldzuſchuß irgend einer Art bewilligt wurde, um in keiner Hinſicht ſein Wort zurücknehmen zu müſſen. Hoffmann war genöthigt, 1836 einen Aufruf zur Unterſtützung der armen Kolonisten zu erlassen, welcher 8000 fl. brachte; 10,500 fl. wurden übernommen an ausstehenden Schulden, Häusern u. s. w. In dem Aufruf hieß es ausdrücklich, daß die Kolonisten durch ihren Fleiß auch bei der Regierung das Vorurtheil widerlegt hätten, als ob religiösgesinnte Menschen keine fleißigen Arbeiter wären.

An Erziehungs- und Rettungshäusern sind Kornthal und Wilhelmsdorf reich, ja Pflanzstätten des Segens in weiten Kreisen, die sich bis nach Frankreich und andern außerdeutschen Ländern erstrecken. Schon 1819 wurde eine Knaben-Pensionsanstalt errichtet, an welcher auch Pfarrer Friedrich arbeitete und die sehr bald von vielen Seiten her Zöglinge empfing, welche eine Zeit lang nicht mehr als 110 fl. jährlich zu zahlen hatten. So wenig wurde auf Gewinn dabei gesehen. 1834 brach, wie damals auch in andern Gegenden, unter den etwa 70 Zöglingen zuerst die Ruhr, alsdann das Nervenfieber aus, an welchem einmal 24 Zöglinge zugleich darniederlagen, so daß die übrigen in ein königliches Gebäude der Solitude untergebracht werden mußten. 6 Zöglinge aus der Schweiz starben und es entstand das ungegründete Vorurtheil, als ob das Klima Kornthals ungesund wäre, so daß die meisten Knaben weggenommen wurden. Der bisherige verdiente Lehrer Kullen trat zum Töchter-Institut über und sein Nachfolger arbeitete bald unter 30—40 Zöglingen weiter. Für den philologischen und höheren wissenschaftlichen Unterricht traten 1835 die bekannten Gebrüder Paulus ein, deren Mutter, die Wittwe eines Pfarrers Paulus, eine Enkelin des alten Flattich war und Tochter des gleichfalls hochverdienten Pfarrers Hahn (dessen Leben kürzlich von einem der Brüder Paulus beschrieben worden ist). Die Mutter, sechs Söhne und drei Töchter widmeten sich sämmtlich mit Eifer dem Erziehungsberuf; der älteste Sohn war Arzt in Kornthal. Von dem Sinn des auch als Erzieher unvergleichlichen Vaters Flattich scheint hier ein gesegnetes Erbtheil ausgegangen zu sein. Es entstand seitdem eine eigene philologische oder lateinische Schule neben der Realanstalt, die in anderer Beziehung Eine größere Anstalt bilden. Die Familie Paulus zog 1837 auf das sogenannte Salon-Gut bei Ludwigsburg, wo sie eine Erziehungsanstalt für über 100 Zöglinge errichtet haben. Die Knaben-Anstalten Kornthals stehen noch heute in voller Blüthe. Körperliche Uebungen werden Winters in einer schönen Turnhalle vorgenommen. Unter andern Fremdlingen sind auch manche Söhne von Missionaren hier auferzogen worden. Außer der erwähnten großen Töchteranstalt, die jetzt Pfarrer Staudt und seine Frau persönlich leiten, und die im Auslande eines bedeutenden Rufes sich erfreut, selbst in Kreisen, wo das Christenthum nicht zu Hause ist, existirt eine Mittelanstalt für Töchter von Professionisten und Landleuten in einem eigenen von Hoffmann dazu angekauften Hause, wo vorzugsweise in weiblichen Arbeiten unterrichtet wird.

Die Rettungsanstalten, die in beiden Ortschaften Kornthal und Wilhelmsdorf in 5 verschiedenen Gebäuden mit 40 Morgen Landes über 200 Kinder (vielleicht ist die Zahl jetzt eine noch größere) umschließen, haben mit einem Kapital von 24 Kreuzern angefangen. Ein Bettelknabe, der 1822 in's Zimmer trat, wo Hoffmann mit vielen Gästen zu Mittag aß, gab Veranlassung zu einem Gespräch, worin Hoffmann es beklagte, daß es ihm an dem Vermögen fehle, um solche Kinder vor dem Verderben zu retten. Einer der Gäste gab ihm nach Tische das erwähnte Scherflein mit den Worten: „Lassen Sie den Gedanken nicht mehr fahren, für verwahrloste Kinder ein Haus zu bauen." Damals fehlte es in Würtemberg noch gänzlich an einem solchen. Ein Aufruf Hoffmann's brachte 500 fl., mit denen 1823 ein Haus begründet ward, an dem die christliche Liebe aus der Nähe und Ferne in seltener Weise sich erwies. Landleute brachten ihre Feldfrüchte, Handwerker ihre Arbeiten, zarte Frauen ihrer Nadeln Erzeugnisse dar. Schon vor Ablauf des Jahres waren über 4500 fl. eingelaufen. Mit 10 Kindern wurde der Anfang gemacht; ein Lehrer aus der trefflichen Zeller'schen Kinderanstalt in Beuggen, Andreas Barner, trat 1825 als Hausvater und Schullehrer ein, 1828 waren schon 67 Kinder in der Anstalt, seitdem immer 70. — Als Vorstufe wurde 1829 die Anstalt für Kinder von 1—6 Jahren (später von 3—6 Jahren) angelegt, in einem früheren königlichen Jägerhause, eine halbe Stunde von Kornthal, jetzt, so viel wir wissen, gleichfalls im Orte selbst, wo fortwährend 40 solcher Kinder aufbewahrt und erzogen werden. In einem reinlichen, freundlichen Hause fanden wir nur die Jüngsten der kleinen Heerde fröhlich beisammen, die übrigen waren auf einem Spaziergange mit ihren Lehrerinnen begriffen. Eine Seidenzucht von 100,000 Raupen ward 1836 mit der Anstalt verbunden und die Kinder helfen das Laub der Maulbeerpflanzen brechen. Im 6. Jahre werden die Kinder nach Wilhelmsdorf verpflanzt, wo drei Rettungs-Kolonien der Hauptanstalt angelegt sind, für Knaben, für Mädchen und eine für 12 Kinder von der Geburt an. Die Versetzung der Kinder im 6. Jahre nach Wilhelmsdorf und von da im 10. wieder nach Kornthal hat sich als sehr heilsam erwiesen, wie Veränderung der Luft und des Bodens manche Pflanzen veredelt. Auch die Erzieher werden dadurch vor Ermüdung an manchen Kindern bewahrt und fassen die frischen desto frischer an. In den Jahren 1838 und 1839 betrugen die Kosten für 190 Kinder in allen 5 Anstalten nur 10,865 fl., was auf den Kopf 57 fl. macht, auf ein Kind für Kost täglich (mit Einschluß des Salzes und Geschirrs) 3 Kreuzer 3 Heller. Merkwürdige Aushülfen sind oft vorgekommen. Als der Hausvater der Kornthaler Anstalt eines Morgens zum Vorsteher Hoffmann kam und klagte, jetzt sei weder Mehl, Frucht noch Geld mehr da, nichts als Schulden, und Hoffmann auch nichts mehr vorzuschießen hatte, sondern ihn auf Gottes Hülfe vertrösten mußte, siehe da! da stand des Nachmittags schon ein vierspänniger Wagen von der Alb vor dem Haus, der Lebensmittel aller Art und Geld brachte, so viel als nöthig war. Mehrmals stand eine Brotschuld von mehreren hundert Gulden auf dem Papier und als sie bezahlt werden sollte, kam ein Legat, das genau so viel betrug.

Es versteht sich, daß hier nicht nach dem Grundsatz der modernen Pädagogik erzogen wird, wonach Erziehung nur einfache Entwicklung wäre alles dessen, was in der menschlichen Natur liegt. Der Funke göttlichen Lebens wird in jedem Kinde, auch dem verdorbensten, anerkannt. Aber „so wenig der Funke ohne starken Wind den todten Kohlenhaufen lebendig machen kann, so wenig vermag der in Fleisch und Blut gebundene Geist die Herrschaft des Fleisches, d. h. der selbstsüchtigen Seele und des lüsternen Leibes, abzuwerfen." Man sucht mehr das göttliche Wort, das allein frei macht, zu pflanzen, als allerlei Böses auszujäten, lieber zu bauen, als einzureißen, da man oft erfahren, daß, wo guter Grund gelegt war, das Böse von selber wich. Ein 10jähriger Knabe aus der Schweiz kam für das Rettungshaus bestimmt an, in dessen Zeugniß der Vorstand der Gemeinde mit Schrecken las, daß er schon drei Häuser angezündet und über zwanzig bedeutendere Diebstähle begangen habe. Man sagte dem Hausvater des Rettungshauses nichts, er wurde den andern gleich behandelt, aber das Beispiel der neuen Umgebung und das Wort Gottes wirkten so viel, daß keine Klagen vorkamen. Aehnliche Fälle waren häufig. Praktische Berufstüchtigkeit wird hoch gehalten. Allem unfruchtbaren Gefühlswesen, allem Geschwätz von religiösen Dingen ist man durchaus entgegen. Heiterer Fleiß durchbringt alle Verhältnisse. Insofern ist die ganze Gemeinde miterziehend. Das ist es auch, was die Eltern bewegt, ihre Kinder aus weiter Ferne herzusenden. Wir setzen noch einige von Kapff's trefflichen Erziehungswinken her, die er in Kornthal zur Anwendung gebracht hat: „In der religiösen Erziehung wie in Gottes Erziehung sei Nothwendigkeit Eins mit Freiheit, d. h. zwinget ohne Zwang, nehmet den Willen gefangen durch innere Nöthigung, nicht durch äußere, predigt mit dem Beispiel und dem Wandel mehr als mit Worten, zieht das Kind nicht an den Haaren zum Tempel Gottes, sondern lockt es herzu, führt es in's Heiligthum an der Hand, aber so, daß es meint, es laufe allein hinein. Ueberrumpelt es nicht, ehe als es Zeit ist, mit Knieen und Seufzen und langen Litaneien. Macht es nicht allzu fromm, nämlich nicht all ugefühlig und empfindsam, weil das Gefühlschristenthum leicht verraucht. Nehmet der Zeit und der Zeiten wahr. Das Kind lebt mehr in der Außenwelt, stürzet ihm die nicht zu bald um, macht sie zum Diener, Werkzeug, Spiegel und Kanal für den Geist. Wichtige Erscheinungen und Veränderungen der Außenwelt sind gesegnete Gebetszeiten, in denen der göttliche Samen sicherer haftet, als im alltäglichen Gewohnheitslauf. — Nehmet dem Kinde nicht zu früh den Glauben an die Menschheit, machet ihm die Gottheit nicht zu hoch und nicht zu niedrig, vermeidet die Redensarten und Worte, die nur der bekehrte Sünder versteht. Suchet die Bekehrung nicht zu erzwingen. — Leget dem Kinde nicht zu schwere Lasten auf; je mehr Last, desto weniger Lust, je weniger Lust, desto weniger Leben. Verlanget aber auch nicht zu wenig, als ob es gar nichts könnte ohne Bekehrung. Es giebt geistige Geburten vor der Wiedergeburt, Bekehrungen vor der Bekehrung, ein Wehen des heiligen Geistes vor dem Pfingstfest. — Den Vätern wurde ihr kindliches Glaubensleben und Gehorsamsleben gerechnet zur Gerechtigkeit." Lehren durch Erzählen sei die beste Unterweisung der zarten Jugend und zugleich die größte Wohlthat, für die sie am Meisten dankbar sind. „Viele Eltern erlangen wenig freudigen Gehorsam von ihren Kindern, weil sie nur Leibliches geben, sonst immer nur fordern, befehlen, drohen, zanken, strafen. Gebt ihrem Geist etwas, dann wird er willig und stark über das schwache Fleisch. Erzählt hauptsächlich die Geschichte aller Geschichten, macht die großen Männer Gottes zu den Vertrauten der Jugend, laßt sie den Lauf eines Abraham, Jakob, Joseph mitmachen — das macht fröhliche Gottesverehrer, Liebhaber und Nachfolger Jesu." — Die Schule soll hierin nur weiter entwickeln, was in der Familie begonnen worden. — Wir fanden dies historische Element des Christenthums auch in den Predigten mit Freuden überall wieder und es wird in der Würtembergischen Kirche durch so zahlreiche christliche Vorbilder der neueren und neuesten Zeiten noch verstärkt, die lebendig im Andenken des christlichen Volkes stehen.

Außer den obigen Rettungsanstalten giebt es noch eine Besserungsanstalt für entlassene weibliche Sträflinge in Wilhelmsdorf. Diese finden hier, sofern noch Hoffnung auf Sinnesänderung vorhanden ist, gewöhnlich auf ein Jahr Unterkunft und Beschäftigung unter der beständigen Aufsicht einer christlichen und geschickten Vorsteherin. Sie sollen nach dieser Zeit wo möglich in christliche Häuser in Dienste gebracht werden und bekommen nach einjährigem guten Verhalten daselbst einen Prämienschein von 11 fl., nach 2 Jahren 22 fl., und so fort bis auf einen Schein von 55 fl., wovon sie den Zins aus der Sparkasse erhalten. Werden sie aber rückfällig, so erlöschen alle diese Prämienscheine. Ausbezahlt werden sie erst bei der Verheirathung oder bei Erwerbung eines liegenden Gutes. Der Verein für entlassene Sträflinge zahlt der Anstalt jährlich 40 fl. für Kost und 10 fl. für Kleidung. — Auch giebt es in Kornthal noch ein Wittwenhaus für 12 arme Wittwen Würtembergs mit oder ohne Kinder, die entweder keinen oder nur sehr geringen Hauszins bezahlen. In Wilhelmsdorf ist auch eine Taubstummenanstalt zu finden.

Man darf nach dem Allen wohl sagen, daß nicht sehr viele Orte sein werden, wo in so kleinem Raum so viele und so kräftige Erweisung christlichen Lebens beisammen ist, ja, wo Alles, was da zu finden ist, diesem Leben seinen Ursprung verdankt. Neben die Brüdergemeinden, neben Herrmannsburg, Kaiserswerth, das Rauhe Haus und sein „Rettungsdorf", stellt sich Kornthal nebst seiner Kolonie mit vollem Rechte und es wird weniger den Eindruck der Absonderlichkeit machen, als wenigstens einige der zuerst genannten, ohne deßhalb der bestimmten christlichen Eigenthümlichkeit zu entbehren, welche eben die des gesegneten Würtembergischen Gemeindelebens ist.

Noth und Hülfe
unter den Fabrikarbeitern auf Anlaß der Baumwollensperre in England und insbesondere in Lancashire.

Ueber den vorstehend bezeichneten Gegenstand ist den Fliegenden Blättern ein Artikel eingesandt, dessen Inhalt eine Tagesfrage von der größten Bedeutung bespricht, dessen Umfang aber zugleich den verfügbaren Raum unserer Blätter vollständig übersteigt; die Agentur hat deßwegen beschlossen, diesen Artikel in einer besonderen Brochüre neben dem hier mitgetheilten Auszuge, der einige der hauptsächlichsten Daten enthält, erscheinen zu lassen. Unsere Leser werden sich erinnern, daß schon in der vorigen No. auf Veranlassung der Genossenschaftssache mit Hinweis auf die Pionire von Rochdale von der Noth der Baumwollenarbeiter in Lancashire die Rede gewesen. Inzwischen mehren sich die Nachrichten über das hereingebrochene Unheil aus den verschiedensten Ländern, namentlich Frankreich, Norditalien und Deutschland. Bei einer aber erst später möglichen Uebersicht über die Art, wie man in den verschiedenen Ländern der Noth entgegengetreten, würden sich bei der gleichen Noth unter den Völkern freilich charakteristische Unterschiede der bei denselben geleisteten Hülfen herausstellen, wie wenn z. B. in England bis dahin von der Regierung kein Pfund Sterling zu diesem Zweck hergegeben und in Anspruch genommen, während in Frankreich der Kaiser die Hülfsleistung mit einem öffentlichen Credit im Betrage von 12 (nach andern nur 5) Millionen Francs hat beginnen lassen, diese scheinbar ungeheure Summe, ergiebt jedoch, wenn die 12 Millionen richtig wären, da die Zahl der französischen Baumwollenarbeiter sich auf 515,000 (250,000 Männer und 265,000 Frauen) beläuft, auf den Kopf nur etwa 23 Francs oder 6 ℳ 10 Sgr. Begreiflicher Weise hat auch in Frankreich die Privathülfe sogleich hinzutreten müssen. Nach den neuesten Nachrichten vom Ende Januar sind bei 11 Journalen in verschiedenen Provinzen binnen 14 Tagen 149,039 Francs eingegangen, außerdem auf der Mairie zu Havre 112,000 Francs, in Rouen selbst 960,503 Francs; die Gesammtliste der Pariser Journale erreichte bis zum 26. Januar 568,427 Francs. Demgemäß sind in kürzester Zeit zusammen 1,789,969 Francs gezeichnet. — Aus Schlesien ist ein erster Aufruf zur Hülfe von der Conferenz für innere Mission in und um Reichenbach erschienen; die genannte Conferenz hat zugleich einen Bruder des Rauhen Hauses mit zur Vermittlung ihrer Hülfen berufen. Außerdem ist der Gegenstand bis jetzt nur für das neu versammelte Abgeordneten-Haus Anlaß zu einer politischen Verhandlung geworden, womit dem Fabrikarbeiter freilich nicht geholfen ist.

Einen interessanten Bericht über die Zustände in Lancashire und den Geist der in England geleisteten Hülfen giebt ein Augenzeuge, der in ganz England bekannte Prediger W. Taylor, in den Archives du Christianisme, (mitgetheilt in der Neuen Ev. Kirchen-Zeitung 1863, pag. 42). Taylor hat in Gemeinschaft mit dem bekannten Reiseprediger, Herrn Radcliffe, diese unter der Last der Noth seufzenden Fabrikgegenden längere Zeit durchreist, und hebt ganz besonders den Liebeseifer vieler Fabrikbesitzer gegen ihre arbeitslosen Arbeiter hervor; mehrere derselben beschäftigen sich mit diesen Leuten täglich regelmäßig mehrere Stunden; Einige wenden für diesen Zweck wöchentlich bedeutende Summen, der Eine 250 £, ein Anderer 800 £ (5100 ₰) auf. Die auch in unserm nachfolgenden Artikel ganz besonders hervorgehobenen Nähschulen nennen sie als bewunderungswürdig. Frauen und junge Mädchen aus den Familien der Fabrikbesitzer sind in denselben die Lehrerinnen und Pflegerinnen, die vielfach bis zur Ermattung und Erkrankung für die ihnen angehörigen Arbeiter thätig sind. Die Herren Taylor und Radcliffe haben an vielen Orten den armen Leidenden das Evangelium der Liebe und des Friedens gepredigt und mit wenigen Ausnahmen (wie z. B. hie und da in Manchester) bei den sich hinzudrängenden Schaaren offene Ohren und Herzen gefunden.-

Wir geben jetzt einige Auszüge aus der oben angeführten, unter dem gleichen Titel demnächst erscheinenden Brochüre des Herrn Prof. Huber:

Nach der einleitenden Erörterung über den amerikanischen Krieg, in welchem die Ursache dieser erschütternden socialen Einwirkung in Europa zu suchen, über die Sclavenfrage überhaupt und anderes Dahingehörige fährt der Verfasser fort:

Ohne uns auf die immer wiederkehrende Versuchung zu Betrachtungen über die wunderbare Bedeutung für die Schicksale der Menschheit des 19ten Jahrhunderts einzulassen, welche Gott in die zarten, unscheinbaren, vegetabilischen Schneeflocken der Baumwolle gelegt hat, wollen wir nur den äußern Maaßstab für den Löwenantheil geben, der hier auf England fällt, welches die riesenmäßige Entwicklung aller unermeßlichen Hülfsmittel und Kräfte, womit die Natur es ausgestattet, also seine ganze, im eigentlichsten Sinne Weltmachtstellung, mittelbar oder unmittelbar, hauptsächlich seiner Baumwollenindustrie verdankt. Begreiflich wird dies, wenn man erwägt, daß die Einfuhr des Rohstoffes im Anfang des Jahrhunderts auf 50 — 60 Millionen Pfund geschätzt, 1861 bis auf 1400 Millionen

Pfund und ist in den letzten zehn Jahren durchschnittlich auf 1000 Millionen gestiegen, wonach schon allein die Entwicklung aller mit dieser Industrie in Beziehung stehenden statistischen Dinge zu ermessen. Der Werth der Baumwollenproduktion z. B. kann durchschnittlich auf 86—90 Millionen £, das in den Gebäuden und Maschinen u. s. w. steckende Capital auf mehr als 50 Millionen £ angeschlagen werden; die Ausfuhr an Baumwollenfabrikaten beträgt gegen zwei Drittel der Gesammtausfuhr der britischen Industrie. Es braucht kaum bemerkt zu werden, daß bei weitem der größte Antheil an der Mehrproduktion der neuern Zeit nicht Menschenhänden, sondern mechanischen Arbeitskräften zufällt, dennoch ist die Zahl der bei derselben betheiligten Arbeiter (Männer, Weiber und Kinder) auf mindestens eine Million Köpfe, und die dabei mit Einschluß der nicht arbeitenden Familienglieder als Consumenten betheiligte Bevölkerung, auf etwa anderthalb Millionen anzuschlagen. Der jährliche Arbeitslohn, worauf diese Massen für ihren Unterhalt angewiesen sind, wird zu durchschnittlich etwa 20 £ für den Kopf, auf 24 Millionen £ angeschlagen.

Bei weitem der größte Theil, nahezu zwei Drittel der gesammten brittischen Baumwolleninduſtrie sind in der Grafschaft Lancaster und einigen angränzenden Distrikten der Grafschaften Chester und York zusammengedrängt mit Manchester als Centrum. Dann fällt etwa ein Viertel auf die schottische Grafschaft Lanark mit Glasgow als Hauptstadt, während der Rest sich auf mehrere unbedeutendere Lokalitäten versplittert.

Nachdem der Verfasser die Gründe angegeben, warum er in der Behandlung seines Gegenstandes sich wesentlich auf die Grafschaft Lancashire zu beschränken hat, fährt er fort: „Die Gesammtbevölkerung jenes Hauptgebiets der brittischen Baumwolleninduſtrie beträgt gegen drei Millionen, davon dürfte etwa die Hälfte in ihrer Existenz unmittelbar auf jene Industrie angewiesen sein, wovon etwa 500,000 wirkliche Arbeiter. Diese sind aber bisher noch nicht alle bis zu hülfloser Noth herabgedrückt, sondern man kann annehmen, daß etwa 150,000 noch theils genügende Arbeit finden, theils von ihren Ersparnissen (namentlich wie wir sehen werden bei genossenschaftlicher Verwendung derselben) wenn auch nothdürftig sich durchhelfen. So bleiben als eigentlicher Gegenstand der fremden Hülfe etwa 350,000 Arbeiter oder eine Bevölkerung von 500,000 Seelen. Was das heißen will, wird aber erst dann anschaulich, wenn man erwägt, daß die Zahl der der öffentlichen Armenpflege zur Last fallenden Armen noch gegen Ende des Jahrs 1861 in diesem Gebiet nur etwa 50,000 betrug — also eine Erhöhung um das zehnfache binnen Jahr und Tag.

Und zwar machen bloße Zahlen der Art noch nicht einmal den geringsten Theil einer solchen Heimsuchung aus; sondern man muß dabei im Auge behalten, daß es sich hier eben mit Nichten um einen Zuwachs des Materials handelt, woraus die gewöhnlichen Kunden des Armenwesens größtentheils bestehen, sondern daß die große Mehrzahl dieser Leute aus solchen besteht, die sich mit ihrer Familie bis dahin ganz behäblich eingerichtet gehabt, und die, ehe sie dazu gekommen, diese jetzt ihnen gebotenen Almosen entgegenzunehmen, mit wenigen Ausnahmen vorher ihren letzten Sparpfennig ausgegeben, ihren letzten Hausrath, ihr letztes über die Bedeckung ihrer Blößen hinaus entbehrliche Kleidungsstück verkauft oder versetzt haben. Wer mag die sittlichen Leiden, die Versuchungen ermessen, welche ein so rascher und massenhafter Sturz ins tiefste Elend erzeugen muß!

Wenden wir uns nun von solcher Noth zu der Hülfe, deren sie bedurfte und die sie fand, so ist zunächst die seltsame, aber nicht selten vorkommende Voraussetzung zurückzuweisen, als wenn es sich darum hätte handeln können, bei den Leuten durch fremde Unterstützung die Lücke auszufüllen, welche durch gezwungene Arbeitslosigkeit in ihrer Oekonomie entstehen mußte. Um eine, wenn auch nur sehr vage Anschauung der Sache zu gewinnen, dürfen wir aber nicht die Höhe der Nothstände, sondern nur einen Durchschnitt annehmen, den wir freilich nur nach ganz allgemeinen Voraussetzungen auf etwa 100,000 brodlose Arbeiter für die Woche während des verflossenen Jahres ansetzen. Rechnen wir nun auf jeden Arbeiter aller Art, (Weiber und Kinder eingeschlossen,) etwa 10 Sch. Wochenlohn, also wöchentlich zusammen etwa 50,000 £ und für ein Jahr (zu 50 Arbeitswochen gerechnet) 2,500,000 £, so würde schon die Unmöglichkeit der Beschaffung einer solchen Unterstützung von nahezu fünf Millionen für die vorauszusetzende zweijährige Dauer dieser Noth jede weitere Erörterung überflüssig machen, welche überdies auch die Billigkeit einer solchen Wohlthat sehr zweifelhaft erscheinen lassen dürfte. Dabei dürfte noch an einen eigenthümlichen Zug dieser Noth zu erinnern sein, daß nämlich die Gegenstände des täglichen Bedürfnisses, Nahrungsmittel u. s. w., reichlich vorhanden sind und es den Consumenten nur an Zahlungsmitteln fehlt. Dennoch nun kam es bei der Fortsetzung des Maaßes der Opfer, welche das Land sich zur Rettung dieses wichtigen Gliedes zu bringen haben würde, darauf an, wie hoch die Mittel zur nothdürftigen Erhaltung dieser Masse von Nothleidenden nach einem Durchschnitt für jeden Kopf veranschlagt werden müßten. — Ob die stillschweigend gefundene Veranschlagung, daß für den Kopf ein

Beitrag von wöchentlich 2¼ Sch. gerechnet werden könne, dem Zweck entsprechend anzuerkennen sein dürfte oder nicht, lassen wir hier dahin gestellt — genug, daß bei der Voraussetzung eines wöchentlichen Durchschnitts von etwa 250,000 Hülfsbedürftigen, 1862 in zunehmender, 1863 in abnehmender Veränderung — der Betrag der darnach erforderlichen Unterstützung sich wöchentlich auf 20,000 £, also in zwei Jahren auf etwas über zwei Millionen belaufen würde. Es bedarf gewiß keines Wortes weiter, um zu erweisen, daß eine solche Rettungsthat, wenn sie wirklich zu voller Ausführung während der zwei Nothjahre kommt, deren erst eins abgelaufen, zu den großartigern Erscheinungen der neuern Geschichte gehören dürfte — vorausgesetzt, daß wie bisher geschehen, so auch ferner Alles ohne Staatshülfe irgend welcher Art, durch freie Opfer der Einzelnen und Corporationen, aber als wahrhaft nationale Bewegung erledigt wird — mit Ausnahme freilich des von der lokalen, gesetzlichen Armenpflege zu tragenden, immerhin nicht unbedeutenden Antheils. Suchen wir nun uns anschaulich zu machen, aus welchen Quellen diese Hülfe floß und durch welche Treib- und Hebewerke sie flüssig gemacht wurde, so müssen wir uns um so mehr auf das Allgemeinste beschränken, da auch nur der dürftigste Auszug aus der unermeßlichen, aber völlig verworrenen Masse von Einzelnheiten, welche die Presse gebracht hat und bringt, uns viel zu weit führen würde.

Was nun die Flüssigmachung der Ströme, Bäche und Tropfen freiwilliger Opfer zur Abhülfe der großen Baumwollenhungersnoth betrifft, so zeigte sich darin anfangs keine sehr große Thätigkeit. Die Presse und die öffentliche Meinung bedurfte einiger Zeit, ehe die ganze, ohnehin auch erst allmählig hervortretende, beispiellose Ausdehnung, Höhe und Dringlichkeit, die ganze nationale Bedeutung der Sache allgemein anschaulich geworden. Dann aber und besonders gegen Ende der ersten Hälfte des Jahres 1862, gestaltete sich die Sache als eine wahrhaft nationale, die ganze brittische Welt, alle Colonien, alle Wanderstationen umfassende. Alle in den Sitten und Gewohnheiten und dem Freiheitsmaaß des öffentlichen Lebens gegebenen Mittel der Agitation wurden ihr in einem solchen Grade dienstbar gemacht, daß wohl nichts einen bessern Maaßstab für die riesenmäßigen Verhältnisse des brittischen Volkslebens geben kann, als die Wahrnehmung, die der fremde Besucher machen konnte, wie daneben alle andern Funktionen desselben mit solcher Energie und in solcher Ausdehnung ihren Fortgang hatten, daß immerhin, wer nicht gerade in jene Strömung gerieth, keine Ahnung von ihrer Macht und ihrem Umfang gewinnen mochte. Die nächste greifbare und gestaltige Frucht der Agitation war dann der Uebergang aus hunderten von freien Versammlungen (Meetings) zur Bildung von hunderten von Hülfscommittees, welche dann, jedes in seinem Bereich, alle anwendbaren Treib- und Hebewerke in Bewegung setzten. Dabei zeigten sich die Anziehungskräfte gewisser socialer Wahlverwandtschaften in vorübergehenden Organisationen ebenso thätig, als die schon organisirten Kräfte der mannigfachen älteren Corporationen weltlicher, geistlicher und wissenschaftlicher Art — wie denn z. B. die almae matres von Oxford und Cambridge sich so aufgeregt bewiesen, als es sich mit ihrer wohlhergebrachten Haltung irgend vertragen wollte. In den Städten traten fast überall die Bürgermeister an die Spitze einer Art von Centralcommittee, dessen Autorität freilich nicht weiter ging, als die freiwillige Anerkennung von andern Seiten. Auch hinsichtlich der Zwecke dieser verschiedenen, bunten und verworrenen, aber lebensfrischen und wirksamen Bewegungen fehlte es nicht an großer Mannigfaltigkeit. Die Hauptquelle dieser Unterstützungen war, wie sich denken läßt, die Hauptstadt, wo namentlich das sogenannte Lord Mayor's-Committee eine umfassende Thätigkeit entwickelte. Wie außerordentlich bedeutend die Gaben in vielen Fällen, namentlich von Seiten der höheren Stände, der Aristokratie, waren, dafür mag hier statt unzähliger, die alle Tage verkündet werden, die eine Thatsache sprechen, daß im November bei einem einzigen Meeting in Manchester 70,000 £ gezeichnet wurden, darunter 5000 £ von Lord Derby. Bei dem gänzlichen Mangel an Controlle und Centralisation ist es übrigens kaum möglich, auch nur den Betrag der von der Presse veröffentlichten Zuflüsse irgend genauer anzugeben, zu geschweigen denn der ohne Zweifel sehr bedeutenden, gleichsam tropfenweise und in der Stille ihren Weg findenden Wohlthaten. Die öffentliche Hauptmasse wird bis Ende 1862 auf wenigstens 900,000 £ veranschlagt, wozu man gewiß wenigstens 200,000 £ als stille Beiträge berechnen kann, also jedenfalls bedeutend mehr, als eine Million an freiwilligen Unterstützungen in Geld; dazu kommen dann noch die massenhaften Naturallieferungen. Rechnet man endlich dazu, daß das öffentliche Armenwesen in den nothleidenden Distrikten über ein Drittel der Hülfsbedürftigen, wenn auch nur zur äußersten Nothdurft, (mit durchschnittlich 1½ Sch.) auf den Kopf unterstützte — also etwa 30,000 wöchentlich seit Jahr und Tag, also demnach circa 200,000 £ zu der Gesammtsumme der Geld-Unterstützungen beigetragen hat, so kann man diese auf 1,300,000 £ anschlagen, womit der oben berechnete Bedarf reichlich zu decken war; wieweit diese Summe wirklich verwendet worden, ist eine andere Frage, worauf wir zurückkommen werden.

Der Verfasser berührt den unerquicklichen Streit, ob Lancashire selbst seine Pflicht gegen seine nothleidenden Arbeiter gethan, denen es in gewissem Sinne doch zumeist das riesenmäßige Wachsthum seiner Hülfsmittel und seiner Bedeutung an der Spitze der Weltindustrie verdankt, — und er kommt zu dem Resultat, daß Lancashire zwar Anfangs sich etwas träge und zurückhaltend erwiesen, später aber, vielleicht nicht ohne Einfluß der öffentlichen Rügen und Warnungen, sich rasch zu reichlicher Erfüllung, der ihm irgend billiger Weise zuzumuthenden Leistungen, erhoben, so daß in diesem Augenblick durchaus keine Ursache zu irgend einem Vorwurfe vorhanden. Namentlich gilt dies, mit sehr wenig Ausnahmen, auch von den Fabrikherren, welche eine Zeitlang Gegenstand sehr schwerer Beschuldigungen und gehässiger Verdächtigungen gewesen. Wieviel Grund zu Klagen, Anklagen und Bedenken in dem ganzen Verhältniß und Verhalten der meisten Arbeitsherren zu ihren Arbeitern, gegeben sein mag, — an thätiger Hülf- und Opferbereitheit, menschlicher oder christlicher Barmherzigkeit haben jene es bei dieser Gelegenheit nicht fehlen lassen. Einigen unerfreulichen Ausnahmen stehen sehr viele Beispiele wahrhaft großartiger Wohlthätigkeit gegenüber, die auch von der hohen Aristokratie des Grundbesitzes nicht übertroffen sein dürften. Und zwar ist das Verdienstliche dabei um so größer, da in sehr vielen Fällen Alles in der Stille, im nächsten Kreise der eigenen Arbeiter blieb. In vielen Fällen mag auch die Form dieser Unterstützungen dazu beigetragen haben, ihre wahre Bedeutung dem gewöhnlichen, hastigen und aufgeregten Urtheil zu verdunkeln, während oft gerade darin der Hauptwerth lag. Dahin gehören die Fälle, wo Fabrikherren ohne Gewinn — ja, mit bedeutendem Verlust fortarbeiten ließen, um die Leute dem Müßiggang zu entziehen, wobei das an Arbeitslohn gebrachte Opfer im Lauf des Jahrs oft 3—5000 £ betragen haben mag. In einigen Fällen scheint man einen Vorwurf daraus gemacht zu haben, daß die Wohnungsmiethe von dem Lohn abgezogen worden, was sich aber unter Umständen gar wohl rechtfertigen ließe. In sehr vielen Fällen sind die Räume stillstehender Fabriken zur Aufnahme der Arbeiter, zu Schulen, zu Speiseanstalten u. s. w. eingerichtet, oder die Leute mit Marken auf die für sie eröffneten Verkaufslocale oder Kleidervorräthe angewiesen worden. Vergleicht man aber das, was durchschnittlich die Fabrikherrn thun, mit den allerdings fürstlichen Gaben der großen Grundbesitzer, so darf man nicht übersehen, daß erstlich diese bei der ganzen Entwicklung des Nationalreichthums in diesen Distrikten in sehr vielen Fällen den Löwenantheil, und zwar ohne alle eigene Mühe und Opfer davon getragen haben, indem der Grund und Boden seit dem vorigen Jahrhundert um das zwanzig-, dreißig-, ja zum Theil hundertfache im Werth gestiegen ist. Dazu kommt, daß die Stellung eines Fabrikherrn, in einer solchen Krise eine ganz andere, viel schwierigere ist, als die eines Gutsherrn. Dieser hat unmittelbar von der Noth gar nichts zu leiden, so wenig als die relativ geringe Zahl seiner Leute, Anhänger u. s. w.; jenem aber liegt die Sorge für seine Hunderte oder Tausende von Arbeitern auf Seele und Beutel, wenn er irgend den Ansprüchen entsprechen will, die an ihn gemacht werden. Außerdem trägt er fortwährend den Schaden der Zinsen des großen in seinen stillstehenden Fabriken steckenden Capitals, und endlich muß er die Mittel bereit halten, jede sich darbietende Gelegenheit zur Wiedereröffnung seines Betriebs, oder sonst eines vortheilhaften Geschäftes zu benutzen. Auch der Vorwurf, der einigen Fabrikherrn daraus gemacht worden, daß sie Baumwollenvorräthe verkauft, statt sie zu verarbeiten, kann nicht ohne weiteres als begründet gelten, wenn man nicht nachweisen kann, daß der Gewinn doch nicht auch den nothleidenden Arbeitern zu Gute gekommen — wenn nicht als Arbeitslohn, doch als Unterstützung. Der sehr hoch angeschlagene Vortheil der hohen Preise der Fabrikprodukte scheint jedenfalls weit mehr den Großhändlern in Manchester und Liverpool zu Gute gekommen zu sein, als den Fabrikanten.

Bei der Beurtheilung des Verhaltens der zunächst betheiligten Gegenden sind aber noch zwei Punkte zu erwägen. Erstlich, daß Lancashire außer seinen freiwilligen Anstrengungen auch die ganze ungeheure Last des lokalen Armenwesens zu tragen hat, wodurch die Armensteuer seit Jahr und Tag um das doppelte, in manchen Fällen um das drei- und vierfache gestiegen ist, sodann darf man neben Anderem nicht vergessen, daß die ganze Last persönlicher Arbeit, Sorge und Mühe in der Vertheilung der eigenen und fremden Hülfsmittel und die noch viel größere der sittlichen Hülfsleistungen, welche damit Hand in Hand gehen müssen, besonders die Leitung der Schulen und anderer Anstalten zur Unterbringung der Leute, den wohlhabenden und zu solcher Arbeit sonst geeigneten und willigen Nachbarn u. s. w. zufällt. Und hier ist nur eine Stimme darüber, daß Tausende von Männern und besonders Frauen der mittleren, höheren und höchsten Stände in dieser schweren, langwierigen Prüfung die bewundernswertheste Aufopferung und Tüchtigkeit bewähren.

Suchen wir uns nun den Organismus oder Mechanismus anschaulich zu machen, durch den diese unermeßliche Hülfsarbeit wirklich ins Leben tritt, so scheint es bei der Masse und Verwirrung des Stoffs am rathsamsten, dieselbe an einem einzelnen, besonders bedeutenden und lehrreichen lokalen Beispiel aufzuweisen, woraus dann Schluß und Nutzanwendung auf andere untergeordnete Punkte leicht zu machen. Dazu eignet sich nun begreiflich vor Allem Manchester, welches in Folge seiner überwiegend centralen Bedeutung auch die Centralorgane für die ganze Grafschaft*) besitzt.

In Manchester also, wie allerwärts, sind vor Allem die beiden Hauptabtheilungen der gegenwärtigen Hülfsarbeit zu unterscheiden: erstlich, die gewöhnliche, öffentliche und officielle Armenpflege in ihrer Ausdehnung auf den durch die außerordentliche Noth verursachten Zuwachs an Kundschaft; und zweitens die ausschließlich zur Abhülfe dieser Noth improvisirte außerordentliche ganz freie und freiwillige Armenpflege. Hier ist nun zunächst zu bemerken, daß man in Manchester, wie anderwärts, eine durchgreifende Theilung der Arbeit zwischen diesen beiden Organen festhält. Nach welchen und ob überhaupt nach bestimmten Grundsätzen diese Theilung Statt findet, ist uns nicht klar geworden, und scheint dieselbe auch nicht überall in gleicher Weise zu geschehen. Während z. B. in Preston die Armenväter (Guardians) ein Drittel etwa der je wöchentlich zuwachsenden Fälle übernehmen und zwei Drittel der freien Armenpflege überlassen, wonach dann auch die Armensteuer erhöht wird, hat man in Manchester eine gute Weile versucht, mit dem Ertrag der im Anfang der Baumwollennoth festgestellten Armensteuer von 8 Procent des steuerbaren Besitzes soweit zu reichen, als es denn gehen mag und nur, was darüber ist, der freien Armenpflege zu überlassen. Später hat man freilich auch hier die Armensteuer sehr bedeutend erhöhen und die Kundschaft ausdehnen müssen. Jedenfalls ist nicht zu verwundern, daß im Anfang die Scheu der außerordentlichen Nothleidenden vor der mit Recht sehr verrufenen, rücksichtslos rauhen Pflege der Armenväter und Armenhäuser und vor Vermischung mit den oft genug einer solchen Zucht bedürfenden, gewöhnlichen Armen sehr groß war. In der That bedurfte es erst ziemlich starker Mahnungen in der Presse, Meetings u. s. w., ehe die betreffenden Behörden den Unterschied zwischen einem durch eine ganz unberechenbar plötzliche Calamität ihnen zugeführten, bis dahin ehrenhaften, selbständigen Arbeiter und einem gewohnheitsmäßigen Pauperisten und Bummler erkannten und anerkannten. So versuchte man namentlich auch in jenen Fällen den sog. „Labour Test" festzuhalten, wonach keine Unterstützung gereicht wird, wenn die Leute nicht durch einen gewissen Betrag von sehr harter Arbeit sich würdig erwiesen —

---

*) Die Bevölkerung von Manchester, mit den als Vorstädte zu betrachtenden Gemeinden, wird auf 550,000 angeschlagen, davon über 100,000 Fabrikarbeiter mit ihren Familien.

besonders Steineklopfen oder schwerste Spatenarbeit, für Frauen und Greise Tauende (Oakum) zerpflücken u. dgl. — Wie wenig diese Arbeit sich für die Hände der Spinner und Weber eignete, und wie unerträglich ihnen die Gesellschaft größtentheils war, in welcher sie geleistet werden sollte, läßt sich denken. Dem gerechten öffentlichen Unwillen mußte denn auch die rohe Routine bald weichen und sich bequemen, denjenigen Test anzunehmen, der sich in der freien Armenpflege ganz von selbst eingeführt hatte: den sogenannten School Test. Statt des Steineklopfens wurde nun den sich zur Unterstützung Meldenden aufgegeben, sich über den Besuch einer der älteren, oder (wie wir sehen werden,) aus dem Nothstand selbst hervorgehenden, auch zum Theil durch das Armenwesen selbst eröffneten Schulen auszuweisen. Bei dem steigenden Zudrang wurde indessen in sehr vielen Fällen doch auch davon abgesehen und nach anderweitigen vorliegenden oder leicht zu ermittelnden Umständen entschieden. Auf diese Weise wurden bis zum November v. Jahres 3443 Fälle in Arbeitshäusern und 12,311 Fälle (mit 31,285 Personen) mit häuslicher Unterstützung (out door relief) bedacht. Man kann die Zahl der aus dieser öffentlichen Quelle unterstützten Opfer der Baumwollennoth im December 1862 (als den wahrscheinlichen Höhepunkt) auf etwa 35,000 anschlagen, deren Unterhalt etwa 3000 £ wöchentlich betrug (1 Sch. 6 P. auf den Kopf). (Fortsetzung folgt.)

Zur kirchlichen Kunst.

Wohl ist in der Kirche der Reformation der Sinn für wahrhaft christliche Kunst neu erwacht, und es wird ihm hie und da eine liebende und einsichtsvolle Pflege gewidmet; aber noch bewegen sich diese löblichen Bestrebungen in zu engen Kreisen und die aus sorgfältigen Studien neu gewonnenen Grundanschauungen haben sich noch wenig practische Geltung errungen. Das protestantische England ist uns in dieser Beziehung weit vorangeeilt, und dieses Beispiel, sowie der in der katholischen Kirche Deutschlands, Frankreichs und Belgiens sich regende Eifer sollte das evangelische Deutschland wohl zur Nacheiferung reizen.

In Erwägung dessen haben sich Past. Anacker in Hohenstein im Königreich Sachsen und Herr Victor Falcke daselbst, zusammen mit Past. Meurer in Callenberg vereinigt, im nächsten Jahre in der Stadt Hohenstein bei Chemnitz (Station Hohenstein-Ernstthal, K. S. Niedererzgebirg'sche Staatseisenbahn) eine „Ausstellung von kirchlichen Kunst- und Gewerbserzeugnissen", zu veranstalten. Dieselbe soll bei Gelegenheit einer am 4. Juli 1863 abzuhaltenden Pastoralconferenz eröffnet werden und bis zum 18. Juli dem gesammten Publikum zugänglich bleiben.

Der Zweck dieser Ausstellung ist: Dem oft beklagten geschmack- und gedankenlosen, rein handwerksmäßigen und profanen Gebahren beim Bau und namentlich auch bei Ausstattung von Kirchen entgegenzuarbeiten und den Sinn für wahrhaft künstlerische und kirchliche Gestaltungen durch Vorführung möglichst mustergiltiger Probestücke zu wecken und zu nähren; denjenigen Künstlern, Kunstwerkstätten und gewerblichen Etablissements, deren Streben darauf gerichtet ist, den kirchlichen Bedürfnissen und Anforderungen zu genügen, eine passende Gelegenheit zu bieten, diese ihre Erzeugnisse zur Anschauung zu bringen und in den entsprechenden Kreisen bekannt zu machen, indem in den großen Kunst- und gewerblichen Ausstellungen die hier besonders in Frage kommenden Gegenstände gewöhnlich verschwinden und unbeachtet bleiben; Geistliche, Kirchenpatrone, ganze Gemeinden, einzelne Gemeindeglieder, welche mit würdiger Herstellung oder Ausstattung ihrer Kirchen oder mit Stiftungen für dieselben umgehen, mit denjenigen Bezugsquellen bekannt zu machen, an die sie sich mit Vertrauen wenden können.

Es würden hierbei etwa folgende Gegenstände in Betracht kommen:
Werke der zeichnenden und plastischen Kunst, Altäre, Taufständer, Risse und Zeichnungen für Kirchen, Kapellen, Leichenhallen, Pfarr- und Schulhäuser u. s. w., kirchliche Geräthe selbst, Altar-, Kanzel- und Taufsteinbekleidungen, Stickereien für Paramente aller Art, Fußbodentäfelungen, Glaser-, Tischler- und Schlosserarbeiten als: Glasmosaiken u. s. w., feiner Steinmetzarbeiten, als: Kanzeln, Altäre, Taufsteine u. s. w., Bibeldrucke, Werke für kirchliche Kunst, Buchbinderarbeiten, gemalte und gestickte Buchzeichen, Initialen, Kirchensiegel (Stempel und Abdrücke).

Obwohl zunächst beabsichtigt wird, den kirchlichen Kunstrieb durch Vorführung neuer Productionen anzuregen, so würde es gleichwohl zur größten Freude gereichen, auch ältere Werke, namentlich Werke der mittelalterlichen Kunst, vorzuführen und der Gegenwart zum Muster der Nacheiferung aufstellen zu können.

Die Vereine für kirchliche Kunst in Sachsen, Preußen und Würtemberg haben ihre Unterstützung bereits zugesagt, mit ähnlichen evangelischen Gesellschaften wird man sich demnächst in Vernehmen setzen.

Es fehlt unsern Blättern an Raum, den ganzen Prospect aufzunehmen; das Vorstehende wird aber genügen, solche, die sich dafür interessiren, darauf aufmerksam zu machen und zu weiterer Nachfrage zu veranlassen.

Weiteres aus Zeltenopel in Pensylvanien.

Wir haben im vorigen Blatte berichtet, daß das dortige Waisenhaus und Brüderhaus, dem gegenwärtig 7 unserer Brüder angehören, am 6. December vorigen Jahres durch eine Feuersbrunst vollständig zerstört worden. Gerade am Schluß dieses Monats erhalten wir aus der Feder unseres Bruder Holls, des dortigen Hausvaters, der mit seiner Familie, Frau und Kindern, durch jenen Brand zunächst obdachlos geworden und all sein Eigenthum verloren, weitere Nachrichten, aus denen wir Nachfolgendes wörtlich mittheilen:

„Es verstand sich von selbst, daß unter den vorliegenden Umständen — die 72 Personen (aus so vielen besteht unsere Anstaltsfamilie),

waren bei 15—20 verschiedenen Familien in dem Städtchen Zellenopel einquartirt — augenblicklich Rath geschafft werden mußte,
wenn nicht das innere Leben der Anstalt auf's Ernstlichste gestört
werden sollte. Das Executiv-Committee [dasselbe besteht aus den
Pastoren Passavant und Baßler, Kaufmann C. S. Passavant und
unserm Bruder Holle] beschloß daher am zweiten Tage nach dem
Brande, daß für die verschiedenen Kinderfamilien, für die Küche,
Waschküche und meine Familie Bretterhütten — Cabins — errichtet
werden sollten, und es wurde darauf hin auch gleich der Anfang mit
dem Ausroden eines Waldstückes in der Nähe einer sehr guten Quelle
gemacht. — Es sind morgen 5 Wochen, seitdem dieß beschlossen, und
schon sitze ich hier mitten im Walde in meiner Bretterstube, um an
Sie zu schreiben. Vier Familienhäuser, ein Schulhaus, eine Küche
nebst Vorrathsstube, ein großes „Mutterhaus" nebst Weißzeugstube,
eine Waschküche — im Ganzen 8 Gebäude, welche zusammen eine
Länge von 264 Fuß und eine Breite von 22 Fuß haben, also einen
Flächenraum von 5808 ☐ Fuß bedecken — sind fertig und werden
von unserer Anstaltsfamilie bewohnt. Gestern zog ich mit meiner
Familie ein, nachdem einige Tage vorher einige Kinderfamilien den
Anfang gemacht.

Wenn ich das Ganze ansehe, so ist es wie ein Wunder vor
meinen Augen, und ich preise die Gnade unseres Gottes, der nach
so kurzer Zeit der Trennung uns wiederum zusammen geführt. Alles
Holz zu diesen Gebäuden mußte 12 Meilen von hier per Achse gefahren werden, und nur, wer den Zustand unserer Fahrstraßen kennt,
kann beurtheilen, was das heißt.

Die Beaufsichtigung dieser Bauarbeiten, die Sorge für die Kinder in den verschiedenen Familien, dazu die Festzeit, deren Freude
wir, wenn auch mit tief betrübtem Herzen, dennoch nicht gestört
wissen wollten, ferner eine nothwendige Reise nach Pittsburgh, um
Einkäufe für die Anstalt und für mich persönlich zu machen, da mir
und meiner Frau z. B. durch das Feuer alle meine Kleidungsstücke,
mit Ausnahme dessen, was wir an hatten, zerstört waren, — Alles dies
ließ mir wirklich keine Zeit, Ihnen auch nur einigermaßen befriedigend zu schreiben. — Mit innigem Dank gegen Gott muß ich hier
anführen, daß Er uns allesammt nach dem Feuer bis zu diesem
Augenblicke mit körperlicher und geistiger Gesundheit gesegnet und uns
dadurch befähigt, die vielen Mühen und Sorgen und Arbeiten der

letzten Wochen besser zu ertragen. — Wenn auch die Ruinen unseres schönen Anstaltsgebäudes, die ich aus der Ferne erblicke, mein Herz mit Trauer erfüllen, so kann ich dennoch die wunderwirkende Hand Gottes, die hier ein ganz Neues schaffen will, deutlich genug erkennen. — Könnten Sie die vielen Beweise der innigsten und thätigsten Theilnahme alle sehen und mit uns erfahren, Sie würden gewiß mit uns getrost in die Zukunft blicken und sagen müssen, daß des Herrn Werk, das er hier angefangen, nicht durch jenes Feuer zerstört worden ist, noch zerstört werden soll, sondern viel schöner und herrlicher aus der Asche erstehen muß. Von allen Seiten erhalten wir die aufmunterndsten Briefe und auch Unterstützungen, und zwar mitunter von solchen, die wir unserer Arbeit ferne geglaubt. Deutsche und Amerikaner wetteifern gegenseitig in Hülfleistungen. Unser Verlust an dem Gebäude allein beläuft sich auf 25,000 Dollars. Hierzu kommen noch die Verlüste an den inneren Einrichtungen, Betten und Bettstellen, an Schulgeräthen, Schulbüchern, einem Theil der Kleider der Kinder, an Lebensmitteln (darunter 300 Bushel Kartoffeln) und ferner noch die persönlichen Verlüste der Brüder. Von der obigen Summe sind nur 10,000 Dollars durch Assecuranz gedeckt. Es ist unser Plan, mit Gottes Hülfe bis zum 1. April 15,000 Dollars zu collectiren neben den Collecten für die laufenden Ausgaben — und dann mit dem Bau permanenter Häuser zu beginnen."

Aus allem Vorstehenden geht hervor, wie rasch und kräftig die Freunde und Brüder dort Hand an das Werk der Hülfe gelegt und in welchem reichen Maße Gottes Hand sie dabei gefördert.

Wenn daran die Bitte geschlossen wird, daß auch aus dem deutschen Vaterlande Beiträge der Hülfe ihnen zu Theil werden mögen, so können wir uns solcher Bitte nicht verschließen. Namentlich die Drangsal des dortigen Bürgerkrieges fordert dort nach allen Seiten so viele Opfer, daß die Herbeischaffung der Mittel für jetzt doppelte Schwierigkeiten hat; dazu wächst in Folge desselben Krieges die Zahl der Waisen, Armen und Elenden jeglicher Art in solchem Umfange, daß die Anforderungen an die dortigen Arbeiten der inneren Mission sich täglich verdoppeln, während die Mittel täglich mehr schwinden müssen.

Unter diesen Umständen folge ich mit getrostem Vertrauen der Aufforderung, auch in den mir zugänglichen Kreisen um Liebesgaben für die Wiederherstellung der zerstörten Anstalt zu Zelienopel zu bitten. Ich bin namentlich aufgefordert zu helfen, daß der dortigen Anstalt die Wiederherstellung der Einrichtungen für die von hier hinübergehenden sechs Brüder, welche dort zunächst als Gehülfen und Mitarbeiter mitwirken und den größten Theil ihres Eigenthums und ihrer von hier mitgegebenen Ausrüstung verloren haben, erleichtert werde. Ich glaube mich um so mehr gerechtfertigt, darauf einzugehen, als die ganze Ausrüstung jener sechs im März vorigen Jahres dorthin entsandten Brüder beschafft worden ist, ohne damit irgend Jemand zur Last zu fallen.

Beiträge der Art bitte ich mit dem Zusatz „für Zellenopel" an meine unten angegebene Adresse in Hamburg gütigst gelangen lassen zu wollen.
Januar 1863.
(Hamburg, Hahntrapp 5.) Dr. Wichern.

In Sachen des Central-Ausschusses.
Anzeigen.

1. Als ordentliche Mitglieder des Central-Ausschusses sind in denselben gewählt:

Herr Ober-Consistorialrath Professor Dr. Dorner in Berlin.
Herr Dr. und Professor C. F. Ranke, Director des Friedrich Wilhelms Gymnasiums in Berlin.

2. Der Central-Ausschuß macht hiermit bekannt, daß auf seine Veranstaltung die beiden nachbenannten Vorträge, die auf besonderen Beschluß des Brandenburger Kirchentages, bezüglich des damit verbundenen Congresses für innere Mission, separat gedruckt worden, um sie in weitere Kreise und so wohlfeil als möglich zu verbreiten, nunmehr erschienen sind. Die bezügliche Nachricht ist bereits an alle unsere Agenten und Correspondenten und diejenigen Mitglieder des Kirchentages, welche haben erreicht werden können, ergangen.

Dr. Wichern, Die Verpflichtung der Kirche zum Kampf gegen die Widersacher des Glaubens in ihrer Bedeutung für die Selbsterbauung der Gemeinde. 32 S. 8°. Preis für 30 Exempl. 1 ℳ.

Dr. Kögel, Die Unwissenheit in christlichen Dingen in ihrer Bedeutung für die Irreligiosität der Gegenwart. 52 S. 8°. Preis für 20 Exempl. 1 ℳ.

Auch können 24 Vorträge (d. h. 12 von jedem) zusammen für 1 ℳ bezogen werden.

Doch gelten diese Partiepreise nur dann, wenn die Bestellungen in frankirten Briefen und direct bei der Agentur des Rauhen Hauses in Hamburg (Hahntrapp 5) gemacht werden.

Nachrichten aus dem Rauhen Hause.
Speciell für die auswärtigen Brüder.

Für die Hülfscasse (H. C.) sind vom 11. Januar bis zum 9. Februar an Jahresbeiträgen eingegangen 1) für 1862: 1 ℳ von V.(203), 2 ℳ von O.(112). 2) für 1863: à 1 ℳ von H.(9), S.(21), W.(48), H.(49), T.(69), S.(89), W.(94), A.(104), B.(106), L.(121), R.(124), V.(129), M.(140), E.(143), H.(166), A.(171), Z.(174), P.(179), P.(196), V.(203), W.(217), V.(219), P.(232), M.(245), S.(249), H.(255), H.(261), J.(279), W.(283), D.(301), T.(314), P.(335), S.(346); à 2 ℳ von K.(23), S.(99), O.(112), B.(323); 5 ℳ von R.(71). — Für das Correspondenzblatt hat H.(49) 1 ℳ eingezahlt.

Geburtsanzeigen: ein Sohn: 12/1. E.(120); 20/1. E.(143); 19/1. Z.(235). — Verheirathet haben sich: 18/1. H.(166); 18/1. T.(269); 8/1. C.(287); verlobt hat sich B.(270).

W.

Quittungen vom Monat Januar 1863.

Für die Kinderanstalt. Hamburg: Hr. Kirsig 2 ℳ 8 ß. — Braunschweig: „Ein dankbarer entlassener Zögling" in K. 1 ℳ. — Holstein: Hr. Pastor Hahnson in Oldesloe 5 ℳ; durch denselben aus den Ueberschüssen der dortigen Sparcasse 100 ℳ. — Preußen: Frl. Magdalene Falk in Walbau bei Liegnitz 1 ℳ.
Hausbüchse: 17 ℳ 4½ ß.
Für die Brüderanstalt. Bremen: Hr. J. E. Victor Lb'or. ℳ 100. — Holstein: Hr. Pahl in Preetz 2 ℳ 8 ß; durch Hrn. Pastor Bersmann in Itzehoe als von der Redaction des „Sonntagsboten" 6 ℳ R.-M. — Preußen: Hr. Graf von Bismark-Bohlen auf Carlsburg bei Möckow 15 ℳ. — Sachsen: Hr. Pastor Schröter in Wilbenhain und Hr. Pastor Hofmann in Scassa 2 ℳ.
Für die Kinder- und Brüderanstalt gemeinschaftlich. Hannover: Hr. Regierungsrath Jachtmann in Hagen 1 ℳ. — Holstein: durch Hrn. Pastor Bersmann in Itzehoe als von der Redaction des „Sonntagsboten" 11½ ℳ R.-M. — Preußen: Hr. Jaeger in Gnadenberg durch die Agentur 4 ℳ 14 Sgr.; Hr. Graf von Finkenstein auf Jäskendorf bei Mohrungen 2 ℳ.
Naturalien. Hamburg: N. N. das N'ue Testament von D. von Gerlach 8 Bde. (alte Ausgabe); Sämmtliche Werke d's Wandsbecker Boten, Hamburg 1775, 4 Bde, und einige andere Bücher (alt); Hr. A. F. W. Röpe 1 Sack Erbsen, 1 Sack Zwetschen.
Außerdem: Für den Central-Ausschuß, Bremen: Hr. J. E. Victor für den Candidaten-Convict im Rauhen Hause Lb'or. ℳ 100. — Preußen: E. u. K. in Herford 4 ℳ; J. G. in Halle für einen besondern Zweck 100 ℳ.

Für alle obigen Gaben sage ich hiemit den Wohlthätern den herzlichsten Dank.

Dr. Wichern.

Inhalt des Hauptblattes: Ein Zeugniß der Wissenschaft wider den religionslosen Staat. I. — Die Gemeinde Korinthal in Würtemberg. (Schluß.) — Noth und Hülfe unter den Fabrikarbeitern auf Anlaß der Baumwollensperre in England und insbesondere in Lancashire. — Zur kirchlichen Kunst. — Weiteres aus Zelicnopel in Pensylvanien. — In Sachen des Central-Ausschusses: Anzeigen. — Nachrichten aus dem Rauhen Hause: Specielles; Quittungen.

Inhalt des Beiblattes: Luc. 16, 22. Off. Joh. 14, 13. — „Bis in's dritte und vierte Glied." — Aus dem Rauhen Hause: Bruder Seidel I. †.

Herausgeber Dr. Wichern, Vorsteher des Rauhen Hauses. — Verlag der Agentur des R. H. zu Horn bei Hamburg. — Gedruckt im R. H.

XX. Serie. 1863.
März. No. 3.

Jährlich 24 Bogen zu 1 fl. In 12 (monatlichen) Lieferungen.

Durch alle Buchhandlungen u. Postämter zu beziehen.

Fliegende Blätter

aus dem

Rauhen Hause zu Horn bei Hamburg.

Organ des Central-Ausschusses für die innere Mission der deutschen evangel. Kirche.

Hauptblatt.

Die Ursachen

der so vielfach erfolglosen Bemühungen in der heutigen Kindererziehung.*)

(Vortrag des Herausgebers im evangelischen Vereinshause zu Berlin am 9. Februar 1863.)

Das allgemeinere Interesse unserer Zeit wendet sich auch in Vorträgen wie die gegenwärtigen überwiegend denjenigen Bestrebungen zu, die in die Oeffentlichkeit münden; die politischen, die allgemein kirchlichen und die socialen Tagesfragen, Werke der Kunst und Literatur sind deßwegen die bevorzugten Gegenstände der Besprechung. Aber trotzdem wird ein, wenn vielleicht auch nur geringerer Anspruch auf Theilnahme auch denjenigen Gegenständen gegönnt werden, die sich zwar von der Oeffentlichkeit mehr abkehren, aber auf nicht minder allgemeine Lebensinteressen beziehen. Unter diesen wird eine Stellung in erster Linie sicherlich all demjenigen, was den Aus-, Auf- und Neubau des Familienlebens bezweckt, gebühren. Ist doch die Wiege alles Großen und Bedeutungsvollen, das je bestimmend in die Oeffentlichkeit eintritt, immer irgendwie der Familie anvertraut, in der die Elternliebe und vollends die christliche aus der Quelle der ewigen Gottesliebe die lebendigen Wasser zum Begießen der jungen Pflanzungen schöpft, die hernach in Staat und Kirche, Schule und Gesellschaft,

---

*) Dieser Vortrag wird zugleich selbstständig ausgegeben, und ist von der Agentur des Rauhen Hauses durch jede Buchhandlung zu beziehen.

in Wissenschaft, Kunst und Gewerbe oder sonstwie im Leben zu weit schattenden, fruchttragenden Bäumen erwachsen.

Der heutige Vortrag vertritt im Kreise seiner diesjährigen Genossen dieß Interesse der Familien, deren heiligstes Werk nämlich die Erziehung er zu besprechen gedenkt.

Freilich kann er nicht unternehmen wollen, das ganze Gebiet der Erziehung zu durchmessen. Wie wäre das in einer so kurzen Frist möglich! Wir haben uns deßwegen auch nur eine ganz vereinzelte Erfahrung auf dem großen Erziehungsgebiet ausersehen. Es soll von den vergeblichen, erfolglosen Bemühungen innerhalb der Erziehung die Rede sein oder vielmehr nur von den Ursachen dieser vergeblichen Bemühungen.

Eine Schwierigkeit liegt hier sogleich in dem großen Umfange dieses einzelnen Gegenstandes. Der Vortrag hat sich deßwegen von vorneherein Beschränkungen aufzuerlegen. Demgemäß schließen wir von unserer Erwägung alle diejenigen Familien aus, die genau genommen nur noch so heißen, in Wahrheit aber aufgehört haben Familien zu sein. Als den Beruf der Familie betrachten wir, daß sie sich als die von Gott geordnete Stätte beweise, an welcher die Jugend, dies stets sich erneuende Kleinod der Menschheit, als der theuerste Schatz des Hauses in der Furcht Gottes mit allen Lebenskräften der Liebe, Wahrheit und Erkenntniß durchbildet und von innen und außen gegen alle Gefahren Leibes und der Seele bewahrt und verwahrt werden soll. Wo diese Verwahrung aufhört, da wird das Kind unverwahrt, also verwahrlost — und dadurch zu einem Zeugen der größten Elternschuld, an der die Kinder aber gänzlich unschuldig sind. Diese Verwahrlosung ist bekanntlich in maßloser Weise in dem Bereich der untern Classen, wo sie am Markte zur Schau steht, zu Hause, aber vielleicht verhältnißmäßig nicht viel weniger in den obern Classen der Gesellschaft; denn der Firniß der oberflächlichen Bildung und die hohle Gestalt der geselligen Formen, kann doch jenen Schaden, die Verwahrlosung, höchstens eine Zeitlang verdecken aber nicht ersetzen. Mit dem Eintritt in dies Bereich jener nackten oder dieser verschleierten Verwahrlosung hat die Familie sich selbst, ihr Fundament und ihr Ziel verloren.

Von dieser Verwahrlosung aber haben wir heute, nach Maßgabe unsers Themas, nicht zu reden. Denn wo sie eingetreten, kann nicht mehr von Ursachen erfolgloser, persönlicher Erziehungsbemühungen der Eltern die Rede sein; solche nennenswerthe Bemühungen existiren im Bereich der Verwahrlosung gar nicht. Das Ende der Verwahrlosung ist darum immer irgendwie die Verwilderung des jugendlichen Lebens.

Damit ist freilich dem Pharisäismus, der gleichgültig gegen die Verwahrlosten ist, und die Heilmittel von der Polizei und Strafrechtspflege hofft, das Wort nicht geredet. Wir sind vielmehr der Ueberzeugung, daß gerade in unserer Darlegung das rechte Motiv zur Bethätigung der wahren Christenliebe gegen die Verwahrloseten enthalten ist, dieselben, wenn auch die irdische Familie für sie verloren ist, wenigstens zur Gottesfamilie zurückzuführen. Doch gehört das nicht in diesen Zusammenhang.

Unsere Aufgabe an dieser Stelle geht dahin, diejenigen Familien in's Auge zu fassen, die, gleichviel welchen Ständen oder gesellschaftlichen Kreisen, armen oder reichen, gebildeten oder ungebildeten, sie angehören, ihre Kinder nicht verwahrlosen, vielmehr von der Sorge sie zu bewahren, von dem rechten Ernst, sie richtig zu leiten und christlich zu erziehen, erfüllt sind, die aber dennoch die Erfahrung machen, daß ihre Erziehungsbemühungen fehlschlagen, also daß die Kinder mißrathen.

Wir können hier jedoch das lautwerdende Bedenken nicht ganz überhören, ob denn die im Thema liegende Voraussetzung, daß in vielen derartigen Familien derartige Erfahrungen öfter vorkommen, wirklich richtig sei.

Darauf ist zu erwidern, daß die Richtigkeit unserer Voraussetzung sich zwar nicht mit einer genauen Statistik beweisen läßt und daß freilich in weitern Kreisen der große Umfang dieses Nothstandes unbekannt zu sein pflegt. Aber wie viel hochwichtige Dinge giebt es in der Welt, von denen man öffentlich nichts weiß und die darum doch im Verborgenen mit tief greifender Wirksamkeit existiren. Der Grund der Unbekanntschaft mit der hier zu erörternden Sache liegt vielfach darin, daß die einzelnen Familien derartige herbe Erfahrungen verdecken. Und sie thun daran recht, denn wer redet von der Noth, die im Schooß der Familie sich ihre Heimath erwählt, wenn vollends dadurch, wie in diesem Fall, die Kinder beschädigt werden? Dennoch aber giebt es Stellen des Vertrauens, von wo aus man dieses Gebiet elterlicher Sorgen in weiten Kreisen übersehen kann. Von einer dieser Stellen aus ist auch dieser Vortrag unternommen.

Wenn aber nach den Ursachen dieser Erscheinung gefragt oder gar geforscht wird, so ist es, wenigstens für die einzelnen concreten Fälle oft mit unüberwindlichen Hindernissen verbunden, dieselben zu ermitteln. Denn diese Ursachen außerhalb und innerhalb der Familien und der einzelnen Kinder liegen, gleich wie die Gründe lebensgefährlicher Krankheiten, zum Theil so sehr versteckt, daß selbst die Eltern sie nicht kennen; oder sie erscheinen den Eltern oft so unwahrscheinlich und verletzend, daß sie dieselben nicht glauben, wenn sie ihnen gezeigt werden; nicht selten aber werden sie auch von den Eltern für immer absichtlich verborgen gehalten, so daß alsdann ein solches mißrathenes Kind vollends für den Fernerstehenden mit einem eigenthümlichen Räthsel behaftet bleibt. Die theoretische Pädagogik hat sich deßwegen auch bis jetzt mit diesem Problem wenig beschäftigt, ja kennt es zum Theil noch gar nicht. Das hindert jedoch nicht, im Allgemeinen wenigstens eine Reihe solcher Ursachen, die einer großen Anzahl von wirklich erkennbar gewordenen Fällen entnommen sind und in vielen Puncten zu concurriren pflegen, vorzuführen.

Es liegt in der Natur der Sache selbst, daß die verschiedenen Ursachen der fehlschlagenden Erziehung nicht in einem organischen Zusammenhang unter einander stehen. Wollen wir aber dennoch eine Gruppirung derselben unternehmen, so empfiehlt sich, für unsern Zweck eine zwiefache zu unterscheiden.

I.

Die erste dieser beiden Gruppen umfaßt diejenigen Ursachen, welche unabhängig vom Kinde bestehen, ursprünglich außer ihm vorhanden sind und unheilvoll auf dasselbe einwirken. Wir können dieselben als ebenso viele Versuchungen und Reizungen gegen den sittlichen Stand des Kindeslebens fassen, denen die einen widerstehen, die andern erliegen. — Wir verweilen zunächst bei dieser ersteren Gruppe.

In vorderster Linie steht hier das ganze Bereich des Umgangs der Kinder, die ungünstige Einwirkung derjenigen menschlichen Gemeinschaft, die dem Kinde zunächst familien= und schulmäßig zugestellt ist.

Wie manches Kind ist, um mit dem Frühesten zu beginnen, schon das Opfer der Ammen geworden, die durch ihre Behandlung oder vielmehr stille Mißhandlung den Grund zu späterer, sittlicher Entartung gelegt! Daran reihen sich die so tief verderblichen Einwirkungen eines leichtfertigen, männlichen und weiblichen Gesindes. Nicht selten geht von diesem, namentlich in vornehmen Häusern, der erste Antrieb zu jenem einfältigen Dünkel der sich vornehm dünkenden Jungen aus, aber beginnt von dieser Stelle aus auch jene Richtung auf das Niedrige und Gemeine, die sich dem späteren Leben wie ein Bleigewicht anhängt und bekanntlich für manche derartige Naturen ein lebenslängliches Charakteristicum bleibt. Oft schon hat ein einziges loses Wort aus diesen Kreisen her genügt einen ganzen Wald des fortwuchernden Verderbens in einer Kinderseele zu entzünden. Daran reihen sich die Gefahren, die zu Zeiten gegen eines der Kinder aus dem Cliquen=

wesen der übrigen Geschwister entstehen, woraus sich nicht selten jene stille Verbitterung erzeugt, in welcher sich das hinausgedrängte Kind von der Familie abwendet und außerhalb derselben einen Ersatz sucht und findet, der z. B. jenen auf Wege führte, auf denen er für die Familie und das bürgerliche Leben für immer verloren zu gehen schien.

Die bei weitem verbreitetste Gefahr liegt aber für die dem Hause nach und nach entwachsenden Kinder in dem so schwer zu überwachenden Umgang mit gleichalterigen Schul = und Spiel = Genossen. Mit vollkommenstem Recht wacht darüber das sorgliche Auge der Eltern. Wie die, freilich nur selten mögliche, wahre Freundschaft gleichgerichteter und gutgearteter heranwachsender Kinder zu einer nicht leicht zu ersetzenden Quelle sittlicher Kräftigung und idealer Bildung werden kann, ebenso verderblich wirkt die sittlich unlautere Gesellschaft. Denn nichts wirkt mächtiger als die Genossenschaft des Bösen, die ihrer Natur nach sich dem darnach spähenden Auge entzieht. Unter 100 Söhnen, die ihren Eltern Kummer bereiten, sind vielleicht keine 5, die nicht mit auf diesem Wege verleitet worden. Leicht bildet sich in jeder Schule oder selbst Schulklasse ein solche Sippe von Buben, die ihrer eigentlichen Tendenz nach auch den übrigen Mitschülern, den Lehrern aber meist ganz unbekannt bleibt, denn wer würde da die Rolle des „Verräthers" übernehmen! Gleich einer Zaubermacht wirken diese heillosen Cameradschaften, welche nicht selten auch die Unschuldigsten an sich heranziehen. In ihnen lebt etwas von der Schlangenart, die unter dem Grase züngelt. An diesem Orte ist es nicht möglich, das im Finstern schleichende Gift, das die Keuschheit vernichtet, auf seinen dunkeln Wegen weiter zu beschreiben. Die wenigsten Eltern ahnen oder kennen diese Gefahr ihrer Kinder. Es könnten einzelne einst berühmte Schulen und Erziehungsanstalten genannt werden, in denen durch dieß Wesen die ganze dort aufgenommene Jugend zuletzt innerlich ruinirt worden, so daß zuletzt Schulen und Anstalten auch äußerlich zu Grunde gingen. Ehe es aber zu diesem Aeußersten kommt, schließt sich an dieses Ehre und Gewissen verletzende Wesen das Ausweichen auf heimliche und verbotene Wege außerhalb der Schule und außerhalb des Hauses, auf denen diese Jugend sich unedle Genüsse aller Art für alle Sinne, für Auge, Ohr und Gaumen und die Befriedigung ihrer Unfugsgelüste gewöhnlich durch Eigenthumsverletzung zu verschaffen weiß.

Hiermit verbindet sich dann die Einwirkung einer schlechten Lectüre. Nur angedeutet kann werden, daß eine sehr große Kundschaft für gewisse lascive Bücher, die meist nur versiegelt verkauft werden, sich bekanntlich unter der männlichen Schuljugend findet. Unendlich viel ausgebreiteter ist aber der Leserkreis für jene phantastisch ungesunden, romanhaften Jugendschriften, die mit ihren abgeschmackten, unwahren, verlockenden, abenteuerlichen Schilderungen namentlich der seeischen und überseeischen Welt die Phantasie der Kinder in ungesundester Weise reizen und irre leiten und unberechenbar auf die Leichtfertigkeit des Willens wirken und zwar in so entscheidender Weise, daß dadurch nicht selten die ganze Zukunft der Kinder zerstört wird. Solche Abenteuerei wird zugleich das Grab des Fleißes und richtet zwischen Schule und Kind eine unausfüllbare Kluft auf, die durch den Verdruß und gerechten Tadel seitens der Lehrer noch mehr erweitert werden muß. Trotz Polizei und Telegraphie gelangen solche Irregeleitete wie oft! bis in die deutschen Hafenstädte und erst dann erfahren die nacheilenden Eltern zu ihrem Erstaunen und zu spät, was bis dahin in den Köpfen und Herzen der ihnen seit lange unerklärlich gewordenen Kinder vor sich gegangen.

Sehr nahe liegt es an dieser Stelle, an Fehler und Versäumnisse in der Erziehung, namentlich an Mangel an Aufsicht seitens der Eltern, zu denken. Wenn es aber auch wirklich daran, oder an der nöthigen Vorsicht hie und da gefehlt haben mag, so ist doch zur Entschuldigung der elterlichen Arglosigkeit gleich hinzuzusetzen, daß das Böse überhaupt und namentlich bei so gearteten Kindern niemals offen und unverhüllt hervortritt, sondern sich mit so viel List und Lüge seine Existenz verschafft und sichert, daß wohl die Wirksamkeit, nicht aber die Ursächlichkeit desselben rechtzeitig zu Tage kommt. Brave Eltern verdienen in solchen Fällen Bedauern und Mitleid, nicht aber Vorwürfe. Wenn dann aber gegen das zu Tage tretende Böse und die sichtbar werdende Erfolglosigkeit der Erziehung der Kampf der Eltern energischer in die Schranken tritt, kommt derselbe sehr oft, schon zu spät, denn dann ist mit der lautern kindlichen Liebe zugleich schon die Autorität der Eltern und damit das Fundament aller Erziehung erschüttert, ja häufig, wenigstens für den Augenblick schon verloren und höchstens nur noch zu erzwingen. Wehe, wenn diese Kämpfe in einer Familie Raum gewinnen! Es beginnen dann diejenigen Elternsorgen, welche nur zu oft mit dem Verständniß des Satzes enden, daß das Schwerste und Herbeste, was Elternliebe an ihren Kindern erleben kann, — nicht der Tod ist! Es ist buchstäblich wahr, daß der Kummer, den solche Kinder bereiten, die Eltern in's Grab bringt.

Und vollends unsere Tage sind dazu angethan, solche Gefahren aus noch weiteren Kreisen herauf zu beschwören.

Es sind nicht bloß jene mit dem Umgang mit gleichalterigen Genossen, Gespielen und Schulkameraden sich erzeugenden Versuchungen, von welchen die Erziehungsarbeit so Vieler bedroht wird, sondern im Bunde mit diesen treten die allgemein verbreiteten Ideen, die sich im Zeitgeist sammeln und die auf allen Lebensgebieten, in der politischen, kirchlichen, literarischen und gesellschaftlichen Welt sich Geltung zu verschaffen gewußt, mit gefahrdrohenden Eingriffen und Uebergriffen der Erziehung entgegen. Es ist ein schwerer bewegter Kampf böser und guter Geister, die in unsern Tagen um Verderben und Wohl, ja um den Besitz der Völker streiten. In diesem keck und übermüthig geführten Kampfe tritt die Rücksichtslosigkeit und Kritik gegen alles, was bis dahin heilig gewesen und bleiben wird, mit einer Frivolität hervor, die erst mit jener Verwerfung und Verhöhnung aller Pietät, die diese brüsken Widersacher aller christlichen Cultur characterisirt, denkbar und möglich ist. Dieser Impietät gegenüber muß alle innerlich berechtigte Autorität weichen. Ihr wird das einzelne, selbstselige, gespreizte Ich oder ein urtheilsunfähiger Ich-Haufen mit seinem Interesse als gleich berechtigt entgegengestellt. Was bis vor Kurzem noch als ein Geheimniß galt, weiß jetzt alle Welt, daß für Unzählige die Offenbarung Gottes ein Mährchen, die heilige Schrift eine Fabel, das Gesetz Gottes eine Menschen-Erfindung ist. Und wie urtheilt man über den Glauben an den persönlichen Gott, an den persönlichen Erlöser, an seine und unsere Auferstehung, an sein Himmelreich, an die Erhörung der Gebete, an ein zukünftiges Leben und vollends an ein letztes Gericht des gerechten, ewigen Richters! Jene Berufung auf die Freiheit, um allem Gehorsam trotz zu bieten, jene rücksichtslose Beurtheilung alles dessen, was Menschen bis dahin in Liebe heilig gehalten, um sich der Liebespflicht, der Dankbarkeit und der Treue entschlagen zu können, jene Erledigung alles sittlichen Urtheiles durch die bequeme Berufung auf das, durch das individuelle Gelüsten bestochene Gewissen, um dem Gerichte des unbestechlichen göttlichen Rechtens zu entgehen, — dies leichtfertige Spiel von Stich-, Schlag- und Witz-Worten, um die eigene sittliche Leere mit einer Todtenlarve des Geistes zu verhüllen; — alle derartige Haltung gilt als Zeichen moderner Bildung und allein berechtigter Aufklärung, in welcher Seichtigkeit, Heuchelei, Frivolität, Impietät und Rebellion sich in unsern Tagen mit den schönsten Namen der Sittlichkeit, Freiheit, Wahrheit und Liebe schmücken. Ein großer Theil der öffentlichen Meinung nimmt diesen Geist in ihren Schutz, ist ja selbst ein Repräsentant desselben. Die Wogen dieser öffentlichen Meinung gehen so hoch und brausen so laut, daß es unbegreiflich wäre, wenn nicht auch die Jugend, auf die es dabei zum Theil wesentlich mit abgesehen ist, mit davon ergriffen werden sollte. Es kann demjenigen, der das Gebiet des jugendlichen Lebens im Großen und Ganzen zu beobachten Gelegenheit gehabt hat, nicht entgehen, daß seit den Jahren 1830, 1848 und 1858 zugleich ein ungeheurer Umschwung, wie in der öffentlichen Meinung und deren Organ, der Presse, also auch in der Anschauung und der sittlichen Beschaffenheit eines großen Theils der Jugend vor sich gegangen. Es ist unstreitig, daß in steigenden Progressionen die Herrschaft des Pöbelthums, das sich eben in jener Pietätlosigkeit charakterisirt, in das sittliche Urtheil eines großen Theils der Jugend übergeht. Gilt dieß auch zunächst nur von denjenigen, die von Hause aus, von ihren Familien her, so oder so verwahrlost sind, mit denen wir es an dieser Stelle freilich nicht zu thun haben, so gilt es doch auch nicht minder von vielen unter denen, die ursprünglich nicht verwahrlost genannt werden, die aber als einzelne Bruchtheile sittlich gesunder Familien den Versuchungen des Geistes dieser Tage erlegen sind und sich selbst emancipirt haben. Die Lockerung des Gehorsams, die Mißachtung der elterlichen Autorität, die Macht der Hab= und Genußsucht, die Verachtung der göttlichen Offenbarung, die Frevelei gegen das eigene und fremde Eigenthum paart sich auch in der Jugend hundertfach mit jenem blasirt phrasenhaften Wesen, das aus der Einwirkung jener öffentlichen Kundgebungen resultirt. Jene schroffen Gegensätze, die in jenem dominirenden Zeitgeiste begründet sind, haben sich bereits in weiten Kreisen des heraufwachsenden Geschlechts eine Stätte bereitet und jährlich stranden die noch jugendlichen Trümmer trefflicher Familien, wie die Reste ursprünglich solid gebauter Schiffe, die einst mit Compaß und Anker wohl versehen, unter schwellenden Segeln dahin ziehend, mit den schönsten, nun aber vernichteten Hoffnungen der Eltern dem Welt=Meere anbertraut worden.

Unstreitig haben Eltern, die für die Erziehung ihrer Kinder sich vor Gott verantwortlich wissen, dringende Veranlassung, sich nach Garantien umzusehen, ihre Söhne und Töchter vor solchem Uebel zu bewahren und gegen dasselbe zu stärken und zu rüsten. Ja diese Bewahrung wird in unsern Tagen ohne Zweifel eine der Hauptaufgaben aller Er=ziehung bleiben. Wie wird diese Bewahrung möglich?

Gewiß soll die Schule dazu mitwirken; aber wenn jetzt auch mehr Eltern als vor 25 Jahren, so sind doch lange nicht alle Eltern so glück=lich, in der Schule eine Stütze ihrer Bemühungen zu finden; und auch im besten Falle kann die Schule, die sehr leicht wieder neue Schwierigkeiten heraufführt, zur Erreichung des Zweckes nur mitwirken. Der Schwerpunct der Hülfe liegt anderswo. — Unstreitig hat die Kirche in ihren öffentlichen Sonntags-Gottesdiensten und ihren Fest-Feiern, so wie durch ihre Katechese zur Unterstützung der Eltern beizutragen, und unzählige Eltern preisen Gott auch wegen ihrer Kinder für die wiedergefundene Gabe des göttlichen Wortes; aber wer wüßte nicht, daß gerade auch nach dieser Richtung hin nicht wenige christlich gesinnte Eltern noch mit großen Schwierigkeiten zu kämpfen haben, und daß von der Kirche noch lange nicht die ihr zufallende Aufgabe für die Kinderwelt und das Erziehungsgebiet gelöst worden ist? Die eigentliche Bewahrung der Kinder als solche aber ist nicht dort sondern in dem Heiligthum zu suchen, das Gott ganz unmittelbar für sie und zwar den priesterlichen Händen und Herzen der Väter und der Mütter vertraut hat — nämlich in der Familie. Wir wagen diesen Namen in diesem Zusammenhange nur mit einer besonderen heiligen Ehrfurcht zu nennen. Je größer aber die Bedeutung der Familie zur Lösung dieser Aufgabe ist, desto weniger ist es möglich, zu verschweigen, in welchem Maße auch das immerhin bestscheinende Familienleben, so weit es sich um die Erziehung der Kinder handelt, in unsern Tagen immer wieder einer Revision bedarf. Davon sind auch die Familien, welche sich nicht schämen christliche zu sein und zu heißen, keineswegs, ja am wenigsten ausgenommen; gerade in diesen sind zu Zeiten die Schäden sehr groß. Die wesentliche Christlichkeit einer Familie kommt unmöglich schon damit zur vollen Erscheinung, daß sie, so wichtig und richtig das ist, eine tägliche Hausandacht, so oder so, unter sich eingerichtet hat und Sonntags den Gottesdienst besucht. Dieser guten Ordnung muß zugleich die ganze innere und äußere Haltung der Familienhäupter und das ganze Familienleben entsprechen, das, durchdrungen und durchbildet von dem Geiste der Wahrheit und Gerechtigkeit, in diesem Geiste namentlich den mannigfaltigen, bis in das zarteste Gewebe des Zusammenlebens eindringenden Anforderungen und Bedürfnissen der Jugend eine Genüge zu verschaffen hat. Und das ist nur in dem Maße möglich, als die Familie sich in das Reich Gottes eingegliedert und die Gestalt desselben lebendig in sich ausgeprägt hat. Die Familie muß in dieser Beziehung das thatsächliche Gegenzeugniß jenes oben charakterisirten Zeitgeistes sein, dem überhaupt nicht und am wenigsten in der Familie durch Worte und Demonstrationen, sondern durch lebenerfüllte Glaubensthaten halt- und siegreicher Widerstand geboten wird. Was für böse, Kinder verderbende, erziehungsfeindliche Geister durch die etwaigen heimlichen Schäden einschlüpfen oder in die etwaigen Lücken einbrechen, lehrt die tägliche Erfahrung hundertfach. Nur einige derartige Puncte mögen beispielsweise hier hervorgehoben werden.

An der Spitze des christlichen Familienlebens stehe die Kundgebung der vollen inneren Lebensgemeinschaft der Eltern. In dieser vollen, unter Gottes Segen sich stellenden Lebensgemeinschaft beruht das Wesen der christlichen Ehe, aber auch das Wohl der Familie und der Kindererziehung. Der tiefste Schaden aber in dieser Beziehung bleibt der etwaige Zwiespalt der Eltern in religiöser Beziehung, ein Fall, der in unsern Tagen erklärlicher Weise so oft vorkommt, den wir hier aber lediglich mit Rücksicht auf die nachtheiligen Folgen für die Kindererziehung zur Sprache bringen. Als dort mehrere Kinder sittlich zu Grunde gegangen waren, kam das schmerzliche Bekenntniß der schuldigen Mutter zu spät, daß in dem, wenn auch verborgen gehaltenen religiösen Zerwürfniß der sonst treu zu einander stehenden Eltern für die Kinder, denen dieser Riß nicht entgangen, das Fundament der Liebe schwankend geworden, wodurch sie dann selbst den Boden unter den Füßen verloren hatten und auf die verderblichsten Wege abgelenkt waren.

Ein anderer wichtiger Umstand ist die Stellung des Vaters zur Familie. Es ist ausgemacht, daß nicht wenige Söhne der Art ihre Väter früh verloren; die Mutter war der Aufgabe, den Sohn gegen alle jene Einwirkungen zu schützen, nicht gewachsen; kräftige Vormünder und rechtzeitige Berather fehlten. Aber der Fall der Verwaisung kann zu leicht auch noch bei Lebzeiten des Vaters eintreten, wenn nämlich der Vater sich gegen die Familie verschließt, sei es, was oft der Fall sein mag, veranlaßt durch seine Berufsgeschäfte oder durch seine Studien. Er vergißt dann aber, daß seine Familie ihm sein erstes, heiligstes Amt auferlegt. Die Versäumnisse dieses Amtes rächen sich, wenn auch keineswegs immer, doch nur zu oft an den Kindern oder einzelnen Kindern, und vielleicht eher, als der Vater es glaubt, sieht er, wie es dort geschehen, zu spät eines seiner Kinder, das vor allen andern des ihm vorenthaltenen und nun nicht wieder zu erlangenden Vertrauens bedürftig gewesen wäre, zu Grunde gehen.

Und noch eins! Wir haben hier keinen Grund, es zu bestreiten, daß in unsern Tagen, wo es so vielfach den Kampf um die letzten Prinzipien und die tiefsten Gründe alles Lebens und aller Lebenserweisungen gilt, Parteibildungen ihre Berechtigung haben, vollends wo der besondere Beruf die Betheiligung am Kampfe zur Pflicht macht. Allein es giebt Eine Friedensstätte, vor deren Thor diesem Kampfe Halt geboten werden soll — das ist die Familie. Man banne aus dem Hause und aus der Gegen=

wart der Kinder ein für alle mal die Leidenschaft der politischen und auch der kirchlichen Parteiungen. Wo nicht, so verleitet man die Kinder, die doch die Angelegenheiten der Männer nicht beurtheilen können und sollen, zur Unwahrheit. Mangelt jene Zurückhaltung und Vorsicht, so wird die Erfahrung immer öfter sich wiederholen, daß nachher die Söhne die den Vätern entgegenstehenden Ueberzeugungen vertreten, diesen oft unbegreiflich, aber doch nur zu verständlich für den, der weiß, was für einen feinen Instinct gerade das Kind für Wahrheit und Gerechtigkeit hat. Die Bravour der ersten im Elternhause erlernten Phrase aus dem Munde eines solchen Kindes ist nur zu oft das erste Anzeichen seines künftigen politischen und kirchlichen Umschlags. Das Haus muß auch in dieser Richtung ein unversehrtes Heiligthum sein und bleiben, eine erhabene Burg, die von diesen trüben Wassern gar nicht erreicht werden kann. So unberührt von der verunreinigenden Leidenschaft, wird die Familie nicht bloß selbst eine Reinigungsstätte für den Mann und überhaupt die Erwachsenen, die sich in ihr um höherer und heiligerer Interessen, nämlich um der Bewahrung der noch Erziehungsbedürftigen willen selbst zu entäußern haben, sondern auch eine wahre Rüstkammer für das jugendliche Leben, das in der Wahrheit und unter der Zucht des Hauses zu künftiger Selbstständigkeit und zu wahrer politischer und kirchlicher Charakterfestigkeit und Klarheit allmählig erstarken soll. Wo es dennoch in diesen Kreisen nöthig, oder zu Zeiten unabweislich wird, dergleichen Gespräche eintreten zu lassen, da soll der Vater, oder wer sonst mit zu reden hat, seine Ueberzeugung und Stellung nicht verläugnen, aber er rede nicht mehr, als Noth thut, und rede mit Gerechtigkeit und Achtung gegen die von ihm bekämpften Personen. Er rede als vor dem Angesicht Gottes als des eigentlichen Hortes der Familie und vergesse auch hier nie, daß Gott, indem er alle Sünden und Ungerechtigkeiten haßt, vertilgen und strafen will, die Personen doch liebt, um sie aus diesem Banne zu erlösen. Es mag die practische Lösung dieser Aufgabe im Partei-Kampf viel schwieriger erscheinen, aber darum gerade ist sie der Anstrengung werth und der ideale Beruf der Familie, an den jedes Kindesleben mahnt, fordert sie gebieterisch zur Rettung und Wahrung der Familie selbst.

Wir knüpfen an diesen besonderen Fall die allgemeine Forderung, daß auch in jeder andern Beziehung die Eltern es sich zur heiligen Aufgabe zu machen haben, die Kinder den idealen Charakter der Familie erkennen und empfinden zu lassen, damit die Familie ihnen für immer, auch wenn sie selbst einst wieder Familiengründer werden, die wahre eigentliche irdische Heimath des Lebens in der Liebe, dem Frieden und der Wahrheit Gottes, werde und bleibe. Was in ihr zur Erscheinung kommt, muß, zur Wahrung ihres eigenen göttlichen Rechts, um aller ihr angehörigen Personen, namentlich auch um der Kinder willen, diese höhere Weise an sich tragen und diese Luft der erlösenden Freiheit der Kinder Gottes athmen. Das Lichtbild des Gottesreichs nach seiner Höhe und Tiefe, Länge und Breite, spiegele sich in ihr und was an Gütern und Gaben aus der Geschichte, Kunst und Literatur, aus dem öffentlichen Leben des Volks in sie hinein wächst und sich, als ir dieß Heiligthum gehörig, legitimirt, das finde darin Einlaß und eine bleibende Stätte unter der Hut pflegender und bauender Liebe. Die Familie so angesehen ist ein, aller Welt zwar verborgenes, aber sich selbst wohl bekanntes Königreich voller Sorgen und Mühe, aber auch voller Schätze und Herrlichkeiten. Die Mutterliebe walte in ihr wie eine Fürstin; dann ist sie ein unerschöpflicher Brunnen zur Findung dessen, was die Liebe und Weisheit sinnt, und eine Quelle aller andern Liebe, die zu Allem, was für Auge und Ohr, für Geist und Herz schön und lieblich, um der Kinder willen die Hand zu bieten weiß, während mit ihr im Bunde die Hut und Liebe des Vaters nicht aufhört, nach allen Richtungen aus ihrem Schatze Altes und Neues auszutheilen. Ohne Zweifel fordert eine gesunde Kindererziehung in der Familie auch die volksthümliche Beweisung des Geistes der Freude und der Erheiterung, wozu namentlich auch eine maßvolle edle Ge= selligkeit gehört, die nicht auflösend und zerstörend, sondern innerlich stärkend, Herz und Blick erweiternd wirken soll und wirken wird, wenn sie als Erweiterung der Familie sich darstellt. Die nach diesen Richtungen sich ausgestaltende Familie erzieht als solche durch sich selbst, durch ihr Leben und ihren Geist die ihr angehörende Jugend und führt dieselbe, deren innerstes Bedürfniß befriedigend, von Stufe zu Stufe zu derjenigen Selbst= ständigkeit und Freiheit des Urtheils und der That, die ihr dann selbst nicht als ein Neues, sondern als eine naturgemäße Frucht erscheint die ihr in der Familie aus dem Reiche Gottes entgegenwächst. Also frei geboren wird die Selbstständigkeit in der heranwachsenden Jugend in der Wahrheit begründet, wird und wirkt in ihr Geist und selbsteigenes inneres Lebensgesetz. Damit aber hat die Erziehung ihr Ziel erreicht. Die Er= zogenen erziehen dann sich selbst.

An einem solchen, menschlich wahrhaft befriedigenden Familienleben, das auf dem Felsen des ewigen Gotteswortes ruht und von der ewigen Wahrheit erleuchtete Einsicht, Umsicht und Aussicht zum Lebenselemente hat, gewinnen die Kinder wiederum einen Fels, an dem sie sich halten gegen alle jene Versuchungen eines verderblichen Zeitgeistes. Von dem Ausgangspuncte eines solchen Familienlebens aus werden sie namentlich auch die Wahrheit in allen tiefgehenden Irrthümern des Zeitgeistes erkennen und unterscheiden und zugleich die Gerechtigkeit lieben und üben lernen, welche ebenso tapfer als siegreich streiten lehrt. Aus diesem lebensvollen, aus dem Leben gewonnenen Wissen der Jugend und solcher Zusammengehörigkeit mit der ersten fundamentalen Gottesordnung, der Familie, erwächst später mit Nothwendigkeit, organisch die Liebe zum Vaterlande und zu der Gemeinde Gottes. Wo dagegen für die heranwachsende Jugend dieser organische, lebensvolle Zusammenhang mit der christlichen Familie fehlt, da ist es nicht zu verwundern, wenn die wilden Wasser des öffentlichen schonungslosen Treibens und das wüste Wesen jugendlicher Genossen auch manches sonst edle Jugendleben dahinschwemmen. Oder stünde dafür nicht der Beweis in hundert Thatsachen vor Aller Augen? (Schluß folgt.)

Ein Zeugniß der Wissenschaft wider den religionslosen Staat.

II.

Während die Untersuchungen über Wesen und Zweck des Staates, wie wir zu Anfang des vorigen Artikels bemerkten, gegenwärtig im Begriffe des Culturstaates ein gewisses Band der Einheit gefunden haben, gehen bei Bestimmung des Begriffs der Religion die Meinungen gar weit aus einander. Zwar vor einem Menschenalter noch konnte durch Schleiermacher's epochemachende Behandlung dieses Begriffs vielen begeisterten Anhängern des großen Theologen die Möglichkeit ferneren Streites für immer abgeschnitten scheinen. Allein nicht nur erklärte, unter sich wiederum sehr verschiedene Gegner der Auffassung Schleiermacher's traten seitdem und treten unaufhörlich hervor; auch die standhaftesten Freunde des Angegriffenen lassen nothgedrungen zu „Ergänzungen", „Modificationen" u. dgl. sich herbei.*)

Hält es denn wirklich, möchte man fragen, so schwer, an der Hand der Geschichte der Religionen über das Eine, was in der

---

*) Man vgl. z. B. Schlottmann über „drei Gegner des Schleiermacher'schen Religionsbegriffs" (Stahl, Philippi, Schenkel) in der „Deutschen Zeitschrift für christliche Wissenschaft", 1861, October, S. 369 ff.

Mannigfaltigkeit seiner Erscheinungsformen sich immerdar gleich bleibt, begrifflich in's Klare zu kommen? Freilich, so lange man, Religion und Religiosität vermengend, das Wesen der ersteren bloß auf „Gemeinschaft mit Gott", „frommes Bewußtsein" und ähnliche Allgemeinheiten zurückführt, wird die Quelle der Mißverständnisse und Differenzen nicht versiegen. Aber der geschichtlich sich selbst darlegende Sachverhalt berechtigt keineswegs zu solchen Schwebevorstellungen. Der Mensch ist einmal von Anbeginn nicht nur auf's Allgemeine gewiesen, sondern in Schranken gestellt. Er soll gewiß, wie die Schrift sagt, „beten ohne Unterlaß" oder, wie man es wissenschaftlich ausdrücken mag, stets über und in dem Welt- und Selbstbewußtsein das Gottesbewußtsein vollziehen. Aber eben um dieß zu können, bedarf er, dessen Leben einer Prüfung, einer Probe gleichsam in dem sittlichen Gehen und Stehen (dem „Laufen in den Schranken", 1 Kor. 9, 24.), und damit der Möglichkeit eines Falls (Sündenfalls) unterworfen ist, auch ehe diese Möglichkeit sich verwirklicht, einer Bewahrung vor dem Fall, einer Sammlung und Rückkehr aus der Weite des Umkreises ihm befohlener Wirksamkeit in die Enge und Gedrungenheit des Mittelpunkts, einer je und je wiederherzustellenden Gemüthsverfassung, die es verhüte, daß jene Vollziehung des Gottesbewußtseins über und in dem Welt- und Selbstbewußtsein unterlassen werde. Er bedarf, um ohne Unterlaß beten zu können, besonderer Gebete in Gebetsstunden und „Tagen des Herrn", im einsamen „Kämmerlein" wie im gemeinsamen Gotteshause als „Bethause". Diesem Bedürfniß entspricht, wenn einmal und so lange zwischen Religion an sich und „Religion im Leben", zwischen Religionslehre und Sittenlehre u. s. w. soll unterschieden werden, die Religion. Wie gesagt, auch vor dem Fall liegt darin ihre Bedeutung. Darauf auch, daß man nämlich von einer möglichen und hernach wirklichen Abkehr immer wieder zurückkehre, den Faden immer wieder aufnehme, den man möglicherweise konnte fallen lassen und hernach wirklich fallen ließ, deutet schon der Wortursprung, gleichviel, ob man in der sprachlichen Ableitung dem Cicero (relegere) folge oder dem Lactantius (religare). Auch vor dem Fall war demgemäß der Unterschied eines im engeren Sinne religiösen und eines allgemein menschlichen, sittlichen Organismus, der Unterschied von Kirche und Staat, angelegt und eingesetzt, jedoch nicht minder auch die Einheit im Unterschiede, da ja die Religion eben bestimmt ist, eine allgemeine Religiosität des Menschenlebens im weitesten Sinn und Umfange zu wahren und zu vermitteln. Nach dem Fall aber, dem Sündenfall, verstärkt sich diese Bedeutung (sie wird intensiver) insofern, als es sich nun nicht mehr bloß um Verhütung der Sünde, um Bewahrung vor derselben handelt, sondern um ihre Sühnung. Daher bildet fortan das Opfer, das Sühnopfer, den Mittelpunkt aller geschichtlichen Religionen, die man sammt und sonders recht eigentlich Sühneversuche nennen kann, und unter denen dem Christenthum aus dem einen Grunde das Prädicat der schlechthin vollendeten, absoluten (nicht bloß Versuchs-) Religion zukommt, weil sein Stifter das absolute, schlechthin gültige Sühnopfer gebracht hat. Wie nun die Religion überhaupt, aus dem lebendigen Mittelpunkte des persönlichen Versöhntseins mit Gott heraus, das ganze Menschenleben, sowohl das individuelle als das gleichfalls auf göttlicher Stiftung ruhende Gemeinschaftsleben, neu beleben, mit Religiosität (Gottesfurcht, Gottseligkeit) durchdringen soll: so soll das Christenthum, die absolute Religion, alles Menschliche christianisiren, heilen und heiligen. Und ist der Staat, nach dem im ersten Artikel vorgeführten Zeugnisse der Wissenschaft, unter den Gemeinschaftsbildungen des Menschenlebens in einem vorzüglichen Sinne der „Mensch im Großen", so kann vom christlichen Standort aus die Nothwendigkeit einer Christianisirung des Staates am wenigsten einem Bedenken unterliegen. Es kann insonderheit der königliche Beruf, der uns in so beredter Weise geschildert worden, der Beruf des Fürsten von Gottes Gnaden, nur dahin gehen, sein Volk, so viel an ihm, dem berufenen Volksbildner, liegt, zu einem „Volke Gottes" in einem christlichen Culturstaat heranzubilden. Dieser Bildungsproceß vermittelt sich in erster Linie durch die (oder geschieht mit Hülfe der) Kirche, deren Recht auf innere Selbstständigkeit nach dem Obigen außer Frage steht, durch die Kirche als Heils-Anstalt wie durch sie als Gemeinschaft der Gläubigen, sodann durch die christliche Schule und weiterhin durch alle andere, mehr und mehr zu christianisirende, wenn nicht schon christianisirte Institutionen, unter denen die Ehe, unbeschadet ihrer vorchristlichen Stiftung, die erste Stelle wird einzunehmen haben. Wie aber oder in welchem Geiste der Gang christlicher Volksbildung (Culturentwicklung, Civilisation) solle geleitet werden, darauf läßt sich mit Bestimmtheit und praktischer Ersprießlichkeit erst auf dem Boden gegebener realer Verhältnisse, im Allgemeinen am besten wohl nur dieß antworten, daß dabei jeder

Zwang, weil dem Geiste des Christenthums durchaus widerstreitend, unbedingt verwerflich sei. Es genügt bei Weitem nicht — wer wird das bei einiger Welt- und Zeitenkunde wähnen? —, aber es ist dennoch wichtig, ja das unerläßliche Erste, das Ideal aller christlichen Staatsanschauung und Staatskunst festzustellen und festzuhalten.*) Stimmt nun mit dieser Anschauung, welche wir als die der christlichen Wissenschaft meinen bezeichnen zu dürfen, die Ansicht Trendelenburg's, die unser erster Artikel mehr nur als Summe von Behauptungen nach ihrem Wortlaute wiedergegeben hat, in Wahrheit überein?

Die Folge der Gedanken, auf welche sie sich stützt, ist diese.

Wie sich auf dem Wege, den wir an der Hand des Philosophen zurückgelegt, durch streng wissenschaftliche Ableitung unzweifelhaft ergeben hat, fließt alles Recht aus der lebendigen Quelle des Sittlichen, dessen „persönlicher Grund" die Gesinnung ist, die Erhebung des Menschen über das Selbstische, das blind Organische, zu dem seiner Idee entsprechenden Dasein: „der einzelne Mensch wird erst durch seine Gesinnung sittlich". Die Gesinnung aber geht, da der Begriff der Idee des Menschen mit Nothwendigkeit auf den Ursprung aus Gott weis't, in die Religion zurück. („Naturrecht", S. 41, 51 und 343.)

Um das Gewicht dieser höchst bedeutungsvollen, im Bewußtsein unzähliger Zeitgenossen kümmerlich abgeschwächten Fundamentalsätze noch zu verstärken, ziehen wir hier mit heran, was Trendelenburg an einem anderen Orte, aber in ganz derselben Richtung, gegen die Staatslehre Hegel's geltend macht.**) Es ist unmöglich, sagt er da, die Gesinnung im letzten und höchsten Sinne ohne die Beziehung

---

*) Man vgl. hierzu vornehmlich die durch eine Reihe von Artikeln durchgeführte Untersuchung Dr. von Bethmann-Hollweg's „Zur Geschichte der Freiheit" (in Gelzer's „Protest. Monatsbl." 1857 und 1858), eine an tiefen und feinen Blicken sowohl in das Principielle wie in das Geschichtliche der uns beschäftigenden Frage überaus reiche Arbeit, bei deren Erwähnung wir den lebhaften Wunsch nicht unterdrücken können, daß der verehrte Herr Verfasser zu möglichst weiter Verbreitung derselben und zugleich zur Berichtigung manches landläufigen groben Irrthums gerade über seine Ansicht des Verhältnisses von Kirche und Staat einen besonderen Abdruck wolle veranstalten lassen.

**) Trendelenburg, „Logische Untersuchungen", zweite ergänzte Auflage, I, S. 84 ff., vgl. II, S. 389 ff.

auf das Göttliche zu verstehen. Die dem Augenblick hingegebene Lust, wenn sie den Menschen regiert, ist keine Gesinnung; sie ist die Vergötterung des Thierischen. Die Berechnung der Menschen und Sachen, mögen die Elemente der Rechnung noch so allgemein genommen sein, ist keine Gesinnung; sie ist die Vergötterung des endlichen Verstandes, selbst noch in der verfeinertsten Gestalt ein Eigennutz. Gesinnung in sittlicher Bedeutung entsteht erst da, wo die Vorstellung des über dem Menschen stehenden Göttlichen als das Bestimmende in das freie Bewußtsein aufgenommen wird. Das Sittliche hebt erst mit diesem Grunde an. Ferner: es läßt sich geschichtlich darthun, daß der Begriff des Gewissens erst da in das ethische Bewußtsein eintritt, wo sich der Einzelne in sich vor dem Göttlichen verantwortet, der persönliche vor dem persönlich gedachten Gott. Endlich: es sind nur künstliche Charaktere und meistens Mißgebilde, wo sich ohne Hinblick auf das Göttliche ein sittliches Handeln ausbildet. Der Mensch muß ein Göttliches haben, sobald er sittlich zu sein strebt.

Die Religion nun, lehrt Trendelenburg weiter ("Naturrecht", S. 344 ff.), ist nicht etwas bloß Theoretisches oder in das Gefühl Eingeschlossenes, sondern sie ist, wenn wir sie möglichst allgemein und doch in dem bewegenden Punkte fassen wollen, in welchem die Vorstellung des Göttlichen und der menschliche Affect zusammentreffen, das durch die Vorstellung einer übermenschlichen Macht bedingte Fürchten und Hoffen des Menschen. Der Puls des Lebens schlägt immer zwischen Furcht und Hoffnung. Das Fürchten und Hoffen neigt sich eben so zum Aberglauben, wie es der Vertiefung bis in das Gewissen fähig ist. Auch der Christ noch bewegt sich in seinen Empfindungen zwischen dem memento mori (gedenke zu sterben) und dem memento vivere (gedenke zu leben). Die Kirche umfaßt beides, den stillen Freitag und den Ostermorgen.

Religion ist das Bedürfniß jeder menschlichen Seele; aber erst in der Gemeinschaft gewinnt sie Gestalt und Macht. In ihr bringt sie Normen hervor, durch welche sie sich erhält, ein ihr eigenthümliches Recht.

Collisionen dieses Rechts mit dem Rechte des Staates sind möglich, ja wahrscheinlich. Denn wo der Mensch, wie in allen ethischen Religionen, zum Göttlichen in ein wesentliches Verhältniß tritt, erwirbt er sich selbst dadurch einen unendlichen Werth in sich, einen

Werth, der im Christenthume namentlich in der Freude an dem verlorenen, dem großen Besitzthum Gottes verloren gegangenen, aber wiedergefundenen Schafe ausgedrückt wird. Der Staat hingegen kommt leicht dazu, den Menschen nur als den Stoff seiner Zwecke anzusehen. Bezeichnen doch gewisse Nationalökonomen des Menschen Seele geradezu als ein „rohes Material", das durch die Hand des Lehrers „Productivkraft" erlange.

Soll aber um dieser möglichen und wahrscheinlichen Collisionen willen der Staat von der Religion, von der Kirche getrennt werden? Nimmermehr. Denn nach der Geschichte der Religionen und Religionsstiftungen muß die Religion von Einer Seite in die, alle Staatsentwicklung, wie wir sahen, bedingenden Richtungen hineingezogen werden, in welchen sich die Ergänzung der Einzelnen durch die Einzelnen kund giebt. Von Einzelnen geht die Verkündung des Göttlichen aus; Einzelne bestärken sich gegenseitig in gleicher Anerkennung, in gleicher Empfänglichkeit und Empfindung. Was aber von dieser einen Seite Ergänzung der Einzelnen ist, erscheint, vom Staate aus angesehen, als seine nothwendige Gliederung. Denn wenn der Staat „ein Mensch im Großen" ist und alle menschliche Richtungen sich in ihm ausleben: so ist die Kirche das Organ für die Belebung der Gesinnung aus dem Göttlichen, und die in der Gemeinschaft erst Gestalt und Macht gewinnende Gesinnung so gewiß sein nothwendiges Moment, als der einzelne Mensch erst durch seine Gesinnung sittlich wird.

Inwiefern nun der Staat sich erst in der Einmüthigkeit der sittlichen Gesinnung vollendet, so liegt, scheint es, in dem Begriff des vollendeten Staates Einmüthigkeit der Religion als der Wurzel der sittlichen Gesinnung. Und wie für die Welt Gott und das Göttliche Einer und Eines ist, so hat ja auch die wahre Kirche die Verheißung der Allgemeinheit. Indeß die Erfüllung liegt fern, und bis jetzt findet sich eine Einheit der Religion und des Staates nur in anfänglichen und unvollkommenen Formen. In Priesterstaaten, welche das Volk gängeln, ist eine Entwicklung frei entlassener menschlicher Kräfte und eine innere Vollendung des Staates undenkbar.

Es fragt sich daher, wie der Staat ungeachtet einer Mannigfaltigkeit des Glaubens seinen sittlichen Geist durchbilde. Er prägt ihn in seinen Gesetzen, seinen Einrichtungen wie in denen aus, welche sie handhaben, und es ist unmöglich, daß das Menschliche, das sie beseelt, ohne die sittliche Gesinnung, welche die stille Empfindung eines Göttlichen in sich hat, geblieben sei. Unwillkürlich geht die letzte Auffassung alles Sittlichen von dem, der die Institutionen einsetzt, und von dem Volke, das sie annimmt, in sie selbst über. Insofern hat der Staat die Richtung zur Kirche nicht außer sich, sondern in seinem Wesen, und die Kirche gewinnt mit der Macht über das Gemüth auch eine stille Macht über den Geist der Gesetzgebung und Verwaltung. Es liegt darin ihr eigentlicher Beruf.

Jedoch werden die Gränzen dieses Berufs nur zu oft überschritten. Jede Religion, jede Kirche hat ihres Theils die Neigung in sich, aus jener Einheit heraus, in welcher sie das Göttliche und Menschliche im Affecte faßt, das Weltliche zu gestalten. Da geräth denn das Recht der einen Religion, der einen Kirche nicht bloß mit dem Rechte der anderen, sondern auch mit den Normen des Staates in Widerstreit. Geschieht dieß; will die Kirche gegen den Staat sein und über die individuelle Belebung und Beseelung hinaus in die Regierung des Bürgerlichen und Politischen eingreifen: so hat der Staat dem Eingriffe, der seine Einheit zerreißen müßte, durch Gesetze zu wehren.

Andererseits aber darf auch der Staat nicht gegen die Kirche sein. Wo sie, ihres tief innerlichen Berufes eingedenk, sich bescheidet, im Gemüthe zu wohnen, statt im Weltlichen zu herrschen, da darf der Staat nicht die innere Freiheit der Kirche und ihre nothwendigen Aeußerungen unter das Staatsgesetz bringen. Vielmehr muß er ihr den freien Spielraum gewähren, welcher ihr nach ihrem eigenthümlichen Wesen nöthig ist, um das Sittliche aus der Aneignung und Empfindung des Göttlichen zu beleben.

Hiernach ist Befreundung, gemeinsame Wirkung des Staates und der Kirche das allein richtige Verhältniß. Wenngleich die Kirche allgemeiner ist als der einzelne Staat und gerade in der Allgemeinheit ein gewisses selbstständiges Leben besitzt, so bleibt sie doch eine Lebensbedingung des Staates, und es ist unrecht, die weltliche Seite des Staates, seine Gesetze und äußeren Einrichtungen, allein Staat zu nennen und der Kirche feindlich entgegenzusetzen.*) Wollte man folgerecht Wissenschaft und Staat, Han-

---

*) Man vgl. auch hierzu die „Logischen Untersuchungen" I, S. 87, wo es gegen Hegel heißt, daß in der Staatslehre desselben zwar „der Staat aus dem Begriff des Geistes erbaut werde, aber seine geistigste Seite, die Kirche, höchstens nebenbei eine Stelle finde."

del und Staat, Industrie und Staat in einen ähnlichen Widerspruch bringen, wie nicht selten Kirche und Staat: so würde sich der Staat schier ausleeren; er würde, von der Kirche schlechthin getrennt, geistig absterben, wie der vom Handel schlechthin getrennte Staat leiblich absterben würde. Es ist dem Staate zum Heil, wenn die Kirche fortwährend daran arbeitet, die Menschen, die seine Glieder sind, aus dem Gefängniß augenblicklicher und selbstischer Stimmungen und Gedanken zu befreien und das harte selbstsüchtige Herz in Empfindungen des Ewigen zu schmelzen. Darum giebt der Staat, die Feste der Kirche in seiner äußeren Ordnung anerkennend, Gott die Ehre, überläßt der Kirche den richtigen Antheil an Erziehung und Unterricht, ruft in der peinlichen Rechtspflege, wo es, wie z. B. im Gefängnißwesen, gilt, auf die Gesinnung, den tiefsten Grund des Handelns, zu wirken, die Kirche herbei, stützt sich im Eid auf den von der Kirche gepflanzten und gepflegten Glauben und vereinigt sich im Eherecht mit der die Heiligkeit der Ehe fordernden und hütenden Kirche. Es ist allbekannt, wie schwierig in den bezeichneten Beziehungen die Einigung zu erreichen ist. Allein die kluge Kirche und der weise Staat werden, ehe sie sich trennen, kein Mittel unversucht lassen, aus dem inneren Zwecke die Einigung zu finden.

Der wesentliche Grund der Schwierigkeit dieser Einigung liegt darin, daß Staat und Kirche zur Toleranz verschieden stehen; denn der umfassende Staat wird sich nach dieser Richtung weiter öffnen als die sich in ihrer Lehre abschließende Kirche.

Gleichwohl ist die rechte Kirche, in ihrem eigenen Glauben zuversichtlich, eben darum, im Bewußtsein der starken Wahrheit, welcher der geistige Sieg verheißen ist, duldsam. Wenn es ihr Wesen ist, das Gewissen zu beleben, so widerspricht der schon in sich widersinnige Gedanke, zum Glauben zu zwingen, auch ihrem eigenen Wesen. Daher ist Duldsamkeit gegen Andersdenkende, sei es im Innern der Kirche, sei es nach außen, kein Abfall, sondern eine Anerkennung des geistigen Princips in der Religion.

Und der Staat, der, als Ganzes gefaßt, sich im Sittlichen vollendet, wird zu den Religionen und Confessionen in demselben Maße durch innere Verwandtschaft hingezogen, als sie mit individueller, dem Geiste des Volkes entsprechender Tiefe den sittlichen Sinn beleben; insofern ist auch seine Duldsamkeit keine fehlerhafte Schwäche, keine Gleichgültigkeit. In der Mannigfaltigkeit der Bekenntnisse eignet er sich von jeder Kirche die sittliche Wirkung an, welche sie in ihren Kreisen hat, und beurtheilt, wie weit seine Aemter nach der ihnen eigenen Idee von ihren Trägern das Bekenntniß einer besonderen Kirche oder einer besonderen Religion erfordern. Die Gränze seiner Toleranz ist die Gränze des Sittlichen. Ja selbst wo ein wirklicher Widerspruch gegen seinen sittlichen Geist sich erhebt, kann der Staat die fremde Religion so lange in sich ertragen, als er sie still zu besiegen und factisch mit seinem sittlichen Geiste fortzuziehen hoffen darf. Unduldsamkeit ist nie seine Stärke.

So weit Trendelenburg zur Begründung seiner Ansicht von Kirche und Staat. (Schluß folgt.)

Noth und Hülfe
unter den Fabrikarbeitern auf Anlaß der Baumwollensperre in England und insbesondere in Lancashire.

(Schluß.)

Wir bedauern, daß der Raum verbietet, aus der Brochüre eine vollständigere Darstellung der Organe der freiwilligen Hülfsthätigkeit, an deren Spitze ein doppeltes Centralorgan, von dem das eine die ungeheuren Mittel sammelt, das andere sie vertheilt, steht, folgen zu lassen. Ebenso müssen wir unsere Leser hinsichtlich der Darstellung der sittlichen Seite auf die sehr lehrreichen Mittheilungen der Brochüre verweisen, die in anschaulicher Weise darthut, wie sich aus der plötzlichen Arbeitslosigkeit und dem daraus hervorgehenden Müssiggang, aus der Verdienstlosigkeit und der dadurch bedingten Wohnungsnoth, und im Blick auf die Haufen der herumtreibenden, der Verzweiflung verfallenden Menschen, Männer, Weiber, Dirnen und jungen Burschen allen Alters neue große Gefahren einer sittlichen Verwilderung herausgestellt. Und wenn man die Obdachlosen und von Frost Leidenden auch an erwärmten Orten sammelte oder ihnen wollene Decken austheilte u. s. w. — wie viel dringender machte sich dann für die Tagesstunden die Nothwendigkeit geltend, dieser Menge von Menschen zu beschäftigen, ja auch zu erheitern? Es kam darauf an, das Nothwendige und Nützliche schnell zu entdecken und in's Leben einzuführen. Der Verfasser erkennt die Ehre, einen dieser erfolgreichen Auswege gefunden zu haben, einem jungen Handlungsdiener, Namens Birch, in Manchester zu. Derselbe nämlich hatte, von einem reichen Gönner mit der Verwendung von einigen

40 ℒ wöchentlich zum Besten der Nothleidenden betraut, zunächst erschüttert von den sittlichen Gefahren, denen die hungernden, frierenden Fabrikmädchen auf den Straßen ausgesetzt waren, ein Paar Dutzend derselben in einem geeigneten Lokal unter weiblicher Aufsicht und zum Unterricht in weiblichen Arbeiten, so wie zu gelegentlichen Bibelstunden u. dgl. versammelt. Diese Schule wuchs sehr schnell zu mehren Hundert Schülerinnen mit Betheiligung der nöthigen geistlichen und sonstigen Lehrkräfte heran. Nach ihrem Vorgang wurde sehr bald in jedem Distrikt und überhaupt überall weit und breit im Lande thatsächlich der Grundsatz anerkannt, daß ähnliche Anstalten verschieden nach den verschiedenen Bedürfnissen einen unentbehrlich wesentlichen Theil der Nothhülfe bilden müßten. So entstanden in den nur allzu zahlreich zur Verfügung stehenden gewerblichen Räumen der stillstehenden Fabriken, der leeren Waarenlager u. s. w. Hunderte von Schulen für je viele Hunderte von Kindern, von Mädchen und Frauen, von Männern jeden Alters. Nach Bedürfniß und Umständen des Alters, Geschlechts u. s. w. erhielt nun bei Weitem der größte Theil der Nothleidenden Unterricht in Lesen, Schreiben, Rechnen, Singen, weiblichen und andern Handarbeiten. Auf Erwerb konnte dabei meist um so weniger gesehen werden, da bei den meisten Schülerinnen auch die ersten Anfänge fehlten. Den weiter Vorgerückten wurden theils Arbeiten für ihr eigenes Hauswesen gestattet, theils wurden sie im Dienst der Hülfsvereine im „Kleider-Departement" nutzbar gemacht. Auch im Hauswesen dieser improvisirten convictorischen Schulen konnten und können viele nützlich verwendet werden, wobei ein Turnus beobachtet wird. Hier und da ist auch für Männer Unterricht in handwerksmäßigen Arbeiten versucht worden, doch waren begreiflich nach dieser Seite zu viel Schwierigkeiten zu überwinden, als daß hier an eine größere Ausdehnung zu denken. Auch zeigten sich grade ältere Männer, Familienväter über alle Erwartung willig, die Versäumnisse ihres ersten Schulunterrichts nachzuholen. Wo die Umstände es erlauben, da werden übrigens auch Mittel und Gelegenheit zu Erheiterung mancher Art geboten, durch gesellige Unterhaltung, durch Lesen oder Vorlesen, harmlose Spiele, Gesang und sogar Musik. Ja, man hat mit der besten Wirkung auch hier und da für Leibesübung, besonders durch militairische Drillung gesorgt, wozu ohne Zweifel das freiwillige Schützenwesen der mittlern Stände in den letzten Jahren auch diese Leute viel williger macht, als es früher denkbar gewesen wäre. Von besonderer Wichtigkeit aber bleiben immer die eigentlichen Nähschulen, indem sie einen Mangel ersetzen, eine Lücke der weiblichen Erziehung ausfüllen, welche (in England wie anderwärts) grade in dieser Klasse eine der Hauptursachen der

Verkommenheit und Zerrüttung der häuslichen Oekonomie und des häuslichen Lebens überhaupt ist. Von solchen Anstalten sind und werden noch täglich neue eröffnet, sowohl Seitens des öffentlichen Armenwesens, der Hülfsvereine oder Ausschüsse, als Seitens einzelner Personen, z. B. Geistlichen und namentlich auch Fabrikherrn. Auch von Seiten der bestehenden wohlthätigen und besonders im bestimmtern Sinn religiösen Vereinen ist grade in dieser Beziehung sehr viel geschehen. — Was neben diesen freien Vereinen die im engern Sinn geistlichen und kirchlichen Arbeiter in den nothleidenden Graffschaften selbst betrifft, so stimmen alle Nachrichten darin überein, daß die Geistlichkeit aller Kirchen oder Sekten in der treuesten, unermüdlichsten, aufopferndsten Erfüllung aller Hirtenpflichten wetteifern — nicht nur oft genug jeder innerhalb seiner eigenen Heerde, sondern auch in friedlicher Gemeinschaft, überall, wo sie nicht durch die schroffere Haltung der zunächst Betheiligten zurückgewiesen wurden. Diesem Beispiel ihrer geistlichen Führer folgen denn auch die übrigen Mitglieder aller kirchlichen Gemeinschaften getreulich und unermüdlich. Dabei kann es denn nicht befremden, daß auch die seit einigen Jahren unter dem Namen des „Revival" bekannte geistliche Bewegung hier vertreten ist. Auch fehlt es aus allen Theilen Englands nicht an zahlreichen Aufforderungen und Sendungen, welche insofern einen kirchlichen Charakter tragen, als sie häufig von Geistlichen als solchen, in ihrem Amtskreise veranstaltet werden, auch wohl ausdrücklich zu Unterstützungen geistlicher Hülfsarbeiten unter den Nothleidenden gleicher Gemeinschaft bestimmt sind, worin sich namentlich die hohe Geistlichkeit der Landeskirche auszeichnet. Auch eigentliche Kirchencollekten haben sehr häufig Statt gefunden und von einer allgemeinen landeskirchlichen Collekte ist die Rede und wird sie bei längerer Dauer der Noth wohl ohne Zweifel zur Ausführung kommen.

Nachdem der Verfasser auf diese Weise die von außen, d. h. von der nicht selbst als nothleidend betheiligten Classe geleisteten Hülfe vorgeführt, wendet er sich zur Beantwortung der wichtigen Frage: was durch Selbsthülfe aus der Mitte der unmittelbar leidenden Classe selbst geschieht, und wie weit sich die etwa bestehenden Einrichtungen für Abwehr ähnlicher materieller Verlegenheiten bewährt? Der Verfasser bespricht die Benutzung der eigentlichen Sparcassen, der Kranken- und Sterbecasse, der Pfennigbank und ähnlicher Institutionen mit ihrer dortigen, zum Theil originellen, uns Deutschen aber mehrfach weniger verständlichen Anwendung. Er kommt aber zu dem Resultat, daß alle diese Selbsthülfe nur einen geringen Bruchtheil der erwerblosen Arbeiter gegen das hereinbrechende Elend zu schützen vermochte. Nur eine Ausnahme stellt sich hier heraus, nämlich im Umkreise der cooperativen Bewegung, aus der das neue Genossenschaftswesen hervorgegangen. Die Mitglieder dieser Vereine sind mit sehr wenigen anderen günstig gestellten Ausnahmen die einzigen unter den arbeitslosen Arbeitern, welche eben durch die Früchte dieser genossenschaftlichen Verwerthung ihrer Ersparnisse in den Stand gesetzt sind, wenigstens bisher sich in diese Fluthen der Noth ohne fremde Hülfe über Wasser zu halten. Solche Genossenschaften sind in Großbritannien während 15 Jahre etwa 1000 entstanden, von denen etwa 300 auf die nordenglischen Baumwolldistricte kommen, deren Mitgliederzahl auf 50,000, deren Betriebscapital auf 3 Millionen £, deren jährlicher Umsatz aus etwa 7 Millionen £ mit einem Reingewinn von etwa 60,000 £ anzuschlagen ist. Bis zum November war noch keine dieser Gesellschaften der furchtbaren Fluth erlegen und auch die späteren Berichte lauten noch nicht ungünstig, wiewohl die Frage ist, ob sie die Krise gänzlich durchhalten werden. Wir können uns mit diesem allgemeinen Hinweis auf die Brochüre um so mehr begnügen, da in der ersten No. dieser Blätter bereits Ausführlicheres, namentlich über die bedeutendsten dieser Genossenschaften der Pioniers zu Rochdale mitgetheilt worden ist und wir überdieß das Lesen der Brochüre durch unsere Mittheilungen nicht überflüssig machen wollen. Nur eine doppelte Notiz, die uns jetzt nachträglich zugeht, finde hier noch einen Platz. Die erstere ist wohl eine schlagende Bestätigung der ökonomischen Bedeutung, die in den Genossenschaften liegt, indem nämlich die Rochdaler Pioniers binnen Jahr und Tag 20,000 £ an Mitgliedereinlagen herausgezahlt haben, womit diese sich so weit über Wasser hielten und behalfen. Die andere Notiz ist weniger erfreulich, indem leider die Praxis jener Hülfscommittees hinsichtlich der Mitglieder der Genossenschaften (Cooperators) und der Mitglieder der Gewerbsverbindungen (Trades Unions men) (die übrigens bisher in gar keiner, am wenigsten in freundlicher Beziehung zu einander standen) eine sehr bedenkliche Wendung zu nehmen scheint, indem gelegentlich auch Fabrikherren ihren Einfluß geltend machen, um namentlich die Concurrenz genossenschaftlicher (cooperativer) Fabriken zu vernichten und überhaupt die mehr und mehr hervortretende Noth der Genossenschaften gegen dieselben auszubeuten, die Einzelnen zu zwingen, ihre Antheile zu verzehren oder um ein Spottgeld zu verkaufen u. s. w. Abgesehen von der tiefen Unsittlichkeit könnte auch kein unweiseres und gefährlicheres Verhalten ersonnen werden. Die formale Motivirung mag noch so plausibel sein — sobald diese Absicht hervortritt, ist ein unermeßlicher Schaden geschehen. — Diese letzte Notiz ist zugleich eine wesentliche Ergänzung desjenigen, was über verwandte Beziehungen am Schluß der Brochüre von Professor Huber gesagt ist, die unstreitig in weiteren Kreisen eine Beachtung verdient, die ihr hoffentlich zu Theil werden wird. Sie bringt eine Menge beherzigungswerther Wahrheiten für alle diejenigen, die sich mit der socialen Frage ernstlich beschäftigen. Ihr Titel ist weiter unten unter dem Rubrum der Agentur des Rauhen Hauses angegeben.

Genossenschaftliche Briefe.
I.

Ihre Aufforderung, lieber Freund, Ihnen zu weiterer Benutzung in dem kleinen Kreise, den Sie in löblicher genossenschaftlicher „Werdelust" (mit Faust zu sprechen — doch ohne alle Gefährde!) um sich versammelt haben, noch nähere Mittheilungen über das eigentliche Wesen derjenigen Genossenschaften zu geben, deren Sache Sie mich in Brandenburg haben führen hören, kann mir natürlich und hauptsächlich nur sehr angenehm und erfreulich sein. Andererseits zwar liegt in Ihrer Klage, „eigentlich wisse man doch noch immer nicht recht, was eine solche Genossenschaft sei," und in der Aufforderung: „ich möchte Sie doch endlich in den Stand setzen, deßfallsige Anfragen kurz und bündig zu beantworten" — es liegt darin etwas tief Beschämendes für mich, der ich in dem süßen Wahn dahin lebte, das eben hätte ich doch schon so oft gesagt, daß es den Hörern und Lesern nach gerade zum Ueberdruß werden könnte. Wie dem auch sei — es findet sich demnach, daß ich zwar wohl gewußt habe, was ich sagen wollte — welches denn freilich auch schon nicht Jedermanns Sache! — daß ich aber nicht zu sagen wußte, was ich wollte. Dabei ist denn kein besserer Rath, als: noch einmal versuchen und besser machen!

Also: was ist eigentlich eine wirthschaftlich-ge- und erwerbliche Genossenschaft? An Bekannteres anzuknüpfen, so ist es eigentlich eine Art von Actiengesellschaft — zwar nur mit dem Unterschied eines mehr[*]) oder weniger, der aber, wie in so vielen Fällen, doch zuletzt auf ein Wesentliches hinausläuft. Das Mehr oder Weniger liegt schon darin, daß die Theilnehmer der Genossenschaft verhältnißmäßig viel geringere sociale Größen sind, als die Actionaire einer Eisenbahn- oder Dampfschifffahrts- oder ähnlicher Unternehmungen. Es sind in der Regel kleinste, kleine oder höchstens mittlere Leute. Darnach richtet sich denn auch der Betrag der Actien, mit denen sie sich (gleichviel unter wel-

---

*) Wir haben früher und noch im Decemberheft dieser Blätter das Wesen der Genossenschaft (von Bekanntem und Unbekanntem) im Verhältniß zu der Sparcasse und allerlei Hülfsvereinen anschaulich zu machen gesucht, wie denn dort nachzusehen. Da der Vergleichspunkt nicht gut gewählt scheint, so wollen wir es mit einem andern versuchen! Vielleicht wäre die englische point Stock Company noch ein besserer Vergleichsgegenstand, aber da bedürfte es wohl für den deutschen Leser erst recht einer Auseinandersetzung des „was?" u. s. w. —

hem geschäftlichen Ausdruck als Eintrittsgeld u. s. w.) bei der Bildung des Anlage- und Betriebscapitals betheiligen, so daß namentlich bei ratenweiser Einzahlung auch sogar der Pfennig sein Recht und Raum haben kann. Hierin liegt nun schon, daß sofern es sich um eine irgend bedeutende Unternehmung handelt, auch eine große — eine möglichst große unbegränzte Zahl von Theilnehmern, wo nicht unentbehrlich, doch sehr wünschenswerth ist, während bei der gewöhnlichen Actiengesellschaft derselbe Zweck durch einen höheren Ertrag der Actien, oder durch Vereinigung vieler Actien in wenigen Händen erreicht werden kann. Doch darf daraus nicht gefolgert werden, daß die Genossenschaft nicht auch mit einer geringen Zahl von Mitgliedern und entsprechend geringerem Betriebscapital sich ersprießlich erweisen kann; denn obgleich allerdings bei weniger als etwa hundert Theilnehmern mit den gewöhnlichen kleinen Einzahlungen wenigstens keine großen materiellen Vortheile zu erwarten sind, so sind die sittlichen und geistigen Früchte doch auch dann nicht gering anzuschlagen. Ja, gerade bei verhältnißmäßig kleinerem Zuschnitt treten diese am merklichsten hervor, weßhalb sich ja Niemand verdrießen lassen soll, gerade in dieser Sache auch das „Senfkörnlein" nicht zu verachten. Sind doch die bedeutendsten — ja, staunenswerthesten Erfolge auf diesem Felde von den kleinsten, dürftigsten Anfängen ausgegangen!

Dieß führt uns nun schon zu den Punkten, wo der Unterschied des Mehr oder Weniger zwischen Genossenschaft und Actiengesellschaft sich mehr oder weniger zu einem Wesentlichen gestaltet. Zunächst schon hinsichtlich der Betheiligung der Mitglieder durch Leistung oder Genuß, und sowohl nach Betrag als Art derselben! — Was den ersten Punkt betrifft, so beschränken sich die Leistungen des Actionairs auf den festgesetzten Preis der Actien in baarem Geld, und wenn die concessionsmäßig auszugebende Zahl gedeckt ist, nimmt die Gesellschaft ihm nichts mehr ab, auch wenn er darum bäte. Die Genossenschaft dagegen nimmt nicht nur die statutenmäßigen Einzahlungen in baarem Arbeitserwerb der Genossen an, sondern darüber hinaus ohne irgend bestimmte Gränzen nach Umständen, erstlich seine Arbeit, wann und soweit sie dieselbe verwerthen kann, also namentlich bei einem Hervorbringungs- (productiven) Geschäft.*) Aber auch zweitens und weit darüber hinaus kann sie von dem Erwerb des Einzelnen so viel aufnehmen und fruchtbar anlegen, als er selbst irgend entbehren kann — wenigstens sind hier die Gränzen ganz flüssig und von der Ausdehnung des Geschäfts bedingt, welche eben schon allein durch den unbegränzten Zuwachs von Mitgliedern keine bestimmten äußern Gränzen haben kann. Die ganze Bedeutung der hierin liegenden Möglichkeiten der Verstärkung des genossenschaftlichen Betriebscapitals wird aber erst dann anschaulich, wenn man einen andern Punkt berücksichtigt, worin auch ein wesentlicher Unterschied in einem bloßen Mehr oder Weniger liegt.

---

*) Es mag hier schon zur Beseitigung gewisser Bedenken bemerkt werden, daß das Genossenschaftswesen durchaus nicht nothwendig oder auch nur gewöhnlich den Arbeiter seinen gewöhnlichen Arbeitsverhältnissen entzieht. Es kann dieß zwar unter Umständen geschehen, bisher aber war dazu nur in sehr wenig Fällen Veranlassung und Raum gegeben.

Die Actiengesellschaft betreibt eine bestimmte Unternehmung, wie Eisenbahn, Dampfschifffahrt, Bergwerk u. dgl., wobei sie durchaus nicht auf die besondere Kundschaft ihrer Actionairs speculirt, sondern auf die Kundschaft des „Publikums" im Allgemeinen. Hat der Actionair seine Actie bezahlt, so kann er Jahr aus Jahr ein ohne alle und jede Beziehung zu der Gesellschaft bleiben — außer etwa bei Verloosung von Actien oder dergleichen — er müßte denn als Passagier die Bahnzüge oder Dampfschiffe benutzen u. s. w. Die Genossenschaft dagegen kann zwar nach Umständen ebenfalls irgend eine beliebige Unternehmung zu Kauf und Verkauf oder Hervorbringung betreiben mit derselben Voraussetzung allgemeiner Kundschaft; ihre Hauptbedeutung aber lag bisher und wird gerade bei voller Entwicklung liegen oder wieder liegen in der Befriedigung der wirthschaftlichen oder gewerblichen Bedürfnisse ihrer Mitglieder, und nur darüber hinaus, und demnächst kommt auch die allgemeine Kundschaft in Betracht. Und zwar kann die Befriedigung dieser Bedürfnisse sowohl durch Kauf und Verkauf (distributive Industrie) als durch Hervorbringung (productive Industrie) geschehen, mit den zwischen beiden liegenden Gewerben, wie z. B. jenes des Schlachters. Eben damit ist nun die Möglichkeit gegeben, daß der Genosse nicht nur seine eigentlichen Ersparnisse im genossenschaftlichen Betrieb anlegen kann (wie z. B. in der Sparcasse), sondern den ganzen Betrag seines Erwerbes (Arbeitslohn), den er früher für die Befriedigung derjenigen Bedürfnisse, für welche fortan die Genossenschaft sorgt, an den Krämer, Bäcker, Schlachter, Miethsherrn u. s. w. bezahlt hat — mit dem Unterschied zu seinem Vortheil, den eben der genossenschaftliche Betrieb allein gewähren kann — um so mehr da ihm, wie jedem bedeutenden wirklichen Werth, auch ein entsprechender Credit nicht fehlen kann.

Welches nun jene Vortheile sind, darüber, lieber Freund, bedarf es für Sie keiner weiteren Andeutung, da Sie selbst, wie ich mit Vergnügen ersehe, in Ihrer genossenschaftlichen Propaganda gerade über diesen Punkt, den Vortheil jedes Großbetriebes über den Klein- oder Zwergbetrieb in Wirthschaft oder Gewerbe, Kauf, Verkauf oder Hervorbringung genügendes Verständniß gefunden haben. Eine Veranschlagung in bestimmten Zahlen, wie Sie dies wünschen, ist freilich kaum möglich, da hier Alles theils von der Ausdehnung des Betriebs an sich (also der Zahl der Genossen u. s. w.), theils besonders bei wirthschaftlicher Genossenschaft von der Anwendung auf mehrere oder alle Zweige und Bedürfnisse der Haushaltung sowohl der Einzelnen als des Ganzen bedingt wird, wobei es keine andere Gränze giebt als die sittliche des Familienlebens. Gilt es aber doch einmal, gleichsam um der Phantasie einen anschaulichen Anhaltspunkt zu geben, eine bestimmte Zahl, so kann man zuversichtlich annehmen, daß die Vortheile des Großbetriebs an besserer Waare und niedrigerem Preise, sowie durch Einrichtungen aller Art, die der Zwergwirthschaft unzugänglich (z. B. in Beleuchtung, Heizung u. s. w.), namentlich bei der Anwendung auch auf die Hervorbringung sich auf 50—200 Procent und mehr berechnen lassen, je nachdem eben mehrere oder alle Bedürfnisse in genossenschaftliche Befriedigung gezogen werden. Dazu kommt dann der Zinsertrag der Einlagen aller Art und eine Dividende, die bei häufigem Umtrieb und erfolgreicher Geschäftsführung besonders mit **allgemeiner Kundschaft** nicht ausbleibt.*) Woraus denn in Summa sich ergiebt, daß der Arbeiter mit jedem Groschen oder Thaler Tagelohn, den er in dem genossenschaftlichen Capital anlegt, zwei bis drittehalbmal **weiter reicht und mehr beschafft**, als wenn er ihn zum Krämer, Bäcker u. s. w. bringt, oder vorher in der Sparcasse anlegt, um ihn mit $3\frac{1}{2}$ Procent wieder herauszuziehen. Wie bedeutend aber die Mittel sind, welche der Genossenschaft eben aus diesem Verhältniß zufließen **können**, wird sich leicht anschaulich machen lassen, wenn man annimmt, daß der Arbeiter, der bisher jährlich z. B. 50—60 ℳ an den Krämer, Bäcker u. s. w. gegen mehr oder weniger schlechte Waare, Gewicht und Maaß und theure Preise los geworden, diese Summe jährlich in dem Genossenschaftscapital anlegt, wogegen gar nichts im Wege steht. Nehmen wir eine Genossenschaft von auch nur 100 Familien an, so würde das schon eine **jährliche** Verstärkung des Betriebscapitals um 5—6000 ℳ sein. Aber es steht auch nichts im Wege, daß der Arbeiter seinen ganzen Erwerb (bis etwa auf eine Art von Taschengeld) in der Genossenschaft anlegt und alle seine Bedürfnisse aus deren Hand bezieht, dann würde sich bei 100 Arbeitern, die mit ihrer Familie auch nur 100 ℳ jährlich verdienen oder doch einzahlen möchten, ein jährlicher Capitalzuwachs von 10,000 ℳ ergeben. Daß mit solchen Mitteln kaum halbwegs ein vernünftiges Bedürfniß des Lebensunterhalts oder Genusses unbefriedigt zu bleiben braucht, bedarf keiner weiteren Erörterung; gegen die Bedenken aber, die sich hinsichtlich eines **Zuviel des Guten** erheben könnten, wollen wir doch nicht vergessen, daß hier ein zwar im Allgemeinen möglicher Fall vorausgesetzt wird, mit dessen Verwirklichung es aber keine dringende Gefahr hat. Es ist auch hier dafür gesorgt, daß die Bäume nicht in Himmel wachsen! Hoffentlich aber, lieber Freund, werden Sie diese äußerste Möglichkeit des Wünschenswerthen dazu benutzen, um Ihren Freunden die diesseits liegenden geringern Möglichkeiten um so plausibler und erreichbarer zu machen. Dazu aber kommt noch ein sehr wesentlicher Vortheil, den die Genossenschaft nicht nur vor der Vereinzelung, sondern auch vor der Art von Gemeinschaft voraus hat, welche die Actiengesellschaft den Bemittelten oder Reichen, die Sparcasse, der Hülfsverein dem kleinen Mann bietet: nämlich die in dem vollen Begriff der Genossenschaft und durch die entsprechenden Beziehungen der Mitglieder unter einander und zu dem Ganzen liegenden Mitteln und Möglichkeiten der Steigerung der sittlichen und geistigen Kräfte, welche der Einzelne in der Genossenschaft gleichsam anlegt und verwerthet. Dabei kommt denn auch die Möglichkeit der Beschaffung aller entsprechenden äußeren Bildungsmittel und Einrichtungen, und namentlich auch durch würdige und förderliche Geselligkeit in Betracht, woran unter andern Umständen gar nicht zu denken, und deren namentlich der vereinzelte kleine Mann auf's Kläglichste entbehren muß.

---

*) Auf Näheres über die bisherigen Einrichtungen und Bestimmungen in diesen Dingen kann hier und jetzt nicht eingegangen werden. Die Dividende wird nicht auf das Guthaben im Betriebscapital, sondern auf den Betrag der Kundschaft berechnet, was sich Alles durch Werke u. s. w. viel einfacher macht als man glaubt.

Ich habe schon angedeutet, lieber Freund, daß die Anwendung des genossenschaftlichen Großbetriebs auf alle Lebensbedürfnisse der Genossen bisher noch nicht in wirklicher Erfahrung vorliegt, was denn innerhalb durchaus praktischer Gränzen auf die genossenschaftliche Ansiedelung hinauslaufen würde, wie Sie diese schon in unserem „Janus" von 1845 sehr ausführlich dargelegt finden. Bisher hat sich die genossenschaftliche Praxis auf einzelne oder auf die Verbindung mehrerer Zweige des wirthschaftlichen und gewerblichen Bedürfnisses beschränkt, wo aber der Eindruck immer mehr hervortritt, daß es gleichsam Vorarbeiten in einzelnen Gegenden sind und es endlich nur einer Zusammenziehung in ein Ganzes bedürfte, um den vollständigen genossenschaftlichen Leib herzustellen. Wie dem auch sei, so hat sich jene beschränkte Anwendung vollkommen bewährt, erstlich in Beziehung auf das alle andere Werthe oder Bedürfnisse vertretende Geld in den Vorschuß- und Creditvereinen. Dann in Beziehung auf die Beschaffung von allerlei Lebensbedürfnissen, in manchen Fällen mit Hervorbringung derselben, in den sogenannten Consumvereinen, besonders den englischen Stores (Verkaufsläden).

Was aber als Zweig eines genossenschaftlichen Verkaufsgeschäfts entweder in handwerksmäßiger oder fabrikmäßiger Hervorbringung geschieht, das findet sich auch jetzt schon, obgleich noch nicht sehr häufig, in selbstständigem genossenschaftlichen Betrieb. Endlich fehlt auch die Anwendung desselben Princips zur Befriedigung der wichtigsten aller Lebensbedürfnisse durch eigenen Heerd und gute Wohnungen nicht — meistens in Verbindung mit Grundbesitz. Dieser aber führt unter Umständen fast von selbst zu dem genossenschaftlichen Betrieb landwirthschaftlicher Hervorbringung, wobei wieder verschiedene Stufen und Ausdehnungen der Anwendung des Princips als offene Fragen vorliegen.

Nach allen dem nun, lieber Freund, glaube ich Ihre Frage: „was ist die Genossenschaft?" genügend, wenigstens so genügend beantwortet zu haben, als ich es überhaupt vermag, oder von Andern gesehen habe. Damit sind freilich eine oder mehrere Reihen anderer Fragen noch nicht erledigt, namentlich jene, die in dem ungläubigen Kopfschütteln hinsichtlich der praktischen Möglichkeit der Ausführung liegen, was uns bei denen jedenfalls nicht befremden kann, denen die Thatsachen der Verwirklichung unbekannt, oder die sich nicht entschließen können oder nicht im Stande sind, sich ihre volle Bedeutung zu veranschaulichen und ihnen gebührende Rechnung zu tragen. Also die Frage: „wie?" tritt nun an die Stelle der Frage „was?" — Zunächst nun ist darauf nur zu antworten: diese Dinge geschehen im genossenschaftlichen wie in jedem andern Betrieb durch alle die geschäftlichen Einrichtungen, Mittel und Griffe gleichsam (der Hand und der Sinne und des Kopfes!), welche eben Kauf und Verkauf, Buchführung, Cassenführung, Behandlung und Kenntniß der Waare, dann die verschiedenen Hervorbringungsarten der Waare ausmachen — natürlich mit den Unterschieden, zum Theil Erschwerungen, welche eben durch die Verschiedenheit des genossenschaftlichen vom gewöhnlichen Betrieb, z. B. in der Berechnung mit den Genossen, bedingt werden. Eine Darlegung der Mysterien der Buchführung u. s. w. werden Sie aber, lieber Freund, von mir fortan am wenigsten verlangen! Bleibt nun dennoch hier, wie vorauszusetzen, noch eine Frage, ein Zweifel, so kann er jedenfalls nicht das „wie?" sondern das „wer?" betreffen. Darauf antworte ich: „nun, wer denn sonst, als die Leute, die als Vorstand, Vorsteher oder Beamte und Diener der Genossenschaft dazu berufen sind, gerade wie bei jedem andern Verein, der irgend eine geschäftliche Seite hat!" Gestehen Sie aber, lieber Freund, alle weiteren Fragen, mit denen Sie geplagt werden, laufen zuletzt darauf hinaus: „es ist nicht möglich oder kaum glaublich, daß Leute der Art, welche von einer zahlreichen Versammlung mit mehr oder weniger republikanischer beschränkter Autorität als Vorstand u. s. w. die Leitung eines solchen Geschäfts übernehmen, diesem Beruf irgend gewachsen sein könnten!" Darauf aber hat das Genossenschaftswesen freilich keine bessere Antwort als jene des Mannes, der die Möglichkeit des Gehens dadurch bewies, daß er eben ging.

Die Wirklichkeit von etwa 2000 Genossenschaften aller Art und Größe und auf den mannigfaltigsten Stufen mehr oder weniger gedeihlicher Entwicklung in den drei großen europäischen Culturländern dürfte hinreichen, deren Möglichkeit zu beweisen — ganz abgesehen auch von der sogenannten latenten (geheimen, verborgenen) Association, wobei ohnehin jene Bedenken ganz wegfallen. Ja, diese Wirklichkeit bietet eine solche Fülle der überraschendsten, erfreulichsten, großartigsten Erfolge, daß auf den ersten Blick wohl weit eher der optimistische Irrthum entstehen könnte, als wenn das Alles und Aehnliches in immer weiterer Entwicklung nicht bloß möglich, sondern auch ohne große Schwierigkeiten mit einigem guten Willen zu beschaffen sein müßte. Diesem Irrthum, dem dann um so leichter ein Rückschlag des Verzweifelns an der Sache folgen würde, entgegen zu wirken, dürfte nun am besten theils durch ausführliche Darstellungen einzelner besonders lehrreicher Erfahrungen gelingen, theils durch ins Einzelne gehende Veranschaulichung der aus diesen Erfahrungen hervorgehenden allgemeinen Regeln eben zur Verwirklichung jener Möglichkeiten unter diesen oder jenen praktischen Voraussetzungen. Ein Anderes ist es: wissen was eine Genossenschaft ist und wie sie das sein oder leisten kann, was sie ist und leistet — und ein andres ist die Frage, wie fängt man es an, solche Einrichtungen zu schaffen? Davon, wenn es Ihnen genehm, l. Fr., nächstens ein Mehres.

Zeitung und kürzere Correspondenzen.

Stadtmission.

Liverpool. In welchem Maßstabe die englischen Christen in ihren großen Städten die Stadtmission durch geordnete Laienhülfe betreiben, mag der diesjährige Jahresbericht der Scripture Readers Society in Liverpool, einer Stadt, die mit ihren 500,000 Einwohnern fast der Bevölkerung von Berlin gleichkommt, beweisen. Der Zweck der „Schriftlesergesellschaft" geht dahin, durch dazu angestellte Männer, eine Art Stadtmissionare, den Leuten die Bibel in's Haus zu bringen, um sie zum Lesen und Gebrauch derselben zu bewegen, woran sich vielfach andere Bemühungen zur Hebung der Armen von selbst anschließen. Der im vorigen Monate unter dem Vorsitze des Lordbischofs von Chester und in Anwesenheit einer großen Anzahl Geistlicher aller Denominationen und Laien abgestattete Jahresbericht weist eine Totaleinnahme von 4523 £ (circa 30,000 ℳ) auf, wofür nebst den betreffenden Unterstützungen 52 Stadtmissionare unterhalten wurden. In diesem Jahre sind im Dienste der genannten Gesellschaft 60 Arbeiter thätig. Die Zahl der gemachten Besuche betrug 154,672, wovon allein 8200 Krankenbesuche waren. Mit 57,302 Personen wurde im Ganzen verkehrt. Die Gesellschaft, welche mit ihrem Netz die ganze Stadt überzogen hat, befolgt den Grundsatz, keinen Arbeiter in einen District ohne Einwilligung des betreffenden Pfarrgeistlichen (incumbent or curate) zu senden. Von einer Rivalität zwischen Geistlichen und Stadtmissionaren ist, wie der präsidirende Lordbischof constatirte, so wenig die Rede, daß man sich — Hochkirchliche wie Dissenters — der treuen und unermüdlichen Hülfe einfacher gläubiger Laien einmüthiglich freute und in dem bisherigen Geiste christlicher Liebe und Demuth einander die Hände zu reichen versprach. Der gerade anwesende Bischof von Sidney erwähnte noch, daß von den 92 Geistlichen seiner Diözese in Australien mehrere früher als Stadtmissionare im Dienste der genannten Gesellschaft thätig gewesen, die zu seinen tüchtigsten und im reichsten Segen wirkenden Arbeitern gehörten. Auf Anlaß der Bestrebungen der Katholiken in und um Liverpool, wie überhaupt der in den dortigen Landen, durch ihre zahlreichen, mit reichlichen Geldmitteln versehenen Genossenschaften der „Redemptristen,“ der „christlichen Brüder“, der „Brüder des Glaubens“ u. a., die arme Bevölkerung der dortigen Fabrikdistricte in die römische Kirche hinüberzulocken, glaubt die Committee das angefangene und bisher so reichlich gesegnete Werk im neuen Jahre mit doppeltem Eifer fortsetzen zu müssen, um dem Worte Gottes und dessen Segnungen noch immer tiefer und nachhaltiger in den verschiedenen Schichten der Bevölkerung Bahn zu machen.

Nachrichten aus dem Rauhen Hause.
Speciell für die auswärtigen Brüder.

Für die Hülfscasse (H. C.) sind vom 10. Februar bis zum 3. März an Jahresbeiträgen eingegangen: 1) für 1861 1 ℳ von B.(230); 2) für 1862 à 1 ℳ von C.(218) und B.(230); 3) für 1863 à 1 ℳ von M.(47), W.(52), A.(55), W.(62), S.(87), K.(92), S.(103), F.(107), B.(115), F.(118), R.(123), S.(127), S.(131), K.(144), H.(152), A.(153), G.(155), M.(159), G.(160), R.(161), H.(162), H.(165), G.(180), M.(181), M.(184), K.(192), B.(195), R.(198), H.(202), H.(206), S.(207), S.(208), S.(210), S.(212), C.(213), J.(216), C.(218), A.(227), B.(230), B.(234), G.(243), B.(247), S.(253), G.(265), T.(266), T.(269), B.(270), H.(271), M.(275), D.(276), G.(286), C.(287), G.(288), D.(289), R.(295), S.(304), K.(308), L.(309), Z.(315), L.(318), P.(324), G.(344); à 2 ℳ von B.(7), M.(61), F.(111), B.(130), S.(135), S.(150), E.(209), S.(298); 5 ℳ von (125). — Außerdem sind 2 ℳ von C.(218) bei Entsendung aus dem Brüderhause eingezahlt.

Geburtsanzeigen: ein Sohn: 15/2. R.(161); 9/2. S.(208); eine Tochter ist gestorben: 15/2. D.(289). Verlobt hat sich F.(111). W.

Quittungen vom Monat Februar 1863.

Für die Kinderanstalt. Holstein: Hr. Pastor Juhl in Meldorf 2 ℳ 8 ß. — Preußen: Hr. Palm in Berlin 1 ℳ. — Schleswig: Frl. Rendtorf in Hohenstein durch Hrn. Löwe in Eckernförde 2 ℳ 8 ß. — England: durch Hrn. Lehrer Jacoby unter den Kindern einer dortigen deutschen Schule gesammelt ½ £.
Hausbüchse: 10 ℳ 13 ß.

Für die Brüderanstalt. Holstein: Hr. Pastor Juhl in Meldorf 2 ℳ 8 ß. — Preußen: Hr. Schreve in Marwitz 1 ℳ. — Rußland: Hr. Bauer in Reval 1 ℳ.

Für die Kinder- und Brüderanstalt gemeinschaftlich. Preußen: durch Hrn. Lehrer Maaß in Frauendorf gesammelt 2 ℳ; L. H. in G. 1 ℳ. — Sachsen-Meiningen: Hr. Hofprediger Ackermann in Meiningen durch die Agentur 7 ℳ 29 Sgr. — Schweiz: durch das Depot der evangelischen Gesellschaft in Zürich 10 Fr.

Naturalien. Hamburg: Hr. G. Pabst 1 Rock, 2 Hosen, 1 Weste, 1 Cravatte (alt).

Außerdem: Für die Abgebrannten in Zellenopel. Hamburg: Hr. Fr. Schroll 8 ℳ, 2 Paar Unterbeinkleider und 4 Paar Strümpfe (alt); Hr. Inspector Rhiem 5 ℳ; Frl. L. Freybag 2 Paar Strümpfe; H. G. 2 ℳ. — Lübeck: Hr. Rix 2 ℳ. — Preußen: Hr. Pastor Eichler in Berlin 1 ℳ; Hr. Struck in Alt-Czapeln 15 Sgr. — Sachsen-Coburg: Hr. Lehmann in Gräfentonna 1 ℳ.

Für das Johannesstift in Berlin. Preußen: Hr. Pastor Heinicke in Zeitz 1 ℳ, Hr. Hülfsprediger Ragotzky daselbst 15 Sgr., Fr. Dr. Beuer daselbst 15 Sgr. Hr. Geh. Commerzienrath Mendelssohn in Berlin und Hr. Prof. Dr. Mendelssohn in Bonn zur Fürsorge für entlassene Sträflinge 400 ℳ.

Für den Central-Ausschuß. Se. Majestät König Wilhelm von Preußen 1000 ℳ.

Für alle obigen Gaben sage ich hiermit den Wohlthätern den herzlichsten Dank.

Dr. Wichern.

Neuer Verlagsartikel der Agentur:

Soeben ist erschienen:

Professor V. A. Huber, Noth und Hülfe unter den Fabrikarbeitern auf Anlaß der Baumwollensperre in England.

56 Seiten. broch. Preis: 9 Sgr. od. 12 ß.

Es sind bereits in diesen Blättern aus dieser, ein so wichtiges Zeitereigniß besprechenden Brochüre so ausführliche Mittheilungen erfolgt, um auf den Werth und die Bedeutung derselben aufmerksam zu machen, daß wir uns hier alles Weiteren enthalten können.

Inhalt des Hauptblattes: Die Ursachen der so vielfach erfolglosen Bemühungen in der heutigen Kindererziehung. — Ein Zeugniß der Wissenschaft wider den religionslosen Staat. II. — Noth und Hülfe unter den Fabrikarbeitern auf Anlaß der Baumwollensperre in England und insbesondere in Lancashire. (Schluß.) — Genossenschaftliche Briefe. I.: — Zeitung: Stadtmission in Liverpool. — Nachrichten aus dem Rauhen Hause: Speciell für die auswärtigen Brüder; Quittungen; Neuester Verlag der Agentur.

Inhalt des Beiblattes: Zwei Gräber in Süddeutschland. — Verlag der Agentur ꝛc.

Herausgeber Dr. Wichern, Vorsteher des Rauhen Hauses. — Verlag der Agentur des R. H. zu Horn bei Hamburg. — Gedruckt im R. H.

XX. Serie.
April.
Jährlich 24 Bogen zu
4 ⅙ Kr. in 12monatlichen Lieferungen.

1863.
No. 4.
Durch alle Buchhandlungen u. Postämter zu beziehen.

Fliegende Blätter

aus dem
Rauhen Hause zu Horn bei Hamburg.
Organ des Central-Ausschusses für die innere Mission der deutschen evangel. Kirche.

Hauptblatt.

Die Ursachen
der so vielfach erfolglosen Bemühungen in der heutigen Kindererziehung.
(Schluß.)

Wiese nicht schon die ganze Form des in engen Gränzen sich bewegenden Vortrags auf eine nur mehr skizzenhafte Behandlung des reichen Gegenstandes hin, so würde hier zur Vervollständigung des Vorstehenden noch manches Andere, das direct zu einem verkehrten Erziehungsverfahren gehört, nicht übergangen werden dürfen. Dahin wäre besonders die oft so schwächliche und weichherzige Liebe sonst braver Eltern, namentlich mancher Mütter, aber auch die rücksichtslose Härte mancher Väter zu rechnen. Bei diesem zweckwidrigen Verhalten wird so oft entweder die gefährliche Richtung, die das Kind nimmt, nicht rechtzeitig in ihrer Bedeutung erkannt, oder werden falsche, zu schwächliche oder zu rigoristische Wege eingeschlagen, auf denen das schon einmal irre geleitete Gemüth nur noch weiter auf den verkehrten Weg gedrängt werden muß. Daraus entsteht zwischen Eltern und derartigen Kindern zuletzt jene Entfremdung, die nur durch einen richtigen Tact und durchgreifenden Muth der Eltern gegen sich selbst ausgeglichen werden könnte, d. h. aber durch Eigenschaften, die überhaupt und unter solchen Umständen am seltensten zu ihrem Recht zu kommen pflegen. Den größten Fehler begehen die Eltern sehr häufig damit, daß sie nicht rechtzeitig, also nicht so früh als möglich energische und verständige Hülfe gegen das aufkeimende Uebel in Anspruch nehmen. Eine sehr häufige Zuflucht sucht man in den Häusern von Landgeistlichen. Es würde zwar schwer nachzuweisen sein, wie oft oder wie selten man hier seinen Zweck erreicht; dagegen ist nur zu bekannt (und es liegt in der Natur der Sache), daß diese auf einem ganz anderen als einem so schwierigen Erzieher=Beruf angewiesenen Seelsorger solche Versuche sehr oft als gänzlich vergeblich, nachdem der Schaden nur noch tiefer gewurzelt, haben wieder aufgeben müssen. Kinder der Art gehören für gewöhnlich in ganz andere Verhältnisse. Die Zucht muß sich ihnen in einer objectiveren Gestalt als die Familie sie je zu bieten vermag, als sittliche Uebermacht entgegenstellen, und die Kinder zugleich in eine größere, freie Lebensgemeinschaft, die das Erziehungsgeschäft unterstützt, eingliedern. Das mindeste, was in dieser Beziehung geboten werden kann, ist eine, dem Geiste und Herzen genügende, dabei wohldisciplinirte Schule, wenn auch die individuelle Berücksichtigung solcher Kinder in der Schule kaum möglich wird, und deßwegen anderswie von außerhalb der Schule her durch Einpflanzung in eine neben der Schule aufzusuchende Familie ersetzt werden muß. Das viel wirksamere Mittel liegt aber in Anstaltseinrichtungen, die die Anforderungen der Schule und des Hauses in sich vereinen und auf Befriedigung dieses Erziehungs= bedürfnisses eingerichtet sind, so schwer dieselben auch zu finden sein mögen. Doch gehört dieß Alles nur insofern hierher, als das Versäumniß, diese Wege rechtzeitig zu betreten, die Veranlassung ist, daß die ohnehin schon bedrohten Erziehungsbemühungen zuletzt in Gefahr gerathen, ganz er= folglos zu werden. Die Hauptsache bleibt aber immer und immer wieder, das Uebel im aller Innersten aufzusuchen und anzugreifen, sich also darüber nie zu täuschen, daß die Sünde, die Alles unter sich beschlossen, auch in jedem Kinde eine Macht ist, die ohne die Führung des Kindes zu der Gemeinschaft mit dem alleinigen Erlöser nicht überwunden werden kann. Wenn Eltern, die ihren Kindern diese höchste Gabe Gottes vorenthalten, keine Freude an ihnen erleben sollten, können sie sich nicht wundern. Wir haben die Zustimmung zu diesem Satz in dieser Versammlung sosehr als zugestanden voraussetzen dürfen, daß wir deßwegen auch nicht spezieller auf diese Wahrheit eingegangen sind und sie auch an dieser Stelle nicht weiter erörtern wollen. Dagegen darf gerade in diesem Zusammenhange eine andere Thatsache nicht übergangen werden, die auf noch eine besondere Art von Versuchungen, welche die redlichsten Erziehungsbemühungen vereiteln können, hinführt. Die Thatsache ist die,

daß aus frommen Familien eine verhältnißmäßig nicht geringe Zahl einzelner mißrathener oder gegen die christliche

Wahrheit vollständig gleichgültiger oder auch ihr offen und laut feindselig widerstrebender Kinder hervorgeht. Wie ist das zu erklären?

Die Erfahrung kommt so oft vor, daß diese Frage gewiß Berücksichtigung erwarten darf.

Zunächst aber muß mit Entschiedenheit die Ansicht zurückgewiesen werden, als ob die Ursache dieses Verlassens der im Elternhause gewiesenen Lebensbahn immer in der Erziehung, also in der Schuld der Eltern zu suchen sei. Das Christenleben ist und bleibt Sache der freiesten Aneignung, die persönlichste eigenste That jedes Menschen, zu der es keinen Zwang, keinerlei äußere Nöthigung giebt, geben kann, geben darf. Jede auch die leiseste Abweichung von dieser Regel ist eine Umkehrung des Christenthums, beruht auf völligster Verkennung desselben. Deßwegen läßt das Christenwesen sich auch nicht anlehren oder anlernen, läßt sich auch nicht anerziehen; es will allezeit frei als aus Gottes Hand genommen sein. Das gilt namentlich auch für die Kinderwelt und für das christliche Haus und seine Ordnungen, die so gestaltet und gehalten und so in dem Geiste Gottes begründet sein sollen, daß in ihnen niemand je eine Nöthigung sondern jedermann allezeit das Wehen der Freiheit und das Erbieten der Freiheit gewahren kann. Doch aber bereitet die Erziehung zur Annahme der Gottesliebe vor, führt auf den Weg zu ihr, öffnet dem Kommenden das Thor und zeigt ihm die einladende Herrlichkeit der Liebe, daß er folge, wenn er will. Bei dieser Herrlichkeit der Liebe, die in der christlichen Erziehung dargeboten wird (die ganze Erziehung ist Ein derartiges Angebot), bleibt jener ungünstige Erfolg immerhin auffallend und läßt, unbeschadet mancher Ausnahmen, die in der Individualität der Abfälligen zunächst begründet sind, auf eine allgemeine objective Ursache zurückschließen.

Es mag hier ganz abgesehen werden von feineren Gründen, die z. B. in dem künstlichen Zwiespalt liegen, den ein gewisser Unverstand oder Nicht- oder Noch-nicht-Verstand zwischen Bildung und Christenthum aufgerichtet hat, als woraus sich ein innerer Widerspruch im wirklichen Leben bildet, der schließlich glaubenstörend auf alle, auch auf jugendliche Gemüther wirken muß. Aber zwei andere Fehler in der Uebung und Anwendung des Christenthums treten doch neben Anderem so vielfach als Ursachen jener betrübenden Erfahrung an der Jugend hervor, daß sie hier noch besonders bezeichnet werden müssen.

Der eine Fehler besteht darin, daß Eltern so vielfach in Verkehrung ihrer Liebe das Evangelium und das aus ihm kommende Leben in der Weise des Gesetzes und eines gesetzlichen Wesens geltend machen und dadurch aus einer Freudengabe in eine Last verwandeln. Der so dargestellte Christus zieht nicht an, ladet nicht ein, sondern stößt ab. Gewiß giebt es auch in der christlichen Erziehung einen Zwang und eine Strafe, aber nur zur Bändigung des Fleisches, nicht aber um dem Evangelium einen Eingang in die Herzen zu verschaffen. Man versuche nur erst, einen Menschen und vollends ein Kind z. B. mit Zürnen und Schelten zum Gebet oder zum Gottesdienst zu nöthigen oder schelte es, weil es nicht Glauben habe, und man wird nur zu bald die Erfahrung machen, wie bei dem nächsten Anlaß die Fessel gesprengt wird und an die Stelle der Aneignung des Heils die Zurückweisung desselben zur Entfaltung der Zweifel und gar der Fleischesgelüste tritt. Indem auf diese Weise Gottes und des Heilandes Angesicht verdeckt und entstellt, indem Christus in einen Moses und sein Evangelium in ein Gesetz verkehrt wird, werden ihm die Herzen der Kinder nicht geöffnet, sondern verschlossen, statt zur Freundschaft, zur Feindschaft Gottes geführt. Das Evangelium läßt sich eben nicht von außen her durchsetzen. Als freieste Liebesgabe Gottes, will es in allen Formen auch des Wortes und der Sitte dargeboten und will es in freier Liebe genommen sein. Wer in diese Ordnungen Gottes störend eingreift, stört, ja zerstört Gottes köstliches Werk im Menschen Herzen, nämlich die Kraft und Macht des neuen göttlichen Lebens, den Glauben, und im Wahn ihn zu bauen, zieht er sein Gegenbild, den Unglauben, groß. Jene Eltern, die in thörichter Liebe und unerleuchtetem Eifer den Sohn, um ihm den Glauben nicht entgehen zu lassen, mit den Zuwendungen des Evangeliums überbürdeten und mit moralischem Zwange quälten, und denen der Sohn wie ein Betäubter und Uebersättigter ohne wahre Befriedigung folgte, ahnten den Erfolg nicht, der alsobald hervortrat, als der Sohn das Elternhaus verließ. Wie aus einem Traume erwacht, taumelte der Losgelassene und zerriß die Geistesfessel, machte sich zu einem Freien und wähnte nun erst in der Wahrheit zu athmen, nachdem und indem er allen bisher vermeintlich besessenen Glauben, welcher ihm bis dahin den Schein eines Christen geliehen, verläugnet. Er verlor seinen Gott und hat ihn bis zu seinem unnatürlichen Tode nie wiedergefunden. Die Eltern aber haben es nie begriffen, daß sie selbst es gewesen, die durch ihre Belästigungen mit dem Evangelium den Sohn aus dem Reiche des Friedens, für das sie ihn doch gewinnen wollten, für immer gebannt.

Von anderer Art, wenn auch mit der eben geschilderten Verkehrtheit verwandt, ist jene Verengung, Fälschung und Trübung der christlichen Frömmigkeit, welche in warmer Gefühligkeit, oft redseliger Gemüthlichkeit und falscher Erbaulichkeit das Reich Gottes hienieden verkümmert und als abgesonderte Lebensform in das übrige Leben, das man dann „Welt" nennt, nebenbei einzufügen pflegt. So gelangt das christliche Wesen gar nicht zu einem wirklichen, durchgreifenden Leben, sondern bleibt Etwas neben dem übrigen Leben, wodurch die Persönlichkeit in eine Unwahrheit geräth und mit sich selbst, sowie mit den Anforderungen des irdischen Berufs und der gesellschaftlichen Pflicht in einen vollständigen Widerspruch gerathen muß. Die Consequenz dieser Richtung wäre die Einsiedelei und das Mönchwesen, die doch wieder niemand will, denn dazu fehlt dieser krankhaften Schwächlichkeit die Energie, und ist sie auch noch mit zuviel Gesundheit vermischt. Das Reich Gottes will aber nicht den einzelnen Menschen mit sich selbst und mit der Gemeinschaft der Menschen zerklüften, sondern will, und das freilich mit ganzem Ernst, was Sünde und wider Gott ist, ausscheiden und in dem Maß, als das ihm gelingt, in dem durch Christum versöhnten Menschen und in der versöhnten und erlöseten Menschheit Alles durchdringen; es soll der Alles durchsäuernde Sauerteig und der Alles überschattende Baum des Lebens sein. Das Reich Gottes ist nicht eine Leuchte im Winkel, sondern prangt im „Lichte der Welt", in ihm leuchtet die Sonne, die alles Leben, alle Liebe und jegliche Bildung bestrahlt und erwärmend umschafft, indem sie in dieselbe hinein Gottes Liebe senkt, Alles mit dieser Liebe durchbildet und so das ganze aus der Sünde erlösete Leben in allen seinen Erscheinungsformen erneuet, um es in Gott zu vollenden und Gott in ihm zu verklären. Jene carrikirte krankhafte Frömmigkeit, die kein volksthümliches, kein staatlich und bürgerlich sich ausgestaltendes, kein wissenschaftliches, kein künstlerisches und eben so wenig ein ächt kirchliches Leben mit vollem Herzen vollgültig anerkennen kann, die kindliches Spiel und ernste Arbeit und auf wissenschaftliche Erkenntnisse gerichteten Fleiß consequenter Weise nur als einen Nothstand zu dulden vermag, ist eben nicht das gesunde Christenthum und ermöglicht eine christliche Erziehung zur Wahrheit nur auf dem Wege einer herben Inconsequenz, die keineswegs in jedem Falle eintritt. Sie wird aber für das kindliche Leben, das nachher hinaus soll in die Stürme und Anfechtungen der Oeffentlichkeit, sehr oft Anlaß zum reellen Verderben. Es war die Reaction einer gewissen Berechtigung, mit der jener herangewachsene Knabe, der unter der Last dieses verkrüppelten Christenlebens zu einem Ausbund wilder Unnatur gestorben war, zuletzt in vollem Zorn und tiefem Ueberdruß und Ekel die Erklärung abgab: ich will alles sein und alles lernen und alles werden, nur nie ein Christ! Man sah in ihm einen Satan. Als ihm aber hernach in anderen Verhältnissen das Christenleben in seiner Gesundheit, in seiner stillen Freiheit und Herrlichkeit entgegentrat, öffnete er unvermerkt ihm doch sein Herz, und hatte, noch ehe er es selber wußte, die Schwelle des Reiches Gottes überschritten. Er wurde trotz jener Abwehr ein Christ, der mit Dank die Liebe Gottes erkannte und seine Freude sein ließ. — Keineswegs werden die so Irregeleiteten jedesmal auf diese Spitze geführt: aber auf dem Wege zu dieser Spitze sind in unserer Zeit nicht wenige. Wenn sich aus solcher Unnatur, falls sie nicht zur todten Gewohnheitssache wird, Heuchelei und aus dieser, sobald sie keine Veranlassung mehr findet die Larve beizubehalten, auch äußerer Abfall sich entwickelt, kann sich niemand wundern. Denn es ist ein zartes, heiliges Ding um den Glauben, um das Leben aus Gott und um die Liebe Gottes, die in Christo erscheint und durch ihn in denen, die ihn lieben, sich offenbaren will.

II.

Wir gelangen zu der zweiten Gruppe von Ursachen, aus denen der nicht glückliche Erfolg der Erziehungsbemühungen erklärt werden soll. Hierher gehören diejenigen Ursachen, die nicht außerhalb des Kindes, also nicht in Mängeln, Versuchungen und Verkehrtheiten, die es umgeben, sondern überwiegend in ihm, dem Kinde selber, liegen.

Gleich an das eben Erörterte anknüpfend, wollen wir eine zwiefache Bemerkung diesem Abschnitte voranstellen:

Zuerst die Thatsache, daß alle jene bisher geschilderten Versuchungen, Gefahren und Reizungen, denen manches Kind unterliegt, ein anderes Kind ebenfalls umgeben können, und dieß Kind dennoch, ja oft selbst, ohne daß ihm besondere Sorgfalt gewidmet wird, unversehrt aus diesem Allen hervorgeht und trefflich gedeiht. Es wird für niemand eine Schwierigkeit haben, aus seinem eigenen Gesichtskreise Beispiele zur Bestätigung dieses Satzes aufzuführen?

Sodann aber kommt es vor, daß alle jene Versuchungen einem Kinde nicht nahen, während zugleich treue Erziehung sich um dasselbe müht, so daß in Haus und Schule und in der ganzen Umgebung für das Gelingen der Erziehung dieses Kindes Alles auf's günstigste steht. Dennoch wächst das Kind als ein Sorgenkind heran. Wie viele treue und gewissenhafte Eltern sprechen zu diesem letzteren Satz ein, wenn auch äußerlich unvernehmbares Ja!

Offenbar tritt in diesen beiden Thatsachen aufs schärffte eine innere sittliche Unterschiedenheit innerhalb des Kinderkreises hervor, — dort eine überaus günstige, hier, in dem zweiten Fall eine überaus ungünstige sittliche Disposition und Organisation. Diesen letzteren Fall haben wir für jetzt allein zu berücksichtigen, indem, wo er eintritt, diese Beschaffenheit als sittliche Anlage der Ausgangspunkt alles desjenigen ist, was sich mit Erfolg den Erziehungsbemühungen der Eltern entgegenstellt.

Begreiflicher Weise sind hier die verschiedensten ins Innere gehenden Gradunterschiede in der Stärke, Verinnerung und Verzweigung des Bösen denkbar; ebenso tritt dasselbe in sehr verschiedenen Gestalten in die Sichtbarkeit; hier erscheint es als unbegränzter Leichtsinn, dort als kecke Widerspenstigkeit und zuständiger Ungehorsam, dort als Lüge in allen Nüancirungen, noch anderswo als unbeugsamer Dünkel oder niedere Genußsucht und als ein Versunkensein in fleischliche Gelüste, dieß alles oft verbunden mit geistiger Trägheit in Beziehung auf das schulmäßige Lernen und abermals mit der Richtung gegen das Eigenthum.

Wir können die Frage nicht ganz ablehnen, wenn auch nicht unternommen werden soll, sie hier zu lösen, die Frage nach der tieferen Ursache jener überwiegenden ungünstigeren Disposition in nur einzelnen Kindern.

Es ist zur Erklärung wenig oder nichts gesagt, wenn zu dem Zweck auf die Sünde im Allgemeinen verwiesen wird. Denn es ist nicht minder die Sünde, welche jene anderen in der Mitte der sie umgebenden Versuchungen, vor denen diese vielleicht geschützt worden, erliegen läßt. Und die wohlgerathenen Kinder, welche die Versuchung glücklich bestehen oder ohne Versuchungen der Art sich bewähren, sind nicht minder der Sünde theilhaftig. Es handelt sich also nicht um die Sünde im Allgemeinen, die Allen innewohnt, sondern um die Ursache einer besonderen intensiven und extensiven Kraft der Sünde in dem Einzelnen, um den Grund zu jener Virtuosität im Sündigen bei ganz Einzelnen.

Da wir uns hier mit dieser Nachtseite des Lebens näher beschäftigen, tritt eine Nöthigung auf, noch näher präzisirte Thatsachen der Art aufzusuchen. Und an solchen fehlt es nicht. Bei weiterem und genauerem Hineinblick in eine größere Zahl von Familien wird sich eine auffallende Beobachtung vielfach bestätigt finden, nämlich die: daß innerhalb eines zahlreichen Kinderkreises die Neigung zum Unrecht, zum Widerstreben gegen die Ordnung sich in Einem der Kinder überwiegend sammelt. Das Böse erscheint in solchem Einzelnen in höherer Potenz, hat in ihm gleichsam die Tendenz, sich in diesem Genossen-Kreise zu personificiren. Es erscheint darin ein Gesetz, das, innerhalb der sittlichen Atmosphäre sich vollziehend, über die Menschengemeinschaft Gewalt hat, und freilich auch innerhalb des sittlich Guten sein entsprechendes Correlat findet, sich auch im großen Gange der Weltgeschichte, in den jedesmal hervorragenden, sittlich gut oder sittlich böse gearteten Individuen, die bestimmend hervortreten, immer wiederholt.

Diese Beobachtung trifft selbstverständlich nicht nothwendig in allen Familien, aber sie trifft in vielen Familien, wenn auch in sehr verschiedenen Abstufungen zu, so daß deßwegen aus solchem Sorgenkinde nicht gerade immer ein sittenloser Ausbund zu werden braucht. Aber Eltern werden wohl wissen, welches Kind ihnen die meiste, oft die einzige Mühe und Sorge verursacht, eine Erfahrung, die sich in jenen anderen eminenten Fällen, die sich als sittliche Monstrositäten herausstellen, auf's äußerste steigert. Es mag dahin gestellt sein, wie fern es angemessen ist, in diesem Zusammenhange daran zu erinnern, daß sich auch in jenem heiligen familienartigen Jüngerkreise ohne Gleichen ein Judas fand.

Und weiter! Wie oft mischt sich in die Klage einer sorgenden Mutter oder eines sorgenden Vaters über ein scheinbar verlorenes Kind die erschreckende Entdeckung, in demselben das hoffnungslose Abbild des Einen der Eltern, dessen Sündenweg sich in ihm wiederholen zu wollen scheint, vor sich zu haben. Aber noch zutreffender für unsere Zwecke ist es, daß Eltern, die in der treuen Bemühung für die Erziehung ihrer Kinder einig sind, sich in der Gesammtheit ihrer Kinder wieder erkennen, nicht bloß indem sie die in ihrer Person vereinigten geistigen Gaben, sondern auch indem sie eben so auch ihre sittlichen, guten und bösen Eigenschaften, also auch die markirt-sündlichen Auswüchse ihres Charakters als unter die verschiedenen Kinder vertheilt, wiederfinden. Die Sünde, die sie durch den Ernst der Buße und die Vergebung längst überwunden glaubten, sehen sie in den Kindern wieder aufleben, so daß ein und vielleicht noch ein derartiges Sorgenkind die Stelle ist, in der sich eine Art Personification der einzelnen sündlichen Neigung und Leidenschaft vollzieht, als ob dieselbe erst jetzt zum rechten Austrag kommen sollte.

In gleicher Weise wiederholt sich zu Zeiten die sündige Gestalt des Großvaters oder der Großmutter im Enkel, oder eines längst verstorbenen Seitenverwandten der Eltern im eigenen Kinde.

Und zuletzt noch ein hierher gehöriges Exempel. Ein wohlgesitteter, achtbarer Mann ist zweimal verheirathet. Die Kinder der ersten, verstorbenen Mutter sind sämmtlich gutgeartet. Er heirathet zum zweiten Mal und zwar eine Frau, von der ihm erst nachher bekannt wird, daß sie von der Neigung, sich fremdes Eigenthum anzueignen erfüllt ist. Die sämmtlichen aus dieser zweiten Ehe, also von dieser Mutter stammenden Kinder gehen auf der Bahn dieser Mutter. Bei der Geburt des letzten stirbt sie — und in diesem jüngst geborenen, das sofort aus der Familie entfernt worden, culminirt diese Diebsnatur mit einer nur selten vorkommenden Kraft.

Es wird aus allen diesen Thatsachen klar, daß in solchen und verwandten Fällen die nächste Ursache etwa fehlschlagender Erziehung nicht in andern Umständen oder in fehlerhaftem Verfahren der erziehenden Personen, sondern in der Person des Kindes selbst liegt. Und darauf kommt es uns hier zuvörderst an. Zur näheren Erklärung der Ursache selbst aber wäre etwa mit dem nackten Hinweis auf die Erbsünde, der so nahe zu liegen scheint, wenig geholfen; dieselbe, von der keiner frei ist, erklärt diese besondere Thatsache so wenig, als dort der Satz von der Sünde überhaupt die ungünstige Disposition erklären könnte. Die so abstract gefaßte Lehre von der Erbsünde könnte auf Grund weiterer Reflexionen auf derartige Thatsachen vielleicht sogar wesentlicher Anzweiflung ausgesetzt werden, da es richtig ist, daß gar nicht so selten sittliche Bastardnaturen von den lautersten Eltern und wieder die lautersten Kinder von ruchlosen Eltern stammen — waren doch, um nur einmal in die Geschichte hinein zu zeigen, Manasse und Amon Sohn und Enkel eines Hiskias, Hiskias aber der Sohn eines Ahas! Die Frage müßte tiefer dringen und das Wesen der Persönlichkeit erörtern. Es handelt sich darum, woher es kommt, daß diese Sündenkraft grade dieser Persönlichkeit und nicht einer andern oder den andern, die doch mit ihr eines Stammes sind und vielleicht sogar in sittlicher Trefflichkeit hervorleuchten, zugefallen. Liegt hier eine persönliche oder eine gemeinsame Verschuldung vor? wer trägt dieselbe? seit wann datirt sie sich? oder dürfte man (was aber niemand gestatten wird) auf diesem Gebiet vollends an das Spiel eines Zufalls denken? Wie dem aber auch sei — haben wir, wenn an derartigen Kindern sich alle Erziehungsbemühungen vergeblich erweisen — haben wir da etwa noch ein Recht, nach Erziehungsfehlern zu fragen? Wo liegt die Ursache zu dem Fehlschlagen aller dieser Anstrengungen?

Jedermann sieht, daß mit diesem Satze ein Thema zu weitgreifenden theologischen und philosophischen Untersuchungen eröffnet ist, die für die Uebung der Erziehung von größter Bedeutung werden müssen. In den wissenschaftlichen Bearbeitungen der Pädagogik sehen wir uns vergeblich nach dem Bemühen, diese Probleme zu lösen, um. Unsere pädagogischen Schriftsteller scheinen sie gar nicht einmal zu kennen. Am liebsten hörten wir darüber pädagogische Meister nach der Art eines Thomas Arnold, des großen Rectors von Rugby.

Auf alles weitere Eingehen hier verzichtend, erlauben wir uns nur noch folgende wenige Andeutungen:

Das Wesentliche bleibt, daß sich hier in den zu erziehenden Kindern zunächst eine besonders energische, nächtlich gestaltete Naturmacht als Ursache der Verfehlungen in den Vordergrund stellt. Aber dieselbe, so sehr das auch als ein Widerspruch mit sich selbst zu sein scheint, will als eine Macht von sittlicher Natur ins Auge gefaßt sein. Sie wird sich mit dem erwachenden Bewußtsein immermehr in eine sittliche, in eine Willensmacht, die, wenn sie ungebrochen bleibt, um sich her zerstörend wirkt, verwandeln. Zu verwundern bleibt es dann nicht, wenn aus einer solchen Kraft, im Bunde mit jenen oben dargestellten Versuchungen, das Böse zu Zeiten in dämonischer Größe hervortritt, sei es hier umgeben mit dem Glanze geschmeidiger Kunst und Bildung, dort in dem Gewande des schreckenerweckenden, abstoßenden Verbrechens. Noch tiefer würden diese Abgründe sich öffnen, wenn von hier aus die Umschau fortgesetzt würde in dem Gebiet der eigentlich verwahrlosten Menschennatur; damit aber würden wir in Familienkreise gerathen, die wir für diesmal wenigstens in unserer Erwägung unberücksichtigt lassen wollten.

Wir dürfen die Aufgabe unsers Vortrags hiemit als gelöst betrachten. Sie bestand darin, die außerhalb und innerhalb des Kindes liegenden Ursachen, aus denen die Erfolglosigkeit so vieler Erziehungsbemühungen zu erklären sein möchte, nachzuweisen. Die Angabe dieser Ursachen bezeichnet zugleich die Gränzen des Vortrags. Mit den Heilmitteln haben wir es hier nicht zu thun.

Wenn wir aber diese unsere Grenze auch hier am Schluß innehalten wollen, werden doch alle, die uns bis hierher gefolgt, in einem wohl berechtigten Gefühle eine Aufforderung vernehmen, wenn auch nicht diese Gränze zu überschreiten, doch über sie hinüber zu schauen und hinüber zu hören, sei es nur den nöthigen Protest gegen einige irrige Folgerungen aus den bis dahin gefundenen Sätzen zu vernehmen, sei es um, wenn auch nur wie vorläufig, den Ausweg zu sehen, auf dem es der Ülternliebe etwa gelingen könnte, mit einem nicht verlöschenden Lichte aus dem Dunkel dieser Räthsel und dem Labyrinth dieser Schwierigkeiten im Werk der Erziehung wieder auf geebnete Bahnen zu gelangen.

Denn in wem wäre bei Erwägung, namentlich dieser von innen wirkenden Ursachen, nicht die Frage entstanden, ob gegenüber diesen, schon in einem Kinde wirksamen finstern Mächten etwas, und was ihnen gegenüber mit Erfolg unternommen werden kann und soll? Begreiflicher Weise läßt sich die Antwort darauf, wenn sich überhaupt eine geben läßt, kaum in der Kürze geben. Es sind nicht wenige, die die Möglichkeit einer genügenden Antwort bezweifeln und nichts Anderes wissen als die Hoffnung auf die Strenge des unbarmherzigen Criminalgesetzes oder die Drohung mit dem das Gesetz vollstreckenden Zuchthause. Aber wer wird sich mit diesem leidigen Trost begnügen? Und schließlich bliebe dann doch noch wieder die Frage, wie das Zuchthaus, wenn es noch eine menschliche Aufgabe behalten soll, die ihm alsbann gewissermaßen nachträglich zufallende Aufgabe der Erziehung zu lösen hätte? Aber alles Ernstes wiederholt sich die Einrede (und es fragt sich, ob sie nicht etwa gerechtfertigt ist) daß solchen Naturanlagen gegenüber alle Erziehung eine Thorheit ist! Der Mühlstein am Halse! ist der alleinige Rath, den wir in diesem Zusammenhang aus dem Munde von Hochgebildeten nicht selten gehört haben. Ob dieser Rath mehr Frivolität oder mehr Ausdruck der Verzweiflung ist, bleibe dahin gestellt. Jedenfalls aber hat er eine, wenn gleich verborgene, doch intime Verwandtschaft mit jenen Gefühlen, in denen jener bekannte Priester und sein Genosse, der Levit, an dem in seinem Blute liegenden Wanderer vorüberzugehen pflegt. Wer diese Nöthe menschlichen Lebens und Christum als den alleinigen Retter aus aller Noth erkannt hat, der weiß, daß alle jene besorglichen Erscheinungen im Leben der Jugend nichts Anderes sein können und sein dürfen, als ebenso viele Aufforderungen an die christliche Erziehung, den Kampf mit jenen Naturmächten ernstlich und vertrauensvoll in Christi Namen aufzunehmen. In Christi Namen — denn in der That, der große barmherzige Samariter hat es sich allein vorbehalten, die Thore gewisser Hülfe aufzuthun und den ihm vertrauenden Eltern oder sonstigen Erziehern im tapfern Glauben diejenige Weisheit, Geduld, Demuth, Willenskraft und Gebetstreue zu geben, die unerläßlich sind, um in der Erziehung aller, namentlich aber solcher Kinder die schwere Probe zu bestehen. Gerüstet mit diesen Gaben und Waffen aus der Höhe, sind jene Naturgewalten und Nachtgestalten wie alle Sünde, soweit sie nicht gegen Gott sich verhärtet, zum Weichen zu bringen. Nur muß die erziehende Liebe die Kunst des Suchens verstehen, um hinter der Finsterniß, die von den Spuren der Gnade angedeuteten Wege zu entdecken, in welchen das Tag bringende Licht Christi wandeln will, um diese innere Finsterniß zu zerstreuen. Und wie köstlich ist der Tag, wo das finstere Gewand fällt und im Lichte des Gottessohnes die lange und weit verloren gewesene Menschengestalt wieder gefunden wird! Ob dieses Wiederfinden noch in der Kindheit, oder ob es erst im reiferen Alter nach längeren und schwereren Kämpfen erfolgen wird? Wer könnte wissen, was im Rathe Gottes, der seine Stunden allein kennt, beschlossen ist! Die Aufgabe aller Erziehung, in Hoffnung zu säen, stille zu sein, zu warten — ist in solchen Fällen verdoppelt. Aber diese Geduld wird die Pflanz- und Pflegestätte der wachsenden Weisheit, dieser Behüterin aller wahren Elternliebe. Das wohl erkennbare Walten der göttlichen Versehung und Fürsorge, die Kinder und Eltern und Familien nach ihrem eigenen Gesetz erzieht, soll in solchen Führungen, die durch Kämpfe hindurch zum Sieg, durch nächtliche Labyrinthe hindurch zum ewigen Licht gehen, als der verheißungsreiche Morgenschein göttlicher Wundergnade, die über dem Kinde, den Eltern und der ganzen Familie aufgeht, erkannt und gepriesen werden. Nicht ohne Grund sind hier Kinder und Eltern und Familie zusammengenannt. Denn in der schließlichen glücklichen oder unglücklichen Entzifferung dieser dunklen Erziehungs-Räthsel sind nicht bloß diese räthselhaften Kinder, sondern ist mit ihnen die ganze in jeweiliger Mitleidenschaft gezogene Familie mit in Ansatz zu bringen. Die Familie als solche in allen ihren Gliedern hat nicht bloß an der Erziehung oder Errettung eines einzigen solchen Gliedes still liebend, mitleidend und helfend mitzuarbeiten, sondern hat sich auch an den damit verbundenen Erfahrungen des Leidens und der Freude mit aufzuerbauen, nach der goldnen Regel: so Ein Glied leidet, so leiden alle Glieder mit und so Ein Glied wird herrlich gehalten, so freuen sich alle Glieder mit. Je voller diese Regel sich erfüllt, desto reicher fließen auch dem einzelnen kranken Theile die heilenden Kräfte aus den gesunden Theilen des ganzen Körpers zu, um die heilende Erziehung zu fördern. Und wäre der Zustand der Kirche, wie er leider nicht ist, aber sein sollte, so würde dieselbe Wechselwirkung zwischen der Familie und der Gemeinde stattfinden. Zuletzt aber ist die ganze Summe all dieser gelösten und ungelösten Probleme in Verbindung zu denken mit der göttlichen Erziehung des ganzen

Geschlechts, dessen allgemeine Versündigung sich vorzugsweise in solchen Individuen reflectirt. Gelänge, um menschlich davon zu reden, es den göttlichen Bemühungen, das Geschlecht, z. B. das der Gegenwart von jenem verführerischen Geiste zu befreien, oder, was dasselbe ist, nähme das Geschlecht das ihm dargebotene Wort Gottes und die unter ihm offenbar werdenden Thaten Gottes zu Herzen, kehrte es sich also wieder zu Gott, den es verlassen: so würden auch die Resultate der Erziehung im Einzelnen andere und die Erfolge der einzelnen Erziehungsbemühungen glücklicher werden. Wenn aber, um das göttliche Thun noch einmal in menschliche Redeweise zu fassen, wenn die göttlichen Bemühungen um das Geschlecht, wie zu Tage liegt und wie es von je her gewesen, so vielfach vergebliche zu sein scheinen, und wenn und so lange, was damit in engem Zusammenhang steht, der Stand der Familie in den Gemeinden, und der Gemeinden in der Kirche, und der Kirche in dem großen öffentlichen Gemeinwesen so wie zur Zeit daniederliegt, wie viel weniger dürfen dann die menschlichen Bemühungen Einzelner um Einzelne auf bessere als vielleicht die bisherigen Erfolge hoffen! Und dennoch fehlt es an solchen besseren Erfolgen nicht. Wo aber diese eintreten, da wird sich dann auch die Lösung jener Räthsel, die wir in jenen hervorragenden Gestaltungen der individuellen Sünde nachgewiesen, ergeben; in dem Erlösten wird seine Sünde, in der das Bild der Sünde des oder der Andern sich spiegelt, als seine, ihm eigene persönliche Schuld zum Bewußtsein kommen; gleich wie die Familie, der er angehört, wenn sie und soweit sie ist, was sie sein soll, mit oder ohne Worte die Schuld des Einzelnen zugleich als eine gemeinsame mittragen und die Errettung des Einen verlornen als eine gemeinsame Gabe Gottes ins dankbare Gedächtniß schließen wird. Das ganze Problem beruht, gelöst und ungelöst, in der gliedlichen Zusammengehörigkeit unseres Geschlechts, das, unerlöst die Schuld gemeinsamer Sünde trägt, aber, als erlöst, sich unter dem Einen neuen Haupte weiß, das vom Himmel gekommen und im Himmel ist, um allen Zusammenhang des Bösen zu zerreißen und eine neue Gemeinschaft des Lebens zu stiften. In dieser Gemeinschaft mit dem Haupte und unter den Gliedern liegt die Macht und Rüstung zu rettenden Thaten im Kleinen und Großen, vor der alle Naturmächte weichen müssen, also auch die, von denen hier die Rede gewesen. So feiern die Liebe und der Geist, die aus Gott in Christo sind, Gottes Siege über die Natur.

Zum Beweise dafür dienen auch jene Erfahrungen auf dem Gebiet der christlichen Erziehung, in welchen solche im Kinde liegende Kräfte des

Bösen, die bis dahin alle Bemühungen schienen vereiteln zu wollen, wirklich überwunden sind. Erwähnen wir dieser Thatsachen hier, so geschieht es, damit sie ebensosehr zu einem erhebenden Trost, als zu einem treibenden Sporn für still sorgende Elternliebe dienen mögen, nie vor dem Bösen, das sich der Erziehung hartnäckig entgegenstellt, zu weichen. Es gilt überall mit unserem Gotte Thaten thun und über die Mauern springen, um in Feindes Land des Feindes Macht zu brechen.

Man hat von mir, ich weiß es, namentlich Beispiele der Art aus der Gegenwart zu hören erwartet. Allein sowohl erfreuliche als unerfreuliche Erfahrungen der Art gehören lediglich dem Geheimniß der Familie an und treten mit Recht von der Oeffentlichkeit in die Verborgenheit zurück. Anders ist es mit Beispielen, die der Geschichte anheimgefallen. Ein solches Beispiel bilde den Schluß dieser Rede, ebenso sehr um zu zeigen, bis in was für Familienkreise die Elternsorgen, von denen der Vortrag gehandelt, dringen, als auch, um zu sagen, welche Wege Gott geht, um diese Sorgen zu heben und bis dahin hoffnungslos scheinende Bemühungen dennoch mit Erfolg zu krönen. Wir treten ein in die Familie Philipp Jacob Spener's, des einstigen reich gesegneten Probsten von Berlin. Ihm, dessen Leben Ein Opfer und Kampf für das Reich Gottes zur Neubelebung der evangelischen Christenheit geworden, ihm hatte Gott unter den ihm bestimmten Trübsalen, auch die eines ungerathenen Sohnes nicht ersparen wollen. Es war der jüngste unter den Söhnen, im Uebrigen mit großen Fähigkeiten ausgerüstet. Alle Mittel und Mühen ihn wieder zu gewinnen schlugen fehl. Dem Vater blieb nichts übrig, als ihn Gotte zu befehlen. Da wurde der Sohn auf ein schweres Krankenlager geworfen. Der Vater begleitete den Unglücklichen mit seinem Gebet. Plötzlich rafft der Kranke sich auf, reckt die Hände empor mit den Worten: die Gebete meines Vaters umringen mich wie Berge! Und siehe, die Krankheit war gebrochen, ebenso aber auch die Macht der Sünde, und der verloren geglaubte, dem Tode schon geweihte, war den Seinen, mit doppelt neuem Leben zurückgeschenkt.

Aus der Schweiz,
insbesondere dem Canton Zürich.
(Im Anschluß an den Artikel aus Würtemberg in No. 9.)

Der merkwürdige Mann, über welchen auch die Fl. Bl. vor einiger Zeit berichtet haben, der christliche Sozialist und Reiseprediger des schwäbischen Landes, Werner, mag den Uebergang bilden von

Würtemberg nach der Schweiz. Einen seiner Vorträge hat der Berichterstatter vöriges Jahr Gelegenheit gehabt, in Zürich anzuhören. An demselben Abende hatte Werner schon in Winterthur Vortrag gehalten. Eine ziemlich zahlreiche Versammlung erwartete ihn in dem „Casino", einem Conzertsaale. Eine Zeitlang waren Werner's periodisch Statt findende Vorträge in Zürich unterbrochen gewesen. Es war ihm nämlich untersagt worden, zu collectiren. Durch Einfluß bedeutender Männer war dies Verbot zurückgenommen worden. Ein hochgewachsener Mann mit bedeutender Physiognomie trat auf die erhöhte Bühne, betete und verlas die Erzählung von der Ausgießung des Geistes aus der Apostelgeschichte und begann darüber sofort in lebendiger und fesselnder Weise zu reden. Es war eine Art von Predigt zu nennen, nur in freierer Form, von Zeitbetrachtungen ausgehend. Wie fern die heutige Welt der verlesenen Geschichte steht, wie ungeheuer die Macht der Selbstsucht und weltlichen Geistes sich entwickelt hat, wie bedenklich der Zustand im Ganzen, trotz aller Fortschritte im Einzelnen, wie dringend nothwendig also uns Alten eine Ausgießung des Geistes Gottes sei, ähnlich einer ersten Ausgießung, das waren die Gedanken, von denen er ausging. Wie aber dazu zu gelangen? Nach Anleitung des Heilandes selbst, in dem Worte: Wer anklopft, dem wird aufgethan — und: Wer ist unter euch, der seinem Sohne einen Stein biete, wenn er ihn bittet um Brod? Es kommt Alles darauf an, wie man bittet, ob wirklich als um's tägliche Brot gebeten wird um den heiligen Geist, ob diese Gabe uns das erste, dringendste, alles Andere in sich schließende Lebens-Bedürfniß ist. Nur dann gilt uns die Verheißung: Wie vielmehr wird der Vater im Himmel den heiligen Geist geben denen, die ihn bitten. Alles Andre könne uns, könne der Welt nichts helfen. Wo diese Gabe uns zu Theil werde, wie im Anfange der Kirche, da werde und müsse ein neuer Tag für die Menschheit beginnen, eine Freudigkeit zu allem Guten, eine Bruderliebe und selbstverleugnende Aufopferung wie in den ersten Gemeinden sich über die Christenheit verbreiten. — Unwillkürlich drängte sich die Frage auf: Hat denn das Christenthum seine Mission auf Erden verfehlt? Fast erschien es so. Die Kirche (so wurde in ganz unbestimmter Weise gesagt) hätte durch Werthlegen auf die Formen des Glaubens, statt auf den Geist Gottes, die jetzigen Zustände verschuldet, die Völker schlecht berathen, die Revolutionen hervorgerufen. Auch vermißte man die bestimmtere Fassung des christlichen Glaubens. Der Geist Christi, die Liebe, die Selbstverleugnung um der Brüder willen, das waren und blieben die Stichworte; alles Andre schien als überflüssige „Form" gelten zu sollen. Im Hintergrunde stand die ziemlich idealistische Aussicht auf eine noch nicht erlebte Herrschaft des Geistes Gottes auf Erden. Zum Schluß offenbarte sich noch einmal der tiefe Menschenkenner. Er betonte sehr bestimmt, daß „die Frommen", die sich selbst am Entschiedensten dafür hielten, am Wenigsten geeignet seien, dem Geiste Gottes Bahn zu machen; es gebe nur Wenige, die nicht irgend einen Lieblingsirrthum oder eine Schoßsünde hegten. Auch das Gebet am Schluß war voll Geistes. Von seiner eigenthümlichen und großartigen Wirksamkeit kam nichts in der ganzen Rede vor. — Der Mann macht den Eindruck eines sehr lebendigen und durchdrungenen, aber auch sehr subjektiven Christen, der bei großer natürlicher Begabung, namentlich für alle Arten von sozialen Organisationen, nicht frei ist von idealistischer Ueberschätzung, nicht sowohl seiner selbst und seines Wirkens, als überhaupt der Mittel und Formen freier Gemeinschaft, im Gegensatz zu allem historischen Kirchenthum. Es versteht sich, daß wir hier nur den keineswegs Maß gebenden Eindruck eines einmaligen Vortrags darlegen. Soviel man hörte und sah, wird Werner in Zürich grade auch von derjenigen herrschenden Partei hochgehalten und begünstigt, welche das Christenthum der Tübingisch-Hegel'schen Schule in populären Formen den Gemeinden sonntäglich nicht nur, sondern auch in eigenen möglichst populär gehaltenen Zeitschriften, wie die ziemlich verbreiteten „Zeitstimmen", zu bringen, sich's sehr angelegen sein läßt. Nicht als wäre er mit ihnen eines Sinnes, aber seine etwas formlose Art, das Christenthum zu predigen, vielleicht auch seine eigene, bekanntlich zu Swedenborg hinneigende Abweichung von der biblischen Norm, sein Subjektivismus mit einem Worte, macht ihn sehr geneigt und geeignet dazu, selbst von einer solchen Partei sich und sein Werk tragen zu lassen, die, allermindestens gesagt, es nicht genau nimmt mit den ersten Fundamenten der göttlichen Offenbarungen, desto mehr aber in subjektiver frommer Wärme und Lebendigkeit sich hervorzuthun sucht und dadurch den tieferen Mangel verdecken möchte.

Ueber die christlichen Zustände der Schweiz einigermaßen richtig und genügend zu urtheilen, ist vielleicht schwieriger als das Urtheil über die Zustände irgend eines andern Landes. Schon der Kanton ist eine kleine Welt für sich, wie die Schweiz eine sehr bestimmt abgeschlossene Welt ist. Basel, Bern und Zürich, die drei hervortretendsten Punkte der deutsch-reformirten Schweiz, tragen ein durchaus verschiedenes Gepräge, wie in bürgerlich-politischer, so auch in christlich-kirchlicher Beziehung. Es scheint (wir drücken uns nicht ohne Ursache so bescheiden wie immer möglich aus), als wenn Zürich als Kanton am Meisten von Zwingli's Charakter und Christenthum im guten und weniger guten Sinne in sich bewahrt hat, soweit sich das irgend verträgt mit einer ebenfalls (zumal in den städtischen und Regierungskreisen) stark und immer stärker hervortretenden Vorliebe für die moderneren Zeitbilder. Zwingli's klarer, heller, stets nur das Nächste festhaltender Verstand, seine sittliche Festigkeit und Nüchternheit, sein Streben, bürgerliches und kirchliches Leben, fern von allem Idealismus, möglichst in Einem Sinne und nach Einem Maßstabe zu gestalten, wie es ihm das Wort des Herrn und das Vorbild der ersten Gemeinden zu erfordern schien, ohne Rücksicht auf das ganze inzwischen entstandene Kirchenthum, aber auch nicht ohne Vermischung der Politik mit dem Christenthum, sein Sinn für Volkserziehung und republikanische Volksfreiheit auf der Grundlage christlicher Sittlichkeit, sein Mangel an tieferem historischen Sinn, an Phantasie und Anschauung, von dem Allen wird man in den Zürcherischen Kirchen, Häusern und Schulen noch die unverkennbaren Grundzüge wiederfinden. Sogar die Orgeln fehlen noch in vielen Kirchen, selbst im Großmünster der Stadt ist erst jetzt mit einer Harmonika der Anfang gemacht worden. Die Gesangbücher haben weniger altkirchliche als moderne und modernisirte Lieder, sogar „Ein feste Burg" fehlt, ohne daß man geradezu von Rationalismus darin reden könnte (manche Lieder und Ausdrücke, z. B. „Freie Geister schreckt kein Bann", haben freilich einen recht weltlichen Klang). Die liturgischen Gebete sind durchaus würdig und biblisch gehalten, nur wird für unsere Auffassung zuweilen der nähere Anschluß an die Sprache der Kirche aller Jahrhunderte vermißt werden. Im Ganzen ist unverkennbar das Gefühl verbreitet, daß den Gottesdiensten etwas mangelt, und die Einführung der Orgeln, die jetzt in großem Maßstabe Statt findet, ist davon das deutlichste Merkmal. Der sonntägliche Kirchgang, namentlich aber die vierteljährliche Kommunion, ist noch mit tiefen Wurzeln in der Volkssitte befestigt, aber es scheint auch grade die Kommunion vielfach zur todten Gewohnheit ausgeartet zu sein. Daß übrigens der kirchliche Zustand hier, wie im Grunde überall, ein Nothzustand ist, daß namentlich viel christliches Bedürfniß vorhanden ist, welches mit Grund und ohne Grund keine

Befriedigung in denjenigen Kirchen findet, die man auch hier gewöhnlich die Staatskirchen nennt, davon sind die zahlreichen und anscheinend noch um sich greifenden Sektenbildungen in Stadt und Land der Beweis. Außer den von jeher einheimischen Täufern sind fast alle englischen Sekten hier zu finden. Die Methodisten scheinen namentlich in der Stadt Zürich mehr und mehr an Terrain zu gewinnen.

Ein Prediger Riemenschneider, soviel wir wissen, aus Bremen, findet unter dem Volke großen Eingang. Auch eine kleine irvingianische Gemeinde ist hier, die sich in einer Art von Scheune versammelt. Erst kürzlich hat Prof. Thiersch nebst einigen Engländern hier wie an andern Orten die Gemeinde besucht und gestärkt. Man verspricht ihr um so weniger eine Zukunft in Zürich und der Schweiz, als das Element der religiösen Phantasie und der Sinn für altkirchliche Formen hier fast nirgend zu finden ist. Von Oben herab, was auch einigermaßen so viel heißt, als von den Massen her, wird die Partei des spekulativen Rationalismus am Meisten begünstigt. Zu den schon vorhandenen Vertretern derselben, unter welchen Pfarrer Hirzel an St. Peter (einst Lavater's Kirche) der populär wirksamste und beliebteste ist, Prof. und Pfarrer Alex. Schweizer am Großmünster als die bedeutendste Autorität dasteht, ist so eben ein neuer hinzugewählt worden an der Predigerkirche durch eine recht eigentlich von den Massen, zumal der Fabrikarbeiter, ausgegangene Wahl, ein jüngerer Pfarrer desselben Namens, Hirzel, bisher auf einem Dorfe im Canton wirksam. Der Standpunkt der Partei ist dadurch bezeichnet, daß derselbe Prediger, welcher die Auferstehung des Herrn wie alle Wunder als eine Unmöglichkeit und selbst seine persönliche Fortdauer als zweifelhaft darzustellen gewohnt ist, am Offensten durch das Organ der „Zeitstimmen", gelegentlich auf der Kanzel Jesum anredet und zu ihm betet. Viele Zuhörer kennen keinen Unterschied dieses „spekulativen" Christenthums der modernen Weltanschauung von dem biblischen. Ueberall findet sich viel höchst naive Unwissenheit in christlichen Dingen. Die bestimmten Entwickelungsgründe vom Pietismus zum Rationalismus und wiederum zur Neubelebung der Kirche seit den Freiheitskriegen und zur heutigen Krisis sind hier keineswegs so entschieden vor sich gegangen und in's Volk gedrungen, wie bei uns, wenn auch die Prediger davon mitergriffen worden sind und mittelbar die Gemeinden. Der Strauß-Putsch des Jahres 1839 war das hervortretendste Ereigniß der neueren

Kirchengeschichte Zürich's, in welchem einerseits das naiv-kräftige christliche Volksbewußtsein, andrerseits die Vermischung der Religion mit der Demokratie denkwürdig hervortraten. Es fehlt heute nicht an lebendig evangelischen und begabten Männern unter der Geistlichkeit der Stadt, noch weniger am See und im Canton. Pfarrer Zimmermann am Frauenmünster vereinigt sonntäglich eine große Gemeinde aus allen Klassen durch seine biblisch-erwecklichen, tief in's Gemüthsleben, aber auch in die sittliche Praxis eingreifenden Predigten. — Was man vielleicht ein Recht hat, hier zu vermissen, selbst unsern deutschen, nichts weniger als musterhaften Zuständen gegenüber, das ist eine ganz klare Sammlung und Gegenübertretung des Für und Wider. Man kann es zwar wohl verstehen, daß auf den größeren wissenschaftlichen Predigerkonferenzen der Schweiz die Parteien sich so weit die Hand reichen wollen, als es die Wahrheit irgend zuläßt; vielleicht wäre daraus etwas für Deutschland zu lernen gewesen. Aus dem persönlichen Zusammentreffen und Zusammenplatzen geht Frucht für beide Theile hervor. Aber innerhalb und außerhalb jenes wissenschaftlichen Komplexes und im Angesicht des Volks und der Gemeinden dürfte wohl die Opposition gegen diesen modernen Gnosticismus um so entschiedener und einmüthiger sein, als er es eben versucht und versteht, populär zu wirken, und mit größter Zuversicht die volle Christlichkeit für sich in Anspruch nimmt, zu unverkennbarer Verwirrung aller ernsten Grundbegriffe der Wahrheit überhaupt, geschweige der christlichen Wahrheit, in den Gemüthern des Volks.

Die Evangelische Gesellschaft Zürich's und ihre Unternehmungen müssen für die Leser dieser Blätter ein wesentliches Interesse haben. Es ist die Innere Mission also auch in den Centralpunkt des Zwinglischen Kirchenthums eingedrungen und zwar vorzugsweise die deutsche innere Mission. Die Evangelische Gesellschaft trägt zwar denselben Namen, wie die in Genf und Paris und andern Orten des französischen Calvinismus (übrigens auch in Bern) thätigen Gesellschaften und ihre erste Entstehung bald nach 1830 führt auf diese zurück. Längere Zeit wirkte sie ganz im Stillen. Erst am 18. Okt. 1837 bildete sich eine bestimmtere Organisation aus; ein Comité von 12 Mitgliedern trat zusammen, um die begonnenen Zweige des Werks fortzuführen. Zuvörderst eine Korrespondenz der städtischen christlichen Freunde mit 16 Landgeistlichen, welche später einging, worin ein werthvoller Schatz geistlicher Erfahrungen soll niedergelegt sein;

sodann die Mitgründung und Unterstützung eines **christlichen Blattes
für die Schweiz**, damals unter dem Titel: Evangelische Kirchenzeitung,
an deren Stelle seit 1845 andre Blätter getreten sind, für Zürich
insbesondere das **Evangelische Wochenblatt**, welches etwa 500 Leser
in Stadt und Canton zählt; die **Verbreitung und Herausgabe
religiöser Schriften**, unter welchen namentlich ein „Evangelischer
Hausschatz in Gebeten und Liedern zur Förderung der häuslichen
Gottesverehrung" große Verbreitung gefunden und vielen Segen gebracht
hat (es fehlte im Volke wohl noch mehr, als in Deutschland je der Fall
war, an einem Schatz ererbter gediegener Erbauungsbücher, so daß die
„Stunden der Andacht" und ähnliche Stimmen hier ziemlich freies
Feld fanden); eine **religiöse Leihbibliothek**, welche jetzt ohne
diesen Beinamen und in sehr erweiterter Gestalt und Wirksamkeit
segensreich wirkt; endlich **Sonntags-Lesesäle** für Gesellen und
Lehrlinge des Handwerkstandes in 3—4 verschiedenen Lokalen, welche
sich eines im Ganzen nicht unerfreulichen Besuchs rühmen durfte
(konfirmirte Lehrlinge waren 1856: 214 eingeschrieben, unkonfirmirte
227, erwachsene Arbeiter 466), verbunden mit einer jährlichen Weihnachtsfeier, die auch zu Gesangübungen Veranlassung gegeben hat.
Man sieht, auf vielfache **christliche Belehrung des Volks** war
Anfangs Alles abgesehen, den Verhältnissen gewiß entsprechend. Erst
1846 wurde zum ersten Male ein kurzer Bericht öffentlich abgelegt
und zugleich als Aufruf an das christliche Publikum gedruckt. Eine
gewisse Scheu vor der Oeffentlichkeit ist dem hiesigen Christenthum
eigen, aus tiefen und achtungswerthen Gründen herstammend. Damals
wurde der Wunsch nach einer erweiterten und vielseitigeren Thätigkeit
der Gesellschaft, als bedingt durch das geneigte Entgegenkommen christlicher Männer des Cantons, woran es nur zu sehr gefehlt haben mag,
entschieden ausgesprochen.

Ein neuer Aufschwung kündet sich sofort durch den ersten eigentlichen Jahresbericht von 1848 und 1849 an. Der Ton ist ein sehr
gehobener, die Aussicht durchaus eine erweiterte, das deutsche Vorbild
der Versammlung des ersten Kirchentages zu Wittenberg und die gesegnete „Wirksamkeit der Innern Mission", wie sie vom ersten Kirchentage aus so vernehmlich ihr Zeugniß nach allen Seiten geltend gemacht,
werden ausdrücklich und sehr bestimmt in den Vordergrund gestellt.
Es hat etwas im besten Sinne Erhebendes, zu fühlen, ja klar zu erkennen, wie mächtig jener christliche Aufschwung, mitten in den Wogen

der aufscheinenden Zerrüttung und Verwirrung, nach allen Seiten hin und bis über die Grenzen des engeren Vaterlandes hinaus gewirkt hat und mittelbar noch fortwirkt. — "Der Geist Gottes wehte über die Todtengefilde und richtete unter den Trümmern der Verwüstung auf dem Grunde, der ewig bleibt, einen Bau vom Himmel, in der dunkeln Nacht der Weltverwirrung eine herrliche Offenbarung Jesu Christi auf. — Es erwachte ein großes Bedürfniß, nachzuholen, was versäumt worden war, das Verlorne aufzusuchen, das Verwundete zu heilen und zu stärken, was da sterben will. Dies ist der große Missionstrieb, den der Geist Gottes aus Schutt und Asche, unter Feuer und Schwert, unter Pest und Theurung hervorgetrieben hat, dies das Auferstehen eines neuen Lebens, dem unter Gottes Leitung selbst das schreckliche Aufstehen der Völker dienen mußte. — Nun (seit der Versammlung in Wittenberg) stehen die Missionsbestrebungen nicht mehr als vereinzelte Versuche da, sie müssen sich nicht mehr in den Schleier der Verborgenheit hüllen, sie bilden nicht mehr eine kaum geduldete, scheel angesehene Partei neben der anerkannten Kirche, sondern sie sind frei und offen in's Licht des Tages getreten, ringen sich zu einem Bestandtheil des gesellschaftlichen Lebens empor und verzweigen sich wie ein Netz über die christlichen Staaten." — So wird es auch mit Freude und Dank anerkannt, daß die Gesellschaft nicht mehr in verborgener Stille ein vereinzeltes Dasein fristet, sondern "daß unsre immerhin schwache Stimme hineinschallen kann in den großen herrlichen Chor, der in allen Ländern und mit allen Zungen sich erhebt, durch Worte und Werke der helfenden Liebe die Tugenden dessen zu verkünden, der uns aus der Finsterniß zu seinem wunderbaren Lichte berufen hat. Denn wenn es auch an einer äußeren Verbindung mit den verwandten Bestrebungen in Deutschland — noch gebricht, so fühlen wir uns doch durch die überall erwachte Theilnahme und Begeisterung getragen und stehen nicht an, die Erfolge, deren wir uns freuen, als eine unter Gottes Beistand erfolgte Rückwirkung des neu erwachten Lebens zu betrachten." — Damals sind unter den 11 unterzeichneten Comité-Gliedern 4 Pfarrer genannt, als Präsident der Pfarrer und Kirchenrath Usteri (aus dem Canton), den wir noch vor Kurzem als ehrwürdigen Präsidirenden der diesmaligen Jahresversammlung kennen zu lernen die Freude hatten. Auch der Sekretär Herr Erziehungsrath Hofmeister ist noch im Vorstande und ein sehr thätiges Glied desselben. Die Statuten beginnen mit dem Paragraphen:

„Die Ev. Ges. in Zürich ist ein Verein von Männern, welche in Kraft des Evangeliums Jesu Christi und auf Grund des apostolischen Glaubensbekenntnisses, zu dem sie sich nach seinem ganzen Umfang und Inhalt in lebendiger Ueberzeugung bekennen, sich zum Zwecke setzen, evangel. Glauben und evangelisches Leben zunächst im Canton Zürich zu befördern und zu befestigen." — Mitglied wird man durch die einfache Erklärung der Uebereinstimmung mit dieser Grundlage und diesem Zweck, auch ohne bestimmten Jahresbeitrag. Die Gesammteinnahme betrug damals (1849) 2661 Gulden. Unter den neu hinzugekommenen Zweigen der Wirksamkeit stehen Bibel- und Missionsvorträge voran, letztere monatlich gehalten (unsern Missionsstunden entsprechend) und ein Schutzaufsichtsverein, bestimmt, junge Leute männlichen Geschlechts über 12 Jahre, die sich vergangen haben oder in Gefahr des Verderbens stehen, durch Beaufsichtigung und passende Versorgung zu erretten und zu einem sittlich-religiösen Leben zurückzuführen. Seit 1854 ist auch die Bibelgesellschaft mit dem Werke der Evangel. Gesellschaft vereinigt. Damals betrug die Einnahme der Gesellschaft (nach verändertem Münzfuß) 14,093 Francs. Auch ein allgemeiner Armenverein für die Stadt Zürich und Umgebung, der es sich zur Pflicht macht, auf den sittlichen Zustand der Armen zu wirken und dessen Einnahmen 1854 auf 1855 13,837 Francs betrugen, ist jetzt ein integrirender Theil der Evangel. Gesellschaft geworden.

Einer der letzten uns vorliegenden Berichte ist vom Jahre 1861 auf 1862. Die Einnahmen der Hauptkasse betrugen 9384 Francs, wovon 910 an Legaten; die Einnahmen des Armen-Vereins 12,383 Fr., worunter 2000 an Legaten; der Bibel-Gesellschaft 8122 Fr., worunter 950 an Legaten; des Vereins für Schutzaufsicht 1043 Fr., der Leihbibliothek 3379 Fr., der Leseschule 2105 Fr., der Pensionsanstalt 13,458 Fr., der Diaconissenanstalt 19,827 Fr., verschiedener Hülfscassen 3595 und 804 Fr., des Altersasyls 3420 Fr. Die Gesammt-Einnahme der verschiedenen Zweige der Gesellschaft betrug die ansehnliche Summe von 77,520 Fr.; außerdem hat das Pensionat ein Vermögen von 55,018 Francs. Es gehören zu der Gesellschaft jetzt 8 verschiedene Zweige des Wirkens, nämlich die Leihbibliothek, die Lesesäle, die Verbreitung christlicher Schriften, die Bibel- und Missionsvorträge, der Schutzaufsichtsverein (welcher bis dahin 41 Schützlinge angenommen hatte, von denen 23 vor Ablauf der Lehrzeit mußten

entlassen werden) und der allgemeine Armenverein, der seinen Wirkungs=
kreis hatte verringern können, da die Armennoth in Folge günstiger Zeit=
verhältnisse sich vermindert hatte und der Bettel durch die vereinigten
Bemühungen der Hülfsvereine verdrängt worden war (ein sehr
beachtungswerthes Resultat). Außer diesen 6 Zweigen werden noch zwei
aufgeführt: eine Kranken= und Diakonissenanstalt, erbaut 1857
mit Raum für ca. 30 Kranke und 8 Diakonissen, unter einer Vor=
steherin und einer Direktion von 9 Gliedern stehend und ein Pensionat
für Studirende, eine Art von Konvikt für solche Schüler der
Cantonsschule und der Hochschule, welche durch ein christliches Familien=
leben und die väterliche Leitung ihrer Studien vor Abwegen sollen
bewahrt werden und ein Kostgeld von 4—500 Fr. zu bezahlen im
Stande sind. In demselben befanden sich von 1861 auf 1862:
21 Zöglinge, durchschnittlich 15 zu gleicher Zeit. Wir fügen bei,
daß für diese Anstalt, die in gutem Gedeihen steht, ein sehr wackerer
Vorsteher in der Person des Pfarrer Flury seit letzten Ostern ge=
wonnen worden ist. — Eine große Wirksamkeit übt die Ev. Ges.
augenblicklich durch die Person des Licentiaten Dr. Held, eines ge=
bornen Preußen, welcher durch Vorträge verschiedener Art, auch durch
Predigten, in sehr gesegneter Weise wirkt. Derselbe ist laut dem
Bericht vom Jahre 1859 auf 1860 berufen worden, nachdem eine
Abnahme in der Zahl der Theologie Studirenden im Lande sich her=
ausgestellt hatte und viele Eltern und Studirende sich von den ein=
heimischen theologischen Lehranstalten nicht mehr befriedigt fühlten.
So ist die positive Richtung an der Universität in Zürich durch einen
Mann verstärkt worden, welcher mit wissenschaftlicher Tüchtigkeit leben=
digen Glauben und die Gabe verbindet, auf die Studirenden einzu=
wirken. Aber seine Wirksamkeit erstreckt sich, wie gesagt, auch auf andere
Gebiete. — Aus dem Bericht von 1860—61 geht noch hervor, daß der
Besuch der Lesesäle erfreulich zunimmt; die Zahl der Eingeschriebenen
betrug 667, welche 3684 Besuche machten. Man schließt eben keinen
Andersdenkenden aus und überläßt es einem speziellen Jünglingsverein,
für die geistliche Gemeinschaft zu sorgen. In der Diakonissenanstalt,
deren erste Vorsteherin schon heimgerufen ist, waren damals 11 Schwe=
stern in Thätigkeit, wovon die 4 ältesten eingesegnet, 5 für Probe=
schwestern erklärt worden waren; die Gesammtzahl der Kranken betrug
229, 192 weibliche Erwachsene und 37 Kinder; Männer wurden bis
dahin noch nicht aufgenommen. — Es waren 1860—61 33 Legate

eingegangen im Betrage von 14,366 Fr. — Schließlich ist als etwas entschieden Erfreuliches für den kirchlichen Stand der Dinge zu bezeichnen, was schon die deutschen Kirchenzeitungen gemeldet haben, daß ein Gesammtpresbyterium für die Stadt Zürich neuerdings aus allen kirchlichen Vorständen gewählt und daß — hauptsächlich durch Nichttheilnahme der großen Mehrzahl — die Wahlen in positivem Sinne ausgefallen sind, für Kirchen- und Schulwesen ein bedeutsames Ergebniß, das zu der Hoffnung auf fernere Siege der Wahrheit des Evangeliums berechtigt. —

Die Einrichtung eines Vereinshauses in der Graffschaft Ravensberg.*)

(Eingesandt.)

Seit längerer Zeit schon ist es in den Kreisen der Konservativen in der Graffschaft Ravensberg als ein sehr fühlbarer Mangel empfunden worden, daß dieselben zu ihren größeren politischen und kirchlichen Versammlungen und Berathungen nirgends ein vollständig geeignetes Lokal besitzen, — daß Pastoral- und Lehrer-Conferenzen, größere Versammlungen für innere und äußere Mission nothgedrungener Weise an Orten stattfinden müssen, wo vielleicht wenige Stunden oder Tage vorher oder nachher die Musik zum Tanze aufspielt, wo aber mindestens die mit dem gewöhnlichen Wirthshausleben überall verbundenen Einflüsse und Störungen sich geltend machen; das waren Uebelstände, welche von allen dabei Betheiligten schon seit Jahren gefühlt wurden. Der Plan, ein eigenes Haus für diese Zwecke zu erbauen und mit

---

*) Es ist uns von ganz besonderem Werth, die obige uns eingesandte Darstellung in unsern Blättern weiter mittheilen zu können. Sie wird unsern Lesern in einem Exempel anschaulich machen, wie die in den frühern Artikeln dargelegten Grundsätze über das Genossenschaftswesen practisch gemacht werden und in einem Geiste zur Anwendung kommen können, der demjenigen democratischen Geiste, in welchem sie bisher nur zu oft gehandhabt sind, schnurstracks entgegengesetzt ist. Wenn sich die Freunde der innern Mission erst mit der Sache werden mehr vertraut gemacht haben, kann es nicht fehlen, daß in immer weiteren Kreisen die Richtung sich Geltung verschaffen wird, mit diesen Mitteln Unternehmungen ins Leben zu rufen, für die jetzt die Wohlthätigkeit nicht oder nur sehr schwer und spärlich zu gewinnen ist, ja vielfach gar nicht in Anspruch genommen werden sollte. Das Prinzip der Selbsthülfe wird sich auf diese Weise auch für die innere Mission im Großen Bahn brechen können. D. H.

einer christlichen Gesellen-Herberge in Verbindung zu bringen, wie ähnliche Einrichtungen bereits an vielen anderen Orten bestehen, war von einzelnen unserer Freunde mehrfach hin= und her erwogen und hatte bis dahin nur an der Aufbringung der Mittel zum Bau und zur Unterhaltung des Gebäudes seine Bedenken gefunden. Wäre das Opfer für alle Conservativen unserer Grafschaft auch gerade nicht groß, um einen solchen Plan auszuführen, so bringen doch unsere Gesinnungsgenossen bereits für alle Arbeiten der inneren und äußeren Mission so reichliche Gaben, daß wir billig Anstoß nehmen, auch für diesen Zweck die Opferwilligkeit unserer Freunde nicht bloß für den Bau und die erste Einrichtung einer solchen Anstalt, sondern auch für die fernere und dauernde Unterhaltung derselben in Anspruch zu nehmen. —

Wie aber überall, wo in Treue und wahrhafter Liebe zu unserem Volke neue Pläne gefaßt und neue Arbeitsfelder betreten werden, auch bald genug die Mittel und Wege zu ihrer Ausführung gefunden werden, so ging es auch hier. Die großartigen Erfolge, welche die Verbindungen der Fabrikarbeiter und Handwerker zu gegenseitiger Unterstützung in England und Frankreich errungen haben, die überraschend segensreichen Resultate, welche das Genossenschaftswesen in Deutschland binnen wenigen Jahren zu Tage gefördert, — wie darüber der „conservative Volksfreund" im verflossenen Sommer ausführliche Mittheilungen gebracht, — gaben den Anlaß, daß aus dem Kreise unserer Colonen heraus der Vorschlag erging, in ähnlicher Art, wie jene Arbeiter und Genossenschaften sich zu verbinden, um ein Vereinshaus zu gründen und mit ihm zugleich eine Reihe anderer Zwecke zu erreichen. Dieser Plan ist in den letztverflossenen Monaten von verschiedenen Personen einer gründlichen und eingehenden Erörterung unterzogen worden und erlauben wir uns nun, das Resultat dieser Berathungen allen unseren Freunden zur Prüfung vorzulegen, damit ein Jeder, welcher die Wichtigkeit und Nothwendigkeit dieser Sache erkannt hat, auch seinerseits Gelegenheit erhalte, sich dabei mit Rath und That betheiligen zu können.

Traf der Mangel eines geeigneten Vereins-Lokals bis dahin nur die größeren Versammlungen der obengedachten Art, so machte sich ein zweiter Uebelstand in noch verderblicherer Weise Tag für Tag für jeden Einzelnen unserer Gesinnungsgenossen geltend; der größte Theil der Kaufmannschaft und fast sämmtliche Gastwirthe in den

Städten gehören der liberalen oder demokratischen Richtung an, und wer in ihren Häusern Einkäufe zu besorgen hat, oder zu seiner Erquickung etwas genießen will, ist fast regelmäßig den Versuchungen und Verführungen des kirchlichen und politischen Liberalismus ausgesetzt, sei es nun, daß die Inhaber jener Geschäfte selbst, oder doch ihre Kunden und Gäste in dieser Art und Weise Propaganda für ihre Zwecke und Ansichten machen. Nicht wenige von denen, die heut dem Liberalismus oder der Demokratie huldigen, sind auf diesem Wege dem Glauben und den politischen Grundsätzen ihrer Väter entzogen worden, wie Jeder sehr leicht zu erfahren Gelegenheit haben wird, wenn er näher nachforscht, wo diejenigen seiner Bekannten, die jetzt der kirchlichen und politischen Freigeisterei verfallen sind, ihre Ansichten und Meinungen hergeholt haben. Das Wirthshaus, oder der Laden des liberalen Kaufmanns sind in den meisten Fällen die erste Stätte gewesen, wo die Saaten des Unglaubens und der liberalen Irrthümer in die Herzen und Gemüther ausgesäet sind, und die dort offen liegenden Zeitungen und Zeitschriften haben dann das Werk des Abfalls von kirchlichem und politischem Conservatismus weiter gefördert. Das ist eine offenkundige Thatsache, und daraus machen auch unsere Gegner kein Hehl; sagte doch ein liberaler Kaufmann des Ravensberger Landes vor Kurzem zu einem der größeren conservativen Colonen ganz nackt und offen: „Thut, was ihr wollt, es dauert doch keine 10 Jahre mehr, und alle größeren Bauern mit sammt ihren Heuerlingen gehören uns an, haben sich bis dahin zur Fortschrittspartei geschlagen!" —

Nun, wenn diese Leute so siegessicher ihre Netze auswerfen, dann dürfen sie sich nicht wundern, wenn wir noch bei rechter Zeit und ehe sie uns ihr berühmtes: „Zu spät!" zurufen können, auf die Mittel zur Abwehr denken, wenn wir uns rüsten, um zu erhalten, was zu uns gehört und wieder zu gewinnen, was sich unter den Einflüssen der Verführung und Bethörung von uns trennt.

Wollen wir dies aber erreichen, dann ergiebt sich von selbst die Nothwendigkeit, mit unserem Vereinshause ein kaufmännisches Geschäftshaus zu verbinden, wo unsere Freunde Alles erhalten können, was sie für ihren Haushalt, für ihre Bekleidung und für ihre sonstigen Lebensverhältnisse bedürfen, auch damit eine Restauration zu verbinden, um an Speise und Trank — selbstverständlich mit Ausschluß des Branntweins — alles das erhalten zu können, was in jedem Gasthofe geboten wird. Der Ertrag dieser Geschäfte wird nicht bloß reichlich die Zinsen des Anlage-Capitals decken, sondern auch den sonstigen Vereinsbestrebungen die erforderlichen Summen gewähren. Die Erfolge und Erfahrungen an anderen Orten geben dafür den besten Beweis; was dort in so überraschendem Maße gelungen, kann bei uns nicht wohl fehlschlagen, wenn alle Betheiligten, oder auch nur ein großer Theil derselben, der Sache ihre Mitwirkung zusichern; Einigkeit macht stark und erringt große Erfolge, das zeigt die tägliche Erfahrung und bestätigen die Lehren der Geschichte. Welche Resultate die Consum-Vereine auch auf deutschem Boden errungen, werden wir an einigen Beispielen weiter unten darzulegen Gelegenheit haben. Unsere Gegner sind uns auf diesem Gebiete bereits an den verschiedensten Orten und auf den verschiedensten Lebensgebieten mit Glück vorangegangen; was Schulze-Delitzsch in dieser Beziehung geleistet, wird auch von conservativen Männern mit Achtung anerkannt. Das Genossenschafts-Princip ist selbst in den gewöhnlichen Gesellschafts-Verhältnissen zur Geltung gekommen, denn in allen Schützen-Vereinen, Ressourcen und sonstigen geschlossenen Gesellschaften pflegt man z. B. den Wein auf gemeinschaftliche Kosten zu beziehen, um ihn billiger und unverfälschter zu erhalten, als ihn die gewöhnlichen Weinhandlungen zu liefern pflegen. —

Man hat uns wohl entgegengehalten, unser Vereinshaus würde den betheiligten Gewerbtreibenden Nachtheil bringen; das ist nun an und für sich nicht so schlimm, wie die Sache beim ersten Anblick aussieht, kann aber auch keinen Grund für uns abgeben, von einer nothgedrungenen und nothwendigen Einrichtung abzugehen, und unsere Gegner selbst nehmen auf solche Einwürfe gerade am wenigsten Rücksicht. Die durch Schulze-Delitzsch in's Leben gerufenen oder von ihm belobten Consum-Vereine entziehen überall auch, wo sie bestehen, dem Detail-Verkehr ihrer Heimath einen Theil des Umschlages, die Handwerker-Rohstoff-Vereine thun dasselbe in Bezug auf Handlungen von Kleiderstoffen, Holzhandlungen ꝛc. ꝛc., die Ressourcen und Weinclubs haben denselben Erfolg für die bestehenden Weingeschäfte, die großen Spinnfabriken haben Tausende von Spinnern und Webern ganz um ihren Verdienst gebracht. Was also bei diesen Dingen recht, kann bei uns nicht unbillig sein, und gerade unsere politischen Gegner sind ja die eifrigsten Vertheidiger jeder freien Entwickelung, sie können sich also nicht wundern, wenn auch wir ihnen einige Concurrenz machen, und da sie selbst in Industrie und Handel stets die Erfolge des großen Capitals loben und preisen, so werden sie es gerechtfertigt finden, wenn wir aus vielen kleinen Capitalien ein großes machen, um die pecuniairen und sittlichen Vortheile uns und unseren Freunden zu wahren, welche aus dem Genossenschaftswesen entspringen. Wir dürfen hoffen, mit diesen Gründen Freunde und Feinde von der Nothwendigkeit und Heilsamkeit unserer Bestrebungen überzeugt zu haben.

Ehe wir zum Schluß unseren Freunden noch einmal kurz die an anderen Orten auf dem Wege der Genossenschaft erreichten Resultate vor die Augen führen, um daraus den Schluß zu ziehen, daß auch wir in unserem Unternehmen einen günstigen Erfolg uns versprechen können, wollen wir nur mit einigen kurzen Zügen den Plan selbst andeuten, wie er bis dahin in unseren kleinen Versammlungen ausgestaltet worden ist. —

In Herford, der Mitte des Ravensberger Landes, wird an geeigneter Stelle das Vereinshaus ins Leben gerufen. Die Bau- und Betriebskosten werden durch Actien, à 25 Thaler, aufgebracht; und die Genehmigung des Staates für die zu bildende Actien-Gesellschaft, wird nachgesucht. In die obere Etage des Hauses kommt ein großer Saal für Vereins-Versammlungen, verbunden durch zwei Flügelthüren mit einem kleineren Saale, worin der tägliche Verkehr der Gäste stattfindet; in die unteren Räume des Hauses kommt das kaufmännische Geschäft, bestehend aus einem Laden für Manufakturwaaren und einem solchen für Material= und sonstige Waaren des kaufmännischen Verkehrs. Einige kleinere Zimmer werden in einfacher Weise zum Logiren für solche Personen eingerichtet, welche bei Conferenzen, Schwurgerichts=Verhandlungen 2c. 2c. in Herford auf längere oder kürzere Zeit verweilen müssen, und in befreundeten Häusern kein Unterkommen finden können. Garten= und Hofraum würden für etwaige spätere Erweiterungen des Geschäftsverkehrs den nöthigen Raum darbieten müssen. Sollte, wie wir erwarten, die Sache einen günstigen Verlauf nehmen, dann würden wir später aus den Geschäfts= überschüssen in einen kleineren Anbau eine christliche Gesellen-Herberge verlegen, deren dringende Nothwendigkeit für jeden auf diesem Gebiete Kundigen außer Frage steht. Die Gewinnung tüchtiger Kräfte für die Führung des kaufmännnischen Geschäfts und der Restauration, die Beaufsichtigung und Leitung des Ganzen würde Sache eines von sämmtlichen Actionairen zu wählenden Verwaltungsrathes sein. Um alle Verluste, weitläufige Buch= und Rechnungsführung zu vermeiden, würde nur gegen sofortige baare Bezahlung angekauft und verkauft werden; aus dem Ankauf gegen sofortige Baarzahlung ergiebt sich nach bekanntem kaufmännischem Gebrauch für das Geschäft ein guter Gewinn, der demselben und den Abnehmern zu Gute kommt, man kann bei dieser Art des Geschäfts=Verkehrs auch stets auf Lieferung einer tadelfreien Waare durch die Engros-Kaufleute rechnen und so den eigenen Abnehmern immer ein vorzügliches Material liefern. — Noch wichtiger aber für die Lebensfähigkeit und Rentabilität des Geschäfts erscheint die Einrichtung, daß immer nur gegen Baarzahlung verkauft wird; es muß schon als ein großer Segen für Arme und Reiche erachtet werden, wenn Beide sich gewöhnen, Alles sofort baar zu bezahlen und auf diesem Wege Ordnung in ihre Geldverhältnisse zu bringen, also auch nicht eher etwas zu kaufen, als bis man die Mittel dazu besitzt; man bleibt auf diesem Wege frei von Schulden, frei von Sorgen, die durch Schulden erwachsen, setzt auch nicht in Todesfällen Frauen und Kinder in unnütze Last und kummervollen Druck. Aber vor Allem kann das Geschäft auch bei solchem Verfahren jederzeit als ein solides und geregeltes geführt und das Eigenthum der Actionaire als gesichert erachtet werden; es entstehen keine Capital= Verluste durch böse Schuldner, keine Zins=Verluste durch schlechte Zahler, die Jahre lang auf die Berichtigung ihrer Schulden warten lassen, man braucht keine gerichtlichen Klagen anzustellen, am Ende des Jahres nicht wochenlang einen Arbeiter mit dem Ausschreiben von Rechnungen zu beschäftigen, die Buchführung wird sehr einfach, weil keine rückständigen Forderungen in die Bücher einzutragen sind und Mahnbriefe hat man auch nicht nöthig zu schreiben. Ein

Kaufmanns-Geschäft aber, das stets Geld in Händen hat, kann auch mit geringerem Capital bedeutende Geschäfte machen, weil es im Stande ist, dieselbe Summe im Jahre mehrmals umzuschlagen, die bei langem Creditgeben nur einmal umgesetzt wird. Was aber bei anderen Geschäften durch schlechte Zahler an Capital und Zinsen verloren geht, und darum vom Kaufmann auf den Preis seiner Waaren aufgeschlagen werden muß, kommt hier dem Abnehmer zu Gute, so daß dieser neben möglichst guten Stoffen auch eine möglichst billige Waare erhält. Da die Genossenschaft durch den Verwaltungsrath in ununterbrochener Verbindung mit der Geschäftsführung bleibt, so hat sie es stets in Händen, bei etwaigen Klagen über Güte der Waaren und den Preis derselben Abhülfe zu verschaffen. Was aus dem Geschäft gewonnen wird, kommt den Unternehmern wieder zu gute, so daß diese alle die Vortheile selbst genießen, die sie bisher mit ihren Einkäufen Andern zuwenden mußten. Die Ankäufe von Leinsaamen, Oelsaat, landwirthschaftlichen Geräthen wird von selbst durch die Genossenschaft am besten, billigsten und sachgemäßesten zu bewirken sein, wenn, wie zu erwarten, praktische Landwirthe aus dem Verwaltungsrath überall dem Geschäftsführer mit Rath und That zur Hand geben. Der Vereinssaal dürfte allwöchentlich einmal die größeren Landwirthe von Ravensberg aufnehmen, um mit den dort gleichzeitig zu versammelnden Käufern landwirthschaftlicher Producte direct und ohne die Vermittelung von Mäklern ihre Lieferungsgeschäfte abzuschließen. Bei sachgemäßer Führung der Handlung wird es nicht ausbleiben, daß diese einen guten Gewinn abwirft, wie dies bei hundert ähnliche Einrichtungen der Fall ist. Es sollen diese Gewinn-Ueberschüsse nach Zahlung von 5 Procent Zinsen für die Actionaire und Deckung aller Verwaltungs-Unkosten zur Gewährung einer weiteren Dividende an jene und demnächst zur Beschaffung von Zeitschriften und einer geeigneten Bibliothek im Vereinssaal, sowie zur Unterstützung anderweitiger conservativer Bestrebungen verwendet werden, worüber die Statuten das Nähere besagen werden. Einer Generalversammlung sämmtlicher Actionaire würde alljährlich Rechenschaft über die gesammte Verwaltung zu legen sein.

Werfen wir nach diesen allgemeinen Andeutungen rasch noch einen kurzen Blick auf einzelne verwandte Bestrebungen in anderen Landen und anderen Orten, um den Nachweis zu führen, daß wir nicht schöne Luftgebäude unsern Freunden vorführen wollen, sondern Dinge erstreben, die bereits hundertfach praktisch durchgeführt und vielfach von glänzenden Erfolgen gekrönt worden sind.

Im Jahre 1844 eröffneten 20 von der Noth der Zeit darnieder gedrückte Fabrikarbeiter zu Rochdale in England in einer unbedeutenden Nebenstraße einen kleinen Laden, worin sie auf gemeinsame Kosten die nothwendigsten Lebensbedürfnisse anschafften; noch nicht ganz 200 Thaler umfaßte ihr erstes Anlage-Capital. — Im Jahre 1860 gehörten bereits 3000 Mitglieder dieser Genossenschaft an, welche mit einem Capital von 240,000 Thalern wirthschafteten, im

Jahre über 1 Million Thaler umschlugen und einen Reingewinn von 110,000 Thalern erzielten, auch bereits eine ganze Reihe glänzend ausgestatteter Läden im eigenen Besitz hatten.

Im Jahre 1852 begründete die Genossenschaft eine eigene Getreidemühle, es traten dazu 250 Personen zusammen, mit etwa 19,000 Thaler Capital, welches im Jahre circa drei Mal umgeschlagen wurde und 2200 Thaler Reingewinn abwarf; im Jahre 1860 waren dieser Verbindung bereits 500 Mitglieder mit 145,000 Thaler Capital beigetreten, es wurden 700,000 Thaler umgeschlagen, und nahe 70,000 Thaler Reingewinn erzielt, — wovon nach Deckung aller Unkosten an die Mitglieder 21 Prozent Dividende gezahlt wurden. —

Im Jahre 1858 begründeten diese Pioniere von Rochdale, wie sie genannt werden, eine eigene große Spinnerei, baueten zwei Jahre später ein ganz neues Fabrikgebäude mit den besten Dampf- und anderen Maschinen, das allein 350,000 Thaler kostete.

Abermals 2 Jahre später wurde eine Gesellschaft zum Erwerb eigener Wohnhäuser und Gärten für die einzelnen Mitglieder ins Leben gerufen, und im folgenden Jahre eine besondere Kranken- und Begräbnißkasse gestiftet.

Man hat außerdem jährlich $2\frac{1}{2}$ Prozent des Reingewinns zur Beschaffung geistiger Bildungsmittel bestimmt, davon eine schöne Bibliothek von 4000 Bänden, sowie treffliche optische und physikalische Instrumente beschafft, ein Lesezimmer und Schulen für Fabrikarbeiter-Kinder eingerichtet, einen öffentlichen Brunnen auf dem Marktplatz der Stadt hergestellt und vielfach zu wohlthätigen Zwecken erhebliche Beiträge geleistet.

Und wie leben jetzt dieselben Arbeiter, die früher oft kaum den allernothbürftigsten Hausrath und selten einige Groschen im Vermögen besaßen? Sie haben freundliche, anständig ausgestattete Wohnungen, saubere Kleidung von guten Stoffen, und zum großen Theil daneben noch ein baares Vermögen von 7—1400 Thalern. Aber es ist freilich auch kein einziger Branntweintrinker unter dem ganzen Verein. Das sind die Erfolge des Genossenschaftswesens an einer Stelle, und England zählt jetzt bereits über 400 solcher Vereine mit mehr als 50—60,000 Mitgliedern, 14 Millionen Thalern Betriebs-Capital und etwa 40—50 Millionen Thaler Jahres-Umsatz. —

In Frankreich giebt es im Elsaß eine ganze Fabrikarbeiterstadt zu Mühlhausen, wo durch ähnliche Verbindung jeder Arbeiter ein eigenes Haus mit freundlichem, kleinem Gärtchen sich erworben.

In Paris traten 1848 die Maurer zur Ausführung gemeinsamer Bauten zusammen; damals waren es 16 Mitglieder mit einigen Schulden, zehn Jahre später bildeten sie eine Genossenschaft von 200 Mitgliedern, die für 400,000 Thaler Bauten ausgeführt und dabei einen Reingewinn von 32,000 Thalern in diesem einen Jahre gemacht hatten. Es besitzt diese Genossenschaft ebenfalls bereits eigene geräumige Häuser, eine eigene Bibliothek, Unterrichtslokale und eine besondere Zeitschrift und arbeitet auf 20 großen Bauplätzen in Paris und seiner Umgegend. Der Vertrag lautet auf 20 Jahre, und werden nach Ablauf dieser Zeit bei der Theilung des Vermögens die einzelnen Mitglieder außer ihrem bisherigen guten täglichen Arbeitslohn noch ein Capital bis zu 20,000 Franken ausgezahlt erhalten. — Im Jahre 1849 vereinigten sich in Paris 16 Buchdrucker zu gemeinsamer Arbeit auf die Dauer von 10 Jahren; als diese abgelaufen, erhielt jeder außer dem bisher empfangenen vollen Arbeitlohn je nach Maß der geleisteten Arbeit noch 7—18,000 Franken vom Gewinn ausgezahlt.

In Deutschland existirten 1862 bereits gegen 400 Vorschuß-Vereine, 180 Vereine von Handwerkern zur gemeinsamen Beschaffung des Rohstoffes und 50 sogenannte Consum-Vereine, welche für gemeinsame Rechnung alle Lebensbedürfnisse beschaffen und in eigenen Kaufläden verkauften, in ähnlicher Art, wie wir dies beabsichtigen. Der Gesammt-Umsatz dieser Vereine betrug 20—22 Millionen Thaler im Jahr; der Capital-Umschlag der eigentlichen Consum-Vereine ist durchschnittlich 12—20 Mal im Jahre erfolgt, woraus die bedeutenden Reingewinne derselben sich erklären lassen.

Sehen wir uns auch einige dieser Consum-Vereine nach den von ihnen erreichten Erfolgen an.

Der am 9. October 1861 ins Leben getretene Consum-Verein zu Kiel setzte innerhalb der ersten 6 Monate seines Bestehens für 26,616 Thaler Waaren um, also unter Umständen, wo er noch mancherlei Schwierigkeiten zu überwinden, wo er sich erst einzubürgern hatte. Der Consum-Verein zu Zürich in der Schweiz hatte 1861 bereits mehrere bedeutende Grundstücke im Besitz, daneben ein Magazin, eine Speise- und Schenkwirthschaft, mit Gartenlokal im Gesammtwerth von 177,438 Franken. Zu seinen Geschäften benutzt er außer dem Magazin noch 9 Verkaufsläden an verschiedenen Stellen innerhalb und außerhalb der Stadt. Im Jahre 1861 schlug er allein für 801,883 Franken Waaren um und erzielte dabei einen Reingewinn von 23,567 Franken. Die ursprünglich beim Geschäfte angelegten Actien sind bereits sämmtlich zurückgezahlt.

Der 1854 zu Basel gegründete Consum-Verein begann seine Geschäfte mit 7000 Franken Schulden; sieben Jahre später waren diese nicht bloß getilgt, sondern auch ein bedeutender eigener Grundbesitz erworben, darunter 3 Backhäuser, worin allein im Jahre 1861 für 1¼ Millionen Franken Backwaaren gefertigt wurden.

Dies sind einzelne Züge aus dem Genossenschaftsleben; sie beweisen, welche Erfolge durch vereinte Kräfte erzielt werden können. — Was anderen möglich gewesen, wird auch uns nicht unmöglich sein; Einigung und Einigkeit thun uns in dieser Zeit vor allem Noth. Wollen wir nicht schließlich auf allen Gebieten unter die allbeherrschende Macht des großen Capitals gerathen; um von diesem in seinem Interesse ausgebeutet zu werden, dann einigen auch wir uns bei Zeiten. Mit vereinten Kräften bilden auch wir noch eine Macht, die nicht so leicht überwältigt werden kann. Die damit verknüpften

Geldvortheile stehen für uns erst in zweiter Linie in Rechnung; die sittlichen Güter, Bewahrung vor unkirchlichen und demokratischen Einflüssen, Kräftigung einer königstreuen Gesinnung in dem häufigen Zusammentreffen im gemeinsamen Vereinslokal, und Alles, was sonst mit einer solchen Einrichtung verbunden ist, das gilt uns noch mehr als der bloße Geldgewinn.

Wir hoffen, daß man unserem Beispiel bald an anderen Orten folgen wird, zum Segen Aller, die zu gleicher That sich vereinigen.

Die kleineren kaufmännischen Geschäfte in den Städten, wie auf dem platten Lande haben übrigens keine Ursache, von unserem Vereinshause ihren Ruin zu befürchten; soweit sie mit unseren Freunden und Gesinnungsgenossen im Verkehr stehen und sofern sie es wünschen, sollen ihnen stets die erforderlichen Waaren aus dem Vereinshause zu Preisen abgelassen werden, daß sie im Detail-Verkehr mit jenem gleiche Preise zu halten vermögen; wollen sie also mit einem rechtlichen Gewinn zufrieden sein und ihren Kunden stets eine möglichst gute Waare bieten, dann mögen sie mit uns in nähere Verbindung treten, wir werden ihnen gern freundlich und dienend zur Hand gehen, da wir Niemand in seinem rechtlichen Erwerb zu beschädigen gedenken, aber uns freilich auch nicht durch das eigensüchtige Geschrei einzelner Personen in unseren Bestrebungen zum Heile von Tausenden unserer Genossen irre machen lassen werden. Concurrenz hat noch Niemand auf kaufmännischem Gebiete geschadet; wenn nur Jeder mit rechtlichem Gewinn zufrieden sein will, dann werden ihm durch unser Unternehmen die Kunden nicht entgehen, da wir ohnehin, wie gesagt, nur solche Personen im Geschäfts-Verkehr zulassen wollen, welche gleich zu bezahlen geneigt sind. Wir haben endlich noch nicht gehört, daß an solchen Orten, wo Consum-Vereine bestehen, die übrigen Kaufleute zu Grunde gegangen seien.

Damit befehlen wir unser Unternehmen in Gottes Hand; gereicht es, wie wir hoffen, zu seiner Ehre und zum Segen des Nächsten, dann wird es blühen und bestehen, trotz aller Anfeindung, die es findet; ist jenes nicht der Fall, dann mag es untergehen, wir werden es dann nicht beklagen.

Neuester Verlagsartikel der Agentur des Rauhen Hauses, durch jede Buchhandlung zu beziehen:
Die Ursachen der so vielfach erfolglosen Bemühungen in der heutigen Kindererziehung, von Dr. Wichern. 51 S. br. 5 Sgr.

Alle weiteren Nachrichten aus dem Rauhen Hause, auch die Quittungen vom Monat März, müssen aus Mangel an Platz für die nächste No. zurückbleiben.

Inhalt: Die Ursachen der so vielfach erfolglosen Bemühungen in der Kindererziehung. (Schluß). — Aus der Schweiz. — Ein Vereinshaus im Ravensbergischen. **Inhalt des Beiblattes:** Zwei Gräber aus Süddeutschland. (Schluß).

Herausgeber Dr. Wichern, Vorsteher des Rauhen Hauses. — Verlag der Agentur des R. H. zu Horn bei Hamburg. — Gedruckt im R. H.

XX. Serie. 1863.
Mai. No. 5.

Jährlich 24 Bogen zu
1 ♃ Pr. in 12 (monat-
lichen) Lieferungen.

Durch alle Buchhand-
lungen u. Postämter
zu beziehen.

Fliegende Blätter

aus dem

Rauhen Hause zu Horn bei Hamburg.

Organ des Central-Ausschusses für die innere Mission der deutschen evangel. Kirche.

Hauptblatt.

Die großen Städte

sind schon jetzt und werden noch immer mehr die Stelle werden, wo die Entscheidung über die Zukunft der Geschichte der Völker sich zu vollziehen hat. Unter der Tyrannei der sogenannten freien und freisinnigen Presse haben die auflösenden, nicht liberalen, sondern liberalistischen Ideen innerhalb der städtischen Bevölkerung aller Stufen eine Herrschaft gewonnen, die über Alles, was nicht ihnen huldigt, den Bann verhängt, am Meisten aber gegen das geoffenbarte und offenbarende Wort Gottes, seine Verkündigung, sein Recht und seine Kraft in die Schranken tritt. Wie die Sachen einmal stehen und überdieß vielfach durch die Städteverfassungen berechtigt sind, läßt sich die weitere Gestaltung des Kampfes zwischen Christenthum und Nicht- oder Un- und Widerchristenthum, das sich in diesen öffentlichen Zuständen fast mit Nothwendigkeit entwickeln muß, nicht voraussehen; aber unzweifelhaft ist es die unabweisliche Aufgabe Aller, für die der Glaube an die Offenbarung Gottes und dessen Heil mit ihrem Leben zusammenfällt, sich zum ernsten und wachsenden Kampf zu rüsten und nicht erst künftig, sondern schon jetzt in den Widerstand einzutreten. Es gilt, das Feld, soweit es noch im Besitz geblieben, zu behalten und neues Gebiet wieder oder neu hinzu zu erobern. Außer dem, was in dieser Beziehung Staaten und Städte in obrigkeitlicher Vollmacht zu thun haben, und was namentlich die geordnete Kirche unter diesem Gesichtspunkt leisten sollte, aber freilich nicht oder nur in kümmerlichster Weise wirklich leistet, außer diesem ist es vor Allem die freie Missionsthätigkeit nicht neben oder gar gegen die Kirche, sondern aus ihr heraus, in ihr und für sie. Es ist ein unabsehbares Acker- und Schlachtfeld, das der christlichen Liebes- und Geistestüchtigkeit in dieser Richtung aufgethan ist, ein Feld, das wir hier nicht einmal nach Andeutungen durchmessen wollen. Es kann aber so ziemlich Alles, was in dieser Beziehung zu thun ist, zusammengefaßt werden unter den Namen der Stadtmission, deren richtige Gestaltung und Entfaltung von den wahren Freunden der Kirche, unter den freien der Kirche gewidmeten Arbeiten als eine der wichtigsten erkannt und anerkannt werden sollte. Leider ist es bis jetzt nur, und zwar deßwegen, in einem beschränkteren Maße der Fall, weil im Großen und Ganzen diejenigen, welche die ersten und wirksamsten Freunde und Förderer der Sache sein sollten, zum Theil offen oder versteckt deren entschiedenste Gegner sind. Immerhin bricht der Gedanke der Stadtmission sich immer weiter Bahn und wir finden ihre Arbeit bereits in einer ganzen Reihe von Städten, wie Königsberg, Breslau, Berlin, Hamburg, Bremen, Elberfeld, Barmen, Basel und anderswo. Sicherlich ist es von Interesse und Werth, dem Stande dieser Arbeiten weiter nachzuforschen.

Der erste Beginn der Stadtmission auf dem Continente findet sich gleich nach dem Jahre 1848 und zwar in Hamburg, wo dieselbe unter vielfachem Widerspruch offner Feinde, aber auch unter dem, bis jetzt freilich mehr noch verdeckt gehaltenen Gegendruck solcher, die ihren Widerspruch öffentlich nicht auszusprechen wagen, gedeiht und, wenn auch langsam, doch sicheren Schrittes vorschreitet.

Es liegt uns die dreizehnte und vierzehnte Nachricht über den Verein vor, die eine so große Menge von inhaltreichen Thatsachen in einer so lehrreichen Weise sorgfältig zusammenstellt, daß wir es für eine Pflicht achten, dieselben auch größeren Kreisen zugänglich zu machen.

Wir können uns hier zumeist auf frühere Mittheilungen über diesen umfänglichen Verein zurückbeziehen und erinnern nur daran, daß derselbe sich nach den 5 großen Kirchspielen der Stadt gliedert hat, und daß ihm mit Einschluß des vorstädtischen (in St. Georg) ebensoviele Districtsvereine angehören. In jedem dieser Districte ist ein Stadtmissionar angestellt (in dem zu St. Michaelis sind es deren zwei), zu denen man von jeher nur Männer gewählt, die für diesen Beruf theoretisch und praktisch, nämlich als Brüder des Rauhen Hauses, vorbereitet worden.

Der von Inspector Rhiem verfaßte Bericht geht von der Arbeit dieser Stadtmissionare aus und läßt sich von daher die Nothstände und die geleistete Hülfe in übersichtlicher Weise gruppiren. Wir folgen dieser Darstellung.

In den Morgenstunden hält sich der Stadtmissionar in seiner Wohnung: seine Arbeit ist schon so weit in die Oeffentlichkeit getreten, sein Name und seine Wohnung, die nicht allein in unsern Jahresberichten, die auch in dem Hamburger Adreßbuch und in dem „gemeinnützigen Almanach" zu finden sind, soweit bekannt, daß selten ein Morgen vergeht, an dem er nicht Besuche empfängt. Männer, von der Noth um das tägliche Brod und allerlei daher kommenden Anfechtungen beschwert, Frauen, von häuslichen Sorgen mannigfachster Art heimgesucht — Eltern, denen die Fürsorge für ihre Kinder bange Stunden macht, Kinder, die für das ewige Heil ihrer tiefgesunkenen Eltern angstvoll bekümmert sind, — und wie viele Andere! kommen zu ihm. Da giebt es zu rathen, zu trösten, zu mahnen, zu bitten: nicht selten bringt eine einzige solche Morgenstunde mehr neue Arbeit, als die übrige Tageszeit zu bewältigen im Stande ist. Zwischen 9 und 11 Uhr geht der Stadtmissionar aus: er geht in die Wohnungen der Armen, theils von ihnen selbst gerufen, theils zu ihnen von Anderen, z. B. Wohlthätern derselben, gewiesen; er geht in die Wohnungen der Reichen und Vermögenden oder der freiwilligen Helfer und Freunde seiner Arbeit um Kunde von dem zu bringen, was ihm begegnet und Hülfe für die Noth zu suchen, die er allein nicht zu bewältigen vermag. Folgen wir ihm auf seinen Gängen in **die Wohnungen der Armen.** Was wäre gleich hier über all die Nothstände zu sagen, denen er bei den besseren Armen so gut, wie bei den sittlich gesunkenen und verkommenen vielfach begegnet. Macht sich überhaupt schon seit Jahren ein drückender Mangel an Armenwohnungen in immer steigendem Maße unter uns fühlbar, wie völlig ungeeignet ist die Mehrzahl derselben zur Befriedigung der ersten und nothwendigsten Bedingungen eines gedeihlichen sittlichen und socialen Lebens, ja, wie scheinen sie von vorn herein wie dazu geschaffen, die Stätten leiblichen und geistigen Elends zu werden. Es ist hier nicht der Ort, unsere Höfe und Gänge mit ihren Sählen und Kellerwohnungen zu schildern; Wohnstätten zumeist ohne Licht und Wärme, ohne Sonne und Luft, dazu so beschränkt, so über einander und durch einander verbaut, daß es nicht selten noch ganz anderer Hülfsmittel, als einer Leuchte bedarf, um sich in dem Labyrinthe zurecht zu finden. Wer sich nur eine Seite des hier zu Tage tretenden schreienden Nothstandes vergegenwärtigen will, der denke an die schlimmen Folgen, die für Familienleben und Kinderzucht entstehen müssen, wenn brave und wackere Arme durch den unerschwinglichen Miethszins besserer Wohnungen gezwungen werden, sich mit dem verworfensten und sittenlosesten Gesindel auf einem Sahl, in einem Gange oder in einem Hofe zusammenpferchen zu lassen. Als jüngst der Pfarrer einer kleinen Landgemeinde aus dem Inlande Hamburg zum ersten Male besuchte, wollte er nicht glauben, daß der eine niedere Gang, vor dessen schmutzigem Eingang er gebückt stand, ohne mit seinem Augenlicht die Finsterniß vor ihm durchdringen zu können, die tägliche einzige Passage aus der Wohnung auf die Straße für eben so viele Menschen sei, als seine Gemeinde zählt! — Welchen Einfluß die Wohnung auf das sittliche Leben des Bewohners ausübt, möge statt vieler nur die eine Geschichte jenes Trunkenbolds bezeugen, die in diesem letzten Jahre ihren glücklichen Ausgang gefunden hat. Zehn Jahre lang war alle Arbeit treuster Liebe an dem unglücklichen Handwerksmeister wie verloren gewesen: jedem neuen Aufstehn war immer wieder ein neuer Fall gefolgt und der Mann verzweifelte zuletzt selber an sich, wie er an seinem Gott und der ganzen Welt schon längst verzweifelt hatte. „Ich kann mir hier nicht helfen — ich muß immer wieder trinken", war seine wiederholte jammernde Klage. Dies „hier" schien ein Fingerzeig Gottes. Der Trunkenbold wohnte und arbeitete in einer jener engen Wohnungen, in denen man selbst bei einer Julisonne Tags nicht immer ohne Lampe oder Licht fertig werden kann. Es gelang nicht ohne große Mühe, dem Manne eine freie, geräumige, dem Sonnenlicht ausgesetzte Werkstatt zu verschaffen, und von der Stunde an ist der Verlorene seiner Arbeit und seiner Familie, ja mehr als das, er ist dem Reiche Gottes wiedergewonnen.

Fast wie ein Wunder muß es uns erscheinen, daß viele der in solchen Wohnungen hausenden Familien sich und ihrer Umgebung dennoch den Schmuck der Sauberkeit und Ordnung zu bewahren wissen — wer aber zählt die Hunderte unserer Armen-Familien, in denen Schmutz, Ungeziefer und Ekel erregende Liederlichkeit aller

Art einen nur zu ergiebigen Boden finden. Will man dort Wandel schaffen, so genügt es nicht immer, daß solchen verwahrlosten Hausständen die nöthigen äußeren Hülfsmittel zur Säuberung dargeboten werden: der Stadtmissionar muß auch wohl einmal persönlich Zeuge des Reinigungsprocesses werden, zumal wo sich zu der Liebe zum Schmutz das Ungeschick der Bequemlichkeit und Faulheit gesellt. Und wie steht es nun gar mit dem Mobiliar in solchen Räumen! Daß z. B. für Mann, Frau und 6 Kinder nur eine Lagerstätte vorhanden ist, die eher manchen andern Namen, als den eines „Bettes" verdiente, ist nichts Unerhörtes. Zudem kann hie und da in den Kellern und Sahl-Verschlägen außer dem „Bett" kaum noch ein Tisch stehen, von Stühlen gar nicht zu reden — sie sind nicht da und könnten auch gar nicht da sein!

Wir werfen einen Blick auf die Wände. Nur in den allerverkommensten Hausständen finden wir nicht das Streben, ihre Aermlichkeit und Nacktheit mit einem wirklichen oder vermeintlichen Bilderschmuck zu decken. Aber was für „Bilder" sind das, selbst in den besseren und gesitteteren Familien? Daß wir guten biblischen so sehr selten begegnen, darf uns nicht Wunder nehmen; wir müssen schon froh sein, wenn irgend eine schlechte, geschmacklose und mehr als unschöne Schilderei (aus bekannten und selbst von Christenleuten leider viel zu sehr begünstigten Fabriken!) uns das Antlitz unseres Herrn oder irgend einen Vorgang aus der Geschichte alten oder neuen Testaments vorführen soll; auch die meist schlechten Portraits moderner Revolutionshelden, meist als Prämien schlechter Zeitschriften in die Häuser colportirt, können noch ertragen werden, weil den Leuten kaum der Name der Originale bekannt ist, ja wir könnten selbst Modejournal- und Stammbuchs-Bilder, Bonbons-Etiquetten und Cotillon-Orden unter Glas und Rahmen passiren lassen: was sollen wir aber zu dem oft ans Unglaubliche grenzenden Unflath der sittenlosen Bilder sagen, deren flüchtiger Anblick schon uns das Blut in die Wangen treibt! Und rede nur Einer gegen solche Bilder! Das sind meist theure Geschenke guter Freunde, ja der Ehegatten unter einander, „sie sind doch schön" (sic) und „den Kindern schaden sie nichts — die denken sich nichts dabei." Welche Aufgaben hat die christliche Kunst, haben die betreffenden Kunstvereine noch zu lösen, wenn sie mit solchen Erzeugnissen einer schlüpfrigen Phantasie siegreich Concurrenz machen wollen!

Wir erwähnten eben der Bilder, die als „Prämien" gewissen Zeitschriften mitgegeben werden. Das führt uns auf diese letzteren — in vielen Wohnungen das Erste, was unser Auge auf dem Tische wahrnimmt. Wer keinen Tisch mehr hat, legt das Blatt, bis er's gelesen und bis es zum Nachbar wandert, aufs Bett oder die Fensterbrüstung oder den Koffer, der den Tisch mit ersetzt. Gelesen muß nun einmal werden, man muß wissen, wie's in der Welt zugeht und was es in Hamburg und besonders auf der Polizei Neues giebt — und „was gedruckt steht, ist wahr". Ach, unser armes Volk weiß es ja nicht mehr, und will es vielfach nicht mehr wissen, daß es noch ein Gedrucktes giebt, das geschrieben steht, weil es wahr ist, und deshalb wahr ist, weil es der Mund Gottes geredet hat. „Aus der Schule" sind die Leute aber längst heraus: die Bibel gehört höchstens noch in den Koffer oder auf das staubige Bort zum Andenken an vergangene Zeiten, wenn sie nicht längst auf die Karre oder an den Krämer „für alt" verkauft ist. Die Geschichten in den Blättern sind zudem „so schön zu lesen", und sollten sie auch nicht immer „ganz genau so sein", so sind sie es doch schon werth, daß man einige Schillinge vierteljährlich für sie ausgiebt. Da lesen denn Alt und Jung die schändlichsten Skandal-Geschichten, je toller, desto besser, je gräßlicher, desto rührender, je giftiger, desto anziehender. Und wer noch mehr Zeit erübrigen kann und sich nicht an dem Lokalen und Täglichen genügen lassen will, der findet leicht in der Nähe eine Leihbibliothek mit all dem Vorrath dessen, wonach sein unsauberer Sinn steht.

Wir sind mit dem Gesagten schon allgemach in die sittlichen Zustände der Familien tiefer eingegangen. Dennoch berechtigt die Wahrnehmung der zuletzt namhaft gemachten schreienden Uebelstände allein noch nicht zu einem zutreffenden Urtheil über den sittlichen Standpunkt der Familien, in denen wir diese Dinge antreffen. Es ist merkwürdig, wie trotz des Giftes, das die Phantasie bereits verderbt hat, immer noch ein gewisser rechtlicher Bürgersinn in vielen dem Evangelium sonst entfremdeten Familien eine Geltung, ja eine sittliche Macht zeigt, wenn das Leben ein Handeln, ein praktisches Thun fordert. Die Schäden, die den sittlichen Bankerott, ja den völligen Untergang des Familienlebens erzeugen, sind noch ganz andere, die ebensosehr selbstständig auftreten, wie sie als getreue Bundesgenossen der bisher dargestellten erscheinen. Unter allen der gefährlichste ist der Branntwein; ihm namentlich verdanken wir die zahllosen zerrütteten Ehen. Es ist schon so viel über die beklagenswerthen Folgen der Trunksucht geredet und geschrieben worden, daß es fast überflüssig scheint, darüber noch ein Wort zu verlieren. Und doch dürfen wir über diesen Nothstand nicht hinweggehen, ohne nicht einen, wenn auch nur flüchtigen Blick in den Abgrund gethan zu haben, in den vor unsern Augen tagtäglich Männer, Weiber und Kinder hineintaumeln. Wir sehen nicht hinein in die circa 2000 Schenken unserer Stadt, reden nicht von dem dort hausenden furchtbaren Gesellen des Branntweins, dem Spiel, das in den verschiedenartigsten Formen und Gestalten den oft so sauer verdienten Wochenlohn in einer Nacht verschlingt, während Mütter und Kinder daheim darben: wir stellen uns nur einige der Bilder vor Augen, die uns in den Wohnungen der unglücklichen Trunkenbolde begegnen. Dort steht ein seiner Besinnung nicht mächtiger trunkener Mann mit dem geladenen Bürgergewehr vor dem Bett der Frau, voll Zorns, daß er nicht, mitten in der Nacht heimkehrend, das erwartete Abendbrod bereitet findet; — hier zwingt ein anderer in trunkenem Frevelmuth seine Kinder, ihm schmutzige Gassenlieder vorzusingen und mißhandelt die an der Schwindsucht dem Tode nahe Frau, weil sie nicht mit einstimmen will; freilich hat er dann für solche Unthat auch den Lohn zu erndten, daß ihm, als er nüchtern ist, seine eben confirmirte Tochter am Tage der ersten Communion betrunken ins Haus getragen wird. Und nun gar jener Ehemann, der, nachdem er Alles durchgebracht, vor den Augen der Frau den Trauring höhnend in das Fleet wirft, sich dann bei einem Krüger einmiethet, damit er's hinfort „bequemer" habe, und dem weinenden Knaben, der ihm die Bitte der Mutter nachbringt, er möge doch wieder kommen, erwidert: „wenn sie todt sei, dann wolle er kommen und an ihr ein gutes Werk thun....!" — Sage Niemand, dergleichen Vorgänge seien nur seltene; wer die Nöthe unseres Volkes kennt, weiß, daß das noch gar nicht die schlimmsten Dinge der Art sind, namentlich, wenn der Branntwein das Lieblingsgetränk auch der Frau geworden ist und beide Ehegatten in der Trunkenheit wider einander sind, und dazwischen die schreienden Kinder stehn. Unsere Stadtmissionare haben in diesen letzten zwei Jahren in 118 durch den Branntwein völlig zerrütteten Hausständen zu verkehren gehabt; ihre Erfahrungen constatiren, daß die Branntweinsnoth zumal unter dem weiblichen Geschlecht eher eine zunehmende, als eine abnehmende ist. Der Erfolg ihrer Arbeit in solchen Familien ist mit wenigen

Ausnahmen in Beziehung auf die Trunksucht ein kaum nennenswerther gewesen. Derartig zerrüttete Ehen zu heilen, die gegen allen Zuspruch aus Gottes Wort völlig verhärteten Gemüther für die einigende Kraft des Evangeliums empfänglich zu machen, gelingt nur selten. Es ist schon eine Gnade Gottes, wenn der leidende Theil zur Erkenntniß auch seiner Schuld gebracht und zum Dulden und Tragen, zum Stillesein und Aushalten um Gottes willen gerüstet wird.

Wie der Branntwein mehr, als alles Andere, bestehende Ehen zerrüttet, so ist die Unkeuschheit, so weit wir hier überhaupt von derselben zu handeln haben, die Urheberin der vielen wilden Ehen. Nur Wenige mögen eine Vorstellung von der Schamlosigkeit haben, der wir in jenen „wilde Ehen" genannten Verhältnissen begegnen. Man höre nur einmal eine solche Mutter mit ihrer in gleichem Verhältniß lebenden erwachsenen Tochter sich streiten (beide lassen sich „Madame" nennen), man sehe jenen 21jährigen Burschen, der ein mehr als 40 Jahre altes liederliches Weib seine „Frau" nennt, man lerne jenes anscheinend ehrbare „Ehepaar" kennen, das in 21 Jahren 30mal sich getrennt und immer wieder vereinigt hat, und denke dann an all die großen sittlichen Gefahren, die namentlich die aus der Zerrüttung unsers Handwerker- und Arbeiterstandes erwachsene Unsitte der „Schlafstellen" in ihrem Gefolge hat, (namentlich bei jungen Wittwen, denen solche Einrichtung bei mehr als ausreichendem Hausstande das leichteste Erwerbsmittel bietet) und es braucht zur Charakterisirung der betreffenden Verhältnisse selbst ein Weiteres nicht hinzugefügt zu werden. Von 112 wilden Ehen, mit denen die Stadtmissionare in diesen Jahren zu thun gehabt, haben ihrer nur 19 durch den Segen der Kirche in rechtmäßige verwandelt werden können — so schwer ist es, die Sünde in dieser Gestalt zu überwinden.

Neben dem Branntwein und neben der Unkeuschheit wird noch anderer Laster und sittlicher Gebrechen gedacht, die, wie sie dort vielleicht die Ursache des Branntweintrinkens der Männer sind, jedenfalls aber das eheliche Leben zerrütten und vernichten helfen, so hier die Begründung dieses letzteren verhindern und in der völligen Ungebundenheit des gesetzwidrigen Beisammenlebens einen desto breiteren und bequemeren Tummelplatz finden. Dahin gehören vor Allem Vergnügungssucht und Luxus, und die mit ihnen Hand in Hand gehende Arbeitsscheu und Faulheit. Wir enthalten uns aller eingehenden

Schilderungen; es genüge an die Theater, die Bälle, die Maskeraden, die Bazars, die Tanzstunden für Kinder und Erwachsene zu erinnern, — Genüsse, auf die, zumal in der Weihnachtszeit, jeder Stand, jedes Alter, jedes Geschlecht Anspruch erhebt, Genüsse, in denen er die Sorgen dieser Welt, die Noth um das tägliche Brod, wenn auch nur auf Stunden verschmerzen will. Oft ist es z. B. selbst in der Nothzeit des Winters von 1860 auf 1861 den Stadtmissionaren begegnet, daß sie bei einem gegen sonstige Gewohnheit frühen Morgenbesuche, angeblich nothleidende Arme noch in den Betten, auf den Tischen und Stühlen aber die Ball- und Maskeradenanzüge fanden, deren sich die Schläfer so eben erst entledigt hatten. Und welche Armseligkeit deckt häufig die geliehene oder beim Trödler gekaufte oder von einer übel wohlthätigen Dame erbettelte Ballrobe! Kam doch neulich ein mit allem schlechten Flitter der Mode herausgeputztes junges Mädchen ohne Erröthen mit der Bitte, ihr zu einem Hemde zu verhelfen, denn sie habe keines. Aber warum, fragt der verwunderte Leser, kam sie denn nicht in einem andern Kleide? Sie hatte kein anderes.

Fleiß und Arbeitsamkeit gedeihen nur auf dem Boden der Genügsamkeit und Selbstbescheidung — wie kann daher in Hausständen, welche Vergnügungssucht und Luxus unterwühlt haben, etwas Anderes, als Faulheit und Arbeitscheu das Regiment führen! Da aber das tägliche Brod doch nicht zufallends kommt, was bleibt, wenn der Diebstahl nicht helfen soll, Anderes übrig, als

der Bettel. Wir meinen damit nicht das gelegentliche, durch augenblickliche Noth veranlaßte Bitten bei wohlhabenden Leuten, wir meinen das förmlich als Nahrungszweig betriebene professionsmäßige Betteln. Jene Frau, die, mit einem sehr übel aussehenden Schaden an dem einen Auge behaftet, das gesunde zubindet, und nun in der Hoffnung, der Anblick des kranken werde die ihren Absichten günstigsten Schlüsse auf das verbundene machen lassen, nach einem gewissen Plane ganze Stadttheile Jahr aus, Jahr ein abbettelte, ist noch lange nicht die schlimmste Bettlerin; auch jene Mutter, die jedesmal die Confirmation ihrer Kinder benutzt, um dreifach und vierfach die Kosten eines Confirmationsanzuges zu Nutz und Frommen der ganzen Familie aufzutreiben, ist mehr noch eine Gelegenheitsmacherin. Sehr viel verdächtiger von vorn herein müssen die Leute erscheinen, die mit Bettelbriefen und Subscriptionsbögen umhergehen und den mündlichen Lamentationen durch Aufweisung einer oft sehr reichhaltigen Sammlung von Pfandscheinen (die oft einen ganzen Haushalt repräsentiren) den entsprechenden Nachdruck zu geben wissen. Fast könnte man versucht sein, die leichtgläubigen Geber härter anzuklagen als die unverschämten, betrügerischen Bettler: jedenfalls geht nur zu selten die nöthige Prüfung der Gabe vorher. Die Stadtmissionare, die von nicht Wenigen grade für derartige Untersuchungen in Anspruch genommen werden, haben einerseits ebenso oft solche Gauner entlarvt, wie sie anderseits den Gebern selbst eine mächtige Schutzwehr gegen dieselben geworden sind. Die unwürdigen Bettler, das lehrt die Erfahrung, gehen nicht leicht in die Häuser, die sich der Dienste dieser Stadtmissionare zur Voruntersuchung bedienen, ehe sie eine Gabe verabfolgen. Zur Veranschaulichung der ganzen Sachlage wird ein Fall statt vieler erzählt. Ein äußerlich ehrbar aussehender Mann, der auch durch sein ganzes Benehmen durchaus Zutrauen erweckt, kommt mit einem Subscriptionsbogen, auf dem bereits 90 ℳ gezeichnet und als gezahlt notirt waren, zu einem unserer wohlhabenderen Vereinsglieder; der Text des Bogens enthält eine rührende Geschichte von der kranken Mutter des Bittstellers, der, selbst leidend, ohne Schuld brodlos geworden ist und mit Frau und Kindern darbt u. s. w. Unser Freund, durch die augenscheinlich glaubwürdigsten Zeugnisse bestochen, will schon dem Beispiel der früheren ihm sehr wohl bekannten Unterzeichner folgen und sich mit einem Beitrag an der Sammlung „für die unglückliche hungernde Familie" betheiligen, da fällt ihm noch zu rechter Stunde der Stadtmissionar des Districts ein; er vertröstet den Bittsteller auf einige Tage und übergiebt Jenem die Untersuchung des Falles. Was ergiebt sich? Die „Mutter" des Bettlers ist dessen viele Jahre ältere Frau, die „Frau" ein ehemaliges Kostkind des sauberen Paares; die Kinder stammen wirklich aus diesem Ehebruch, sind aber als „eheliche" getauft! Daß die Polizei schon wiederholt eingeschritten und der Mann namentlich wegen des letztgenannten Betruges nachdrücklich bestraft ist, hat nicht verhindern können, daß die unerhörte Komödie noch immer wieder gespielt wird: die ganze Sippschaft will ohne Arbeit und im Vollgenuß ihres Lasterlebens durch die Welt kommen. Mit dieser Entlarvung ist aber die Geschichte nicht zu Ende. Der Mann hat gehört, daß der unwillkommene Mittelsmann ein Stadtmissionar ist — flugs will er sich nun „bekehren" und auch „heilig" werden. Scheidung von der Frau,

Heirath mit der Concubine soll die erste Frucht dieser Bekehrung sein; dazu muß er aber 100 ℔ haben und die soll der Stadtmissionar, um seiner „aufrichtigen Bußthränen willen" ihm verschaffen! — Wie in diesem Falle, so spielen in unzählig vielen andern Lug und Trug, Fälschung von fremden Namensunterschriften, Entstellung der eigenen Handschrift, Täuschung durch je nach den Ort- und Zeitumständen bei verschiedenen Personen verschieden angegebene Adressen u. s. w. eine traurige Rolle. Die Erfahrungen unsers Vereins würden nicht un= interessante Beiträge zu einer Geschichte des Gaunerthums liefern können. Den Stadtmissionaren ist es gelungen, 49 derartige eclatante Fälle ans Tageslicht zu ziehen, auch ist im Laufe namentlich der letzten Jahre die Wahrnehmung gemacht, daß in den Kreisen, in die sie Zu= tritt haben, der Fälle dieses gewerbsmäßigen Bettels immer weniger geworden sind.

Wir können der Darstellung leider nicht in dieser Ausführlichkeit folgen und müssen uns mit allgemeinen Andeutungen begnügen lassen. Unter dem Abschnitt über die angetroffene Verwahrlosung der Kinder finden wir die in auffälliger Weise zunehmende Gleichgültigkeit gegen die Taufe hervor gehoben. Den Stadtmissionaren, die von Hunderten solcher Kinder wissen, ist es in zwei Jahren nur gelungen, 52 derselben, in dem Alter von 2—15 Jahren, zur Taufe zu bringen. Die so heranwachsenden Kinder wissen den Erwachsenen nur zu gut und nur zu früh alles Schlimme nachzumachen, und werden durch die ganze Anlage des Lebens darauf eingeübt, sich in die gemeinste und verworfenste Lebensanschauung hineinzuversetzen, sei es im Spiel oder im bitteren Ernst. Beispiele werden angeführt. Es wird aber auch noch durch besondere Einrichtungen von früh auf alles Erdenk= liche aufgeboten, die Kinder möglichst zeitig an ungeahnte Genüsse aller Art zu gewöhnen und sie in den Strudel der Vergnügungssucht hinein zu ziehn. Dahin gehören namentlich die Tanzstunden und die Kinderbälle, die bereits auch in den Landgemeinden Eingang finden, die besonderen, eigens für Kinder arrangirten Belustigungen auf Märkten, in Bazars, in Theatern, auf denen Kinder selbst mit agiren. Kommt nun gar im Interesse des „Mitverdienens" die Arbeit in Fabriken hinzu, dann ist bald der letzte Rest kindlicher Unbefangenheit und kindlichen Lebens vernichtet, und die Eltern haben sich selbst die Ruthe fertig gebunden, die sie nachher züchtigt. Ist das Kind erst „aus der Schule", so ist es auch aller elterlichen Autorität völlig enthoben; es ist oft ein Glück, wenn recht bald eine völlige Trennung von Kindern und Eltern eintritt, und beide ihre gesonderten Wege gehen. Eine Tyrannei anderer Art übt aber auch wohl eine übelwollende und durch eigenen Schaden nicht belehrte Nachbarschaft über die Kinderzucht in besseren Familien aus. Was bleibt da ordentlichen Leuten, die ihre Kinder in ihrem bösen Wesen nicht ungestraft wollen dahin gehen lassen, Anderes übrig, als daß sie dieselben, wenn sie sie züchtigen wollen, vorher mit dem Kopf in die Betten stecken, damit Niemand ihr Geschrei höre, oder mit ihnen zum Stadtmissionar gehen und an diesen das freilich vergebliche Ansinnen stellen, er solle die Züchtigung vollziehen. Uebersehen wir aber auch das Andere nicht: wie viele Eltern ruiniren durch barbarische Strenge, durch Bestrafungen in Wuthausbrüchen, in Trunkenheit, durch wirkliche Mißhandlungen ihre armen Kinder; wie viele leiten sie durch unvorsichtiges Umgehen mit Geld, durch verführerische Aufträge außerhalb des Hauses, ohne es zu wissen und zu wollen, zu Dieberei, zu Unterschlagungen und Betrügereien aller Art an. Vergegenwärtigen wir uns nun, wie viele ärmere, ehrbare Familien durch die schon oben von uns besprochene Wohnungsnoth genöthigt werden, in Gänge und Höfe zu ziehen, die an zuchtlosen und entarteten Kindern reich sind, was für heillose Folgen müssen aus dem unvermeidlichen Verkehr mit denselben für die eignen Söhne und Töchter erwachsen. Es grenzt in der That ans Unglaubliche, welche Welt von Ungerechtigkeit in Wort und That die örtlich begrenzte Gemeinschaft solcher Kinder in sich birgt.

In der hier begonnenen Weise schildert der Berichterstatter aus dem offenbar überreich zu Gebote stehenden Reichthum von Erfahrungen und Beobachtungen der Stadtmissionare in lebendigen Zügen die innern und äußern Zustände der großstädtischen Bevölkerung zunächst unter den ärmeren Klassen und kleinen Leuten. Die aus dem Leben entnommenen Bilder der **Gottlosigkeit**, **fleischlichen Sicherheit**, **hochmüthigen Selbstgerechtigkeit**, der Geringschätzung und Verachtung des göttlichen Wortes und der göttlichen Ordnungen, namentlich auch des **christlichen Sonntags** und seiner Segnungen — Alles zusammen mahnt mit Ernst an das Gebot, hier zu helfen und mit aller Kraft die Dienste des barmherzigen Samariters sich angelegen sein zu lassen. Das Bisherige hat das Gebiet gezeichnet, auf welchem innere Mission unerläßlich geworden, und um deßwillen der Verein in 6 Stadtdistricten mit ebenso vielen Districtverbänden Stadtmissionare angestellt.

Wir können auch von der auf p. 23—51 gegebenen Darstellung der positiven Arbeiten des Stadtmissionsvereins nur eine Skizze mittheilen. Aber auch sie wird anschaulich machen, daß die Arbeit des Vereins in den zwei Jahren 1861 und 1862 nicht stillgestanden, sondern vorwärts gegangen ist und schöne Frucht gebracht hat.

Die Stadtmissionare haben in der genannten Zeit mit 1457 hülfsbedürftigen Familien oder Hausständen einen längeren oder kürzeren Verkehr gehabt. Wiewohl die Abhülfe der leiblichen Noth nicht die erste und wichtigste Aufgabe der Stadtmissionare ist, so begegnen dieselben auf ihren Wegen solchen Zuständen der Armuth, oder werden aus ihnen heraus von den Nothleidenden derartig in Anspruch genommen, daß es mehr als hartherzig wäre, wollten sie mitten in dem, gleichviel ob verschuldeten oder unverschuldeten Jammer des Hungers oder der Kälte oder der Obdachlosigkeit nur leidige Tröster sein. Das Erste in solchen Fällen ist immer der Versuch, die nothwendige Hülfe, sei es durch die Einrichtungen der öffentlichen Armenpflege, sei es durch befreundete Vereine und Wohlthätigkeitsanstalten privater Art zu vermitteln. Es wird mit besonderem Danke das freundliche Entgegenkommen der städtischen Armenpfleger und Armenärzte hervorgehoben, deßgleichen stehen zu gegenseitiger Hülfe der Verein für innere Mission und der Sieveking'sche und der ebenso gebildete, aber selbstständig wirkende vorstädtische oder St. Georger Frauenverein in nächster Verbindung. Im Michaelis-Kirchspiel besteht außerdem ein kleiner, nur für diesen District und in engster Gemeinschaft mit den dortigen Stadtmissionaren wirkender, weiblicher Hülfsverein, sowie in demselben Kirchspiel einzelne Wohlthäter auch durch Gewährung von Freiwohnungen nicht wenig zur Förderung der Zwecke des Vereins beitragen.

Die Empfehlung an andere Armen-Einrichtungen allein reicht aber zur Linderung der vorgefundenen äußern Armuth lange nicht aus. Es treten nicht selten Fälle ein, wo nur die privateste Hülfe geleistet werden kann und wo auf der Stelle geholfen werden muß. Woher dann aber die nöthigen Mittel nehmen? Dieß führt auf das Band, das sich zwischen den Stadtmissionaren und den Häusern der wohlhabenden Freunde und Glieder des Vereins, resp. seiner Districtsverbände, gebildet hat. Diese und jene begegnen einander in dem Geiste brüderlich dienender Liebe; wie die Einen für Arme Hülfe zu erbitten haben, so wünschen die Andern grade jene zu Vermittlern der Gaben zu machen, die ihre Liebe für solche Werke der Barmherzigkeit flüssig macht. Was eine derartige gegenseitige Handreichung auch für die Pflege mit äußeren Mitteln vermag, mögen zwei Zahlen anschaulich machen. Die Stadtmissionare haben in den beiden verflossenen Jahren zusammen 386 Familien in meist drückendster Noth mit im Ganzen 7850 ℳ 14¼ β unterstützen können, die ihnen auf rein privaten Wegen zugeflossen waren. Auch hier werden einige Beispiele zur Erläuterung angeführt. Einer der Stadtmissionare wird zu einer von Hunger und Kummer heimgesuchten Familie gewiesen. Was der Mann verdient (8 ℳ wöchentlich), weiß die Frau haushälterisch zu verwenden; aber sie kann nichts mitverdienen, sonst müßte sie die 6 unmündigen Kinder vernachlässigen, und das will sie nicht. Als unser Freund zu den Leuten kommt, ist die weinende Frau nicht im Stande, ihm einen Sitz anzubieten — sie haben auch nicht einen Stuhl. Von dem Trost aus Gottes Wort wissen sie alle nichts. Drei Tage später begegnet der Stadtmissionar der bekümmerten Frau auf der Straße — er will ihr die Freudenbotschaft bringen, daß er ihr 5 Stühle verschafft habe, da fällt sie ihm ins Wort: „ach, wir haben sie nicht mehr nöthig! morgen ist Umziehtag — wir sind 25 ℳ Miethe schuldig, und der Wirth kennt kein Erbarmen." Aber am Mittag des andern Tages bringt der Helfer in der Noth das Geld, und das Obdach ist gerettet. Damit zugleich ist auch dem Evangelium die Thür aufgethan. So hatte noch Niemand zu den armen Leuten geredet. Als einige Wochen darauf das jüngste Kind stirbt, muß an seinem Sarge ein Schriftwort gelesen und ein Gebet gesprochen werden, und von dem Tage an suchen Mann und Frau und Kinder die Wege Gottes. — Eine Wittwe ist durch Krankheit und Tod des Mannes, durch Geburt und Tod eines Kindes in eine Mietheschuld von 91 ℳ 8 β gerathen. Mit ihrem Brod-, Holz- und Torfhandel hofft sie das Geld nach und nach abverdienen zu können und der Vermiether hat wirklich Nachsicht mit ihr. Da bietet ihm Jemand einen höhern Miethszins, und auf der Stelle soll die arme Frau nun zum Hause hinaus. Alle Wege, die sie gemacht, waren vergeblich gewesen; da kommt sie zuletzt zum Stadtmissionar ihres Districts. Sie steht vor ihm, ohne ein Wort sprechen zu können, bis endlich Thränen das Herz erleichtern und dem Wort der Klage Bahn machen. Der Hinweis auf den, der ein Vater der Wittwen und Waisen ist und der auch die Vögel unter dem Himmel speist, hilft

heute nichts. Aber Tags darauf liegen 30 ℔ auf ihrem Tische und
es gelingt, andere 30 ℔ aus dem Nachlaß des Mannes zu lösen:
der Wirth ist durch die Anzahlung befriedigt, die Frau mit ihren
Kindern einer ehrbaren Existenz gerettet. Aber sie wendet sich nun
auch zu dem Gott, der so Großes an ihr gethan. Sie ist eine fleißige
Hörerin seines Wortes geworden, ihre Kinder besuchen den Kinder=
gottesdienst und sie hat es gut: sie nährt sich ihrer Hände Arbeit. —
Da ist eine andere arme Wittwe, die nur 12 β wöchentlich zu ver=
dienen vermag. Ihre einzige Hoffnung, ihr Sohn, ist Schauspieler
in einer in Holstein umherziehenden Truppe. Der Stadtmissionar
weiß ihn durch einen Brief zu einem Besuch bei der Mutter zu be=
wegen: ihre Noth bricht ihm das Herz. Er giebt sein bisheriges
Gewerbe auf, um bei der Mutter bleiben zu können, und weiß sich
eine Schreiberstelle zu verschaffen. Die bringt freilich nur 5 ℔ in
der Woche ein, aber es fehlt nicht an Beihülfe, die der Stadtmissionar
vermittelt, und Mutter und Sohn werden allgemach einem bürgerlich
ehrbaren Leben wiedergewonnen.

Der allgemeine Nothstand in dem schweren Winter 1860/61 hatte
einen „Hülfsverein" ins Leben gerufen. Die öffentlichen Blätter
haben ihrer Zeit davon berichtet, wie Vieles er durch Spendung
reicher Liebesgaben hat leisten können. Es mag aber nur Wenigen
bekannt geworden sein, daß auch unser Verein hat Handreichung thun
dürfen. Einzelne der Mitglieder der betr. Unterstützungs=Commissionen
haben bei dem massenhaften Zudrang von Armen aller Art nicht aus
noch ein gewußt, zumal wenn sie hie und da sich die Zeit nehmen
und Armenwohnungen betreten konnten; sie sahen und hörten, was
sie sonst nie gesehen und gehört, und ihre Rathlosigkeit war noch
größer, denn zuvor. Da wurden sie auf die Stadtmissionare auf=
merksam gemacht, und diese sind ihnen willkommene Helfer geworden.
Theils haben sie die Gaben vermittelt, theils durch persönliche Be=
suche und Nachforschungen die richtige Art der Hülfeleistung ver=
anlaßt, theils, an den Sitzungen jener Commissionen theilnehmend,
durch ihren Rath wesentlich gedient. Wir nennen eher eine zu niedrige,
als eine zu hohe Zahl, wenn wir sagen, daß sie auf solche Weise mit
etwa 2000 Armen=Familien vorübergehend in Berührung gekommen sind.

(Schluß folgt.)

Die Vereinshäuser.

Es fehlt ja nicht an vielfach erfreulichen Zeichen, daß die Arbeiten der inneren Mission begonnen haben, sich mehr und mehr für die Dauer zu befestigen. Zu den besonders erfreulichen Zeichen der Art gehört namentlich auch die Thatsache, daß an immer mehr Orten — abgesehen von den bereits zu Hunderten neu ins Leben gerufenen baulichen Einrichtungen für Erziehungszwecke, Kranken- und Armenpflege 2c. — speziell für die Zwecke der inneren Mission im Allgemeinen, namentlich für die Thätigkeit der Vereine als solcher Eigenthum erworben und Vereinshäuser eingerichtet sind. Die Arbeiten der Vereine gewinnen durch den Localbesitz festeren Halt, allgemeines Interesse und Vertrauen auch bei sonst fernstehenden. Die menschliche Art will eben auch mit Augen sehen und mit Händen betasten, was sie lieb und werth halten soll. Was ihr so entgegentritt, gilt ihr zugleich mehr als eine That. Vielfach haben sich diese Einrichtungen an die s. g. Jünglingsvereine und an das Bedürfniß von neuen Herbergen für Gesellen angeschlossen, an andern Orten aber haben sie sich davon ganz unabhängig entwickelt. Die nächste, sich auch aller Orten in großen wie kleinen Städten wiederholende, Veranlassung zu diesem Vorgehen liegt in der Schwierigkeit, für die verschiedenen Vereinszwecke die geeigneten Lokalitäten zu ermitteln. Eine der frühesten derartigen Unternehmungen, noch aus der Zeit vor 1848, ist die Concordia in Bremen, ein vollständiger Neubau in der Mitte der Stadt, ein Haus mit vielen schönen Räumen für Männervereine, Sonntagsschulen u. dgl., dem neuerdings eine neue Organisation gegeben und auch eine kleine Herberge eingefügt ist. Die Concordia hat keine Beziehung zu einer Einzelgemeinde. Außer ihr ist aber in Bremen vor einigen Jahren das großartige Gemeindehaus auf dem Stephanikirchhof hinzugekommen, ein Vereinshaus, das ganz speziell für die Stephanigemeinde bestimmt ist. Dasselbe ist auch in architectonischer Hinsicht eines der schönsten Gebäude des neueren Bremen; zu demselben gehört eine wohl 500 Personen fassende, im gothischen Style ausgeführte, schöne Capelle, mit einem trefflichen Kunstwerk in Marmor von Steinhäuser in Rom. Dies ganze Gemeindehaus ist ein Werk von 6 oder 7 Bremer Kaufleuten, die es aus ihren Mitteln gebaut. In seiner unmittelbarsten Nachbarschaft steht ein nur für Seeleute bestimmtes Haus, das erste der Art in Deutschland, das ebenfalls Ein Kaufherr daselbst aus seinen

Mitteln errichtet. Zu diesen Gebäuden ist in diesen Monaten das vierte, in der f. g. Neustadt, gekommen, für das unter allgemeiner Theilnahme die Mittel zusammen gebracht sind. Es dient lediglich für die Zwecke der innern Mission und ist auch die Wohnung eines Stadtmissionars. — Zu den frühesten nach 1848 ins Leben gerufenen Unternehmungen der Art gehört auch das evangelische Vereinshaus in Berlin, Oranienstraße 106, zu dem unter andern ein großer Saal für Vorträge und Versammlungen aller Art gehört; derselbe war ursprünglich für eine Ronge'sche Gemeinde erbaut, die sich aber nicht halten konnte und ihren projectirten Besitz wieder aufgeben mußte. Sie hat aber, wenn auch wider Willen, ein sehr gutes Werk für die Sache des Reiches Gottes in Berlin gethan, indem sie den Männern christlichen Glaubens möglich gemacht, das große und vielfach zweckmäßige Local für verschiedene kirchliche Zwecke zu erwerben. In diesem Vereinshause erweitert sich die darin seit länger schon angelegte, mit dem Jünglingsverein in enger Verbindung stehende neue Herberge „zur Heimath" jetzt bis zu 100 Betten. — Ein überaus großes und stattliches Bauwerk der Art ist ferner das neugebaute Vereinshaus in Elberfeld, über das wir aber bis jetzt nicht im Stande gewesen sind, genauere Nachrichten zu erhalten. Außerdem hat man in Barmen und in Hannover solche Häuser neu errichtet, desgleichen in Stettin, Erfurt und Gotha für diese Zwecke besonderes Eigenthum erworben. In dem letzt verflossenen Jahr hat ein Verein das bisherige Schauspielhaus in Brandenburg angekauft und für Zwecke der inneren Mission umgebaut, so daß es im Juli dieses Jahres dafür in Gebrauch genommen werden kann; in Frankfurt a./O. ist vor einigen Wochen zu einem solchen Neubau, der auf 8000 ℳ veranschlagt worden, der Grundstein gelegt. Zu derselben Zeit ist für denselben Zweck in Bielefeld ein Haus angekauft. Eines der schönsten derartigen Gebäude aber ist das schon früher in unsern Blättern, wenn auch erst nur kurz erwähnte Vereinshaus der St. Theobaldi-Stiftung in Wernigerode, das dort Professor Huber aus seinen Mitteln hat erbauen lassen. Das Haus hat 100 Fuß Front und ist recht eigentlich von innen heraus mit sorgfältiger Berücksichtigung aller dieser Bedürfnisse gebaut. In der Zeitschrift für Bauhandwerker von 1863 findet sich ein Grundriß und ein Bild der Facade desselben. Bei der Wichtigkeit, für diese Bauzwecke die richtige Gestalt zu finden und zugleich zur Nacheiferung für andere, die solchem Beispiele hoffentlich in immer weiteren Kreisen nachfolgen werden, kann es nur als zweckmäßig erscheinen, die Einsicht in solch löbliches Werk möglichst vielen zugänglich zu machen. Wenn wir bedauern müssen, das Bild der schön und würdig gehaltenen Façade nicht bieten zu können, so begnügen wir uns um so mehr mit der Wiedergabe des Grundrisses, als derselbe jedenfalls das wichtigste und lehrreichste ist. Indem wir ihn im Nachfolgenden mittheilen, verbinden wir damit zugleich aus der genannten Zeitschrift die Erklärung desselben, in der überdieß noch manche andere nützliche und beherzigenswerthe Winke enthalten sind.

Die Idee, woraus die ganze Sache hervorgegangen, war folgende. Es soll den verschiedenartigen Zweigen derjenigen im wahren und höchsten Sinn zeitgemäßen Thätigkeit des neuerwachten christlichen und zumal evangelischen Volksgeistes, den man mit dem Ausdruck der innern Mission zu bezeichnen pflegt und dessen Ziel Förderung ächt christlicher und deutscher Volksbildung im weitesten und reifsten Sinn ist — diesen Bestrebungen soll hier gleichsam Wohnung, Domicil, ein lokaler Stütz- und Mittelpunkt — es sollen ihnen die ihrem Bedürfniß entsprechenden zweckmäßigen und würdigen Räume und sonstige äußern Einrichtungen gegeben werden. Zugleich soll dabei auch ähnlichen Bedürfnissen der äußern oder Heidenmission, soweit es möglich, Rechnung getragen werden.

Wie groß aber der Mangel an geeigneten Localitäten auch nur für einen einzigen Zweig dieses immer kräftiger sich entwickelnden Baumes auch in sonst sehr ansehnlichen Städten, geschweige denn einer mäßigen Landstadt ist, kann jeder ermessen, der es nur einmal mit solchen Dingen praktisch versucht hat. Da fehlt es oft auch an dem nothdürftigsten einigermaßen zweckmäßigen Unterkommen; von einer Befriedigung der so überaus wichtigen Bedürfnisse und Rücksichten, welche nicht nur mit der Zweckmäßigkeit, sondern auch mit der damit zu verbindenden Schönheit der räumlichen Einrichtungen und ihrer äußeren Ausstattung und Ausschmückung zusammenhängen, kann meist gar keine Rede sein. Wie selten ist überhaupt das Verständniß der hohen Bedeutung schöner, würdiger Sinneseindrücke in der ganzen äußern Umgebung, worin wahre Volksbildung in irgend welchem Sinn und Richtung gefördert werden solle! — Da meint man Alles sei gut und schön genug, während gerade hier nichts zu gut und zu schön geachtet werden sollte. Diejenigen Bedürfnisse, auf welche in diesem Fall nun hauptsächlich in dem oben angedeuteten Sinne Rücksicht zu nehmen war, sind folgende:

1) Erstlich ein größerer Raum für zahlreichere Versammlungen belehrender oder erbaulicher, aber auch festlich oder gesellig erheiternder, oder (so zu sagen) geschäftlich verhandelnder Art. Namentlich ist dabei an belehrende und unterhaltende Vorträge des verschiedensten Inhalts und für verschiedene Schichten des Publikums zu denken; dann an die Feier solcher Feste, wie sie die Jahrestage und sonstige Gelegenheiten theils der betheiligten Vereine, theils der inneren oder äußeren Mission, theils des allgemeinen Volkslebens in Kirche und Staat an die Hand geben.

2) Die den Zwecken einer Fortbildungsanstalt für Lehrlinge entsprechenden Einrichtungen, wobei jedoch nicht bloß an eigentlichen Unterricht, sondern auch an ein freieres wirklich vereinsmäßiges und geselliges Wesen und Leben zu denken ist.

3) Aehnliche Einrichtungen für einen sog. Gesellen- oder Jünglings-Verein, dessen Bestimmung nicht blos als Unterrichts-Anstalt, sondern vorzugsweise als gesellig sittliche Bildungs-Anstalt und die daraus hervorgehenden räumlichen Bedürfnisse als hinreichend bekannt hier vorauszusetzen sind. Ob und wie weit etwa der Unterricht künftig auch auf sachmäßig technische Ausbildung auszudehnen, bleibt vorbehalten, vorläufig handelt es sich nur um die gewöhnlichen Schulgegenstände, worin leider die jungen Leute meistens so kläglich zurück sind. Besonderer Werth wird natürlich auf Zeichnen gelegt. Zu bemerken ist aber hier noch — daß als Princip die Scheidung von Gesellen und Lehrlingen festgehalten wird, woraus aber die Nothwendigkeit der Trennung der beiden Flügel durch den Saalbau sich ergab.

4) In Verbindung mit dem Gesellenverein steht die Herberge, wobei indessen auch auf die mögliche Aufnahme anderer Gäste, jedoch im Sinn und in Beschränkung der ganzen Anstalt, Rücksicht zu nehmen.

5) Eben so ist auch die Benutzung der für die beiden Bildungs-Anstalten erforderlichen Bildungsmittel (Zeitschriften, Bücher u. s. w.) in weiteren bürgerlich gewerblichen Kreisen, und eine diesen Verkehr erleichternde Disposition der Räume zu berücksichtigen.

6) Ein Zimmer für Berathung des Vorstandes und ähnliche, geschäftliche, kleinere Versammlungen ist nicht zu entbehren.

7) Eine zweckmäßige Wohnung für den Haus- und Herbergsvater muß auch eine Localität enthalten, wo die Herbergsgäste an des Vaters

Tisch ihre Mahlzeiten einnehmen, und überhaupt die materielle Pflege der Besucher des Hauses (mit Einschluß des unvermeidlichen Tabakrauchs), vor sich gehn kann. Da dieser Verkehr und die Verbindung mit dem linken Flügel ohne alle Berührung mit den Lehrlingen Statt finden kann, so liegt in der anderweitig gebotenen Verlegung dieses Raumes in den rechten Flügel keine Verletzung des oben ausgesprochenen Trennungsprincips.

8) Bei der Wohnung des Hausvaters und der ganzen übrigen Einrichtung war noch die Eventualität zu berücksichtigen, daß auch gewisse Zweige des neuerdings sogenannten Genossenschaftswesens, wie Vorschuß-, Consum- und Rohstoffvereine ihr Geschäftslokal im Vereinshause finden könnten.

9) Unter Umständen müssen einzelne Räume des Gebäudes, wenigstens zeitweise, auch als Arbeitsschule oder wirkliche Werkstätte für sogenannte häusliche Arbeiten zu verwenden sein.

Ohne Zweifel wird eine nähere Untersuchung des Grundrisses nach diesen verschiedenen Gesichtspunkten nur zu voller Anerkennung der wichtigen praktischen Ein- und Uebersicht des Baumeisters und zu seinem Verständniß der dem Unternehmen zu Grunde liegenden Idee führen können.

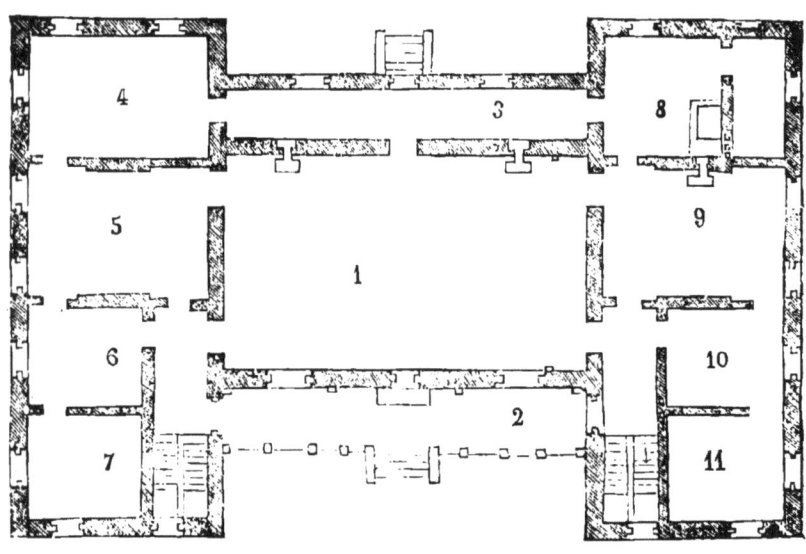

Nach dem Bauplane sollte das Gebäude folgende Räumlichkeiten enthalten:

1) einen Saal mit kleinem Orchester für Festlichkeiten ꝛc. ꝛc. (1),
2) auf der hintern Seite desselben einen Corridor zur Aufstellung von Stühlen ꝛc. bei Räumung des Saales (3),
3) eine Wohnung für den Hausvater (10 u. 11), dabei einen größeren Raum, welcher zugleich als Speisezimmer (9) dienen kann, nebst Küche und Speisekammer (8),
4) 2 größere Zimmer für Gesellen*) (4 u. 5),
5) eine kleine Bibliothek (6) und 1 Zimmer für den Vorstand (7),
6) mehrere Schlafstuben zu Herbergszwecken.

Das Gebäude hat außer dem Parterre noch einen obern Stock. In demselben sind die Zimmer über 4, 5, 6, 7 zu Schlafzimmern für Gesellen, die Zimmer über 9, 10 u. 11 (N. B. die letzteren beiden in Einen Raum vereinigt) für Lehrlinge, der Raum über 8 für einen Lehrer bestimmt.

Ferner wünschte der Bauherr die Räumlichkeiten so anzuordnen, daß dieselben in 2 Flügeln untergebracht, diese beiden Flügel sodann aber durch den Saalbau verbunden würden.

Außerdem sollten die Räume der Gesellen gänzlich von denen der Lehrlinge getrennt und für die Flure und Treppen ein möglichst kleiner Raum verwendet werden.

Diese Bedingungen sind nun, wie der Grundriß zeigt, möglichst berücksichtigt, und außerdem der Saal so gelegt, daß er auch mit größeren Räumen, dem Gesellen- und Speisezimmer in Verbindung steht. Auf diese Weise hat der Saal mehrere Nebenzimmer, welche bei Festlichkeiten mit in Gebrauch genommen werden können. Zur directen Verbindung des Saales mit dem Garten während des Sommers wünschte der Bauherr eine Thür, und ist deshalb die mittlere Glasthür angeordnet. Den Zutritt zu dieser, wie zu den beiden Hausthüren vermittelt ein Perron (2), zu welchem in der Mitte eine Freitreppe hinaufführt.

Das Gebäude ist im Rohbau und zwar aus Feldziegeln aufgeführt und in den Fugen mit rothem Mörtel ausgestrichen.

Da für das Aeußere nur sehr wenige Gelder verwendet werden konnten, so sind keine Formsteine zu den Gesimsen ꝛc. genommen, sondern nur gewöhnliche Barnsteine und Biberschwänze. Nur zur Perron-

---

*) Die beiden Lehrlingszimmer wurden später durch Weglassung der Zwischenwand in ein größeres verwandelt.

Brüstung wurden die wenigen Kreuzsteine besonders geformt und gebrannt.

Das ganze Gebäude ruht auf einer Plinthe von etwas bearbeiteten Bruchsteinen und ist durch eine Isolirschicht gegen aufsteigende Feuchtigkeit gesichert. Die Treppenstufen und Thürsohlen, sowie die Deckplatten der Perron=Brüstung und der abgetreppten Giebel bestehen aus Blankenburger Sandstein.

Die sämmtlichen Außenwände des Gebäudes, mit Ausnahme der Fensterbögen und Gesimse, sollen zum bessern Aussehen sowohl, als zur Conservirung der Feldziegel mit einer lichten Steinfarbe in Oel gestrichen werden, Gesimse und Fensterbögen dagegen in ihrer natürlichen Farbe stehen bleiben.

Die Dachflächen sind mit englischem Schiefer auf Latten eingedeckt. Die innern Räume werden mit Ausnahme des Saales einfach hergestellt, der letztere hat eine schräge Decke mit sichtbaren und etwas verzierten Hangwerken. Die Decke ist unter den Sparren mit behobelten und gespundeten Brettern verschaalt, durch profilirte Leisten eingetheilt und erhält einen Oelanstrich von lichtbr. Farbe. Die Wände werden gemalt.

Zur Abhaltung des Schwammes, zur Ventilation, sowie zur Erwärmung der Fußböden während des Winters sollen diese in der untern Etage sämmtlich hohl gelegt, d. h. die Unterlager in angemessenen Zwischenräumen auf einzelne Barnsteine verlegt werden. Die Dielen werden sodann von allen Wänden ¼ Zoll abgelegt und mit ausgeklinkten Scheuerleisten benagelt.

Auf diese Weise steht überall die Zimmerluft mit der unter dem Fußboden in Verbindung. Der Aschenfall der Oefen wird durch eine Thür möglichst fest geschlossen, und eine Röhre, welche unter dem Roste mündet, steht mit dem Raume unter dem Fußboden in Verbindung. Das Feuer nimmt so die zur Verbrennung nöthige Luft unter dem Fußboden fort und diese wird durch die Zimmerluft wieder ersetzt. Der Luftzug kann durch eine Stellklappe in jener Röhre leicht regulirt werden.

Die übrigen nöthigen Räumlichkeiten, wie Waschhaus, Holzstall, Abtritte ꝛc. werden in dem noch zu erbauenden Wirthschafts=Gebäude untergebracht.

In Sachen des Central-Ausschusses.

Auf dem letzten, dem Brandenburger, Kirchentage im September des vorigen Jahres machte sich in der betreffenden Versammlung der Agenten bald die Ueberzeugung geltend, daß unter den gegenwärtigen Zeitverhältnissen es nicht darauf ankommen könne, das Werk und die Werke der inneren Mission in der gegenwärtigen Gestalt nur zu erhalten und treu und tapfer fortzusetzen, sondern vielmehr darauf, die innere Mission an all den dazu fähigen Stellen mit frischen erneueten Kräften und in getrostem Muthe zu Gott, mit Beharrlichkeit und Ausdauer gegenüber den für jetzt verdoppelten Schwierigkeiten, in neue Bahnen zu leiten, und weitere Arbeitsgebiete zur Eroberung in fröhliche Aussicht zu nehmen. Es waren dieselben Gedanken, die der Central-Ausschuß in seiner Mitte längst bewegt hatte, für deren Verwirklichung aber erst jetzt die rechte Stunde gekommen schien. Der Central-Ausschuß, dem die Aufgabe, die Ausführung dieser Wünsche zu übernehmen, zugewiesen worden, konnte sich dessen nicht weigern. Er konnte aber nicht in Zweifel darüber sein, daß in seinem Bereich zur Erreichung dieses Zweckes kein Mittel geeigneter sein werde, als die Aussendung von Reiseagenten und Reisepredigern, welche in wohlvorbereiteter und wohlgeordneter Weise hin und her innerhalb der evangelischen Kirche die Gedanken der inneren Mission neu zu erwecken und mit des Herrn Hülfe zur That zu rufen haben würden. Nachdem der Kirchentag als Congreß für innere Mission in seiner vierten Hauptversammlung einmüthig und freudig zur Ausführung des Planes aufgefordert, hat der Central-Ausschuß in seinen darnach wieder beginnenden Winterversammlungen in Berlin diese Angelegenheit und die vielen dabei in Betracht kommenden Schwierigkeiten und Bedenken abermals und wiederholt vor dem Angesicht Gottes erwogen, und ist darnach schließlich fest und gewiß geworden und geblieben, daß es Gottes Wille sei, daß er die Hand an's Werk lege. Das ist denn auch in Gottes Namen geschehen. Wiewohl wir im Hinblick auf das große Arbeitsfeld der evangelischen Kirche Deutschlands nach dem von uns entworfenen Plane leicht 6—8 Reiseagenten würde beschäftigen können, konnte es doch nur Pflicht sein, sich zunächst zu beschränken, und zwar nach dem Maß der Mittel, auf die wir, ohne Gott zu versuchen, glaubten rechnen zu dürfen. Demgemäß hat der

Central-Ausschuß beschlossen, zunächst zwei solche Reiseagenten zu ermitteln und auszusenden.

Je wichtiger für das Unternehmen die Auswahl der dazu geeigneten Personen sein mußte, desto mehr erachten wir es als eine Gabe Gottes, daß er uns in den Predigern Meyeringh und Hesekiel die rechten Männer hat finden lassen. Beide haben die, jetzt im weitern Umkreis zu lösende Aufgabe bereits seit einer Reihe von Jahren in einem engeren Kreise gethan und sich in der schwierigen Arbeit bereits vor vielen Zeugen bewährt. Herr Meyeringh hat schon seit nunmehr zehn Jahren als Reiseagent des rheinisch-westphälischen Provinzialausschusses von Langenberg aus in den beiden genannten Provinzen, vornehmlich in der Rheinprovinz gewirkt, und Herr Hesekiel, zuletzt Gefängnißprediger in Elberfeld, hat als Reiseagent des böslichen Jünglingsbundes von Ronsdorf aus den südwestlichen Theil Deutschlands und das mittlere Deutschland durchwandert. Mit diesen beiden Freunden sind Seitens des Central-Ausschusses die Vorbereitungen jetzt soweit vollendet, daß nunmehr beide ihre Reisearbeit beginnen können und nach Ausgabe dieser Veröffentlichung bereits begonnen haben. Prediger Meyeringh geht noch vor Pfingsten nach Schlesien ab, wo er sich längere Zeit aufhalten wird, von da südlich bis Wien, dann über Linz Prag und Dresden in die Provinz Sachsen — Prediger Hesekiel von Berlin aus durch Thüringen an den Rhein und von dort den Rhein hinauf über Frankfurt weiter, um dann nachher in der Provinz Sachsen mit seinem Collegen Meyeringh zu weiterer Besprechung zusammen zu treffen. Von da wird, nach näherer Berathung mit dem Central-Ausschuß in Berlin, die zweite größere Reise unternommen werden, deren eine in den weiteren Osten und Norden, bis in die Provinz Preußen hinein, die andere in den Süden und Westen. Dies möge zur ersten Skizzirung der Arbeit genügen.

Begreiflicher Weise bedarf der Central-Ausschuß zur Ausführung dieser Pläne bedeutender Mittel, deren ihm bekanntlich nur sehr wenige zu Gebote stehen. Nachdem er sich bis dahin mit der ganzen Angelegenheit, so lange sie sich noch in dem Stadium der Vorbereitung befand, nur an brieflich erreichbare Freunde gewendet, glaubt er, daß es jetzt an der Zeit sei, mit dem Unternehmen auch in die Oeffentlichkeit zu treten, um auch auf diesem Wege für sie Freunde und bei ihnen Theilnahme und Unterstützung zu finden. Der Kostenaufwand ist für das erste Jahr, mit Einschluß der bedeutenden Reisekosten, auf 3000 ₰ berechnet, und da dem Central-Ausschuß für seine bisherigen regelmäßigen Ausgaben ebenfalls noch an 1000 ₰ fehlen, bedarf er für dieses Jahr noch einer Mehreinnahme von 4000 ₰ — Anlaß genug, sich an alle die zu wenden, denen in dieser bewegten und wirr durcheinandergehenden Zeit der Bau des Reiches Gottes und seines Friedens innerhalb der christlichen Gemeinde eine Sache des Herzens ist.

Der Central-Ausschuß bittet deßwegen alle, denen es an Förderung dieser größeren und allgemeineren Zwecke der inneren Mission liegt, seinem Unternehmen eine thätige Theilnahme zuzuwenden. Daß es bereits ihrer Viele sind, die erkannt haben, daß es hier ein Werk Gottes, das der Liebe werth ist, gilt, werden diejenigen, die wir auf diesem Wege bitten, unter Anderem aus den nachfolgenden Liebesgaben ersehen, die dem Central-Ausschuß seit der Mitte des März und im April zugesandt sind.

Indem der Central-Ausschuß bittet, ihm Beiträge zur Förderung dieser seiner Zwecke zugehen zu lassen, fügt er hinzu, daß zum Empfang derselben jedes seiner Mitglieder in Berlin und Hamburg bereit ist. Am leichtesten aber werden dieselben befördert werden unter der Adresse des Herausgebers dieser Blätter (Dr. Wichern Hahntrapp 5. in Hamburg) und des Cassirers des Central-Ausschusses, Herrn W. Hertz (Besser'sche Buchhandlung) in Berlin, Behrenstraße 7.

Quittungen des Central-Ausschusses von den Monaten März und April.

Aus Preußen. Prov. Preußen. Gumbinnen: Schulrath Bock 5 Thlr. — Danzig: Conf.-Rath. und Sup. Reinicke 1 Thlr., durch denselben: Past. Höpfner zu St. Marien 1 Thlr., Past. Schnaase 1 Thlr., Past. Schaper zu St. Catharinen 1. Thlr., Past. Hevelke zu St. Bartholomae 1 Thlr., Sup. Tornwaldt 1 Thlr., Sup. L. Blech 1 Thlr., Past. F. Karmann 1 Thlr., Past. Jungk zu Neufahrwasser 1 Thlr., Past. Gertling 1 Thlr., Consul Hebeler 1 Thlr., Kaufmann Momber 1 Thlr. — Smazin bei Mirchau: Past. Fischer 1 Thlr., durch denselben: Röhrig, Gutsbesitzer in Wyßetzin, 1 Thlr., Frau El. Röhrig 2 Thlr., Dr. Röhrig in Mirchau 2 Thlr., Frau E. Zelewski in Bartomin 2 Thlr.

Provinz Posen. Bialokoß bei Pinne: Major Freih. von Massenbach 10 Thlr.

Provinz Schlesien. Breslau: Gen.-Sup. Dr. Hahn 2 Thlr., durch denselben: Conf.-Director von Roeder 2 Thlr., Conf.-Rath Wachter 1 Thlr., Conf.-Rath Dr. Schneider 1 Thlr., Milit.-Ob.-Pred. Reitzenstein 2 Thlr. — Münsterberg: Seminar-Director Bock 10 Thlr., Past. Hoffmann 1 Thlr. — Gr. Sägewitz: Graf Harrach auf 5 Jahre jährlich 100 Thlr.

Provinz Pommern. Carlsburg bei Möckow: Gen.-Lieut. Graf Bismark-Bohlen einmal 100 Thlr., außerdem jährlich 25 Thlr. — Kiekow bei Belgard: Ob.-Präsid. a. D. von Kleist-Retzow pro 1863 u. 1864 je 10 Thlr. — Stralsund: Reg.-Präsid. Graf Kraffow jährlich 10 Thlr., derselbe einmalig 25 Thlr.

Provinz Brandenburg. Berlin: Pred. Eichler 1 Thlr., Pred. Gosche 2 Thlr., Generalin von Priem 2 Thl., Ober-Lieut. von Hülsen 1 Thlr., Frau Auguste Berg 2 Thlr., Pred. Kraft 5 Thlr., W.-Geh.-Rath Archivrath Friedländer 2 Thlr., Staatsminiß. v. d. Heydt jährlich 10 Thlr., W.-Geh.-Rath Graf Voß-Buch 50 Thlr., Superintendent Schulz 2 Thlr., Ober-Consistorial-Rath Dr. Wichern 5 Thlr., Präsident W.-Geh.-Rath von Kleist jährlich

5 Thlr., W.-Geh.-Rath Graf Sedlnitzki 200 Thlr., Otto Neuhaus 5 Thlr., Leg.-Rath Jordan 3 Thlr., Bäcker Jaedicke 1 Thlr. — Charlottenburg: durch Herrn P. March: Rittmeister von Grosigk 1 Thlr., Major von Frankenberg 5 Thlr., von W. 2 Thlr., Hofapotheker J. F. Holz jährlich 3 Thlr., P. March 4 Thlr. — Potsdam: Hofprediger Heym 1 Thlr., durch denselben: Hein, Steinschmste., jährlich 1 Thlr., Sello, Hofgärtner, jährlich 1 Thlr., Richter, Kunstgärtner, jährlich 15 Sgr., Vogel, Zimmermstr., 1 Thlr., Oberlehrer Müller 10 Sgr., Graf Keller jährlich 2 Thlr., Schonert 2 Thlr., Apotheker Krautke 10 Sgr., hülfspred. Golling 1 Thlr., innerhalb der Gemeinde gesammelt 16 Thlr. 11 Sgr. 11 Pf., Küster Schulz zur Abrundung eines Thalers 13 Sgr. 1 Pf. — Brandenburg: Kausm. Jul. Krüger jährlich 3 Thlr., Tuchfabrik. Ad. Prölß 2 Thlr., Dr. Lambrecht 1 Thlr., Kausm. Gryphiander 1 Thlr., Pred. Orthelius 2 Thlr., Major a. D. Derling 2 Thlr., Sup. Bauer 2 Thlr., Fr. u. O. Metzenthien 4 Thlr., Past. Krummacher 2 Thlr., Past. Klaeber 1 Thlr., Steuer-Rath Schultze 1 Thlr., Oberlehrer Dr. Schultze 1 Thlr., Rudolph Wiesicke 1 Thlr., Past. em. Metzenthin 15 Sgr., durch denselben: Ziegeleibesitzer F. Frauer 1 Thlr., Kausm. F. X. Metzenthin 1 Thlr., Ernst Metzenthin 5 Sgr., Lehrer F. Horn 10 Sgr., Pred. Wwe. Dr. König 5 Sgr., Kausm. E. Hampke 1 Thlr., Maurermstr. O. Hampke 20 Sgr., durch Strafanst.-Pred. Keßler: Pred. S. Keßler jährlich 1 Thlr., Oberaufseherin Pfeiffer jährlich 1 Thlr., Strafanst.-Director Schmidt jährlich 15 Sgr., Rendant Horndorf 5 Sgr., Hausvater Neth 5 Sgr., Oberaufseher Reinisch 5 Sgr., Werkmeister Böse 5 Sgr., Auff. Bischof, Krug, Grasmann, Hauck, Derner, Proßen, Hanisch, Rohrmann, Schauerte, Heise, Müller, Rölten, Matthias, Schulz, Koch, Voß, Rackow, Bischof à 2½ Sgr. Zus. 1 Thlr. 15 Sgr.; Aufseher u. Aufseherinnen Helmke, Horn, Hofmann, Genrich, Starcke, Meißner, Gießmann, Marchand, Kerwien à 15 Sgr. Zus. 4 Thlr. 15 Sgr., Insp. Görz 5 Sgr., Lehrer Hutloff 10 Sgr. — Jäskendorf: Fürst Reuß (für allgemeine Zwecke) 15 Thlr. — Rathenow: Rathsherr Elberling 25 Thlr. — Frankfurt a. O.: Reg.-Räthin Empich 2 Thlr., Oberst und Brigade-Commandeur Graf von Bismark-Bohlen 25 Thlr. — Luckenwalde: durch Diakonus Schumann vom dortigen Missionsverein 10 Thlr. — Dahme: Sup. Fittbogen 1 Thlr. — Fürstenwalde: Rendant Jacobs 5 Thlr. — Lübniß bei Belzig: Past. Brohm 1 Thlr. — Mletstock bei Ludwigsfelde: Past. Nicolaus jährlich 1 Thlr. — Kiekebusch bei Kl. Wusterhausen: Past. Ziegner 1 Thlr. — Güterotz bei Potsdam: Amtmann Selchow 5 Thlr., Past. Brodersen 2 Thlr. — Stansdorf bei Teltow: Past. Krickau 1 Thlr. — Schweizerhof bei Zehlendorf Sanitäts-Rath Dr. Laehr 2 Thlr. — Sehlendorf: Pred. Stammer 1 Thlr., Fräul. Fuhrmann 1 Thlr. — Cöthen bei Neustadt C.-W.: Past. Witte 5 Thlr. †† durch denselben 50 Thlr. — Mörz bei Belzig: Pred. Blänkner 2 Thlr. — Alt Töpliz bei Potsdam: Pred. Rabaz 2 Thlr. — Krahne bei Brandenburg: Pred. Hermanni 1 Thlr. — Deetz bei Cr. Kreuz: Pred. Golling 3 Thlr. — Derwiz bei Cr. Kreuz: Pred. Lange 15 Sgr. — Luckau: durch Archidiakonus Schippel: Sup. Krahner 1 Thlr., Archidiakonus Schippel 1 Thlr., Diakonus Richter 1 Thlr., Pred. Siedler zu Drehna 15 Sgr., Pred. Hoffmann zu Schlabendorf 10 Sgr., Pred. Salomo zu Gölsdorf 7 Sgr. 6 Pf., Pred. Wagler zu Gießmannsdorf 7 Sgr. 6 Pf., Pred. Junge zu Zieckau 5 Sgr., Pred. Neumann zu Casel 20 Sgr., Pred Kleinert zu Waldow 10 Sgr., Ober-Pfarrer Zeller zu Golzen 1 Thlr., Diakonus Orfort daselbst 10 Sgr., Pred. Beyer zu Buzen 10 Sgr., Pred. Luedecke zu Crossen 5 Sgr., Pred. Schulze zu Paserin 10 Sgr., Pred. Tschabran zu Pitschen 10 Sgr., Pred. Müller zu Waltersdorf 5 Sgr., Pred. Boerner zu Beesdau 5 Sgr., Pred. Opiz zu Goßmar 5 Sgr., Pred. Toertsch zu Weißkar 10 Sgr., Pred. Schlersand zu Beesdau 5 Sgr. — Teltow; Sup. Mühlmann 1 Thlr., durch denselben; Pred. Stephani zu Glesendorf 1 Thlr., Pred. Frege zu Schöneberg 1 Thlr., Ober-Pfarrer Kollaz zu Charlottenburg 1 Thlr., Ober-Pfarrer Reinhart zu Cöpenick 1 Thlr., Schloß-Pred. Fendler das. 1 Thlr., Pred. Mattha das. 1 Thlr., Pred. Rungius zu O. Rixdorf 1 Thlr., Pred. Dr. Meyer zu Rudow 1 Thlr., Pred. Wildelau zu Blankenfelde 1 Thlr., Pred. Ohle zu Briz 1 Thlr., Pred. Mayerhoff zu Gr. Beeren 1 Thlr., Pred. Henscke zu Groeben 1 Thlr. — Beelitz: Sup. Finzelberg 1 Thlr., durch denselben: Pred. Richter zu Wildenbruch 10 Sgr., Pred. Queitsch zu Stücken 20 Sgr., Pred. Kretzschmar zu Blankensee 15 Sgr., Pred. Schulze zu Zauchwiz 10 Sgr., Pred. Kindel zu Beeliz 5 Sgr. — Falkenhagen: Past. Straube 1 Thlr., aus der dortigen Bibelkasse 10 Thlr.

Provinz Sachsen. Halle a. S.: Professor Wuttke 2 Thlr., Consistorial-Rath Neuenhaus 2 Thlr., Justiz-Rath Gloeckner 5 Thlr., durch denselben: E. M. Gloeckner 3 Thlr., Justiz-Rath Seeligmüller 2 Thlr., Justiz-Rath Wilke 5 Thlr., Gräfin von Sierstorpff 5 Thlr., Ober-Berg-Rath Prinz Schönaich 2 Thlr., Dom-Prediger A. Hahn 2 Thlr., Professor E. Riehm 2 Thlr., A. von Glasey 1 Thlr., Licentiat theol. Kähler 15 Sgr., Professor Dr. Tholuck 5 Thlr., Staats-Minister a. D. von Goßler 2 Thlr., Professor Dr. Beyschlag 3 Thlr., Prof. Dr. J. Müller 5 Thlr., Prof. Dr. Jacobi 1 Thlr., Dr. Wilcke 15 Sgr., Buchhändler Fricke 1 Thlr., Dr. Stephan 1 Thlr.; durch Hülfspred. Goeldner: Pred. Weigelt 1 Thlr., Hülfspred. Goeldner 1 Thlr., Kausm. Löschbrandt 1 Thlr., Kausm. Brodkorb 1 Thlr., Zimmermstr. Helm 1 Thlr., P. P. 5 Sgr., M. M. 5 Sgr., K. Gl. 5 Sgr., M. Gl. 5 Sgr., G. M. 5 Sgr., F. E. 5 Sgr. — Erfurt: Consf.-Rath Bieck 2 Thlr. — Neinstedt: Ph. von Rathusius 10 Thlr., durch denselben: P. Drewes, Braunsch. Bö:necke 2 Thlr., Cand. von Kügelgen, Neinstedt, 1 Thlr., Insp. Flaischlen daselbst 15 Sgr. — Wittenberg: Consf.-Rath Dr. Schmieder 2 Thlr., derselbe für das Paulinum 3 Thlr., von Mitgliedern des Prediger-Seminars durch Cand. Jaekel: Georg Thiel 10 Sgr., W. Kaehler 5 Sgr., Wald. Wilcke

5 Sgr., X. 10 Sgr., R. Kire 5 Sgr., S. 10 Sgr., Blindow 3 Sgr., F. Spieker 5 Sgr., Beckenstedt 2 Sgr. 6 Pf., X. Bade 5 Sgr., B. Besper 10 Sgr., — 2 Sgr. 6 Pf., X 15 Sgr. — Lauchstedt: durch Sup. herbst 6 Thlr. 15 Sgr.

Provinz Westphalen. Minden: Conf.-Rath Worple 2 Thlr. — Münster: Gen.-Sup. Dr. Wiesmann 5 Thlr., durch denselben: Conf.-Rath Smend 2 Thlr., Gräfin Lippe 5 Thlr., Past. Lüttke 1 Thlr., Conf.-Rath Hammerschmidt 1 Thlr., Geh. Rath von Holzbrink 1 Thlr., Conf.-Rath Schickedanz 1 Thlr., Divis.-Pred. Leipoldt 1 Thlr., Gefängniß-Pred. Krüger 1 Thlr., Post-Rath Richter 1 Thlr., Gerichts-Rath Weymann 1 Thlr., Appell.-Ger.-Rath vom Blomberg 1 Thlr., Obrr-Lieut. Röhrdanz 1 Thlr. Conf.-Rath von Gruiter 1 Thlr.

Rheinprovinz. Neuwied: Ober-Conf.-Rath Sack 2 Thlr. — Bonn: Geheimer-Rath Prof. Sell 1 Thlr., N. N. durch Inspector Baymann 1 Thlr. — Simmern: Maurer 10 Sgr., durch Pfr. Reuß vom Verein für innere Mission in der Syn. Simmern 2 Thlr. — Elberfeld: W. Bödbinghaus 5 Thlr., Fr. Michelhaus 15 Thlr., Theod. Wetschky 5 Thlr., Frau Dr. Schlegtendal 6Thlr. Joh. Kretmann 5 Thlr. — Barmen: Kaufm. Fr. von Eynern 5 Thlr., Kaufm. W. Hölting 10 Thlr., durch Herrn Th. Mittelstenscheid ein Freund 2 Thlr., C. Jung 1 Thlr., ein Freund 1 Thlr., Fr. Busch 1 Thlr., zwei Freunde 17 Thlr., P. D. Vorpeter 1 Thlr., Wm. Vorpeter 1 Thlr.

Bremen: Past. Dr. Treviranus 2 Thlr., N. N. 150 Thlr.

Hamburg: F. L. Kindt 10 Thlr., Kaufmann Krönig 10 Thlr., Fr. Dr. Schütze 10 Thlr., Dr. Herm. Sieveking 50 Thlr., durch denselben Frau Merck geb. Schröder 10 Thlr., Paul Ed. Nölting 6 Thlr., durch denselben Fr. Birt 2 Thlr., Hermann Möller 1 Thlr., N. N. 1 Thlr., Senator Dr. Hudtwalcker zur Preisschrift 1 Thlr., Inspector Rhiem jährlich 5 Thlr.

Holland. Haag: durch Pfr. Kögel 60 Fl. zur Preisschrift.

Sachsen Meiningen: durch Ober-Hof-Prediger Dr. Ackermann: Fr. Landgräfin von Hessen-Philippsthal jährlich 1 Fl., Fräul. Hofd. von Türk jährlich 1 Fl., Fräul. von Osterhausen einm. 1 Fl., Kammerherr von Küntzberg einm. 1 Fl., Kammerherr von Lilliencron jährlich 1 Fl., Ob.-Kirch.-Rath Dr. Schaubach jährlich 1 Fl., Fr. von Buttler jährlich 1 Fl., Geheimer-Reg.-Rath von Bibra jährlich 1 Fl., Fr. von Wolfskeel einm. 1 Fl., Fr. Oberst von Buch einm. 1. Fl., Dr. Ackermann jährlich 1 Fl. 45 Kr. einm. 5 Fl. 45 Kr.

Württemberg. Zuffenhausen: durch Pfr. Völter Antheil an einem Opfer der Gemeinde 6 Fl., durch denselben: N. N. 17 Sgr. 2 Pf.

Nachrichten aus dem Rauhen Hause,
insbesondere auch für die früheren Hausgenossen.

Ohne irgendwelche besondere Ereignisse geht die Anstalt im Innern ihren stillen Gang weiter.

1.

Am Sonntag Judica hat die dießjährige Confirmation unserer Zöglinge (12 Knaben und 3 Mädchen), wie alljährlich im Betsaal der Anstalt, stattgefunden. Daran hat sich am Gründonnerstage und Charfreitage die erste dießjährige allgemeine Abendmahlsfeier in unserer Pfarrkirche zu Hamm geschlossen, an der im Ganzen 116 Hausgenossen, mit Einschluß mehrerer früherer Zöglinge, Theil genommen haben. — Auch in Berlin ist das Abendmahl an demselben Charfreitag im Kreise der dort wohnenden Brüder unter fast allgemeiner Betheiligung derselben und ihrer Familien inmitten der übrigen Gemeindeglieder gefeiert. Dasselbe hören wir aus vielen anderen Gegenden, wo Brüder wohnen und arbeiten. — Bis zum 1. Mai sind im Jahre 1863 aus der Kinder-Anstalt 10 Zöglinge (8 Knaben und 2 Mädchen) abgegangen; von diesen sind 3 zu Verwandten und Eltern zurückgekehrt, die übrigen sind in die Lehre oder in Dienst getreten. Die Unterbringung hat auch dießmal wieder keine Schwierigkeiten gemacht. Aufgenommen sind bis zu derselben Zeit 7 Zöglinge (5 Knaben und 2 Mädchen). Der Ab- und Zugang im Pensionat war 2.

Angemeldet sind bis zu demselben Termin, also in 4 Monaten, 33 Zöglinge, von diesen 16 für das Pensionat. Gegenwärtig befinden sich in der Kinder-Anstalt 97, in dem Pensionat 15 Zöglinge.

2.

Ganz besondere Schwierigkeiten entstehen für die Brüderanstalt, (in der gegenwärtig 32 Brüder sind) aus dem sich auch jetzt wieder erneuernden Mangel an Brüdern, da die Forderungen sich mehren und die Anmeldungen sich mindern. In den ersten 4 Monaten dieses Jahres sind 14 Brüder gefordert: 9 aus Deutschland, 4 aus Rußland, 1 aus Paris; in Rettungshäuser und andere Erziehungsanstalten 6, in den Schuldienst 4, in Herbergen und Vereinshäuser 3, zur Krankenpflege 1. — Dagegen sind während derselben Zeit 23 Anmeldungen erfolgt, aber leider zum großen Theil von so unfähigen Leuten, daß von diesen nur 2 haben eintreten können, und nur bei 2 oder 3 anderen Aussicht auf eine Berufung ist. Abgegangen sind während derselben Zeit 9 Brüder, unter diesen 2 als Gehülfen in Rettungshäusern (Stralsund und Celle, zu den als Hausväter arbeitenden Brüdern Habeck und Hansen). Da unser Bruder Lorenz in Bonn, der zur Hülfe des erkrankten Bruder Corbach in die dortige Herberge gegangen, leider! lebensgefährlich erkrankt war (er liegt bereits Monate lang darnieder, scheint sich aber, nachdem er eine sehr gefährliche Operation bestanden, jetzt wieder zu erholen), hat auch dorthin zu dem immer noch sehr angegriffenen, gottlob! aber ziemlich wiederhergestellten Hausvater der Herberge ein neuer Gehülfe geschickt werden müssen. — Bruder Menzel ist als Knabenaufseher in das Landarmenhaus zu Strausberg versetzt; Bruder Hornh (nachdem er, wie der Vorgenannte, seine Heimath besucht) ist als Hausvater in die seit länger schon bestehende Rettungsanstalt zu Scheuern bei Nassau (einer Stiftung der sel. Gräfin v. Giech, geb. vom Stein) eingetreten, wo er am 1. Mai seine Arbeit begonnen. Zu der genannten, sehr schön gelegenen Nassau'schen Anstalt gehören 8 Morgen Land und Wiesen, ein hübscher Garten, 5 ziemlich entfernt liegende Obst- und Maulbeerberge, eine (verpachtete) Mühle u. s. w. Das Institut zählt 22 Hausgenossen, darunter 16 muntere Knaben. Die Anstalt liegt nur eine Viertelstunde von Nassau entfernt, wo unser Bruder Kleber in dem von der nun auch heimgegangenen Gräfin Kielmannsegge, der anderen Tochter des großen Reichsfreiherrn vom Stein gestifteten, Krankenhause die Krankenpflege besorgt. So sind die genannten beiden Brüder einander sehr nahe gerückt. — Unser Bruder Hudtloff ist während derselben Zeit vom Verein für innere Mission in Bremen als Stadtmissionar berufen, und hat seine Arbeit im Remberti-Kirchspiel angewiesen erhalten. Demzufolge sind jetzt 12 Brüder in Bremen und im Bremischen beisammen, von denen 2 in Schulen, 1 im großen städtischen Arbeitshause, 5 als Stadtmissionare und in Vereinshäusern, und 4 auf dem Ellener Hofe arbeiten. Von diesen hat unser Bruder Winter, der Hausvater daselbst, gerade jetzt eine lebensgefährliche Krankheit kaum überstanden. — Zu den anderweitigen Veränderungen im Brüderkreise gehört, daß unser Bruder Palmer von Hennersdorf jetzt zu den Brüdern nach Bräunsdorf übersiedelt ist, und mit ihnen gemeinsame Arbeit unter den dortigen Kindern überkommen hat. — Bruder Renner ist seit geraumer Zeit Lazarethgehülfe in der Stadtvogtei zu Berlin;

eben dahin ist Br. Buddenbaum als Lehrer berufen, nachdem er sein Lehrer-Examen auf dem Seminar zu Münsterberg bestanden.

3.

Andere Ereignisse in dem Familienleben auswärtiger Brüder sind aus den weiter unten folgenden besonderen Angaben zu ersehen. Die schweren Prüfungen, mit denen Tod und Krankheit, aber auch andere Nöthe und Sorgen in unsern Kreis eintreten, mögen dazu dienen, die Herzen wach und aufwärts gerichtet zu erhalten, damit wir des Ziels nicht verfehlen, das Allen gemeinsam und jedem Einzelnen für sich und sein Haus vorgehalten wird. Den Trübsalen gegenüber fehlt es aber auch nicht an aufrichtenden Ereignissen, die, wie in dem großen Ganzen, so auch in den engern Familien- und Arbeitskreisen mit einander wechseln.

4.

Die Oberhelfer betreffend, so sind abgegangen: unser Herr Lüttke, der nach Münster zurückgekehrt ist, seinem erkrankten Vater in dessen Pfarramt zu helfen; Herr Cremer, der eine Hauslehrerstelle im Westphälischen übernommen; Herr Dellmann, der mir zur persönlichen Hülfe sich bereit gefunden, nachdem Herr Dr. Peip, der das seit anderthalb Jahren gethan, zu Ostern als Professor an die Universität Göttingen berufen worden. — An die Stelle der genannten drei sind getreten die Candidaten: Schröter (aus Lippe Detmold), Reichardt (aus Meiningen) und Lindner (aus der Provinz Brandenburg). — Zu diesen wird in nächster Zeit noch Candidat von Warendorf (aus der Rheinprovinz) kommen, so daß hier dann sieben Oberhelfer arbeiten.

5.

Eine große Veränderung ist in Beziehung auf die Verhältnisse der Herrn Oldenberg, Görck und Meyeringh zu berichten. Ersterer, der bis dahin die Aemter eines Geistlichen an dem Zellengefängniß zu Moabit, und meines Stellvertreters als Vorstehers des Ev. Johannesstiftes in Berlin in sich vereinigt hatte, hat nach ernster und reiflicher Ueberlegung es für Gewissenssache erachtet, das eine dieser Aemter aufzugeben, um dem andern seine volle Kraft widmen zu können. Da zudem ganz unabhängig von dieser Erwägung, ungefähr um dieselbe Zeit das Amt des ersten Geistlichen an der genannten Gefangenanstalt erledigt wurde, trat Herr Oldenberg in dieses ein (das bisher von ihm verwaltete Amt eines zweiten Predigers an der Moabiter Anstalt hat gleichzeitig Herr Prediger Riemschneider, bis dahin an der Strafanstalt zu Spandau, übernommen). Demgemäß hat Herr Oldenberg jetzt seine Arbeit in Mitten der mehr als 40 im Zellengefängniß zur Gefangenpflege angestellten Brüder und deren Angehörigen, während er zur Pflege der in Berlin wohnhaften Familien der Gefangenen und zur Fürsorge für die nach Berlin entlassenen Sträflinge mit der Brüderanstalt des Johannesstifts in genauer und täglicher Verbindung bleibt; ich führe dieses hier an, um über das dauernde Verhältniß unsers Herrn Oldenberg zu unserer Brüderarbeit das richtige Licht zu geben. — An die Stelle des Herrn Oldenberg im Johannesstift aber ist unser Herr Görck, vielen früheren Hausgenossen wohl bekannt, getreten. Derselbe war bis dahin, nachdem er das Pfarramt in Aarweiler versehen, mehrere Jahre Inspector des in reichem Segen wirkenden Erziehungsvereins in Mörs am Rhein, und setzt jetzt als

Inspector des Johannesstiftes seine im Rauhen Hause begonnene Arbeit unmittelbar fort.

Was ich hier über unsern Herrn Meyeringh zu sagen veranlaßt sein könnte, ist schon oben unter der Rubrik des Central-Ausschusses mitgetheilt worden, so daß ich hier darauf verweisen kann. Es steht zu hoffen, daß die in der angegebenen Weise angeordnete Reisepredigt persönliche Besuche bei den vielen zerstreuten Brüdern, wenigstens innerhalb Deutschlands, ausführbar machen wird. Die in Schlesien ansässigen werden, wenn sie dieses lesen, schon aus Erfahrung davon sprechen können.

6.

Zu Pfingsten, kehre ich für den Sommer von Berlin nach Horn zurück, und bitte daher alle für mich bestimmten Briefe nicht mehr nach Berlin, sondern: Hahntrapp 5, Hamburg zu adressiren.

7.

Allen Wohlthätern, die im März und April unsere Anstalten mit ihren Liebesgaben bedacht, sage ich dafür den wärmsten Dank. Die Freunde werden sehen, daß uns abermals mehrere größere Gaben zu Theil geworden, unter denen ein Legat des verstorbenen Dr. R. H. Julius, und ein zweites, ganz besonders erfreuliches Geschenk von 500 £ oder c. 8500 ₰. Das letztere gehört in seiner Art bis jetzt zu den selteneren Erfahrungen, als Zeugniß des Dankes der Eltern für die Wohlthat und Hülfe, die einst ihrem Kinde, und für den Trost, der ihnen, den Eltern selbst, durch Aufnahme desselben in das Rauhe Haus gewährt worden. Die Gabe soll unter dem Namen der „Tomstiftung" der Anstalt dauernd verbleiben, und zur Erleichterung der Aufnahme anderer Kinder dienen. — Einen anderen erfreulichen Beitrag bescheinigen die Quittungen von einem früheren Zögling, der jetzt seit vielen Jahren als Hirte im Innern Australiens lebt, und auch dort in Liebe und Treue des Rauhen Hauses eingedenk bleibt. — Auch machen wir auf die Vermehrung des Fonds zur Erneuerung der „Familienhäuser" im Betrag von 150 ₰ aufmerksam, da die Anstalt wahrscheinlich sehr bald in der Lage sein wird, das eine oder andere der kleinen Wohnhäuser neu bauen zu müssen. **W.**

Speciell für die auswärtigen Brüder.

Für die Hülfscasse (H. C.) sind vom 4. März bis zum 26. Mai an Jahresbeiträgen eingegangen: 1) für 1862: 1 ₰ von K.(329); 2) für 1863: à 2 ₰ von S.(31), M.(137), H.(191), V.(277); à 1 ₰ von W.(25), F.(26), L.(38), M.(53), K.(60), G.(63), T.(72), W.(73), W.(80), U.(81), L.(83), B.(108), B.(132), S.(133), M.(156), F.(167), B.(172), H.(175), H.(178), R.(185), V.(337), M.(354); außerdem 1 ₰ Geschenk von J.(216).

Geburtsanzeigen: ein Sohn: 6/3. K.(60), 5/4. J.(216); eine Tochter: 18/4. H.(178), 19/5. R.(185), 8/5. S.(207), 18/5. C.(213); eine Tochter geboren und wieder verstorben: 4/3. S.(212), 12/4. A.(227). — Ein Sohn ist gestorben: 14/3. P.(232), eine Tochter 10/3. S.(127). — Verlobt haben sich R.(123), G.(222), D.(277), R.(295); verheirathet hat sich 7/4. H.(175). — Die Frau ist gestorben 21/5. S.(268). **W.**

Quittungen von den Monaten März und April 1868.

Für die Kinderanstalt. März. Hamburg: Fr. von Axen 1 Dukaten. — **Preußen:** Hr. Strub in Cöthen bei Falkenberg durch die Agentur 5 ₰ 7½ Sgr. — **April. Hamburg:** Mad. Brümmer 2 ₰ 6 β; N. N. „für den Fonds zur Erneuerung der Familienhäuser" 150 ₰. — **Holstein:** Hr. Pastor Peteräsen in Nordhastedt die Heide durch die Agentur 1 ₰ 11 ₰. — **Lübeck:** N. N. durch die Agentur bei Bezahlung einer Rechnung 10 β. — **Sachsen:** Hr. Superintendent Siebenhaar in Penig 2 ₰ 10 Sgr.; durch denselben Hr. Pfarrer Schweinitz in Wechselburg 1 ₰. Hr. Postmeister Fröhner daselbst 1 ₰. — **Australien:** ein dankbarer früherer Zögling in Eskdale, Queensland 2½ £.

Durch Hrn. Dr. D. Benecke als Exec. test. Legat des Hrn. Dr. med. N. H. Julius el. Bcd. ₰ 1000.

Hausbüchse: März: 1 ₰ 1½ β. — **April:** 25 ₰ 2 β. — Inhalt der bei der Confirmationsfeier am Sonntag Jubica ausgestellten Becken 10 ₰ 13 β.

Für die Brüderanstalt. März. Hannover: Hr. Bolte in Hameln 1 ₰. — **Preußen:** durch Hrn. Pred. Meyeringh in Langenberg Hr. Ed. Colsman 20 ₰, Fr. Wittwe W. Colsman 10 ₰, Hr. K. W. Feldhoff 10 ₰, Hr. G. Hermann 2 ₰, Hr. W. Colsman Sohn 2 ₰, F. R. 2 ₰; Hr. Pfarrer Bigelius in Berglich-Gladbach durch die Agentur 1 ₰ 28½ Sgr. — **April. Preußen:** Hr. Organist und Schullehrer Wulle in Scheidelwitz bei Brieg 1 ₰; Hr. Pfarrer Rehorn in St. Goar 1 ₰.

Für die Kinder- und Brüderanstalt gemeinschaftlich. März. Preußen: N. N. in Magdeburg 10 ₰. — **April. Baiern:** durch Hrn. Joh. Chr Schmidt sen. in Herdbrud von einigen Freunden 19 fl. — **Preußen:** Hr. Habeck in Tribsees 1 ₰; Hr. Graf von Finkenstein auf Reitwein 5 ₰; Hr. Lange daselbst 2 ₰. — **Schwarzburg-Sondershausen:** Hr. Schulrath Pabst in Arnstadt 1 ₰.

Für das Pensionat. Von einem dankbaren Vater, zur Erinnerung an die Hülfe und den Trost, die einst den Eltern bei Aufnahme ihres Sohnes in das Rauhe Haus zu Theil geworden, nach dem Tode dieses Sohnes, der bis an sein Ende des Rauhen Hauses dankbar gedacht, zur Gründung einer „Tomstiftung" £ 500.

Naturalien. März. Hamburg: Frl. Wps. in Ham 1 Tuchrock (alt); Hr. H. W. Walz 2 Beinkleider, 1 Weste, 1 seidenes Halstuch (alt); Hr. F. W. Burchard 1 Beinkleid (alt); Hr. Sen. Dr. Hudtwalcker 1 Rock, 1 Weste, 1 Beinkleid, 1 Paar Stiefeln (alt); Hr. Dr. med. J. A. Schmidt 1 Rock, 1 Beinkleid, 1 Weste (alt); Hr. A. Palm 1 Beinkleid, 1 Weste, 1 Schlips (alt); Hr. Dr. J. H. G. 1 Rock, 1 Beinkleider, 1 Weste, 1 Halstuch (alt); Hr. B. L. Meyer 1 Frack (alt); Hr. A. Rehn 1 Oberrock, 1 Frack, 2 Westen (alt); Mad. J. W. Dunder 3 Röcke, 4 Beinkleider, 2 Jacken, 5 Westen (alt); Hr. Dr. Abendroth 1 Rock, 3 Westen, 1 Beinkleid, 1 Hut (alt); durch Hrn. G. E. Nolte Hr. von Melle 1 Frack, 1 Beinkleid (alt); durch Mad. Grthel aus einem Nachlaß 1 Rock, 1 Beinkleid (alt); E. H. 2 Beinkleider, 1 Weste; Hr. F. W. Jacobi 1 Frack, 1 Beinkleid (alt) — **April. Hamburg:** M. M. 1 Rock, 1 Beinkleid (alt); durch Frl. E. Ackermann der Nähverein 18 Hemden; Hr. Milcher Claaßen in Horn 20 Kannen Milch; Mad. Brümner 1 Rock, 1 Beinkleid (alt); N. N. 24 Paar baumwollene Socken, 4 Unterbeinkleider, 1 Strohhut (alt); Hr. Dr. Reetmann 1 Rock, 1 Beinkleid, 1 Weste (alt); H. M. B. 2 Hüte (alt). — **Preußen:** N. N. in Minden 2 Paar Mädchenstrümpfe.

Außerdem:

Für das Johannesstift in Berlin. April. Preußen: Hr. Rechnungsrath Schneider in Berlin 50 ₰.

Für die Abgebrannten in Zellenopel. März. Hamburg: C. J 20 ₰; G. E. L. M. 25 ₰; R. N. 3 ₰; durch Hrn. Spitzer von den Brüdern in Hamburg 5 ₰. — **Preußen:** N. N. in Magdeburg 5 ₰; Poststempel Wittenberg „Mit Gottes Segen und Glaubenskraft wird in Gottes Wegen Alles geschafft" 1 ₰. — **Sachsen-Altenburg:** Fr. Superint. Günther in Ronneburg 1 ₰. — **April. Bremen:** Hr. Sommer 5 ₰. — **Hamburg:** Hr. F. Goyad 7 ₰ 8 β. — **Kurhessen:** Hr. Geh. Reg.-Rath Schröder in Cassel 2 ₰; Hr. Ullrich in Ziegenhain 2 ₰. — **Mecklenburg-Schwerin:** Hr. Lehrer Wöstenberg in Dreibergen 1 ₰. — **Mecklenburg-Strelitz:** Hr. Krüger in Rattey 1 ₰. — **Preußen:** Hr. Siegel in Warschowitz 1 ₰, Hr. Jahnke ebendaselbst 1 ₰; Hr. Haase in Praegsten bei Liebstadt 15 Sgr. — **Sachsen:** Hr. Petrich in Bräunsdorf 1 ₰. — **England:** Hr. Zweininger in London 1 ₰.

Für alle obigen Gaben sage ich hiemit den Wohlthätern den herzlichsten Dank.

Dr. Wichern.

Neueste Verlagsartikel der Agentur des Rauhen Hauses.

Oelze, E., Balthasar Schuppe. Ein Beitrag zur Geschichte des christlichen Lebens in der ersten Hälfte des 17. Jahrhunderts. 328 S. 8º. br. 24 Sgr. oder 2 ℳ.

Kreyher, J., Die preußische Expedition nach Ostasien in den Jahren 1859—1862. Reisebilder aus Japan, China und Siam. 428 S. 8º. br. 1 ℳ 12 Sgr, oder 3 ℳ 8 β.

Wir machen die Freunde unserer Verlagsartikel auf die vorstehenden beiden schönen Bücher aufmerksam. Das erste führt ihnen das Lebensbild eines ausgezeichneten Geistlichen aus dem 17. Jahrhundert vor, der ein ebenso origineller als tapferer Zeuge für die göttliche Wahrheit bis an sein Ende geblieben. Er starb als Hauptpastor zu St. Jakobi in Hamburg. Das Buch läßt uns merkwürdige Blicke in die verfallenen kirchlichen Zustände der damaligen Zeit thun, wirkt aber auch mit frischer belebender Kraft durch das Zeugniß des wackeren Streiters, der bis an seinen Tod das Banner des Evangeliums gegen alle Feinde geführt hat.

In dem andern Buche führt uns der Schiffsprediger der letzten preußisch-ostasiatischen Expedition auf der Arcona von der Heimath übers weite Meer, bis nach Japan und in Japan und China, Siam u. s. w. hinein; Länder und Menschen, Meere und fremde Welten erschließen sich uns, dabei läßt uns der Verfasser in das Religions- und Missionsgebiet, soweit es sich ihm unter den fernen Völkern erschließen wollte, hineinschauen. Es ist ein nützlich und ergötzlich Buch, so daß jeder dem Verfasser, aber auch der Agentur dafür Dank wissen wird, zumal es von den andern mehrfach erschienenen Beschreibungen dieser merkwürdigen Reise, die zuletzt die ersten Japanesen in unser Land herübergelockt, sich auch durch den viel billigeren Preis so vortheilhaft unterscheidet. Das Buch wird zugleich in jeder Volksbibliothek eine gute Stelle finden.

Inhalt des Hauptblattes: Die großen Städte (die Arbeiten des Vereins für innere Mission zu Hamburg). — Die Vereinshäuser (insonderheit das Vereinshaus der St. Theobaldi-Stiftung in Wernigerode). — In Sachen des Central-Ausschusses: Anstellung und Aussendung zweier Reiseagenten. Quittungen von den Monaten März und April. — Nachrichten aus dem Rauhen Hause: Die Kinderanstalt, das Pensionat und die Brüderanstalt in den vier ersten Monaten dieses Jahres; Veränderungen im Kreise der gegenwärtigen und früheren Oberhelfer u. s. w.; besondere Liebesgaben. Speciell für die auswärtigen Brüder. Quittungen von den Monaten März und April. Neueste Verlagsartikel der Agentur.

Inhalt des Beiblattes: Kinder, frischauf, es ist Maientag! — Die Königin Eberhardine von Polen im Schmerz um ihres Sohnes Glaubenswechsel. — Aus Hochschottland. — Im Dom zu Lübeck. — Bischof Friedrich von Utrecht.

Herausgeber Dr. Wichern, Vorsteher des Rauhen Hauses. — Verlag der Agentur des R. H. zu Horn bei Hamburg. — Gedruckt im R. H.

XX. Serie. 1863.
Juni. No. 6.
Jährlich 24 Bogen zu Durch alle Buchhand-
1 ⅙ Pr. in 12 (monat- lungen u. Postämter
lichen) Lieferungen. zu beziehen.

Fliegende Blätter

aus dem

Rauhen Hause zu Horn bei Hamburg.

Organ des Central-Ausschusses für die innere Mission der deutschen evangel. Kirche.

Hauptblatt.

Preisschrift.

Der im vorigen Jahre zu Brandenburg gehaltene zwölfte deutsche evangelische Kirchentag hat mit seinen auf die Nothstände unseres evangelischen Volkes gerichteten Verhandlungen die Anregung zur Ausschreibung einer Preisschrift gegeben, welche den thatsächlich bestehenden und in das geistige Leben der Gegenwart tief eingreifenden Conflict zwischen dem Offenbarungsglauben und den Forschungen der Naturwissenschaften zu ihrem Gegenstande haben soll. Die Ausführung des Gedankens solcher Preisschrift hat der unterzeichnete Central-Ausschuß übernommen. Derselbe hat, in dem Verlangen, jene wichtige, der deutschen Wissenschaft zufallende Geistesarbeit an seinem Theil fördern zu helfen, als Aufgabe der Preisschrift die Darstellung von:

Bibel und Natur
in der Harmonie ihrer Offenbarungen

gesetzt und ladet hiermit öffentlich ein zur Mitarbeit an der Lösung derselben.

Diese Formulirung der Aufgabe schließt nicht die Absicht in sich, den Nachweis einer Einstimmigkeit und Coincidenz zu begehren, in welcher die Naturwissenschaften mit allen hieher gehörigen Aussagen der heiligen Schrift stehen sollen. Ein solcher Nachweis, wie namentlich ausländische Schriften ihn mehrfach versucht haben, wäre dem gegenwärtigen Stande der Verhandlungen nach ebenso unthunlich, als unzureichend. Freilich werden die bewährten Resultate der neueren Naturforschung, die mit dem Gehalte der heiligen Schrift harmoniren, in das rechte Licht zu stellen sein. Es wird die zwischen beiden Instanzen vorhandene Differenz kritisch beleuchtet und auf das thatsächliche Maß zurückgeführt werden müssen, namentlich durch die gewichtigen Gegenzeugnisse der Naturwissenschaften selber gegen gewisse unreife Resultate derselben. Vor Allem aber wird in principieller Erfassung der Sache eine Auseinandersetzung zwischen den Gebieten der Theologie und der Naturwissenschaften nach den eigenen Gesetzen beider vorzunehmen sein. Das Wesen der heiligen Schrift als Urkunde der religiösen Offenbarung wird dargelegt und der Offenbarungsgehalt selbst gebührend ermittelt und verwerthet werden müssen. Es wird einer eingehenden Darlegung der reichen Gedanken bedürfen, welche in der heiligen Schrift über Schöpfung und Natur verborgen liegen, damit der Schatz unerschütterlicher und über alle Phasen der Naturforschung erhabener Wahrheiten gehoben und entfaltet werde. Resultat und Ziel müßte sein: die Wiedereinsetzung der so oft zur Verhüllung Gottes und zum Aergerniß für den Glauben gemißbrauchten Natur in ihre Rechte als einer, wenn auch noch nicht vollkommenen, Offenbarung des lebendigen Gottes, die mit der Gesammtheit der göttlichen Offenbarungen in innerster Befreundung und Wahlverwandtschaft steht, — und der Nachweis, daß sowohl durch die Resultate, als trotz der Resultate der Naturforschung die heilige Schrift als untrügliche Offenbarungsurkunde der Religion sich erweist und der christliche Glaube durch jene sich nicht braucht weder suspendiren noch erschüttern zu lassen. So wäre die Gewißheit von der inneren Kraft und Festigkeit des Glaubensgrundes neu gesichert, und die freie, gewissenhafte Forschung der Naturwissenschaften vom Standpunkte des positiven evangelischen Glaubens und Bekenntnisses mit gleichem Ernste anerkannt.

Die Preisschrift muß selbstverständlich auf der Höhe der neueren Wissenschaft stehen, sowohl im Gebiete der Theologie, als der Naturwissenschaften. Sie muß aber in einer Form abgefaßt sein, welche ihr den Zugang in alle Kreise der Gebildeten sichert. Neben der Gediegenheit des Inhalts wird auf die Durchsichtigkeit, Präcision und Allgemeinverständlichkeit der Form der vornehmste Werth gelegt werden.

Der Umfang darf 20 Druckbogen in Oktav nicht überschreiten.

Der hiermit ausgesetzte Preis beträgt **vierhundert Thaler.**

Das Preisrichteramt haben gütigst übernommen: Prof. Dr. Braun in Berlin, General-Superintendent Dr. Hoffmann in Berlin, Prälat Dr. Ullmann in Carlsruhe.

Die concurrirenden Schriften müssen in deutlichen Manuscripten und mit einem Motto bezeichnet bis spätestens zum 1. April 1865 an den „Central-Ausschuß für die innere Mission der deutschen evangelischen Kirche in Berlin" eingesandt werden. Die Adresse des Verfassers ist in versiegeltem Couvert, welches das Motto des Manuscriptes trägt, mitzusenden. — Das Verlagsrecht auf die gekrönte Preisschrift wird Eigenthum des Central-Ausschusses. — Falls keine der eingesandten Arbeiten den Preis erwerben sollte, bleibt die erneute Aussetzung desselben vorbehalten.

Um weiteren Abdruck dieses Ausschreibens wird angelegentlich gebeten.

Berlin und Hamburg, 15. Juni 1863.

Der Central-Ausschuß für die innere Mission der deutschen evangelischen Kirche.

Dr. Wichern. Dr. v. Bethmann-Hollweg. Dr. Hoffmann. Wilh. Hertz. Pred. v. Tippelskirch. Pred. Oldenberg. Dr. Dorner. Dir. Dr. Ranke.

Deutsches Kirchen- und Schulwesen in Rußland.

Unsere Leser werden sich der vor fast einem Jahre unter dem gleichen Titel in den „Fliegenden Blättern (1862, No. 3, p. 65 ff.) erschienenen Schilderungen noch erinnern, die auf Grundlage der beiden ersten Jahresberichte des „Central-Comité's der Unterstützungs-Casse für evangelisch-lutherische Gemeinden in Rußland" einen Blick eröffneten in ein kaum übersehbares Arbeitsfeld innerer Mission. Die Aufgabe ist die Erbauung von Kirchen und Schulen, die Vermehrung der seelsorgerischen Kräfte, die Anstellung von Lehrern für die zum Theil ungeheure Zahl bis jetzt unbeschult gebliebenen Kinder. Von Jahr zu Jahr, seit 1859, haben die freiwilligen Beiträge unserer Glaubensgenossen zur Bewältigung dieser Nothstände in dem colossalen Reiche zugenommen.

Die zur Verfügung des Comités stehende Summe der Einnahme belief sich im ersten Jahre auf 14,534 Rubel, im zweiten schon auf 79,911 Rubel, sie ist im dritten, also 1861, auf 103,692 Rubel gestiegen. Davon sind ca. 50,417 Rubel ausgegeben, so daß für 1862 ein Ueberschuß von ca. 53,275 Rubel geblieben ist.

Gleicherweise hat sich die Zahl der an die einzelnen, wie wir bemerkten, schon im zweiten Jahre vollzähligen (20) Bezirks-Comités sich wiederum anschließenden Hülfscomités beträchtlich vermehrt; so sind z. B. allein innerhalb des Moskauischen Bezirks zu den im Jahre 1860 vorhandenen 10 Hülfscomités 23 neue hinzugetreten. Schon dieß beweist genugsam, wie sehr das allgemeine Interesse an der Sache zugenommen.

Unter den, theilweise von den Vorjahren überkommenen, Aufgaben der Thätigkeit des Central-Comités stand das Institut der Vicar- oder Reiseprediger in erster Linie. Die Nothwendigkeit desselben erhellte zunächst für solche Kirchspiele, die entweder der seelsorgerlichen Pflege und geistlichen Bedienung ganz entbehren oder von dem angestellten Pastor hauptsächlich wegen der zu großen Ausdehnung des ihm anvertrauten Bereichs nicht gehörig besucht werden können. Ist es in letzter Hinsicht doch vorgekommen, daß selbst Kreisstädte mit evangelischen Einwohnern von ihrem Prediger in 10—12 Jahren nicht betreten wurden, oder daß Glieder der evangelischen Kirche, weil der flüchtig sein großes Arbeitsfeld durcheilende Pastor nicht Zeit hatte, sie aufzusuchen, 5, 12, ja 15 Jahre an keinem Gottesdienste theilnahmen und nicht einmal privatim das heilige Abendmahl empfingen. Dazu waren nun aber noch solche Gebiete in Betracht zu ziehen, in denen der Ortsprediger wegen Unkenntniß der nicht deutschen (lettischen, esthnischen, finnischen, schwedischen, polnischen, litthauischen) Sprachen vielen Gliedern seiner Gemeinde nicht zu dienen vermag: ein Fall, der namentlich in denjenigen Gouvernements eintritt, in welchen Militair steht. Es war daher begreiflich, daß auch die kirchlichen Behörden die Sache ernst in's Auge faßten. Von dem St. Petersburger Consistorium angeregt, beschloß das General-Consistorium, zunächst für den St. Petersburgischen und Moskauischen Consistorialbezirk je einen Vicarprediger anzustellen und später, nach dem Maße der vorhandenen Mittel, zur Anstellung mehrerer fortzuschreiten. Da nun aber der Unterhalt dieser Vicarprediger nicht wie in Livland und Esthland den Predigern des Consistorialbezirks zugemuthet werden konnte, weil jene diesen nicht sowohl Pflichten abnehmen als vielmehr neue Pflichten bei den Gemeinden zu übernehmen haben würden, und da eben so wenig die unbemittelten, zum Theil erst noch zu organisirenden Gemeinden hierfür in Anspruch zu nehmen waren: so wandte sich das General-Consistorium an das Central-Comité mit dem Antrage, daß dieses aus der Unterstützungs-Casse die nöthigen Mittel (wenigstens 600 Rubel Gehalt nebst Ersatz der Reisekosten und des Miethgeldes für die Wohnung) zunächst für zwei Vicarprediger bewilligen möge. Das Central-Comité ging gern auf diesen Antrag ein, und bereits ist nun vom General-Consistorium den betreffenden Consistorien aufgegeben worden, die geeigneten Persönlichkeiten zu bezeichnen.

Besonders der Mangel an letzteren, an geeigneten Personen, erschwerte und hinderte bisher die Fürsorge des Central-Comités für eine andere, vielleicht zur Zeit noch wichtigere Angelegenheit, nämlich die Errichtung von Schulen. Wie traurig es in diesem Betrachte steht, hat unsre vorjährige Schilderung ausführlich dargethan. Die vor Allem nothwendige Auffindung tüchtiger, treuer Lehrer ist bis jetzt vorzugsweise darum nicht gelungen, weil die Kenntniß der russischen Sprache für den Schuldienst in der Diaspora meist unentbehrlich ist. Damit jedoch etwa vorhandene Lehrkräfte nicht ungenutzt bleiben, hat ein Mitglied des Comités, Pastor Laaland, die Vermittlung übernommen zwischen den Gemeinden, welche Lehrer und den Lehrern, welche eine Anstellung suchen. Freilich bliebe nach Ausweis der statistischen Nachrichten immer noch eine große Anzahl von Lutheranern übrig, denen durch Anstellung ordentlicher Lehrer gar nicht geholfen werden könnte, weil sie in gar zu geringer Zahl beisammen wohnen. In dieser Beziehung erschien dem Central-Comité die Einrichtung sehr beachtenswerth, die man in Wladimir getroffen. Der Kirchenrath dieser Stadt hat nämlich in jeder Kreisstadt und in jedem Flecken einen der dort seßhaften Lutheraner ersucht, in seinem Bezirk die Stelle eines Vorstehers zu übernehmen und dort nicht nur für das Beste der Kirche und der Gemeinde, für das Zusammentreten und das Zusammenhalten der lutherischen Gemeindgenossen nach Möglichkeit zu wirken, sondern auch die lutherischen Kinder der Stadt, wenigstens einmal wöchentlich bei sich zu versammeln, um die aufgegebenen Lectionen aus der biblischen Geschichte und dem Katechismus zu überhören und neue aufzugeben, und der Wirksamkeit des Pastors während seines kurzen Aufenthalts an diesen Orten auf diese Weise den Boden zu bereiten. Doch erhebt sich auch bei solcher Einrichtung immer wieder die Schwierigkeit der Personenfrage. Als die geeignetsten Stätten der Vorbildung für den erwähnten Beruf erkannte das Central=Comité sofort die mit der Kirche verbundenen Rettungsanstalten, deren Gehülfen sich ja vielfach schon in ähnlichen Stellungen bewährt haben. Indeß hat es, da zur Beantwortung der Frage, ob mit solchen Arbeitern den Diasporagemeinden wirklich gedient sein würde, genaue Kenntniß der ersteren erforderlich ist, vorerst von sämmtlichen Bezirks=Comités desfallsige Gutachten eingefordert. Da von zwei Bezirks=Comités die Gutachten noch nicht eingegangen, so konnte die Sache noch zu keinem Abschluß gebracht werden. Die bereits kundgegebenen Ansichten der Bezirks=Comités sind getheilt, wie sich erwarten ließ, da sie durch die in dem großen Reiche so verschiedenartig gestalteten, geselligen Verhältnisse bedingt waren. Während die Einen durchaus nur ordentliche Lehrer zugelassen sehen wollen, haben z. B. die auf der Glashütte Norwoselje im Belofschen Kreise des Smolenskischen Gouvernements lebenden Lutheraner auf Anfrage ihres Geistlichen ausdrücklich den Wunsch geäußert, einen Handwerker (Schuhmacher) in ihre Mitte zu erhalten, der geeignet wäre, ihnen Sonntags den Gottesdienst zu halten und außerdem ihre 12 schulfähigen Kinder zu unterrichten. Das Central=Comité neigt sich schon jetzt zu der Meinung, daß, wenn auch an eine Versorgung der gesammten Diaspora in der bezeichneten Weise, schon aus Mangel an tauglichen Individuen, nicht werde gedacht werden können, doch Versuche in einzelnen Gemeinden gemacht werden müßten, zumal da bereits Fälle vorliegen, daß z. B. Colonieen jüngst eingewanderter deutscher Bauern längerere Zeit hindurch durch einen sie begleitenden Handwerker, der sich der Erwachsenen und Kinder geistlich annahm, vor gänzlicher Verwahrlosung bewahrt wurden.

Ein besonderes Augenmerk richtete das Central=Comité, wie nach dem vorjährigen Bericht (vgl. Fliegb. Bl. a. a. O. S. 69) vorauszusetzen war, auf die Zustände des Kirchenschulwesens in den finnischen Landgemeinden Ingermannland's, wo es, wie wir sahen, Gemeinden giebt mit 600—1000 schulfähigen Kindern, von denen nicht ein einziges die Schule besucht. Nach längeren Unterhandlungen mit den Predigern Ingermannland's ist nunmehr beschlossen worden, zu Kolpina ein ingermannländisches Seminar anzulegen, welches wohl zum weitaus größten Theile vom Central=Comité wird unter=

halten werden müssen. Es soll ohne Verzug an's Werk gegangen werden.

Endlich ist, was das Allgemeinere der Wirksamkeit des Central-Comités betrifft, noch von größter Wichtigkeit, daß es nun auch seiner statutenmäßigen Aufgabe, möglichst genaue Nachrichten über die kirchlichen Bedürfnisse und Nothstände zu sammeln und zu verbreiten, hat nachkommen können. Der Collegienrath Busch nämlich hat sich der zwiefachen Arbeit unterzogen, erstens mehrere vorzügliche Karten des russischen Reiches zum Gebrauch für die Unterstützungs-Casse anschaulich einzurichten, und zweitens historische und statistische Materialien über das Kirchen- und Schulwesen der evangelisch-lutherischen Gemeinde Rußlands zusammenzustellen. Das Erscheinen des Werkes, welches nach vorgängiger Durchsicht und Prüfung durch das Central-Comité sowie durch die geistliche und weltliche Censur dem Drucke übergeben worden, steht mit Nächstem bevor.

Was die Thätigkeit des Comités im Einzelnen anlangt, so heben wir zuvörderst hervor, daß dieselbe in noch viel höherem Grade als früher durch eifriges Entgegenkommen der Gemeinden selbst erleichtert wurde. Besonders zeichnete sich hierin der Nikolojewsche Bezirk aus. Da hat z. B. die nur 50 Seelen starke Stadtgemeinde Jekatherinoslaw sich eben einen Ruheplatz für 1000 Rubel gekauft, und schon ist auch die gleiche Summe zur weiteren Einrichtung beisammen. Eben da erbaut sich die Gemeinde Grunau eine Kirche für 30—40,000 R. Hochstädt, das eben erst ein großes Schulhaus für 3000 Rubel vollendet hat, schickt sich schon wieder an, eine Kirche zu errichten, die 32,490 Rubel kosten soll, und zu welcher jeder Wirth 100 Rubel beisteuern wird. Während hier das Bezirks-Comité der Ansicht sein kann, daß man vorläufig die Gemeinden zur Verbesserung ihrer Lage der eigenen Thatkraft überlassen möge, thut anderswärts freilich die Hülfe der Unterstützungs-Casse noch in reichlichem Maße noth; aber fast überall leisteten die Gemeinden wenigstens das ihnen Mögliche willig und freudig. So schreitet denn die Gründung von Kirchen, Pfarr- und Schulhäusern in gutem Zuge fort, und namentlich in Betreff der ersteren wiederholt sich bei diesem dritten Jahresberichte die Wahrnehmung dessen, was wir bei den vorigen (vgl. Fliegb. Bl. a. a. O. S. 74) bemerkten, daß die einzelnen in dem Bericht enthaltenen Darstellungen der Kirchenbauten, die mit Hülfe des Central-Comités zur Ausführung gekommen, auch als würdige und verhältnißmäßig schöne Denkmäler evangelisch-kirchlicher Baukunst inmitten Rußlands volle Anerkennung verdienen. Insonderheit gilt dieß von dem aufgezeichneten Plan der Kirche zu Kasan, wo der Kirchenrath beschlossen hat, durch Verbindung beider Stockwerke das bisherige Bethaus in eine geräumige, den Bedürfnissen der jetzt 362 Mitglieder zählenden Gemeinde gemäße Kirche im gothischen Styl umzuwandeln, einen vorhandenen baufälligen Flügel des Gebäudes aber zum Pastorat auszubauen. Die Kosten sind auf 10,775 Rubel veranschlagt; Der Architekt, obgleich einer fremden Kirche angehörend, hat Plan und Kostenanschlag der Gemeinde als Geschenk dargebracht und auch die unentgeltliche Leitung des Baues übernommen. Die Gemeinde besitzt gegenwärtig zum Bau der Kirche ein Capital von 5360 Rubel. Eine Collecte, zu der mit größter Opferwilligkeit gezeichnet worden, verspricht 2000 Rubel. Den größten Theil der fehlenden übrigen Summe wird das Central-Comité beisteuern. Auch die Kirche zu Rossian (im Mitauischen Bezirk), zu welcher die von Seiten der Krone an die Gemeinde geschenkten Mauern einer ehemaligen Karmeliterkloster-Kirche ausgebaut werden sollen, nimmt sich im Plan stattlich aus. Auch hier hat die Gemeinde selbst schon 2200 Rubel aufgebracht; das Uebrige (800 Rubel) ist theils vom Bezirks- theils vom Central-Comité als Darlehn bewilligt worden.

Ferner sei hier noch im Rückblick auf unsern vorjährigen Artikel erwähnt, daß inzwischen nun auch an der Nikolai-Eisenbahn auf drei größeren Stationen Lehrerinnen angestellt sind, welche die Kinder der an der Eisenbahn beschäftigten lutherischen Beamten unterrichten.

Allerdings aber sind auch der Nothstände noch immer genug. Von den 22 Landgemeinden des Kiew'schen Bezirks z. B. haben 5 gar keine Schulen, die andern 17 aber eigentlich nur dem Namen nach. Denn in diesen Colonistenschulen sind Bauern die Lehrer, und der Unterricht findet daher nur im Winter Statt. Auch können diese Schulmeister, der nothwendigsten Bildung selbst ermangelnd, ihren Kindern nur wenige mechanische Fertigkeiten beibringen. Außer einigem Deputat, Wohnung und Holz bekommen solche Colonistenlehrer an baarem Gelde nur 20—25, ja zwei nur 16 und 18 Rubel! Und was soll man erst sagen, wenn man vernimmt, daß einer, der an den 7 Stadtschulen desselben (Kiew'schen) Bezirks fungirenden ordentlichen Lehrer von Fach, nämlich der Lehrer zu Remirow, ein Jahresgehalt von 52½ Rubel bezieht und dafür auch noch Cantor ist. Nach dem Bericht hat der Arme eine jährliche Zulage von 50 Rubel alsbald zu erwarten.

Möge der Verein edler evangelischer Männer, der ein großes Werk mit dem Muthe des Glaubens unternommen und bis hierher geführt, auch fernerhin selbst durch die grellsten Farben des Elends sich nicht zurückschrecken lassen, sondern seine schon so reich gesegnete Arbeit zum Heile der armen evangelischen Brüder mit immer neuem Eifer fortsetzen!

Die großen Städte.
Stadtmission in Hamburg.
(Schluß.)

Nachdem die zur Missionshülfe auffordernden Zustände in Hamburg aus den Erfahrungen des Stadtmissionsvereins heraus, geschildert sind, geht der Bericht auf die von dem Verein angebahnte Hülfe näher ein und weist eine Reihe von Arbeiten, die der Verein ins Leben gerufen oder die sich ihm in gleichem Geist unmittelbar angeschlossen haben, nach. Das übersichtliche Bild dieser Arbeiten macht klar, daß das Werk der inneren Mission in Hamburg auch in dieser besondern Vereinsbestrebung neben den schon früher bestandenen Vereins- und Anstaltseinrichtungen gleichen Geistes (wir erinnern beispielsweise an das Rauhe Haus, den Sievekingschen Verein u. a.) trotz der allgemeinen und besondern Hindernisse, welche sich ihm bis dahin entgegengestellt, einen weiten und vielfach befestigten Boden gewonnen.

Ausgehend von der richtigen Einsicht, daß es vornehmlich und immer wieder auf die Verkündigung des Wortes und vom Standpunkt des Vereins aus auf möglichste Herbeischaffung vermehrter Mittel zum Hören des Evangeliums ankomme, ist im Bereich des Vereins von Anfang an nach Kräften auf dieß Bedürfniß Bedacht genommen. Es ist erfreulich zu sehen, wie sich auch hier wieder unter Gottes Segen in ganz gliedlicher Weise eine Hülfe aus der andern entwickelt. Namentlich auch hat sich an die Pflege der Erziehung und des Unterrichts die Fürsorge zur Vermehrung der Predigt geschlossen. In Hamburg sind in dieser Beziehung die seit vielen Jahren bestehenden religiösen Sonntagsschulen von großer Bedeutung gewesen.

Der berichterstattende Verein mag besondere Gründe gehabt haben, daß er in dieser öffentlichen Darlegung nicht näher auf die St. Georger Sonntagsschule eingegangen; für uns ist keine Veranlassung sie in diesem Zusammenhang nicht mit voranzustellen, wenn sie auch sonst für sich mehr abgesondert zu berichten pflegt. Die älteste St. Georger Sonntagsschule in der östlichen Vorstadt Hamburgs, hat nämlich eine vollständige Umwandlung, namentlich auch dadurch erfahren, daß seit 2—3 Jahren das für sie erbaute Local, das zugleich für eine Werkeltagsschule, die eine bedeutende Zahl Kinder umfaßt, eingerichtet worden, von der öffentlichen Behörde als gottesdienstliches Gebäude unter dem Namen der Stiftskirche anerkannt ist, an der der bisherige Oberlehrer der Schule, Cand. Gleiß, als Geistlicher angestellt worden. Demselben ist zugleich eine Reihe der in der Nähe gelegenen milden Stiftungen, namentlich auch das Amalienstift, zu seelsorgerlicher Pflege übergeben, wobei nur zu beklagen, daß nicht auch die vielen andern nahe gelegenen derartigen Stiftungen sich diesem Parochialverbande mitangeschlossen. Immerhin ist durch diese Pfarrstiftung eine neue Predigtstelle in der großen Vorstadt begründet, an der nicht bloß sonntäglich, sondern auch im Laufe der Woche regelmäßig gepredigt und Bibelstunden abgehalten werden. Noch wirksamer hätte diese Stiftung werden können, wenn ihr von vornherein zu dem nahegelegenen großen Armenquartier, das unter dem Namen von „Klein Jerusalem" seit lange berüchtigt ist, eine dauernde und geordnete Beziehung hätte gegeben werden können. Die Erhaltung des Stiftsgeistlichen ist Sache des ursprünglichen Sonntagschulvereins.

Neben der vorstädtischen Stiftskirche ist inmitten der Stadt selbst, ebenfalls im Anschluß an das Sonntagsschul- und das unbefriedigte Bedürfniß des christlichen Wochenschulwesens, die Anscharcapelle gebaut, die inzwischen als ein stattliches Kirchengebäude sonntäglich und vielfach sonst zur Abhaltung von ebenfalls öffentlich anerkannten Gottesdiensten dient. Wenn auch schon früher im Beiblatt darüber berichtet worden, wird die abermalige kurze Erinnerung daran, zu der uns die Vorlage veranlaßt, nicht unstatthaft sein.

Nachdem zu diesem Zweck ein besonderes Comité zusammengetreten und in einer von Kirchen entblößten Stadtgegend ein Bauplatz (für 26,000 ℳ) angekauft worden, wurde der Grundstein im Juli 1858 gelegt und der Bau am Stiftungstage des Vereins für i. M., am 10. November 1860, also an Luthers Geburtstage, gerichtet und am

27. März 1860 durch den ersten kirchlichen Gottesdienst feierlich eingeweiht. Die auch architectonisch werthvolle Kirche hat 600 Sitzplätze; alle Sonntage und Festtage wird in derselben von Predigern und Candidaten des Hamburgischen Ministeriums Gottesdienst gehalten. Außerdem wird das Gebäude vielfach zu Versammlungen im Interesse der inneren und äußeren Mission benutzt. Um die Anstellung eines eigentlichen Predigers und Seelsorgers für den betreffenden Stadttheil zu erreichen, sammelt derselbe Freundes-Kreis seit Mai 1862 einen Dotations-Fonds von 20,000 ℳ. Die innere Einrichtung und künstlerische Ausschmückung der Kirche, worunter namentlich auch ein Fenstergemälde und die Orgel, ist größtentheils durch besondere wohlthätige Spenden zu Stande gekommen. Sonntags Nachmittags dient der Kirchenraum zu einer Sonntagschule oder einem sogenannten Kinder-Gottesdienste, der von 160 Kindern aus der Umgegend besucht und von einem der Stadtmissionare abgehalten wird. Unter der Kirche, zur ebenen Erde, sind schöne Schulräume für die Wochenschule eingerichtet, die nach Ablauf von 2 Jahren bereits von der größtmöglichsten Zahl von 190 Schülern besucht wird, für die ein eigenes Lehrerpersonal angestellt ist. Die Einrichtung ist also dieselbe, wie in St. Georg, nur daß daselbst der angestellte Geistliche nicht bloß die Sonntagschule, sondern auch die Wochenschule als Oberlehrer besorgt, während man für die Anschar-Capelle die Anstellung eines mit weiterer Seelsorge betrauten Predigers beabsichtigt.

Ganz in derselbigen Richtung setzen Freunde und Glieder des Vereins, welche zu diesem Zweck ein eigenes Comité gebildet haben, ihre Bemühungen zur Erbauung einer Kirche vor dem Dammthore fort, wo nach allen Seiten hin sich eine von allem Kirchenwesen entblößte übergroße Bevölkerung, die zum allergrößten Theil den höhern Ständen angehört, niedergelassen hat. Jene Freunde haben nicht bloß bereits Summen für diesen Zweck zusammengebracht, sondern in letzter Zeit sogar schon zwei Legate dafür in Empfang genommen. Das neueste hieher gehörige Unternehmen ist aber die Gründung einer zweiten Sonntagschul-Capelle auf dem Stadtdeich, also auf der Südseite des großen St. Georg-Kirchspiels. Das Unternehmen schließt sich an die Anstellung eines besonderen Stadtmissionars für St. Georg, der es vorzugsweise mit den ausgedehnten Revieren jenes Stadtdeichs, welcher St. Georg gegen die Elbe schützt, zu thun hat. Im Frühjahr 1862 wurde für diesen Zweck eine erste kleine Gabe in das Becken der

Stiftskirche zu St. Georg niedergelegt, erst einige Monate später erfolgte eine zweite Gabe; im Februar 1862 übergab eine bis dahin unbekannt gebliebene Hand für einen solchen Bau 1000 ℳ Bco., es bildete sich sodann zur Verwirklichung des Planes ein Comité, und gegenwärtig ist bereits ein Bauplatz gekauft, das Capital aber bereits auf 3000 ℳ gestiegen.

Die Verwirklichung des Planes steht in Betracht des bisherigen energischen Vorgehens auf diesem Gebiete von Seiten der i. M. in Hamburg und des unverkennbaren göttlichen Segens, der auf diesen Bemühungen ruht, hoffentlich in baldiger Aussicht. Man fange nur in Gottes Namen solches Werk getrost an und man wird bald erfahren, daß Gott es zum fröhlichen Ende führt. Es gilt ja den Neu- und Weiterbau seines Reiches.

Mit diesen Bestrebungen in Verbindung stehen die seit länger als zwölf Jahren auf Veranstaltung des Vereins für i. M., regelmäßig während des Winters am Sonntag Abend abgehaltenen Gottesdienste in der Rathhaus=Kirche, die dazu vom Hamburger Senate zur Verfügung gestellt ist. Einen Maaßstab für den fleißigen Besuch der Abendpredigten mag der Betrag der im Laufe des letzten Jahres Abends durch die Becken der Kirche angestellten Sammlungen geben: es waren im Ganzen 360 ℳ 1½ β, eine immerhin nicht unbedeutende Summe, da dieselbe, dem Stande der Kirchenbesucher entsprechend, meist aus kleinen und kleinsten Gaben hervorgegangen ist.

Kehren wir noch einen Augenblick zu der Sonntagschularbeit zurück. Allsonntäglich Nachmittags, etwa von 2—4 Uhr, sammeln gegenwärtig die sechs Stadtmissionare, ungerechnet die Sonntagsschule in der Stiftskirche, in den sechs Kinder=Gottesdiensten 647 Kinder, Knaben und Mädchen, um sich. Ihnen stehen, an der einen Stelle mehr, an der andern weniger, erwachsene Helfer und Helferinnen zur Seite, im Ganzen ihrer 27. Ist es auch vielfach in Folge der durch die Arbeit des Vereins veränderten Verhältnisse nicht mehr so, wie ehedem, nöthig, den Kindern in diesen Sonntags=Nachmittagsstunden die fehlende Wochenschule wenigstens durch den Unterricht im Lesen zu ersetzen, so ergiebt sich doch so vielfach Gelegenheit zur Nachhülfe und Unterstützung innerhalb und außerhalb der Stunden, daß solche Freunde und Freundinnen jeder Zeit erwünscht sind. Namentlich zeigt sich dies auch nach dem Schluß des Unterrichts, wo Lehrer, Gehülfen und Kinder, wie dies öfter geschieht, einen Spazirgang ins Freie machen. Ausführlich einmal im Sommer findet außerdem an einem Wochentag ein größer Spazirgang statt. Jede Sonntagsschule feiert dies Kinderfest, Knaben und Mädchen gesondert, an einem andern Tage. Das Ziel ist meist das schöne Wandsbecker Gehölz, in welchem die Kinder neben den Liedern des Wandsbecker Boten noch ihre andern fröhlichen Lieder singen. Wer von Eltern, Verwandten oder Freunden sich anschließen will, ist dabei willkommen und immer findet sich ein Kreis, der sich gern dabei betheiligt. Gewiß eine schöne Art, Alt und Jung in einer einfachen, gesunden und fröhlichen Weise festlich zu erheitern, zumal das Ganze in so ungezwungener Weise, ohne Aufsehen zur Ausführung kommt. Lieder und Spiele und eine ländliche Tafel unter den grünen Bäumen, zu der jeder das Seine mit herzubringt, füllen die Stunden dieser Nachmittage, die für diese Hunderte von Kindern aus allen Theilen der Stadt um so bedeutungsvoller sind, als ihnen leider all dergleichen sonst nicht zu Theil wird oder, wenn es doch der Fall wäre, sich nur auf das Terrain der Carousselbuden und scandalösen Volkstheater auf St. Pauli oder auf den Besuch der entsittlichenden Tanzböden oder den Tumult der die Stadt im Sommer umgebenden Jahrmärkte in den städtischen Dörfern beschränkt.

Es ist des Singens gedacht. Es sei kurz erwähnt, daß für diese Kinder von den Stadtmissionaren eigene Singstunden im Laufe der Woche, meist an den Mittwoch Abenden eingerichtet sind. In denselben werden Chöre und diejenigen kleinen Musikstücke, die für die Kinder-Gottesdienste nöthig sind, außer denen aber auch alle jene fröhlichen Reise-, Natur- oder Vaterlandslieder und dergleichen geübt. Leider aber sind die Hausstände der meist kleinen oder armen Leute, aus denen diese Kinder meistens kommen, der Art, daß man sie an den Wochentagen nicht entbehren kann oder nicht entbehren will, so daß regelmäßig nur etwa 300 Kinder an diesen schönen Singübungen Theil nehmen. Nur beiläufig sei erwähnt, daß hie und da in den Kirchspielen aus den Sonntagschulen kleine Nähvereine, sei es für innere oder für äußere Mission, herangewachsen sind und den Kindern auf diese Weise Gelegenheit geboten ist, sich mit der That an diesen Liebeswerken zu betheiligen.

Von besonderer Bedeutung aber ist die Fürsorge der Stadtmissionare für die confirmirten Sonntagschüler. Die Stadtmissionare nämlich bemühen sich, so weit es möglich ist und gewünscht wird, ihre

Sonntagschüler und Schülerinnen bei Lehrmeistern und Herrschaften unterzubringen. Nicht wenige Eltern hoffen darauf und bitten darum. Welch ein großes Arbeitsfeld eröffnet sich da in dem Treiben einer großen Stadt, welch eine Menge von Verbindungen müssen hier geknüpft werden, um diesem Bedürfniß der ins Leben selbständig hineintretenden Jugend auch nur einigermaßen zu genügen! Die den Kindern entgegentretenden Verführungen und Gefahren hier in Hamburg sind fast maßlos; man muß diese Verhältnisse kennen, um die Bedeutung und Schwierigkeit dieser Arbeit zu würdigen.

Um den jungen Leuten auch äußerlich einen dauernden Haltpunkt zu bieten, versuchen die Stadtmissionare, dieselben in regelmäßigen Sonntag-Abendversammlungen zu vereinigen, so weit das überhaupt die bürgerlichen Verhältnisse, in denen sie leben, zulassen. Der Theilnehmer an diesen Vereinigungen waren im letzten Jahre durchschnittlich etwa 135, so daß demnach die Zahl der unter der Pflege des Vereins stehenden jetzigen und früheren Sonntagschüler zur Zeit im Ganzen 782 beträgt.

Der Bericht erwähnt alsdann der von dem Verein veranlaßten Weihnachtsfeiern; dieselben kommen zumeist den Kindern, welche die Sonntagschule besuchen, zu Gute, außerdem aber noch vielen andern Personen, besonders solchen, die von einzelnen Freunden zur Berücksichtigung empfohlen werden, ja die Kinder sind in sehr vielen Fällen die Führer in die Familien. So ist es gekommen, daß z. B. im Jahre 1861 251 Erwachsenen und 927 Kindern, zusammen 1178 Personen, eine Weihnachtsfreude bereitet ist, theils in größeren Versammlungen, theils in mehr häuslichen Kreisen christlicher Familien, theils in den Wohnungen der Armen selbst. Aber wo und wie es auch geschehen, immer wurde die Feier mit dem Worte und in dem Lichte des Evangeliums begangen, unter Gebet und unter dem Klange der kirchlichen Weihnachtslieder, welche die Familien in die große Feier der Christenheit hinüberleiteten. Daß diese Art der Feier in einer großen Stadt wie Hamburg gewiß eine besondere Bedeutung und Berechtigung hat, wird doppelt willig derjenige anerkennen, der weiß, was für ein Unfug alljährlich und zwar je länger desto mehr mit der Weihnachtsfeier in den sogenannten Weihnachtsbazars u. dgl. getrieben wird. Dazu kommt noch die dem Christenthum entfremdete Philantropie, die seit einer Reihe von Jahren das heilige Fest für ihre Zwecke ausbeutet, wobei von Spenden an Kinder und Arme sehr laut die Rede ist, nur mit keiner Silbe dessen, was Weihnachten zu einem Christenfeste macht, gedacht wird. Beginnt man doch bereits im Sommer, z. B. mit Gartenconcerten und allen möglichen künstlichen Versuchen Geld für die Zwecke der sogenannten „Weihnachtsbescheerungen" zusammenzubringen!

Die vom Verein für i. M. ausgehende Kinderpflege umfaßt außerdem noch die Mitwirkung der Stadtmissionare an verschiedenen, für arme Kinder bestimmten Anstalten und insbesondere auch die Fürsorge für solche Kinder, die bis dahin entweder noch gar keinen oder nur einen vorübergehenden und darum ungenügenden Schulunterricht genossen. Es werden 57 in vorgerücktem Alter stehende Kinder erwähnt, die in der betreffenden Zeit in geeignete Schulen untergebracht sind; für noch andere, bei denen die Familien-Erziehung nicht mehr ausreicht, ist gesorgt, indem die Stadtmissionare ihnen Unterkommen in Erziehungsanstalten vermittelten. So wurden deren 10 in die Kinderanstalt des Rauhen Hauses aufgenommen, für andere öffnete sich das Nikolai-Stift und die Pestalozzi-Stiftung. Außerdem wird eine ganze Reihe von Fällen vorgeführt, wo Kinder wegen körperlicher Gebrechen an jedem Schulbesuch gehindert worden, deren Unterrichtung deßwegen die Stadtmissionare unternommen, so daß mehrere Kinder der Art auf diese Weise zur Confirmation und zum Genuß des h. Abendmahls gebracht sind. Es werden mehrere derartige Fälle erwähnt, bei denen nur zu gewiß ist, daß diese Kinder ohne jene Mitwirkung der Stadtmissionare wahrscheinlich nie unterrichtet worden wären.

Schon oben ist der St. Georger Stift-Schule mit 150 Kindern und der Anschar-Kapell-Schule mit 190 Kindern gedacht, beide sind neubegründete Wochenschulen für Knaben und Mädchen. Die größte derartige vom Verein für i. M. ins Leben gerufene Schule ist aber die St. Nicolai Mädchenschule. Zu Neujahr 1850 mit 11 Kindern eröffnet, umfaßt sie diesen Augenblick 323 Kinder, für die 8 Lehrer und Lehrerinnen angestellt sind. Die Schule hat jetzt im Ganzen 1186 Schülerinnen aufgenommen und 262 confirmirt aus sich wieder entlassen; überaus erfreulich ist der große Andrang zu dieser Anstalt, deren ganze Einrichtung wie die der beiden andern schon genannten mit den Kräften des Evangeliums durchdrungen ist.

Wir bedauern außer Stande zu sein, an diesem Ort die weiteren Einzelnheiten des inhaltreichen Berichtes über die vielen segensreichen Erfahrungen und Einrichtungen, wie sie vom Verein für i. M. getroffen sind oder gepflegt werden, hier mitzutheilen, können deswegen nur kurz an die 5 wöchentlichen Bibelstunden erinnern, desgleichen an die 323 Krankenlager von alten und jungen Leuten, an denen die Stadtmissionare in den letzten beiden Jahren gestanden, an den Verein für Krankenbesuch und Beerdigung, der sich, im Jahre 1853 von den Helfern an der Sonntagsschule gegründet, im Jahre 1862 dem Verein für i. M. angeschlossen hat. Ebenso nennen wir nur andeutend die Bemühungen der Stadtmission zur Verbreitung von Bibeln, guten Zeitschriften, Bildern. Die unter der Verwaltung der Stadtmissionare stehenden Volksbibliotheken, für deren sorgfältige Verwendung sie namentlich verantwortlich gemacht sind, zählen gegenwärtig 3328 Bücher sorgfältigster Auswahl und haben allein im Jahre 1862 fast 600 Familien eine fördernde und erheiternde Unterhaltung geboten. Die Bücher sind über 11,000 Mal gewechselt; eine erfreuliche Anerkennung der Wirksamkeit zeigt sich darin, daß die Testaments-Verwalter der alten, ehrwürdigen Averhoffschen Stiftung für diesen Zweck den außerordentlichen Beitrag von 300 ℳ bewilligt haben.

Zuletzt müssen hier noch zwei Stiftungen, die sich dem Vereine unmittelbar angeschlossen haben, eine Stelle finden. Zunächst die Martha-Stiftung, die im Jahre 1849 entstanden und sich an die Häuslichkeit der einen der drei ersten zu diesem Zweck verbundenen Hausfrauen in der Vorstadt St. Georg anlehnt; sie ist eine Lehranstalt zur Heranbildung weiblicher Dienstboten, in der sich jetzt 16 heranwachsende confirmirte Mädchen befinden. Die Anstalt und der in ihr waltende Geist kann andern ähnlichen Anstalten als Vorbild genannt werden. Den Mädchen soll gedient werden durch Beschaffung eines Unterkommens, resp. eines Dienstes, durch Unterweisung, Zucht und zeitweilige Herberge zum Schutz gegen die Gefahren der großen Stadt. Den Herrschaften soll ein Gesinde erzogen werden, „das in möglichst anspruchsloser Treue und praktischer Tüchtigkeit dem Christennamen Ehre macht." In diesem Sinne werden die jungen Anfängerinnen in den Localen der Stiftung angeleitet, in diesem Sinne wird zeitweilig Dienstlosen und von Krankheiten Genesenden, so beschränkt auch die Räumlichkeiten sind, Herberge bereitet. In demselben Geiste wird auch für die bei geeigneten Hausfrauen untergebrachten Anfängerinnen gesorgt. Mit den bereits so zahlreichen früheren Zöglingen der Anstalt wird ein ununterbrochener Verkehr unterhalten, um sie in allen ihren Angelegenheiten zu berathen und ihnen aus Verlegenheiten zu helfen oder sie vor denselben zu bewahren. Der sittliche Vortheil, der den Dienenden aus solchem steten Verkehr mit der Stiftung erwächst, hat dieselbe bereits zu einer nicht minder wichtigen für die Herrschaften gemacht. Die Martha-Stiftung wird seit Jahren fortwährend in viel größerem Maaße zur Vermittlung von Diensten in Anspruch genommen, als sie zu befriedigen im Stande ist. Schon seit lange ist beabsichtigt worden, mit der Lehranstalt noch eine vielseitigere Ausbildung der Mädchen im Kochen, Plätten ꝛc. zu verbinden, eine größere Mägdeherberge und Alterswohnungen für bejahrte Dienstboten zu errichten; doch haben bis jetzt dazu die nöthigen Mittel gefehlt. Was den Verkehr mit den früher Entlassenen betrifft, so stellten sich bei der vorjährigen Herbstentlassungsfeier von 71 dazu Eingeladenen 53 ein. Die eigentliche Seele des Ganzen ist jene Hausfrau, die nicht bloß ihre Häuslichkeit, sondern sich selbst der Sache zum Dienst ergeben und ganz für sie lebt und demgemäß auch der persönliche Mittelpunkt der Martha-Stiftung und für die ihr angehörenden Mädchen bildet. Wir werden in unseren Blättern auf die Martha-Stiftung nächstens noch einmal zurückkommen, da in diesem Augenblick uns noch ein besonderer Bericht über dieselbe zugeht.

Die zweite Stiftung der Art ist der Feierabend, — eine Einrichtung, die man jetzt gewöhnlich als Jünglingsverein bezeichnet; der hier nach dem Vorbild von Lübeck gewählte Name verdient gewiß den Vorzug. Der Feierabend ist für jüngere Leute des Gewerbestandes, insonderheit für Handwerker bestimmt. Obwohl auch einzelne andern Ständen angehörige junge Leute sich ihm angeschlossen haben, ist er doch nach der bei Weitem vorwiegenden Zahl seiner Mitglieder ein Gesellenverein. Sein Local hat er unmittelbar neben der Wohnung des einen Stadtmissionars im St. Michaelis-Kirchspiel (Pastorenstraße 17), welcher letztere auch speciell für seinen Dienst mit berufen ist. In seinen Händen liegt z. B. die Verwaltung der dort aufgestellten Bibliothek, die Mitbetheiligung an einzelnen Unterrichtsgegenständen, z. B. im Singen, die Aufsicht über die Räumlichkeit u. s. w. Diese letzteren sind allabendlich, ebensowohl zum Zweck der Geselligkeit, wie zu dem der Weiterbildung in den Schulwissenschaften, resp. der Förderung in christlicher Heilserkenntniß geöffnet. Die von mehreren freiwilligen Lehrern ertheilten Unterrichtsstunden in der deutschen, französischen und englischen Sprache, im Schreiben, Rechnen und Zeichnen, in Weltgeschichte und Singen, so wie in Bibel-

und Katechismuserklärung sind von den Theilnehmern theils mehr, theils weniger fleißig benutzt worden. Außer den Bibelstunden finden namentlich die Singstunden sehr erfreuliche Theilnahme. Der letzte Winter hat den seit Jahren gepflegten Gedanken an die Begründung einer eigentlichen Herberge für Wandergesellen immer lebendiger werden lassen; kaum vergeht ein Tag, an dem nicht etliche vergeblich an die Thür der vermeintlichen Herberge klopfen. Durch Actienzeichnungen und andere außerordentliche Geschenke hat mittlerweile ein erstes Capital sich zu bilden begonnen, das gegenwärtig 5600 ℔ beträgt. Bei dem zur Zeit sehr hohen Werth der Grundstücke in Hamburg scheint, wenn nicht noch allgemeinere Beihülfe, als bisher, kommt, das Ziel dieser Bestrebungen freilich noch nicht sehr nahe zu liegen. Ein Hauptmangel ist die bisher noch zu geringe Betheiligung der Handwerker, namentlich der Handwerksgesellen selbst an diesem Vereine, dessen Theilnehmerzahl zwischen 35 bis 60 schwankt, während der hiesige Bildungsverein, der im entgegengesetzten Geist, aber mit vielen ausgezeichnet gerüsteten Kräften wirkt, bekanntlich Tausende umfaßt und im Besitz großer, neugebauter Localien sich befindet. Freilich haben sich seiner auch intelligente Kräfte aller Art und namentlich solche Personen angenommen, die von der Bedeutung der Sache, der sie sich widmen, erfüllt sind. Bei alledem lassen wir die Hoffnung nicht, daß auch im christlichen Geiste auf diesem Gebiet noch einmal Umfassenderes in Hamburg erreicht werden wird.

Auf die Kassenverhältnisse gehen wir hier nicht näher ein und erwähnen nur, daß die Gesammtausgabe für alle die vorgeführten Arbeiten 23,678 ℔ 10 ß (9471 ℳ 13 Sgr.) beträgt, wobei aber die Kosten der Anschar-Capellen-Schule nicht, wohl aber die der St. Georger und Nicolaidistrikt-Schule mit in Anschlag gebracht sind. Die Summe ist eine verhältnißmäßig geringe und bleibt nur zu verwundern, daß für eine solche Arbeit in Hamburg nicht noch größere Mittel in leichter Weise sollten aufzubringen sein. Die Rechnung schließt mit einem Defizit von 940 ℔*).

---

*) Für diejenigen, welche sich specieller dafür interessiren, bemerken wir, daß der Bericht von der Agentur des Rauhen Hauses für 4 ß (3 Sgr.) bezogen werden kann.

Wir haben geglaubt über die Arbeit des Stadtmissions-Vereins in Hamburg eine solche ausführliche Darstellung hier mittheilen zu dürfen, nicht bloß weil er der älteste derartige Verein in deutschen Landen ist, sondern auch weil seine Arbeit von vornherein in sorgfältiger Berücksichtigung aller dabei in Betracht kommenden Verhältnisse nach Innen und Außen unternommen worden. Es bleibt zu beklagen, daß die Theilnahme der Hamburger Geistlichkeit an dem Verein freilich noch keineswegs eine allgemeine ist, daß, während unter den Geistlichen die einen die Sache seit ihrem Beginne in großer Liebe, Hingabe und Treue (wir gedenken hier unsers unvergeßlichen, in dem letzten Jahre abgerufenen Pastor Wendt) gefördert haben oder noch fördern, andere sich zu ihr bis jetzt zurückhaltend benehmen, oder ihr vielleicht gar entgegen wirken. Die Schuld des Vereins für i. M. ist das jedenfalls nicht, da derselbige sich im Gegentheil von vornherein und grundsätzlich dem öffentlichen Kirchenwesen zu Dienst bereit erklärt und recht eigentlich die Aufgabe sich gestellt hat, allem Sektenwesen und aller Separation entgegen, dagegen mit allen ihm zu Gebote stehenden Kräften zur Förderung des Reiches Gottes durch die Mittel der geordneten Kirche zu wirken. Der Verein hat deswegen nichts gemein mit derjenigen Art von Stadtmission, die anderswo diesen Namen mißbraucht zur Förderung separatistischer und sektirischer Gelüste und Unrechtlich, auch auf thatsächliche Anerkennung dieser seiner Gesinnung ein Anrecht haben.

Am erkennbarsten mit wird sich das Verhältniß eines Stadtmissionsvereins zur Kirche kund geben in derjenigen Stellung, die ein solcher seinen Beamten, in diesem Falle seinen von ihm angestellten Stadtmissionaren anweist. Es hat deswegen ein allgemeineres Interesse, wenn wir in diesem Zusammenhang schließlich die den Stadtmissionaren ertheilte Instruktion mittheilen. Zur Erklärung derselben ist nur noch hinzuzusetzen, daß der Verein seine Thätigkeit, soweit sie die Stadtmissionare betrifft, in Distrikte vertheilt hat, welche mit den Kirchspielen der Stadt und der Vorstadt zusammenfallen. An der Spitze jedes Kirchspiel-Distriktes steht ein Vorstand, in welchem der Verein mindestens einen oder mehrere Geistliche des Kirchspiels zu sehen wünscht. Leider aber fehlen in Einem von diesen 6 Kirchspiels-Verbänden noch alle Geistlichen; hoffentlich wird der Verein auch in dieser Beziehung nach nicht zu langer Zeit bessere Erfahrungen machen; denn wem sollte mehr als den Geistlichen daran liegen, daß sich leben=

bige Glieder der Kirche finden, die mit den Mitteln der Kirche das Reich Gottes bauen helfen wollen, zumal in Zeiten, wie die unsrigen, wo nach allen Seiten hin die zerstörenden Mächte ihre Triumphe feiern.

Die Instruktion für die vom Verein für innere Mission angestellten Stadtmissionare

zerfällt in 10 Paragraphen folgenden Inhalts:

§ 1. (Aeußerer Umfang der Thätigkeit des Stadtmissionars.) Jeder vom Hamburger Verein für i. M. angestellte Stadtmissionar ist zunächst dem Vorstande des Distrikts, für den er berufen worden, untergeben und zu jedweder Rechenschaft über seine Thätigkeit verpflichtet. Seine Wirksamkeit erstreckt sich daher auch nur auf denjenigen Distrikt, oder auf den Theil desselben, der ihm von dem betreffenden Distriktsverbande zugewiesen ist.

§ 2. (Unerläßliche Voraussetzungen für seine Wirksamkeit.) Der Verein setzt bei dem Stadtmissionar nicht nur voraus, daß ihn ein aufrichtiger und lebendiger Glaube und ein aus ihm geborener reger Missionseifer beseele, als wodurch überhaupt seine Fähigkeit zu diesem seinem Amte bedingt ist, sondern auch, daß er auf diese Gabe Gottes treulich achten und sie unabläffig erwecken werde. (1. Tim. 4, 14. 2. Tim. 1, 6.)

Damit sie nicht ersterbe, sondern vielmehr lebendig wachse und zunehme, versäume er vor Allem nicht den fleißigen Gebrauch des göttlichen Wortes und der Gnadenmittel; er halte an am Gebet und an täglicher und ernstlicher Erforschung des eigenen Herzens vor Gott. Nur dann wird er im Stande sein, sich in seinem ganzen Wandel allenthalben zum Vorbild guter Werke stellen (Tit. 2, 7.) und als ein lebendiges Glied der Gemeinde erweisen zu können.

§ 3. (Seine Stellung zum kirchlichen Amt.) Da die i. M. wesentlich ein Dienst an der kirchlichen Gemeinde ist und im engsten Bunde mit den verordneten Gemeindeämtern, namentlich dem Seelsorgeramte, steht und stehen will, so hat der Stadtmissionar sich zunächst den bem betreffenden Distriktsverbande angehörenden Pastoren zu jedem Dienst an der Gemeinde, resp. an ihren einzelnen Gliedern zur Verfügung zu stellen.

§ 4. (Sein eigentlicher Beruf.) Demgemäß hat er es sich namentlich angelegen sein lassen, die dem Evangelium entfremdeten Angehörigen des Distriktes dem Worte Gottes und damit dem kirchlichen Gemeindeleben wieder zu gewinnen, und vorzugsweise allen denjenigen nachzugehen, die, weil sie sich dem Dienst des Predigt- und Seelsorger-Amtes entziehen, demselben in den übergroßen Gemeinden unerreichbar sind. Als natürlichen Ausgangs- und Mittelpunkt aller seiner Arbeit aber hat er die Pflege und, soweit das nöthig und thunlich ist, die Gründung oder den Neubau des von Gott verordneten Familienlebens allezeit und immer zuerst ins Auge zu fassen.

Bei seinem sonstigen Umgange wird er es nie versäumen, die Theilnahme für seine Arbeit und die Liebe für das Werk der i. M. überhaupt zu wecken, und wo möglich auch persönliche Kräfte für dasselbe zu gewinnen.

§ 5. (Mittel und Wege seiner Wirksamkeit.) Auf welche Weise und mit welchen Mitteln er diese seine Arbeit anzugreifen und ihre Zwecke zu verfolgen habe, läßt sich durch keinerlei feste und ausschließliche Regeln bestimmen. Doch sind unter Voraussetzung der in § 8 enthaltenen Vorbedingung namentlich folgende hervorzuheben:

1. Anknüpfung persönlicher Verhältnisse mit den Familien, namentlich der Armen, durch Besuche in ihren Häusern.
2. Einladung zur Theilnahme am öffentlichen Gottesdienst und zum heilsamen Gebrauch der Sacramente.
3. Erweckung des Sinnes für Heilighaltung des Sonntags überhaupt.
4. Einrichtung von Familien-Andachten, resp. Anleitung zu denselben.
5. Unterbringung von Kindern, die des Schulunterrichts ermangeln, in geeignete Schulen.
6. Unterstützung durch Rath und That bei Erziehung der Kinder, namentlich schwer zu leitender, resp. bereits entarteter.
7. Wo es irgend möglich und thunlich, Abhaltung eines regelmäßigen Kindergottesdienstes und daran naturgemäß sich anschließende Kinderpflege.
8. Unterbringung von confirmirten Kindern bei Meistern oder Dienstherrschaften und fernere Fürsorge für dieselben.
9. Erforschung des Bibelbedürfnisses; Verbreitung von Bibeln und Gesangbüchern und andern geistlichen Schriften.
10. Wirksamkeit durch die in jedem Distrikte bestehende Volksbibliothek, resp. Einrichtung von Lesecirkeln und Verbreitung guter Tagesblätter.
11. Bekämpfung einzelner Laster (z. B. des Spiels, des Trunks, der Vergnügungssucht, des Bettels u. s. w.) und Unsitten (Schmutz, Unordnung, Rohheiten in Wort und That) in den Familien.

12. Erweckung des Sinnes für das Schöne, Edle und Wohlanständige und überhaupt alles das, was zum Schmuck des Familienlebens dient, unter Benutzung der vorhandenen Schätze der christlichen Kunst.
13. Anleitung zur Benutzung guter öffentlicher Einrichtungen (Spar- und Vorschußcassen, Arbeitsnachweisungs-Anstalten 2c.)

Der Stadtmissionar behalte bei all seinem Thun stets im Auge, daß es Aufgabe der J. M. ist, im persönlichen Verkehr mit den Armen und Kranken den Anschluß an bestehende Armen- und Krankeneinrichtungen öffentlicher und privater Art zu suchen. — In keinerlei Weise dürfen namentlich die Ordnungen der allgemeinen Armenanstalt in ihrem Wirken gehemmt werden. Der Stadtmissionar hat in allen Fällen, wo er mit der bürgerlichen Armenpflege in Berührung kommt, sich, soweit seine eigentliche Berufsarbeit ihm dies gestattet, als einen freiwilligen Gehülfen derselben anzusehen.

§ 6. (Verwendung von Geldmitteln.) Der Stadtmissionar wird in seiner Arbeit unter den Armen vielfach in die Lage kommen, auch äußerlich Handreichung thun zu müssen, namentlich wenn die Abhülfe eines betreffenden Nothstandes durch wohlthätige Institute entweder überhaupt nicht möglich, oder so schnell nicht ausführbar ist, als die Sachlage es erfordert. Die Geldmittel, welche ihm für solche Fälle zu Gebote gestellt werden, hat er nach Maßgabe der Verhältnisse in vollständig freier Weise zu verwenden, zugleich aber auch über Einnahme und Ausgabe gewissenhaft Buch zu führen, den betreffenden Ausweis darüber dem Vorstande seines Distrikts-Verbandes in regelmäßigen Terminen vorzulegen und von diesem vidimiren zu lassen.

Er wird auch jederzeit bereit sein, für besondere Almosenspenden einzelner Wohlthäter die persönliche Vermittelung zu übernehmen, hat aber, selbstverständlich innerhalb der ihm zustehenden Befugnisse, nach Kräften dahin zu wirken, daß solche Gaben nicht in zweckwidriger Weise verwendet werden.

§ 7. (Ausschließlichkeit seines Berufs.) Da dem Stadtmissionar die Möglichkeit gegeben ist, seinem Berufe ausschließlich zu leben und seine ganze Zeit und Kraft demselben zu widmen, so hat derselbe sich auf keinerlei Arbeiten einzulassen, und keinerlei Verpflichtungen gegen Personen oder Anstalten zu übernehmen, die ihn in Erfüllung dieses seines Berufes hindern könnten. Jedoch soll es ihm unbenommen sein, unter Vorwissen des Distriktsvorstandes, jedem auf evangelischer

Grundlage schon bestehenden oder auch erst entstehenden Vereine innerhalb des ihm angewiesenen Wirkungskreises nach Kräften zu dienen.

§ 8. (Seine Verantwortlichkeit gegen den Distriktsvorstand.) Dem in § 1 dargelegten Verhältniß des Stadtmissionars zu dem betreffenden Distrikts-Verbande gemäß, hat derselbe für jede neu zu eröffnende Thätigkeit oder für jedes zu einer größeren Oeffentlichkeit gelangende Unternehmen zuvor die Einwilligung des Vorstandes nachzusuchen. Dahin gehören außer den schon in § 5 genannten Kindergottesdiensten, z. B. die Mitbetheiligung am Unterricht in Schulen oder Anstalten, die Abhaltung einmaliger oder regelmäßiger Versammlungen Erwachsener, sei es zu besonderen Feiern im Hause, resp. in Verbindung mit Spaziergängen im Freien, sei es zum Vorlesen von Volks- und Missionsschriften, zum Bibellesen u. dgl. Auch darf er nur solche Bücher und Erbauungsschriften den Leuten in die Hände geben, deren Verbreitung von dem Vorstande vorher gebilligt ist.

§ 9. (Berichterstattung.) Ueber sein Tagewerk hat der Stadtmissionar eine einfache fortlaufende Berichterstattung in der Form eines Tagebuchs zu geben und sich dabei ausschließlich auf Darstellung der Thatsachen zu beschränken. Dieses Tagebuch ist, je wie der Distriktsvorstand das bestimmt, demselben für die jedesmaligen Distrikts-Versammlungen vorzulegen. Alljährlich zu Michaelis ist an einem näher zu bestimmenden Tage ein auf dem Grunde dieses Tagebuches ordentlich ausgearbeiteter übersichtlicher Bericht (Behufs Erstattung des öffentlichen Gesammtberichts des Vereins im November) dem Distriktsvorstande einzureichen.

§ 10. (Versammlungen.) Der Stadtmissionar nimmt an den monatlichen Distrikts-Versammlungen mit berathender Stimme regelmäßig Theil. In denselben hat er, abgesehen von andern Mittheilungen, jedenfalls über das Alles zu berichten, was irgendwie des Raths, der Entscheidung oder der Unterstützung des Vorstandes bedarf, zugleich aber auch Aufträge entgegen zu nehmen. Außer an diesen Versammlungen hat er sich auch an den von einem dazu deputirten Mitgliede des Verwaltungs-Rathes (event. dem Oberhelfer des Vereins) wöchentlich abzuhaltenden Conferenzen aller Stadtmissionare zu betheiligen. Wie jene Vereinigungen die Verbindung der Stadtmissionare mit ihren betreffenden Distrikts-Verbänden, so sollen diese ebensowohl ihr Verhältniß zum Verwaltungs-Ausschuß, wie ihre Gemeinschaft unter einander vermitteln.

Zeitung und kürzere Correspondenzen.

Rettungshäuser und verwandte Anstalten.

Die wohlthätigen Anstalten in Laforce, im südlichen Frankreich, (Dep. Dordogne) sind in der letzteren Zeit häufig genannt worden. Der Gründer derselben, Johann Bost, Sohn eines Genfer Geistlichen, hatte im Jahre 1844 die zerstreuten Protestanten jener Gegenden gesammelt, und obwohl der Boden, den er vorfand, äußerst hart und wenig angebaut war, so hat sich doch auch hier die alles überwindende Kraft des Evangeliums so bewährt, daß der werkthätige Glaube der Gemeinde mit ihrem lebendigen Pfarrer an der Spitze eine Reihe von Häusern der christlichen Barmherzigkeit gegründet. Dahin zählen z. B. 1) ein Waisenhaus für evangelische Mädchen, deren jetzt dort 85 sind. 2) Bethesda, ein Zufluchtsort für weibliche Elende aller Art. Da sind blinde, sieche, schwach= und blödsinnige Mädchen, etwa 60 an der Zahl. 3) Siloah, dieselbe Anstalt für Knaben enthält 14 Pfleglinge. 4) Eben=Ezer, eine Anstalt für Epileptische weiblichen Geschlechts. Ueber diese letzte Anstalt schreibt der Gründer und Vorsteher des Ganzen selbst: „Vor einigen Jahren war ich in einer öffentlichen Versammlung in Paris und sprach für die Sache unserer Anstalt. Zum Schluß erließ ich einen Aufruf für die Epileptischen und kündigte mein Vorhaben an, ein Asyl zu gründen, sobald der Herr mich eine Vorsteherin würde dazu finden lassen. Ich entwarf das Bild einer solchen mit drei Worten: „fromm, thätig, ohne Nerven." Die Bewegung unter den Zuhörern war sichtlich. Unsere Freunde verlangten alle ein solches Asyl. Aber wer wollte leben oder vielmehr sterben mit diesen armen Personen? Nach und nach zerstreute sich die Versammlung und ich blieb mit vier Personen allein. Eine derselben, es war eine Dame in Trauer, wurde mir vorgestellt. „Ich biete mich als Vorsteherin der epileptischen Kranken an!" war ihr erstes Wort. Drei Wochen später wurde sie zu unseren Reihen gezählt, da alle Erkundigungen zu ihrem Gunsten ausfielen. Sie ist seit 13 Jahren Wittwe und zuletzt Pflegerin einer jungen, epileptischen Dame gewesen, die sie mit vieler Liebe überwachte. Das war eine Antwort auf meine Gebete."

5) Bethel — eine Zufluchtsstätte für Epileptische männlichen Geschlechts. Daran reiht sich 6) ein Rettungshaus für verwahrloste Mädchen.

Selbst das katholische Frankreich ist auf diese Liebeswerke der evangelischen Kirche des Südens aufmerksam geworden, und hat (nach französischer Weise) die französische Akademie in Paris den von einem gewissen Monthyon vor Jahren gestifteten „Tugendpreis", bestehend in einer goldenen Medaille und 3000 Franken, dem verdienten Pfarrer von Laforce zuerkannt; immerhin ein erfreuliches Zeichen, daß derartige Liebeswerke auch in weiteren Kreisen Anerkennung finden.

Im Sommer des vorigen Jahres ist in Genf ein Comité zusammengetreten, um für die Cantone französischer Zunge ein Rettungshaus (colonie agricole) für verwahrloste Kinder evangelischer Confession zu gründen, wie die deutsche Schweiz bereits ein solches in dem zu Bächtelen bei Bern besitzt. Ein zu dem Zweck erlassener Aufruf ist von einer Reihe der angesehensten Männer der betreffenden Cantone unterzeichnet. — Auch in Schlesien werden mehrere neue Rettungshäuser vorbereitet.

Vereinshäuser.

Zur Vervollständigung der neulichen Nachrichten zur Errichtung von Vereinshäusern zur Förderung kirchlich-christlicher Zwecke (siehe die Mainummer dieses Jahres, pag. 144) fügen wir hinzu, daß demnächst auch in Genf eine solche Stiftung in's Leben treten wird. Der Plan steht in Verbindung mit der in der Vaterstadt Calvins im nächsten Jahre, als dem 300-jährigen Todesjahre des großen Reformators, beabsichtigten Denkfeier. Das Gebäude wird in großartigem Maaßstabe nach dem Muster der Exeter Hall in London erbaut; der Versammlungssaal ist auf 1500—2000 Zuhörer berechnet. Es sollen in demselben auch Vorträge über alle Gebiete des menschlichen Wissens, so weit dieselben ein allgemeines Interesse haben, gehalten werden. Als einziger Zweck desselben wird in den Statuten angegeben die Verherrlichung unseres Herrn und Heilandes durch die Verkündigung seines Evangeliums. — In Halberstadt wurde am 18. April d. J. ein Vereinshaus gerichtet, das ebenfalls einen Versammlungssaal enthalten soll. Die Herberge „zur Heimath" gedenkt man demnächst zu eröffnen. Der Besitzer und Erbauer des Hauses, der Zimmermann Karl Koch jun., ist zugleich Vorsteher des Vereins, und hatte aus Liebe zu demselben beschlossen, neben seinem Wohnhause noch ein zweites Haus aufzuführen, das mit dem ersteren zu einem Ganzen verbunden werden soll. Am 2. April begann der Neubau und heute steht das Haus schon unter Dach, und hofft man denselben diesen Sommer noch beziehen zu können. — In Cöln hofft man am 15. Juni die daselbst neu errichtete Herberge „zur Heimath" eröffnen zu können.

Anstalten für Blödsinnige.

Die Idioten-Anstalt in Kiel, über die der A. M. eine kurze Notiz bringt, ist inmitten eines von Feldfluren umgebenen Gärtchens unmittelbar an der hochgelegenen Kiel-Hamburger Chaussee, welche sich hier von der Lübecker Straße scheidet, errichtet. Die dortige Aussicht nach der Stadt, dem hügelumkränzten Hafen und dem Viehburger Buchengehölz, ist bekanntlich sehr schön. Die vortheilhaften klimatischen Verhältnisse mit der reinen, frischen Luft auf dieser sonnigen Anhöhe kommen den Heilszwecken der Anstalt trefflich zu statten. Das neue, im schweizerischen Styl errichtete Gebäude mit seinem einladenden Aeußeren, wie entsprechender innerer Einrichtung, Reinlichkeit, Nettigkeit und seinem sinnigen Bilderschmuck empfiehlt sich Jedermann. Turn- und andere Einrichtungen deuten auf die sorgfältige körperliche Pflege hin. Der Vorsteher der Anstalt ist Herr Joh. Meyer, der in Holstein durch seine plattdeutschen Dichtungen auch in weiteren Kreisen bekannt ist. Zur Gründung der Anstalt wurde er durch die Bekanntschaft mit der schleswigschen Idioten-Anstalt veranlaßt. Vor einem Jahre wurden die ersten Zöglinge aufgenommen; gegenwärtig sind bereits 9 Kinder (5 Knaben und 4 Mädchen) dort in Pflege. Und wenn auch die bisherigen Erfolge von zum Theil höchst unglücklichen idiotischen Kindern als Hoffnung erweckend bezeichnet werden, so ist doch die Zeit noch zu kurz, um darüber schon weitere Berichte erwarten zu dürfen.

Verschiedenes.

Die evangelische Gesellschaft in Stockholm, über die die Decembernummer des vorigen Jahres bereits berichtet, eine Art Central-Committee für die gesammten Bestrebungen der inneren Mission in ganz Schweden, fährt fort, eine höchst gesegnete Thätigkeit zu entfalten. Man muß sich über die Arbeiten ihrer Colporteure und Evangelisten um so mehr freuen, wenn man bedenkt, daß es dort Gegenden giebt, wo die Leute 6—7 Stunden weit zur Kirche reisen müssen. Dazu kommt dann noch der derzeitige außerordentliche Mangel an Predigern, so daß beispielsweise in der Diözese Linköping ein Pfarrer 17 Pfarreien zu versorgen hat, und von den zu jenem Sprengel gehörigen 147 Geistlichen 35 älter als 70, theilweise sogar älter als 80 Jahre sind. Die genannte Gesellschaft, der für ihre verschiedenartigen Arbeiten ein weites Feld offen steht, zählt etwa 113 im ganzen Lande zerstreute Hülfsgesellschaften und sind es namentlich die Frauenvereine, welche die nöthigen Mittel aufzubringen suchen. Die Jahreseinnahme betrug im Jahre 1861 66,176 ℳ. Daneben werden die Bestrebungen für die äußere Mission keineswegs vernachlässigt.

Die Criminal-Statistik der in Frankreich vom Jahre 1851—1860 Angeklagten, deren Zahl 62,435 betrug, ergab folgende Resultate in Bezug auf ihren Bildungszustand:

Es konnten weder lesen noch schreiben	27,890
Unvollkommen lesen und schreiben	23,860
Es konnten lesen und schreiben, um ordentlichen Gebrauch davon machen zu können	7,633
Einen guten Unterricht hatten erhalten	3,052

In Sachen des Central-Ausschusses.

Zunächst darf der Central-Ausschuß auf das an die Spitze dieser Nummer gestellte Preisausschreiben verweisen. Dasselbe ist, wie bekannt, durch die beiden Vorträge von Dr. Wichern und Dr. Kögel auf dem Brandenburger Kirchentage veranlaßt. Wir bitten unsere Freunde, namentlich auch unsere Agenten und Correspondenten, zur Verbreitung dieses Ausschreibens in öffentlichen Blättern nach Kräften thätig zu sein.

Was die Angelegenheit der Reisepredigt und Reiseagentur betrifft, so können wir berichten, daß dieselbe nunmehr wirklich begonnen und guten Fortgang hat. Seit jetzt vier Wochen besucht Prediger Meyeringh die Provinz Schlesien, wo er an verschiedenen Pastoral-Conferenzen und größeren Vereinigungen für i. M., namentlich zu Liegnitz, wo an 100 Geistliche versammelt waren, zu Reichenbach und Frankenstein, zu Strehlen und anderswo Theil genommen. Als eines der Resultate ist die Bildung eines schlesischen Provinzial-Ausschusses für i. M. zu betrachten, außerdem ist der Anstoß zu vielerlei neuen Einrichtungen, Vereinen und Anstalten zur Förderung des Werkes der

i. M. gegeben. Alle Hauptorte und viele Anstalten der i. M. in der Provinz sind besucht, Verbindungen mit den einflußreichsten Männern sind angeknüpft, öffentliche Ansprachen in Kirchen und anderen Orten haben unserer Sache neue Freunde gewonnen, über viele wichtige Angelegenheiten sind Berathungen und Verhandlungen eingeleitet, so daß nach sehr verschiedenen Seiten hin ein erfreulicher Blick in die Zukunft unserer Arbeit eröffnet ist. Schon aus diesem Allen geht hervor, daß von allen Seiten dem Agenten das willigste und freudigste Entgegenkommen zu Theil geworden ist. Für den nächsten Monat wird Herr Meyeringh zunächst nicht weiter nach dem Süden gehen, sondern seinen Weg in das nördliche Deutschland nehmen, wohin die Reiseagenten bereits von mehreren Seiten eingeladen sind und erwartet werden. Der gute, von Gott gesegnete Anfang läßt fröhlichen Fortgang hoffen; inzwischen hat auch Herr Hesekiel die Arbeit seiner Reiseagentur von Thüringen aus unternommen, von wo er sich durch Hessen an den Rhein und von da nach dem Süden begiebt.

Als besonders erfreulich aber sei hier hervorgehoben, daß die Angelegenheit dieser Reisepredigt von Seiten des Preußischen Kirchenregiments die ermunterndste Theilnahme gefunden. In einem Umschreiben an die Königl. Consistorien der östlichen Provinzen äußert der evangel. Ober-Kirchenrath gegen Ende Mai d. J. sich dahin, daß, je mehr die Kirche der Gegenwart die Aufgaben der i. M. in ihren Bereich gezogen und angefangen, sich in den Gemeinde-Kirchenräthen und Synoden daran unmittelbar zu betheiligen, desto aufrichtiger dieselbe sich auch dieser in völlig ordnungsmäßiger Weise dargebotenen Handreichung des Central-Ausschusses freue und seine Boten und Arbeiter willkommen heiße. Wir haben daher, heißt es in jenem Circular des Ober-Kirchenrathes weiter, der uns von dem Central-Ausschuß vorgetragenen Bitte, den beiden Agenten und Reisepredigern eine freundliche Aufnahme und möglichste Unterstützung hinsichtlich ihrer Berufsthätigkeit von Seiten des Königl. Consistoriums vermitteln zu wollen, gerne entsprochen. Demgemäß giebt der evangel. Ober-Kirchenrath den Consistorien Veranlassung, sich dieser Reiseprediger „nach Kräften anzunehmen und die Herren Superintendenten und Pfarrer zu einem gleichen Entgegenkommen aufzufordern." Wir dürfen wohl die begründete Zuversicht hegen, daß ein solches Zusammenwirken der amtlichen Kirche und der freien Liebesthätigkeit sowohl der Kirche als dem Vaterlande immer mehr zum Heile gereichen werde.

Auch in diesem Jahre hat der Central-Ausschuß die kirchliche Besuchung und Besorgung der in Holland beschäftigten deutschen Torfarbeiter, Ziegeler und Grasmäher übernommen und zu dem Zwecke drei verschiedene Geistliche dorthin gesandt. Wir behalten uns weiteren Bericht darüber bis zum nächsten Male vor.

Die nachfolgenden Quittungen über Liebesgaben, die vom 1. Mai bis 17. Juni beim Central-Ausschuß eingegangen sind, bezeugen aufs Neue die fortgehende Theilnahme, die den Arbeiten des Central-Ausschusses geschenkt wird. Derselbe sagt Allen, die durch diese Gaben die Weiterführung seiner Arbeit möglich gemacht, den herzlichsten Dank und bittet insbesondere auch diejenigen Agenten und Correspondenten, welche bis dahin das Umschreiben vom 3. März noch nicht beantwortet haben, um Sammlung von Gaben in ihrem Kreise.

Beiträge der Art wird außer dem Herausgeber dieser Blätter (Adr. Hamburg, Hahntrapp 5) der Cassirer des Central-Ausschusses, Herr Wilh. Hertz (Behrenstraße 7, Berlin) mit Dank entgegennehmen.

Quittungen des Central-Ausschusses vom 1. Mai bis 17. Juni.

Aus Preußen. Prov. Preußen. Marggrabowa: Superint. Stern durch Prof. Dr. B. Weiß 1 Thlr.

Prov. Pommern. Demmin: Superint. Lengerich 1 Thlr., durch denselben: Kaserneninspector Roemer 20 Sgr., Maler A. F. Schneider 2 Thlr., Archid. Goercke 10 Sgr., Diak. Herrmann 5 Sgr., Major von Essen 10 Sgr., Rentier D. J. Lobed 15 Sgr., Landrath von Puttkammer 1 Thlr., Justizrath von Wolffradt 20 Sgr., Commerz.-Rath Haefke 1 Thlr., Buchdruckerei-Besitzer Gesellius 10 Sgr., Kaufmann Lange 20 Sgr., Kaufmann Schweiker 10 Sgr., Kaufmann Rufahl 10 Sgr., Kaufmann Thiede 5 Sgr., Bürgermeister Hagemeister 10 Sgr., Eisengieß.-Besitzer Schünemann 2 Sgr., Musikdirector A. Wagner 5 Sgr., Goldschmied Ockel 5 Sgr., Kaufmann Otto Lenaver 2½ Sgr., Rathsch. Funke 5 Sgr., Eisengieß.-Besitzer Christ. Müller 5 Sgr., Mühlenmeister Schinkel 2½ Sgr., Past. Schmidt zu Carllow 15 Sgr., Past. Severin zu Völschow 10 Sgr., Past. Klempin zu Jarmen 10 Sgr., Diak. Robiling daselbst 10 Sgr., Past. Graßmann zu Sophienhof 10 Sgr., Past. Jobat zu Schmersow 10 Sgr., Past. Soholm zu Daglow 10 Sgr., Past. Berger zu Beggerow 15 Sgr., Past. Pfeiffer zu Schwichtenberg 10 Sgr., Past. Sonntag zu Hohenbollentin 15 Sgr., Past. Brunner zu Lindenberg 10 Sgr., Past. Lic. König zu Wolkwitz 1 Thlr., Past. Amtsberg zu Gummerow 10 Sgr., Past. Tauscher in Bettemin 1 Thlr., Past. Cuno zu Gummerow 1 Thlr., Past. Hoppe zu Werchen 5 Sgr., zusammen 19 Thlr. 25 Sgr. — Sandow: Graf Schlieffen pro 1862 und 1863 10 Thlr. — Stettin: von der Redaction des Evangel. Sonntagsblattes 4 Thlr.

Prov. Brandenburg. Berlin: vom Evang. Ob.-Kirch.-Rath für die Holländsgänger 80 Thlr., von demselben für die Reisepredigt pro 1863 600 Thlr., Lic. Dr. Schulze 1 Thlr., Preb. Oldenberg auf 5 Jahre jährlich 1 Thlr., Frau Baronin von Romberg, geb. Gräfin Dönhoff 10 Thlr., durch Stadtrath Gravenhorst: derselbe jährlich 1 Thlr., Geh. Ob.-Reg.-Rath Hegel 1 Thlr., Hauptmann a. D. von Schmettau 10 Sgr., Rentier Themme 20 Sgr., Geh. Just.-Rath Focke 1 Thlr., Wirkl. Geh. Reg.-Rath Glogau 1 Thlr., Minister a. D. von Westphalen 2 Thlr., Wirkl. Geh. Rath von Lecoq einm. 2 Thlr., Gerichts-Director Zweigert 15 Sgr., Dr. Troschel einm. 1 Thlr., Buchhändler E. Grieben 1 Thlr., Geh. Ob. Fin.-Rath von Koenen 2 Thlr., F. Niquet 1 Thlr., Hülfspred. Müller 20 Sgr., Fr.-J. einm. 15 Sgr., Oberlehrer Hollenberg einm. 1 Thlr., Oberlehrer Kühle 1 Thlr., Kanzleirath Klefeker jährlich

1 Thlr., Kaufmann Jacobi 1 Thlr., Wittwe Känzel 1 Thlr., Buchhändler Känzel 1 Thlr., Buchhändler Beck 15 Sgr., Graf Reichenbach 1 Thlr., Dr. Jacobi 1 Thlr., Pred. Röhricht, 1 Thlr., Frau Consul Böhm 2 Thlr., Dr. Lasson 1 Thlr., zusammen 29 Thlr. 5 Sgr., Minister Dr. von Bethmann-Hollweg für 1862 u. 1863: 400 Thlr. — Neu-Ruppin: durch Superint. Hanstein: von demselben 20 Sgr., Past. Colley in Garwe 1 Thlr., Past. Krickau in Garz 20 Sgr., Past. Richter in Walsleben 15 Sgr., Past. Heydemann in Neu-Ruppin 15 Sgr., Superint. a. D. Schmidt daf. 20 Sgr., Past. Bath in Langen 15 Sgr., Past. Steubener in Wustrau 1 Thlr., zusammen 5 Thlr. 15 Sgr. — Marwitz bei Sibbichow: durch Lehrer Blume in Marwitz: derselbe 20 Sgr., Kossäth Daniel Brederlow daf. 10 Sgr., Kossäth Lade daf. 5 Sgr., Freimann Carl Lade daf. 2½ Sgr., Kossäth Carl Brederlow daf. 10 Sgr., Kossäth Grams daf. 5 Sgr., Gerichtsmann Reincke daf. 10 Sgr., Pred. Schulze zu Brusenfelde 20 Sgr., Lehrer Schenk daf. 2½ Sgr., Lehrer Richert zu Marwitz 5 Sgr., zusammen 3 Thlr. — Fehrbellin: durch Hülfsprediger Wernicke: derselbe 15 Sgr., Pf. Lehnerdt in Etaum 1 Thlr., Pf. Wipprecht in Carwesee 20 Sgr., Pf. Gochius in Brame 1 Thlr., Pf. Seger in Lentzke 1 Thlr., Superint Heindorf in Fehrbellin 2 Thlr., Wwe. Kistenmacher 15 Sgr., Pred. und Rect. Schmidt 15 Sgr., Frl. M. Schneider 1 Thlr., Postexpedient Finkelberg 15 Sgr., Past. Quehl in Hakenberg 1 Thlr., Ungenannt in Fehrbellin 5 Sgr., Frl. D. Friese zu Feldberg 10 Sgr., Kreisrichter Buchwaldt in Fehrbellin 20 Sgr., Frau C. Jerichow 1 Thlr., Frl. A. J. 15 Sgr., Frl. Dannenberg in Fehrbellin 15 Sgr., zur Abrundung 5 Sgr., zusammen 13 Thlr. — Wriezen a/O.: Scherflein für die Reisepredigt (Eph. 6, 10—17) 2 Thlr. — Potsdam: von einem Ungenannten durch Hülfsprediger Golling 1 Thlr. — Brandenburg: durch Rendant Petersen vom Central-Comité für l. M. 20 Thlr., durch Past. Krummacher: Commerzienrath Krüger 5 Thlr., Superint. Herzer 1 Thlr., Stadtrath Martini 1 Thlr., zusammen 7 Thlr. — Reitwein: durch Graf Finkenstein: derselbe 5 Thlr., Superint. Heusche zu Sachsendorf 1 Thlr., Pred. Mortel zu Lebus 2 Thlr., Oberamtmann Boldt zu Wulkow 2 Thlr., Engels zu Seelow 1 Thlr., Pred. Gibelius zu Reitwein 15 Sgr., Cant. Schulze zu Sachsendorf 15 Sgr., Past. Weiland zu Rathstock 1 Thlr., Past. Kraeuter zu Podelzig 1 Thlr., v. d. Marwitz zu Friedersdorf 1 Thlr., G. Seegemund zu Reitwein 15 Sgr., H. Gensichen zu Podelzig 15 Sgr., Gen.-Lieut. Graf von Finkenstein zu Berlin 1 Thlr., von Schierstädt in Frankfurt a/O. 1 Thlr., Reg.-Rath Graf von Finkenstein daf. 1 Thlr., zusammen 20 Thlr. — Neustadt an der Dosse: durch Hülfsprediger Becker: derselbe 1 Thlr., Past. Baldenius 1 Thlr., Superint. a D. Past. Mittelbach zu Köritz 1 Thlr., zusammen 3 Thlr. — Schmergow bei Gr. Kreutz: durch Past. Mylius: derselbe 2 Thlr., Kirchenvorsteher Schmeldorf 10 Sgr., Wwe. Stackebrandt 5 Sgr., Altsitzer Kuhlmey 20 Sgr., Bauerguts- besitzer Kuhlmey 1 Thlr., Bauerguts besitzer Fredrich 1 Thlr., Kirchenvorsteher Wäger 1 Thlr., zusammen 7 Thlr. 5 Sgr. — Koenigs Wusterhausen: durch Superint. Krätschel: derselbe 1 Thlr., Hülfsprediger Suin de Boutenas 1 Thlr., Bauinspector Stoppenbeck 15 Sgr., Win- ter 5 Sgr., Kegeler 5 Sgr., Gens 5 Sgr., ? zu Dtsch. Wusterhausen 5 Sgr., Behrend zu Schenkendorf 2½ Sgr., Lietze 2½ Sgr., Barsch zu Dtsch. Wusterhausen 5 Sgr., Pred. Ebert zu Waltersdorf 1 Thlr., Pred. Bapler zu Selchow 15 Sgr., Kossäth Spiegel daf. 5 Sgr., Pred. Roehner zu Gr. Machnow 1 Thlr., Pred. Richter zu Tewpitz 1 Thlr., Pred. von Aster zu Gräbendorf 1 Thlr., Ob.-Pred. Sachse zu Wend. Buchholz 1 Thlr., Schacht daf. 15 Sgr., Kreisrichter Petrenz zu Königs Wusterhausen für das Paulinum 1 Thlr., zusammen 10 Thlr. 17½ Sgr. — Rabenleben: Past. Wölbling 2 Thlr. — Lichterrade: Past. Hilde- brandt 1 Thlr. — Gr. Ziethen: Past. Ziethen 1 Thlr. — Stolzenhagen bei Angermünde: Past. Müller 2 Thlr. — Frankfurt a/O.: durch Rathsherr Elberling von einer ungenannten Frau 2 Thlr. — Frankfurt a/O.: durch Frau Reg.-Räthin Empich aus den dortigen Büchsen für die Diaspora 19 Thlr. 19 Sgr. 7 Pf. — Schwiebus: durch Ob.-Pfarrer Droysen: derselbe 1 Thlr., H. Marggraff 1 Thlr., G. Kramer 1 Thlr., Fr. Hirte 15 Sgr., Aug. Klaembt 5 Sgr., G. R. Riepert 10 Sgr., Tschoppe 10 Sgr., Koppe 10 Sgr., Rümpler 1 Thlr., Clemens 5 Sgr., Vollmar in Burgleben 1 Thlr., Gebr. Marggraff 1 Thlr., A. W. Rümpler 1 Thlr., A. Skerl 15 Sgr., F. Kurze in Golkau 1 Thlr., Haberlach 15 Sgr., Fr. Crümer 15 Sgr., K. Rippe 15 Sgr., E. Kurze 15 Sgr., Past Berthold 4 Thlr., Reimund (?) 1 Thlr., G. Balcke 4 Thlr., von dem Gem. Kirch.-Rath in Schwiebus 5 Thlr., zusammen 49 Thlr. 25 Sgr., Schoenerlinde bei Berlin: durch Superint. Rümmel: derselbe 1 Thlr., Pf. Neer- muth zu Arensfelde 20 Sgr., Pf. Sander zu Blesdorf 15 Sgr., Pf. Metzig zu Birkenwerder 7½ Sgr., Pf. Ullmann zu Blumberg 15 Sgr., Pf. Büchsel zu Buch 15 Sgr., Pf. Füllgraf zu Dallorf 7½ Sgr., Pf. Ideler zu Fredersdorf 15 Sgr., Pf. Koch zu Friedrichsfelde 15 Sgr., Pf. Schultze zu Heiligensee 7½ Sgr., Pf. Raharbt zu Kl. Schönebeck 10 Sgr., Pf. Dr. Bornitz zu Lichtenberg 15 Sgr., Pf. Hecker zu Lindenberg 15 Sgr., Pf. Lange zu Malchow 15 Sgr., Pf. Klamroth zu Neuenhagen 10 Sgr., Pf. Dr. Rambohr zu Pankow 15 Sgr., Pf. Bern- hardi zu Rosenthal 7½ Sgr., Pf. Nitzsch zu Schwanebeck 10 Sgr., Schulinspector Bernhardi zu Stolpe 10 Sgr., Pf. Schadow zu Weißensee 7½ Sgr., Pf. Roubel zu Pf. Buchholz 10 Sgr., zusammen 9 Thlr. 2½ Sgr. — Berlin: D.-C.-Rath Dr. Dorner 5 Thlr. 20 Sgr.

Prov. Sachsen. Lastungen bei Worbis: durch Past. Felgentraeger; derselbe 20 Sgr., Kreisrichter Fricke in Worbis 20 Sgr., Past. Kersten 20 Sgr., Fabr. Biermann zu Neumühle 2 Thlr., zusammen 4 Thlr. — Gröningen: durch Superint. Grate unter den Geistlichen der

Diöces Gröningen-Oscherleben gesammelt 7 Thlr. — Vorüeda: Ob.-Pfarrer Grüning 4 Thlr. 7½ Sgr. — Kemberg: Archidiakonus Bauer 4 Thlr. — Wittenberg: durch Cons.-Rath Dr. Schmieder: Superint. und Semin.-Dir. Schäpper 4 Thlr., Diak. Gebler 15 Sgr., Archidiak. Seelfisch 4 Thlr., Past. Wass zu Bratau 4 Thlr., Past. Anton zu Seegrehna 4 Thlr., Past. Schröer zu Straach 4 Thlr., Past. Schlegel zu Appollersdorf 15 Sgr., Past. Manitius zu Eller 15 Sgr., Semin.-Dir. Dr. Lommatzsch 4 Thlr., Past. Naumann zu Dabrun 15 Sgr., Past. Mönch zu Cutzsch 15 Sgr., Past. Albrecht zu Dobien 15 Sgr., Diak. Fuchs zu Wittenberg 15 Sgr., Gymn.-Dir. Schmidt das. 4 Thlr., Prof. Masch (Mensch?) 15 Sgr., Prof. Dr. Bernhardt 15 Sgr., Gymn.-Lehrer Dr. Becker 15 Sgr., Gymn.-Lehrer Knappe 15 Sgr., Gym.-Lehrer Dr. Winter 15 Sgr., Gymn.-Oberlehrer Dr. Wentrup 15 Sgr., Gymn.-Lehrer Müller 15 Sgr., Gymn.-Lehrer L. Hartung 15 Sgr., Gymn.-Lehrer K. Vermehren 15 Sgr., Gymn.-Lehrer Erdmann 15 Sgr., Kaufmann Carl Giese 15 Sgr., Tuchfabrikant Praedicow 4 Thlr., Banquier S. Block 15 Sgr., Dr. Schmieder zur Abrundung 15 Sgr., zusammen 48 Thlr.

Prov. Westphalen. Gütersloh: durch W. Bartels: derselbe 4 Thlr., Gräfin Stolberg zu Wernigerode 10 Thlr., Kaufmann C. L. Greve 4 Thlr., L. und H. und W. Niemöller à 1 Thlr. = 3 Thlr., F. B. und W. B. à 15 Sgr. — 1 Thlr. Fr. Vogt 4 Thlr., Fritz Zumwinkel 15 Sgr., C. Bertelsmann 4 Thlr., F. M. Lepper 4 Thlr., Pastorin Laar 2 Thlr., zusammen 24 Thlr. 15 Sgr. — Meinertshagen: durch Superint. Geck: derselbe 10 Sgr., Pf. Deutelmoser zu Kierspe 10 Sgr., Pf. Quinck zu Heedfeld 4 Thlr., Pf. Brachmann zu Werdohl 4 Thlr., Pf. Huffelmann zu Neuenrade 15 Sgr., zusammen 8 Thlr. 5 Sgr.

Rheinprovinz. Bonn: Kaufmann C. Simonis pro 1863 50 Thlr. — Viersen: Commerzien-Rath Fr. von Diergardt 25 Thlr. — Linz a/Rh.; Past. Krüger aus den dortigen Gemeinde 10 Thlr. — Coblenz: durch Cons.-Rath Ball: Milit.-Ob.-Pred. Korten 4 Thlr., Superint. Schütte 4 Thlr., Pf. Th. Link 20 Sgr., Dr. Groos 20 Sgr., Gen.-Superint. Eberts 2 Thlr., Cons.-Rath Ball 4 Thlr., Cons.-Rath Snethlage 4 Thlr., F. Bohn 4 Thlr., C. Burander (?) 4 Thlr., Bagenstecher 4 Thlr., Fischer 4 Thlr., Dr. Bärsch 4 Thlr., b. Gosel 4 Thlr., Wiesmann 4 Thlr., Delius 4 Thlr., Schul-Rath Landfermann 4 Thlr., Wwe. Schmer 4 Thlr., Bagen 1 Thlr., Brien 15 Sgr., ? 4 Thlr., ? 4 Thlr., v. d. Goltz 4 Thlr., zusammen 24 Thlr. 25 Sgr., davon für den Sammler 4 Thlr., bleiben 20 Thlr. 25 Sgr.

Bremen. Fr. Senatorin Fritze 10 Thlr.

Hamburg. Durch Egmont Hagedorn: derselbe 5 Thlr., F. W. Burchard 40 Thlr., Dr. H. Gries 10 Thlr., Dr. A. Abendroth 40 Thlr., C. A. Grafemann 10 Thlr., C. H. J. Ludendorff Wwe. 10 Thlr., Th. Reincke 10 Thlr., H. Roosen 10 Thlr., F. H. Meyer 10 Thlr., Senator Meyer 5 Thlr., A. Behn 5 Thlr., D. F. Weber 2 Thlr., Pastor Rautenberg 4 Thlr., Senator Dr. Huvtwalcker 5 Thlr., Pastor von Ahsen 2 Thlr., W. Berens 2 Thlr., J. W. Dunder 4 Thlr., H. N. Ney 4 Thlr., A. J. C. Gebrahl 4 Thlr., C. C. Nolte 2 Thlr., B. C. Roosen 4 Thlr., Inspect. C. W. Schubach 4 Thlr., H. M. Waitz 2 Thlr., J. G. Wolff 2 Thlr., Ad. Godeffroy 2 Thlr., zusammen 186 Thlr., F. Schroll jährlich 4 Thlr., Frau Schroll, geb. Wichern, jährlich 2 Thlr.

Württemberg. Liebenzell: Stadtpfarrer Hermann 4 Thlr.

Baden. Eppingen: durch Dekan Mann: Pf. Riehm in Sulzfeld 4 Thlr., Pf. Buch in Stebbach 4 Thlr., Pf. Ringado in Adelshofen 4 Thlr., Pfarrverw. Sievers in Gemmingen 4 Thlr., Pfarrverw. Henning in Schluchtern 4 Thlr., Dekan Mann 4 Thlr., zusammen 6 Thlr. Frl. Bertha und Nannette Grunelius zu Baden-Baden 42 Thlr.

Baiern (Pfalz). Westheim: durch Pf. Schiller vom Evang. Verein der baier. Pfalz 5 Thlr. 24 Sgr. 5 Pf.

Sachsen, Königreich. Borna: durch Advokat Mehr zweite Rate des Jahn'schen Legats 330 Thlr. 1 Sgr. 4 Pf.

Anhalt. Bernburg: durch Lehrer Landgraf vom Rettungs-Verein 5 Thlr.

Lippe-Detmold. Vom Consistorium für die Predigt unter den Holländsgängern pro 1863 30 Thlr.

Hannover. Vom Cultus-Ministerium für die Predigt unter den Holländsgängern 25 Thlr.

Oldenburg (Fürstenthum Birkenfeld). Herrstein: Pfarrer Koch 4 Thlr.

Frankreich. Durch Minister von Bethmann-Hollweg: Alexander Grunelius zu Mühlhausen im Elsaß 100 Thlr.

Nachrichten aus dem Rauhen Hause.

1) Daß der Verfasser dieser Nachrichten zu Pfingsten ins Rauhe Haus zurückkehren werde, ist schon das letztemal bemerkt, daß diese Absicht zur Ausführung gekommen, füge ich jetzt hinzu. Es war wohl eine Freude, das schöne Frühlingsfest in der alten Heimath inmitten der vielen lieben Hausgenossen begehen zu können.

Gleich nach Pfingsten bin ich dann auf 8 Tage nach Bremen gereist, wo mich der Senior unserer Brüderschaft, unser Dr. Treviranus beherbergt, der in alter Liebe und Treue uns unwandelbar verbunden bleibt und auch nach seinem 50jährigen Amtsjubiläum noch in gleicher Frische des Geistes seinen Arbeiten sich widmet. Wolle der Herr ihn noch lange zu fernerem Segen auch für uns erhalten! Er ist, wie Alle wissen, der Mittelpunkt unserer Brüder in Bremen, deren jetzt ihrer 12 daselbst arbeiten. Es ist mir eine große Freude gewesen, dieselben inmitten ihrer so mannigfachen Arbeit zu sehen. Auch Br. B. auf dem Ellenerhof war, Gott sei Dank! so gut wie wieder hergestellt, nur daß er sich noch sehr schonen mußte.

2) In unserm weiteren Bruderkreise sind abermals Tage großer Freude und zum Theil schwerster Trübsal eingekehrt. Unser Br. F.(111) in C. bei Neustadt-Eberswalde hat Hochzeit gehalten, was unter herzlichster Theilnahme aller dabei Betheiligten geschehen, an zwei Stellen bei L.(100) und M.(156) sind am 11. Mai und 3. Juni Töchter geboren und unser Herr M.(137) hat sich wieder verlobt; die Braut ist aus Langenberg und die Schwester der jetzigen Frau unsers Herrn O.(125). Ein gleiches Leid, wie neulich unsern lieben Herrn Schwabe, der am Pfingstabend seiner plötzlich abgerufenen Frau die Grabrede inmitten seiner Gemeinde hat halten müssen, hat unsern Br. A.(55) in Berlin betroffen; ihm ist seine liebe Frau am 7. Juni gestorben. Der schwer betroffene Freund ist jetzt zum dritten Mal Wittwer geworden; neben ihm stehen drei kleine Waisen. Dazu ist unserm Br. A.(171) hier im Rauhen Hause am 18. Juni sein zweites Kindlein, ein Töchterlein, gestorben, dem unter allgemeiner Theilnahme des ganzen Hauses am 20. die letzte Ehre geschehen. Wohl denen, die wie diese schwer Geprüften, trotz aller solcher schmerzlichen Erfahrungen wissen, daß unser Gott, ein Gott des Trostes und des Lebens, nicht Gedanken des Leides, sondern des Friedens über uns hat.

Bei diesem Anlaß will ich mit Dank gegen Gott und gewiß zu Aller Freude hinzufügen, daß unser Br. L.(307) in Bonn nach seinem langen, sehr schweren Krankenlager jetzt als wiederhergestellt angesehen werden kann.

3) Wenn es unserm Herrn Meyering gelungen, alle unsere in Schlesien arbeitenden Brüder bis auf R.(124), den er nicht hat erreichen können, zu besuchen, steht zu hoffen, daß derselbe im Stande sein wird, im Lauf des Sommers zunächst noch einen Theil der in Pommern, später aber hoffentlich auch der in der Prov. Preußen, desgleichen die in Lübeck und Holstein stationirten Brüder persönlich zu begrüßen.

Noch muß, als bisher versäumt, nachgeholt werden, daß unser Herr Ney von Landau als Gefängnißprediger nach Zweibrücken, ebenfalls in der Rheinpfalz, versetzt ist.

Mit herzlichem Gruß seien Alle Gott befohlen!

Für die Hülfskasse (H. C.) sind vom 27. Mai bis zum 19. Juni an Jahresbeiträgen eingegangen:

Für 1863 à 1 ℳ von K.(109), J.(117), O.(128), H.(147), Z.(170), G.(222); für 1864 1 ℳ von O.(339). Es wird recht sehr um Einzahlung der noch rückständigen Beiträge gebeten.

W.

Quittungen vom Monat Mai 1863.

Für die Kinderanstalt. Holstein: Hr. Pastor Peterssen in Norderhastedt bei Heide durch die Agentur 1 ℳ 12 ß. — Preußen: Hr. Pastor Hildebrandt in Mieste bei Gardelegen 2 ℳ 27 Sgr.; Hr. Bruhn in Angermünde 2 ℳ.

Legat des sel. Hrn. Nic. Hudtwalcker 5000 ℳ.

Hausbüchse: 77 ℳ 13 ß.

Für die Brüderanstalt. Preußen: N. N. durch Herrn H. Meyer in Linde bei Bahn 1 ℳ; Hr. Bruhn in Angermünde 2 ℳ.

Für die Kinder- und Brüderanstalt gemeinschaftlich. Preußen: durch D. R. in Glogau „ein Scherflein zur Erinnerung an den 1. Mai" 1 ℳ; Hr. Consistorialrath Professor Dr. J. Müller in Halle 17 ℳ; durch Hrn. Lehrer Hentschel in Winzer Mark bei Hattingen 5 ℳ.

Naturalien. Hamburg: Hr. Sen. Dr. Hudtwalcker eine gebrauchte Badewanne; Fr. Dr. S. 1 Rock, 1 Hausrock, 1 Weste (alt); Hr. Pastor Roosen 1 Frack, 1 Weste (alt); Fr. Sen. Hudtwalcker 2 Reste dunkelrothes Zeug, 15 weiße Vorhänge, 1 Ueberzug (alt); Hr. Milcher Claaßen in Horn 60 Kannen Milch; N. N. 2 Frauenkleider, 1 Umhang (alt); Hr. Schlachtermeister J. B. Freundt in Hamm ein Lamm.

Für alle obigen Gaben sage ich hiermit den Wohlthätern den herzlichsten Dank.

Dr. Wichern.

Die Agentur des Rauhen Hauses

zeigt hiermit an, daß die bisherige Auflage der beiden Kirchentags-Vorträge von Dr. Wichern und Dr. Kögel gänzlich vergriffen ist, so daß, da schon die letzten Bestellungen nicht mehr haben ausgeführt werden können, weitere Lieferungen nicht möglich sind. Eine neue Auflage zu so geringem Preis wie der bisherige, ist geschäftlich unausführbar.

In der Agentur des Rauhen Hauses sind jetzt in neuer Auflage erschienen die seit längerer Zeit vergriffen gewesenen

Vierzig Sprüche der Heiligen Schrift. Ausgewählt für jeden Tag im Monat und für besondere Tage. Auf stärkstem Cartonpapier in 4°. Preis 2 ℳ 8 ß od. 1 ℳ.

Inhalt des Hauptblattes: Preisschrift des Central-Ausschusses. — Deutsches Kirchen- und Schulwesen in Rußland. — Die großen Städte. Stadtmission in Hamburg. (Schluß.) — Zeitung und kürzere Correspondenzen: Rettungshäuser und verwandte Anstalten zu Laforce, Genf, Schlesien; Vereinshäuser zu Genf, Halberstadt, Cöln; Anstalt für Blödsinnige in Kiel; Verschiedenes: Schweden, Frankreich. — In Sachen des Central-Ausschusses: Reisepredigt u. s. w.; Quittungen. — Nachrichten aus dem Rauhen Hause: Quittungen; Anzeige der Agentur.

Inhalt des Beiblattes: Was aus einem großen Bauern werden kann. — Wie die Leute in Sitzen ihre Kinder erzogen. — Aus Binet.

Herausgeber Dr. Wichern, Vorsteher des Rauhen Hauses. — Verlag der Agentur des R. H. zu Horn bei Hamburg. — Gedruckt im R. H.

XX. Serie.
Juli.
Jährlich 24 Bogen zu
1 ℳ Pr. in 12 (monat-
lichen) Lieferungen.

1863.
No. 7.
Durch alle Buchhand-
lungen u. Postämter
zu beziehen.

Fliegende Blätter

aus dem
Rauhen Hause zu Horn bei Hamburg.
Organ des Central-Ausschusses für die innere Mission der deutschen evangel. Kirche.
Hauptblatt.

Welche Aufgaben empfehlen sich unsern Presbyterien und Synoden zur Behandlung in Beziehung auf die Stärkung des Gemeindelebens?
(Vortrag auf der Pastoral-Conferenz in Bonn, gehalten am 1. Juli 1863.)

Ferne sei es, bei Beantwortung dieser Frage etwa der Modekrankheit des Theoretisirens zu verfallen. Jeder Schein desselben soll vermieden werden. Denn unsere Zeit liebt es, mit Theorien zu beginnen, um durch sie die raschen Strömungen des Lebens möglichst hübsch geradlinigt zu leiten oder das bunte Gemisch der Praxis zu uniformiren. So versucht man bald auf diesem, bald auf einem anderen Gebiete den hochgehenden Wogen des Lebens ein neues, bei der Studirlampe gezeichnetes Bett zu graben, aber der Lebensstrom schafft sich trotz alledem sein Bette selber und die schönen Theorien werden fallen gelassen und in die Raritätensammlung der Theoretiker zurückgelegt. Man hüte sich, mit unpraktischen Dingen vorzugehen, Neuerungen auszudenken, ohne das historisch Gegebene oder Gewordene sorgfältig und gewissenhaft benutzt, bearbeitet und in treuer Hingebung gepflegt zu haben. Es kommt in kirchlichen Dingen mehr auf die Sitte, als auf fein gedachte Theorien an. Der überkommenen Sitte aber neuen Lebensodem wieder einzuhauchen, ist viel mühsamer und geht langsamer von Statten, als mit neuen, in die Augen springenden Ideen hervorzutreten. Doch jener Weg, obwohl unscheinbar und geräuschlos, wird sich lohnender erweisen als die effektvollen Versuche glänzender Theorien. Das Vertrauen einer Gemeinde läßt sich nicht leichter verlieren, als wenn ein Gemeindevorstand sich in Abstellung einzelner Uebelstände und Vorurtheile übereilt, und Mißtrauen wird er ernten, wo er mit immer neuen Projecten für Organisation und Belebung des Gemeindebewußtseins vorgeht. Zwar pflegt man in unsern Tagen bei jeder kaum begonnenen Einrichtung gleich den großen Segen zu rühmen, welchen sie schon nach sich gezogen habe; im Grunde aber beschränkt sich dieser viel gepriesene Segen meist nur auf den angenehmen Eindruck, den ein solcher Versuch auf neuerungssüchtige Gemüther nie zu verfehlen pflegt. Fragt man nach Jahren wieder darnach, so kennet oft die Stätte, wo diese viel bewunderte Blume aufschoß, sie nicht mehr, oder wenn sie sich noch daselbst vorfindet, hat sie ihren Duft und Farbenschmelz verloren. Man sollte doch einmal mit dem Worte „Segen" etwas sparsamer werden und bei kirchlichen Einrichtungen bedenken, wie ihre Früchte in Geduld erwartet werden müssen.

Von diesen Anschauungen, welche sich auf mehrjährige Erfahrung gründen, ausgehend, kann ich unseren Presbyterien kaum andere Gegenstände zur Behandlung empfehlen, als die, welche ihnen die Kirchenordnung zuerkennt.*) Es bleibt immer ein gewagtes Unternehmen, die

---

*) Nach der Kirchenordnung für Rheinland und Westphalen gehört zu dem Geschäftskreis der Ortspresbyterien:

a) Die Handhabung der Kirchendisciplin in der Gemeinde, innerhalb der gesetzlichen Grenzen. — b) Die Einleitung zur Wahl des Predigers nach den Bestimmungen des Wahlreglements. — c) Die Wahl der unteren Kirchenbedienten, die verfassungsmäßige Theilnahme an der Wahl der Elementarlehrer. — d) Die Aufnahme der vor ihm und der Gemeinde durch den Prediger geprüften Confirmanden. — e) Die Ertheilung der Kirchenzeugnisse für die aus der Gemeinde zu entlassenden Glieder. — f) Sitz und Stimme in der Kreissynode durch den Prediger und einen von dem Presbyterio deputirten Aeltesten. — g) Die Verwaltung des Kirchen-, Pfarr-, Schul- und Armenvermögens. — h) Die Aufsicht über die ganze Gemeinde und die Aufrechthaltung guter Ordnung bei dem öffentlichen Gottesdienste. — i) Die Pflicht, zur Zeit einer Vacanz der Pfarrstelle, nach Anweisung des Superintendenten, dafür zu sorgen, daß der Gottesdienst und der katechetische Unterricht der Jugend gehörig wahrgenommen werde. — k) Die Leitung der kirchlichen Einrichtungen für Armen- und Krankenpflege. — l) Es bildet innerhalb der verfassungsmäßigen Grenzen den Schulvorstand der Pfarrschulen, führt die Aufsicht über sämmtliche Schulen in der Gemeinde in Beziehung auf christliche Unterweisung und Erziehung der Jugend, und wahrt im Bereiche der Parochie die der Kirche über die Schulen zustehenden Rechte.

Thätigkeit eines Collegiums nach einer Seite hinzulenken, welche der rechtlichen Basis entbehrt. Denn gar zu leicht verliert ein so auf diese ihm mehr fern liegende Gegenstände hingewiesenes Collegium die Lust und den Geschmack an den ihm eigentlich von Rechtswegen obliegenden Dingen, und sieht die Hauptsache für eine Nebensache an. Eine nach meinem Dafürhalten noch viel schlimmere Folge, von derartigen Geschäftsversuchen ist der Subjectivismus, dieser gefährliche Feind unserer Jetztzeit, welcher sich dann unserer Presbyterien bemächtigen würde. Unser Aeltestenamt hat seine bestimmten Pflichten, welche allen anderen Dingen vorgehen, und darf nicht den Schein annehmen, als ob es willkührlich hin- und her fahren könne. Nichts schadet einem Gemeindeleben mehr, als subjectiver Spiritualismus, weil er, abgesehen von dem Schaden des persönlich gespreizten Wesens, geradezu der kirchlichen Demokratie in die Hände arbeitet. Ihm gegenüber könnte man versucht werden zu sprechen: Der Geist tödtet, aber der Buchstabe macht lebendig.

Uebrigens kommt es beim belebenden Einfluß der Presbyterien auf's Gemeindeleben oft weniger auf die Gegenstände, welche sie behandeln, als vielmehr auf die Personen an, denen die Behandlung der Gegenstände obliegt. So wenig als das Thema die Predigt, vielmehr das Geschick des Predigers das Thema fruchtbar macht, so üben auch die Gegenstände der Thätigkeit eines Presbyteriums an sich noch keinen belebenden Einfluß auf die Gemeinde, sondern das thut die Art und Weise ihrer Behandlung. Sitzen in einem Presbyterio die rechten Männer, so werden sie auch die Verwaltung des Gemeindevermögens, welchen Theil ihrer Thätigkeit man häufig als unfruchtbar und unlebendig zu bezeichnen beliebt, zur Belebung des Gemeindebewußtseins zu führen verstehen. Es ist unrecht, gerade derartige Geschäfte wie eine äußere, unbedeutende Sache geringschätzig ansehen zu wollen. Wer darf denen das Höhere anvertrauen, welche nicht das Geringe zu schätzen wissen? Es thut wahrlich noth, besonders dem jüngeren Geschlechte, welches in seiner Geistigkeit auf diesen Geschäftsgang der zeitlichen Angelegenheiten einer Gemeinde mißachtig herabsieht, das alte Wort ernstlich zuzurufen: in corpore sano mens sana. Die Verwaltung der zeitlichen Güter und äußerlichen Angelegenheiten einer Gemeinde verwahrlosen zu lassen, heißt ihrem inneren Leben ebenso die Bedingungen seines Daseins verkümmern, als wenn man die Sorge für seinen Leib hintansetzen und desto emsiger seine

Seele pflegen wollte. Welcher von beiden Theilen im gegenwärtigen Leben dem anderen in der Pflege nachgestellt werden müsse, das ist eine sehr müßige Frage, da keiner ohne den andern in dieser Zeit bestehen kann. Eine wohlgeordnete und treu gepflegte Vermögensverwaltung rechne man einem Presbyterium hoch an, sie ist ein Marthadienst, ohne den das Sitzen der Mariaseelen zu den Füßen des Herrn schwerlich statt haben möchte. Auch würde es nicht schwer sein, einzelne Gemeinden namhaft zu machen, bei welchen die Unordnung und Nachlässigkeit der äußeren Verwaltung ein Verfallen und Zerfallen des Gemeindelebens eiligst nach sich gezogen hat. Auch gilt solches nicht blos von den ersten Anfängen neuer Gemeindebildung, wo der große Werth tüchtiger Verwaltungskräfte wohl Jedem einleuchtet, sondern auch ältere Gemeinden drohen in sich zu zerbröckeln, sobald die Hände, welchen diese leibliche Sorge anvertraut ist, ihr Werk lässig und säumig treiben. Denn bei dem beständigen Streite, in welchem unsere Gemeinden sich um ihre Existenz befinden, müssen auch die geringsten Außenwerke auf's Sorgfältigste gehütet werden, weil jeder Verlust einer solchen Position die eigentliche Citadelle den feindlichen Angriffen zugänglicher macht. Sind unsere Presbyterien treue Hüter und wachsame Wächter über den äußeren Besitz und die zeitlichen Gerechtsame ihrer Gemeinden, dann wird auch das Gemeindebewußtsein von ihnen eine nicht geringe Stütze und Kräftigung erfahren. Man hüte sich, diesen Theil ihrer Thätigkeit zu unterschätzen.

Aber denselben zu überschätzen, ist nicht minder gefährlich, wie es für einen Geistlichen immer ein höchst zweideutiges Lob bleibt, wenn man an ihm nur sein treffliches Verwaltungstalent rühmen hört. Für die Erfolge menschlicher Thätigkeit hängt viel von der Gesinnung ab, in welcher sie geübt wird. Daher kann auch die Verwaltung der äußeren Gemeindeangelegenheiten den Gemeindesinn belebend oder lähmend getrieben werden. Letzteres wird stets der Fall sein, wenn die ganze Arbeit nur als ein Geldgeschäft angesehen und das Ansammeln von Capitalien als Hauptaufgabe im Auge behalten wird. Der Geiz ist nicht nur für einzelne Personen, sondern auch für einzelne Gemeinden eine Wurzel vieler Uebel. Was aber der Geiz, sobald er ein Presbyterium ergreift, für traurige Folgen auf's Gemeindeleben auszuüben vermag, das weiter auszuführen, kann wohl hier unterlassen bleiben. Wo aber ein solches Collegium seine Aufgabe begriffen hat und von der Ueberzeugung geleitet wird, daß alles

Geld dem Wachsthum und Gedeihen der Gemeinde Christi dienen soll, da wird seine verwaltende Thätigkeit ähnlich dem Gemeindeleben zu Gute kommen, wie die weise Wirthschaftlichkeit einer Hausmutter das ganze Hauswesen zusammenhält und die Herzen ihr zuwendet. Um aber unsere Presbyterien zu einer für's Gemeindeleben fruchtbarlichen Verwaltungsbehörde zu bekommen, bedarf es Männer, welche ebenso ein Herz und Auge für's Gemeindewohl, als auch die hierfür erforderliche Intelligenz besitzen. Männer von einfacher Frömmigkeit und Gläubigkeit sollten freilich in keinem Presbyterium fehlen, aber wer nur kirchlich fromme Gesinnung für einzige Empfehlung zur Mitgliedschaft eines Presbyteriums erachtet, wird gar bald erfahren müssen, wie fromme Brüder in diesem Amte ein wahres Hinderniß für Ausbildung der Gemeinde Christi sein können, so bald ihnen die nöthige Intelligenz abgeht. Ein beschränkter Horizont, gewisse fromme Liebhabereien oder respektvolles Jasagen zu den Ansichten des vorsitzenden Pastoren, das kann gar bald den Tod in die Töpfe bringen, von denen belebende Nahrung ausgehen soll. Wie aber Intelligenz ohne fromme kirchliche Gesinnung großen Schaden anzurichten vermag, bedarf keiner weiteren Nachweise. Doch wenn Intelligenz sich neben den von der Kirchenordnung*) angegebenen Eigenschaften der Presbyter findet und sie nicht gegen das Evangelium oppositionell hervortritt, dann läßt sich immer viel mit einem also begabten Collegium ausrichten. Es muß nur von vorne herein der Grundsatz feststehen und jedes neu eintretende Mitglied darauf hingewiesen werden, daß in kirchlichen Dingen weder Majoritäten noch Autoritäten, sondern nur allein die Aussprüche des Evangeliums oder der heiligen Schrift entscheiden. Was diesem widerspricht, muß verworfen bleiben, selbst wenn eine noch so große Majorität sich dafür erklärte. Daß aber unsere Presbyterien auf diesem Grundsatze stehen und von ihm aus handeln, das ist Aufgabe ihres vorsitzenden Pfarrers. Wird er von diesem Grundsatze getragen, so wird er auch jederzeit den geschäftskundigen Mit-

---

*) Es dürfen nur solche § 21 der Kirchenordnung bezeichnete selbstständige Gemeindeglieder zu Mitgliedern des Presbyteriums gewählt werden, deren Wandel unsträflich ist, die ein gutes Gerücht in der Gemeinde haben, überhaupt ihre Liebe zur evangelischen Kirche, namentlich durch Erziehung ihrer Söhne im evangelischen Bekenntnisse bethätigen, und durch Theilnahme an dem Gottesdienst und heiligen Abendmahle ihre kirchliche Gesinnung beweisen.

gliedern, denen an Kenntniß gewachsen sein zu müssen, er nicht für sein Ziel erachten soll, ein tüchtiger Moderator bleiben können. Zuweilen kann es sogar heilsam sein, wenn der Pastor die Ueberlegenheit der Presbyter in gewissen Dingen anerkennt, während er ihnen gegenüber Gottes Wahrheit und Licht vertritt und geltend macht. Freilich erschwert die zwei- oder vierjährige Amtsperiode der Presbyter die Aufrechthaltung jenes obersten Grundsatzes, daß alle Vernunft sich unter den Gehorsam Christi beugen solle, sehr. Doch wir sind nun einmal in diese Psephokratie hineingekommen, und obwohl sie keine biblische Begründung hat, möchte ich sie als eingebürgert auch nicht abschaffen wollen, schon aus purem Conservatismus nicht.

Wie jedes Collegium seine Seele in seinem Vorsitzenden hat und wie die besten Kräfte ohne seine Leitung wenig ausrichten, so wird auch die Thätigkeit jedes Presbyteriums von dem leitenden Pastoren außerordentlich abhängen. Und welcher Geist hier im Presbyterio weht, wird die von ihm geleitete Gemeinde gar bald verspüren. Zwar rühmt man's gewöhnlich, wenn Eintracht und Friede zwischen Pfarrer und Presbyterium waltet; doch auch dieser Ruhm kann für beide ein recht zweifelhafter sein. Oft beruht der Friede nur darauf, daß beide so wenig als möglich zusammenwirken. Hierbei habe ich weder die trägen und die Sachen, wie sie einmal gehen, ruhig hingehen lassenden Personen und Presbyter im Auge, noch auch die geistlich Leblosen, denn diese richten sich selber. Nein ich denke an die beklagenswerthen Verhältnisse, wo rüstige, eifrige pastorale Kräfte sich vorfinden, welche mit großer Ausdauer der Gemeinde Bestes erstreben. Allein bald ist's eine gewisse Eifersucht gegen den etwanigen Einfluß der Presbyter auf Gemeinde, bald eine gewisse Besorgniß, durch ihre Heranziehung in seiner Wirksamkeit gehemmt zu werden, bald fürchtet man durch das Geschick und die Gabe einzelner zu sehr verdunkelt zu werden: all das veranlaßt thätige Pastoren das Presbyterium bei Seite zu schieben und in Unkenntniß der Gemeindeangelegenheiten zu lassen. Andere wiederum halten es für gebotene Klugheit, privatim mit einzelnen Mitgliedern ihre löblichen Ansichten und Pläne zu besprechen und dann mit einem fait accompli, d. i. zu deutsch mit einem eigenmächtigen Gewaltstreich vor das Collegium zu treten. In keinem Falle kann derartiges Verfahren gut geheißen werden. Die letztgenannte kluge Eigenmächtigkeit verträgt sich schlecht mit der einem Diener Christi unentbehrlichen Lauter- und Durchsichtigkeit, mit der apostolischen *εἰλικρίνεια*. Alles selber thun zu wollen, weil man meint, andere könnten es nicht so gut, ist ganz ordinärer Hochmuth; oder weil man anderen nicht die Ehre der Mitwirkung gönnt, das ist unverzeihliche Mißgunst; andere aber davon auszuschließen, weil man fürchtet, daß sie die Sache besser verstehen, das ist geradezu Bosheit. Daher darf wohl gesagt werden, daß, wenn die Verhandlungen der Presbyterien auf's Gemeindeleben wirkungslos bleiben, jeder Pastor sich zunächst selber fragen möge, ob nicht ein großer Theil dieser Schuld ihm selber zufalle. Werde zunächst ein tüchtiger Präses Presbyterii, dann wird dein Presbyterium auch thatkräftig für die Gemeinde werden.

Andererseits läßt sich aber auch nicht verkennen, daß die den Pastoren häufig zugeschriebenen hierarchischen Gelüste einzelnen Presbyterien oder Presbytern nicht ferne liegen. Es wird in unseren Tagen so sehr beliebt, den Pastor einen Diener der Gemeinde zu nennen, und viele der Brüder pflegen bei besonderen Gelegenheiten diesen Namen, nicht ohne den Beigeschmack einer gewissen Schmeichelei gegen die Gemeinde, sich gern beizulegen. Richtig verstanden, mag uns dieser Name ähnlich zieren, wie Christus ein Diener der Beschneidung genannt wird, aber biblisch ist diese Benennung nicht. Richtiger bleibt es, wenn wir unsere Ehre darin suchen, Diener Christi und nicht Diener der Gemeinde, deren Diener sich nur der Herr im eminentesten Sinne nennt, zu heißen. Sagen wir den Leuten immer wieder vor, daß wir ihre Diener sind, dann dürfen wir uns auch nicht beklagen, wenn sie uns als Menschendiener behandeln. Das aber geschieht am empfindlichsten, wenn es von Seiten der Presbyterien geschieht. Die hierarchischen Bestrebungen einzelner Presbyter, welche bei jungen und älteren Gemeinden nicht fehlen, haben manchem Gemeindeleben schon tiefe Wunden geschlagen. Verbitterung der pastoralen Thätigkeit, Parteiung in der Gemeinde, Hemmung des ordnungsmäßigen Geschäftsganges sind, ohne des Schadens der einzelnen Seelen zu gedenken, die unausbleiblichen Folgen solcher Herrschergelüste. Freiheit ist Selbstbeherrschung, kann hier nicht laut genug gerufen werden. Hervorragende Kräfte müssen wir anerkennen, sie mögen sich finden, wo sie wollen; daß sie aber über andere prädominiren wollen, muß in weiser Bescheidenheit verhindert werden. Und das ist die schwere Aufgabe des Vorsitzenden. Bei ihm muß es feststehen, jede Regung persönlicher Gereiztheit oder gar anhaltenden Grolles mit aller Energie des Geistes und des Gebetes in sich zu ertödten. Die Sanftmüthigen werden das Erdreich, warum nicht auch das Presbyterium besitzen? Es würde in unseren Presbyterien Vieles fruchtbarer verhandelt werden, wenn das Eröffnungsgebet auch immer ein Gebet, d. i. ein Opfer unserer Eigenheit wäre, und wenn wir des vorher ausgesprochenen Grundsatzes: Hier entscheidet weder Majorität noch Autorität, sondern Gottes Wort, allezeit lebhaft gedächten.

Dies die gewöhnlichen Ursachen, welche verhindern, daß sich die Thätigkeit der Presbyterien für's Gemeindeleben ersprießlich gestalte. Versuchen wir nun zu erwägen, wodurch dieselbe sich fruchtbarer machen lasse. Hier stehe obenan der Satz: Dem Presbyterium, als dem die ganze Gemeinde repräsentirenden und sie leitenden Collegium gebührt die Kenntnißnahme aller Gemeindeangelegenheiten und aller Ereignisse, welche sich innerhalb der Gemeinde auf dem sittlichen, kirchlichen und religiösen Gebiete zutragen. Von selber versteht sich's, daß auch derartige Erscheinungen, welche außer den Grenzen der Gemeinde auf diesem Gebiete zu Tage kommen und von allgemeiner Bedeutung sind, mögen sie innerhalb der Synodal- oder Provinzialgemeinde, oder der ganzen Landeskirche auftreten, dem Presbyterio nicht vorenthalten werden sollen. Denn es ist eine allgemeine Erfahrung, daß, je spezieller Jemand um alle Vorgänge in seiner Umgebung weiß, desto mehr steigert sich auch seine Theilnahme an ihrer Entwickelung. Und soll ein Verwaltungscollegium seiner Aufgabe gut nachkommen, muß es auch von allen Vorgängen innerhalb seines Verwaltungskreises genau unterrichtet sein. Damit sollen aber die Presbyterialsitzungen keineswegs zu Neuigkeitsbüreaus und Plauderstunden entwürdigt werden. Um das zu verhüten, halte man alle unverbürgten Gerüchte ferne, sehe von Kleinigkeiten und Zufälligkeiten ab, wisse das, was richtig ist, von dem, was unrichtig, wohl zu unterscheiden, und begnüge sich mit wirklichen Thatsachen. Nicht das Innere der Herzen, sondern nur die vor Augen liegenden Handlungen vermag die Kirche zu beurtheilen.

Hierher gehört die dem Presbyterium amtlich zustehende Handhabung der kirchlichen Disciplin. Wir stehen zwar bei diesem Stücke kaum in den ersten unsicheren Versuchen und eine wirkliche Durchführung der Kirchenzucht, besonders bei volkreichen Gemeinden, gehört zu den schwierigsten Problemen, deren Lösung noch lange auf sich warten lassen wird. Allein darum dürfen wir nicht unterlassen, diese

Aufgabe unseren Presbyterien immer wieder vorzuhalten. Eine wiederkehrende Vorlage der unehelichen Geburten, der gemischten Ehen, der vorkommenden Sonntagssünden, der öffentlichen Laster und Verbrechen, der Ab- oder Zunahme des Kirchenbesuches und der Abendmahlsbetheiligung darf nie unterlassen werden. Das sind zwar Dinge, welche mit recht keuschen Händen angefaßt werden wollen, aber sie darum gar nicht anfassen oder lediglich auf die seelsorgerische Thätigkeit des Pfarrers beschränken zu wollen, wäre nicht gut. Auch auf die Gefahr, hierarchischer Bestrebungen beschuldigt zu werden, spreche ich's aus, unsere Presbyterien müssen eine sittliche Censur wieder üben lernen und als solche in der Gemeinde auch dafür angesehen werden. Es macht einen gar wohlthuenden Eindruck, wenn ein solches Collegium einen einflußreichen Fabrikherrn schriftlich erinnert, daß er seinen Arbeitern nicht ihr heiliges Recht auf die Sonntagsruhe verkümmern möge. Oder wenn es einzelne Personen, die in wilder Ehe leben, durch besondere Deputirte aus seiner Mitte ernstlich ermahnt. Oder wenn es einem bescholtenen Pastoren energisch die Wahl stellt, ob er sein Amt freiwillig niederlegen oder einer Untersuchung sich unterwerfen wolle. Desgleichen sind Beschwerden und Anzeigen der Presbyterien bei den Lokalbehörden über ungesetzliche Vorgänge von ganz anderem Einflusse, als die oft schon zum Ueberdruß gehörten Klagen des einzelnen Pastoren. Man halte bei allen diesen Schritten streng darauf, daß das Presbyterium stets als ein geschlossenes Collegium, und nicht etwa der Pastor nur Namens des Presbyteriums handle oder schreibe. Wohl kann das zu Zeiten böses Blut absetzen, aber wo es nie einmal böses Blut giebt, wird es schwerlich auch je gutes geben. Die Gemeinde aber wird, sobald sie sieht, daß ihr Presbyterium kein Ansehen der Person übt, sich dabei wohlfühlen lernen und dieses Collegium tragen. Auch wird durch ein also auf göttliches und menschliches Recht sich steifendes Handeln das Gelüste der kirchlichen Demokratie nach den Presbytersitzen unzweifelhaft beschränkt werden. Hier gilt es hauptsächlich, jeden Schein der Willkühr ferne zu halten und Gottes Wort über alle menschliche Majoritäten und Autoritäten zu setzen. Ebenso muß ein derartiges Handeln ja nicht ausarten in eine Kleinigkeitskrämerei oder gar Spionage. Ein Presbyterium darf keine geheime Polizeianstalt sein, sondern soll die Bösen auch tragen können. Es vergesse nie seine Wirksamkeit zu einer Achtung gebietenden moralischen Macht zu machen. Allgemeine Regeln über Behandlung der einzelnen Disciplinarfälle aufstellen wollen, bleibt vergeblich, da Ort und Personen überall verschieden sind und sich nicht unter Ein Maaß stellen lassen. Wie man eine Ortsgemeinde bauen hilft, kann nur aus der genauesten Kenntniß der Bedürfnisse der Ortsgemeinde gelernt werden.

Die Ehesachen, die zu den häßlichsten Gemeindeangelegenheiten gehören, gebühren durchaus dem Presbyterium. Mag der Staat seine Gesetze über Schließung und Lösung der Ehe geben, die Kirche hat und behält ihr Recht über das Gedeihen dieser göttlichen Stiftung. Ueber Ehehindernisse und Ehescheidungen hat sie stets ein Wort mitzusprechen. Denn hier hat sie die Normen des geoffenbarten Gotteswortes. Presbyterien müssen daher darüber wachen, daß der Eintritt in die Ehe aufhöre die Folge einer vorhergegangenen Verschuldung zu sein, daß also die Zahl der deflorirten Bräute geringer werde. Ferner, daß die Ehe keusch und züchtig geführt, Ehescheidungen verhindert, wilden Ehen ein Ende gemacht und der christliche Charakter der Ehe gewahrt werde. Wie dergleichen geschehen müsse, läßt sich freilich schwer sagen. Allein es wird schon viel gewonnen, wenn ein Presbyterium diesen Schaden seiner Gemeinde zum Gegenstande der Aufmerksamkeit nimmt. Persönliches Nähertreten einzelner Presbyter kann schon manches heilen und verhindern. Werden dann die Hausbesuche des Geistlichen in Begleitung eines Aeltesten gewissenhaft abgehalten, so fehlt es auch nicht an Gelegenheit, diese Wunde so vieler Haushaltungen zu lindern. Man halte sich nur ferne von jedem Scheine, als ob man sich zwischen Mann und Frau eindrängen oder eine Art geheimes Ehegericht aufrichten wolle. Hier dürfen nur offenkundige Thatsachen in Angriff genommen werden und der Geistliche hüte sich, das, was ihm confidentionell von einem Theile geklagt worden ist, vor anderen, auch vor der Presbyter Ohren laut auszusprechen. Denn wenn je, so ziemt es dem Pfarrer, nicht alles zu sagen, was er weiß. Auch möchte es ihm weniger zu empfehlen sein, in einzelnen desparaten Fällen die polizeiliche Hülfe anzurufen, das eignet mehr dem gesammten Presbyterium. Dem Geistlichen dagegen kommt auch hier die speciell seelsorgerische Arbeit zu, welche man weislich von der des Presbyteriums unterscheiden muß.

Mit den Ehesachen hängt die Erziehung der Kinder und der Schulunterricht genau zusammen. Presbyterien sind zwar keine Schulvorstände, müssen sich aber doch für die sittlich-religiöse Ausbildung der Jugend verantwortlich wissen. Daher gebührt ihnen genaue Mittheilung dessen, was in der Gemeindeschule getrieben wird, und ob der Lehrer die Kinder als Lämmer Christi weide. Und gerade jetzt müssen Presbyterien Alles aufbieten, daß ihnen ein Recht auf die Schule bewahrt bleibe. Denn die Jugend, als Frühling der Gemeinde, möchte, wenn sie gänzlich in andere Hände überginge, die Gemeinde um ihren fruchtbaren Sommer und Herbst bringen. Hier stelle sich jedes Presbyterium auf eine hohe Warte und spähe sorgfältig, was der Schule nützt und frommt. In allen ihren Bedürfnissen ergreife es die Initiative, und scheue weder Anträge zu stellen noch Opfer zu bringen, daß die Schule blühe und gedeihe. Es darf seine Aufmerksamkeit nicht etwa blos auf den Religionsunterricht beschränken, sondern sehe auf den gesammten Schulunterricht. Daß eben die kirchlichen Organe nicht sorgfältig genug bedacht gewesen sind, die Schule den Anforderungen der Zeit entsprechend zu heben, hat nicht wenig beigetragen, ihren Einfluß auf die Schule zu schwächen und verdächtig zu machen. Ein Presbyterium, das die Schule zum besonderen Gegenstand seiner Sorge macht, wird jederzeit in der Gemeinde einen lauten Widerhall finden. Mit der Schule hat es aber zugleich die Zukunft der ganzen Gemeinde. In diesem Punkte muß der Präses als Lokalschulinspektor seinem Presbyterium die Verhandlungen des Schulvorstandes, den Befund der Schulbesuche, die einzelnen Anordnungen der Behörde und das Verhalten der Lehrer und Schüler zur Kenntnißnahme und Berathung unterbreiten. Auch sollte kein Jahresbericht weder über den Zustand der kirchlichen noch der Schulgemeinde abgefaßt, geschweige abgeschickt werden, ohne vorher dem Presbyterio vorgelegen zu haben. Derartige Ueberblicke über einen Abschnitt des Gemeindelebens, auch wenn sie zuweilen mehr statistischer Natur sind, verfehlen selten, das Interesse für die betreffenden Gegenstände neu anzuregen und die Aufmerksamkeit auf das, was noch zu thun ist, von neuem hinzulenken.

Unsere Zeit, reich an allerlei Auswüchsen und subjektiven Sonderinteressen, bietet auf dem kirchlichen Gebiete die mannichfaltigsten Erscheinungen. Welche nur in etwas angeregte Gemeinde hätte in unsern Tagen, und besonders in unserer Provinz, dergleichen Parteiungen und religiöse Sondergelüste nicht erfahren? Es kann hier nicht der Ort sein, alle die verschiedenen Separationen und Trennungen, die bald aus dogmatischem, bald aus mehr äußerem Interesse hervorgehen, hier namhaft zu machen. Sie sind da, und für's Gemeindeleben beklage ich ihr Dasein gerade nicht so sehr. Unsere Separirten sind für die Kirche das, was die Opposition für den Staat ist. Zwar würde ich mir, wenn keine da wären, solche nicht absichtlich hervorrufen, möchte aber doch von ihrer Abwesenheit keinen sehr günstigen Schluß auf das ganze Gemeindeleben zu machen wagen. Die Separation bedarf recht eigentlich der mütterlichen Pflege des Pfarrers und auch nicht minder der Beachtung des Presbyteriums. So viel an euch ist, habt mit allen Menschen Friede, sagt der Apostel, — also warum nicht auch mit den Separirten? Freilich wird zwischen ihren verschiedenen Denominationen immer ein großer Unterschied zu machen sein. Doch im Allgemeinen werden wir uns ihnen nie abstoßend gegenüber stellen dürfen. Den Presbyterien ist von allen diesen Bestrebungen innerhalb der Gemeinde Kenntniß zu geben, jeder einzelne Austritt mit ihnen zu besprechen, ja Presbyter sind sogar zu veranlassen, sich persönlich von dem Treiben einzelner Parteiversammlungen zu überzeugen. Das Presbyterium muß gewöhnt werden, die ausscheidenden Personen noch als Gemeindekinder, wenn auch als recht eigenwillige, mit gewinnendem Auge fort und fort anzusehen, ihre oft nicht bescheidenen Ansprüche auf Gemeinderechte dagegen gebührlich in geziemende Schranken zurück zu weisen. Denn Ausgetretene müssen erfahren, was sie muthwillig verachtet und preisgegeben haben, ohne daß ihnen die Rückkehr in den Schooß der Gemeinde absichtlich erschwert werde. Oft kann eine Separation uns das Auge über gewisse Uebelstände öffnen und gerade Veranlassung zu deren Abstellung geben. Diesen Erscheinungen gegenüber hat jedes Presbyterium ein ergiebiges Feld, das Gemeindebewußtsein zu stärken und die Gemeinderechte zu wahren. Man hüte sich aber vor'm Dogmatisiren, sonst könnte man eher Ketzer machen, als sie gewinnen. Auch soll eine Presbyterialversammlung nicht einem erbaulichen Conventikel gleichen, sondern eine nüchterne, auf Gottes Wort gegründete Verwaltungsbehörde zu sein sich bemühen. Desgleichen muß die Aufnahme und der Eintritt in die Gemeinde vom Gutachten des Presbyteriums abhängig gemacht werden. Ich denke hierbei weniger an die Kirchenzeugnisse, an deren Durchführung ich bei bewegten Gemeinden verzweifle. Vielmehr meine ich die Confirmation und die Uebertritte aus anderen Confessionen. Mag die Gegenwart des Presbyteriums bei der Confirmandenprüfung häufig als leere Form angesehen, mag eine Zurückweisung einzelner als unfähig zur Confirmation zu den seltensten Fällen gerechnet werden, — doch bleibt seine Gegenwart für Gemeinde und Kinder höchst wünschenswerth. Man verlange nur nicht sofort ein Gutachten über die Prüfung der Kinder vor versammelten Eltern und Verwandten, sondern setze dafür anderen Tages eine besondere Sitzung an, wo der pastor confirmans vertraulich über seinen Confirmandenunterricht und über den Standpunkt einzelner Kinder referirt, die Schwachen offen nennt, ihre Lücken eingesteht, ihr sittliches Verhalten während des Unterrichts vorlegt, und so zu einem mehr, als die öffentliche Prüfung vermochte, begründeten Urtheile Gelegenheit giebt. Eine wirkliche Verweigerung der Confirmation darf doch nur im äußersten Falle ausgesprochen werden, und müssen dann mehr sittliche Vergehen als mangelhafte Kenntnisse vorliegen. Allein recht heilsam erachte ich's, wenn einzelne träge Kinder, und zwar ohne Ansehen des Standes, einer nochmaligen Prüfung, entweder vor versammeltem Presbyterium oder vor einer Deputation desselben, unterworfen werden. Diese mildere Controlle über die Aufnahme der Confirmanden übt eine treffliche Zucht, und läßt die Gemeinde inne werden, wie ihr Presbyterium keine Statistenrolle bei dieser wichtigen Handlung überkommen habe. Ein ähnliches Verfahren erfordert auch die Aufnahme jedes Proselyten. Bei Taufen von Israeliten pflegt nicht nur eine Prüfung vor dem Presbyterio, sondern auch die Taufzeugenschaft desselben empfehlenswerth zu sein. Dadurch wird ein persönliches Band zwischen den einzelnen Presbytern und dem Täuflinge gewunden, das zwischen beiden ein reges Interesse zu erhalten geeignet ist.

Ueber die Frage, ob kirchliche oder communale Armenpflege, sind die Acten noch nicht geschlossen. Aber gerade deßhalb darf keine kirchliche Behörde dies streitige Gebiet freiwillig räumen oder brach liegen lassen. In ihren Armen erkennt die Kirche ihre Schätze, sie sind ihr ein besonderes Vermächtniß des Herrn. Zwar wird die Frage des Pauperismus und Proletariats nie in Sitzungszimmern gelöst werden, sondern das Leben muß und wird seine Heilmittel aus sich selber gebären. Uns jedoch kommt es zu, auf die Zeichen der Zeit zu achten und mit wachsamem Auge auf die jeweiligen Mittel auszuspähen, welche uns Gottes Finger zeigt, damit wir als treue Diener seines Willens erfunden werden. Ein Presbyterium muß daher auf genaue, möglichst persönliche Kenntniß seiner Ortsarmen bedacht sein. Zu solcher wird es gelangen, wenn es selber der Gemeinde den Eindruck gewährt, daß es jederzeit einige Männer in seiner Mitte haben müsse, welche mit den ärmeren Gliedern in lebhafter Verbindung stehen. Denn ohne solche Mitglieder zu besitzen, wird es sehr schwer halten, unsere Geschäftsleute oder Rentner zum Aufsuchen der Armen zu veranlassen. Man muß den Leuten nicht mehr zumuthen, als sie zu leisten im Stande sind. Das Wort: Uebet Jemand Barmherzigkeit, so thue er es mit Lust! klingt mir wie ein strafendes Richterwort für alle unsere Wohlthätigkeitsbestrebungen. Ein Presbyterium soll aber vor allen Dingen unter dem Worte Gottes stehen. Seine Sorge um die Armen darf nicht von der Höhe seiner Armenmittel abhängig gemacht werden. Im Gegentheil möchte ich große Armenmittel eher für eine Gefahr zu lässiger und geschäftsmäßiger Armenpflege erachten, während geringe Mittel die persönlichen Beziehungen zwischen den Armen und Armenpflegern rege zu erhalten geeignet sind. Unterbringung, Beschäftigung der Armen, zeitweiliges unter die Arme greifen bei einzelnen Unglücksfällen, Sorge für Verpflegung in kranken Tagen, Versorgen der Kinder mit Schulbüchern und Kleidung u. s. w. sind Dinge, welche einem Presbyterium zukommen und wozu es stets Mittel haben wird, sobald dasselbe nur sich der Mühe unterziehen und an die Liebe der Gemeinde appelliren will. Leider pflegt in den meisten Fällen der Pastor sich derartige Arbeiten aufladen zu lassen, oft ist's ihm auch bequemer, solche Gänge selber zu thun, als vorher das Presbyterium zu hören, oft aber ist auch die Sache so dringlich, daß sie auf den Zusammentritt des Presbyteriums nicht warten kann. Allein das alles darf nicht hindern, das Presbyterium davon in Kenntniß zu setzen und die getroffenen Maßregeln seinem oder dem Urtheile von aus seiner Mitte damit betrauten Gliedern zu unterwerfen. Je mehr sie herangezogen werden zu solcher Thätigkeit, desto eher gewinnen sie auch Freude daran. Die Gemeinde aber wird bald inne werden, daß sie ihrem Presbyterium ihre Armen empfehlen darf.

Hierher gehört auch das in unseren Gemeinden so groß und umfangreich gewordene Gebiet der freien Vereine. Alle Vereinsthätigkeit in dem Presbyterium gipfeln zu lassen, möchte ein Tod der freien Vereinsthätigkeit werden, wiewohl die Gefahr, daß ihre Menge sich gegenseitig erdrücke, auch nicht ferne liegt. Aber das muß bleiben, daß kein Verein in einer Gemeinde sich constituiren sollte, ohne dem Presbyterium genaue Kenntniß seiner Bestrebungen zukommen zu lassen. Da die Pastoren bis jetzt immer noch das Zutrauen genießen, daß man sie in alle diese freie Liebesthätigkeit hineinzieht und sie gern an die Spitze stellt, so bleibt es auch für dieselben eine geringe Mühe, dem Presbyterium ab und zu eine Rechenschaft der Bestrebungen und erzielten Resultate vorzulegen. Jeder Verein sollte, wenn die Verhältnisse gesund wären, das Gefühl in sich tragen, daß sein Schutz und Halt zuletzt im Ortspresbyterium ruhe, indem er weiß, daß sich dasselbe, als Gemeindevorstand, auch jeder Zeit zu seiner Arbeit öffentlich bekennt. Wäre es also bestellt, dann würden die Vereine oft auch freudiger in der Gemeinde stehen, würde ein zeitweiliges Fragen des Presbyteriums nach ihrem Wirken diese ihre Wirksamkeit wach und rege erhalten. Allein statt dessen wissen manche Presbyterien kaum von dem Dasein einzelner Vereine ein Wort, geschweige denn daß sie ein Interesse an ihnen nehmen. Aber so bildet sich allmählig eine Macht in den Vereinen innerhalb unserer Gemeinden, welche die ordnungsmäßige Gemeindepflege des Presbyteriums paralysirt oder auf den Gefrierpunkt herabdrückt. Das darf aber nicht sein. Jemehr wir derartige Thätigkeit dem rechtmäßigen Organe entziehen, desto mehr steht dasselbe in Gefahr, leblos und überflüssig zu erscheinen. Was ist's doch für ein Widerspruch, daß ein Verein, eine Gemeinde Diakonissen anstellt und das Gemeinde-Presbyterium weiß und kennt nichts davon; oder daß ein Gefängnißverein entlassene Sträflinge aufnimmt und in der Gemeinde unterbringt, aber der Gemeindevorstand erfährt davon nichts! Gerade auf solche Weise werden die edelsten Kräfte der Gemeinde dem Dienste des Presbyteriums zu geistlichem Einfluß auf die Gemeinde absichtlich entzogen. Unsere Vereine sind allmählig eine solche öffentliche Macht geworden, daß kein Presbyterium mehr wagen wird, sich ihrem Wirken zu widersetzen. Jede nähere Bekanntschaft mit ihnen wird und muß die Theilnahme für sie erhöhen. Wenn man nur den Presbytern bei ihrem oft viel Zeit kostenden Amte nicht die Arbeit der Vereine zumuthet, sondern sie zu Theilnehmern der Freude dieser Wirksamkeit macht, dann würde für's Gemeindeleben schon viel gewonnen werden. Denn man muß bedenken, wie jede Unkenntniß des Neuen sich gern mit Mißtrauen gegen das Neue verbindet, und steht ein Presbyterium mit Mißtrauen auf die außer seinem Bereiche stehende Vereinsthätigkeit, so dient sein Mißtrauen Vielen zur Entschuldigung ihres Widerwillens oder isolirt das Presbyterium vom lebendigen Theile der Gemeinde. Eins so schädlich wie das Andere.

Absichtlich übergehe ich die Stellung des Presbyteriums gegen die katholische Kirche. Denn in der Regel wird die Eifersucht auf die Rechte der eigenen Confession schon von Natur lebendiger erhalten, als es oft wünschenswerth erscheinen möchte. Ich fürchte in diesem Stücke weniger die Stärke des Gegners als die Furcht unserer Presbyterien vor jener vermeintlichen Stärke. Denn diese Furcht giebt entweder zu unbesonnenen Schritten Veranlassung, oder erzeugt ein ängstliches Gefühl der zaghaftesten Nachgiebigkeit. Einem Presbyterium kommt hier zu, die Grenzlinie zwischen beiden Confessionen auf's Schärfste zu ziehen. Erst wenn das Mein und Dein zwischen den Nachbarn klar und scharf geschieden, kein Zweifel über des Einzelnen Gerechtsame mehr vorliegt, können sie mit einander in Frieden leben und sich gegenseitig in ihrem Besitze anerkennen und achten. Die Maßregeln, welche von beiden Theilen getroffen werden, um die Kinder aus gemischten Ehen für sich zu gewinnen, haben sich wenig bewährt. Die beste Maßregel bleibt ein guter Confirmandenunterricht und Stärkung des evangelischen Gemeindebewußtseins. Das wird nicht ausbleiben, wenn ein Presbyterium sich, wie vorher gezeigt, für jedes Gemeindebedürfniß sorglich und thätig erweiset. Damit will ich ihm jedoch die Sorge für Unterbringung und Unterricht verwaiseter oder verlassener, hülfloser Kinder aus solchen Ehen, besonders für ihre Confirmation, keineswegs erspart wissen. Vielmehr kann hierin nicht genug Sorgfalt geübt und zur Bethätigung des confessionellen Bewußtseins nicht genug ermuntert werden. Weisheit und ausdauernde Unerschrockenheit sind hierzu unentbehrlich; ohne diese zwei Eigenschaften kann sonst mehr geschadet als genützt werden. Man vermeide dagegen jede confessionelle Klopffechterei und voreiliges Geschrei, wenn hie und da eine kleine confessionelle Reibung oder ein geringfügiger Uebergriff stattgefunden hat. Auch muß ein Presbyterium darauf achten, daß die Annahme derer, welche übertreten wollen, eher erschwert als erleichtert werde. In diesem Punkte haben mich die sonderbarsten Vorfälle, deren Möglichkeit kaum geglaubt werden möchte, gegen dergleichen Conversionen mißtrauisch gemacht. Der darum angegangene Pfarrer muß es für Gewissenspflicht halten, seinem Presbyterium dergleichen Anträge zur Prüfung vorzulegen, und wenn eine Annahme zum Unterricht erfolgt, nachher auch über seine dabei gewonnene Erfahrung offen zu referiren, damit der Aufnahme nicht der geringste Schein von beabsichtigter Proselytenmacherei anhafte. Freilich gehört hierzu ein

Presbyterium, das ein richtiges Gefühl für Bewahrung seiner Amtsgeheimnisse in sich trägt. Vorlautes Ausplaudern dessen, was in den Sitzungen besprochen wird, hat schon Manchem die Mitgliedschaft verleidet und heilsame Intentionen vereitelt.

Hiermit möchte das Gebiet der presbyterialen Wirksamkeit, — denn was Pfarrwahlen und die Aufsicht bei Pfarrvacanzen angeht, kann hier füglich übergangen werden, — für's Gemeindeleben hinlänglich begrenzt sein. Die Klage über Mangel an dafür geeignete Persönlichkeiten darf dagegen wenig in die Wagschale gelegt werden. Denn es möchte noch fester stehen, daß die vorhandenen, als unzureichend beklagten Kräfte noch lange nicht sorgfältig genug ausgebeutet worden sind. Und mit nicht geringerem Rechte kann die Klage, daß die Vorsitzenden der Presbyterien nicht die für ihren Vorsitz erforderliche Selbstverleugnung und ausdauernde Hingabe jederzeit zu beweisen im Stande sind, dagegen erhoben werden. Wir wiederholen es: wäre nur jedes Eröffnungsgebet auch wirklich ein Gebet, so würde Vieles anders hergehen und verhandelt werden; es handelt sich gar nicht darum, neue Gegenstände den Berathungen unserer Presbyterien zuzuführen, sondern sie in alle Erscheinungen des Gemeindelebens, worauf sie das begründete Recht haben, hineinzuführen. Das Interesse für Gemeindeangelegenheiten wächst mit dem Wachsthum der Bekanntschaft mit denselben. Und ein für sein Amt begeisterter Pfarrer wird nie verfehlen, einige Wärmestrahlen seines Herzens auf die seiner Thätigkeit beigesellten Presbyter übergehen zu lassen.

Wie die Presbyterien, so auch die Synoden. Denn diese werden ja von jenen gebildet. Fast will es mich bedünken, als ob diese Zusammensetzung unserer Synoden gar zu oft vergessen würde. Denn die meisten Protokolle der Synoden zeigen ein Bestreben, in den Synodalverhandlungen, ich möchte sagen, eine höhere oder auswärtige Kirchenpolitik zu treiben. Es ist Zeit, daß wir auf den Synoden endlich einmal die Verfassungsfrage fallen lassen und uns mehr um das Leben unter der Verfassung bekümmern. Denn sonst möchte die gerade nicht günstige Vorhersagung einer kirchlichen Zeitschrift, daß die rheinischen Synoden, wenn sie endlich ihre Verfassung ausgebaut haben, nicht wissen werden, was sie weiter verhandeln sollen, sich leider erfüllen. Man nehme doch das, was nahe liegt, statt dessen, was ferne. Nahe liegen aber die Zustände jeder einzelnen Synodalgemeinde. Kaum weiß die eine Gemeinde weder von dem Guten noch von den

Schwierigkeiten anderer ein Wort. Die Gemeinden bilden einen Verband, fühlen aber nicht, daß sie verbunden sind. Was würde es doch die Theilnahme für einander steigern, wenn man einmal versuchte, die einzelnen Zustände und Verhältnisse der einzelnen Gemeinden den Synoden zur Kenntnißnahme vorzulegen. Das Tableau würde ein interessantes Farbenspiel entfalten. Man fange an mit den einzelnen Zweigen der Vereinsthätigkeit, theile deren Leiden und Freuden einander mit und sehe zu, was sich heben, beleben und neu einrichten lasse. Auch statistische Angaben, Zahlen der Einnahme und Ausgabe, ja der Personen könnten eine vielsagende Zusammenstellung gewähren. Nicht minder wären die Mittel, über welche einzelne Gemeinden zu verfügen hätten, beachtenswerth; es ließen sich dabei Wege finden, den Nothständen kleinerer Gemeinden oder derer, welche noch in Bildung begriffen sind, zu Hülfe zu kommen. Die Kämpfe und Schwierigkeiten, welche hier die eine Gemeinde hat, können anderen zu Gute kommen. Die Anstalten und Einrichtungen, welche dort entstanden, die Opfer, welche hier gebracht, die Gaben, welche und wie sie anderswo gesammelt oder geschenkt wurden, das alles würde nicht nur belehrenden, sondern auch aufbauenden Einfluß üben. Desgleichen die Armenpflege in den einzelnen Gemeinden. Nur halte man sich ferne vom Theoretisiren und Aufstellen allgemeiner Prinzipienfragen. Auch die Verschiedenheit der gottesdienstlichen Gebräuche und Sitten, der Erbauungsstunden, der Schulverhältnisse, der Begräbnißweisen u. a. m. gehört hierher. Das alles sind domestica der Synoden, welchen eine größere Beachtung, als den externis zukommt. Zwar pflegt dergleichen im Jahresbericht des Superintendenten vielfach vorgelesen zu werden, aber gewöhnlich sehr sporadisch, und bietet selten ein Bild der Einzelgemeinde. Wohl sind dergleichen Gegenstände sehr zarter Natur und schwieriger zu behandeln als die Frage, ob kirchliche oder communale Armenpflege, — aber sollen sie darum mit Stillschweigen übergangen werden und die Synodalen heimkehren, ohne etwas Anderes als schöne Phrasen, und oft diese noch nicht, sondern etwas Schlimmeres vernommen zu haben?

Zum Behandeln spezieller Gemeindeangelegenheiten auf den Synoden scheinen die hier und da versuchten Presbyterconferenzen hindrängen zu wollen. Denn sobald diese Conferenzen, die sich immer wieder werden auf Gemeindesachen hingewiesen fühlen, mehr Anklang finden und ein Bürgerrecht in unseren Synodalkreisen gewinnen, wird aus ihnen von selber vielfacher Stoff zu Synodalvorlagen beschafft werden. Bei dem vorherrschend vertraulichen Charakter dieser Presbyterconferenzen kann es nicht fehlen, daß die inneren Verhältnisse der Gemeinden mehr besprochen und hieraus einzelne Anträge an die Synoden hervor gehen werden. Die Schwierigkeit, dergleichen Conferenzen zu leiten und erfolgreich zu beschäftigen, daß sie weder den Charakter einer Erbauungsstunde, noch den einer parlamentarischen Sitzung, noch den einer in's Blaue gehenden Unterhaltung gewinnen, läßt sich zwar nicht verkennen, ist aber darum keineswegs unüberwindlich. Finden sich in ihnen geeignete Personen, so werden sie für die Einzelgemeinde wie für die ganze Kreisgemeinde ersprießlich wirken. Ihre Leitung bürde man aber ja nicht noch dem Superintendenten auf, sondern übertrage sie abwechselnd den einzelnen Pfarrern des Districtes, welchen diese Presbyterconferenzen umfassen. Natürlich muß derselbe möglichst klein gehalten werden, damit die Zusammenkunft weder viel Zeit noch viele Ausgaben erfordert. Ein Wechsel des Ortes und der sie leitenden Personen möchte sich eben darum empfehlen, weil darin zugleich ein Reiz der Anziehung und eine gewisse Vielseitigkeit der Behandlung mit gegeben ist.

Zum Schluß möchte ich nur bemerken, daß es, um die Verhandlungen in Presbyterien und auf Synoden fruchtbar zu machen, immer einer besonderen Geschäftsordnung bedarf. Kein Collegium kann in seinem Plenum sofort einen Gegenstand von einiger Wichtigkeit behandeln, wenn derselbe nicht vorher vom Vorsitzenden oder von einzelnen dazu Committirten schon bearbeitet ist. Bleibt dieses Geschäft dem Vorsitzenden allein überlassen, so wird eine gewisse Einseitigkeit der Auffassung und eine Theilnahmlosigkeit, oder eine aus Mißtrauen entspringende Opposition anderer nicht ausbleiben. Kleinere Commissionen, bei welchen der Zutritt des Präses entweder geboten oder stets offen ist, müssen zur Bearbeitung der einzelnen Gegenstände immer wieder gebildet werden. Ich sage aber, kleinere Commissionen, weil diese beweglicher und für Lösung der Aufgabe leichter zur Hand sind. Bedürfen sie noch anderer Kräfte, so gebe man ihnen im Voraus das Recht, sich durch freie Cooptation zu erweitern. Ebenso erweist es sich sehr förderlich, wenn bei jeder Einladung zu Presbyterial= und Synodalversammlungen zugleich eine Tagesordnung der zu verhandelnden Gegenstände aufgezeichnet wird, damit Jeder im Voraus um das, was vorkomme, wisse. Doch darf diese Tagesordnung zuletzt auch nicht wieder ein Strick werden, der die einzelnen Mitglieder so bindet, daß kein anderer, als nur die bezeichneten Gegenstände, vorgebracht werden dürfte. Auch suche man möglichst gewissenhaft eine Regelmäßigkeit der Sitzungen einzuführen und lasse die Sitzungen nicht gleich ausfallen, wenn nicht hinlängliche oder dringliche Vorlagen bei der Hand sind. Eine regelmäßige Wiederkehr der Sitzungen erleichtert die Arbeit, und es wäre ein arges Armuthszeugniß, wenn ein Gemeindecollegium ohne Stoff zur Besprechung der Gemeindeangelegenheiten sein sollte. Oft giebt gerade der Mangel an Vorlagen die Veranlassung, die wichtigsten inneren Vorgänge zu besprechen, die sonst wegen äußerer Dinge zurückstehen müssen.

Die erste Schlesische Conferenz für innere Mission

ist am 29. Mai d. J. in Liegnitz unter dem Vorsitz des Consistorialrath Wachler, der sich bereits seit langen Jahren die Förderung der inneren Mission in Schlesien hat angelegen sein lassen, abgehalten. Sie war vom Vorstand der Schlesischen Pastoralconferenz auf Anregung des Breslauer Stadtvereins für innere Mission zusammengerufen. An derselben betheiligten sich an 60 Theilnehmer, meist Geistliche, unter diesen die beiden Reiseagenten des Central-Ausschusses für innere Mission, die Prediger Meyeringh und Hesekiel. Aus dem von Pastor Schian herausgegebenen Kirchlichen Wochenblatt für Schlesien entnehmen wir über die Conferenz und die auf derselben vorgekommenen Verhandlungen und Mittheilungen auszugsweise die nachfolgenden Nachrichten:

Das wichtigste Resultat der Verhandlungen war die Bildung eines Schlesischen Provinzialvereins für innere Mission im Anschluß an den Central-Ausschuß in Berlin und Hamburg. Als Vorort wurde Breslau, zum Vereinsorgan jenes Kirchliche Wochenblatt gewählt. Der Vorstand ward aus zwölf Mitgliedern zusammengesetzt. Dieselben sind: Oberregierungsrath v. Willich in Breslau, Vorsitzender; Professor Köstlin, Stellvertreter des Vorsitzenden; Prediger Aebert, erster Schriftführer; Pastor Morgenbesser an der Strafanstalt in Jauer, zweiter Schriftführer; Kaufmann Weiß in Reichenbach, Schatzmeister; Diakonus Schian, Redacteur des Vereinsorgans; Pastor Bretschneider aus Friedland O/S.; Past. Gräve aus Frankenstein; Prediger Reichel von der Brüdergemeinde in Neusalz a/O.; Landrath v. Seydewitz; Divisionsprediger Rühle in Glogau; Consistorialrath Wachler.

Prediger Meyeringh entwickelte in seinem Vortrag namentlich das Bedürfniß, für diesen Provinzialverein, ähnlich wie bei dem rheinisch-westphälischen, einen besonderen Agenten anzustellen, dessen Lebensberuf die Arbeit für den Provinzialausschuß sei. Die Geistlichen im Amt hätten meist zu wenig Zeit oder zu wenig umfassende Energie der Sache, um genügend für allgemeinere Belebung des Werkes wirken zu können.

Unter den Vorträgen der Conferenz nimmt namentlich der des Prediger und Stadtmissionar Aebert in Breslau unsere Theilnahme in Anspruch, sofern er eine Uebersicht über den Stand der Arbeiten innerer Mission in Schlesien giebt, woraus freilich als Resultat hervorgeht, daß für Schlesien noch große Aufgaben zu lösen sind, wozu vorzugsweise der Provinzialausschuß die Anregung wird zu geben haben. Der Vortrag ging aus von der Jugendpflege. Fast in jeder Stadt finden sich sogenannte Kinderbewahranstalten, in Breslau allein deren 11. Kirchliche Sonntagsschulen oder Kindergottesdienste existiren aber nur außer in Breslau noch in Oels, und seit vorigem Winter in Brieg. In Breslau, wo dieselben an 400 Theilnehmer zählten, müssen sie bereits in sechs verschiedenen Abtheilungen gehalten werden; sie würden noch schneller gewachsen sein, wenn nicht dazu die Lokale gefehlt hätten, indem der Magistrat, trotz wiederholter Bitten, die Benutzung der Schulzimmer für diesen Zweck versagt hat. In Verbindung mit diesen Kindergottesdiensten stehen kleine Volksbibliotheken.

Die Darstellung über die Geschichte und den Stand der Rettungshäuser in Schlesien hat Pf. Aebert insbesondere einer Brochüre des Past. Bretschneider entnommen, die leider nicht in den Buchhandel gegeben ist. Schlesien zählt diesen Augenblick an 28 kleinere und größere Anstalten, die in diese Categorie gehören. Die erste, aber nicht nachhaltige und mehr nur zufällige Anregung ging hier von Johannes Falk aus. 1829 wurden in Goldberg, 1833 in Lüben, 1834 in Jauer Rettungsvereine begründet, die es sich zur Aufgabe machten, verlassene und verwahrloste Kinder aus ihrer sie immer mehr entsittlichenden Umgebung herauszureißen und in gesundere Luft zu verpflanzen. Nachdem in Schreiberhau zuerst 1835 ein Verein einzelne Kinder gegen ein Kostgeld Pflegeeltern übergeben hatte, wurden noch 2 Jahre später die Pfleglinge in einem Vereinshause gesammelt, aus der die jetzige Anstalt hervorgegangen, die Ende vorigen Jahres 92 Zöglinge zählte. Die Einnahme des vorigen Jahres betrug 6300 ℳ.

In dem langen Zeitraume von 1835—1847 ruhte die Sache fast ganz. Nur das Rettungshaus zu Görlitz wurde gegründet, das unter den schlesischen Anstalten zu denjenigen gehört, die den solidesten Fortgang nach innen und außen haben. Die Verheerungen des Typhus in Oberschlesien 1847 und 1848 riefen zwei Privatanstalten, die beiden Institute zu Altorf für Mädchen unter Leitung von Kaiserswerther Diakonissen und zu Warschowitz unter Leitung der Brüder des Rauhen Hauses, bis jetzt Eigenthum des Central=Ausschusses für innere Mission, ins Leben. Die erstere zählt durchschnittlich 70—80, die letztere jetzt ca. 30 Kinder. Die entschieden fruchtbarsten Jahre für Rettungshäuser sind die von 1850—57, wo deren 18 entstanden. In den letzten 6 Jahren sind nur wenige neue hinzugekommen, nämlich zu Carlsruh O/S., Niesky, Frankenstein und Neumarkt.

Die einen sind ausschließlich für Knaben (Rankau, Braitenhain, Attendorf, Warschowitz, Görlitz, Steinkunzendorf bei Reichenbach), die andern nur für Mädchen, (Altdorf, Kraschnitz, Frankenstein, Niesky) die meisten für beide Geschlechter bestimmt. Einzelne (Sprottau, Neusalz, Carlsruh, Neumarkt, Ratibor) sind simultan und nehmen katholische und evangelische Kinder auf.

Wenn der Vortragende dann fortfährt, daß den beiden Anstalten zu Braitenhain und Rankau ein weiteres Feld der Thätigkeit insofern eröffnet worden, als die königliche Regierung zu Breslau mit ihnen ein Abkommen dahin geschlossen, jugendliche Verbrecher, deren Urtheil auf Freisprechung der Strafe, aber nicht auf Freilassung lautet, gegen eine jährliche Pension ihrer Pflege zu übergeben, — so ist das in soweit ein Irrthum, als diese Benutzung der Rettungshäuser Seitens der Regierung sich keineswegs auf jene beiden genannten Anstalten beschränkt. Aus den vom Herausgeber dieser Blätter veröffentlichten Mittheilungen über die königl. preuß. Gefängniß- und Strafanstalten p. 388—389 geht hervor, daß allein in Schlesien 24 derartige Anstalten und Vereine von der Regierung zur Erziehung solcher Kinder zur Hülfe in Anspruch genommen sind. Da aber seit den letzten Jahren die Zahl dieser Kinder bekanntlich aller Arten auffallend abgenommen, haben auch die Rettungshäuser nach dieser Richtung von der Regierung nur wenig oder gar nicht benutzt werden können. — Zuletzt wird noch das von der Gnadenfreier Conferenz für innere Mission gegründete Tabeen-Stift in Frankenstein erwähnt, das sich eine weitere Aufgabe als die gewöhnlichen Rettungshäuser gestellt habe, nämlich „die Hebung des weiblichen Geschlechts durch Erziehung, Weiterbildung und Verpflegung im Geiste der evangelischen Kirche." Um diese Aufgabe zu lösen, schließt die Anstalt in sich: 1) ein Rettungshaus für Mädchen; 2) eine Schule zur Erlernung weiblicher Arbeiten; 3) ein Asyl, welches zur Aufnahme der früheren Zöglinge des Rettungshauses, wenn diese zeitweise außer Brod sind, bestimmt ist. Außerdem sollen Jungfrauen, welche sich dem Diakonissendienste widmen wollen, für diesen eine vorbereitende Bildung empfangen. Ungefähr 650 Kinder, der Mehrzahl nach Knaben, finden in den Rettungshäusern eine Stätte christlicher Erziehung und Pflege.

Unter den hochgestellten Männern, welche Kräfte und besondere Theilnahme diesem Rettungswerke unter Kindern widmen und namentlich sich an der Gründung dieser Anstalten betheiligt und mitbetheiligt, werden die Namen der Grafen Hochberg, (des vor einigen Jahren verstorbenen Fürsten von Pleß), Stollberg, Burghauß, Recke-Vollmerstein, Harrach, Egloffstein, Baron Richthofen genannt, ebenso findet sich eine Reihe von Frauen und Jungfrauen, welche den Sinn der Maria und Martha in sich vereinigen und dem Herrn an diesen Bedürftigsten dienen. Mit Recht werden hie und da die Corporationen von Magistraten und Kreistagen (Sprottau und Tiefhartmannsdorf — wir fügen Görlitz hinzu —) genannt, die sich mit Ernst des Werkes annehmen, welches Geistliche oder Lehrer oder Handwerker

(Goldberg) im Stillen begonnen hatten; hier und dort (z. B. aus Frankenstein) hört man von Unbekannten, die mit besonders reicher Hülfe das Werk unterstützen. Hier reicht sich Reich und Arm, Hoch und Niedrig brüderlich die Hand zu einem gottgefälligen Werke.

Wenn neben andern meist erfreulichen Erfolgen aber in einzelnen andern Fällen der Erfolg dem Maße der aufgewandten Kräfte nicht zu entsprechen scheint, so wird dieß vorzugsweise auf zwei Ursachen zurückgeführt. Die Kinder werden meist zu spät den Anstalten übergeben und bleiben zu kurze Zeit; oder es fehlt für die bereits Entlassenen an der ausreichenden Beaufsichtigung. Um diesem Schaden zu begegnen, ist z. B. in Groß-Rosen die Einrichtung getroffen worden, daß die das Haus verlassenden Knaben auf dem benachbarten Dominium in den Dienst treten, unter einem zuverlässigen, mit ihrer besonderen Aufsicht betrauten Großknecht weiter in christlicher Zucht und Sitte gehalten werden und noch 2 Jahre in näherer Verbindung mit der Anstalt bleiben. Das Görlitzer Rettungshaus hat eine Armen-Ackerbauschule errichtet, in welcher die entlassenen Knaben für die Landwirthschaft ausgebildet werden. Die bisherigen Erfolge waren erfreulich.

Wenn der Vortragende den Umstand, daß in den letzten Jahren in Schlesien weniger Rettungshäuser entstanden und daß die Zahl der Kinder in den bestehenden derartigen Erziehungsanstalten abgenommen, auf ein Erkalten der ersten Liebe zurückführt, so können wir aus der Ferne darüber kein Urtheil haben, aber es darf nicht unerwähnt bleiben, daß es doch auch in Schlesien Anstalten giebt, deren Kinderzahl im Zunehmen begriffen ist. Wäre hier aber wirklich das Symptom eines Schadens, so würde der neu beginnende Provinzialverein sich ein besonderes Verdienst erwerben, wenn er dazu helfen könnte, diese Schäden zu ermitteln. Wenn wir nicht irren, so liegen sie hie und da mit in der Art und Weise, wie die Vorstände die ihnen anvertrauten Anstalten besorgen oder besorgt haben, außerdem in dem weitern Mangel an wirklich fördernder Aufsicht, hie und da vielleicht auch an Sonderinteressen, die man auch durch diese Anstalten mitunter zu fördern gehofft haben mag u. dgl.; — namentlich aber sollte man nie vergessen, daß sie Stätten sind, an denen sich die suchende Liebe zu beweisen hat, und daß man nicht blos warten sollte, bis von fremder Seite die Kinder herzugebracht werden, sondern daß die wahren Freunde der Sache, wo sich ihnen Gelegenheit bietet, solche Kinder zu ermitteln und dann auf geordnetem Wege den des Vertrauens würdigen Anstalten zuzuführen haben. Aber wie wenig denkt man, wenigstens an vielen andern Orten, gerade daran? Prediger Aebert erwähnt dann derjenigen Anstalten und Vereine, welche sich die Aufgabe gestellt, der Kinderverwahrlosung zuvorzukommen. Als solche Vereine werden namhaft gemacht die zu Breslau, Bunzlau, Ratibor und Liegnitz. Sie arbeiten alle mit Erfolg; die größte Ausdehnung hat der Breslauer Verein, welcher, durch die städtischen Behörden subventionirt, gegenwärtig 106 theils evangelische, theils katholische, theils jüdische Kinder in 84 Familien in Pflege hat. Außerdem steht noch eine große Anzahl herangewachsener Pfleglinge unter seiner dauernden Aufsicht und Fürsorge. Von 320 meist elternlosen, der Gefahr leiblichen und sittlichen Verderbens bloß gestellten Kindern, deren der Verein sich während seiner zwölfjährigen Wirksamkeit angenommen hat, sind 203 wohlerzogen in das bürgerliche Leben übergegangen. Ein immerhin noch erfreuliches Verhältniß, wenn man die großen Versuchungen und Gefahren einer Stadt wie Breslau mit in Anschlag bringt.

Die Waisenhäuser, deren es in Bunzlau, Steinau, Lauban, Görlitz und a. O. giebt, erwähnt Prediger Aebert nur vorübergehend. Aber eine bedeutende Lücke sei im Gebiet der Kinderpflege noch auszufüllen und wahrscheinlich nur durch die Liebesthätigkeit der inneren Mission, nämlich die Erziehung der unehelichen Kinder, welche meist schlimmer daran seien, als die Waisen. Ihre Zahl ist groß. In Breslau wurden deren 1859: 1015; 1860: 1059; 1861: 972 geboren. Wir fügen nach dem Amtlichen Bericht des Consistoriums von Breslau vom Jahre 1862 hinzu, daß unter den Evangelischen des schlesischen Consistorialbezirks neben 92,708 ehelichen 7840 uneheliche Geburten vorgekommen, so daß das Verhältniß der unehelichen zu den ehelichen sich in der schlesischen Provinzialkirche stellt wie 1 zu 672*). Die Mütter geben sie meist in Pflege einzelner Familien, die daraus einen förmlichen Erwerbszweig machen. So lernte der Vortragende kürzlich eine Wittwe kennen, welche gleichzeitig bisweilen 3—5 Kinder übernimmt. Welche Erziehung die meisten von diesen erhalten, ist leicht zu errathen.

Der weitere Bericht über die in Schlesien bestehende Arbeit der inneren Mission zeigt eigentlich nur, wie viel noch zu thun übrig bleibt. Es wird zunächst der Jünglingsvereine gedacht. Seit dem Frühling sind noch neue derartige Vereine entstanden in Grottkau, Neusalz, Goldberg, Lähn und Oppeln. Letzterer wird uns als besonders gesund, frisch und zahlreich genannt. Schlesien hat also mit den schon früher begründeten in Görlitz, Lauban, Sagan, Bunzlau, Siegersdorf, Liegnitz, Breslau, Ratibor, im Ganzen 13. Daß auch

---

*) Speziell im Regierungsbezirk Breslau wie 1 zu 704.
" " " Liegnitz wie 1 zu 603.
" " " Oppeln wie 1 zu 1133.
Die höchsten Zahlen fallen auf Stadt Breslau (1 zu 4), was erklärlich, aber ebensoviel auf die Diöcesen Lauban I und II und Rothenburg I — eine Thatsache, die doch wohl einer besonderen Beachtung werth ist, zumal die Zahlen der unehelichen Geburten selbst an den drei letzt genannten Orten eine sehr erhebliche ist (189, 206 und 179). Irren wir nicht, so sind das dieselben Diöcesen, in welchen namentlich das Freigemeindenthum Wurzel geschlagen. In den 4 evangelischen Gemeinden Breslau ragt das Kirchspiel St. Bernhardin mit 240 unehelichen unter 561 ehelichen Geburten hervor, so daß das Verhältniß wie 1 zu 2! — Während in Stadt Breslau das Verhältniß ist wie 1 zu 4 ist es in Breslau Land wie 1 zu 10. —
D. H.

in größeren Landgemeinden Männer- und Jünglingsvereine bestehen können, hat der auch in den Provinzialausschuß mit eingetretene Pastor Weikert in Siegersdorf bewiesen, und der gute Einfluß, welchen der dortige Verein auf die ganze Gemeinde ausübt, dürfte wohl für manchen Geistlichen ein Ruf zu getroster Nachfolge sein. —

Frauen- und Jungfrauenvereine, welche theils der Armen- und Krankenpflege, theils den Rettungshäusern, theils der Gustav-Adolphsvereinssache ihre Thätigkeit widmen, bestehen an sehr vielen Orten, aber sie umfassen nur Glieder der mittleren und höheren Stände. Dagegen hat man für die sittliche Bewahrung der Mädchen aus den untern Ständen bisher noch äußerst wenig gethan. Anstatt zu klagen über die unter diesen um sich greifende Sitten- und Zuchtlosigkeit, sei es Zeit sich der Versäumten und Verlassenen anzunehmen, insbesondere sie Sonntags vor den Netzen der Verführung zu hüten, die an den Stätten weltlicher Lust ausgespannt sind. Diese Arbeit müßten nicht sowohl die Geistlichen selbst, sondern vielmehr gebildete Frauen und Jungfrauen übernehmen. Sie könnten das Werk damit anfangen, daß sie in einem bestimmten Locale sonntäglich die Mädchen, welche eben kommen wollen, um sich versammeln und ihnen rechte heilige Sonntagsfreude bieten, ihnen erzählen, rathen, sie belehren. Ein derartiger Verein besteht seit einigen Jahren in Breslau. Die Mitglieder gehören fast ausnahmslos dem dienenden oder arbeitenden Stande an, haben wöchentlich eine Abendversammlung, in welcher nach Gesang und Gebet Abschnitte aus der Bibel aus Zeit- und Erbauungsschriften gelesen und besprochen werden. Ferner sind diese Zusammenkünfte zur Anfertigung von Kleidungsstücken bestimmt, welche am Jahresfeste unter Arme vertheilt werden. In den monatlichen Generalversammlungen, welche am Sonntagabend stattfinden, werden besondere, den Verhältnissen angemessene Ansprachen gehalten oder Lebensbilder edler Frauen vorgetragen. Auf diese Weise ist der Verein schon für manches junge Mädchen eine Zufluchtsstätte und ein fester Halt gegen die vielfachen Versuchungen der großen Stadt geworden. Aus seinem Schooße ist auch der Plan zur Begründung einer Mägdeherberge hervorgegangen, die, wie man von anderswoher berichtet, nächstdem in's Leben treten wird, nachdem zu diesem Zweck bereits ein passendes Grundstück mit Haus erworben.

An Armenvereinen im Geist der inneren Mission bestehen nach der Anführung des Berichterstatters in Schlesien bis jetzt nur drei, nämlich in Breslau, Bunzlau, Ratibor; einer ist in der Bildung begriffen, nämlich in Oppeln. Der Breslauer besteht gegenwärtig fast ausschließlich aus Frauen; jeder von ihnen werden einige arme Familien überwiesen, mit welchen sie einen regelmäßigen Verkehr unterhält, um ihr inneres wie äußeres Leben zu überwachen und nach Kräften zu fördern. Gegenstand besonderer Sorgfalt ist die Wiederherstellung und christliche Gestaltung des so oft zerrütteten Familienlebens und die geistliche Pflege solcher Armen, welche, durch Alter und Gebrechlichkeit gehindert, die öffentlichen Gottesdienste nicht mehr besuchen können. Die regelmäßigen Unterstützungen bestehen in Naturalien, nur bei besonders dringenden Fällen in baarem Gelde. Mancher Familie, welche völliger Verarmung und Verwahrlosung entgegenging, ist zu einer gesicherten Existenz verholfen worden. Gegenwärtig hat der Verein ungefähr 50 Familien in Pflege. Alle 14 Tage finden Conferenzen statt, in welchen die Pflegerinnen über ihre Pfleglinge zu berichten haben. Ganz ähnlich arbeitet der Königin-Elisabethverein in Bunzlau, nur daß dieser mehr, als es bisher in Breslau hat geschehen können, die Krankenpflege in seinen Dienst genommen hat. Eine eigentliche kirchliche Armenpflege ist nur in Ratibor organisirt. Die Gesammtzahl der Armen zerfällt in vier Gruppen, deren jede einem Pfleger und einer Pflegerin überwiesen ist, welche sich die Beschäftigung der Arbeitsfähigen, die Unterbringung der Obdachslosen, die Bestattung der Verstorbenen, die Warnung der Leichtsinnigen, Tröstung der Angefochtenen nach Möglichkeit angelegen sein lassen. Die Unterstützungen bestehen auch hier weniger in baarem Gelde, als in Naturalien. Die Generalverwaltung liegt in der Hand des sogenannten Armenpflegecollegiums, der Gemeindekirchenrath nimmt die Stellung einer Aufsichtsbehörde ein. — Was den Erfolg betrifft, so heißt es in einem Berichte: "Im Jahre 1852 wurde das Werk an 56 Familien begonnen, 1854 an 120 fortgesetzt, seitdem ist die Zahl der Verpflegten und Armen überhaupt in der evangelischen Gemeinde stetig geringer geworden, so daß Niemand mehr an den äußeren Erfolgen zweifelt." Die Erwägung, wie einfach wenigstens in kleinen Gemeinden die Organisation einer Armenpflege ist, wie fast überall die nothwendigen persönlichen Kräfte sich finden, ja durch die Einsetzung des Gemeindekirchenraths schon gegeben sind: wie groß der Segen, der daraus fließt, vor allen Dingen aber die Erwägung, daß die Armen das Vermächtniß des Herrn sind, und daß die Kirche und Gemeinde, welche der Armen vergißt, den Glauben verleugnet, müssen für das geistliche Amt eine ernste Mahnung sein, das bisher Unterlassene fröhlich und getrost zu beginnen.

Mit der Pflege der Armen ist die der Kranken eng verbunden. Diese hat in 11 Städten der Provinz Schlesien durch die Thätigkeit der Diakonissen, in mehreren anderen, z. B. Frankenstein, Ratibor durch Frauenvereine eine feste Gestalt gewonnen. Während an drei Orten: Erdmannsdorf, Neusalz, Falkenberg Schwestern aus dem Berliner Bethanien arbeiten, hat das Breslauer Mutterhaus gegenwärtig acht auswärtige Stationen: Bunzlau, Ohlau, Carolath, Liegnitz, Glogau, Schweidnitz, Brieg, Reichenbach mit 19 Schwestern; für eine neunte, nämlich in Lauban, werden die Vorbereitungen bereits getroffen. Sie sind theils in Krankenhäusern thätig, theils arbeiten sie in der Gemeindepflege, und im Ganzen sind durch die Breslauer Diakonissen im vorigen Jahre außer den 549 Kranken im Mutterhause, 2161 auf auswärtigen Stationen, in Summa 2710 verpflegt worden. Diese Zahl ist leicht und schnell ausgesprochen, aber wer will den Segen offenbaren, der sich daran knüpft. Dieser Segen wird so allgemein anerkannt, daß fortwährend von Magistraten, Kreisbehörden und Vereinen die dringendsten Bitten um Zusendung von Diakonissen gestellt werden, ohne daß sie Befriedigung finden können. Die Thätigkeit der Schwestern erstreckt sich aber nicht bloß auf die Kranken-, sondern auf fast allen Stationen auch auf die Armenpflege. Beinahe in allen Städten haben sich um sie Frauen- und Jungfrauenvereine gebildet (Liegnitz, Brieg, Glogau, Schweidnitz), welche ihnen die Mittel zur Unterstützung von allerlei Hülfsbedürftigen gewähren, so daß das Diakonissenwerk recht eigentlich der Mittelpunkt umfassender Liebesthätigkeit geworden ist. In besonderer Weise scheint dies in Liegnitz, Glogau und Brieg der Fall zu sein. Außerdem ist noch in Siegroth bei Nimptsch ein Krankenhaus, dessen Vorsteher, Pastor Becker, es beklagt, daß er mit demselben so gar vereinsamt dastehe.

Der Vortrag verbreitet sich sodann über die **Fürsorge für entlassene Sträflinge**. Nach den statistischen Nachweisen sind im Jahre 1860 aus den schlesischen Strafanstalten*) 5532 entlassen worden, von denen die größere Hälfte, nämlich 3234 allein auf Breslau kommen. Rechnet man von der Zahl der entlassenen Sträflinge ev. Confession, die circa 3000 betragen mag, diejenigen ab, welche professionsmäßige Verbrecher sind, und alle an sie gewandte Pflege von vornherein abweisen würden, ferner die, welche fremder Hülfe nicht bedürfen u. s. w., so wird doch immerhin eine sehr große Zahl solcher übrig bleiben, welche den guten Willen haben, in der wieder empfangenen Freiheit ein Leben in Zucht und Ehren zu führen, aber durch die allbekannten Verhältnisse den größten Verlegenheiten und Versuchungen ausgesetzt sind.

Der Vortragende hält die Bildung von Schutzvereinen für nothwendig — erwähnt aber auffallender Weise des in Breslau seit vielen Jahren bestehenden gar nicht, dagegen eines ebendaselbst seit zwei Jahren neu errichteten. Passend wäre uns erschienen, wenn zur Befriedigung dieses Bedürfnisses, so wie in Beziehung auf viele andere Aufgaben der inneren Mission, z. B. der Armenpflege und Besorgung der unehelichen Kinder (anderer Stücke ganz zu geschweigen!) auf die Gemeindekirchenräthe verwiesen wäre, denen es von kirchlicher Seite recht eigentlich zur Aufgabe und Pflicht gemacht ist, diese Arbeiten zu unternehmen und dieselben, wo sie in freien Vereinen bestehen, zu schützen und zu pflegen. Es ist überhaupt auffallend, daß in der Conferenz dieses thatsächliche Verhältniß von keiner Seite scheint zur Sprache gebracht zu sein. Besondere Schutzvereine aber für entlassene Sträflinge für kleinere Städte, und vollends für Landgemeinden, scheinen ebenso überflüssig als unmöglich. Die gegliederte Gemeinde, zusammen mit dem Pfarrer, ist der Lösung der Aufgabe vollkommen gewachsen.

---

*) D. h. Zuchthäusern, dabei sind aber die aus den Gefängnissen Entlassenen, außer bei Breslau, gar nicht mit in Anschlag gebracht. D. H.

Die Berichterstattung gedenkt dann noch der neu begründeten christlichen Volksbibliotheken, deren in der ganzen Provinz bis jetzt etwa, so weit dem Vortragenden bekannt, zwölf bestehen (zu Giehren, Flinsberg, Friedeberg, Löwenberg, Lüben, Steinkirch, Schönbrunn, Lichtenau, Hausdorf, Laubau, Liegnitz, Breslau.) An Colporteuren unterhält der Schriftenverein in Niesky einen solchen für die vier Kreise der preußischen Oberlausitz, ebenso die Reichenbacher Conferenz für innere Mission, welche in einem ihrer Berichte einen reich gesegneten Erfolg dieser Thätigkeit bezeugt. Der Central-Enthaltsamkeitsverein sendet bereits deren fünf durch alle Kreise Schlesiens.

Wenn wir diese Uebersicht als eine dankenswerthe Grundlage zu einer weiteren Orientirung betrachten, können wir nicht unterlassen, schließlich noch beispielsweise wenige einzelne Züge aus den Bildern schlesischer Nothstände hinzuzufügen, die den rechten Hinter- und Untergrund bilden, auf dem die Arbeit der inneren Mission ihre Kräfte zu entfalten hat. Wir erinnern uns, vor nicht zu langer Zeit in einer politischen Zeitung, es war die Neue Preußische, eine mehr als bedenkliche Schilderung über den elenden, zum Theil unverantwortlichen Zustand der meisten Taglöhner auf vielen schlesischen Landgütern gelesen zu haben, Zustände, unter denen kein christliches Leben je gedeihen kann. Man denke hier ferner an das tief eingewurzelte leibliche, geistige und geistliche Elend unter den armen Webern Niederschlesiens, für die erst neuerdings jene Frankensteiner Conferenz (wenn auch nur vorübergehend) eine besondere Fürsorge für geistliche und leibliche Aufhülfe getroffen —. Was ist geschehen zur Hebung von Nothständen, wie die im Schobergrund, an die noch vor wenigen Jahren die nahe Brüdergemeinde — vergeblich! so viel Mühe gewandt? Mit welchem Erfolg und wie überhaupt wird dem Einbruch der Freigemeindler in die evangelischen Gemeinden in gleicher freier Weise entgegengetreten und entgegengearbeitet? Und wenn schon aus diesem Allen, was für Aufgaben vollends entstehen der inneren Mission aus jenen Zahlen, welche unwiderleglich die wachsende Gefährdung des sittlichen, christlichen und kirchlichen Lebens bekunden — wir erinnern nur an die eine: in der sich die wachsende Abnahme der Communicantenzahl innerhalb der evangelischen Kirchenprovinz Schlesiens darstellt. Die Zahl der Abendmahlsgenossen ist allein vom Jahre 1861 auf 1862 im Regierungsbezirk Breslau über 15,000, im Regierungsbezirk Liegnitz über 20,000 weniger geworden. Nur im Oppelner Regierungsbezirk, also inmitten der römisch-katholischen Bevölkerung, hat sich die Zahl derselben vermehrt. In was für Unterlassungs- oder Begehungssünden hat es seinen Grund, daß jährlich immer mehrere Tausende den Tisch des Herrn meiden, während doch Unterricht und Predigt, die das Wort und Sacrament Gottes im Lande pflegen, nicht bloß angeblich sich mehrt?

Angesichts solcher ernsten Thatsachen begrüßen wir unter Anwünschung des reichsten Gottessegens und im Mitbewußtsein der großen

Aufgabe, die ihm zufällt, jenen neu gebildeten schlesischen Provinzialverein für innere Mission. Möge Gottes Gnade den Christenmännern, die dazu Hand und Herz zusammengelegt, den Glauben stärken, möge sie ihnen Weisheit und Ausdauer verleihen, und namentlich auch in den Gemeinden hin und her die reiche Mitbetheiligung solcher wecken, die mit zuversichtlichem Glauben an die Wahrheit und Kraft des göttlichen Wortes bereit sind, Gottes Reich zu bauen zu einer Zeit, wo die Mächte der Finsterniß und des Todes sich siegesgewiß ausbreiten.

Die Pflege des kirchlichen Gemeinschaftslebens im Amte Herborn, Herzogthum Nassau.

Im nassauischen Dillthale bestehen schon seit längerer Zeit in einzelnen Orten gläubige Gemeinschaften, welche sich zur Privaterbauung regelmäßig versammeln. Die Zahl dieser Kreise hat sich seit einigen Jahren um ein Bedeutendes gemehrt, und unter der kirchlichen Predigt des Evangeliums entwickelte sich rasch ein liebliches, christliches Leben in lange Zeit scheinbar hoffnungslos todten Gemeinden. Die Kunde hiervon lockte sehr schnell s. g. Reiseprediger von allerlei Farbe in die bezeichnete Gegend. Darbisten und Baptisten warfen ihre Netze aus, und namentlich erstere haben gute Ausbeute gehabt. Vor Allem aber schickte der „Evangelische Brüderverein" in Elberfeld seine Arbeiter in unser Thal und nachdem derselbe nach genauerer Voruntersuchung im vorigen Jahre diese Gegend ergiebig gefunden, verließen seine Boten das Dillthal nicht mehr — nicht einzeln, sondern zu zwei und drei durchzogen sie die Dörfer. Die Absicht und Frucht ihres Wirkens trat schnell hervor. Die Predigt von Christo trat in den Hintergrund particularistischen Bestrebungen gegenüber. Kirche, geistliches Amt, Taufe, kirchliches Abendmahl wurden verspottet und gelästert, kleine Abendmahlsgemeinschaften eingerichtet, und Alles zur Gründung von Independentengemeinden vorbereitet. Diese Bestrebungen fanden Anklang vorzugsweise im Amte Dillenburg, wo sich das geistliche Leben vielfach unter dem Druck der geistlichen und polizeilichen Gewalt entwickelt hatte und wo man heute, da die Mehrzahl der Geistlichen doch freundlich zu den Privatversammlungen steht, das alte Mißtrauen gegen die Pfarrer noch nicht aufgegeben hat. Viele Gemeinschaften stehen dort so, daß es nur eines leisen Anstoßes bedarf, um sie aus der Kirche zu führen.

Anders steht es im Amte Herborn. Das christliche Leben dieses Bezirks ist jüngeren Datums und größtentheils aus der kirchlichen

Predigt des Evangeliums hervorgegangen. Deßhalb haben die Gemeinschaften dieses Bezirks noch große Anhänglichkeit an die Kirche und Vertrauen zu den Pfarrern, welche das lautere Evangelium predigen. Diese Gemeinschaften nahmen die Reiseprediger wohl auch gern an, wurden aber schnell mißtrauisch gegen dieselben, da sie die kirchenfeindliche Richtung derselben schnell herausfanden. Hatten die betreffenden Reiseprediger aber einmal Eingang gefunden, so war es schwer, sie wieder los zu werden. Mancherlei Klagen in dieser Beziehung waren die Veranlassung, daß erfahrene Männer aus benachbarten Orten mit einander Berathungen pflogen. Man sah bald ein, daß nicht blos um der Gefahr der Reiseprediger, sondern auch um anderer, den Versammlungen drohender Gefahren willen eine geordnete Pflege derselben nothwendig sei, so wie daß bei einer solchen jene Reisepredigt ganz entbehrt werden könne. Es wurden nun die Gemeinschaften des Amtes Herborn zu größeren Berathungen eingeladen, und die Mehrzahl derselben schickte Abgeordnete. Die hierbei aufgestellten Bestimmungen hatten dabei hauptsächlich folgende Punkte in's Auge gefaßt:

1) Daß den Versammlungen der einzelnen Orte eine feste Ordnung und Regel zu geben, und dahin zu trachten sei, daß die einzelnen Glieder nicht bloß gefühlig erbaut, sondern in den Lehrgehalt der ganzen Schrift tiefer eingeführt würden.

2) Daß die Versammlungen aller verbundenen Orte monatlich durch Abgeordnete zusammentreten und nach gemeinsamer Erbauung die Bedürfnisse der einzelnen Gemeinschaften berathen sollten.

3) Daß dem Gemeinschaftsleben alle separatische und der kindlichen Einfalt schädliche Lehre ferne gehalten, und die Reiseprediger unter strenge Controle genommen werden sollten.

Es haben sich ungefähr zwanzig Orte des Amtes Herborn auf diese Punkte hin verbunden, und sich unter einen Vorstand von fünf Leuten aus den Laien gestellt, da die Betheiligung eines Geistlichen kirchlicherseits (?) auf Schwierigkeiten stieß.

Zur Erreichung des sub 1. b. angegebenen Zweckes werden den Pflegern der Gemeinschaften praktische Commentare (z. B. Goßners größeres Erbauungsbuch, Gerlach, Besser) in die Hand gegeben, welche sie je nach Beschaffenheit derselben entweder zu ihrer eigenen Zurüstung oder in den Versammlungen selbst gebrauchen können. Auch sollen die Monatsversammlungen dazu dienen, die Pfleger und andere

befähigte Glieder in das Wort Gottes tiefer einzuführen und fester
darin zu gründen.

Man hat es praktisch gefunden, vor der monatlichen Versammlung auf einem Filialdorfe, wo eine Capelle zur Verfügung stand, erst einen öffentlichen Gottesdienst zu halten. Bei den Versammlungen selbst wird die Einrichtung der einzelnen Gemeinschaften durchgegangen, Fehlerhaftes gerügt, Verbesserungen werden angerathen, auf Nothstände, wo materielle oder geistliche Hülfe nöthig, wird aufmerksam gemacht, auch größere Fragen, wie über die Zucht in den Gemeinschaften und Einschlagendes verhandelt.

Unliebsame Reiseprediger werden durch die Bestimmung, daß keiner derselben in einer Versammlung darf zugelassen werden, der nicht eine schriftliche Erlaubniß des Vereinspräses vorzeigt, fern gehalten.

Dies sind die Grundzüge des Werks, an das sich gegenwärtig eine größere Vereinigung der Jünglinge unserer Gegend anzuschließen verspricht, über welche wir uns spätere Mittheilungen vorbehalten.

Genossenschaftliches.

In Rotterdam in Holland leben bekanntlich mehrere Tausend Deutsche, die seit Kurzem eine eigene deutsche Gemeinde bilden. Nachdem es lange schwierig geworden, die Menge der Magazinarbeiter und Tagelöhner zu sammeln, kam man schließlich auf den Gedanken, in der Art, wie das in England geschehen, eine Genossenschaft zum Zwecke der Beschaffung guter und wohlfeiler Lebensmittel unter diesen Leuten zu gründen. Sie wurden zu Versammlungen eingeladen, in denen ihnen der Zweck der Vereinigung aus einander gesetzt wurde. Jeder sollte wöchentlich einen Beitrag von 5 Cent (etwa 1 Sgr.), keinenfalls aber mehr als 1 Fl. zahlen. Nachdem 2 Jahre gespart war, wurde mit 800 Fl. ein Ladengeschäft angefangen, in welchem der Verein die Lebensmittel und anderen Hausbedarf im Großen wohlfeil und gut ankaufte, und dann in kleinen Parthieen gegen Baarzahlung durch einen dazu Angestellten verkaufte. Die Vereinsgenossen, im vergangenen Jahre etwa 125, lauter Arbeiter, sahen bald, was für einen Vortheil sie davon hatten. Sie lernten sparen, und erhielten dafür ihren guten Zins aus dem Geschäft. Sie bekamen ihre Lebensmittel wohlfeiler und besser denn früher, und hatten am Schluß des Jahres noch einen bestimmten Antheil am Reinertrag des Betriebes. Sie hatten sich gegenseitig im Auge, denn ein Säufer oder liederlicher Mensch durfte nicht Mitglied bleiben. Sie lernten sich gegenseitig kennen und einer dem andern helfen, denn Jeder hatte bei der Anschaffung, Controle, Cassenrevision &c. irgend ein Geschäft zu verrichten. Dazu kamen sie in ihren regelmäßigen wöchentlichen Versammlungen in die Gemeinschaft des göttlichen Wortes; auch war in den Statuten festgesetzt, daß jede Versammlung mit Gebet eröffnet werde. Nach kurzer Zeit mußte ein größerer Laden angeschafft werden. Ja man soll an noch weitergehende Pläne denken, um dort ein geordnetes christliches Gemeinschaftsleben unter den dort Zusammenwohnenden einzurichten. (J.=B.)

Nachrichten aus dem Rauhen Hause.

Speciell für die auswärtigen Brüder.

Für die Hülfscasse (H. C.) sind vom 20. Juni bis Ende Juli an Jahresbeiträgen eingegangen: für 1862 1 ℳ von H.(351); für 1863 à 1 ℳ von N.(93), B.(173), K.(189). Ferner bei Uebernahme eines Berufes à 2 ℳ von G.(286), K.(308).

Geboren: ein Sohn 25/6. S.(99), 7/7. A.(163), 11/6, G.(180); eine Tochter 6/6. H.(3), 19/7. L.(167). — Gestorben eine Tochter 25/6. B.(77). — Verheirathet haben sich 9/6. S.(210), 9/7. B.(270), 28/5. D.(276). W.

Die weiteren Nachrichten über Hausbau, dreißigjähriges Stiftungsfest u. s. w. stehen dießmal wegen Mangel an Raum im Beiblatt.

Quittungen vom Monat Juni 1863.

Für die Kinderanstalt. Hamburg: Hr. Cand. Ethamer j. B. 5 ℳ; R. R. „zum Andenken an ein im Frieden heimgegangenes seliges Friedenskind" 25 ℳ; R. R. 1 ℳ. — Holstein: .R. R. aus dem Holsteinischen" durch die Agentur 2 ℳ 8 ß. — Preußen: Hr. Pf. C. Breyther in Klosterhaeplen bei Eckartsberga 1 ℳ; Hr. Past. Quitorp in Ducherow 3 ℳ. Hausbüchse: 80 ℳ 11½ ß.

Für die Brüderanstalt. Preußen: Hr. Pf. C. Breyther in Klosterhaeplen bei Eckartsberga 1 ℳ. — Sachsen=Altenburg: „Einige Frauen in Ronneburg" 6 ℳ. — Rußland: „aus Livland 1 Cor. 1, 3." 20 R. S.

Für die Kinder= und Brüderanstalt gemeinschaftlich. Hamburg: „Irminia" 2 ℳ 8 ß; Frl. E. Wappäus „Jahresbeitrag für das Rauhe Haus" 5 ℳ.

Naturalien. Hamburg: Hr. J. Watermeier 1 Rock, 2 Hosen, 1 Weste, 1 seidenes Tuch u. s. w. (alt); N. N. 2 Paar baumwollene Strümpfe; durch Frl. C. Uckermann der Nähverein 18 Knabenhemden.

Außerdem:

Für das Johannesstift. Preußen: Hr. Past. Fichtner in Rosenbach bei Bangenbielau durch die Agentur 10½ ß.

Mit herzlichem Dank bescheinige ich hiermit den Empfang der vorstehenden Gaben, und füge nur noch hinzu, daß im Garten des Rauhen Hauses ein goldener Trauring mit den Anfangsbuchstaben eines Namens, mit Datum und der Jahreszahl 1863, den offenbar ein Besucher der Anstalt verloren, gefunden ist. Vielleicht daß der Eigenthümer auf diesem Wege zu ermitteln wäre. Dr. Wichern.

Inhalt des Hauptblattes: Welche Aufgaben empfehlen sich unsern Presbyterien und Synoden zur Behandlung in Beziehung auf die Stärkung des Gemeindelebens? (Vortrag auf der Pastoral-Conferenz in Bonn, gehalten am 1. Juli 1863.) — Die erste Schlesische Conferenz für innere Mission. — Die Pflege des kirchlichen Gemeinschaftslebens im Amte Herborn, Herzogthum Nassau. — Genossenschaftliches. — Nachrichten aus dem Rauhen Hause: Specielles; Quittungen.

Inhalt des Beiblattes: Ich bin ein armes, armes Kind. — Vater Hurter auf der Steig. — Etwas von den alten deutschen Landsknechten. — Nachrichten aus dem Rauhen Hause. — Fünfundzwanzig Arbeiter werden gesucht von der Brüderanstalt des Rauhen Hauses.

Herausgeber Dr. Wichern, Vorsteher des Rauhen Hauses. — Verlag der Agentur des R. H. zu Horn bei Hamburg. — Gedruckt im R. H.

XX. Serie. 1863.
August. No. 8.

Fliegende Blätter

aus dem

Rauhen Hause zu Horn bei Hamburg.

Organ des Central-Ausschusses für die innere Mission der deutschen evangel. Kirche.

Hauptblatt.

Zur Volksliteratur in England.

Manchem unserer Leser wird der Name des edlen Engländers, Sir Henry Roberts, bekannt sein. Derselbe ist Architekt, und als solcher erfüllt von der Bedeutung auch seines Berufs zur Förderung des Reiches Gottes unter den Armen und Hülfsbedürftigen. Er hat die Hebung der mit den Schäden sittlichen und christlichen Lebens so tief zusammenhangenden Wohnungsnoth der kleinen Leute und arbeitenden Classen zu seiner Lebensaufgabe gemacht, und ist, so viel uns bekannt, der eigentliche Urheber der ganzen darauf bezüglichen Bewegung geworden, die in England, Frankreich, Belgien, Deutschland in immer weiteren Kreisen sich Bahn bricht. Wir heben das hier hervor, weil wohl Wenige wissen, daß, wie an so vielen anderen Stellen, so auch an dieser, der entschiedene Christenglaube es ist, der die neue Bahn gebrochen, welche nachher so vielfach auch von der christlosen Humanität, die von dem Evangelium nichts wissen will, betreten worden. Wir begegnen dem Herrn Roberts in England vielfach auf dem weiten Gebiete der dem Bau des Reiches Gottes gewidmeten Bestrebungen, und neuerdings wieder auf dem zuletzt zu London abgehaltenen internationalen Wohlthätigkeitscongreß (congrès international de bienfaisance), dessen Protokolle jetzt eben erschienen sind.*) Herr Roberts hat auf dieser

---

*) Congrès international de bienfaisance de Londres. 1862.

Versammlung die in England während der letzten Jahre zur Verbesserung einer gesunden und reinen Volkslektüre gemachten Fortschritte darzulegen versucht. Leider ist auch von diesem Vortrag nur eine Skizze veröffentlicht, die jedoch inhaltreich genug ist, um uns Stoff zu der nachfolgenden lehrreichen Mittheilung zu bieten. Dieselbe giebt Anlaß zu mancher erheblichen Vergleichung zwischen dem Stand dieser Dinge in England und Deutschland. Es ist dabei noch voranzuschicken, daß sich auf diesem Gebiete von verschiedenen Gesichtspunkten ausgehende Bestrebungen begegnen, die indessen in einer gesunden Weise sich gegenseitig annähernd und ergänzend, fördernd und ermunternd, zu dem einen großen Zwecke — Förderung des leiblichen und geistlichen Wohles der arbeitenden Classen — einander die Hände reichen. Schon seit viel längerer Zeit, als das in Deutschland der Fall ist, hat man in England die Lösung dieser Aufgabe in Angriff genommen. Man wurde dazu um so mehr gedrängt, je eher man erkannte, wie gefährlich und mächtig dort der Strom der schlechten Volksliteratur zu werden drohte. Man ging dabei von der Ueberzeugung aus, daß bei der Einwirkung schlechter Literatur, namentlich auch schlechter, unzüchtiger Bilder auch die Gesetzgebung ihr wichtiges Amt zu thun habe, und gerade auch in dieser letzteren Beziehung könnte das, was in England geschehen, deutschen Staaten zum Vorbild dienen. Wenn z. B. in Preußen — wir denken beispielsweise an den alles übersteigenden lästerlichen Unfug mit den s. g. Neujahrswünschen — die Gesetzgebung und das gerichtliche Verfahren gegen obscöne Bilder geordnet wäre wie in England, so würde es möglich sein, mit Nachdruck dagegen zu wirken. Doch hat man sich damit in dem großen Insellande am wenigsten begnügt und vielmehr auch nach dieser Seite hin die volle Kraft der freien Vereinigung geweckt und sich entfalten lassen. Und mit welchem Erfolge! Wir müssen die hinzukommenden, hierher gehörigen Privatbemühungen Einzelner, die in ähnlicher Weise, wie z. B. unser Würtemberger Dr. Barth nach dieser Richtung hin mit Erfolg gewirkt, hier übergehen, um ein Bild der Volksliteraturgesellschaften Englands zusammenzustellen.

Die älteste aller derartigen Gesellschaften ist die zur Verbreitung christlicher Kenntnisse (the society for promoting christian knowledge); dieselbe wurde bereits im Jahre 1698 von Mitgliedern der Nationalkirche gegründet. Sie verbreitet außer der heiligen Schrift und dem allgemeinen Kirchengebetbuch (prayer-book) Bücher und Traktate verschiedenen, nicht ausschließlich religiösen Inhalts; der Herzog von Marlborough bezog bereits in dem spanischen Erbfolgekriege im Anfange des 18. Jahrhunderts ziemlich viel Bücher für seine Armee von dieser Gesellschaft, wie sie es denn überhaupt von jeher auf die Versorgung von Heer und Flotte mit gesunder geistiger und geistlicher Nahrung abgesehen. Die Franklin'sche Nordpolexpedition, traurigen Andenkens, erhielt ihrer Zeit ebenfalls von ihr auf speciellen Wunsch ihres Befehlshabers einen bedeutenden Vorrath von Büchern zur Lectüre in den arctischen Eisregionen. In neuerer Zeit hat man besonders die Auswanderer in's Auge gefaßt, auch errichtete man hier und da Leihbibliotheken, die ein wichtiger Zweig jener Bestrebungen zu werden versprechen.

Gerade in Bezug auf die Leser der Leihbibliotheken sind in der letzteren Zeit eine Reihe von Werken geschichtlichen, biographischen, philosophischen, naturwissenschaftlichen, politischen 2c. Inhalts herausgegeben worden, die in einer anziehenden Form und christlichem Geiste geschrieben, ein zahlreiches Lesepublikum herbeiziehen. Die Ausgaben der Gesellschaft betrugen in den letzten 25 Jahren jährlich circa 40,000 ₰; herausgegeben wurden im Jahre 1860—61: 235,592 Bibeln und Testamente, 339,997 Gebetbücher (prayer-books); ferner 1,592,873 gebundene Bücher verschiedenen Inhalts und 4,105,611 Tractate, macht 6,639,073 Exemplare in einem Jahre. Im Ganzen hat die Gesellschaft von 1733, seit diesem Jahre datiren erst gedruckte Jahresberichte, 148,902,287 Exemplare Schriften in Umlauf gesetzt.

Die Bücher-Gesellschaft zur Verbreitung religiöser Kenntnisse unter den Armen (the book society for promoting religious knowledge among the poor) wurde im Jahre 1750 gestiftet. Mit Ausnahme von Bibeln und neuen Testamenten, die nur gegen, wenn auch mäßige Bezahlung abgegeben werden, vertheilt sie ihre Bücher unentgeltlich, indem sie theils anerkannt vorzüglich gute Werke, ebenfalls nicht ausschließlich religiösen Inhalts, als Verlagseigenthum erwirbt, theils eigene Originalwerke und periodische Zeitschriften auf ihre Kosten herausgiebt. Als Gesammtgrundsatz gilt, keine Bücher controverser Natur, d. h. solche, die einzelne Abtheilungen der englischen katholischen Kirche befehden, herauszugeben. Was die äußere Wirksamkeit dieser Gesellschaft betrifft (sie verausgabte im letzten Jahre etwa 34,000 ₰), so reicht dieselbe weder an die der vorigen, noch an die der großen Traktatgesellschaft, indessen ist ihr Absatz ein nicht unbedeutender, besonders in kleinen Büchern, Handbillets (auf denen gewöhnlich eine kurze Ansprache, erbauliche Betrachtung oder eine Erzählung gedruckt ist) und endlich die Briefblättchen (leaflets for enclosure in letters) ähnlichen Inhalts wie die vorigen, zur Briefeinlage bestimmt. Die letzten beiden Formen scheinen etwas Spielendes zu haben und lassen der Vermuthung Raum, als ob sie zu Zeiten in etwas zudringlicher Weise sich geltend machen wollten. Doch muß man dergleichen ertragen lernen, wenn auch etwas schwer zu tragen wird, was man der Art jetzt in Deutschland hie und da der ostensibeln Frömmigkeit auf Briefbogen u. dgl. zu Gute halten muß. — Etwaige Erträge, die der Gesellschaft aus dem Verkauf ihrer Bücher erwachsen, verwendet sie zu Geschenken an Büchern für Sonntags- und Lumpenschulen oder für Stadtmissionare und dergl.

Die religiöse Traktat- und Bücher-Gesellschaft in Schottland (the religious tract and book society of Scotland), 1793 gestiftet, verkauft nur Bücher religiösen Inhalts. Sie ist die erste Gesellschaft, welche Colporteure verwandt, deren jetzt nicht weniger als 110 bis 120 in ihren Diensten thätig sind. Es ist klar, daß die Art und Natur des schottischen Landes es nahe legte, sich solcher Mittel zur Verbreitung religiöser Kenntnisse zu bedienen. Dr. Macleod, einer der Kaplane der Königin Victoria, sprach sich darüber neulich in einer öffentlichen Versammlung dahin aus: Die Colportage ist vorzüglich geeignet, den geistigen Bedürfnissen der Bevölkerung zu genügen, besonders wo dieselbe so zerstreut wohnt wie in den Hochlanden, oder aber wo sie, wie in den Manufactur- und Bergwerksdistricten, eine fluctuirende ist. Manch einer kauft gern ein Buch oder eine Zeitschrift, wenn ihm eine solche, während er gemüthlich am Kamin sitzt, unter genauer Angabe des Preises und des Inhaltes, angeboten wird, während Jahre darüber vergehen würden, ehe ein solcher sich wirklich einmal entschlösse den Sonntagsrock und Camisol anzuziehen, um nach der Stadt zu gehen und durch den Besuch eines schönen Buchladens seine Wünsche zu befriedigen. Demgemäß, so meint der genannte Kaplan, können allein durch Colporteure die Massen sowohl in unseren Städten als die zerstreut wohnenden Leute in ihren Dörfern, Weilern und Thälern mit ordentlicher Lectüre versorgt werden. Die Gesellschaft verkaufte im letzten Jahre über 700,000 Exemplare religiöser Zeitschriften und 26,000 Exemplare Bibeln und Testamente.

Die religiöse Traktat=Gesellschaft (the religious tract society), im Jahre 1799 gegründet, ist bekanntlich das großartigste Institut, das Großbritannien in dieser Hinsicht (abgesehen von der Bibelgesellschaft) besitzt. Der Besuch des großen Gesellschaftshauses zu London in Paternoster Row kann nur mit Staunen erfüllen. Hier ist der größte überhaupt vorhandene Bücherverkauf, der in der Welt existirt; das dort aufgespeicherte Bücherlager, aus dem zugleich ein bazarartiger Buchladen ausgestellt ist, der sich durch mehrere Etagen des Bücherpalastes ausbreitet, umfaßt so ziemlich alle Sprachen der Welt in allen fünf Erd= theilen. Wir glauben uns nicht zu irren, daß selbst diejenigen hoch= müthigen Literaten und Halbgebildeten, welche es als Selbstverstand annehmen, daß man über alles, was Traktatgesellschaft heißt, nur spotten dürfe, der Großartigkeit des geschäftlichen Betriebes dieser Gesellschaft ihren Respect nicht versagen würden, wenn sie sich die Mühe geben wollten, die Sache kennen zu lernen. Die Gesellschaft druckt und verbreitet übrigens nicht bloß jene kleinen religiösen Flugschriften, die gewöhnlich Traktate genannt werden, sondern auch im größten Umfange größere Bücher, jedoch zu sehr billigen Preisen, so daß auch der Arme und wenig Bemittelte sich dieselben anschaffen kann. Man nimmt an, daß gegen das Ende des 18. Jahrhunderts zur Zeit der Gründung der Gesellschaft, in England wenigstens 20,000 Hausirer damit beschäftigt waren, ihre unzüchtigen Lieder und schmutzigen Bilder durch das ganze Königreich bis in die entlegensten Dörfer zu verbreiten. Seit dem hat nun freilich eine große Veränderung Statt gefunden, denn, wenn auch der Betrieb einer schlechten Literatur leider noch immer nicht so ganz klein ist, so ist doch der Strom jener besseren Literatur gewaltig, und die Colportage im Besonderen so emsig und eifrig, daß kaum eine Hütte Großbritanniens, ja selbst die entlegensten Dörfer Hochschott= lands und die Hebriden eingerechnet, von ihr unberührt bleibt. Nach einem im Jahre 1851 gemachten Ueberschlage circulirten damals angeblich jährlich noch immer etwa 29 Millionen Exemplare „ungläubiger" und unmoralischer Schriften, eine Zahl, der die Publikationen aller Gesell= schaften und religiöse Zeitschriften zusammen genommen, nicht gleich= kommen. Jene Zahl war indessen, wie sich bei sorgfältigerer Nach= forschung herausstellte, zu hoch gegriffen, indem sowohl Zeitungen als auch andere nicht gerade schlecht gesinnte Zeitschriften hinzugerechnet waren, außerdem ist der Begriff des „ungläubigen" hier sehr wahr= scheinlicher Weise in einem Umfang und Sinn gefaßt, gegen den wir vom deutschen Standpunkte aus vielfach milden Einrede erheben müssen. Immerhin mag der Umfang der dem Evangelium noch fremd oder feindselig gegenüberstehenden Volksliteratur groß genug sein, und wir führen jene Zahlenangaben ausdrücklich an gegenüber den vielfach so grund- und maßlosen Schilderungen von der besonderen Christlichkeit des englischen Volkes auf Kosten der ebenso oft, selbst von Deutschen preisgegebenen Christlichkeit der deutschen Nation. Wir meinen, daß auch hier besser wäre, sich nicht mit einander zu vergleichen, sondern daß Jeder sich mit seinem eigenen Maaße messe. Außerordentlich aber bleibt die von Jahr zu Jahr sich steigernde Thätigkeit der hier in Betracht genommenen Gesellschaft. Die Publikationen derselben beliefen sich im Jahre 1856 auf 31,529,185 Exemplare und erreichten im Jahre 1861 sogar die Höhe von 41,883,921 Exemplaren. Außer den mit Bildern illustrirten Traktaten und Büchern für Kinder, sowie den immer wieder neu aufgelegten Kinderschriften, und anderen in einfachem und volksthümlichem Style verfaßten Originalwerken hat die Gesellschaft in jüngster Zeit sich die Herausgabe gut redigirter illustrirter Zeitschriften, je für verschiedene Alter und Classen berechnet, angelegen sein lassen. Einzelne derselben haben eine zum Theil erstaunliche Abonnentenzahl. Es ist dabei nicht zu vergessen, daß den Grundsätzen der Gesellschaft gemäß nur die allgemeinen Grundwahrheiten des Christenthums als leitende Gesichtspunkte dienen dürfen, wodurch es möglich ist, daß alle Denominationen der englischen Kirche sich auf diesem Felde freundlich begegnen. Die freiwilligen Beiträge dienen dazu, die Preise der Traktate noch immer mehr herunter zu setzen, oder sie umsonst verschenken zu können; die aus dem Verlauf erzielten Erträge dienen nach der Berichtigung der gemachten Auslagen jedenfalls zur Gratisvertheilung der Traktate. Die jährliche Ausgabe und Einnahme übersteigt 100,000 £ (also etwa 750,000 ℳ), und man schätzt die seit der Gründung der Gesellschaft verbreiteten Exemplare auf 950 Millionen.

Auch über die im Jahre 1804 gestiftete große Brittische und ausländische Bibelgesellschaft (the british and foreign Bible society) müssen wir hier kurz hinweggehen, doch weist Herr Roberts ihr auch in diesem Zusammenhang eine Stelle an, indem er die Bibel für das beste Volksbuch hält. Ohne ihm darin widersprechen zu können, weisen wir doch der Bibelgesellschaft eine selbstständige Stellung an, und haben wir in unsern Blättern oft über sie berichtet. Zur

Vervollständigung des hier zu entwerfenden Bildes mag genügen anzuführen, daß ganz Großbritannien gegenwärtig mit einem Netz von Zweigagenturen dieser Gesellschaft überzogen ist. Die Preise der h. Schrift sind so billig gestellt, (für 8 Pence bekommt man eine ganze Bibel, für 4 Pence ein neues Testament), daß auch der Aermste sich eine solche ohne Beschwerde als Eigenthum verschaffen kann. Bekanntlich hat die Gesellschaft in allen Ländern und größern Städten Haupt-Agenturen mit Neben- und Zweigagenturen errichtet. Gegenwärtig druckt und vertheilt sie die h. Schrift in 160 Sprachen oder Dialekten. Die Zahl der Uebersetzungen, theils der ganzen, theils einzelner Theile der h. Schrift, beläuft sich auf 190, von denen 140 Sprachen von dieser Gesellschaft zuerst gedruckt worden. Im Jahr 1861 vertheilte die Gesellschaft mehr als 1½ Mill. Exemplare und im Ganzen bisher mehr als 40 Mill. Bibeln oder einzelne Theile derselben. Die Total-Einnahme in dem genannten Jahr betrug 168,443 £, die Total-Ausgabe seit 1804 5,250,546 £. Zur Verbreitung der Bibeln in den bevölkertsten und verkommensten Theilen Londons hat man sich in den letzten Jahren namentlich auch der bereits oft besprochenen Bibelfrauen bedient, deren etwa 170 unter der Leitung von Damen thätig sind.

Die Gesellschaft zur Verbreitung nützlicher Kenntnisse (the society for the diffusion of useful knowledge) wurde 1826 unter den Auspizien von Lord Brougham und Lord John Russel gestiftet. Zu ihren frühesten und auch im Auslande bekanntesten Publikationen gehört das „Pfennig-Magazin", das seiner Zeit wöchentlich 200,000 Abonnenten zählte, ferner „der brittische Almanach", der im Jahr 1828 zuerst ausgegeben wurde und eine neue Epoche zur Verbesserung der Kalenderliteratur in England anbahnte, endlich das Pfennig-Lexikon (the Penny Cyclopaedia), das im Jahr 1833 begonnen und bei der Ausgabe der ersten Nummer 55,000 Abnehmer zählte. Die Gesellschaft hat ihre Thätigkeit in der letzten Zeit leider eingestellt.

Der Arbeiter-Erziehungsverein (the working men's educational union) wurde im Jahr 1852 gegründet zum Zweck der Förderung der Arbeiter in allgemeinerer Bildung und speziell technischer Kenntnisse auf dem Boden eines gesunden Christenthums.*) Man suchte dies Ziel durch Vorlesungen, Bildung von Leihbibliotheken, gegenseí-

---

*) „Cimbued with a sound Christian spirit", wie die Statuten sagen.

tige Belehrung und Besprechung oder durch ordentlichen Schulunterricht zu erreichen. Auch publicirt die Gesellschaft technische Baurisse, Zeichnungen, Karten und dergleichen zu einem sehr wohlfeilen Preise und vertheilt oder verschenkt dieselben an ihre Mitglieder, sie vertheilt dergleichen Zeichnungen seit ihrer Gründung jährlich 11,908. Zahlreiche Vorlesungen werden in Schulräumen oder in andern geeigneten Lokalen, sofern es sich um Förderung einer allgemeinen Bildung handelt, von Geistlichen oder aber von den in den betreffenden Fächern bewanderten Männern, Architekten, Chemikern u. dergl. gehalten.

Die Gesellschaft für reine Literatur (the pure literature society) wurde im Jahre 1855 gegründet; sie verbreitet Bücher, Bilder, Karten und dergleichen, welche nach dem Befund der Committee gut und nützlich sind, mögen dieselben von Gesellschaften oder von Privatpersonen herausgegeben sein. Aehnliche Zwecke verfolgen übrigens noch manche andere Gesellschaften wie die Gesellschaft für junge Leute,*) und der Verein der Lumpenschulen.

---

*) Wir machen bei dieser Gelegenheit unsere Leser auf ein schönes Sammelwerk aufmerksam, wir meinen die lectures delivered before the young men's christian association, die gewöhnlich in Exeter Hall vor zahlreichem Publikum von November bis Februar jeden Jahres gehalten werden. Die angesehensten Männer des Landes, Gelehrte, Geistliche, Schulmänner, Schriftsteller u. A. rechnen es sich zur Ehre, dort einen Vortrag halten zu können. Nachher erscheinen diese Vorträge eines jeden Jahres in einem Bande gesammelt und sind deren bis jetzt 16 erschienen. Beispielshalber geben wir hier die Themata des 9ten Bandes, der uns gerade zur Hand ist, an: „Ueber planloses und verständiges Lesen", „Ueber Angewohnheiten", „Die beiden Haldane" (zwei berühmte schottische Theologen), „Die Zeichen der Zeit", „Christliche Erziehung", „Der Prophet auf Horeb", „Züge aus dem Leben Cicero's", „Schriftstellerei", „Das Studium der neueren Geschichte", „die beiden Schöpfungsberichte" (Mosaische und geologische), „Juden und Judenthum". Die andern Bände behandeln zum Theil noch viel interessantere Gegenstände und zeichnen sich insgesammt durch gründliche Sachkenntniß, wie leichte und elegante Form aus. Wir haben Derartiges in Deutschland bis jetzt nur wenig. Wenn wir von den mehr in Professorencirkeln gehaltenen Münchener und Marburger und ähnlichen Vorträgen absehen, sind es nur die beiden bei Friedrichs in Elberfeld erschienenen Jahrgänge, enthaltend Vorträge, gehalten zum Besten der Stipendienfonds in Bonn, und sodann Vorträge wie die jeden Winter im Evangelischen Verein in Berlin gehaltenen, welchem Vorbild man bekanntlich bereits an vielen andern Stellen, Königsberg, Stettin, Bremen, Barmen und auch wohl anderswo gefolgt ist. Es könnte wohl

Die Gesellschaft hat in den 7 Jahren ihres Bestehens etwa 1 Million Exemplare Zeitschriften und 35,160 wohl ausgewählte gute Bücher zum halben Preise verbreitet. Ihre Bücher wandern namentlich in die Sonntagsschulen, Pfarrbibliotheken, Arbeiter-Gesellschaften, in die Kreise von Soldaten, Matrosen, Auswanderern, Bergwerksarbeitern und Schiffern; dabei ist wohl zu beachten, daß die Gesellschaft von ihrem Betriebe keine Bücher irgend eines besondern Faches oder Berufes ausschließt. Der einzige Gesichtspunkt bei der Auswahl und Vertheilung ist nur der, daß die Bücher sittlich rein sind.

Das Haustren oder Colportiren mit sorgfältig ausgewählten Büchern und schönen Bildern wurde im Jahre 1851 besonders auf Betrieb des gegenwärtigen Bischofs von Rochester begonnen und hat die Sache namentlich auf dem Lande viel Anklang gefunden. Manches illustrirte Wochenblatt oder ein hübscher Holzschnitt hat seitdem seinen Weg in die abgelegene Hütte eines Tagelöhners gefunden. Klerus und Laien der Staatskirche haben, um dies Unternehmen zu befördern, 62 Lokal-Vereine gestiftet, die unter einem gemeinschaftlichen Haupt-Verein (the church of England book hawking union) stehen. Derselbe hat ungefähr 80 Bücher-Haustrer in seinen Diensten, die Einnahme beläuft sich auf etwa 40,000 ₰ jährlich.

Eine andere Gesellschaft, der brittische Colportage-Verein (the brittish colportage association), gegründet 1860, unterscheidet sich von der vorigen Gesellschaft nur insofern, als ihre Colporteure nebenbei eine Art von Stadt- oder Wander-Missionaren sind. Gleichwohl verkaufen sie nicht ausschließlich Bücher religiösen Inhalts. — Der bedeutende Einfluß dieser letzteren Gesellschaften, die es nur auf Verbreitung einer sorgfältig ausgewählten guten Lecture absehen, muß einleuchten und erkennt man immermehr die Richtigkeit gerade dieser

---

von Nutzen sein, wenn dergleichen gesammelt und zu einem möglichst billigen Preise ausgegeben, für ein größeres Publikum zugänglich würde. Dennoch haben jene englischen Vorträge zunächst den Zweck, vor jungen Leuten, namentlich Arbeitern gehalten zu werden und wird wohl die Frage erlaubt sein, ob in unsern großen Städten die „christlichen" Jünglinge, die derartige Vorträge gerne hören und verstehen würden, vorhanden sind. Nur die vom Evangelium sich fern haltenden Kreise der Handwerker haben dergleichen aufzuweisen. Nicht minder schwierig möchte es sein, aller Orten die Vortragenden zu finden.

Art von Schriften-Verbreitung, die, wie die jährlichen Uebersichten ausweisen, von Jahr zu Jahr wächst.*)

Die zahllosen Publikationen für die Schulen der ärmeren Klassen, wie sie die verschiedenen Schulgesellschaften, die nationale — die britische und ausländische — der Sonntagsschul-Verein, der Lumpenschul-Verein u. A. jährlich herausgeben, können wir hier füglich übergehen und wollen zum Schluß nur noch einen Literaturzweig erwähnen, von dem wir freilich glauben, daß er bei dem einen oder anderen unserer deutschen Leser zunächst ein Befremden erwecken möge. Wir meinen nämlich jene Literatur, die sich mit der populären Gesundheitspflege, angewandt auf das tägliche Leben, beschäftigt. Man darf diese Bestrebungen nicht verwechseln mit den Erzeugnissen sogenannter populär-naturwissenschaftlicher Forschung oder ähnlichen Büchern und Abhandlungen, die z. B. unter dem Titel von „medizinischen Briefen für Laien", „aus den Sprechstunden eines Arztes" und dergl., heut zu Tage unter den verschiedenartigsten Farben und Flaggen lediglich als Geldspeculation, alljährlich im Ueberfluß erscheinen. Die Sache vielmehr, um die es sich hier handelt, ist eine sehr ernste. Alle Diejenigen nemlich, welche an einer ernsten Hebung und Besserung des englischen Volkes arbeiten — Philantropen, wie ernste Christenleute — sind darin einig, daß eines der hauptsächlichsten Uebel des gegenwärtigen Elendes in der Wohnungsnoth, mit ihren engen und dumpfen Stuben, ihrem Schmutz und Unrath, den feuchten und dunkeln Höfen und ihren halbnackten, zahllosen Kinderheerden begründet ist. Wo nicht die Wohnungen sogleich geändert werden können, sucht man im Innern der bestehenden wenigstens Reinlichkeit zu schaffen und die Gesundheit und das Wohlbefinden zu heben oder doch das Inter-

---

*) In Deutschland hat sich bisher die religiöse Colportage fast nur mit dem Betrieb von Bibeln und Tractaten befaßt, sollte man nicht auch andere gute und reine Bücher, namentlich auf dem Lande durch Hausirer verbreiten können? Schreiber dieses kennt eine Buchhändler-Firma einer bedeutenden Residenz, die durch ihre Colporteure in den Provinzen großartige Geschäfte mit der Verbreitung der allerschlechtesten Romane macht; dieselben werden Lieferungsweise à 5 Sgr. verabreicht und die urtheilslosen Leser, Fabrikarbeiter und Bauern freuen sich, wenn der Mann die Fortsetzung von der „schönen Geschichte" bringt. Zur weiteren Empfehlung vertheilt der Mann am Schluß des betreffenden Werkes eine „Prämie" umsonst, die in einem schlechten Bilde mit grellen Farben besteht. Warum werden nicht gute Bücher in derselben Weise verbreitet?

esse dafür zu erwecken.*) Von verschiedenen Seiten hat man nach dieser Richtung hin zu wirken versucht, eines der angewandten Mittel besteht in der Vertheilung populär und faßlich geschriebener Flugblätter und kleiner Broschüren, die eine vernünftige Gesundheitspflege bezwecken. Ein Deutscher, mit Namen Dr. Roth, hat zuerst diesen Weg

---

*) Wir fügen hier zur Veranschaulichung des Gesagten einige Worte, aus der Schilderung eines Mannes bei, der in jenen Regionen täglich als Stadtmissionar verkehrt. Derselbe schreibt in der engl. Zeitschrift Christian work also: Verläßt man die netten und breiten Straßen, so zu sagen die Grenzpfähle des Pfarrsprengels, so trifft man rechts und links lange, enge und schmutzige Höfe, (Gäßchen), ohne Durchfahrt und abgeschlossen von allem großstädtischen Verkehr, am Abend meist nur von einer einzigen Lampe erhellt. Die hohen und düstern Häuser, vor denen der Schmutz haufenweise lagert und den Niemand zu entfernen sich die Mühe giebt, wimmeln von bleichen und hohläugigen Bewohnern, schmutzige und halbnackte Kinder lärmen und kreischen vor den Thüren oder kauern regungslos hier und da auf dem Pflaster. Glücklich die Familie, die, wenn auch noch so zahlreich, ein Zimmer in dem Hause allein inne hat! Oft wohnen mehrere in einem Zimmer zusammen. Hast du die halbzerbrochene Treppe glücklich passirt, so tappe längs der Wand nach der ersten besten Zimmerthür, klopfe an und ein unerträglicher Qualm strömt dir entgegen. Von Lüftung ist auch nicht die Spur zu entdecken und die Hitze unerträglich, und doch kauern Kinder um das Feuer und athmen den Wohlgeruch ein, der aus dem Kochtopfe emporsteigt, in dem grade des Vaters Hemd gekocht wird, das er am Sonntag tragen soll. In der Ecke siehst du ein rauchendes Waschkübel, an dem eine abgehärmte Frau, die Mutter, steht; der Boden Wochen lang nicht gereinigt, ist mit Ueberbleibseln und Ablagerungen aller Art bedeckt. In einer ungeheuerlichen, halb zerfallenen Bettstelle mit einem unentwirrbaren Knäuel von Kleidern und Kissen, monatelang weder gereinigt noch geordnet, dabei die Hälfte des Zimmers einnehmend, bringt die Familie von 7 Uhr Abends an die Nacht zu. Wasser darf nur während einer Stunde des Morgens am Ende des Hofes geholt werden, steht während der übrigen Zeit des Tages im Qualm des Zimmers und absorbirt die zahlreichen unreinen Elemente der stickigen Luft. Oft arbeitet der Vater den Tag über zu Hause und flickt auf seinem Schemel sitzend Jahr aus Jahr ein Schuhe, ohne auch nur eine Ahnung davon zu haben, daß es reine Landluft, grüne Hügel und eine blaue See giebt. Ach, daß diese Treibhäuser der Pestilenz einmal weggefegt würden und das segensreiche Licht des Himmels in diese dumpfen Abgründe menschlichen Jammers und Elendes hineinströmte!" — Es ist übrigens bekannt, wie Manches in dieser Beziehung in England, speziell in London, schon besser geworden.

empfohlen und mit Erfolg. Gegenwärtig bestehen nicht nur in London, sondern auch in andern Städten, z. B. in Aberdeen, Brighton, Oxford, Bath u. s. w. eine solche „Gesellschaft zur Gesundheitspflege"; die Mitglieder sind Damen, wie denn auch der Name des Vereins the ladies sanitary association heißt. Im Jahre 1861 wurden 184,000 solcher Flugblätter und kleiner Schriften und seit 1857, dem Entstehungsjahr dieses Damenvereins, wurden 468,500 Exemplare solcher Schriften verbreitet. Die Titel dieser Schriftchen oder Blätter lauten etwa wie: „Der wohlfeile Doktor", „Pest für kleine Kinder", „Seife und Wasser" u. s. w.

Erwähnen wir zum Schluß nur noch kurz die Unternehmungen einzelner Privaten zur Verbesserung der Volksliteratur, so nennen wir vor Allen Jarrold und Söhne, die Herausgeber der Household Tracts, das Stück wurde zu 2 Pence verkauft, im Ganzen 1,345,000. Kürzlich erschienen in demselben Verlag zwei schöne Balladen, von denen die eine „Mutters letzte Worte" in 220,000 die andere „Unsers Vaters Sorge" in 160,000 Exemplaren das Stück zu 2 Pence verkauft wurden.

Von dem monatlich erscheinenden illustrirten Blatt „der brittische Arbeiter", kostet die No. nur 1 Penny, „der Kinderfreund" kostet pro No. nur ½ Penny. Beide Blätter sind Privatunternehmungen und bewegen sich in einer Abonnentenzahl von mehr als ¼ Million; beide gehören zu den billigsten und bestgeschriebenen der Gegenwart. Der „brittische Botschafter" von Peter Drummond, eine gute und billige religiöse Zeitschrift wird jährlich in etwa 1 Million Exemplaren gelesen. Die mehr speziell auf Unterricht und Erziehung berechneten literarischen Unternehmungen wie die von John Cassell und Comp. erzielen zum Theil außerordentlichen Absatz, so z. B. „der Volkserzieher," zur Erziehung und Selbstbelehrung der Massen bestimmt, in 200,000 Exemplaren; eine illustrirte Geschichte Englands in wöchentlichen Lieferungen à 1 Penny, wurde in 160,000 Exemplaren verbreitet; eine illustrirte Familienzeitung in 300,000 Exemplaren; eine populäre Naturgeschichte in 58,000 Exemplaren; „der Köcher", ein ausschließlich religiöses Blatt, wird in 85,000 Exemplaren gelesen.

Was ist aus alledem für Deutschland zu lernen?

Mittheilungen über den Bestand
und die Erfahrungen verschiedener Rettungs- und verwandter Erziehungshäuser, resp. Vereine.

Je mehr seit einigen Jahren diejenige politische, kirchliche und pädagogische Tagesliteratur, welche sich in Opposition gegen das christliche Bekenntniß gestellt, angefangen sich auch um die von ihnen bis dahin absolut ignorirten pädagogischen Bestrebungen christlichen Inhalts zu bekümmern, desto einstimmiger haben sich dieselben alsbald zur Verurtheilung aller dieser Bestrebungen vereinigt, so daß auch sonst besonnenere Schriftsteller, wie z. B. Bona Meyer, selbst da, wo sie ihnen Zusagendes und nach ihrer Ansicht vollkommen Richtiges etwa über Rettungshäuser zu berichten Veranlassung finden, nicht umhin können, ihre Bemerkungen mit Spott oder Bitterkeit zu vergiften. Ohne Ausnahme alle aber bekunden auf diesem Gebiete ein Maß der Unwissenheit, die ihres Gleichen nur findet in der Keckheit, mit der diese Schriftsteller ihre Unwahrheiten und Erdichtungen zu Markte tragen. Um so ersprießlicher bleibt es freilich, nicht bloß um dieser Ungebühr und Unbill entgegenzuwirken, sondern auch um der Sache selbst willen, immer wieder Thatsachen und Erfahrungen, die ein Zeugniß von dem Leben und Fortgang dieser vielfach geächteten Anstalten und Bestrebungen geben können, vorzuführen. Die innere Mission unseres Jahrhunderts hat in diesen Instituten einen Schatz von schweren und erfreulichen Erfahrungen gesammelt und einen Reichthum von Samen christlichen Lebens ausgestreut, dem zuletzt auch alle offenen oder zahlreichen heimlichen Gegner, wenn sie nur noch Sinn für Wahrheit und Gerechtigkeit bewahrt haben, ihre Anerkennung nicht werden versagen können. Wir fahren deßwegen im Anschluß an ähnliche Mittheilungen in früheren Jahrgängen auch jetzt fort, aus einer Reihe von vorliegenden neuen gedruckten Jahresberichten, die den Fliegenden Blättern in letzterer Zeit zugegangen sind, kürzere oder ausführlichere Zusammenstellungen mitzutheilen, wobei wir auch nicht unterlassen dürfen, auf zu Tage liegende Mängel hier und da aufmerksam zu machen. — Wir geben die Auszüge der Berichte, wie dieselben gerade vorliegen, schon um allen Schein zu vermeiden, als ob es auf irgend welche Vollständigkeit abgesehen wäre, was schon deßwegen unmöglich ist, weil es allen bisherigen Bemühungen nicht gelingt, das Material zusammenzubringen. Dabei werden wir die in den letzten Jahrgängen berücksichtigten diesmal mehrfach übergehen dürfen.

1. Wir beginnen mit einer der ältern Anstalten, über die bis dahin wenig bekannt geworden. Es ist das Armenhaus für Armenkinder in Narva, das im Juni d. J. das Jubelfest seines 25jährigen Bestandes gefeiert. — Die erste Anregung zur Gründung des Armenkinderhauses ging von dem noch jetzt in seinem Amte thätigen Pastor E. Hunnius aus, und zwar geschah dieses in einer Predigt bei Gelegenheit des Jubelfestes zum Andenken an den 100jährigen Besitz der St. Johannis-Kirche im Jahre 1834. Eine Collekte an den Kirchthüren zu dem angeregten Zweck brachte an diesem Festtage 50 Rbl. B. ein; diese Summe bildete den ersten Grundstein zu der zu gründenden Anstalt. Mit Pastor Hunnius verbanden sich später zwei Männer und mehrere Frauen zu weiterer Verfolgung des Zweckes. In kurzer Zeit vermehrte sich das Kapital bis 2570 Rbl. Bald konnte man daran denken, die Anstalt in's Leben treten zu lassen. Ein Haus nebst Grundstück auf der Narvaschen Seite wurde zu einem mäßigen Preise erstanden, und im Frühlinge 1838 traf der im Rauhen Hause bei Hamburg zur Uebernahme des Hausvateramtes gewonnene jetzige Hausvater, Lehrer J. N. Hahl in Narva ein. Er war im vollen Sinne in Gottes Namen seine Straße gezogen, menschlich ungewiß über Alles, wie es werden und ausgeführt werden sollte. Am 5. Juni wurde die Anstalt mit 6 Knaben und einem Mädchen eröffnet und kirchlich eingeweiht. Klein war der Anfang, aber durch fortgesetzte rege Theilnahme und Liebe für die Sache war man bald in der Lage, noch mehr arme Kinder aufzunehmen. Schon nach vier Jahren war das Haus zu enge, und darum kaufte der Vorstand in Gottes Namen ein größeres, das jetzige Armenkinderhaus in der Petrowschen Vorstadt, welches nach einigen Jahren durch einen vollständigen Um- und Ausbau und durch einen zweiten Stock bedeutend erweitert wurde.

Der Hauptgrundsatz der Anstalt ist, die Kinder durch Lehre und Unterricht und durch Anleitung zur Arbeit zu erziehen. Der Unterricht beschränkt sich auf Gottes Wort und diejenigen Lehrgegenstände, welche in guten Elementarschulen getrieben werden. Die Arbeit aber ist eine mannigfaltige. Die Mädchen besorgen unter der besondern Anleitung und Beaufsichtigung der Hausmutter und ihrer Gehülfin alle weiblichen Haus- und Handarbeiten, so viel die Anstalt dazu

Gelegenheit giebt; aber auch Näh- und Strickarbeiten werden auf Bestellung für Leute außer dem Hause geliefert. Die Knaben machen alle Arbeiten, zu denen sonst Handwerker nöthig sind, als Schuhmacher-, Schneider-, Korbmacherarbeiten u. s. w.; außerdem besorgen sie auch noch allein den großen Obst- und Gemüsegärten, sodaß es nicht an tüchtiger Körperbewegung und vortrefflichem Appetit fehlte. Krankheiten sind nur selten, im Laufe von 25 Jahren sind 7 Todesfälle vorgekommen. Die Kleidung der Kinder ist einfach, zum Theil hergestellt aus geschenkten alten Kleidern. Die nahe Baron Stieglitzsche Tuchfabrik schenkt der Anstalt schon seit vielen Jahren jährlich ein Stück Tuch von mehr als 30 Erschin Länge.

Dem Hausvater zur Seite stehen Gehülfen, meistens aus dem Handwerkerstande; sie leiten und beaufsichtigen die Knaben bei ihren Arbeiten. Im Laufe der verflossenen 25 Jahre sind im Ganzen 16 Gehülfen mit mehr oder weniger Treue und Geschick in der Anstalt thätig gewesen.

Die Anstalt hat im Ganzen in den verflossenen 25 Jahren 130 Kinder (90 Knaben und 40 Mädchen) aufgenommen. Von diesen sind in der Anstalt 7, nach Entlassung aus derselben 11 gestorben; 12 Kinder sind den Eltern oder deren Stellvertretern entweder auf deren ausdrücklichen Wunsch oder wegen unheilbarer Krankheit oder wegen schlechten sittlichen Verhaltens zurückgegeben, wogegen 64 (45 Knaben und 19 Mädchen) als wohlgerathene Zöglinge ausgetreten und auch zum größten Theil auf dem einmal betretenen guten Wege geblieben sind. Die meisten Knaben sind brave Handwerker, die Mädchen Dienende geworden; einige sind bereits glücklich verheirathet.

Das am 6. Juni stattfindende Jubelfest wurde unter herzlicher Theilnahme von vielen Freunden und Gönnern der Anstalt gefeiert. Viele derselben hatten sich zu einer Feier im Betsaal eingefunden, wo Pastor Hunnius die Festrede hielt. Der Festredner führt in warmer Sprache aus, wie Gott seine segnende Hand sichtbarlich nicht blos bei Gründung dieser Anstalt, sondern auch im Verlaufe von 25 Jahren über ein Werk ausgebreitet, das in seinem Namen und im Vertrauen auf seine Hülfe unternommen. Das Haus sei ein stärkendes Zeugniß für den Glauben, daß unser Gott ein lebendiger Gott ist. Es trage das Haus die Inschrift: „Unsere Hülfe steht in dem Herrn, der Himmel und Erde gemacht hat." Auf dieses Wort sei es gegründet, auf ihm bewähre sich sein Fortgang, auf ihm werde es mit Gottes Gnade bestehen. Das aber sei ein rechter Trost, sich dieses festen Glaubens bewußt zu sein. Aber auch dem Waisenvater J. R. Hahl gebühre unser Dank, der die armen, hier aufgenommenen verwaiseten Kinder, wie seine eigenen geliebt. Das lohne ihm der Herr! Aber auch bei den Menschen finde eine solche Treue Anerkennung. — Darauf verlas der Redner Rescript des Prinzen von Oldenburg, welches zu diesem Jubelfeste eingelaufen, worauf der Präses des Verwaltungsrathes, Se. Excellenz der Commandant, Gen.-Major Baron v. Krüdener sich von seinem Platze erhob und den Waisenvater überraschte, indem er demselben mit einigen Worten aufrichtiger Anerkennung einen sehr werthvollen Brillantring, ein Gnadengeschenk der Kaiserin, der Beschützerin der Anstalt, überreichte. In lieblicher Weise wurde die Anstaltsfeier mit einer Familienfeier des Hausvaters vollzogen, dessen jüngstgeborenes Töchterlein darnach von dem General-Superintendenten Richter, der grade zur Kirchenvisitation in der Stadt anwesend war, getauft wurde. —

Aus den am Tage vorgekommenen Vorträgen heben wir noch den des Cassirers, des Herrn Ehrenbürger F. Klemp hervor, der, einer der beiden ältesten Freunde und Begründer der Anstalt, seit 25 Jahren die Casse verwaltet hatte. Die Einnahme in diesem Vierteljahrhundert hatte 50,494 Rbl., die Ausgabe, 47,739 Rbl. betragen, so daß 2754 Rbl. mehr eingenommen als ausgegeben sind. Das wirkliche Besitzthum der Anstalt wird durch 8542 Rbl. repräsentirt. Die jährliche Ausgabe ist durchschnittlich auf 1678 Rbl. berechnet.

Wir wollen noch hinzufügen, daß diese Narvaer Anstalt die erste unter allen derartigen Anstalten ist, die vom Rauhen Hause ihren Hausvater entnommen. Möge Gottes Hand auch ferner über ihr und ihren Hauseltern und den treuen Verwaltern und Pflegern derselben walten! —

2. Unter denjenigen neueren Rettungshäusern, die erfreulich gedeihen, nimmt das bei St. Leonhard in Braunschweig eine bemerkenswerthe Stelle ein. Dasselbe ist auf Veranlassung des ersten Wittenberger Kirchentages und des daran sich schließenden Aufrufs zur inneren Mission, der die Bildung des Central-Ausschusses zur Folge hatte, entstanden, und hat sich seit der Zeit immer fester begründet. Zuerst von Frauen, zunächst nur für Mädchen, unternommen, hat der bald durch männliche Kräfte verstärkte Vorstand schon im zweiten Jahre für 9000 ℳ einen 14 Morgen großen Grundbesitz erworben,

auf dem sich das Institut seit der Zeit immer mehr ausgebreitet und zweckmäßig eingerichtet hat. Es gehören dazu jetzt zwei Kinderfamilien, eine Familie von 18 Knaben und eine zweite Familie von 10 Mädchen, letztere im Alter von 5—12 Jahren. Die Leitung und Erziehung der Mädchen ist einer Schwester aus dem Dresdener Diakonissenhause anvertraut. Die Einrichtungen für die Knaben haben im letzten Jahre erweitert werden müssen, weil die Gesuche um Aufnahme sich mehrten. Seit 1856 ist mit dem Rettungshause eine Heilanstalt für scrophulöse Kinder, die bis dahin etwa 10—12 aufnehmen konnte, verbunden gewesen. Seit 1862 ist auch für diese Heilanstalt, die vom Johanniterorden jährlich Unterstützung erhält, ein Neubau für 6640 $ errichtet, so daß jetzt mit jedweder Krankheit behaftete Kinder (im letzten Jahre deren 30) aufgenommen werden können. Zugleich werden Pflegerinnen ausgebildet, deren mehrere auch von Behörden in Anstalten für Geisteskranke und zur Führung von Anstaltshausständen verwandt werden. Die Kosten des Rettungshauses haben im letzten Jahre 2640 $ (162 $ mehr als die Einnahme), die der Heilanstalt 764 $ betragen. Das Vermögen der Anstalt (nämlich der 14 Morgen große Garten nebst darauf befindlichen Gebäuden) ist auf 16,600 $ veranschlagt, wogegen 11,762 $ Schulden stehen. Das letzte Jahresfest der Anstalt wurde am 30. Juni in Verbindung mit dem jährlichen Missionsfest gefeiert, an dem sich namentlich auch der Hofprediger Dr. Thiele als erstes Vorstandsglied betheiligte.

3. Düsselthal, Overdyl und Zoppenbrück. Es liegt der 43. Jahresbericht vom Jahre 1862 über diese einst vom unermüdlichen und glaubensfreudigen Grafen Adalbert von der Recke begründeten und lange Jahre selbst geleiteten Anstalten vor. Bekanntlich ist der verdiente Anstaltsdirector Georgi vor zwei Jahren gestorben, und bis jetzt ist es der Verwaltung nicht gelungen, einen ihr geeignet scheinenden Director wieder zu ermitteln. Während neuerdings bei nicht wenigen Rettungshäusern die befremdende Klage vernommen wird, daß es an Kindern zur Aufnahme fehlt, sind in den genannten Anstalten 153 Kinder angemeldet und 65 (39 Knaben und 26 Mädchen) aufgenommen, von denen 37 aus der Rheinprovinz, 26 aus Westphalen und 2 von außerhalb Preußen stammten, fast eben so viele Kinder (64) sind ausgeschieden. Die Berichterstattung hält fortwährend das Verfahren aufrecht, über jedes einzelne Kind, so daß dasselbe vor allen anderen erkennbar wird, eine detaillirte Charakteristik zu

geben, selbst einzelne Briefstücke und dieta entlassener Knaben anzuführen, ein Verfahren, das schwerlich auf allgemeine Billigung Anspruch machen darf, und pädagogisch keinenfalls gerechtfertigt werden kann. In den drei Anstalten befanden sich am Schlusse des Jahres zusammen 185 Knaben und 87 Mädchen (davon in Düsselthal 105 Knaben und 72 Mädchen), zusammen 272 Kinder. — Mit der Anstalt sind ein „Seminar und eine Brüderanstalt" verbunden, die beide von einander in der Weise unterschieden werden, daß das Seminar die höhere, die Brüderanstalt eine niedere Stufe bezeichnet. Wer es bis zu einem Seminaristen bringt, hört also auf, Bruder zu sein — eine Einrichtung, der offenbar eine ganz unmotivirbare Deutung des Brüdernamens zu Grunde liegt. Wir glauben mit vollem Recht dagegen protestiren zu dürfen, weil damit der Begriff der Brüderanstalten in willkührlichster Weise umgedeutet und von dem ursprünglichen Sinne derselben abgelenkt ist. Die Zahlenverhältnisse der Seminaristen, resp. Brüder, sind in diesem Bericht nirgends angegeben. — Ebenso undurchsichtig ist die finanzielle Abrechnung, indem nur die Einnahme mit der bedeutenden Summe von 20,814 ℳ angegeben ist gegenüber der Ausgabe von 21,966 ℳ, beides ohne Specification. Außerdem fehlt die Angabe des Capitalconto, das bei dem außerordentlichen Umfang der Anstalt und den langjährigen großen Einnahmen derselben vermuthlich sehr bedeutend ist.

Die Epileptischen
und die Heil- und Bewahranstalt für dieselben auf der Pfingstweide zu Tettnang (in Würtemberg).

Die Blätter für das Armenwesen in Würtemberg haben neuerdings die Lage der Epileptischen in einem mehrfach beachteten Artikel zur Sprache gebracht, auf den wir auch hier glauben zurückkommen zu dürfen. Daß der Zustand dieser Klasse von Unglücklichen, so heißt es dort, ein im höchsten Grade bejammernswürdiger ist, weiß Jedermann, der auch nur einmal Gelegenheit hatte, bei einem ihm fremden Kranken den Ausbruch eines Anfalls mitanzusehen, wie vielmehr derjenige, der in seiner eigenen Familie oder nächsten Umgebung einen solchen Kranken zählt." Die Epileptischen verdienen mit Recht den Namen von Unglücklichen. Nicht gerade deßhalb, weil ihr Leiden an sich mit großen körperlichen Schmerzen verbunden wäre, denn diese beschränken sich in der Regel auf ein Gefühl großer Ermattung nach überstandenem Anfall, oder hängen unmittelbar mit dem Leiden zusammen als Folgen einer bei einem unglücklichen Falle erlittenen Beschädigung. Aber jene beständige Angst zu fallen, ohne daß der Kranke durch eine bestimmte Vorahnung oder ein Vorgefühl in den Stand gesetzt wäre, den kommenden Anfall an einem sichern, abgeschiedenen Ort abzuwarten, jener bange Schrecken, den der Kranke durch sein plötzliches Umfallen, durch das Verzerren seiner Glieder und Gebärden, durch sein Stöhnen und Schäumen, seiner Umgebung einjagt, der trostlose Gedanke, daß die ärztliche Kunst bis jetzt nur in den seltensten Fällen diese Krankheit zu heben vermochte, jenes quälende Bewußtsein, bei fortdauernder Krankheit nicht blos seine leiblichen, sondern sogar seine Geistes- und Verstandeskräfte nach und nach zu verlieren, dazu die fast abergläubische Furcht mancher Leute vor der Epilepsie, die Wahrnehmung, von den Menschen gemieden zu sein wie eine Pest, und endlich die Unbarmherzigkeit, mit welcher einem Epileptischen gemeiniglich die Gelegenheit, durch Arbeit in irgend einem Geschäft sein Brod zu verdienen und seine Zeit nützlich anzuwenden, entzogen wird — dieses Alles zusammen macht den Zustand der Epileptischen zu einem überaus schweren, zu einem wahrhaft schrecklichen, zumal wenn man hinzunimmt, daß fast nirgends noch eine Zufluchtsstätte oder Heilanstalt für diese Elenden existirt und der Wahlspruch des Egoismus: „man muß ein Narr sein, um solch' ein Werk zu unternehmen," leicht jedem, der etwa Hand anlegen wollte, ebenso zugeflüstert würde, wie dem edlen Johann Boß in Laforce, der als einer der ersten für sie eine Hülfe zu schaffen versucht.

Es ist fürwahr „ein Abgrund des Elends", der sich vor uns aufthut, wenn wir einen Blick werfen in die Lebensgänge vieler solcher Unglücklichen, zumal männlichen Geschlechts, denn die Epileptischen weiblichen Geschlechts haben doch meist Gelegenheit, in irgend einer Familie in stiller Zurückgezogenheit durch Handarbeit sich zu beschäftigen und nützlich zu machen, während die Epileptischen männlichen Geschlechts sehr oft aus aller geregelten Thätigkeit herausgerissen, ein trostloses, arbeitsloses Leben führen, ohne Aussicht für die Zukunft, und dann gemeiniglich noch alle Folgen des Müssiggangs, zu dem sie gezwungen sind, zu ihrer sonstigen Trübsal hin zu kosten bekommen. Und wie Viele mögen ihrer sein! Wollte man nur einmal daran gehen, Anstalten für Epileptische zu errichten, sie würden sich bald ebenso füllen, wie die Anstalten für Schwachsinnige, Irre, Blinde, Taubstumme u. s. w. sich gefüllt haben.

Der Verfasser, davon ausgehend, daß in ganz Deutschland keine einzige Anstalt für Epileptische sich findet, indem die Anstalt in Görlitz bald nach ihrer Eröffnung wieder geschlossen worden, ist der Ansicht, daß für eine öffentliche Fürsorge zum Besten dieser Kranken, beinahe ebenso gewichtige Gründe sprechen, wie für die zum Besten der Blödsinnigen. Wie mancher ärgerliche Volksauflauf entsteht nicht, wenn irgendwo ein solcher Unglücklicher von seinen Krämpfen befallen wird, vielleicht mitten auf einer belebten Straße, in einem Bahnzug, Wartsaal u. dergl., wie manche Störung wurde schon dadurch in einer Kirche verursacht! Und weiter: wie manche dieser Unglücklichen sind von den Ihrigen verstoßen oder doch denselben zu steter Last und Plage, gehen müßig umher, ohne Arbeit und Beschäftigung, verkümmern dadurch an Leib und Seele und werden unnütze Mitglieder der Gesellschaft, während sie bei passender Beschäftigung in einer geeigneten Zufluchtstätte auf eine für sie selbst befriedigende und für ihre Mitmenschen nützliche Weise ihr Leben in stiller Zurückgezogenheit hinbringen könnten! Nicht zu vergessen ist dabei auch der Umstand, daß schon manche Epileptische, weil sie ohne Aufsicht und Begleitung, die ihnen auch beim besten Willen nicht geboten werden konnte, umhergingen, in Folge eines plötzlich ausgebrochenen Anfalls beim Gehen am Ufer eines Wassers u. dergl. ihr Leben durch Ertrinken oder ähnliche Anfälle verloren haben!

Darum wäre es an der Zeit, daß von irgend einer Seite, am liebsten durch die vereinte Bemühung der Privatwohlthätigkeit und des Staats eine Anstalt für Epileptische errichtet würde, worin solche Unglückliche, zunächst männliche, als die am meisten bedürftigen, nicht nur ärztliche Behandlung fänden, sondern auch diejenige Beschäftigung, die einem Jeden nach seinem Bedürfniß und nach seinen Fähigkeiten die angemessenste wäre, und worin namentlich auch minderbemittelte Kranke um ein ermäßigtes Kostgeld aufgenommen werden könnten.

An den Mitteln dazu werde es nicht fehlen. Am wenigsten Noth dürfte wohl die Sorge um entsprechende Arbeit machen. Da biete sich vor allen Dingen der Landbau und die Gärtnerei dar, sodann aber auch die Buchbinderei, sowie Schreibarbeiten jeder Art für gebildetere Kranke. Auch die geeigneten Persönlichkeiten mit dem Persodeklat „fromm, thätig, ohne Nerven" werden sich ohne allzugroße Mühe auffinden lassen.

Der Verfasser des Aufsatzes hatte seinen Aufsatz im Hinblick auf die von Pfarrer Bost zu Laforce begründeten Anstalten, deren auch wir schon oben pg. 243 gedacht, geschrieben und schloß mit der Hoffnung, ähnliche Hülfe auch bald im deutschen Land, zunächst im würtembergischen Lande entstehen zu sehen.

Die Hoffnung war schon erfüllt, ehe sie öffentlich ausgesprochen worden. In No. 30 der angeführten Blätter berichten der Oberamtsarzt Dr. Roß und der Pfarrverweser Eckhardt, daß seit dem Sommer 1862 sechs Epileptische aus Würtemberg, Baiern und Schweiz auf der Pfingstweide, einem Gut in schöner Lage bei Tettnang, ein Asyl für Pflege und Heilung gefunden. Dieses Gut, welches neben einem stattlichen Wohnhause, 14 Morgen Aecker, Wiesen und Gärten besitzt, ist ursprünglich Eigenthum der Pilgermission in Basel und jetzt Epileptischen männlichen Geschlechts geöffnet. Die Insassen werden mit Landwirthschaft und Buchbinderei beschäftigt. Das Haus bietet so viel Raum, daß noch weitere 5—6 Kranke sogleich aufgenommen werden können. Die ärztliche Behandlung, welche sich auf die wichtigsten älteren und neueren wissenschaftlichen Forschungen von Heim, Portal, Georget, Wenzel, Romberg, Henle, Tenzer, Kußmaul, Schröder van der Kolk, Herpin, Brown-Sequard, Michla basirt, und Alles ausschließt, was Aberglaube, Charlatanerie ꝛc. hervorgebracht, hat Erfolge erzielt, welche zu neuem Eifer anspornen. Nicht nur, daß bei allen Kranken die Anfälle seltener und weniger heftig erschienen, konnte einer, der früher täglich Anfälle hatte, entlassen werden, weil dieselben nach Umlauf von vier Monaten nicht mehr wiederkehrten. Von andern Kranken, die außerhalb der Anstalt jene Hülfe nachsuchten, wäre Gleiches zu berichten.

Der bescheidene kleine Anfang der Anstalt hatte den Leitern derselben noch nicht den Muth gegeben, mit ihren Bestrebungen, für welche sie auch Erfolge abwarten wollten, vor die Oeffentlichkeit zu treten. Nachdem aber einmal der Anfang gemacht ist und Erfolge zur Seite stehen, so sehen sie es, besonders nach dem vorangehenden Aufruf, als ihre Pflicht an, jetzt öffentlich aufzufordern, Hand an die Weiterbildung einer Anstalt zu legen, welche eine laute Forderung der Humanität geworden ist. Mehr als 12,000 Epileptische zählt Deutschland und Würtemberg allein gehören gegen 1000 solcher Unglücklichen an. Verlassen von der Welt, ein Entsetzen der Mitmenschen, ein namenloser Jammer der Familien, sind die Epileptischen in allen Städten und Dörfern zu finden und noch schuldet unsre Zeit, die schon so Vieles für Werke christlicher Liebe gethan, ein Haus zu bestellen, in welchem wenigstens die Verlassensten und Verwahrlosesten eine Stätte der Pflege und wenn möglich eine Stätte der Heilung finden könnten.

In dem Asyle auf der Pfingstweide ist dazu ein bescheidener, aber nicht unerfreulicher Anfang gemacht. In ihren Lokalitäten ist Gelegenheit gegeben, auch größeren Bedürfnissen zu entsprechen; das Haus kann erweitert und das Areal vergrößert werden; ein vielseitiger landwirthschaftlicher Betrieb und eine kleine Industrie könnte die Kranken zweckmäßig beschäftigen; die schöne und gesunde Lage der Anstalt würde die Insassen den Augen der Neugierde entziehen, ohne sie von der Welt abzuschließen. Die wissenschaftliche und religiöse Leitung und Pflege würde alles Unnatürliche und Abenteuerliche, das seit Jahrhunderten an der Epilepsie haftet, entfernt halten und eine Anstalt ermöglichen, wie sie das Christenthum, die Humanität und die Wissenschaft fordern.

Für die innere Organisation der Anstalt ist die Hausordnung der bekannten Heilanstalt Winnenthal mit den nöthigen Abänderungen angenommen worden. Der Hausvater Egli, welcher als solcher die Pflege der Kranken im Hause besorgt, ist ein in der Krankenpflege wohlerfahrener Mann und hat mehrere Jahre in Spitälern gewirkt. Pfarrverweser Ebhardt hat den Gottesdienst im Hause übernommen. Anmeldungen zur Aufnahme nehmen die beiden obengenannten entgegen und sind bereit, die Bedingungen, unter welchen dieselbe geschieht, mitzutheilen. Als jetzt, so lange es durch Beiträge nicht ermöglicht ist, das Kostgeld herabzusetzen, ist dasselbe auf 4 fl. 40 kr. wöchentlich festgesetzt. Für 5—6 männliche Kranke ist bereits Raum vorhanden, und könnte für 4—5 noch weiter Raum geschaffen werden. Zu Consultationen auswärts ist der leitende Arzt bereit. — Möge die Anstalt weiter sich entwickeln und die nöthige Unterstützung finden, aber auch durch ihr Beispiel an anderen Orten zu gleicher Hülfe die Theilnahme wecken!

Zeitung und kürzere Correspondenzen.

Anstalten für Blödsinnige.

Die Heil- und Pflegeanstalt für schwachsinnige Kinder in Winterbach etwa fünf Stunden von Stuttgart, in dem freundlichen Remsthale gelegen, zählt jetzt im 14. Jahre ihres Bestehens 67 Zöglinge, nämlich 38 Knaben und 29 Mädchen. Es traten im vergangenen Jahre 12 Kinder aus, dagegen 18 ein, so daß 67 Kinder verblieben, von welchen 39 der eigentlichen Schule, 20 der Vorschule angehören und 18 bloße Pfleglinge sind. Bisher hat die Anstalt 260 Zöglinge in Pflege gehabt. Diese Kinder kommen nicht bloß aus Würtemberg, sondern auch aus dem weiteren Deutschland, ja selbst aus dem Ausland, wie der Schweiz, Belgien, Frankreich u. s. w. Die Ausgaben betrugen im letzten Jahre 10,973 Fl. 17½ Kr." Außer dem ärztlichen Vorstande widmen 17 Personen den Kindern, die in derartigen Anstalten bekanntlich bedeutend mehr Pflege erfordern als in Rettungs-, Waisenhäusern u. dgl., ihre Zeit und Kräfte. Vorsteher der Anstalt ist noch Herr Landenberger, zugleich Hauptlehrer und Cassirer. In pädagogischer Hinsicht steht die Anstalt unter dem betreffenden Dekan, der die Schulen alle 2 Jahre (jedes Jahr werden sie vom Committee geprüft) visitirt; die Gesammt-Anstalt steht unter dem königlichen Medicinal-Collegium, das dieselbe von Zeit zu Zeit nach allen Richtungen einer Prüfung unterwirft. Der von der Committee schon früher gehegte Plan, eine gewerbliche Bildungsanstalt für schwachsinnige Jünglinge zu errichten, scheint sich immer mehr seiner Verwirklichung zu nahen. Das Schwierigste bei der Gründung eines derartigen Werkes ist freilich nicht sowohl das Aufbringen der nöthigen Geldmittel, sondern, wie der Bericht ganz richtig hervorhebt, die Aufgabe, Handwerksmeister zu gewinnen, welche in ihrem Fache tüchtig, von Charakter und Gesinnung solid, nebst der nöthigen Bildung, Erziehungs- und Lehrgeschicklichkeit, so wie die rechte Liebe haben, um auf mehrere Jahre als Lehrmeister und Erzieher mit solchen schwachen Kindern zusammenzuleben und ihnen nach Kräften zu dienen. Es ist erfreulich, zu sehen, mit welchem klaren Verständniß und gesunder Nüchternheit das Erziehungspersonal seine Aufgabe löst; wir verstehen das Letztere namentlich, was die religiöse Seite der Erziehung angeht. Es heißt darüber: sowohl die Ansicht, nach welcher unsere Kinder ganz unfähig und stumpf für die Religion sein sollen, als die entgegengesetzte, nach welcher Alle zur Religion besonders geneigt seien, ist als eine auf mangelhafter Erkenntniß und auf Vorurtheil beruhende irrige zu bezeichnen. Das blödsinnige Kind vielmehr, dessen Wille blinder Triebwille ist, das nur in der niederen Sinnlichkeit lebt, das alberne, krankfinnige Kind, das bei aller Entwicklung der niederen Erkenntnißsinne doch den Charakter der Vernünftigkeit entbehrt, sind beide des religiösen Gefühles und darum auch wirklich religiöser Erkenntniß nicht fähig, eben weil das höhere Gemüth stumpf, nicht entwickelt ist. Wir haben uns und Andere nie damit getäuscht, daß ein ordentliches ruhiges Verhalten Tiefstehender bei der Hausandacht, daß das Wissen von den Thatsachen und Wahrheiten des Glaubens bei Krankfinnigen von wirklich religiösem Leben und Fühlen begleitet sei. Das von Albernen aufgenommene religiöse Wissen schlummert in ihnen nur wie etwa der Saame unter der Schneedecke, und wir erwarten nicht die Frucht, wo die Blüthe noch in weiter Ferne steht. Solche Kinder, die den Zusammenhang mit Gott nicht selbst zu unterhalten im Stande sind, nehmen in der Anstaltsfamilie die gleiche Stellung ein, wie in jeder christlichen Familie ihre unmündigen Glieder, in denen das Gottesbewußtsein noch nicht erwacht ist, für welche aber der Glaube und die Liebe der Eltern fürbittend und fürsorgend eintritt, und so den Zusammenhang mit Gott priesterlich unterhält. Die Behauptung, das rein schwachsinnige Kind sei der bewußten Erziehung zu Gott und Gottes Reich und Gesetz nicht fähig, entspricht eben so wenig dem wahren Sachverhalt als der Wissenschaft. Und wenn wir daher in unsern Kindern Erkenntniß und Furcht vor Gott, Liebe zu ihrem Erlöser zu pflanzen suchen, wenn wir für sie beten, sie selbst zum Gebet und zum Wandel vor Gott anleiten, und überhaupt in jeder Beziehung beabsichtigen, daß unsere Anstalt als eine christlich-religiöse Gemeinschaft sich verwirkliche und als solche erkannt werden könne, so ist der Vorwurf einer pietistischen Frömmelei ebenso ungerecht als etwa der Vorwurf, daß wir einer materialistischen Auffassung huldigen, weil wir materielle Veränderungen der leiblichen Beschaffenheit als Ursache der Schwachsinnigkeit annehmen. Wir können diesem Grundsatze, medizinische und diätetische Verordnungen bei der Erziehung derartiger Kinder einer pädagogisch-sittlichen Einwirkung zu Grunde zu legen, nur beistimmen, und theilen als Beleg dazu zum Schluß folgendes Beispiel mit:

„Im verflossenen September wurden wir angegangen, den $8\frac{1}{2}$ Jahre alten Knaben eines Oekonomen in Baden in unsere Anstalt aufzunehmen. Das Kind war körperlich und geistig zurückgeblieben und hatte sonderbarer Weise in seinem ganzen Leben noch keine andere Nahrung als warme Milch aus einer Saugflasche täglich in sehr großer Quantität über den Mund gebracht, ungeachtet die sorgsamen Eltern sich alle Mühe gaben, seinen Geschmack an sonstige Speisen oder Getränke zu gewöhnen. Nur mit schüchternem Herzen wagten wir eine Zusage, weil wir uns der Schwierigkeiten, über derartige bei Idioten vorhandene Sonderbarkeiten Herr zu werden, wohl bewußt waren. Doch der Herr ließ unser Nachdenken und unsere Mühe nicht unbelohnt. Bei seiner Uebernahme hatte der Knabe eine milchweiße Hautfarbe, eine fast papierdünne, mit platten, wenig Blut enthaltenden, durchscheinenden Adern durchzogene Haut, unter welcher das Fettpolster, dieses natürliche Schutzmittel des Hautnervensystems gegen Temperaturschwankungen ganz und gar fehlte; die Muskeln waren zart und welk, die sichtbaren Schleimhäute blaß, die Extremitäten kalt, sein Blick war leer und stumpf, der Gang träge und leblos. Er hatte einen übeln Geruch aus dem Munde und wurde öfters von Diarrhöen befallen. Seinen Geschmacksempfindungen die Nahrung so viel thunlich anpassend, begannen wir damit, der Milch etwas Eidotter und Zucker zuzusetzen, und dieselbe ihm mit dem Löffel aufzunöthigen, nach einiger Zeit derselben etwas Arrowroot beizumischen und konnten bald zum Zusatz von Fleischbrühe übergehen. In den ersten Monaten stellte sich der offenbar auf Unverdaulichkeit nach dem Genusse einer zu großen Quantität von Nahrungsflüssigkeit herrührende Durchfall öfters wieder ein; je mehr uns aber der Versuch gelang, ihm die Nahrung in etwas consistenterer Form, als Schleimsuppe, dünner Brei, Mooschokolade beizubringen, desto mehr regulirte sich auch die Function des Verdauungsapparates. Als wir endlich seinen Geschmack so weit umgestimmt hatten, daß er gehacktes, gesottenes, in die Suppe eingerührtes Fleisch*) mit seiner Hand zu sich nahm, hatten wir gewonnenes Spiel. Wir verabreichten ihm längere Zeit geschabtes rohes Fleisch, und jetzt ist er so weit gewöhnt, daß er alle und jede auf den Tisch kommenden Speisen begierig zu sich nimmt, und bloß geistige Getränke, Most oder Wein, abweist.

Die günstige Einwirkung dieser gemischten Nahrung auf Körper und Geist machte sich bald bemerklich. Denn wenn gleich die Milch ein Nahrungsmittel ist, welches, wenn auch ausschließlich gereicht, vermöge seiner eigenthümlichen chemischen Zusammensetzung den Körper in den ersten Lebensjahren ernähren kann, scheint doch im späteren Kindesalter sie für die volle Ausbildung des Muskelsystems und der Nervensubstanz nicht auszureichen, vielmehr zu einer regelmäßigen Ernährung es nothwendig zu sein, daß eine gewisse Abwechslung in den Nahrungsmitteln stattfinde. Die verschiedene Zusammensetzung der Körpertheile scheint zu einer fortwährenden Regeneration auch einer gewissen Mannigfaltigkeit von verschieden zusammengesetzter Nahrung zu bedürfen. Daher eine Mischung von animalischer und vegetabilischer Kost in passender Abwechslung und in solcher Quantität, daß sie gehörig verdaut werden kann, immer am zuträglichsten ist und die kräftigste Ernährung vermittelt. Der Knabe nahm an Körpergewicht zu, die Haut wurde derber, elastischer, es setzte sich ein Fettpolster an, die Adern füllten sich mit Blut, die Muskulatur wurde voller und kräftiger, die Gesichtsfarbe frischer, die Wangen rundeten sich, der Gang wurde schneller und elastischer, das Geberdenspiel lebhafter, und der freundliche, oft schalkhafte Blick zeigt von erwachendem, an der Außenwelt theilnehmendem Leben der Seele; die Schüchternheit hat dem Bedürfniß der Geselligkeit und Association Platz gemacht und der Knabe ist im Stande, dem Unterricht in der Vorschule beizuwohnen.

In Frankreich giebt es nach neueren statistischen Ermittelungen mindestens 150,000 Epileptische, so glaubt wenigstens der Mann annehmen zu dürfen, welcher dieser Sache in Frankreich ein 30jähriges Studium gewidmet, er heißt Larnage. Die genausten Nachforschungen haben ihn zu dem Resultat geführt, daß, wenn man auf eine Gemeinde 4 Epileptische rechnet, sich jene Zahl ergiebt, was nicht zu hoch gegriffen sei, indem es Gemeinden gebe, in denen auf weniger als 1000 Einwohner 20 Epileptische kämen. Ein anderes, nicht minder betrübendes Resultat ist, daß sich die Zahl dieser Unglücklichen von Jahr zu Jahr hauptsächlich durch Ehen zwischen solchen, die mit derartigen Uebeln mehr oder minder behaftet sind, vermehrt. Im Jahre 1857 hat nun in Tain (Dep. Drôme) jener edle Graf Larnage, in dessen Familie sich schon seit längerer Zeit die Fürsorge und Pflege für Epileptische von Vater auf Sohn vererbt, eine Heilanstalt für solche Unglückliche gegründet. Dieselbe umfaßt vorläufig 150 Stellen, die alsbald besetzt waren, indem nicht weniger als 2000 solcher Hülfsbedürftiger zur Aufnahme angemeldet wurden. Das erziehende und dienende Anstaltspersonal

---

*) Fleischkost bringt mehr Eiweiß und Kreatin, einen Stoff in's Blut, der einen besonders tonischen und erheiternden Einfluß auf den menschlichen Organismus ausübt. Fleischstoff erhöht die Muskelkraft und beschleunigt den Stoffwechsel. Daher die geistige Ueberlegenheit, die Ueberlegenheit des Hirns, welche auf einer Ueberlegenheit des Blutes beruht, wie das Blut von der Nahrung abhängt, bei allen Völkern, die viel Fleisch essen.

besteht aus 18 Schwestern vom Orden des h. Vincenz von Paula, einem Geistlichen, einem Arzte und 20 Dienstboten. Demgemäß ist die mehrfach wiederholte Ansicht, als ob die Heil-Anstalt zu Lahwre die einzige derartige in Frankreich sei, zu berichtigen.

Zur Statistik der Selbstmorde.

Daß die Zahl der Selbstmorde sich von Jahr zu Jahr vermehrt, ist bekannt; hat man doch in neuester Zeit sogar im französischen Heer sich genöthigt gesehen, gegen das Ueberhandnehmen desselben besonders abmahnende Tagesbefehle zu erlassen, in welchen der Selbstmord als eine Handlung der Feigheit dargestellt wird. Wo die jedesmaligen Ursachen dieser leider steigenden Progressionen zu suchen sind, kann zweifelhaft sein; das Faktum selbst steht leider fest, und wird neuerdings in Bezug auf Dänemark durch die vom statistischen Bureau in Kopenhagen herausgegebene „Statistik der Selbstmorde innerhalb der dänischen Monarchie von 1856—1860" nur zu sehr bestätigt. Darnach kamen im Durchschnitt in Dänemark (dem Königreiche, abgesehen von den Herzogthümern) vor:

von 1835—39 jährlich 261,₆ Selbstmorde
„ 1840—44 „ 300,₂ „
„ 1845—49 „ 330,₆ „
„ 1850—54 „ 389,₄ „

Aus einer Durchschnittsangabe, die sich über mehrere Jahre, jedesmal über 100,000 Individuen erstreckt, ergiebt sich folgende Scala der in den nachbenannten Ländern vorgekommenen Selbstmorde:

in Dänemark . . . (1845—54) 28,₃
„ Norwegen . . . (1846—55) 10,₆
„ Schweden . . . (1840—50) 6,₇
„ Frankreich . . . (1849—54) 10
„ Belgien . . . . (1841—50) 5,₄
„ Preußen . . . . (1849—52) 10,₆
„ Sachsen . . . . (1847—51) 20,₂
„ Canton Genf . . (1838—47) 24,₆

Daß selbst Genf noch hinter Dänemark zurückbleibt, ist um so auffallender, als dort, gleichwie z. B. in Hamburg, unter der Zahl der Selbstmörder sehr viele Fremde sich befinden, die oft diesen Aufenthalt nur gesucht zu haben scheinen, um an demselben ihrem Leben ein Ende zu machen, wodurch natürlich das procentale Verhältniß zur Bevölkerung weit höher erscheint, als es wirklich ist. In den oben erwähnten vier Quinquennien hatten die Selbstmorde in Dänemark zugenommen: vom ersten zum zweiten um 14,₆; vom zweiten zum dritten um 10,₂; vom dritten zum vierten um 17,₉ %; wogegen die Einwohnerzahl in denselben Zeiträumen nur gestiegen war um resp. 5, 4,₇ und 5,₁ %.

Eine später veranstaltete genauere, auch über die übrigen Landestheile ausgedehnte Ermittelung ergab folgendes Resultat: Im Königreich Dänemark kommt 1 Selbstmord auf 3470 Individuen, in Schleswig 1 auf 4790, in Holstein 1 auf 5780, in Lauenburg 1 auf 6410. In Hamburg, wo 1851—55 jährlich 3639, 1856—60 jährlich 4002 Selbstmorde vorgefallen, kommt jetzt 1 auf 9000, in Norwegen 1 auf 9500, in Schweden 1 auf 15000.

Ein ganz außerordentlicher Unterschied findet sich in den einzelnen Landestheilen (Königreich, Holstein und Schleswig) hinsichtlich der verschiedenen Berufsclassen. Beispielsweise fallen im Königreich, mit Ausschluß der Herzogthümer, von 1702 männlichen und 534 weiblichen Selbstmorden auf Beamte, Gelehrte und Künstler 15 männliche und 4 weibliche, Subalternen in Heer und Flotte 41 männliche und 3 weibliche, Unterbeamte 25 männliche und 4 weibliche, Rentiers 13, Seeleute 17 männliche und 7 weibliche, Kaufleute 52 männliche und 7 weibliche, Fabrikanten, Handwerker und deren Gehülfen 279 männliche und 39 weibliche, Hofbesitzer 169 männliche und 54 weibliche, Käthner und Tagelöhner 574 männliche und 196 weibliche, Dienstboten 330 männliche und 157 weibliche, Armenalumnen und Vagabonden 70 männliche und 23 weibliche, Strafgefangene 2 männliche, Arrestanten 6 männliche und 11 weibliche, Kinder 10 männliche und 2 weibliche, unbenannter Erwerbszweig 44 männliche und 27 weibliche.

Aus der weiteren Uebersicht ergiebt sich, daß verhältnißmäßig die meisten Selbstmörder durchschnittlich in der Altersclasse von 60—70 Jahren stehen, sowie daß der Jahreszeit nach, nach ganz gleichmäßiger Erfahrung in Dänemark, Frankreich, Belgien und Schweden, die größere Zahl der Selbstmorde in den Sommer (Juni bis August), und nicht in den Winter, wo, wie man sonst wohl wähnte, „die uns umgebende Natur an Tod und Vergänglichkeit mahne", fällt. Freilich tritt auch hier wieder der Einfluß hervor, den große Städte auf die Zahl der Selbstmorde haben, indem die großen Städte des Landes ein unverhältnißmäßig hohes Contingent von Selbstmorden aufweisen. In Kopenhagen fallen deren 50 % mehr vor als in den Landdistricten; ähnlich ist das Verhältniß zwischen Altona und Holstein. (Hamb. Corresp.)

Kirchliches aus Nord-Amerika.

Ueber die Lutherischen Synoden in den vereinigten Staaten Nord-Amerikas giebt der in Allentown erscheinende Brobstsche Kalender jährlich eine Uebersicht, welche auch unter uns, wo diese Verhältnisse im Allgemeinen sehr unbekannt sind, für Manche von Interesse sein könnten. Das Nachfolgende enthält den Bestand dieser Synoden im Jahre 1860, dem schließlich der Bestand im Jahre 1862 hinzugefügt ist. —

	Prediger.	Gemeinden.	Communicanten.
1. Die Synode von Pennsylvanien und den benachbarten Staaten (besteht schon seit 113 Jahren..........	104	275	41,000
2. Die Synode von New-York und den benachbarten Staaten...........	62	58	11,516
3. Die Synode von Maryland...........	30	38	6,152
4. Die Synode von West-Pennsylvanien......	43	86	11,417
5. Die Synode von Nord-Carolina........	25	42	4,200
6. Die Synode von Süd-Carolina.........	42	54	9,859
7. Die Hartwick-Synode (im Staate New-York)	29	39	4,904
8. Die Synode von Virginien............	30	61	3,200
9. Die Alleghany-Synode (in Pennsylvanien)..	33	94	7,200
10. Die Ost-Pennsylvanische Synode	55	100	12,504
	453	847	111,952

Transport...	1453	847	111,952
11. Die Miami-Synode (in Ohio)............	29	52	3,621
12. Die Wittenberg-Synode (in Ohio)........	32	34	2,010
13. Die Ost-Ohio-Synode...................	36	63	3,951
14. Die Synode von Illinois.................	32	36	3,305
15. Die Synode von West-Virginien..........	20	37	2,039
16. Die Oelzweig-Synode (in Indiana)........	14	38	1,272
17. Die Synode von Nord-Illinois............	23	25	3,000
18. Die Pittsburger Synode.................	51	114	8,795
19. Die Synode von Texas..................	18	20	2,800
20. Die englische Synode von Ohio..........	12	32	2,480
21. Die Kentucky-Synode...................	9	12	700
22. Die Central-Pennsylvanische Synode......	24	86	8,098
23. Die Synode von Nord-Indiania	24	45	1,852
24. Die Synode von Süd-Illinois.............	10	27	1,250
25. Die (englische) Synode von Iowa........	20	40	1,400
26. Die Melanchthon-Synode (in Maryland)..	19	31	4,300
27. Allgemeine Synode von Ohio.............	112	240	20,500
(Davon gehören 33 Prediger und 55 Gemeinden zum westlichen District, 23 Prediger und 61 Gemeinden zum östlichen, 35 Prediger und 75 Gemeinden zum nördlichen, 9 Prediger und 14 Gemeinden zum südlichen und 13 Prediger und 35 Gemeinden zum englischen District.)			
28. Die Synode von Tennessee..............	34	80	5,500
29. Die allgemeine Synode von Missouri und anderen Staaten	171	135	35,000
(Diese Synode ist auch in vier Districte eingetheilt, und jede Districts-Synode hält jährlich eine Versammlung, während die allgemeine Synode sich nur alle drei Jahre einmal versammelt.)			
30. Die Buffalo-Synode (in New-York und anderen Staaten)	23	29	4,500
31. Die Synode von Wisconsin..............	25	50	5,300
32. Die (deutsche) Synode von Iowa.........	30	42	4,200
33. Die Synode von Indiana	14	16	2,500
34. Die Synode von Minnesota..............	10	15	1,500
35. Die Frankean-Synode (in New-York)....	22	31	3,000
36. Norwegische Synode (in Wisconsin und Iowa)	15	50	5,000
37. Mississippi-Synode	7	11	2,000
38. Augustana-Synode.....................	27	49	4,967
Im Jahre 1860	1,322	2,278	246,788
Im Jahre 1862	1,366	2,575	270,780

Schriftenverbreitung.

Der Calwer Verlagsverein, der im November vorigen Jahres seinen Begründer und langjährigen Vorsteher, Dr. Barth, verloren, an dessen Stelle Dr. Gundert getreten, hat im verflossenen Jahre 3557 Fl. eingenommen, und sind dagegen 62,300 Bände Bücher verbreitet worden. Im Laufe des Jahres sind von neuen Auflagen gedruckt worden: Die 161. der biblischen Geschichten, die 17. der Kirchengeschichte und die 7. der biblischen Naturgeschichte. Desgleichen wurde vor Kurzem die 3. Auflage der Missionsgeschichte, diesmal in 2 Bänden mit 6 Karten, sowie der 2. Band der Weltgeschichte von Redenbacher ausgegeben. Was die Verbreitung der Vereinsschriften durch Uebersetzungen in fremde Sprachen betrifft, so hoffen die Freunde unter Anderem durch Anfertigung von Stereotypen eine wohlfeile Ausgabe des bekannten trefflichen Bibelwerkes in englischer Sprache für die Bibelfreunde in England, Amerika und den Colonien demnächst herausgeben zu können.

In Sachen des Central-Ausschusses.
Bekanntmachung.

Der Central-Ausschuß sieht sich veranlaßt, diejenigen Personen, namentlich auch seine Agenten, und insonderheit Diejenigen, welche Geldsendungen an ihn gelangen lassen, darauf aufmerksam zu machen, daß laut Bekanntmachung des königl. Generalpostamtes vom 20. September 1862 bei Postsendungen, namentlich bei Geld- und recommandirten Briefen an Vereine, Ausschüsse, also auch an den Central-Ausschuß, jedesmal bestimmte Personen, an welche die Zustellung erfolgen soll, auf der Adresse mit Namen angegeben sein müssen, damit jedem Zweifel über die Person des Empfängers vorgebeugt werde. Demgemäß ersuchen wir, zur Verhütung weiterer Reclamationen, wie dergleichen neuerdings mehrfach vorgekommen sind, alle Diejenigen, welche an den Central-Ausschuß derartige Sendungen zu machen haben, zwar wie bisher unter dem Rubrum: „Angelegenheiten des Central-Ausschusses für die innere Mission", aber wenn es Geldsendungen sind, mit Hinzufügung des Namens unseres Cassirers, Herrn Wilh. Herz, Behrenstraße 7, Berlin, oder mit Hinzufügung des Namens unseres Vorsitzenden, des Herrn Dr. Wichern in Berlin oder Hamburg, gefälligst adressiren zu wollen.

Quittungen des Central-Ausschusses vom 17. Juni bis 31. Juli.

Aus Preußen. Prov. Brandenburg. Durch Superint. Kauth zu Ketzin: derselbe 1 Thlr., Pred. Müller zu Tremmen 15 Sgr., Pred. Scheringer zu Berge 15 Sgr., Pred. Ruccius zu Pessin 15 Sgr., Pred. Katz zu Barnewitz 15 Sgr., Pred. Schmidt zu

Buckow bei Brandenburg 15 Sgr., Pred. G. Kühl zu Garlitz 15 Sgr., Pred. Horn zu Schmerzke 15 Sgr., Pred. Starcke zu Ploetzin 15 Sgr., Pred. Gobbersen zu Gollwitz 15 Sgr., Ober Dom Pred. Schroeder zu Dom Brandenburg 15 Sgr., Pred. F. Schulz zu Klein Kreuz 15 Sgr., Pred. C. Buchstein zu Jackow 15 Sgr., Pred. Zumpt zu Paretz 15 Sgr., durch denselben einmaliger Beitrag aus Paretz 1 Thlr., Pred. Meissner zu Retzow 15 Sgr., = 9 Thlr. — Pf. Pfeiffer zu Lögow bei Wusterhausen a/D 1 Thlr. — Pred. Brennecke zu Garow bei Genthin 2 Thlr. — Prof. Dr. Friedrichs in Berlin 2 Thlr.

Provinz Sachsen. Durch Sup. Bongehardt in Stendale Pf. Röhl zu Gr. Möringen 10 Sgr., Pf. Schmidt zu Badingen 10 Sgr., Pf. Gravendorst zu Kläden 10 Sgr., Pf. Schüttel zu Garlipp 5 Sgr., Pf. Bohnhagen in Graffau 7½ Sgr., Pf. Wieck zu Schinne 10 Sgr., Pf. Fischer zu Schernikau 5 Sgr., Pf. Hackradt zu Uengtingen 10 Sgr., Pf. Oesterwitz zu Neuendorf a/S. 10 Sgr., Pf. Büttner zu Gr. Schwechten 15 Sgr., Pf. Matthisson zu Baben 7½ Sgr., Pf. Müller zu Eichstedt 10 Sgr., Sup. Borghardt zu Stendal 15 Sgr., Pf. Reinsdorf zu Rochau 10 Sgr., = 4 Thlr. 15 Sgr.

Rheinprovinz: Durch Sup. Klein zu Trier: Pf. Otto zu Weldern 15 Sgr., Pf. Schulz zu Mülheim a/R. 15 Sgr., = 1 Thlr. — Durch Sup. Maas zu Neuwied: Pf. Feld zu Niederbieber 1 Thlr., Pf. Keetmann zu Rengsdorf 1 Thlr., Pf. Ph. Heck zu Wlbach 1 Thlr., Sup. Maas 1 Thlr., = 4 Thlr. — Durch Pf. Vic. Krummacher zu Duisburg: Derselbe 1 Thlr. 10 Sgr., Pf. Hermann 1 Thlr., Pf. Ohlhues 15 Sgr., Heinr. Esch 1 Thlr., Julius Esch 15 Sgr., Raithelhuber 20 Sgr., G. Schraf 1 Thlr., Th. vom Rath 1 Thlr., ? 1 Thlr., Engelbert 15 Sgr., Hamann 15 Sgr., Eichhoff 15 Sgr., Fried. Esch 15 Sgr., = 10 Thlr.

Königreich Hannover. Ostfriesland. Durch Rector Reuter in Aurich: Landdrostin Bacmeister zu Aurich 1 Thlr., R. R 20 Ngr., A. B. ½ Krone, R. R. 15 Ngr., Rector Reuter 2 Thlr., Professorin Oltmanns zu Wittmund 1 Thlr., = 9 Thlr. 8 Ngr. 7 Pf.

Mecklenburg-Schwerin. Frl. von Dewitz auf Teschow bei Teterow 7 Thlr.

Nachrichten aus dem Rauhen Hause.

Wir haben das vorige Mal wegen Mangel an Raum die Nachrichten aus dem Rauhen Hause in dem Beiblatt mittheilen müssen, aus dem wir, indem wir auf das dort ausführlich Berichtete verweisen, dennoch an dieser Stelle zugleich kurz wiederholen wollen, daß Se. Königl. Hoheit der Großherzog von Mecklenburg-Schwerin dem Rauhen Hause bei einem neulichen Besuche die Kosten zur Errichtung eines Neubaues für eine der hiesigen Kinderwohnungen huldreichst geschenkt hat. Dem können wir heute hinzufügen, daß die feierliche Grundsteinlegung dieses Neubaus verbunden werden soll mit dem diesjährigen Stiftungsfeste, welches als Feier des dreißigjährigen Bestehens der Anstalt besonders festlich, und zwar am 4. October, begangen werden soll. An die Stiftungsfeier wird sich ein Brüdertag anschließen.

Auch wiederhole ich hier die dort ausgesprochene Bitte an unsere Freunde, dem Rauhen Hause zur Deckung eines diesjährigen Defizits, im Betrage von 1500 ₰, freundlichst helfen zu wollen. Je weniger und seltener das Rauhe Haus solche Bitte laut werden läßt, und je mehr es auch dann, wenn es das thut, stille wartet, bis die Liebe willig und fröhlich zum Helfen und Mittheilen bereit ist, desto vertrauensvoller läßt sich diese Bitte auch diesmal vernehmen. Die Quittungen zeigen, daß schon einige Freunde auf dieselbe gehört. Wir sind dadurch hoch erfreut und zu frohem Danke gegen Gott gestimmt, der die Liebe vergelten, auch noch mehr willige Herzen mit seinem Geist für uns ansprechen, und uns dadurch seine Hülfe zeigen wird.

Liebesgaben der Art wird der Unterzeichnete unter hiesiger Adresse mit herzlichem Danke entgegennehmen.

Horn, im August 1863.

Wichern.

An Beiträgen zur Deckung des Deficits sind bis zum 19. August eingegangen:

Hamburg: Hr. Dr. Busse in Ham 25 ℳ; Frl. H. Parish 100 ℳ. — Mecklenburg: F. v. S. Poststempel Wittenburg 2 ℳ; Poststempel Cromlin 1 ℳ. — Preußen: Von und durch Hrn. Cand. Lüttke in Münster 4 ℳ; „Es ist dem Herrn nicht schwer, durch viel oder wenig helfen" Poststempel Naumburg 5 ℳ; Poststempel Ilsenburg „eine Freundin des Rauhen Hauses" 25 ℳ; Poststempel Hirschberg „für mancherlei Segen" 1 ℳ. Zusammen 180 ℳ.

Speciell für die auswärtigen Brüder.

Für die Hülfscasse (H. C.) sind bis zum 19. August an Jahresbeiträgen für 1863 eingegangen: à 1 ℳ von H. (37), F. (105), K. (183), Z. (235), M. (258).
Geboren: eine Tochter 18/8. Z. (174);
gestorben: ein Sohn 7/4. Z. (235).

Quittungen vom Monat Juli 1863.

Für die Kinderanstalt. Hamburg: „Aus dem Sparttopf unserer kleinen seligen Elisabeth" 3 ℳ 9 ß; „eine ungenannte Freundin des Rauhen Hauses" 2 ℳ 8 ß; Otto Crola 10 ℳ; R. R. für bauliche Zwecke Bco. ℳ 600. — Preußen: Hr. Past. Böttger in Gerben bei Elsterwerda 18 Sgr.
Hausbüchse: 181 ℳ 9¼ ß.
Für die Brüderanstalt. Braunschweig: Hr. Director Dr. Elbäer 1 ℳ.
Für die Kinder- und Brüderanstalt gemeinschaftlich. Hamburg: H. W. B. „Opfere Gott Dank und bezahle dem Höchsten deine Gelübde" 5 ℳ. — Preußen: Hr. Habeck in Telbitz 1 ℳ; Hr. Joh. Bedekon auf Langenbrück bei Mettingen 5 ℳ. — Schwarzburg-Sondershausen: Hr. Schulrath Dr. Pabst in Arnstadt 2 ℳ.
Naturalien. Hamburg: Hr. Schlachtermeister Freundt in Ham 25 ℔ Kalbfleisch.
Außerdem:
Für das Johannesstift in Berlin. Preußen: Frl. Minna Hooff aus Kondsen bei Graudenz 50 ℳ; dieselbe für die Johannishülfe 2 ℳ.
Für alle obigen Gaben sage ich hiemit den Wohlthätern den herzlichsten Dank.

Dr. Wichern.

Fünfundzwanzig Arbeiter werden gesucht
von der
Brüderanstalt des Rauhen Hauses.

Die Anforderungen an unsere Brüderanstalt im Rauhen Hause sind so zahlreich und umfangreich, der Anmeldungen aber von Jünglingen, die Willens oder wirklich geeignet sind, in die Arbeit der inneren Mission einzutreten, sind verhältnißmäßig leider so wenig, daß ich abermals wie im vorigen Jahr alle, die dazu helfen können hiemit auf das angelegentlichste bitte, der hiesigen Brüderanstalt oder der im Johannesstift zu Berlin solche Mitarbeiter zuzuweisen. Es handelt sich darum, christlich gesinnte, unbescholtene, geistig und leiblich gesunde und tüchtige junge Männer zwischen 20 und 30 Jahren, die aber unverlobt sein müssen, zu finden; dieselben müssen sich bereit erklären, nach einem mehrjährigen theoretischen und praktischen Unterrichtscursus hier im Rauhen Hause zu Horn oder im evangelischen Johannesstift zu Berlin einen Dienst christlicher Liebe, je nach der Gabe, die den Einzelnen gegeben ist, unter Kindern oder Armen, unter Kranken oder Gefangenen oder

Verlassenen und Hülfsbedürftigen irgend welcher Art zu Stadt oder Land, in Anstalten verschiedenster Art, in Vereinen, Schulen, Gemeinden innerhalb oder außerhalb der Heimath, unter geordneten Verhältnissen zu ihrem Lebensberuf zu machen. Bei ihrem Eintritt haben dieselben nachzuweisen, daß sie bis dahin entweder als Lehrer oder als Handwerker, Landwirthe, Kaufleute thätig gewesen, oder daß sie sonst einen ordentlichen Lebensberuf erlernt haben, den sie um des neuen Lebenberufes willen aufzugeben entschlossen sind. Nachdem im vorigen Jahre auf eine ähnliche Aufforderung hin vierundzwanzig geeignete junge Leute sich gefunden, suche ich jetzt wieder deren fünfundzwanzig.

Es gilt Arbeiter in ein großes zur Erndte reifes Feld zu entsenden. Bereits über dreihundert Brüder sind von hier in diese Arbeit eingegangen, und stehen in treuem Bunde, wenn auch weithin unter der deutschen evangelischen Christenheit zerstreut, zusammen. Wer der Aufforderung folgt, mehrt diese Schaar und wird mit ihr der Segnung der Gemeinschaft und gemeinsamen Arbeit für Gottes Reich theilhaftig werden. Wer sonst nicht gebunden ist, der komme und helfe und wende sich vertrauensvoll an den Unterzeichneten, der dann die näheren Aufnahmebedingungen mittheilen und was sonst zu fragen beantworten wird.

Geistliche und Lehrer, namentlich auch Vorsteher von Jünglingsvereinen, denen wir schon so viele Mitarbeiter verdanken, und sonstige Freunde werden ersucht zur Ermittelung geeigneter Personen behülflich sein zu wollen und um weitere Verbreitung dieses Aufrufs gebeten. Dieselbe Bitte wiederhole ich an befreundete Redactionen, indem ich denselben zugleich für frühere Berücksichtigung solcher Bitte hiemit herzlich danke.

Die Meldungen erbittet sich der Unterzeichnete frankirt hierher nach Horn.

Horn bei Hamburg.
August 1863.

Dr. Wichern,
Vorsteher des Rauhen Hauses.

Inhalt des Hauptblattes: Zur Volksliteratur in England. — Mittheilungen über den Bestand und die Erfahrungen verschiedener Rettungs- und verwandter Erziehungshäuser, resp. Vereine. — Die Epileptischen und die Heil- und Bewahranstalt für dieselben auf der Pfingstweide zu Tettnang in Würtemberg. — Zeitung und kürzere Correspondenzen: Heilanstalt für Blödsinnige in Winterbach; zur Statistik der Selbstmorde; Lutherische Synoden in Nord-Amerika; der Calwer Schriftenverein. — In Sachen des Central-Ausschusses: Bekanntmachung; Quittungen. — Nachrichten aus dem Rauhen Hause: das diesjährige Stiftungsfest; Speciell für die auswärtigen Brüder; Quittungen; Fünfundzwanzig Arbeiter werden gesucht.

Inhalt des Beiblattes: Auguste, Großherzogin von Mecklenburg-Schwerin. — Aus dem Rauhen Hause: Quittungen.

Herausgeber Dr. Wichern, Vorsteher des Rauhen Hauses. — Verlag der Agentur des R. H. zu Horn bei Hamburg. — Gedruckt im R. H.

XX. Serie.
September.
Jährlich 24 Bogen zu
1 ℳ Pr. in 12 (monat-
lichen) Lieferungen.

1863.
No. 9.
Durch alle Buchhand-
lungen u. Postämter
zu beziehen.

Fliegende Blätter

aus dem

Rauhen Hause zu Horn bei Hamburg.

Organ des Central-Ausschusses für die innere Mission der deutschen evangel. Kirche.

Hauptblatt.

Die Deutschen und die deutsche evangelische Mission in Paris.

Die deutsche evangelische Mission in der französischen Hauptstadt, die recht eigentlich eine Stadtmission unter dortigen Deutschen ist, erwirbt sich in immer größeren Kreisen die ihr mit Recht gebührende Theilnahme und wird in dieser Beziehung, wie zu hoffen steht, noch immer mehr wachsen, nachdem ihr neuerdings vom evangelischen Oberkirchenrath in Preußen eine allgemeine Kirchencollecte und von der preußischen Staatsregierung eine allgemeine Hauscollecte bewilligt ist. Da uns zu unserm Bedauern in den letzten Jahren gar keine Nachrichten über diese Arbeiten in Paris mehr zugekommen sind, sind wir auch nicht im Stande gewesen, die früher in unseren Blättern mitgetheilten Berichte regelmäßig fortsetzen zu können. Um so willkommener ist es uns gewesen, eine für die Freunde dieser Mission bestimmte, von den Präsidenten der Missionscomité, Pastor L. Meyer und Pastor Valette unterzeichnete Mittheilung zu erhalten, der wir die nachfolgenden Angaben entnehmen, in denen eine erwünschte zusammenfassende Darstellung zur Orientirung über einige bis dahin in Deutschland noch wenig klare Verhältnisse, namentlich auch über den geschichtlichen Gang dieser Bestrebungen und ihr Verhältniß zur Kirche Augsburgischer Confession dargeboten wird. Freilich erstreckt sie sich zuletzt nur über einen einzelnen, aber jedenfalls über einen sehr wichtigen Theil der Arbeit, nämlich den in der Vorstadt St. Antoine. Doch wird dieselbe durch spätere Mittheilungen ergänzt werden.

Je mehr das Werk, das die Kirche Augsburgischer Confession durch das Organ der deutschen evangelischen Mission in Paris treibt, eine Ausdehnung und Bedeutung gewonnen hat, vor der die ersten Begründer desselben vielleicht zurückgeschreckt wären, wenn sie den Umfang desselben hätten voraussehen können, — je mannichfaltiger sich die Thätigkeit der Mission neuerdings, durch die Umstände gedrängt, hat verästen und verzweigen müssen: um so dringender erscheint es geboten, einen möglichst klaren Einblick in die Bedingungen, Befugnisse, Grenzen dieser Thätigkeit und in das Verhältniß derselben zu der kirchlichen Obrigkeit auf der einen Seite, und zu den einzelnen Pfarrern auf der andern zu erhalten.

Die Kirche Augsburgischer Confession datirt ihr rechtliches, öffentlich anerkanntes Bestehen in Paris von dem Anfange dieses Jahrhunderts her, also von der Zeit, welche der Revolution folgte. Im Jahre 1808, nachdem Napoleon I. die von der Revolution abgeschaffte christliche Religion wieder eingeführt und die niedergerissene christliche Kirche in ihren verschiedenen Confessionen wieder aufgerichtet hatte, wurde zugleich mit der reformirt=französischen Kirche auch die Kirche Augsburgischer Confession vom Staate in ihrem kirchlichen Bestehen zu Paris anerkannt und garantirt. Zugleich wurde ihr eine frühere katholische Kirche mit den dazu gehörigen Klostergebäuden (die Eglise des Billettes, in der Straße gleichen Namens) zu gottesdienstlichem und kirchlichem Gebrauch eingeräumt und die Besoldung von zwei Geistlichen bewilligt, denn bis dahin hatten diese evangelischen Gemeinden in den schwedischen und dänischen Gesandtschaftskapellen gastfreundliche Aufnahme suchen müssen. Daran schloß sich die Bildung eines Consistoriums, das heißt einer geistlich=kirchlichen Behörde, welche außer den von der Regierung besoldeten Pfarrern (jetzt 7 und unter dem Vorsitz eines unter ihnen, aus einer gewöhnlich doppelten Anzahl von Laien (aus Gemeindewahl hervorgegangen) zusammengesetzt ist, unter Beisitz (ohne Stimme) von Pfarr=Adjunkten, Hülfspredigern und Vikaren (augenblicklich 9 an der Zahl). Die Autorität dieses pariser Consistoriums erstreckt sich über Paris, die umliegenden Departemente und die Filiale Lyon und Nizza, und seine Befugnisse umfassen das ganze innere geistlich=kirchliche Gebiet: Schulen, Gottesdienste, Wahl und Anstellung der Lehrkräfte und der niederen kirchlichen Beamten. Nur die Wahl der offiziellen, von der Regierung anerkannten und besoldeten Pfarrer, die als solche Sitz und Stimme im Consistorium selbst haben, und die Anstellung der übrigen Geistlichen ist der obersten Behörde für die lutherische Kirche Frankreichs, dem Direktorium, vorbehalten. Das Direktorium, das seinen Sitz in Straßburg hat und dem sich alle örtlichen Consistorien, also auch das Pariser, unterordnen, ist ein zu seinem größeren Theil (3 von 5 mit Einschluß des Vorsitzenden) vom Staate je auf Lebenszeit erwählter Körper. Es steht in der Mitte zwischen Staat und Kirche, alle die Beziehungen der letzteren zum ersteren vermittelnd und ordnend, und ist ausübendes und permanentes Organ des sogenannten Oberkonsistoriums, das sich unter demselben Vorsitz wie das Direktorium einmal im Jahr versammelt.

Nachdem so die evangelisch-lutherische Kirche in Paris in den kirchlichen Organismus der französisch-lutherischen Kirche eingeordnet war, that sie Anfangs der vierziger Jahren einen weiteren Schritt vorwärts. Sie erhielt im Jahre 1843 vom Staat ein zweites gottesdienstliches Gebäude, die Eglise de la Rédemption in der rue Chauchat, welche jetzt der Mittelpunkt der kirchlichen Thätigkeit ist. Ebenso bewilligte der Staat zu einem schon vorher gegebenen dritten nun auch einen vierten Geistlichen. Sodann wurde im Jahre 1845 einem dringenden Bedürfniß Genüge gethan durch die Berufung eines eigenen Pfarrers für die sogenannte „Banlieue" d. h. den ganzen ungeheuern Umkreis der die damalige Stadt umgebenden, neuerdings zum größten Theil in das Stadtgebiet hineingezogenen Ortschaften, wo verschiedene Andachtsstätten und Schulen sich schon vorfanden oder nun zum Theil auf Anlaß der dortigen deutschen Bevölkerungen, begründet wurden. Zu diesen fünf französischen, offiziellen Pfarrern berief um dieselbe Zeit das Consistorium einen jungen Hülfsarbeiter in dem nun heimgegangenen, aber bei den Evangelischen in Paris in unvergessenem Andenken stehenden Pastor Beyer*) aus Preußen. Das Bedürfniß, einen eigenen deutschen Mitarbeiter für deutsche Predigt und Seelsorge zu haben, war nämlich immer dringender fühlbar geworden. Schon damals machte sich das deutschredende Element in den dortigen Gemeinden, die, soweit sie französische Unterthanen sind, aus dem Elsaß,

---

*) Starb bekanntlich als Geistlicher des evangelischen Vereinshauses zu Berlin.
D. H.

aus Lothringen und dem früher zu Würtemberg gehörenden, der Reformation damals beigetretenen Ländchen Montbeliard stammen, in entschiedener und hervortretender Weise geltend. Auch begann die Einwanderung (von Deutschland her der Tausende von Kaufleuten Arbeitern, Tagelöhnern, Handwerkern, Dienstboten 2c., —) schon damals nach Paris zu fluthen, um so reichlicher, je leichter die Verkehrsmittel wurden. Nun fehlte es den Deutschredenden zwar nicht an deutscher Predigt (in der Kirche des Billettes), an Bedienung, Zuspruch, Trost in deutscher Zunge, denn auch die französischen Pfarrer waren der deutschen Sprache mächtig, aber mit Recht verlangten sie nach einem eigentlich deutschen Prediger, der seine ganze Kraft ausschließlich der Pflege des rein deutschen und deutsch gebliebenen Elements widmen könnte. Diesem Verlangen wurde nun, wie gesagt, durch Beyer's Berufung genügt.

In diese Zeit fällt dann endlich auch die Gründung der deutschen evangelischen Mission. Ein Comité bildete sich aus Laien und Geistlichen schon um's Jahr 1840, welches die Sorge für das Seelenheil des deutschredenden Theils der Gemeinden sich angelegen sein lassen wollte, durch Begründung von Schulen und Gottesdiensten, durch Anstellung von Predigern, Lehrern und Hausbesuchern (Evangelisten). Seit jener Zeit ist der Anblick, den die Pariser Kirche Augsburgischer Confession gewährt, ein wesentlich veränderter geworden. Statt 6 zählt sie jetzt 17 Geistliche, darunter 4 aus Deutschland und mehrere aus dem Elsaß. Theils durch das Consistorium, theils eben durch die deutsch-evangelische Mission, sind Pfarradjunkte, Hülfsprediger und Vikare zur Arbeit herbeigerufen worden. Das ungeheuere Stadtgebiet hat in einigermaßen übersehbare Parochien eingetheilt werden können. Schulen und gottesdienstliche Stätten, wie ungenügend sie auch noch seien an Zahl und Einrichtung, wie armselig noch an einzelnen Punkten, ziehen immerhin ihr Netz nunmehr über die ganze Stadt.

Welches ist nun die Rolle, welche die deutsch-evangelische Mission dabei gespielt hat, welche Stellung nimmt sie noch ein? Der Kirche helfen und dienen, wo und wie sie kann, das ist ihre ganze Aufgabe, ihr ganzes Bestreben. Wo das Consistorium aus den ihm zu Gebote stehenden Mitteln den immer neuen Bedürfnissen trotz allen Anstrengungen nicht genügen konnte und kann, da trat und tritt noch immer die evangelische Mission, unabhängiger und freier in ihrer Stellung und ihren Hülfsquellen, die ja ausschließlich aus der freien christlichen

Liebe fließen, in die Bresche und nimmt die Aufgabe, welche das Consistorium hatte liegen lassen müssen, in Gottes Namen wieder auf. Sie stellt sich, so weit ihre Kräfte und Hülfsmittel reichen, der Kirche, dem Consistorium, den einzelnen Pfarrern überall zur Verfügung, wo man ihre Dienste brauchen kann, theils vorarbeitend und das gewonnene Gebiet der Kirche sogleich wieder abtretend, theils nachhelfend und das durch selbstständiges Vorgehen einzelner Pfarrer Begonnene stützend und tragend. Hier besoldet sie Prediger, Lehrer, Lehrerinnen, Evangelisten vollständig oder trägt wenigstens zu ihrer Besoldung bei: dort unterhält sie Schulen und Gottesdienste oder hilft zu ihrem Unterhalt; dort endlich bewilligt sie Zuschüsse zu schon ohne sie begonnenen kirchlichen Unternehmungen. Um Einzelheiten anzuführen: 3 Hülfsprediger (ein deutscher und zwei französische) beziehen ihren Gehalt vollständig von der Mission; 5 andere Hülfsprediger und Vikare (zwei deutsche und drei französische) erhalten Zuschüsse zu ihrem Gehalt in bedeutenderem oder geringerem Maße; 9 Lehrer und Lehrerinnen, 1 Hausbesucher, 9 meistentheils deutsche Knaben- und Mädchen-Schulen werden von der Mission ganz oder zum großen Theil unterhalten. Der Bau einer Kirche, die Gründung neuer Schulen und Gottesdienste, Miethe der Lokale, Ankauf oder Miethe des Grund und Bodens — eine Unternehmung endlich, die sich an die Kirche nur anlehnt: Jünglingsverein und christliche Herberge — alle diese Dinge nehmen auf verschiedenen Punkten und in verschiedenem Maße die Hülfe der evangelischen Mission in Anspruch. Mit einem Wort: sie steht fortwährend bereit, sich herbeiwinken zu lassen, überall wo es Menschen fangen gilt und wo die Netze reißen wollen.

Wo das Arbeitsfeld so weit, die Bedürfnisse so zahlreich und dringend sind, da ist ein brüderliches Nebeneinander wirken, Ineinandergreifen aller Hände, die es angreifen, aller Kräfte, die sich regen wollen, von selbst geboten. Auch die gemeinschaftlichen Anstrengungen des Consistoriums und der Mission bleiben hinter den Bedürfnissen noch immer weit zurück. Es würde darum manches dringende Verlangen als frommer Wunsch unerfüllt bleiben, manche Aufgabe, wenn auch mit Bedauern, im Stich gelassen werden müssen, wenn die einzelnen Pfarrer, von denen jeder seine eigene und eigenthümliche Aufgabe und Arbeit zu versehen hat, nicht selbst und selbstständig Hand an's Werk legten, und sich Hülfsquellen durch eigene Bemühungen und eigene Inanspruchnahme christlicher Mildthätigkeit verschafften, auf sofortige und spätere Nachhülfe und Stütze der Mission und des Consistoriums rechnend. So sind auf Gebieten, die früher ganz brach lagen, jetzt Gemeinden gesammelt worden, welche 100 bis 200 Schulkinder haben und Kasualien aufweisen können, die auf eine Seelenzahl von nahe 3000 hindeuten. Auf diese Weise können Niederlassungen entstehen, die zuletzt so befestigt und wohlbegründet erscheinen, und soviel Bedeutung gewonnen haben, daß die Sorge dafür endlich dem Staate selbst anheim fällt. An einer Stelle zum Beispiel, am linken Seineufer, im südwestlichen Theil der Stadt, in Grenelle, fing einer dieser Pfarrer schüchtern und auf eigene Gefahr sein Werk an. Die Mission trat ihm, wenn auch nur in geringem Maße, helfend zur Seite. Die Niederlassung wurde bald der Obhut des Consistoriums übergeben, und jetzt wird der Bau einer Kirche mit Schulen von der Stadt in Angriff genommen. Dies Beispiel mag deutlich machen, welchen Gang diese Missions- und Kirchen-Arbeit von Hand zu Hand geht, wie ein Dienst den andern ablöst und sich nach vollführter Aufgabe still wieder zurückzieht.

Man wird sich deßhalb nicht zu wundern haben, wenn außer und neben dem gemeinsamen Werk der evangelischen Mission einzelne Pfarrer sich in besonderer Weise hülfesuchend nach außen hin wenden. Wenn also, sei es für das Werk in Montmartre, sei es für den Hügel in der Villette, oder für die Schulen von St. Marcel, oder für das Faubourg St. Antoine, oder für den deutschen Jünglingsverein, die Liebe und Hülfe von Freunden in besonderer Weise noch in Anspruch genommen wird, so soll die Mannichfaltigkeit dieser Aufforderungen und Anforderungen nur auf die Mannichfaltigkeit der Bedürfnisse weisen und daran erinnern, daß alles, was in Paris auf allerlei Weise durch die verschiedenen Pfarrer und Gesellschaften geschieht, den deutschen Landsleuten und ihren Kindern, deutschem Blut, wenigstens der Abkunft nach sicherlich zu Gute kommt. Das Comité der evangelischen Mission hält es darum für seine Pflicht, zu erklären, daß alle diese besonderen Werke in freundlich-brüderlichem Benehmen zu ihm stehen und sich in den gemeinsamen Verband einordnen, wenn die Mission auch nach Maßgabe ihrer beschränkten Kräfte und Mittel sich wohl an ihnen betheiligen, sie aber nicht ganz auf sich nehmen kann.

Nachdem so im Allgemeinen ein Blick über die ganze Aufgabe und Arbeit in Paris geworfen ist, wird von dem Berichterstatter eines der Arbeitsfelder insbesondere ins Auge gefaßt, nämlich das in der

Vorstadt St. Antoine,

von dem mancherlei Neues zu melden ist. Dieser merkwürdige, allbekannte Stadttheil dehnt sich über den ganzen Südosten der Stadt, vom rechten Seineufer bis zum Faubourg du Temple, aus. Von mehr als 150,000 Seelen, die es bewohnen, dürfen wenigstens 5000 als der evangelischen Kirche angehörend angesehen werden. Davon ist die weit überwiegende Mehrzahl deutschen Blutes, deutscher und elsässischer Abkunft. Preußen, Baiern, Baden, Würtemberg, Hessen und andere Länder haben von Deutschland her ihre Kontingente geschickt. Die deutsche oder von deutschem Blut abstammende Bevölkerung St. Antoines unterscheidet sich dadurch von den andern deutschen Gruppen von Paris, daß sie größtentheils aus Festansässigen (Handwerkern, Fabrikanten, ic.) besteht, von denen viele durch Heirath mit Französinnen und durch langen Aufenthalt in Paris mehr und mehr, und in der zweiten und dritten Generation oft schon ganz französisch geworden sind, während unsere Landsleute, wo sie an andern Stellen kompakter sich zusammendrängen, als Arbeiter oder Tagelöhner mehr wandernd ab- und zuströmend auftreten und darum ihre deutsche Volksthümlichkeit fester bewahren.

Die Vorstadt St. Antoine, das Arbeiterviertel von Paris, wimmelt von Fabriken und Werkstätten jeder Art. Besonders sind es die Drechsler, Schreiner, Möbelfabrikanten, welche hier ihren Hauptsitz und Mittelpunkt haben. Jene pariser Möbel werden hier verfertigt, deren Ruf über ganz Europa geht, deren einzelne einen Werth bis zu 10, ja 15,000 Franken haben. Alles, von den Mustern bis zur feinsten, kunstvollsten Schnitzarbeit, geht aus diesen weiten, glänzenden Werkstätten hervor. Die Deutschen liefern hierzu einen nicht unbedeutenden Beitrag. Sie wenden sich dieser Arbeit mit großer Vorliebe zu und zeichnen sich oft aus durch besondere Geschicklichkeit und Gediegenheit in ihrem Handwerk. Nicht nur unter den Arbeitern, Gesellen und Lehrlingen, sondern auch unter den Meistern und Arbeitsherrn, und gerade unter den größten von ihnen, sind sie hier zahlreich zu finden. Es giebt große Werkstätten, wo man nicht in Paris, sondern in Berlin oder Leipzig zu sein glaubt, so umtönt uns da der Klang der deutschen Zunge. — Dies St. Antoine ist die geschäftige Arbeitsstätte von Paris, leider aber auch die Feueresse, wo jederzeit umstürzende Ideen und Pläne, besonders in kommunistischer und sozialistischer Färbung sich ihre Waffen geschmiedet haben. Von hier aus sind in der ersten Revolution jene Banden ausgegangen, welche die Zwingburg der Bastille zerstört haben, die am Eingange dieses Stadttheiles lag und jetzt nur noch durch eine Säule auf dem großen Platz bezeichnet wird. Welcher Art und wie weit gehend der Antheil war, den die Deutschen von dieser Stelle aus an der Revolution von 1848 — denn von dieser kann hier nur die Rede sein — genommen haben, läßt sich nicht sicher feststellen, daß sie sich aber am Aufruhr betheiligt, sei es nun thätig oder vom Strome mit fortgerissen, dafür sind thatsächliche Beweise vorhanden. Es giebt einzelne Deutsche, welche als Andenken und Wahrzeichen ihrer Theilnahme am Aufstand noch Narben damals empfangener Wunden tragen. Der obenerwähnte Prediger Beyer, kurz vor der Revolution von 1848 gerade nach St. Antoine berufen, um dort den Sitz seiner geistlichen Thätigkeit aufzuschlagen, war persönlich in seinem Leben und seiner Sicherheit schon vor dem eigentlichen Ausbruche der Revolution, die sich aber schon gährend vorbereitete, bedroht. Eine Predigt, worin er mit Ernst und Schärfe auf Grund heiliger Schrift seinen Zuhörern das Gebot des Gehorsams, den ein Christ der Obrigkeit schulde, ins Gewissen trieb und vor Gelüsten der Unbotmäßigkeit und des Wiederstandes gegen dieselbe warnte, erregte bei Einigen Zorn und böses Blut und zog ihm gefährliche Feindschaften zu. Durch göttliche Fügung und Behütung befand er sich bei dem Ausbruche der Revolution gerade auf Reisen.

Wir dürfen uns nicht wundern, daß, wo wir dem Geist der Revolution begegnen, wir auch andere Symptome der Gottlosigkeit finden. Trunk und andere Laster sind hier in betrübendem Grade heimisch geworden. Besonders erschreckend aber tritt in St. Antoine Stumpfheit und Gleichgültigkeit, sittliche Verwilderung und ein Geist der Verachtung und Lästerung des Lebenswortes hervor. Leider ist auch eine große Zahl von Deutschen diesem Geiste nicht fremd geblieben. Man findet langjährige wilde Ehen, langjährige Abendmahlsverächter, altgewordene Unconfirmirte, und Eltern, die ihre Kinder nicht wollen taufen lassen. Wie weit die Gleichgültigkeit in religiösen Dingen geht, zeigt immerhin auch das Vorkommniß von Familien, in denen der katholische Vater und die jüdische Mutter ihre Kinder in der protestantischen Religion erziehen lassen. Was hier als weitgetriebene Toleranz erscheinen könnte, ist im Grunde nichts weiter als die höchste Indifferenz, ein völliger Mangel jeden Verständnisses dafür, was es denn eigentlich mit solchen Fragen auf sich habe. Die protestantische Kirche erscheint ihnen toleranter oder eigentlich bequemer und billiger als die katholische, darum sind ihr Manche nicht so abhold. Daß es sich hier um Fragen des ewigen Heils handelt, davon hat die Mehrzahl auch keine leise Ahnung.

Der herrschende Unglaube offenbart sich freilich hier noch in viel traurigeren Erscheinungen und Gestalten. Um so bedenklicher und gefährlicher ist dieser Zustand, je weniger die darin Versunkenen auch nur einen dunklen Begriff von der Gefahr ihrer Lage haben. Den Anblick den man beim Eintritt in manche Haushaltung erhält, sagt einer der Evangelisten, gleicht dem eines dumpfen Lazareths, wo an einem Kranken die Wunden auf diese, am anderen auf eine andere Weise kund werden. Doch giebt es noch erfreuliche und tröstliche Beispiele, die beweisen, daß auch in diesen Kreisen, wenn auch erst spät, das Gewissen erwacht. So wird von einem deutschen Mann berichtet, der seit 18 Jahren in wilder Ehe lebt und nun dringend die Bestätigung des Staats und den Segen der Kirche verlangt. Ein Anderer, ebenfalls ein Deutscher, 70 Jahre alt, seit 50 Jahren in Koncubinat mit einer Französin lebend, ist in Gewissensunruhe und will, bei Gelegenheit der „nahe bevorstehenden goldenen Hochzeit" (!) seiner wilden Ehe, dieselbe kirchlich einsegnen lassen.

Dies dunkle, höchst unerquickliche Bild soll hier nur einen Maßstab dafür an die Hand geben, wie viel hier noch zu thun wäre und wie erdrückend die zu überwindenden Schwierigkeiten sind. Eine unermüdliche, alle Kräfte aufs Höchste anspannende Thätigkeit müßte hier aufgeboten werden, um diesen feindlichen, finsteren Gewalten nur einigermaßen die Spitze zu bieten. Was sind jene wenigen Schulen und Gottesdienste, was bedeutet jene Hand voll Kinder und Erwachsene, welche Unterricht und Gottes Wort aufsuchen, gegen die umgebende Verderbniß? Bis zu 100 Schenken und Kneipen, in denen Wein und andere geistige Getränke verkauft werden, und die reichen Zuspruch an Gästen haben, hat der angestellte Evangelist, in der einen allerdings sehr langen Hauptstraße in St. Antoine gezählt.

Schon im Jahre 1843 ist am Sonntag Rogate in den Räumlichkeiten der Knabenschule in der Nähe des Bastilleplatzes, ein Betsaal eröffnet worden, in dem zweimal wöchentlich bis heute noch Gottes Wort in deutscher Sprache verkündigt wird. Der schon mehrfach erwähnte Prediger Beyer ist es, der diese Andachtsstunde begründet hat. — Eine andere Erbauungsstätte thut seit einem Jahre in St. Antoine für alle, welche die Friedensbotschaft hören wollen, ihre Thüren auf in dem früheren Spital „Bon Secours". Dieses merkwürdige Gebäude diente zuerst als Kloster. In der ersten Revolution wurden dann von dem bekannten Arbeitsherrn und Philantropen Lenoir die sogenannten Nationalwerkstätten (Ateliers nationaux) darin aufgeschlagen, welche Napoleon I. einst mit seinem Besuche beehrte. Eine neue Verwandlung machte ein Spital daraus. Von dem anderswohin verlegten Hospiz verlassen, ist ein Theil der sehr weitläufigen Räumlichkeiten neuerdings von der deutschen Kirche miethweise in Beschlag genommen worden. Eine Kleinkinder-Schule, jetzt schon von 140 Kindern besucht, hat sich bald dort aufgethan. Dazu ist ein Asyl für Waisenkinder, sowie für alte, alleinstehende Frauen des Sprengels, in dem auch bald einige verlassene alte Männer Aufnahme finden sollen, im besten Gange sich segensreich zu entwickeln. Bei dem allen haben die Baulichkeiten dieses Hauses noch Raum genug, ein sich gleichfalls in den Dienst der evangelischen Kirche stellendes Werk zu bergen, welches sich der Lehrlinge und jungen Arbeiter annimmt, ihnen Aufnahme und Zuflucht, Unterbringung bei guten Meistern, Berathung, Fürsorge und Leitung bietet.

In diesem Gebäude nun wird in dem Raum der Kleinkinderschule Mittwoch Abends in deutscher, Sonntags zweimal in französischer Sprache Gottesdienst gehalten. Der Vikar des Pfarrers von jenem Sprengel, ein junger Elsäßer, hält den französischen Abendgottesdienst und bietet zugleich seine helfende Hand zur Leitung der Genossenschaft, welche der deutsche Jünglingsverein neuerlich von sich abgezweigt hat und welche sich ebenfalls in jenem so Mancherlei beherbergendem Hause versammelt. Von der deutschen Abendstunde darf mit Dank gegen den Herrn berichtet werden, daß Manche, deren Ohr für das Heilswort, besonders in der lieben Muttersprache, vielleicht seit lange ganz verschlossen gewesen war, nun Ohr und Mund und Herz der Verkündigung des Evangeliums wieder öffnen.

Tröstlich und gewiß nicht ohne Hoffnung ist auch der Blick in die evangelischen Schulen in St. Antoine. Die Kleinkinderschule in der so eben beschriebenen Anstalt „Bon Secours," haben wir schon im Vorbeigehen erwähnt, ihr gehören 140 kleine Kinder von 2 Jahren an, die den Tag über dort mit Spiel und Singen beschäftigt und zur Bekanntschaft mit ihrem Heilande angeleitet und angelernt werden. Die Mädchenschule von 108 Kindern und die Knabenschule an der

Bastille, von 180 Knaben besucht, sind beide schon seit 1854 „kommunalisirt." Die Stadt Paris übernimmt nämlich diese evangelischen Schulen, wie alle andern, sobald sie eine gewisse Schülerzahl erreicht haben und sorgt dann für ihren Unterhalt, wie für die Besoldung der Lehrer und Lehrerinnen vollständig, ohne den Rechten der evangelischen Gemeinde irgendwie zu nahe zu treten. Der Unterricht im christlichen Glauben, der den eigentlichen Konfirmandenunterricht anbahnt, wird von dem Pfarrer in der Schule selbst ertheilt.*) Die Unterrichtssprache ist in diesen Schulen die französische, doch wird auch auf die Bedürfnisse der Kinder deutschredender Eltern möglichste Rücksicht genommen. 50 Kinder solcher Eltern ungefähr erhalten nach vollendeten französischen Lektionen noch Unterricht in der deutschen Sprache, damit dies Band mit den Eltern sich nicht löse. — In den Sprengel der Vorstadt St. Antoine gehört auch die Knabenschule von Menilmontant, wo mehr als 50 Knaben bereits gesammelt worden sind, die je nach dringendem Bedürfniß neben dem herrschenden französischen auch deutschen Unterricht finden. Die Mission betheiligt sich an diesem Werk durch theilweise Besoldung des Lehrers. Eine Mädchenschule wäre dort auch noch zu gründen, sobald die erforderlichen Mittel vorhanden. — Eine große Schaar also: 4 — 500 Kinder in St. Antoine und in der nächsten Umgebung, unter welche in Schulen und Kleinkinderschule der Same des Wortes ausgestreuet wird in den weichen empfänglichen Boden der Kinderherzen.

Nicht selten werden diese Kinder zu „Evangelisten," bringen den Eltern das seit lange fremdgewordene Lebenswort wieder nahe und machen es ihnen lieber, sei es auch nur durch die altbekannten Töne fast vergessener Lieder und Sprüche. Aber auch unter den Erwachsenen läßt dasselbe sich nicht ganz unbezeugt. Vor etwa 5 Jahren hat sich in Paris, dem Beispiel der katholischen Kirche folgend und die schüchternen Anfänge der Mission fortführend, durch die gemeinsame Unterstützung des Augsburgischen und des reformirten Consistoriums, eine protestantische Gesellschaft gebildet, die in Verbindung gewöhnlich mit den Pfarrern die zur Civiltrauung (welche ja der kirchlichen Trauung vorgehen muß) nöthigen Schritte und Formalitäten leiten, vermitteln, auf alle Weise erleichtern will. Seit

---

*) Die der reformirten Kirche angehörigen Kinder werden dem, auf demselben Gebiet wirkenden, reformirten Geistlichen zugewiesen.

dem Bestehen dieser gewiß in Segen arbeitenden, ein dringendes Bedürfniß befriedigenden Gesellschaft haben über 60 Paare allein in St. Antoine nach der Civiltrauung den ehelichen Segen der Kirche erhalten.

Der Bericht über St. Antoine schließt mit einem hoffenden Blick in die Zukunft. Seit Anfang dieses Jahres nämlich hat die rechte Seite dieser Vorstadt, die nach der neuesten Nachforschung eine Zahl von 1000 Evangelischen aufweisen kann, zu einer besonderen neuen Parochie sich abgetrennt und ist einem eigenen Pfarrer anvertraut worden, der mit zwei Evangelisten, (von denen der eine aus Deutschland, der andere aus dem Elsaß) seine Arbeit bereits begonnen. Der für die deutsche Bevölkerung in St. Antoine beigeordnete, schon längere Zeit daselbst wirkende deutsche Prediger der Kirche des Billettes (zugleich Leiter des deutschen Jünglingvereins) hat sich mit seiner Thätigkeit nun auf der linken Seite der oft genannten Vorstadt und in der früheren Ortschaft Charonne angesiedelt, eine Vermehrung der Kräfte, die gewiß mit Freude zu begrüßen ist und sicherlich nicht ohne Frucht und Segen bleiben wird.*)

Das Evangelium auf den Schlachtfeldern und in den Hospitälern des nordamerikanischen Krieges.

Der während Jahr und Tag in Amerika hausende Bürgerkrieg hat den Evangelisations Bestrebungen ein weites und ungeahntes Feld eröffnet. Und wie viel Veranlassung dazu war vorhanden! Standen doch innerhalb weniger Monate nach dem Ausbruche des blutigen Kampfes eine Million Bürger unter dem Sternenbanner, Leute aller Stände, Berufsarten und Gesinnungen. Die großen Städte des Ostens entledigten sich bei dieser Gelegenheit freilich zum Theil jenes Pöbels, wie er eben nur an diesen Sammelplätzen der Bevölkerung existirt, der, wenn auch meist aus Irländern bestehend, sich überhaupt aus dem Auswurf der europäischen Gesellschaft aller Länder rekrutirt und für alle besser Gesinnten und Besitzenden schon längst

---

*) Liebesgaben für die deutsch-französische evangelische Mission sind bereit entgegen zu nehmen der Präsident, Herr Pfarrer Meyer (rue Cretet, 6, avenue Trudaine), oder Herr Pfarrer Vallette (24, rue Pavée-au-Marais).

ein Gegenstand geheimer Befürchtungen war, die, wie die jüngsten, auf Anlaß der Conscription zu Tage gekommenen Greuelscenen in New-York beweisen, nichts weniger als unbegründet gewesen. Doch fehlt es auch, wie ausdrücklich und laut hervorgehoben werden muß, durchaus nicht an zahlreichen besseren Elementen in der Armee. Neben dem rechtschaffenen Auswanderer, der bei seiner Abfahrt von Europa am wenigsten daran gedacht, in der neuen Welt den Soldatenrock tragen zu müssen, steht ein Kaufmann, der so eben sein Comptoir verlassen, oder ein Advocat, der bisher mit Erfolg vor Gericht plaidirt. Ja es ist gar nichts Seltenes, bei einem Gange durch ein Spital unter Verwundeten und Kranken Leute zu finden, die noch vor Kurzem Lehrer an einer Sonntagsschule oder Sekretair bei irgend einer Missionsgesellschaft gewesen. Es ist ein ebenso großer, wenn auch weitverbreiteter Irrthum, als ob nicht bei vielen Kampfgenossen eine tiefe und reine Begeisterung anzutreffen wäre! Aus den edelsten Familien haben sich rückhaltlos die trefflichsten Söhne gestellt und Mütter segnen in des Herrn Namen ihre Kinder, die dem Vaterland mit ihrem Blut sich weihen. Dem entsprechend sind die Bemühungen, das Heer mit geistlicher Pflege zu versorgen. Daß dieselbe, wenn sie in solchem Umfang erforderlich wird, zumal bei einem so blutigen und menschenmörderischen Kampfe wie der gegenwärtige, ein ebenso schwieriges als hoch wichtiges und heiliges Werk ist, liegt auf der Hand.

In der ersten Noth des Augenblicks hatte die Regierung, um dem durch die Errichtung einer Anzahl von neuen Regimentern entstandenen Bedürfnisse nur einiger Maßen zu genügen, die ersten besten Personen, die grade da waren, zu Feldkaplänen ernannt, unter denen natürlich manche unbrauchbare Geistliche, oder gar unwürdige Menschen sein mochten. Bald überzeugte man sich denn auch von dem Ungenügenden und Halben der bisher getroffenen Maßregeln und das christliche Volk in den einzelnen Staaten drang mit Ernst und Nachdruck auf Abstellung oder Besserung der genannten Mißstände. Eine von den Geistlichen New-Yorks abgehaltene Versammlung warf die Frage auf: wie die dienende christliche Liebe bei dem gegenwärtig entbrannten Kampfe unter Gottes Segen durch freiwillige, unbesoldete Arbeiter helfen könne und legte diese Frage dem amerikanischen Volke zur Beantwortung vor. Die Antwort darauf war die Bildung einer Gesellschaft, die im November 1861, unter dem, freilich wenig bezeichnenden, weil zu allgemein gehaltenen Namen einer „chriſtlichen Commiſſion" (christian commission) ins Leben trat. Dieſe Geſellſchaft mit ihrem in den Vereinigten Staaten wohlbekannten Präſidenten George H. Stuart, Kaufmann aus Boſton, an der Spitze iſt in der That ein beachtenswerthes Zeugniß für jenes praktiſche Organiſationstalent, wie es eben in eminenter Weiſe den angelſächſiſchen Stammgenoſſen eigen iſt. Ueber die ſeitherige Wirkſamkeit dieſer vortrefflichen Geſellſchaft können wir Folgendes mittheilen, wobei wir beſonders den Angaben eines engliſchen Berichterſtatters im free church Record folgen.

Die Armee entbehrte anfangs einer geordneten geiſtlichen Pflege, es fehlte an Büchern, um die Langeweile in den Zelten und Lazarethen zu verkürzen, an allen Einrichtungen, um den Kranken und Verwundeten das Leben in den Spitälern angenehmer und erträglicher zu machen und endlich an einem eigentlichen Organ, um die Verbindung mit den Familien und Freunden daheim aufrecht zu erhalten. Allen dieſen verſchiedenen Bedürfniſſen verſprach die genannte Geſellſchaft abzuhelfen. Und ſie hat nach Kräften Wort gehalten. Freilich wurde ihr dieſe Aufgabe ungemein erleichtert durch das bereitwilligſte Entgegenkommen des Volkes. Von Anfang an war die Geſellſchaft unausgeſetzt der Gegenſtand des lebhafteſten Intereſſes, und ihre Forderungen, mochten ſie nun Geld, Kleidungsſtücke und dergl. oder perſönliche Kräfte betreffen, waren alsbald befriedigt. Ja das allgemeine Intereſſe und die allſeitige Unterſtützung wurde im Verlauf der Zeit noch um ſo größer, je mehr man ſich von dem unſchätzbaren Werthe der durch die genannte Geſellſchaft geleiſteten Dienſte überzeugte. Kurz nach den jüngſt in Pennſylvanien ſtattgefundenen Schlachten wandte man ſich, da die eben entſtandene Noth doppelte, ja dreifache Hülfe erheiſchte, an einige der größeren Städte, um Beiträge an Geld zu erhalten. Die Stadt Boſton hatte man um 10,000 Dollar erſucht, allein innerhalb weniger Stunden, nachdem die Bitte daſelbſt bekannt geworden, waren 16,000 Dollar gezeichnet und am dritten Tage ſtieg die Summe ſogar auf mehr als 30,000 Dollar. Während des erſten Kriegsjahres ließ die Geſellſchaft 356 Sendboten (delegates) nach dem Kriegsſchauplatze abgehen. Dieſe im Namen der Geſellſchaft abgeſandten und in ihrem Auftrage handelnden Perſonen haben freie Fahrt auf allen Eiſenbahnen und ſteht ihnen ebenfalls die freie Benutzung des Telegraphen nach allen Richtungen des Landes hin zu Gebote. Ein ſolcher freiwilliger Arbeiter erhält aus dem Hauptquartier in Philadelphia seinen Auftrag nebst einer Freikarte, welche ihn überall, wohin er kommt, legitimirt und ihm offenen Zutritt verschafft. In seinem Tornister hat er Bibeln, Tractate und andere Schriften, auch kleine Erfrischungen zur körperlichen Stärkung für Kranke und Verwundete, sowie allezeit eine wollene Decke in einen Riemen geschnallt, so daß er überall, selbst unter den widerwärtigsten Umständen ein Lager aufschlagen kann. Haben jene Agenten an einem geeignet gelegenen Punkte des Lagers eine Niederlage von Kleidungsstücken, Büchern und dergl. errichtet, so gehts gleich an die Arbeit. Sie suchen die Spitäler auf, pflegen die Kranken und Verwundeten, sprechen Worte des Trostes und des Friedens, die jetzt nach oft namenlosen Leiden und Anstrengungen doppelt gern gehört und dankbar aufgenommen werden. Die Verscheidenden tragen ihnen die letzten Grüße an die Angehörigen daheim auf, man betet mit den Sterbenden und dem Todten drückt man die Augen zu. So geht der Bote von Zelt zu Zelt, Bücher austheilend, mit den Einzelnen und je nach ihren Bedürfnissen sich unterhaltend, oder er hält, wenn er eine Compagnie oder einen größeren Trupp zusammen trifft, eine Ansprache, oder selbst, wenn er dazu im Stande ist, je nach Zeit und Umständen eine kurze Predigt.

Die Regierung hatte seiner Zeit an den Ufern des Potomak ein Lager für Kranke und Schwache errichtet, der offizielle Titel des Spitals lautete zwar „Lager für Reconvalescenten," die Leute aber nannten es nur das „Todten=Lager." Hier lagen einmal 22,000 Menschen zusammen ohne alle geistliche Pflege, ohne gehörige Krankenkost, verkommen vor Kälte, Hunger und Schmutz, in trostloser Verlassenheit und Verzweiflung. Glücklicher Weise kamen jene Männer an diese Stätte des Elendes und sie haben unaufhörlich und mit aller Anstrengung gearbeitet. Ihre Arbeit war eine in der That höchst gesegnete und jenen eben erwähnten omfaßen Namen hört man seitdem nicht mehr. Gar viele Leben wurden durch die unermüdlichsten Anstrengungen gerettet, ganze Waggons voll Kleidungsstücke und andere kleinere Bedürfnisse, wie sie die Krankenpflege erheischt, durften sie, durch den Eifer der Freunde in der Heimath dazu in den Stand gesetzt, vertheilen. Ein regelmäßiger Lagergottesdienst wurde eingerichtet, ein großer Vorrath von religiösen Büchern vertheilt, und wer gegenwärtig jenes Lager besucht, dürfte dasselbe, sowohl was den äußeren als inneren Bestand desselben betrifft, kaum wieder erkennen.

Die Aufgabe dieser Arbeiter ist mitunter eine sehr schwere, beispielsweise in oder unmittelbar nach einer Schlacht. Im Hauptdepot zu Philadelphia befinden sich stets ganze Reihen Ballen und Fässer fertig gepackt und bereit, um sofort versandt werden zu können mit der traurigen Aufschrift: „Vorrath für die nächste Schlacht," und der Dampfwagen befördert sie alsbald an Ort und Stelle. Zugleich geht mit ihnen eine Anzahl solcher Agenten ab, in Trupps von drei, fünf oder sechs Mann getheilt, jede Abtheilung mit je einem „captain" an der Spitze. Außer der bereits oben erwähnten, gewöhnlichen, vorschriftsmäßigen Ausrüstung trägt ein jeder von ihnen, wenn's aufs Schlachtfeld geht, einen kleinen Eimer, einen Becher und eine Laterne bei sich, die letztere, um seinen traurigen Beruf auch während der dunkeln Nacht erfüllen zu können. Das Schlachtfeld ist weit und breit mit Verwundeten, Verstümmelten und Todten bedeckt, die Leute haben vollauf zu thun. Sie holen die Verwundeten aus dem Gedränge, andere nehmen dieselben in Empfang und bringen sie ins Spital, wo sie gewaschen und gekleidet werden; den Sterbenden auf dem Schlachtfelde verkündet man noch in der Todesstunde das Wort des Lebens und betet mit ihnen, wenn auch ihr Auge schon bricht und der Puls schon langsamer schlägt. In wenigen Augenblicken gräbt man ein Grab, betet über dem Leichnam und giebt dem Verstorbenen, so weit wie möglich, ein christliches Begräbniß. Als die Schlacht von Gettysburg herannahete, sandte man 200 solcher Arbeiter an Ort und Stelle. Jedes Zelt und Haus meilenweit in der Runde war voll Verwundeter. Nicht wenige dieser Männer sind gegenwärtig noch daselbst an Ort und Stelle und erfüllen Tag und Nacht, den Schrecken des Schlachtfeldes Trotz bietend, ihre schwere Arbeit.

Mehr vom Schlachtfeld entfernt, da wo die Soldaten im Lager oder im Quartier liegen, hat die erwähnte Gesellschaft durch ihre Agenten das Werk eines geordneten Missionsdienstes unter den Soldaten ins Leben zu rufen versucht. Mehrere hundert christliche Männer, Laien und Geistliche, haben sich mit Bewilligung der Gesellschaft diesem Dienste gewidmet. Ihre Aufgabe besteht hauptsächlich in dem Abhalten von Gottesdiensten und dem Vertheilen guter Bücher an die Soldaten. Hier findet man Geistliche aller Kirchen und aus allen Gegenden der nördlichen Unionsstaaten, die den Dienst an ihren Gemeinden auf eine kurze Zeit aufgegeben, um unter den Soldaten zu arbeiten. Diese nehmen die dargebotene freiwillige Liebe gern und freundlich auf und die Arbeit ist augenscheinlich nicht ungesegnet. Einstimmig giebt man den Soldaten das Zeugniß, daß sie für das Evangelium sehr zugänglich sind. Das Verlangen nach Bibeln und Büchern religiösen Inhalts ist groß und hier und da ist ein wahrer Hunger entstanden, die Predigt des göttlichen Wortes zu hören. In der Nähe von Chicago brach neulich in einem Lager unter den Soldaten eine ungewöhnliche religiöse Bewegung aus, tagtäglich fanden große Gebetsversammlungen statt, das Abendmahl wurde ausgetheilt und die von den Soldaten selbst erbaute Kapelle war lange vor Beginn des Gottesdienstes überfüllt. Ein tiefer Eindruck von der Kraft des göttlichen Wortes bemächtigte sich hier der Gemüther, ein Eindruck, der hoffentlich eben so nachhaltig bleiben wird. Aehnliche Bewegungen haben in andern Lagern stattgefunden.

Schließlich sei noch erwähnt, daß die Regierung diese großartigen Missionsbestrebungen aus allen Kräften unterstützt. Führte doch neulich der Staatssekretair Chase bei einer öffentlichen Versammlung der „christlichen Gesellschaft" selbst den Vorsitz. Einer der obersten Regierungsbeamten im Ministerium ist besonders dazu angestellt, „um die Wünsche der christlichen Gesellschaft entgegenzunehmen." Eine an alle Offiziere erlassene Instruction empfiehlt denselben, den Agenten obiger Gesellschaft jede mögliche Erleichterung zu gewähren. Somit vereinigen sich Regierung, Kirche und Volk, um den Soldaten Hülfe zu erweisen, die sich selbst als im Dienste eines gerechten und heiligen Krieges stehend ansehen und vom Volk so angesehen werden. Wie man aber auch den gegenwärtigen jedenfalls unheilvollen Krieg beurtheilen mag, jener Strahl christlicher und brüderlicher Liebe, der in die dunkle Nacht all jener Leiden fällt, bleibt ein neues Zeugniß von der Macht des Evangeliums, das in unsern Tagen sich nirgends mehr unbezeugt läßt.

Kirchenbau in den großen Städten.

In den großen Städten, deren Einwohnerzahl jährlich um Tausende zunimmt, wird auch die Kirchennoth, d. h. der Mangel an Kirchen, immer größer. Man baut zwar dem fortschreitenden Geschmacke und den Anforderungen der großstädtischen Bevölkerung entsprechende Theater, Börsen, Concertsäle, Resourcen u. dergl., aber an die Vermehrung der Kirchen wird entweder gar nicht, oder wo es dennoch geschieht, nur wenig mit Ernst und Erfolg gedacht. Es giebt innerhalb und außerhalb Deutschland Städte genug, die gegenwärtig dreimal so viel Einwohner haben wie zur Zeit der Reformation, und doch nicht mehr Kirchen zählen wie dazumal, ja vielleicht noch weniger. Es kann hier zwar die Frage entstehen und ist in der That oft genug erörtert worden, was zur Abhülfe derartiger Mißstände zweckmäßiger, ob zuerst Kirchen zu erbauen und dann Geistliche zu berufen, oder umgekehrt. Die Erfahrung hat bereits an manchen Orten gelehrt, daß es in den großen städtischen Districten, die einer geordneten geistlichen Pflege entbehren, zunächst der Personen bedarf. Stadtmissionare, welche die Armen, Kranken und bis dahin Vergessenen und Verlorenen aufsuchen, die Kinder um sich sammeln zum Unterricht und Hören von Gottes Wort, gewinnen allmählig einen vorher nicht dagewesenen Einfluß, es sammelt sich ein kleiner Kreis um sie, bald bildet sich eine Gemeinde, ein Pfarrer wird gewählt, und der Bau einer Kirche wird nun auch in Angriff genommen. So unter Anderem namentlich in London. Diese Riesenstadt, welche jetzt beinahe 3 Millionen Menschen zählt, hat zwar eine beträchtliche Anzahl Kirchen, und der letzt verstorbene Bischof Blomfield hat allein in den 28 Jahren seiner Amtsführung gegen 200 neue Kirchen eingeweiht; allein der Mangel an Gotteshäusern ist in Betracht der gar zu großen Bevölkerung noch immer ein sehr beträchtlicher. Der gegenwärtige Bischof von London, Dr. Tait, hat, um endlich dem längst gefühlten Bedürfnisse, ganz London mit einem Netz von Kirchen zu überziehen, auszuführen, im April d. J. eine Versammlung gehalten, um in Verbindung mit einer Anzahl dafür interessirter Männer dem genannten Bedürfnisse abzuhelfen. In der daselbst gehaltenen Rede äußert sich der Bischof nach einer Mittheilung in der Evangel. Kirchen-Zeitung u. a. dahin:

„London hat nach der letzten Zählung von 1861 eine Bevölkerung von 2,800,000 Seelen. Während der letzten 10 Jahre hat dieselbe sich um eine halbe Million, und während der 6½ Jahre meines Episkopats um eine viertel Million vermehrt. Diese Zahlen genügen, um zu zeigen, daß, wenn wir ferner die Hände in den Schooß legen, unsere sozialen Zustände von der Ansammlung so kolossaler Massen der größten Gefahr ausgesetzt sind. Unter Bischof Blomfield wurde zum Kirchenbau eine Summe von 536,000 £ aufgebracht, wofür in 18 Jahren 78 neue Kirchen in der Diözese London gebaut wurden. In den so errichteten neuen Kirchendistricten wurden 146 Geistliche angestellt und Schulen für 20,000 Kinder gegründet. — Das Interesse des Publikums für Erbauung neuer Kirchen hat inzwischen abgenommen. Ein Grund für diesen Wechsel ist nicht vorhanden, aber das Schwanken läßt sich nicht läugnen. Je mehr man sich in die Frage vertieft, desto mehr wird man die Nothwendigkeit anerkennen, daß wir, um den Bedürfnissen der Bevölkerung zu genügen, Kirchen, wirkliche Kirchen von Mörtel und Stein haben müssen, mit Geistlichen, die in ihnen ihr Werk treiben, und in Verbindung mit ihnen allerlei Stiftungen christlicher Liebe und Barmherzigkeit, Schulen, Gesellschaften für den Hausbesuch in der Gemeinde, Hausbesucher, Bibelleser u. dergl. Ich habe aber nichts dagegen, wenn man es für besser hält, die Frage, ob es nicht praktischer sei, mit den steinernen Kirchen anzufangen, fallen zu lassen und am andern Ende anzufangen, erst den Geistlichen zu berufen, der dann zu möglichst schneller Herstellung einer Kirche behülflich sein muß. Letzteres System ist schon lange in unserer Hauptstadt verfolgt und ist von Mr. Dale in der St. Pancras=Parochie mit vielem Glück angewendet worden."

„Die Gesellschaft zur Erbauung neuer Kirchen in unserer Diözese," heißt es dann weiter, „die ich Ihnen als den Mittelpunkt unserer Wirksamkeit empfehlen möchte, beschränkt ihre Thätigkeit nicht auf die Erbauung von Kirchengebäuden; sie hat vielmehr fünferlei Arten, wie sie ihren Zweck, die Kräftigung und Ausdehnung des parochialen Systems der Kirche von England in der Diözese London zu erreichen sucht, nämlich: indem sie zur Erbauung neuer Kirchen und Theilung volkreicher Parochien beisteuert, indem sie ärmeren Geistlichen zu besserem Gehalt und zu Pfarrhäusern verhilft, indem sie in den geistlich heruntergekommenen Gegenden missionirende Hülfsgeistliche unter Aufsicht der Pfarrer anstellt, indem sie behülflich ist bei der Errichtung interimistischer Gotteshäuser, Schulkirchen, Missionssäle, und endlich, indem sie den Grund und Boden für neu zu errichtende Kirchen zu erwerben sucht. Ich kann diese Gesellschaft allen angelegentlich empfehlen, die ein Interesse haben für die Vermehrung des leiblichen und geistlichen Wohls unserer Metropole."

Von anderer Seite wurde berichtet, daß sich das empfohlene Prinzip der Theilung volkreicher Kirchspiele als im höchsten Grade praktisch erwiesen, so in der Grafschaft Chester, in der Stadt Manchester, nicht minder in Fabrikdistricten und in Ackerbau treibenden Gegenden.

Die Schlußresolution der von dem Bischof zusammenberufenen Versammlung war der Sache würdig: nämlich in den nächsten 10 Jahren die Summe von einer Million £, also circa 7 Millionen ℛℳ zur Vermehrung der Kirchen in London zusammenzubringen. Derartige Beschlüsse sind in England auf diesem Gebiete bekanntlich immer Thaten, an deren Verwirklichung man mit Energie zu gehen pflegt. Wir zweifeln nicht, daß die Ausführung nicht auf sich warten lassen wird.

Evangelische Mission unter den Deutschen in Nord-Amerika.

Ein im verflossenen Jahre erlassener Aufruf zur Unterstützung unseres Vereins, der es sich zur Aufgabe gestellt hat, die Deutschen Auswanderer in Nordamerika mit Predigern und Lehrern des Evangeliums zu versorgen, hat so reich gesegnete Früchte getragen, daß wir es jetzt wiederum wagen, hinzutreten vor Euch, die Ihr im Vollgenuß geistlicher Güter, in geordneten kirchlichen Gemeinschaften lebt, auch für Eure Kinder den Segen christlichen Unterrichts habt, und Euch herzlich zu bitten: Vergesset der Brüder jenseits des Meeres nicht! — Wir wollen nicht darüber rechten, was sie bestimmt habe, sich vom Vaterlande zu reißen; es darf uns als Christen genügen, daß sie drüben auf unsere geistliche Barmherzigkeit angewiesen sind. Sie reden unsere Sprache; sie leben nach unsern Sitten; sie sind Kinder unseres Vaterlandes, und ihr Glaube ist unser Glaube. Sollte die evangelische Kirche nur denen eine Mutter sein, die am Heerde sitzen, und derer vergessen, die draußen wandern? Bezieht es sich nur auf Colonisation,

Handel, Industrie und Wissenschaft, auf das gesammte Gebiet der Cultur mit alleinigem Ausschluß der Religion, wenn man Europa das Mutterland Amerikas nennt? — Wer helfen kann, hat auch die Pflicht, zu helfen, und die Noth ist groß. Die Deutschen Auswanderer haben das tägliche Brot; aber sie ermangeln der geistlichen Pflege. Viele Kinder wachsen ungetauft, die Mehrzahl ohne Religionsunterricht auf, während die Eltern durch die Sorge für des Lebens Nahrung und Nothdurft in Anspruch genommen sind. Viele sehen es mit Seufzen an, aber sie können nichts thun. Ein großer Theil der Erwachsenen, denen kirchliches Bedürfniß geblieben ist (und bei der Zähigkeit des Deutschen Volkscharakters ist das reichlicher der Fall, als man denken sollte), schließt sich an eine der herrschenden Sectengemeinschaften an, deren fruchtbarster Boden Nordamerika ist. Andere zehren von den kümmerlichen Resten ihres sich auf Jugenderinnerung beschränkenden Glaubenslebens, werden alt und sterben hin, ohne je wieder Gottes Wort gehört und das heil. Abendmahl genossen zu haben. Erloschen ist aber die Sehnsucht keineswegs. Das zeigt die Bereitwilligkeit, mit welcher Gemeinden zusammentreten, die freudige Dankbarkeit, mit welcher Sendboten aufgenommen werden, der Ruf nach Arbeitern für das große, unbebaute und doch so fruchtbare Feld. Eure Liebe hat uns in den Stand gesetzt, mit schwachen Kräften viel zu thun; helfet nun, daß wir fortfahren und mehr thun können. Auf jedem Gebiet sieht man beim Fortschreiten, wie viel noch zu thun übrig bleibt. Für diejenigen, welche unser seit dem Januar d. J. bestehendes Blatt (Der Ansiedler im Westen, bei Wiegandt und Grieben, Linksstraße 7, sechswöchentlich 1¼ Bogen, für das Jahr 10 Sgr.) nicht gelesen haben, geben wir eine kurze Notiz über die Thätigkeit unseres Vereines seit dem letzten Bericht.

Im November ist der Prediger Hönecke abgesandt, jetzt Geistlicher zu Farmington in Wisconsin. Am 2. Mai d. J. folgte ihm Herr Diakon Hoffmann für die Gemeinde zu Stillwater am Mississippi in Minnesota; mit ihm reiste ein junger Mann, der jetzt als Lehrer der lutherischen Gemeinde zu St. Paul angestellt ist, und am 4. Juni trat Herr Prediger Giese seine Fahrt an, um in Wisconsin zu wirken. Wir danken Gott, daß in diesem Jahre so viel hat geschehen können; aber was erwidern wir auf folgende Ansuchen? Durch unsern Reiseprediger Moldehnke sind in Wisconsin auf seiner letzten Reise sechs Gemeinden gesammelt und harren der Seelsorger. Für Minnesota wird dringend ein Reiseprediger gewünscht, um Zerstreutes zu sammeln und Zerrissenes zu vereinen. In den zu beiden Seiten des Mississippi in der Nähe der Katarakten gelegenen und durch eine Drahtbrücke verbundenen Städten St. Anthony und Minneapolis besteht eine deutsche Gemeinde, doch der Prediger fehlt. Endlich suchen wir noch Geistliche für die Colonie am Crow=River und für Canada. Das Verlangen nach Sendboten ist so sehr im Steigen begriffen, daß vom Mutterlande aus nicht alle Bitten befriedigt werden können. Darum soll ein längstgehegter Plan jetzt zur Verwirklichung kommen durch die Gründung eines evangelischen Predigerseminars für die Synode von Wisconsin und den angrenzenden Staaten. Zur Beschaffung der nöthigen Mittel ist der verehrte Präsident der Wisconsinsynode, Pastor Babing, nach Deutschland gekommen, um die helfende Liebe der Brüder in Anspruch zu nehmen.

Wir hoffen, Gott wolle sein Vorhaben segnen, und bitten alle, denen die Ausbreitung des Evangeliums und der Bau der evangelischen Kirche am Herzen liegt, sie wollen dem Pastor Babing, wohin er auf seiner Reise komme, mit Rath und That kräftig und brüderlich zur Seite stehen und sein Werk fördern. Wir wenden uns an Euch alle, Ihr Deutschen evangelischen Christen und bitten, helfet uns, daß wir Boten aussenden mögen, die bereit sind, hinauszugehen und den Verlangenden in der Sprache der Heimath das Evangelium zu predigen. Ihr Brüder aus dem geistlichen Stande, die Ihr noch kein Amt habet, blicket hinüber! Dort drüben ist Arbeit die Fülle, und wenn Ihr nach fünf Jahren oder länger wiederkehret, werdet Ihr der heimathlichen Kirche mit dem reichen Schatz der Erfahrung doppelt nützen können; Ihr Lehrer der Jugend, gedenket der Kinder Eures Volkes, wie sie ohne Zucht und Lehrer aufwachsen! Die Gott mit Gütern gesegnet hat, gebet von Eurem Ueberfluß, nicht weniger sei jedes Scherflein willkommen und wird gesegnet sein. Auch um Bücher bitten wir, daran es drüben sehr fehlt, seien es theologische Werke oder gute Volksschriften, Gesang= oder Andachtsbücher. Wer aber keine Gabe in Bereitschaft hat, den und alle Freunde des Reiches Gottes, die diese Zeilen lesen, bitten wir, sie wollen unserer Sache ein warmes Herz und lebendige Theilnahme schenken, daß sie nicht davon schweigen, sondern durch sie auch andere zu thätiger Liebe erweckt werden.

Die Berliner Gesellschaft für die evangelisch=deutsche Mission in Amerika.

Beiträge nehmen an: Prediger **Eichler**, Dessauerstraße 40. Buchhändler **Grieben**, Linkstraße 7. Lic. Dr. **Hollenberg**, Heil. Geiststraße 7. Stadtrath a. D. **Gravenhorst**, Potsdamerstraße 134a. Oberlehrer Dr. **Rühle**, Heil. Geiststraße 5. Prediger **Rascher**, an der Strafanstalt zu Spandau.

Zeitung und kürzere Correspondenzen.

Stadtmission.

Die deutsche Stadtmission in London, die vor Kurzem ihren 14. Jahresbericht ausgegeben, fährt fort, unter der dortigen zahlreichen deutschen Bevölkerung eine höchst gesegnete Thätigkeit zu entfalten. Außer den daselbst wirkenden eigentlichen Stadtmissionaren Karpe und Ostermoor (Brüder des Rauhen Hauses) hat man im Jahre 1861 ebenfalls von hier einen Lehrer für die im Osten der Stadt (Whitechapel), wo die zahlreichste deutsche Bevölkerung ist, neu errichtete Stadtmissionsschule berufen. Die Schule (nicht zu verwechseln mit den dortigen deutschen Schulen an den beiden deutschen Kirchen) wurde im vergangenen Jahre von 141 Kindern (55 Knaben und 86 Mädchen) besucht, und konnte der Schulbesuch im Ganzen befriedigend genannt werden, namentlich wenn man bedenkt, aus welchen Verhältnissen heraus diese armen Kinder kommen, die oft von ihren Eltern selbst abgehalten werden, um für sie zu arbeiten, und die überhaupt nur zu oft von Haus aus nicht an Pünktlichkeit gewöhnt sind. Die Schülerzahl hat sich noch vermehrt, seitdem man in der letzteren Zeit ein kleines Schulgeld (2 Pence die Woche) erhebt, indem man auch hier die Erfahrung gemacht, daß das, was man den Leuten umsonst giebt, nicht gehörig von ihnen gewürdigt wird. Natürlich brauchen einzelne ganz arme Kinder auch diese wenigen Pfennige nicht zu entrichten, oder wohlwollende Freunde bezahlen dieselben für sie. Außer dem von dem Lehrer Zweiniger (Morgens von 9—12 und Nachmittags von 2—4) ertheilten Elementarunterrichte erhalten die Mädchen außerdem an den Nachmittagen von Frau Zweiniger Unterricht in weiblichen Handarbeiten. Eine kurz vor Jahresschluß von zwei Mitgliedern des Schulvorstandes unerwartete und unvorbereitete Prüfung fiel befriedigend aus. Auch wurde den Fleißigsten und Besten der Kinder (80 an der Zahl) in diesem Jahre wieder eine Weihnachtsbescherung zu Theil, was eine Anzahl Freunde durch Gaben und eigene Bemühungen möglich gemacht.

Die Arbeit unter den Erwachsenen hängt natürlich mit der unter den Kindern auf's Engste zusammen. Es ist leider zu beklagen, wie der Bericht mit Recht hervorhebt, daß es, trotz des massenhaften Elends und Jammers der armen Deutschen — aus Mangel an Mitteln nicht möglich ist, den beiden Stadtmissionaren, die nun bereits über 10 Jahre schon auf dem dortigen Arbeitsfelde thätig sind, noch einige andere Kräfte hinzuzufügen. Trotz alle dem aber hat es nicht an verborgenem und offenbarem Segen Gottes gefehlt, wenn man nicht bei der schwachen Kraft der Einzelnen, gegenüber dem unaufhaltsam dahin rauschenden Strom des Verderbens und der Sittenlosigkeit in jener ungeheuren Weltstadt den falschen Maßstab großer Erwartungen anlegen will. Unter Anderem sind die gewiß gesegnetsten Stätten der Missionsthätigkeit die vielen Krankenbetten der Armen, zu denen oft sonst Niemand käme mit Rath und Trost, Warnung und Mahnung, wenn die Missionare nicht wären; denn den Predigern bleiben die meisten unbekannt. Dort haben die Missionare die beste Gelegenheit, den Samen der Ewigkeit in meist empfängliche Herzen hineinzustreuen, dort haben sie in der That schon manche stille Triumphe errungen. Auch im letzten Jahre waren es der Kranken sehr viele, und Mehrere sind im Glauben entschlafen, die durch den Dienst der Brüder zum Herrn geführt wurden. Die Zahl der von unseren Missionaren im ganzen Jahre gemachten Besuche beträgt 4581, eine größere Zahl als je, zugleich ein Beweis, daß dieselben ihre durch die Abnahme der Schule etwas vermehrte Zeit treulich zu ihrem Berufe benutzten. Bei diesen Besuchen, bei denen sie mit wenigen Ausnahmen eine gute Aufnahme fanden, ist es ihnen immer darum zu thun gewesen, das Wort des Heils den Leuten nahe zu bringen; zu dem Ende theilten sie auch viele Traktate aus, verliehen Bücher aus der Missionsbibliothek, die fleißig gelesen wurden, und verkauften um billigen Preis Bibeln, Neue Testamente und andere christliche Bücher. Beide hielten wie früher Bibelstunden in unserer Schule, jeder an einem Abende der Woche, die besonders von solchen fleißig besucht wurden, welche aus Armuth und Mangel an Sonntagskleidung zur Kirche zu gehen sich schämen, eine zwar verwerfliche, aber nicht zu beseitigende Scham.

Was das Jahr 1862 besonders auszeichnete, war die allgemeine Weltausstellung, welche Ströme deutscher Landsleute herüberbrachte. Unsere Mission, heißt es in dem genannten Berichte weiter, hielt es zunächst nicht für ihre Pflicht, um einer kurzen Aufregung und einer schnell vorübergehenden Besuchsmasse willen ihre feste und ruhige Arbeit an der ansäßigen armen deutschen Bevölkerung dahier zu unterbrechen; doch ließen wir durch unsere Missionare Verzeichnisse der deutschen Kirchen, ihrer Lokalitäten und Gottesdienststunden überall verbreiten, um solche unserer Landsleute, die während ihres meist nur kurzen Aufenthaltes die hiesigen deutschen Kirchen besuchen wollten, unsererseits dazu befähigen und zu ermuntern. Von englischer Seite waren während der Ausstellung besondere Gottesdienste auch für Deutsche da und dort eingerichtet worden. Mehrere von den dazu berufenen deutschen Predigern, sowie von anderen Besuchern machten sich auch mit unserer deutschen Stadtmission näher bekannt, und nahmen eine warme Theilnahme daran mit in die Heimath zurück, worüber wir uns um so mehr freuen, als es uns sehr daran gelegen ist, mit der Heimath in innigere Verbindung zu treten, um wo möglich von dort aus noch mehr Hülfe für unser Werk zu gewinnen als bisher. Wir freuen uns, daß z. B. für die deutsche Stadtmission in Paris bedeutende Summen von Deutschland aus gegeben werden, aber wir möchten unsere Brüder in der Heimath, die dies lesen, dringend bitten, auch unseres Werkes in dem noch größeren London zu gedenken und ihre Scherflein über's Wasser fahren zu lassen, denn viele Scherflein zusammen machen eine schöne Summe, und neben der Unterstützung würden wir uns des dadurch geknüpften Bandes der Liebe und Gemeinschaft besonders freuen. Wir bedürfen auf's Dringendste vermehrter Unterstützung, da wir nun drei, beziehungsweise vier Arbeiter auf unserem Felde unterhalten, und stets den lebhaften Wunsch tragen, die Zahl unserer Missionare dem dringenden Bedürfnisse gemäß zu er=

höhen, da es immer noch ganze Theile dieser großen Weltstadt giebt, die von vielen armen Deutschen bewohnt sind, wohin unsere Missionare wegen der vielen Familien im Osten fast gar nicht kommen können.

Vereinshäuser.

In Brandenburg a/H. hatte, wie auch bereits in diesen Blättern (vergl. die Mainummer d. J.) berichtet ist, ein Kreis von Männern schon seit längerer Zeit die Gründung einer Herberge in's Auge gefaßt, und wartete nur auf die Gelegenheit, ein dazu geeignetes Haus zu erwerben. Da wurde das dortige Schauspielhaus verkäuflich. Dasselbe wurde von einem Mitgliede des Vereins für die Summe von 6500 ℳ angekauft in der Absicht, hier den Plan der Errichtung einer Herberge zur Ausführung zu bringen. Die sehr bedeutenden Räumlichkeiten gestatteten indeß, bei dem ohnehin erforderlichen Ausbau des Hauses auch auf die Herstellung verschiedener anderer Lokalitäten Bedacht zu nehmen. Bei dem Ausbau nach diesem Plane — die Kosten desselben haben den Betrag der Kaufsumme noch erheblich überstiegen — sind demnach im Vorderhause zwei Läden mit Wohnungen, außerdem zwei Oberwohnungen zur Vermiethung übrig geblieben; dieselben bringen einen Miethsertrag von über 700 ℳ. Durch private Sammlungen und durch eine vom Oberpräsidium verstattete Hauscollecte im Regierungsbezirk Potsdam ist der Verein in den Besitz einer Summe von 2—3000 ℳ gekommen, außerdem sind verschiedene Jahresbeiträge gezeichnet worden. Die Corporationsrechte sind dem Hause bis jetzt leider noch nicht verliehen worden, man ist jedoch im Begriffe, einen neuen Versuch in dieser Richtung zu machen. Am 6. d. M. konnte das neue Evangelische Vereinshaus eröffnet und geweiht werden. Die Eröffnungsfeier fand Nachmittags 4 Uhr im Hause selbst statt. Es mochten circa 500 Personen die beiden von freundlichen Händen schön bekränzten Säle füllen; unter den Anwesenden befanden sich über 100 Auswärtige, meist Mitglieder und Vorsteher der Jünglingsvereine zu Berlin, Potsdam, Rathenow, Ziesar und Magdeburg; aus Brandenburg selbst hatten sich zahlreiche Mitglieder der von dem Verwaltungsrath besonders eingeladenen städtischen Behörden, so wie Männer und Frauen aus allen Ständen eingefunden; leider reichte der Raum nicht aus, um Alle, die an der Feier Theil zu nehmen wünschten, aufzunehmen. Die Feier begann mit Gesang und Gebet und Verlesung eines Abschnittes aus der heiligen Schrift. Pastor Krummacher, der im Namen des Verwaltungsrathes das Wort nahm, verbreitete sich in seiner Rede u. A. über die Bestimmung des Evangelischen Vereinshauses, das, wie unseren Lesern bereits bekannt ist, vormals ein Kloster und später ein Schauspielhaus war, und jetzt 1) eine Herberge zur Heimath für zuwandernde und in Arbeit stehende Handwerksgesellen mit vorläufig 24 Betten; 2) ein Versammlungslokal für den Evangelischen Jünglingsverein; 3) ein Conferenzzimmer für christliche Vereine; 4) einen Versammlungssaal für öffentliche Vorträge enthält. Prediger Zahn, Hausgeistlicher des Evangelischen Vereins in Berlin, schilderte in lebendigen Zügen die große Wichtigkeit der Heimathsherbergen, zeigte in einzelnen veranschaulichenden Exempeln, die der eigenen Erfahrung entnommen waren, welche Hülfe und welcher Segen oftmals den Wanderburschen in der Fremde durch die Heimathsherberge vermittelt werden kann, und deutete darauf hin, daß der Dienst der Liebe, der hier geübt werde, eine hoffnungsreiche Aussaat sei, weil er an der Jugend, und zwar an der Jugend des Gewerbestandes geschehe, welcher einen durch Zahl und Bedeutung so hervorragenden Bestandtheil des Volkes bilde. Nach diesem Redner ergriff Pastor Oldenberg vom Zellengefängniß in Berlin das Wort. Er war beauftragt, Gruß und Segenswunsch von Seiten des Central-Ausschusses für die innere Mission der deutschen evangelischen Kirche zu überbringen. Nochmals vom Besonderen auf das Allgemeine übergehend, entwarf er ein Bild von den großen Aufgaben der inneren Mission, die auf dem Gebiete liegen, mit welchem „die Arbeiterfrage" sich beschäftigt. Er schilderte die Verschobenheit der socialen Verhältnisse, wie sie aus der Auflösung der alten Zünfte und aus der erstaunlichen Entwickelung der Industrie erwachsen ist, und zeigte, daß hier bedeutende Probleme zu lösen sind. Er zeichnete dann in den lebhaftesten Farben jenen gottlosen, erdenseligen Materialismus, der kein anderes Evangelium kennt, als das von der Production und Consumtion, und der mit diesem Evangelium vom Seligsein, ja vom Gottsein durch die „heilige" Arbeit und durch den „heiligen" Genuß die Menschen dieser Zeit zu verführen trachtet oder schon verführt hat, so daß bereits viele Vornehme und Geringe des Kraft- und Stoffglaubens leben, nach welchem die Welt ein unablässig sich selbst verzehrendes, verdauendes und wiederkäuendes Ungeheuer — alles Andere aber nur Chimäre ist. Der Zerstörung und Zerwühlung durch diese falsche Lehre sei entgegenzuwirken durch die heilige Bauarbeit der Liebe, die aus dem Glauben an die gekreuzigte Liebe geboren ist und die darum selbst glaubt an die rettende und siegende Macht dieser Liebe. Hierauf segnete Pastor Niedlich in einem Schlußwort das Haus ein zu einer Stätte der Eintracht und beendete damit diesen Theil der schönen Feier, woran sich noch ein fröhliches Beisammensein der fremden und einheimischen Gäste schloß, deren etwa noch 200 als Tisch- und Festgenossen bei einem einfachen Male zusammenblieben.

In Petersburg wurde am 24. März d. J. am Palmsonntage ein neues evangelisches Gesellenhaus, „zur Palme" genannt, eingerichtet und eröffnet. An dem genannten Tage versammelten sich in den sauber hergerichteten, freundlichen Räumen der neuen Herberge die bis dahin eingetretenen Mitglieder des Vereins, etwa 100 Gesellen, ferner die Meister, die sich zur Unterstützung des Directorii dem Unternehmen angeschlossen, außerdem andere Freunde der Sache; auch die evangelische Geistlichkeit der Stadt, in ihrer Mitte der Bischof Dr. Ulmann, war vertreten. Die Eröffnung begann mit dem von Gesellen gesungenen Männergesang: „Eine feste Burg ist unser Gott," Pastor Seeberg richtete ein kurzes Wort an die Versammelten, anknüpfend an den neuen Namen des Hauses, die Palme als ein Zeichen des Friedens, des Sieges und des Willkommens. Gebet um gesegnetes Bestehen und rechte Fortentwicklung des neuen Werks schloß die Ansprache. Darauf antwortete ein Quartett, gleichfalls von den Gesellen selbst ausgeführt. Auch gedachte man dankbarlichst des Kaisers, durch dessen Huld es möglich geworden, eine solche Stiftung ins Leben zu rufen.

Die neue Herberge, obwohl zunächst eine Stiftung der evangelischen Gemeinde in St. Petersburg, nimmt auch Gesellen jedes andern christlichen Bekenntnisses auf und sucht den angereisten und arbeitslosen Gesellen nach Kräften Rechnung zu tragen. Bis zum Juni d. J. herbergten in dem neuen Hause bereits auf längere oder kürzere Zeit 43 Gesellen und zählte der Verein bereits 144 Mitglieder. Im Verlauf der Zeit hofft man das Vereins- und Herbergswesen, um u. a. auch dem außerdeutschen Theil der Gesellenwelt Zutritt zu gewähren, von einander zu trennen, sowie, falls eine noch größere Zahl von Meistern sich als Mitglieder aufnehmen läßt, für diese gegen einen erhöhten Beitrag einen besonderen Saal einzurichten.

Verschiedenes.

Continentaler Mäßigkeits-Congreß. Der Centralverein gegen das Branntweintrinken für das Königreich Hannover ladet durch ein Circular zu einem am 29. September dort abzuhaltenden Continentalen Mäßigkeits-Congreß ein, um dem entsetzlichen Uebel, dem gefährlichen Feinde der menschlichen Wohlfahrt, Schranken zu setzen. Dieser Einladung schickt der Vorstand jenes Vereins (Pastor Böttcher zu Kirchrode bei Hannover) eine umständliche Schilderung der seit 15 Jahren wieder furchtbar anwachsenden Zunahme der Brennsteuer im Königreiche voran, indem er bis auf 1838, das Jahr der Gründung der hannoverschen „Enthaltsamkeits-Vereine," zurückgreift, und die wohlthätige Einwirkung derselben auf die Allgemeinheit während der darauf folgenden zehn Jahre mit Zahlen darthut. Die Brennsteuer, welche 1835/36 530,000 ℳ eintrug, belief sich 1837/38 auf 551,000 ℳ. Diese Summen weisen auf eine Production von 36 Millionen Quartier hin und auf eine Ausgabe von etwa 5 Millionen Thaler Schnapsgeld! Ein Jahr nach der Gründung der erwähnten Enthaltsamkeits-Vereine sank die Brennsteuer schon auf 528,465 ℳ, in dem darauf folgenden auf 448,680 ℳ, im Jahre 1842/43 auf 393,080 ℳ, und 1846/47 sogar auf 263,527 ℳ. Es wurden also 165 Millionen Schnäpse weniger getrunken und 3,450,130 ℳ vom hannoverschen Volke erspart! Da traf die gewaltige Aufregung des Jahres 1848 ein, wo der unterste Schlamm von dem Boden an die Höhe getrieben ward. Nichtsthun und Genießen, d. h. Branntweintrinken! ward die Losung. Die bittern Früchte dieser Rückschläge traten schneller und stärker hervor, je weiter man sich von den Grundsätzen der Enthaltsamkeit entfernte. Nur drei Monate des Rechnungsjahres 1847/48 waren noch in die Zeit dieser Aufregung gefallen, und doch brachten die überfließenden Cassen der Brennsteuer schon einen Ueberschuß von 100,000 ℳ über die Einnahme des Vorjahres! Sie repräsentirten 4,800,000 Quartier oder 57,600,000 Schnäpse, und einen Geldwerth von 1,200,000 ℳ! Je mehr der Einfluß der Enthaltsamkeits-Vereine sich fortgehend verlor, desto höher stieg jährlich die Brennsteuer: im Jahre 1849/50 gar auf 585,847 ℳ, also über den früheren höchsten Punkt hinaus. Auf dem Grunde, theils von statistischen Ermittelungen, theils von Erfahrungen und Beobachtungen, hat man annähernd zu ermitteln gesucht, welchen nachtheiligen Einfluß der Branntwein ausübt; nach gewissenhafter Prüfung stellt sich folgende Scala heraus: 33 % an Armuth und Unterstützungen, 40 % an Krankheiten und Siechthum, 60 % an Unglücksfällen und Verunglückten, 80 % an Arbeitsscheuen und Vagabonden, 66 % an Unzucht und Entsittlichung, 40 % Untersuchungskosten und 33 % an größeren Verbrechen! — Außer der gestiegenen Branntweins-Consumtion zeigt sich auch eine bedenkliche Zunahme in der Consumtion des Lager- und Bairischen Biers, welches berauschende und schädliche Beimischungen nicht selten enthalten soll. Wird nicht die Zeit nahe sein, wo auch Biersäufer untergehen? — Das Resultat, welches der Vorstand des Vereins aus seiner umständlichen Darstellung der gegenwärtigen Sachlage zieht, geht dahin: 1) Es ist wünschenswerth, ja nothwendig, die allgemeine Aufmerksamkeit einmal wieder auf diesen für die Volkswohlfahrt so wichtigen Gegenstand zu lenken; sich wieder einmal laut gegen dieses andauernde Uebel auszusprechen und ein abmahnendes Wort in Ernst und Liebe zu dem Volke zu reden. 2) Diese Glaubens- und Liebesthat, oder dies Werk der Humanität und des Patriotismus wird vollbracht werden, nicht von denen, welche trotz aller verständigen Vorstellungen ihrer Mitbürger seit 25 Jahren mit bedauerlicher Beharrlichkeit und Zähigkeit am Branntwein festhalten, sich an dem beklagenswerthen Uebel betheiligen, ja dasselbe hervorrufen (die Brenner, Wirthe und Trinker), sondern sie muß vollbracht werden von solchen, welche sich für die Verdrängung des Branntweins interessiren und in ihren Kreisen bereits dagegen redeten oder thätig wirkten. — Von dieser Absicht wird der Verein geleitet, wenn er den Freunden dieser volksthümlichen Sache den Vorschlag macht, zu einer Besprechung dieser Angelegenheit zusammenzutreten, und zwar noch in diesem Jahre, da jetzt gerade ein Vierteljahrhundert vorüber ist, seit die Bemühungen in dieser Sache in Hannover begannen — ein Umstand, der an sich schon dazu auffordert, die Erfahrungen und Resultate einer 25jährigen Arbeit zusammenzustellen, um die Mittel und Wege zu prüfen, welche bisher angewandt sind und künftig anzuwenden sein möchten, um das arme getäuschte Volk von jener Plage frei zu machen. (H. C.)

Druckfehler.
In der vorigen No. dieses Blattes, S. 250, muß es in dem Artikel über die Zunahme der Selbstmorde, Zeile 8 von unten statt Hamburg heißen Frankreich.

In Sachen des Central-Ausschusses.
In Angelegenheiten der Reiseagenten des Central-Ausschusses für innere Mission.

Indem der Central-Ausschuß im Nachstehenden abermals ein Verzeichniß der Liebesgaben mittheilt, die ihm für die Ausführung der jetzt ins Leben gerufenen Reiseagentur und Reisepredigt zugegangen, sagt er dafür den Freunden, welche ihm diese ihre thätige Beihülfe haben zu Theil werden lassen, seinen aufrichtigen Dank und verbindet damit zugleich eine kurze Nachricht über den bisherigen Fortgang des Unternehmens.

Nachdem Prediger Meyeringh von Ende März an, wie schon oben (p. 187) berichtet worden, während sechs Wochen die Provinz Schlesien bereist und damit die erste diesjährige Hauptreise vollendet, hat derselbe dann über Hamburg die zweite derartige Reise angetreten, auf die er bis zum Schluß des Augustmonats ebenfalls 6 Wochen verwandt. Er hat zunächst in Mecklenburg verschiedene Anknüpfungspunkte gefunden und darnach in Vorpommern mehreren größeren Conferenzen und Missionsfesten beigewohnt, um darnach die Provinz Preußen zu durchwandern. Daselbst haben ihn u. A. die größeren Städte, z. B. Elbing, Königsberg, Insterburg und zuletzt Gumbinnen und auf der Rückreise mehrere Stellen landeinwärts, namentlich auch Danzig und Marienwerder in Anspruch genommen; an verschiedenen Orten auch dieser Provinz hat unser Reiseagent abermals Gelegenheit gefunden, in weiteren Kreisen auf Anlaß größerer und kleinerer Pastoral-Conferenzen oder sonstiger Versammlungen, sowie in der Berathung mit vielen Freunden die Sache der inneren Mission zu besprechen, ihr neue Freunde zu gewinnen und für sie neue Unternehmungen anzuregen. Leider war die Zeit für den nicht gleich zu Anfang besuchten Theil der Provinz Pommern für dießmal so kurz geworden, daß diese weiten Strecken für eine andere Zeit verspart werden mußte und der Reiseprediger sich nur in Stettin etwas länger aufhalten konnte, von wo er dann zu Ende August nach Berlin zurückgekehrt ist. — — Eine dritte Reise ist dann von Anfang September an unternommen; ausgehend von der Generalversammlung des Gustav-Adolphvereins zu Lübeck, hat der genannte Freund sich nach Erledigung einiger Familienangelegenheiten in das nördliche Hannover und zwar nach Ostfriesland und in das Großherzogthum Oldenburg gewandt, von wo er im October über Hamburg nach Berlin für den Winter zurückgehen wird.

Prediger Hesekiel aber hat von Juni bis in den September, mit kaum in Betracht kommenden Zwischenräumen die entgegengesetzt liegenden südlichen und westlichen deutschen Landstriche besucht. Er ist von Thüringen aus durch Churhessen (Hanau, Fulda, Marburg, Cassel) an den Rhein gegangen und von dort nach Frankfurt a/M., wohin er im Winter noch einmal zurückzukehren versprochen. Von da aus hat er sich dann längere Zeit im Nassauischen, darauf im Darmstädtschen umgesehen und zuletzt die baierische Pfalz besucht. Ueberall sind von ihm die verschiedensten Verbindungen angeknüpft, in denen er trotz mancherlei Mißverständniß, das sich an einzelnen Stellen kundgab, im Ganzen das vertrauensvollste Entgegenkommen und Willkommen fand. Auch hier boten verschiedene Jahresfeste und manche Conferenzen, die sich grade um diese Zeit versammelten, die erwünschte Gelegenheit zur Förderung der Sache. Ganz dieselben erfreulichen Erfahrungen hat Herr Hesekiel dann auch im Großherzogthum Baden hin und her und namentlich auch in sehr verschiedenen Landestheilen Würtembergs, desgleichen in einzelnen Hauptorten Baierns gemacht. Von dort ist er nach Thüringen zurückgekehrt, um von da einer an ihn ergangenen Einladung zur westphälischen Pastoral=Conferenz im Ravensbergischen zu folgen, und im Anschluß daran noch Detmold und einige Punkte im mittlern und südlichen Hannover zu berühren. Im October wird dann auch unser Hesekiel, nachdem er zuvor noch Sachsen und Thüringen besucht, zu Berlin vorläufig sein Winterquartier aufschlagen, wo dann beide Reiseagenten zusammen mit den dortigen Mitgliedern des Central=Ausschusses das auf diesen Reisen gewonnene und zusammengebrachte Material werden zu verwerthen haben.

Was den Umfang der Arbeit betrifft, so stellt sich heraus, daß das Arbeitsgebiet fast zu groß ist, als daß es von nur zwei Reiseagenten besorgt werden könnte. Es haben deßwegen in diesem Jahr noch einige andere Mitglieder des Central=Ausschusses die Besorgung einiger andern Partien, für die man sich zunächst die Reiseprediger erbeten hatte, übernommen, so Prediger Oldenberg die Bereisung des Linumer Torfmoors, das Tausende von Arbeitern zählt, und der Herausgeber dieser Blätter u. A. den Besuch einer Pastoral=Conferenz in Neustadt a/D.

Noch mag hier hinzugefügt werden, daß die dießjährige Reisepredigt unter den s. g. Hollandsgängern, (die namentlich aus Lippe=Detmold, aus der Provinz Westphalen und aus Ostfriesland auszuwandern und für den Sommer in Holland einzuwandern pflegen), ebenfalls zu einem glücklichen Ende gekommen ist, nachdem die Pastoren Kuhlo aus Baldorf und Lenharz aus Minden und der Hülfsprediger Riecke, zum Theil Wochen und Monate lang die deutschen Kirchgenossen in den fernen holländischen Grasländern und Ziegelbrennereien aufgesucht, ihnen gepredigt und das heilige Abendmahl ausgetheilt und sonstwie in ihren verschiedenen Angelegenheiten, z. B. in Betreff einer event. Krankenverpflegung in dem fremden Lande mit Rath und That unterstützt haben.

Quittungen des Central-Ausschusses vom 1. August bis zum September.

Aus Preußen. Prov. Preußen. Durch Pred. G. Rehbein zu Bad Cranz bei Königsberg i. Pr., Ertrag einer Collecte nach dem kirchlichen Vortrag des Pred. Meyeringh 4 Thlr.

Prov. Posen. Der Missions-Hülfsverein in Krotoschin durch Past. Schneider daselbst 8 Thlr.

Prov. Pommern. Durch Superint. Delgarte zu Loecknitz, derselbe 10 Sgr., Past. Heinze zu Sonnenberg 5 Sgr., Pred. Trappe zu Woltersdorf 5 Sgr., Pred. Seiler zu Gummerow 5 Sgr., Past. Hertel zu Blumberg 10 Sgr., Past. Pfotenhauer zu Sommersdorf 5 Sgr., Past. Mampe zu Pencun 10 Sgr., Past. Brunnemann zu Wollin 10 Sgr., Past. Stieglitz zu Glasow 5 Sgr., D. Hildebrandt zu Retzin 5 Sgr., Cand. Delgarte zu Loecknitz 5 Sgr., Past. emer. Glaser daselbst 15 Sgr. = 8 Thlr. — Ertrag zweier Collecten für die Reisepredigt, resp. in der Kirche zu Horst und auf der Pastoral-Conferenz zu Wieck durch Past. Böttger zu Horst bei Greifswalde 18 Thlr. 18 Sgr.

Prov. Brandenburg. Past. Brennecke zu Carow bei Genthin 2 Thlr. — Durch Past. Wölbling zu Rabensleben auf der Pastoral-Conferenz zu Neustadt a/D. collectirt 21 Thlr. 15 Sgr. — Von Hrn. v. E. auf Pr. als Scherflein für die Reisepredigt Eph. 6, 10, 12 Postzeichen Wriezen a/O. 5 Thlr. — Past. W. Wiesicke zu Münchehofe bei Wendisch Buchholz 1 Thlr. — Past. Arndt zu Sieversdorf bei Neustadt a/D. 2 Thlr. — Geh. Justiz-R. und Kreisgerichtsdirector Steinbeck zu Brandenburg a/H. 1 Thlr. — Prorector Professor Dr. Bergmann zu Brandenburg a/H. 2 Thlr. — Durch Superint. und Schloßpred. Siegel zu Cüstrin: derselbe 15 Sgr., Past. Kozlowski zu Cüstrin 10 Sgr., Pred. Wachsmuth zu Borndorf 10 Sgr., Pred. Reuscher zu Blumberg 15 Sgr., Ob.-Pred. Lämmerhirt zu Neudamm 15 Sgr., Pred. Bournet das. 15 Sgr., Superint. und Past. Gruber zu Fürstenfelde 15 Sgr., Past. Daube zu Neumühl 5 Sgr. = 3 Thlr. 10 Sgr. — Durch Past. Witte zu Cöthen bei Falkenberg i/M.: Lehrer Dumzlaff zu Cöthen 20 Sgr., Lehrer Firus das. 1 Thlr., Lehrer Nickel zu Broichsdorf 5 Sgr., Lehrer Eggers zu Falkenberg 5 Sgr. = 2 Thlr.

Prov. Sachsen. Durch Superint. Markgraf zu Grabow bei Burg: derselbe 10 Sgr., Past. Behrends zu Rietzel 10 Sgr., Past. Haßfurth zu Hohenseeden 10 Sgr., Past. Parisius zu Grisfau 5 Sgr., Past. Gaudert zu Glabau 5 Sgr., Cand. theol. Krompharbt zu Güsen 5 Sgr., Past. Bünger zu Perichau 10 Sgr., Past. Glöel zu Görbelitz 10 Sgr., Past. Döbber zu Detershagen 10 Sgr., Pred. Bauermeister zu Burg 10 Sgr., Past. Rühlmann zu Reesen 5 Sgr. = 3 Thlr. — Durch Superint. Kläber zu Beetzendorf: derselbe 1 Thlr. 2 Sgr. 6 Pf., Past. Frick zu Rohrberg 15 Sgr., Past Gwallig zu Ahlum 15 Sgr., Past. Dannell zu Jeeben 1 Thlr., Past. Welchke zu Neuendorf 7 Sgr. 6 Pf., Past. Dr. Stüber zu Gr. Apenburg 10 Sgr., Past. Crusius zu Kleinau 10 Sgr. = 4 Thlr.

Prov. Schlesien. Durch Past. v. Coelln zu Glogau: derselbe 1 Thlr., Divis.-Pred. Rühle zu Glogau 1 Thlr., Divis.-Pred. Stumpf das. 1 Thlr., Gymn.-Dir. Dr. Klix das. 1 Thlr., Cand. Schlobach das. 1 Thlr. = 5 Thlr. — Durch Pred. Meyeringh vom Cand. Chr. Becker aus Carlsruhe 1 Thlr. — Freih. v. Zedlitz zu Neukirch bei Goldberg, Major a. D., Mitglied des Herrenhauses 10 Thlr.

Prov. Westphalen. Durch Kaufm. Weddigen zu Herford: Past. Ameler zu Herford 10 Sgr., Frl. M. v. L. das. 5 Thlr., Past. Sander das. 10 Sgr., Gymn.-Dir. Dr. Wulfert das. 1 Thlr., Rittm. v. Rhoden auf Osterwiese 1 Thlr., Kaufm. E. Schweppe zu Herford 1 Thlr., Dekon. F. Humfeld das. 15 Sgr., N. N. 25 Sgr. = 10 Thlr. — Durch Pfar. Lenhard in Minden: Pfar. Hartog zu Windheim 1 Thlr., Gommers.-R. Clemen zu Minden 1 Thlr., Pfar. Lenhard das. 1 Thlr. = 3 Thlr. — Durch Superint. Lohoff zu Rüggeberg: Synod.-Präses Dr. Albert zu Gevelsberg 1 Thlr., Superint. Lohoff zu Rüggeberg 1 Thlr., Past. Beyer zu Hagen 1 Thlr., Pfar. Wiegmann zu Volmarstein 1 Thlr., Pfar. Lülsemann zu Breckerfeld 1 Thlr., Past. Schober zu Schwelm 1 Thlr., Pfar. Josephson das. 1 Thlr., Pfar. Disselhoff das. 1 Thlr., Pfar. Nottebohm zu Haßlinghausen 1 Thlr., Pfar. Wildhagen zu Hagen 1 Thlr., Pfar. Wensel zu Dahl 1 Thlr., Pfar. Diestelkamp zu Voerde 1 Thlr. = 12 Thlr.

Rheinprovinz. Durch Herrn G. Hermann in Langenberg aus der Kasse des Rhein.-Westphäl. Provinzial-Ausschusses für i. M. 25 Thlr., ferner Ed. Colsmann in Langenberg 15 Thlr., G. Hermann das. 2 Thlr., F. A. Feldhoff das. 10 Thlr., W. Colsmann F. Sohn das. 2 Thlr., Wittwe W. Colsmann das 10 Thlr., L. Stein das. 2 Thlr., Past. Schürmann das. 1 Thlr., Past. Esch das. 1 Thlr., G. Conze das. 3 Thlr., W. C-B. das. 3 Thlr. = 49 Thlr.

Königreich Baiern. Pf. Müller in Schweinfurt 2 Thlr.

Königreich Sachsen. Durch Pred. Meyeringh vom Ober-Pfarrer Dr. Klemm zu Zittau 2 Thlr.

Königreich Hannover. F. D. Henrici zu Göttingen 3 Thlr.

Großherzogthum Hessen. Durch Pfar. Dr. Stromberger in Wenings: derselbe 3 fl. 30 kr., Gräfin Helene zu Stolberg-Wernigerode in Dreieck 3 fl. 30 kr., Thekla, verwittw.

Fürstin zu Isenburg-Büdingen 7 fl., Prinzessin Agnes zu Isenburg-Büdingen 8 fl., Pfar. Thylmann zu Büdingen 1 fl. — 18 fl.

Fernere Liebesgaben entgegenzunehmen sind bereit: der Herausgeber dieser Blätter unter seiner hiesigen Adresse und der Cassirer des Central-Ausschusses, Herr Wilhelm Hertz (7 Behrenstraße, Berlin).

In Sachen des Rauhen Hauses.

Das dießjährige Stiftungsfest, an welchem zugleich das nunmehrige 30jährige Bestehen der Anstalt gefeiert werden soll, wird am
Sonntag, den 4. October,
Nachmittags 2 Uhr, in den Räumen der Anstalt stattfinden. Damit wird die feierliche Grundsteinlegung des von Sr. Königl. Hoheit dem Großherzog von Mecklenburg-Schwerin der Anstalt geschenkten Neubaues, einer Kinderwohnung, die an die Stelle des bisherigen s. g. „Bienenkorbes" treten wird, desgleichen ein Brüdertag, der aber schon am 3. October beginnt und bis zum 5. October währen wird, verbunden werden. Zu jener Stiftungsfeier sind alle Freunde der Anstalt hiemit eingeladen.

Indem im Nachstehenden die dießmaligen Quittungen folgen, sage ich für diese neuen Liebesgaben allen Wohlthätern den herzlichsten Dank, insonderheit auch Denjenigen, welche so freundlich der Bitte, zur Deckung des dießjährigen Deficits der Kinderanstalt helfen zu wollen, eingedenk gewesen. Ich erneuere hiemit diese Bitte und bleibe bereit, deßfallsige Gaben unter meiner hiesigen Adresse (5 Hahntrapp, Hamburg) auf's dankbarste entgegenzunehmen.

Horn, September 1863. Dr. Wichern.

Speciell für die auswärtigen Brüder.

Für die Hülfskasse (H. C.) sind vom 19. August bis zum 23. September an Jahresbeiträgen eingegangen: für 1862 u. 1863 3 ℳ von K.(113); für 1863 à 1 ℳ von M.(273), M.(345); ferner 1 ℳ Geschenk von B.(323), 2 ℳ bei Uebernahme eines Berufes von M.(345).

Geboren: ein Sohn 19/5. K.(76), B.(106), eine Tochter 11/7. W.(80), 5/5. N.(93), V.(129), 15/8. S.(131), 20/8. S.(135), 3/8. L.(83) und wieder gestorben 16/8. Verheirathet haben sich 8/9. M.(137); 22/9. H.(147); 18/8. G.(222). W.

Quittungen vom Monat August 1863.

Für die Kinderanstalt. Hamburg: N. N. „in dankbarer Erinnerung an ein ernstes Familienfest" 25 ₰: durch Hrn. Past. Moraht in Dam Hr. Vägeler 1 ℳ. N. N. 25 ₰. S. D. G. „für die interimistische Wohnungseinrichtung" 7 ℳ 5 ß. — Reuß: L. B. in Gera „zum Neubau des Bienenkorbs" 25 ₰.
Hausbüchse: 135 ℳ 1 ß.
Für die Brüderanstalt. Nassau: durch Hrn. Decan Rinck in Bad Ems „in Bibelstunden gesammelt" 11 ₰. — Preußen: Hr. Regierungspräsident Graf Krassow in Stralsund 10 ₰; Hr. Pastor Franz in Sagan 2 ₰.
Für die Kinder- und Brüderanstalt gemeinschaftlich. Hamburg: N. N. 20 Franken; Hr. Andersen 14½ ß. — Preußen: durch Hrn. Hampe in Jäskendorf 2 ₰; Hr. Cand. Wilke aus Berlin 10 ₰.
Naturalien. vacat.
Ferner:
Für das Johannesstift in Berlin. Mecklenburg-Schwerin: Fr. von Ranzau in Ludwigslust 2 ₰. — Preußen: Hr. Pastor Böttger in Horst bei Greifswalde 1 ₰.

Zur Deckung des Deficits
sind vom 20. August bis zum 22. September ferner eingegangen:

Anhalt: Durch Frl. Dencker in Ballenstedt: Schw. Wilhelmine 1 ₰; N. N. 1 ₰; Frl. Steiner 5 Sgr.; N. N. 5 Sgr. — **Baiern:** N. N. Poststempel Erlangen 2 Gulden. — **Hamburg:** Hr. Cand. Senckel 2 ℳ 8 ß: „ein Freund des Rauhen Hauses" 50 ₰; Hr. C. Vollmer 12 ℳ 8 ß. — **Holstein:** Hr. Cand. Leube in Reinbeck 7 ℳ 8 ß. — **Kurhessen:** Hr. Ullrich in Ziegenhain 2 ₰. — **Preußen:** W. Poststempel Münster 5 ₰; Hr. Pred. Schinkel in Barsikau 2 ₰; W. in R. 5 ₰; N. N. Pf 84, 12. Poststempel Berlin 1 ₰; W. v. W. in Prenzlau 2 ₰; Hr. Schreve in Marwitz 2 „ein Freund aus Magdeburg 5 ₰; P. S. aus G. in P. 2 Verlobungsringe; Hr. Pred. Meyeringh in Berlin 1 ₰; N. N. Poststempel Putbus 1 ₰; Hr. Bruhn in Angermünde 1 ₰; Hr. Inspector Flaischlen in Reinstedt 1 ₰; H. D. G. in Gergehnen 5 ₰; einige Leserinnen der fliegenden Blätter in Wernigerode 1. Petr. 4, 10. 2 ₰. — **Sachsen-Coburg:** K. B. in Gotha 12 ₰.

Bisherige Gesammtsumme: 416 ℳ und 2 Ringe. Es fehlen demnach an 1500 ℳ noch 1084 ℳ oder 433 ₰ 15 Sgr.

Die Agentur des Rauhen Hauses

zeigt hiermit an, daß die bisherige Auflage der beiden Kirchentags-Vorträge von Dr. Wichern und Dr. Kögel gänzlich vergriffen ist, so daß, da schon die letzten Bestellungen nicht mehr haben ausgeführt werden können, weitere Lieferungen nicht möglich sind. Eine neue Auflage zu so geringem Preis wie der bisherige, ist geschäftlich unausführbar.

Inhalt des Hauptblattes: Die Deutschen und die deutsche evangelische Mission in Paris. — Das Evangelium auf den Schlachtfeldern und in den Hospitälern des nordamerikanischen Krieges. — Kirchenbau in den großen Städten. — Evangelische Mission unter den Deutschen in Nord-Amerika. — Zeitung und kürzere Correspondenzen: Stadtmission in London; Vereinshäuser zu Brandenburg a/H. und St. Petersburg; Continentaler Mäßigkeits-Congreß. — In Sachen des Central-Ausschusses: In Angelegenheiten der Reiseagenten des Central-Ausschusses für innere Mission. Quittungen. — In Sachen des Rauhen Hauses: Einladung zum 30jährigen Stiftungsfest. Speciell für die auswärtigen Brüder. Quittungen. Anzeige der Agentur.
Inhalt des Beiblattes: Der Anfang des Rauhen Hauses. — Die Frau Marianne in London. — Quittungen. — Stiftungsfest.

Herausgeber Dr. Wichern, Vorsteher des Rauhen Hauses. — Verlag der Agentur des R. H. zu Horn bei Hamburg. — Gedruckt im R. H.

XX. Serie.
October.
Jährlich 26 Bogen zu
1 ℳ Pr. in 12 (monatlichen) Lieferungen.

1863.
No. 10.
Durch alle Buchhandlungen u. Postämter zu beziehen.

Fliegende Blätter

aus dem

Rauhen Hause zu Horn bei Hamburg.

Organ des Central-Ausschusses für die innere Mission der deutschen evangel. Kirche.

Hauptblatt.

Die Einheit des Menschengeschlechts.

Erster Artikel.
Die Bedeutung dieser Frage.

„Gott hat gemacht, daß von Einem Blute aller Menschen Geschlechter auf dem ganzen Erdboden wohnen, und hat Ziel gesetzt, zuvor versehen, wie lange und weit sie wohnen sollen" — so bezeugte einst auf dem Areopagus zu Athen der große Apostel,*) welcher in kaum 25 Jahren das ungeheure Römerreich, welches in mehr als 700 Jahren aufgebaut, sich, weil es alle civilisirten Völker der Erde umfaßte, selber den Erdkreis nannte, gründlich umgestaltete. Mit diesen Worten verurtheilte er das stolze Nationalbewußtsein nicht nur der Athener, sondern auch aller der Völker, welche sich für Autochthonen erklärten und ihrer besondern Entstehung rühmten. Die Vielheit der heidnischen Götter konnte die Einheit des menschlichen Geschlechts nicht gestatten, sondern mußte eine ursprüngliche Vielheit der Stammväter der einzelnen Nationen zur Folge haben. Aus demselben Grunde blieb dem Alterthume auch die Einheit der Weltgeschichte unbekannt und verborgen. Griechen und Römer haben bei aller ihrer umfangreichen Bildung höchstens an ihrer eigenen Nation einen scheinbaren Mittelpunkt der Weltgeschichte, eine wirklich einheitliche Universalgeschichte der

---

*) Apostelgesch. 17, 26.

Menschheit kennen sie nicht. Nur die Offenbarung, sowohl des Alten als des Neuen Testaments, bietet eine solche Einheit, weil nach ihr das ganze Menschengeschlecht von dem einen wahren Gott ausgeht und wieder zu ihm zurückgeführt wird. Im Alten Testament beginnt mit dem ersten Adam von Erde, die Weltgeschichte, als eine verheißungsvolle, im Neuen Testament verwirklicht und erfüllt sie sich im zweiten Adam, dem Herrn vom Himmel, in der Person des Erlösers, der Gottes Sohn zugleich ist.

Die Abstammung der Menschheit von einem Paare oder Blute ist darum keine müßige theologische Frage, welche etwa nur einen Werth für die göttliche Eingebung des Alten Testaments hätte, und die 1 Mos. 1. und 2. erzählte Schöpfungsgeschichte des Menschen als eine offenbarte oder inspirirte zu rechtfertigen und zu beweisen diente. Nein sie ist zugleich das Fundament, auf welchem sich die ganze christliche Heilswahrheit aufbaut. Sie hat sowohl eine dogmatische als eine ethische Wichtigkeit, eine große Bedeutung für die christliche Glaubens- und Sittenlehre zugleich. Aber auch selbst dann, wenn das nicht wäre, sondern es sich nur darum handelte, ob die biblische Schöpfungsgeschichte des Menschen eine Wahrheit oder eine schöne Sage sei, würde die Bedeutung unserer Frage hoch anzuschlagen bleiben. Denn diese beiden Anfangskapitel der heiligen Schrift aufgeben, hieße den Schlüssel unseres von feindlichen Schaaren bedrohten Vaterlandes in deren Hände ausliefern. Das wissen die Feinde gar wohl, darum bestürmen sie gerade die biblische Schöpfungsgeschichte mit allen Waffen der Wissenschaft und des rohen Spottes, wollen ihr nicht einmal den Werth eines erhabenen Kunstwerkes zuerkennen. Sie rühmen sich ihres wissenschaftlichen Geistes und nehmen zugleich keinen Anstand, ihre Abstammung vom Affengeschlechte herzuleiten, nur um die biblische Schöpfungsgeschichte nicht anerkennen zu müssen. Sie wollen lieber in niedriger Bestialität aus dem Meerschlamm, als aus der Hand des allmächtigen Schöpfers hervorgegangen sein. Sie ziehen es vor, für ein zufälliges Produkt zusammenwirkender Naturkräfte zu gelten, als ihren lebendigen Odem vom Geiste Gottes herzuleiten. Seltsame Widersprüche. Die Schärfe und Größe ihres Geistes rühmen sie, aber den Geist leugnen sie. Das Wunder der Menschenschöpfung verwerfen sie, aber ein noch größeres Wunder, daß unorganische Naturkräfte durch zufälliges Zusammentreffen organische Körper erzeugt hätten, setzen sie. Den tiefen Einschnitt, welcher zwischen unorganischen und organischen Gebilden besteht, vor Augen, sollen doch letztere aus ersteren zufällig hervorgegangen sein. Wenn aber das, so mögen sie uns nennen und zeigen das große Gesetz, nach welchem der Urstoff seine organische Zeugung vollziehen muß, wie unsere Planeten ihren Umlauf um die Sonne, nach dem Gesetze der Schwere. Sind die Zeugungen des Urstoffs nach einem Gesetze erfolgt, dann muß das Gesetz selber über dem Urstoffe stehen und eine Herrschaft sein, welche denselben beherrscht und modelt. Die Gesetzmäßigkeit dieser Urstofferzeugnisse können sie nicht in Abrede stellen, und doch wollen sie ein Gesetz über den Stoff nicht gelten lassen. Denn würde diese Herrschaft des Gesetzes anerkannt, dürfte von ihnen der lebendige Gesetzgeber, denn jedes Gesetz ist eine geistige Macht, nicht mehr geleugnet werden. Wird aber der lebendige Gesetzgeber, welcher den Stoff nach seinem Willen modelt und bildet, anerkannt, dann ist das Räthsel, wie aus dem unorganischen Urstoffe selbstbewußte Wesen hervorgehen konnten, erschlossen, wir haben eine Schöpfung von Gott, welcher der Geist ist. Die Angriffe auf die biblische Schöpfungsgeschichte sind also im Grunde nur Versuche, das Dasein oder den Glauben an das Dasein Gottes zu beseitigen. Der mythische Titanenkampf wiederholt sich nur auf einem anderen Gebiete. Seine Vergeblichkeit wird auch hier nicht ausbleiben. Die Naturwissenschaft selber wird und muß die Waffen wieder liefern, womit ihre gottfeindlichen Jünger ohnmächtig zu Boden geworfen werden. Nicht diese in ihrer Verblendung zu wiederlegen, sondern denen, welche ihre Angriffe fürchten, zu zeigen, daß alle derartige Angriffe noch keinen Fuß breit vom göttlichen Offenbarungsworte erobert haben, soll die Frage über Einheit des Menschengeschlechts hier nochmals besprochen werden.

Es ist von Theologen gesagt worden, daß, wenn auch die Abstammung des Menschengeschlechts von einem Paare müsse fallen gelassen werden, dennoch bei Abstammung von verschiedenen Stammeltern, die Wahrheit unangetastet bleibe: „Gott will, daß allen Menschen geholfen werde, und daß sie zur Erkenntniß der Wahrheit kommen."*) Denn meinen sie, die Einheit des Begriffs unseres Geschlechtes und die Einheit seines Zieles könnte und müßte, unabhängig von der Einheit des Ursprunges, festgehalten werden. Wohl ließe sich eine heilbringende Wirksamkeit Gottes auf das menschliche Geschlecht, auch

---

*) 1 Tim. 2, 4.

wenn es verschiedene Stammeltern und verschiedene Ausgänge hätte, denken; aber wie könnte dann noch an eine Erlösung im neutestamentlichen Sinne, wo Christus als der zweite Adam dem ersten Adam als neuer Anfang eines wiedergebornen oder wieder zu gebärenden Menschengeschlechts entgegengesetzt wird, gedacht werden? Wo bleibt dann die Lehre vom Sündenfall und daß, wie durch Einen Menschen die Sünde ist gekommen in die Welt, und der Tod durch die Sünde, nun auch der Tod zu allen Menschen hindurch gedrungen sei, dieweil sie alle gesündigt haben?*) Sobald verschiedene Stammeltern gesetzt werden, so müssen auch verschiedene Sündenfälle angenommen werden. Die Lehre der allgemeinen Verschuldung, welche in jedem Gewissen ihren Anwalt hat, würde sonst aufgegeben werden müssen. Die Fortpflanzung und Uebertragung der Sünde auf alle Menschen ließe sich dann gar nicht mehr denken. Der Sündenfall jeder der vermeintlichen Stammeltern müßte sich ziemlich zu gleicher Zeit, oder bei den einzelnen der Reihe nach, noch ehe eine Zeugung stattgefunden hätte, wiederholt haben. Denn so gewiß als der Tod die Folge der Sünde, müßten auch, wenn einer der Stammeltern einmal nicht gesündigt hätte, ein oder mehrere Individuen vom Tode unberührt geblieben sein. Oder man müßte annehmen, daß der Fall des einen Stammpaares auch allmählig durch Verführung sämmtliche Stammeltern und ihre Abkömmlinge in seinen Fall mit hineingezogen hätte. Welche Schwierigkeiten aber einer solchen Annahme im Wege stehen, das liegt auf der Hand, indem bei verschiedenen Stammeltern doch nicht wahrscheinlich ist, daß dieselben dicht bei einander, sondern gerade ferne und weit von einander gewohnt haben. Ihre Wohnstätten würden, wie gegenwärtig die verschiedenen Raçen verschiedene Zonen bewohnen, auch unter verschiedenen Himmelsstrichen zu suchen sein. Und wäre eine derartige Verführung wohl wahrscheinlich, wenn nach langen Zeiträumen der eine schon gefallene Stamm mit dem anderen noch unverschuldeten sich berührt hätte? Würde der ohne Sünde sich nicht auf der Bahn des göttlichen Lebens haben so erstarken müssen, daß er die Sünde des gefallenen Stammes hätte von sich abhalten können? Kurz die Annahme verschiedener Stammeltern würde einen allgemeinen Fall des Menschengeschlechts, die gegenwärtige Verbreitung der Sünde, wie sie gerade das Neue Testament voraussetzt, kaum zulässig machen.

---

*) Röm. 5, 12.

Bleibt aber dieser allgemeine Abfall von Gott zweifelhaft, dann auch die Erlösung aller durch den Einen Menschen Christus Jesus. Auf der Lehre vom Falle Adams ruht einzig die Lehre von der Erlösung der Menschheit und z. B. Stellen: „Wie nun durch Eines Sünde die Verdammniß über alle Menschen gekommen ist, also ist auch durch Eines Gerechtigkeit die Rechtfertigung des Lebens über alle Menschen gekommen;"*) verlieren ihre Wahrheit, sobald mehrere Stammeltern angenommen werden.

In jeder der beiden Persönlichkeiten, in Adam und in Christus, ist die Menschheit eine Einheit, jenes Sünde ward allen zur Sünde, dieses Opfer allen zur Sühne. Nur wer alles flach und oberflächlich ansieht, wird in der Menschheit, in der Nation, in der Familie bloß einzelne Individuen erblicken, bei welchen die That des einen mit der des andern keinen Zusammenhang hat. Je tiefer aber jemand blickt, desto mehr treten ihm diese innerlichen, aus dem Mittelpunkte kommenden Bewegungen der Einheit entgegen.

Die Menschenliebe würde gar nicht gekannt und genannt werden, wenn uns nicht das Gefühl der Einheit der Menschheit einwohnte. Mag auch zugegeben werden, daß bei mehreren Stammeltern die Erschaffung der einzelnen nach dem Bilde Gottes geschehen sei, dennoch würde und müßte, sobald für jede der einzelnen Racen ein besonderes Elternpaar nach dem göttlichen Ebenbilde geschaffen worden wäre, eine gewisse Entfremdung und Abneigung zwischen den verschiedenen Stämmen eintreten. Es könnte eine allgemeine Menschenliebe kaum gedacht werden. Das Gebot: Liebe deinen Nächsten, wie dich selbst! würde sich alsdann nur auf die einzelnen Racen unter einander beschränken. Es würde der Weiße den Weißen, der Neger den Neger, der Farbige den Farbigen zu lieben sich gedrungen fühlen, und in dem andern keinen ihm gleichberechtigten Bruder erkennen. Die Abstammung von verschiedenen Urpaaren muß von Anfang an eine Bevorzugung und Ueberhebung der einen Race vor der anderen zur Folge haben, die sich allmählig zur unausfüllbaren Kluft erweitert. Daher tritt auch im ganzen Alterthume die Sklaverei als ein völlig berechtigtes Institut auf. Der Autochthonenglaube führte nothwendig zur Verachtung fremder Nationen, wie die moderne Sklaverei auch bei christlichen Völkern durch die Behauptung, daß der Neger eine ganz andere Art

---

*) Röm. 5, 18.

von Menschen, als der Europäer sei, begründet und gerechtfertigt zu werden pflegt. Die Sklavenhalter in Amerika sind bekanntlich entweder Polygonisten, d. i. Anhänger der Lehre von der Abstammung der Menschheit von verschiedenen Stammeltern, oder Monogonisten, d. i. Anhänger der Lehre von der Abstammung von einem Elternpaare, wo sie aber den Neger als unter dem Fluche Hams,*) wie ein tief unter ihnen stehendes Geschöpf ansehen. Da tritt es gleich klar zu Tage, wohin es in der Praxis führt, sobald der Glaube an die Einheit des Menschengeschlechts aufgegeben wird. Denn den Fluch Noahs über seinen Sohn Ham zu einem Rechtstitel für Mißhandlung seiner Nachkommen zu machen, zeigt zwar einen Schein von Schriftgläubigkeit, man will damit die Einheit des Menschengeschlechts wohl anerkennen, aber im Grunde zerreißt man auf Grund jenes Fluches die Einheit und setzt für eine ganze Race einen Stammvater, welcher von dem Körper der Gesammtmenschheit ausgestoßen ist. Es werden die scheinbar gläubigen Monogonisten dadurch wieder zu ungläubigen Polygonisten, welche den Negerstamm von der Wohlthat der Erlösung ausschließen. Die Leugnung der Abstammung von Einem Paare ist immer ein die Menschheit herabwürdigender Gedanke, sagt daher Stahl mit Recht. Denn wenn die Erlösung, so durch Jesus Christus geschehen ist, sich über alle Menschen erstreckt, darf die Nachkommenschaft Hams nicht als davon ausgeschlossen behandelt werden. Hat Christus als zweiter Adam die Schuld des ersten Adam aufgehoben, so auch die des Ham, der ein Sohn des andern Adam war.

Ebensowenig kann die einst beifällig aufgenommene Hypothese von Präadamiten,**) d. i. einer Menschenerschaffung vor dem biblischen

---

*) 1 Mos. 9, 22. 25.
**) Die Schlüsse, welche in neuester Zeit aus der Auffindung zahlreicher aus Stein gearbeiteter Geräthe in den ungestörten Lehm-, Kies- und Triebsandschichten nahe bei Amiens und Abbéville von dem Franzosen Boucher de Perthés und nachher von englischen Gelehrten auf den sogenannten „fossilen Menschen" gemacht worden sind, können bis jetzt nur als sehr gewagte Hypothesen angesehen werden. Denn einmal ist's noch gar nicht erwiesen, daß jene roh gearbeiteten Geräthe wirklich von menschlicher Hand bearbeitet oder durch natürliche Reibungen so gestaltet worden sind. Dann aber sind die in dem Muschelfelsen einer Höhle zu Aurignac an den Pyrenäen aufgefundenen Knochen von großen Mammalien und menschlicher Gebeine unter Holzkohle und Asche doch auch anders zu erklären, als daß man sie als Ueberreste eines präadamitischen Geschlechts hinstellt. Es

Adam, auf Gültigkeit Anspruch machen. Die Lehre vom Sündenfall des ersten Adam und von der Erlösung durch den zweiten Adam stehen dieser Annahme schnurstracks entgegen. Und es bleibt eine pure Willkühr, wenn man unter dem Scheine von Schriftgläubigkeit im ersten Menschenpaare, dessen Erschaffung uns 1 Mos. 1. erzählt, ein anderes Stammpaar als Adam und Eva, deren Namen uns 1 Mos. 2. nennt, findet. Darnach soll 1 Mos. 1. die Erschaffung der Stammeltern der Heiden, aber 1 Mos. 2. die der Israeliten erzählen. So meinte man auch aus der Bibel die moderne Annahme verschiedener Stammeltern erweisen zu können, bedachte aber nicht, daß dem die ganze Heilslehre des Neuen Testaments widerspricht.

Die Autorität der heiligen Schrift, die christliche Glaubenslehre und die christliche Menschenliebe setzen also die Einheit des menschlichen Geschlechts voraus und gründen sich auf dieselbe. Daher hat diese Frage eine mehr als philosophische oder geologische oder paläontologische Bedeutung, sie ist durch und durch praktisch und greift tief in die christliche Heils- und Sittenlehre hinein.

Zweiter Artikel.
Die Abstammung des Menschen.

Die mancherlei Ansichten über den Ursprung des Menschengeschlechts lassen sich auf drei Hypothesen zurückführen, in welche alle die abenteuerlichsten Vorstellungen hierüber eingereiht werden können. Sie sind folgende: Die Lehre von den Autochthonen oder der Entstehung des Menschen aus dem Zusammenwirken gewisser Naturkräfte; dann die Lehre von Entstehung des Menschen aus einem Embryo oder Urei, und endlich die der Abstammung vom Thiere, resp. vom Affen.

Die erste Ansicht, daß der Mensch, wie die Pflanze aus dem heimathlichen Boden, so aus unorganischen Stoffen erwachsen sei, erklärt Strauß in gewohnter Zuversicht als die jetzt übereinstimmende

---

läßt sich die Einlagerung menschlicher Ueberreste unter und zwischen antidiluvianische Thiere keineswegs als gleichzeitig geschehen beweisen. Die fortwährende Tropfsteinbildung in solchen Höhlen kann ebenfalls eine derartige Decke über diese Knochen später gebreitet haben. Das Vorhandensein antidiluvianischer Menschen müßte sich aber häufiger in Ueberresten zeigen, als es bis jetzt geschehen. Im ganzen Sekundärgebirge und auch in den tertiären Felsbildungen fehlen sie gänzlich.

Lehre der Naturwissenschaft und der Philosophie. Nach ihm steht es fest, „daß theils aus unorganischen, theils aus ganz ungleichartigen organischen Stoffen unter gewissen Umständen noch immer lebendige Wesen sich bilden: in Wasseraufgüssen nicht blos auf animalische und vegetabilische, sondern auch auf mineralische Körper, die sogenannten Infusorien; im thierischen Leibe die Entopoen." Aber diese Lehre steht bei den Naturforschern gerade nicht fest, sondern hat in neuerer Zeit fast jeden Boden verloren. Unter unseren Heroen der Naturforscher giebt wohl keiner noch die Lehre zu, daß aus Unorganischem sich etwas Organisches erzeuge. Der krasseste Materialismus wagte nur zu sagen, daß der Stoff Organisches aus sich hervorbringe und daß z. B. das Gehirn Gedanken absondere, wie etwa die Sekretionsorgane ihre Schleimauswürfe. Organisches kann nur aus Organischem hervorgehen. Seitdem die Chemie die Unmöglichkeit nachgewiesen hat, daß die Elemente in einander umgewandelt werden können, seitdem gehört diese Lehre von der Umwandlung der unorganischen Stoffe in organische in das Reich leerer Fiktionen, und muß als ein Irrthum bezeichnet werden. Ferner müßte, bei der Lehre von Entstehung des Menschen aus den Stoffen der Natur, die Lehre der Erzeugung ohne vorhergegangene Besamung oder Befruchtung, die sogenannte generatio aequivoca feststehen. Die neuesten Naturforscher, wie z. B. Ehrenberg, stellen sie gänzlich in Abrede und andere, wie z. B. Rudolf Wagner, haben sie bis auf die Entopoen oder gewisse Eingeweidewürmer ebenfalls aufgegeben. Aber auch diese Entopoen geben noch kein Zeugniß für die generatio-aequivoca, da zu deren Hervorbringung das Material im thierischen Leibe gegeben ist. Es sind diese in einem lebendigen Organismus unbekannter Weise entstandenen Geschöpfe darum keine Zeugnisse von Entstehung organischer Gebilde aus unorganischen Stoffen, weil sie eben nicht in einem unorganischen Elemente, sondern in einem belebten Organismus entstehen. Daher wird die Lehre von den Autochthonen, bei welcher man nicht einsieht, warum dieses Kunststück der Hervorbringung von menschlichen Gebilden aus dem Zusammenwirken natürlicher Kräfte jetzt, wo doch noch dieselben Kräfte in der Natur vorhanden liegen, wenigstens nicht annäherungsweise vor sich gehen sollte, — als eine pure Fiktion angesehen werden müssen. Dieselbe entbehrt jedes wissenschaftlichen Grundes.

Die andere Behauptung, daß der Mensch aus einem Embryo, das entweder in einer Blume, oder, wie andere wollen, im Meere sich entwickelt habe, und so etwa als zweijähriges Kind aus dieser seiner Gebärmutter hervorgegangen sei, ist zwar im Grunde dieselbe, wie jene von den Autochthonen, und wird nur hier besonders angeführt, weil dieses Ei oder Embryo doch einen gewissen menschlichen Urstoff vorauszusetzen scheint. Nach der einen Ansicht würde der Mensch, wie eine zweite Blume aus dem Kelche der einen erwächst, aus seiner Mutterblume hervorgegangen sein. Leider aber ist hierbei nicht näher angegeben, wie es möglich sei, daß ein Pflanzengewächs aus seiner Natur ein thierisches Leben zu erzeugen im Stande gewesen, da doch in der ganzen Natur zwischen Pflanze und Thier eine unausfüllbare Kluft bemerkt wird. Vielleicht wäre der Mensch dann als eine Art Schmarotzerthier an der Blume zu denken, das sich allmälig am Pflanzensaft zu einem menschlichen Kinde aufgezogen hätte. Nach der anderen Annahme soll das Meer, als die Mutter alles Lebendigen, wie Oken sagt, den Menschen als einen etwa zweijährigen Knaben, welchen es mit seinem Schleim oder Sauerstoff bis dahin genährt hatte, mit Zähnen versehen ausgeboren haben. Zu Tausenden sind sie vielleicht entstanden, an den Strand getrieben, zerschellt oder von Raubfischen verschlungen worden, einzelne mußten sich zuletzt doch erhalten und konnten am Ufer von Würmern und Muscheln sich nähren, bis sie, ins Innere des Festlandes getrieben, Pflanzenfrüchte in Menge fanden. Die Sprache erwächst ihm ebenso aus sich, wie er selber aus dem Meere, der Weltgebärmutter und dem Weltsamen erwachsen ist.

Was gegen die Entstehung der Autochthonen gesagt, findet auch hier seine Anwendung. Es sind abenteuerliche Vorstellungen, welche uns viel unglaublichere Wunder zumuthen, als das Wunder einer göttlichen Schöpfung gewährt. Diese Proben mögen genügen, wohin die Naturwissenschaft verfällt, sobald sie die Entstehung des Menschen nachweisen will. Hier sollte man die Unzulänglichkeit unseres Vorstellens und Wissens eingestehen und ehrlich zugeben, daß jedes Entstehen eines organischen Wesens, geschweige das des Menschen, unserem Blicke bis jetzt entzogen bleibt. Jeder Ursprung oder Anfang eines Lebens ist ein Räthsel, ein unerschlossenes Wunder, in dessen geheime Vorgänge einzudringen noch keinem menschlichen Verstand hat gelingen wollen. Die Naturwissenschaft, müssen wir sagen, kann uns keinen Aufschluß über die Entstehung organischer Wesen geben.

Anders verhält es sich mit der dritten, in unsern Tagen besonders hervorgehobenen Vorstellung, daß der Mensch sich allmählig, vom Thiere und zwar speziell vom Affen abstammend, zum Menschen entwickelt habe. Man hat hier Afrika als Stammland und die Neger, als die noch ihrem Urzustande am treuesten gebliebenen Menschen, als das Original der Menschheit, angenommen. Darnach ist der Mensch ein zum Menschen ausgeartetes Thier und hat sich nach allen Ländern der Welt von Afrika aus allmählig hinverbreitet. Die äthiopische oder Negerraçe soll der Grundton aller Raçen sein, sie geht durch die Bewohner Neuhollands zur malayischen, diese wieder durch die Bewohner der Philippinen zur mongolischen, und diese durch die Eskimos zur amerikanischen über. Die amerikanische Raçe fließt aber durch die Nordamerikaner mit der kaukasischen zusammen. Diese Darstellung hat den Vortheil, daß sie sich mit einer gränzenlosen Leichtigkeit über alle Schwierigkeiten hinwegsetzt und die Entstehung, sowie Verbreitung der Raçen uns ähnlich vorkonstruirt, wie der Mathematiker das Dreieck aus zwei gegebenen Seiten und einem Winkel. Allein diese hier von Naturforschern uns vorkonstruirte Figur bleibt eine rein willkührliche, da die gegebenen Stücke nicht hinreichen, um eine bestimmte Figur daraus konstruiren zu können. Bei der Abstammung des Menschen vom Säugethiere hat man blos einen gemeinschaftlichen Grundzug, nämlich die Aehnlichkeit, ja fast Gleichartigkeit des leiblichen Organismus. Es würde darnach die Frage die sein: Ist die Aehnlichkeit des menschlichen Organismus mit dem thierischen wirklich so groß, daß der Mensch als ein Erzeugniß aus dem Thierreiche muß angesehen werden? oder: Steht der Mensch seinem anatomischen Bau nach jenen vollkommen organisirten Angehörigen der Thierwelt so überaus nahe, daß sich schlechterdings keine Demarkationslinie der Structur zwischen diesen und dem Menschen ziehen lasse, die etwa bedeutender wäre, als die die nächstfolgenden Säugethierordnungen von einander scheidende Gränzlinie? Es sind besonders englische Naturforscher, wie Daawin, Lyell und Huseley, welche mit aller Evidenz glauben nachgewiesen zu haben, daß einmal ein Geschöpf gelebt haben müsse, welches zwischen dem Gorilla als vollkommenstem Repräsentanten des Affentypus und zwischen einem Neger oder Hottentotten als niedrigstem Repräsentanten unseres Geschlechts gestanden habe.

Das Gehirn des Menschen unterscheide sich von dem des Affen nur graduell und die Verschiedenheit der menschlichen Seele von den psychischen Erscheinungen des Thierlebens könne keine spezifische und fundamentale genannt werden. Selbst die höchsten psychischen Funktionen, die Regungen des Gefühls und der Intelligenz, ließen sich keimweise und sporadisch durch alle Stufen des thierischen Lebens nachweisen. Ja es liege der vernichtende Beweis vor, daß alle Gebilde, Mensch, niedere organische Wesen und unorganische nichts als koordinirte Momente in dem Einen ungeheuern Stufenfortschritt der Natur vom Formlosen zum Wohlgebildeten, vom Unorganischen zum Organisirten, von blinder Kraft zu bewußter Freiheit und Intelligenz sind.

Bis zu diesem Materialismus und Atheismus hat sich diese in England gegenwärtig den Ton angebende Theorie verstiegen. Sie erhebt ihre Stimme mit wahrhaft fanatischer Wissenschaftlichkeit, wehe, wer ihr, wie Professor Richard Owen, öffentlich zu widersprechen wagt. Der Gorilla soll Alles entscheiden, sein Schädelbau, seine Hirnstruktur und seine Skelettbildung sollen den Affenursprung des Menschengeschlechts unwiderleglich darthun.

Ist diese Aehnlichkeit des Affen mit dem Menschen wirklich bis zu der Evidenz erwiesen, daß sich jeder Zweifel und Beweis dagegen im voraus richtet? Eine genauere Vergleichung des Organismus des Menschen mit diesem vermeintlichen Urvater, dem Affen, muß darüber Aufschluß geben. Zunächst ist's der Gang, die gerade aufrechte Aufstellung des Menschen, welche ihn zum Anthropos, zu einem Aufschauenden, zum Sohn des Himmels macht. Diese Stellung oder Gestalt ist bedingt durch den Bau seiner Wirbelsäule, des Rückgrates. Dadurch wird die menschliche Gestalt, wie Carus sagt, unter allen uns denkbaren die mit höchster Weisheit und mit vollendetstem Tiefsinne innerlich und äußerlich konstruirte und ausgeführte. Wie jammervoll erscheint dagegen der vielgepriesene Affe auch in seinen vollendetsten Individuen im Orang-Utang und Tschimpanse, dem Gorilla des Karthagers Hanno. Die aufrechte Stellung erlaubt ihm der Bau seiner Wirbelsäule nur, wenn er sich an einer Stütze festhalten, einen Stab zu Hülfe nehmen kann. Der Mensch dagegen muß aufrecht gehen, kann vermöge seines Schwerpunktes, der über der Querare der Schenkelköpfe liegt, nicht auf den Händen gehen. Daher findet sich kein Volk, auch das allerverkümmertste nicht, das den Gang der Vierfüßer oder der Vierhänder hätte. Sollte diese Konstruktion des Knochengerüstes nicht eine Demarkationslinie zwischen Mensch und Affe sein? Ist der Schluß, daß, weil einzelne Affen beim Gebrauch einer künstlichen Stütze aufrecht zu stehen und zu gehen vermögen, darum auch der Mensch, welcher vermöge seines Baues aufrecht stehen und gehen muß, vom Affen abstamme, wissenschaftlich gerechtfertigt? Mit derselben Berechtigung könnte oder müßte man dann sagen, daß, weil der Mensch schwimmen kann, auch die Fische, welche vermöge ihres Organismus schwimmen müssen, vom Menschen abstammen. Weiter sehen wir, daß der Affe, auch selbst der vielbewunderte Gorilla keinen Fuß hat, sondern statt der Füße eine Wiederholung seiner Hände zeigt. Er gehört zu den Vierhändern, seine Fausthand steht mit dem Bau des menschlichen Fußes in gar keinem Vergleich. Die Wurzel dieser Fausthand, die Gestaltung und Stellung der Zehen, welche ganz fingerähnlich sind, — daher der Orang=Utang auch nicht anders als auf der geschlossenen Faust seiner Fußhand zu gehen vermag, die krummen Klauenfinger kann er nicht ausstrecken — weichen gänzlich vom menschlichen Fuße ab, von welchem Burmeister sagt, „sein Werth erhöht sich durch eine Zugabe, die keinem andern Organe in dem Grade zu Theil wird, durch eine Zugabe, die den schönen Fuß zu dem werthvollsten Schönheitsgeschenk des Himmels macht; durch die Dauerhaftigkeit, ja Unveränderlichkeit seiner Form." Der menschliche Fuß, auf welchem unser Gang beruht, wird dadurch zugleich entschiedener Ausdruck unserer ganzen Persönlichkeit, unseres Charakters; sowohl der Seelenadel als die geistige Verdorbenheit wird so im Fuße wieder sichtbar. Der Bau unseres Fußes ist derartig, daß wir beide Gangweisen der Thiere, nämlich das Gehen auf der Fußsohle und auf den Zehen zugleich üben und so die Vollendung des Ganzen repräsentiren. Wie der Fuß, so ist auch das Knie der menschlichen Bildung eigenthümlich. Kein Thier hat in dem Sinne, wie der Mensch, ein Knie. Dasselbe giebt uns die Möglichkeit, das Bein in ebenso schöner gerader Richtung wie den Oberarm zu strecken, und ist Hauptbedingung unserer aufrechten Stellung. Hierzu nehme man noch den Mangel der Wadenmuskel, wodurch dem Affen die Tragkraft seiner Beine abgeht, und man wird eine bedeutende, ja spezifische Abweichung zwischen dem Bau der Füße und Beine des Menschen und des Affen nicht verkennen können. Noch könnte der Bau des Beckens und der Hüften des Affen als Unterschied vom menschlichen Organismus angeführt werden, doch dieser Unterschied folgt schon aus dem bisher Gesagten. Statt dessen sei es die Hand, welche den Affen oft so menschenähnlich zeigt, deren nähere Betrachtung hier nicht umgangen werden darf. Die menschliche Hand ist von Alters-her Gegenstand besonderer Aufmerksamkeit und Bewunderung gewesen. Die alte Chiromantie hat darin ihre Wahrheit, daß der Bau der menschlichen Hand ein Ausdruck des menschlichen Charakters und seiner Lebensführung genannt werden kann. Denn in der Gestaltung dieses Gliedes spiegelt sich die Beschäftigung des Menschen wieder, und die Handschrift verläugnet selten den individuellen Charakter des Schreibenden. D'Arpentigny sagt mit Recht: „l'animal superieur est dans la main, l'homme est dans le pouce." Bei den vollkommenst organisirten Thieren finden wir nämlich auch die menschliche Hand wieder, wie beim Elephanten und Affen. Aber hier ist die Bildung des Daumens, welcher beim Menschen durch die Kraft seiner Gegenstellung, wie Carus sagt, und die Feinheiten seiner Bewegung unzählige Kunstleistungen allein möglich macht, das augenfälligste Unterscheidungszeichen. Dann aber ist der Handbau des Affen im Vergleich zum menschlichen viel schmaler, der Fingernagel dient mehr als eine Waffe, während er beim Menschen mehr eine Schutzdecke des weichen, nervenreichen Polsters der Fingerspitze genannt werden muß. Desgleichen entbehrt der Affe im Bau seines Gesichts das menschliche Kinn, welches Gebilde durch das Zusammenstoßen der beiden Arme des Unterkiefers entsteht und zur besonderen Zierde des menschlichen Antlitzes so dient, daß man geradezu gesagt hat, „je mehr Kinn, desto mehr Mensch." Damit zusammen hängt auch die Structur der Zähne, welche bekanntlich beim Affen von den menschlichen nicht wenig abweicht. Die Affen der alten Welt haben, nach Ennemoser, die gleiche Zahl der Zähne, wie der Mensch, aber ihre Größe und Stellung weicht sehr davon ab, die Eckzähne treten stärker hervor und die gleichmäßige Höhe wird vermißt. Die Nase, dies charakteristische Kennzeichen des menschlichen Antlitzes, entbehrt fast jedes Thier; das, was der Affe davon hat, ist nur ein plattgedrücktes Analogon oder eine karrikaturartige, rüsselmäßige Nachbildung.

Endlich der Kopf des Menschen, welcher auf der Wirbelsäule ziemlich in der Mitte balancirt, und ohne besondere Anstrengung der Hals- und Nackenmuskeln aufrecht gehalten wird, zeichnet sich durch seine Gestalt schon von dem des Affen aus. Das Hinterhauptsloch liegt auf der Basis des Schädels viel weiter nach vorne, als selbst bei den höchsten menschenähnlichsten Affen. (Rudolph Wagner Physiologie, pag. 430.) Was nun die Größe und Schwere des Affengehirns betrifft, so entspricht solche, wie sein Gebilde, dem menschlichen Gehirn am meisten. Auch hier stehen der Orang-Utang und Tschimpanse dem Menschen am nächsten. Doch giebt es nach Rudolph Wagner auch hier Unterschiede. Das kleine Gehirn ist nämlich viel größer als beim Menschen, es fehlt das Trapezium, das bei andern Affen sich vorfindet, beim Menschen aber fehlt, auch die Windungen des Gehirns sind viel einfacher. Allein wenn auch die genaueste Uebereinstimmung des Baues des Gehirns bei Mensch und Affen stattfände, was wäre damit bewiesen? Nur eine äußerliche Aehnlichkeit des Gebildes. Weitere Schlüsse hiervon auf psychische und intellektuelle Gleichstellung ziehen zu wollen, wäre voreilig, da bis heute die eigentliche psychologische Bedeutung des Gehirns noch lange nicht ermittelt ist. Wir wissen nur, daß das Gehirn als der Centralsitz aller Nerventhätigkeit unsere Empfindungen und Vorstellungen, alle psychische Thätigkeit vermittelt; aber wie die einzelnen Gebilde desselben oder seine Windungen hierbei wirksam und unentbehrlich sind, das hat noch keine Wissenschaft zu erweisen vermocht. Das Gehirn ist bis heute ein so wenig erforschtes und erforschbares Gebiet, daß man es nur für sehr voreilig erklären kann, wenn jemand aus seiner Gewichtsmasse die Unterschiedslosigkeit zwischen Mensch und Affen behaupten will. Vielmehr wäre es natürlich zu sagen, daß, weil eine Verschiedenheit in der Struktur des Menschen- und des Affenhirns nicht in Abrede gestellt werden kann, auch wirklich eine Verschiedenheit des Organismus beider Geschöpfe angenommen werden muß. Je zarter und feiner ein Gebilde, wie das Gehirn, sich zeigt, desto gewichtiger müssen jede Abweichungen auch im kleinsten erscheinen.

Endlich ist auch noch der bedeutende Unterschied, welchen schon Plinius mit seinem: mulier est solum animal menstruale, hervorhob, hier anzuführen. Die gründlichen Untersuchungen eines Joh. Müller und eines Dr. Busch haben in neuerer Zeit diesen für die menschliche Fortpflanzung geheimnißvollen Vorgang, welchen Naturforscher und Aerzte vielfach mit scheinbar ähnlichen Erscheinungen bei höher organisirten Thieren, die aber im Grunde das gerade Gegentheil von dem sind, was beim Menschen beobachtet wird, indentifiziren wollen, als eine nur der menschlichen Organisation eigenthümliche und in ihrer Bedeutung bisher unerklärliche Periodizität außer Zweifel gestellt.

Doch sehen wir vom animalischen Organismus ab und betrachten die psychische und intellektuelle Verwandtschaft zwischen Mensch und Thier. Ist's hier wahr, daß zwischen beiden keine spezifische, sondern nur eine graduelle Verschiedenheit obwalte? Daß alles Geschaffene nie einen Stufenfortschritt vom Unorganischen zum Organischen, von blinder Kraft zu bewußter Freiheit und Intelligenz in koordinirtem Verhältniß darstelle? Zunächst muß zugegeben werden, daß im Thierleben psychische Erscheinungen sich kund geben, welche den menschlichen nicht nur ganz analog, sondern zuweilen ihnen gleich gesetzt werden können. Dazu gehört die Klugheit des Hundes, Elephanten, Pferdes, die Liebe der Affen zu ihren Jungen, die mancherlei Bewegung des Gemüthslebens, die Aeußerung der Leidenschaften, die sinnige Kunstfertigkeit der Biene, Spinne und des Bibers u. s. w. u. s. w. Dürfen wir aber solche Aeußerungen nun auch ohne weiteres, als denen der Menschen adäquate und gleichartige hinstellen? Keineswegs. Der Biber, die Spinne und Biene haben vor Jahrtausenden ihre kunstreichen Bauten gerade so aufgeführt, wie noch heute. Wir bewundern ihre Kunstfertigkeit, ihren Ordnungssinn und ihre Zierlichkeit, aber deßungeachtet stellen wir ihre Produkte weit, weit unter die ersten rohen Anfänge menschlicher Kunstgebilde. Daß letztere einen Fortschritt zeigen, ist schon ein spezifischer Unterschied von allen thierischen Kunstarbeiten. Uebrigens wollen wir auch darauf nicht zu viel geben, weil dem Menschen die Harmonie, der Rhythmus und die Symmetrie ebenso angeboren sein kann, als der Kunsttrieb jenen Thieren. Allein das wird keines der kunstfertigsten Thiere vermögen, daß sich innerhalb seiner Gattung verschiedene Baustyle oder Kunstprodukte mit der Zeit herausbildeten. Die Schwalbe kann nicht anders, als ihr Nest noch heute so bauen, wie ihre Urahnen es zu Abrahams Zeit bauten. Sie muß es so bauen und kann ihre Baukunst von keiner andern absehen und ablernen. Der Mensch muß aber alle seine Gebilde von der rohsten bis zur feinsten Form mühsam erlernen, und wird nie als Meister geboren. Ebenso ist die Treue des Hundes, des Pferdes, sowie ihre und des Elephanten Klugheit doch nur eine thierische, welche sich mit keiner menschlichen messen kann. Alle sogenannten moralischen Eigenschaften der Thiere sind keine moralischen, haben keinen sittlichen Werth, weil sie auf einer Kenntniß des Bösen und Guten nicht beruhen, nicht aus einer Liebe zum Guten oder aus Haß gegen das Böse hervorgehen. Von Scham, bösem Gewissen, von

Liebe u. vergl. bei den Thieren zu sprechen, klingt ebenso, als wenn man eine Blume als „recht dankbar" bezeichnet. Der Hund schämt sich, sagt man, wenn er sich beim Naschen ertappt sieht, d. h. er fürchtet den Stock seines Herrn, ein Mensch aber schämt sich vor sich selber, was der Hund nie kann. Hunde und Pferde haben eine außerordentliche Spürkraft vermöge ihrer Geruchsnerven. Allein obwohl beide die Spuren ihres Herrn aus vielen anderen herausfinden, werden sie keinen Sinn haben für den Unterschied des Geruchs der Rose und der Nelke und des Veilchens. Diesen zu finden hört ihre Urtheilskraft auf. Einzelne Thiere können zwar die Reihenfolge und die Regelmäßigkeit gewisser wiederkehrender Erscheinungen unterscheiden, aber das Gesetz irgend derartiger Vorgänge werden sie nie ausfindig machen. Der Hund bellt wohl den Mond an, aber daß derselbe in 29 Tagen um die Erde läuft, wird er nie begreifen. Ist aber die Entdeckung der Kepplerschen Himmelsgesetze nicht etwas spezifisch verschiedenes von dem Merken eines Hundes, wie gewisse Dinge in ihrer Reihenfolge wiederkehren? Psychisch werden wir dem Thiere alle Empfindungen der Lust und Unlust, wie solche durch die äußeren Sinne ihm zugeführt werden, unbedenklich zugestehen müssen, wie auch die Aeußerungen, welche es thut, um jene zu erlangen, diese aber von sich abzuhalten. Was aber ist das anderes, als nur eine Thätigkeit seines inneren Sinnenorganismus, ein Zeichen, daß innerlich in seinem Organismus die äußeren Sinne ihre entsprechenden Organe haben? Will man das Seele nennen oder den inneren Sinn, das thut im Grunde nichts zur Sache. Diesen inneren Sinn hat es mit dem Menschen gemein. Es fühlt den Todesschmerz, aber was der Tod sei, oder sich denselben während seines Lebens zu vergegenwärtigen, das vermag es nicht. Der Tod wird eigentlich nur vom Menschen als Tod empfunden, weil er den Stachel des Todes, die Sünde, in seinem sittlichen Bewußtsein trägt. Daher besitzt das Thier auch keine Sprache, obwohl es die Gefühle der Lust und des Schmerzes durch gewisse Töne und Mienen auszudrücken vermag. Wohl kann die Gemse eine herannahende Gefahr durch gewisse Laute ihren grasenden Gefährten anzeigen. Aber was sind diese Laute anderes, als die Kundgebungen ihres eigenen Erschreckens, ohne daß sie im Stande ist, dieselben auch zu unterdrücken. Und warum kann denn der Orang-Utang, dieser gerühmte Urmensch, nicht sprechen? Offenbar nicht darum, weil er unterm Kehlkopfe eine Art Luftsäcke und sonst ähnlichen Bau der

Stimmwerkzeuge, wie der Mensch, hat, sondern weil er nicht weiß, was er sprechen soll. Wüßte ein Thier seine Empfindungen und Gefühle sich wirklich zu objektiviren, so würde es auch dieselben durch eine Sprache wiedergeben können. Die Sprache des Menschen ist nicht eine Folge seiner Sprachwerkzeuge, denn auch der Taubstumme pflegt sich seine Sprache zu machen, sondern sie ist nothwendige Aeußerung eines Etwas, was ihn vor allen übrigen Geschöpfen auszeichnet und was wir Geist nennen. Damit ist aber auch alles gesagt, was den Menschen zum Menschen macht und zwischen ihm und jedem höchst organisirten Thiere einen tiefen Einschnitt setzt.

Will man jedoch, und es ist sehr schwer, die Grenzlinie zwischen der psychischen Thätigkeit des Menschen und der des Thieres haarklein zu zeichnen, das Alles nur für fließende Unterschiede erklären, so kann doch keinesfalls eine andere, und zwar die höchste Aeußerung des Geistes im Menschen, wir meinen seine sittlich-religiöse Begabung, je anders als ein spezifisches Charakteristikum des Menschen hingestellt werden. Das Ewige und Unendliche zu denken ist ihm ebenso nothwendig, als aufrecht zu gehen. Es sind Fabeln, von Völkern zu reden, welche keine Religion hätten. Darum, daß einzelne Reisende hie und da von religiösen Gebräuchen und Vorstellungen nichts gehört und gesehen haben wollen, gleich zu behaupten, es gäbe Völker ohne Religion, das ist sehr oberflächlich gesprochen. Wird der mißtrauische Wilde das, was ihm heilig und was ihm ein Geheimniß ist, gleich jedem neugierigen Fremdling zeigen und mittheilen? Der Gorilla mit allen seinen Stammesverwandten hat seine Obscönitäten vor Jahrtausenden wie heute getrieben, und keine Dressur oder Erziehung wird ihm ein sittliches Gefühl für das, was gut oder böse ist, beibringen. Nie wird er, wie der wilde Kanabier, seinem Feinde Böses mit Gutem zu vergelten sich innerlich gedrungen fühlen. Nie werden Züge reinster Herzensgüte, wie sie in einzelnen Beispielen der Negerrace, diesem seine Abstammung vom Affen noch am besten bekundenden Menschenstamme, gefunden werden, je im Affengeschlechte möglich werden. Wer diese Scheidelinie, welche die Religion zwischen Mensch und Thier setzt, nicht als eine für beide Theile unvereinbare Grenzscheide erkennt, der hat entweder nie begriffen, was Religion ist, oder will, um sich die Macht der Religion ferne zu halten, dieselbe nur für eine zufällige Beigabe thierischer Schwachheit im Menschen gehalten wissen.

Nach dem Bisherigen werden wir nicht zu viel behaupten, wenn wir sagen, die Wissenschaft kann weder aus der Verwandtschaft des thierischen mit dem menschlichen Organismus, noch aus der Vergleichung der psychischen und intellektuellen Thätigkeiten bei Mensch und Thier einen überzeugenden Beweis von der Abstammung des Menschen von irgend einem Thiere, auch selbst nicht vom Gorilla aufstellen. Dagegen sprechen eine große Anzahl organischer und psychischer Unterschiede zwischen beiden laut dafür, daß das Menschengeschlecht eine von allen Säugethieren abgesonderte Art bildet; daß aber alle Verwandtschaft des Menschen mit den höher organisirten Thieren nur ein Beweis ist, wie jede Stufe in der ganzen Natur ihre wunderbaren Uebergänge hat und doch im Grunde von den ihr vorhergehenden sich spezifisch unterscheidet. Wollte man paradox sprechen, so könnte man, weil, wie jede höhere Stufe die Vollkommenheiten der niederen in sich wieder aufnimmt, so auch der menschliche Organismus die Vollendung aller thierischen Organismen in sich vereiniget, sagen: In der Thierart ist ein unvollendeter Versuch zur Erschaffung des Menschen. Doch wir sagen lieber: Jedes Geschöpf ist ein prophetischer Fingerzeig auf die Schöpfung des Menschen.

(Schluß folgt in einem III. Artikel.)

Mittheilungen über den Bestand
und die Erfahrungen verschiedener Rettungs- und verwandter Erziehungshäuser, resp. Vereine.

(Fortsetzung des Artikels in No. 8 p. 237.)

Zunächst ergänzen wir unsern Bericht in No. 8 über Düsselthal dahin, daß uns später ein Bericht mit Specification der Einnahme und Ausgabe zugekommen, die in einer bis dahin uns vorliegenden Veröffentlichung fehlten. Außerdem hören wir, daß nunmehr in dem Herrn Pfarrer Imhäuser, bis dahin zu Rechtenbach in der Rheinprovinz, ein Nachfolger für den seligen Director Georgi wiedergewonnen ist.

---

4. **Die Rheinisch-Westphälische Pastoral-Gehülfenanstalt zu Duisburg**, der Inspector Engelbert vorsteht, hat ihren 18. Jahresbericht ausgegeben. Die Gesammteinnahme der Anstalt, incl. Asyl in Lintorf, beträgt im letzten Jahre 17,788 ℳ, die Ausgabe übersteigt die Einnahme um 67 ℳ. An Inventar besitzt die Anstalt an Grund-

stücken die verschiedenen Anstaltsgebäude mit Gärten: Das Diaconenhaus, ein Oeconomiegebäude und ein Krankenhaus, das in letzterer Zeit durch einen neuen Ankauf erweitert ist. Es gehören außer den Bauplätzen dazu circa 26 Morgen, außerdem das Asyl Lintorf mit circa 24 Morgen. Das Capitalvermögen besteht in 7800 ℳ. Dagegen lasten auf den Immobilien 27,272 ℳ Schulden. — In die Hülfsdiaconenanstalt sind im letzten Jahre 11 Brüder eingetreten; die Gesammtzahl der Brüder war am Schluß des letzten Jahres 90. Mit der Kranken-, Kinder- und Armenpflege waren je circa 20 Brüder, mit der Gefangenpflege 4 Brüder beschäftigt. Zur Privatkrankenpflege wurden 17 Brüder in 49 verschiedenen Fällen verwandt. Candidaten zählte die Anstalt 4. Zur Erziehungsanstalt gehören 20 Knaben. Im Krankenhause wurden bei einem Bestande von 36 Kranken zusammen 297 Kranke verpflegt. — Das mit der Anstalt verbundene Asyl für Männer in Lintorf, das ursprünglich für entlassene Sträflinge bestimmt war, aber auch in anderen Nothfällen sehr wünschenswerthe Dienste geleistet hat, hatte am Ende des Jahres 1862 einen Personalbestand von 16 Personen. 14 Personen waren im Laufe des Jahres hinzugekommen. Unter den 11 Entlassenen waren 6, welche ein ganzes Jahr dort geblieben, die übrigen 5 waren vor der Zeit abgegangen. Das Asyl verursachte im letzten Jahre 1872 ℳ Kosten. Es steht unter der Leitung des Pastor Dietrich.

---

5. Aus der Schweiz. Rettungsanstalt zu Friedheim bei Bubikon, Canton Zürich. Die Zürcherische Hülfsgesellschaft hat beschlossen, eine Reihe ihrer „Neujahrsblätter" der Beschreibung wohlthätiger Anstalten der Schweiz zu widmen, und den Anfang mit der Rettungsanstalt Friedheim zu Bubikon gemacht. Die Darstellung auf 23 Seiten 4°. ist ansprechend und voll zutreffender Gedanken, so daß wir bedauern, daraus nicht in einem größeren Umfange Mittheilungen machen zu können. Je weniger aber bis jetzt derartige zusammenhängende und übersichtliche Mittheilungen über dergleichen Anstalten existiren, desto gerechtfertigter wird es sein, auch hier davon einen Gebrauch zu machen, zumal es gewiß nützlich ist, auch von ganz anderer Seite her Erfahrungen und Urtheile zu vernehmen, welche die Einheit und Gesundheit des Geistes in der Erziehungsarbeit der Rettungshäuser bekunden. Mit besonderm Dank

ist es auch anzuerkennen, daß über die eigentliche Entstehungsgeschichte näheres bekannt gemacht wird.

Die Entstehung und der erste Fortgang der Anstalt schließt sich genau an die Persönlichkeit eines trefflichen Züricher Mannes, des seligen Joh. David Rahn an, über den wir folgendes erfahren. Derselbe, 1811 in Zürich geboren, Sohn eines hochverdienten Arztes, verlor schon in früher Zeit seine Mutter und einige Jugendfreunde, welche herben Erfahrungen das ihrige zu dem religiösen Ernst seines Wesens beigetragen haben mögen. Er widmete sich der Rechtsgelehrsamkeit und vollendete seine Studien auf den Universitäten Göttingen, Berlin und Bonn, wo namentlich Dr. v. Bethmann-Hollweg ihn in seiner religiösen Richtung bestärkte. Schon 1834 fand er in Zürich als Gerichtsschreiber eine öffentliche Stellung, in welcher er sich durch enorme Thätigkeit auszeichnete; 1839 wurde er dann Staatsanwalt, weil man keinen Andern wußte, der in Hinsicht auf Tüchtigkeit und Unparteilichkeit den Vorzug verdient hätte. Damals wählte ihn auch die Zunft Eglisau in den Großen Rath. Bald darauf trat er in eine glückliche Ehe, in der sein christliches Leben kräftige Nahrung fand und das Bedürfniß in ihm sich mehrte, seinen Glauben in christlichen Werken zu üben. Dazu bekam er um so mehr Gelegenheit, als er 1849 aus der 10 Jahre lang makellos verwalteten Stelle entfernt wurde. Von nun an widmete er in höherem Maße als bisher sein Wissen und seine Zeit, sein Herz und seine Hand den edelsten Werken der Menschenliebe. Als Mitglied der evangelischen Gesellschaft nahm er sich besonders des Instituts der Sonntagslesesäle für erwachsene Arbeiter und Lehrlinge an, und gründete einen kleinen Patronageverein für entlassene Sträflinge. Neben diesen Bestrebungen der innern Mission, die durch seine Einsicht und seltene Ausdauer wesentlich gefördert wurden, und neben einer Reihe von Vormundschaften, zu deren Uebernahme ihn seine Herzensgüte bewog, gab er mit seinen Freunden Schnell, Ott und Wyß eine wissenschaftliche Zeitschrift für schweizerisches Recht heraus.

Indessen brachte ihm das Jahr 1851 die verdiente Genugthuung, daß ihn seine politischen Gegner baten, durch den Eintritt in das Bezirksgericht Zürich eine empfindliche Lücke auszufüllen. In dieser Stelle errang er sich durch beispiellose Thätigkeit und unbeugsame Gerechtigkeitsliebe das allgemeine Zutrauen in solchem Grade, daß er bei eintretender Vakanz ohne Widerspruch zum Präsidenten des Gerichtet gewählt wurde. Leider sollte er dieses Amt nicht lange bekleiden; er wollte neben der Geschäftslast, die auf ihm lag, letze seiner uneigennützigen Bemühungen aufgeben; ein Nervenfieber ergriff ihn und machte schon nach 14 Tagen den 24. September 1853 seinem edlen Leben ein Ende.

Rahn fand die Kraft zu seinem rastlosen Wirken Tag für Tag im Gebet und Betrachten des göttlichen Wortes. In diesem Geiste wurde er der Begründer der zu Anfang genannten Anstalt. Um der Seltenheit dieser Treue in freien Werken christlicher Liebe willen, führen wir hier an, wie er von der ersten Besprechung an bis an sein Ende der Entwicklung der Anstalt mit solcher Hingabe gefolgt ist, daß er von den 55 Sitzungen, die bis zu seinem Hinscheiden stattfanden und meistens einen ganzen Tag in Anspruch nahmen, weil sie am Wohnsitz der Anstalt gehalten wurden, nur eine einzige versäumte, und trotz seiner amtlichen Geschäftslast noch Zeit fand, sie außer den Sitzungen öfters zu besuchen.

Wir übergehen hier die Ausführungen über das Geschichtliche der Rettungsanstalten, das aus unsern Fliegenden Blättern hinreichend bekannt ist und entnehmen der Abhandlung nur die uns bis dahin unbekannte Notiz, daß in der Schweiz jetzt bereits 50 solcher Rettungsanstalten bestehen.

Die erste derartige Anstalt im Canton Zürich wurde am 1. Oct. 1838 zu Freienstein bei Norbas gegründet, der auf Rahns Veranlassung von 1846 an die zweite zu **Friedheim** folgte. Er hatte, obwohl kinderlos, ein Herz für die Jugend; das amtliche Wirken bot dem genannten Menschenfreund vielfache Gelegenheit, zu beobachten, welche Verheerungen die überhand nehmende Entsittlichung auch selbst in den Reihen der zarteren Jugend suchte und fand. In der Anstalt zu Freienstein hatten aus Mangel an Raum 124 angemeldete Kinder nicht aufgenommen werden können. Eine sorgfältige Berathung auch mit dem befreundeten Vorsteher der Anstalt zu Freienstein führte zu dem Resultat, die beabsichtigte Unterstützung des Rettungswerkes durch Errichtung einer neuen selbstständigen Anstalt, nicht durch Erweiterung der bestehenden zu erzielen. In Folge dessen wurde ein kleines Gut in der Gemeinde Bubikon ermittelt und zum Sitz der Anstalt bestimmt. Die Gemeinde Bubikon damals noch etwa 6 Stunden von Zürich entfernt, kann jetzt auf der Eisenbahn in 1 — 1½ Stunde erreicht werden. Das gekaufte Gut liegt außerhalb des Dorfes an der alten Straße, ganz allein und frei stehend, umgeben von Hügeln und Wäldern und in der Ferne von majestätischen Bergen. Die stille friedliche Lage ließ den Festredner am Tage der Einweihung im August 1847 dieser Stätte den Namen Friedheim geben.

Das kleine Wohnhaus mit angebauter Tenne und Stallung und circa 10 Jucharten Wiesen- und Aderland, obwohl erst 15 Jahre alt, sah ärmlich aus und hatte ein einziges heizbares Zimmer, außerdem 5 nicht große Kammern, eine Speisekammer und eine Küche ohne Pflasterdecke; die Felder schienen seit Jahren nicht mehr bedüngt worden zu sein, der Verkäufer hatte kein Vieh mehr im Stall. Der Anfang war daher mit Bezug auf Arbeit und Durchkommen schwer. Das Haus mußte zuerst in gehörigen Stand gestellt und für 12 Zöglinge bewohnbar gemacht werden; im Jahre 1857 wurde dann eine Erweiterung der Anstalt vorgenommen, das Haus für 18 Zöglinge eingerichtet, die Scheune vergrößert und ein Wasch- und Holzhaus angebaut. Auch die Güter wurden im Lauf der Jahre vermehrt, so daß gegenwärtig der ganze Güterkomplex 29 Juchart 12,960 Quadratfuß beträgt; im Stalle stehen 6—7 Stück Vieh. Während früher jährlich bedeutende Quantitäten Futter zugekauft werden mußten, läßt sich erwarten, daß künftighin in guten Jahren der ganze Bedarf für die Haushaltung und für das Vieh vom Gute selbst produzirt werde, mit Ausnahme des Brennstoffes.

Ankaufspreis und Bauten inbegriffen, betragen sämmtliche Kosten der Anstalt bis Ende 1862 Fr. 85,921. 92. Aus eigenen Mitteln bestritt die Anstalt an diesen Kosten Fr. 26,518. 75., die ihr an Kostgeldern und Erlös für verkaufte Producte einkamen; die ganze übrige Summe von Fr. 59,403. 17. mußte aus wohlthätigen Spenden fließen. Alle diese großen Bedürfnisse sind wirklich bestritten, so daß die Anstalt gegenwärtig zwar ohne Fonds, aber schuldenfrei dasteht und die Felder wohl das Dreifache ihres ursprünglichen Ertrages abwerfen. An freiwilligen Beiträgen hat Friedheim bis Ende April 1862 Fr. 34090. 77., an Legaten Fr. 14,170. 52., aus dem Opferstock der Anstalt Fr. 4236. 45., und vom Ertrag eines Bazars, den wohlwollende Frauen je und je zu Gunsten der Anstalt errichten, Fr. 5387. 69. erhalten.

Werden sämmtliche Ausgaben auf die Zöglinge repartirt, so kostete einer derselben im Jahr 1861/62 Fr. 230. 23. (dabei ist jedoch für das Gut kein Kapitalzins eingerechnet, wohl aber zu

Gunsten der Haushaltung eine jährliche Arbeitsvergütung von Fr. 400 in Abzug gebracht). Da nun die Kostgelder der Zöglinge zwischen Fr. 70—100. betragen, so erhellt daraus, wie viel die Privatwohlthätigkeit noch zulegen muß, um die Haushaltung durchzubringen. Und doch so wird hinzu gesetzt sind die Kosten in Friedheim niedriger, als in den meisten ähnlichen Anstalten. Es wird etwa eingewendet, es sollten die Kostgelder erhöht werden, um der Privatwohlthätigkeit weniger zumuthen zu müssen. Allein bei den drückenden Armenausgaben, welche auf den meisten Gemeinden liegen, geht dieß nicht an. Andere sind der Ansicht, alle solche Anstalten sollten so eingerichtet sein, daß sie sich selbst erhalten können; mit Beziehung auf landwirthschaftliche Rettungsanstalten ist dieß jedoch eine unerfüllbare Forderung, die auf Unkenntniß der Verhältnisse beruht.

Die größte Schwierigkeit für Rettungsanstalten ist die Auffindung geeigneter Hauseltern; ihre Aufgabe ist eine vielseitige und schwere. Da, wo die Leitung der Anstalt ganz auf einem Elternpaar beruht, wie in Friedheim, soll der Vorsteher Hausvater, Oekonom, Landwirth, Lehrer und Erzieher zugleich sein, er soll für die Kinder ein Herz haben, den Retter und Heiland der Seelen kennen und lieben, und in der Schule des heiligen Geistes erfahren sein. Und die Hausmutter? sie soll die Seele des Hauses sein, und wenn sie auch nicht den Beruf hat, in der landwirthschaftlichen Arbeit und im Schulunterricht ihrem Manne beizustehen, so muß sie doch in allem Andern seine Gehülfin, in der Liebe, Sanftmuth und Geduld seine Führerin sein; und wenn sie selbst Mutter ist, wie wird sie die Last der Mühen und Sorgen ertragen? und wie wird es der Mutterliebe ergehen zwischen den eigenen Kindern und den Kindern, die nicht ihre sind und die doch sollten geliebt sein wie eigene? — Die Darstellung leitet dann mit diesen Erwägungen den Bericht über den vielfachen Wechsel der Hauseltern in Friedheim ein, das freilich die mißlichen Erfahrungen gemacht, von 1847 bis 1857 die Hauseltern fünfmal wechseln zu sehen. Dieselben waren zum Theil aus Bächtelen und Beuggen und gingen von da ins Schulamt oder in größere Anstalten über.

Das Geschlecht der Zöglinge betreffend, sind in Friedheim wie in Freienstein beide Geschlechter vereinigt, und es haben sich die Nachtheile, die man in sittlicher Beziehung davon fürchtet, nicht verwirklicht; im Gegentheil lehrt die dortige Erfahrung, daß durch den täglichen Verkehr das Geschlechtsbewußtsein einen geschwisterlichen Charakter annimmt; der wirthschaftliche Vortheil, den die Vereinigung der Geschlechter mit sich bringt, liegt auf der Hand; immerhin wird in gemischten Anstalten Zahl, Alter und Eigenthümlichkeit der Zöglinge besondere Beachtung erfordern.

Anlangend die Zahl, so kann und will Friedheim nicht mehr Zöglinge aufnehmen als 18, und zwar 11—12 Knaben und 6—7 Mädchen. Eine absolut richtige Gränze giebt es auf diesem Gebiet natürlich nicht; aber es wird sich doch immer bewähren, daß die Arbeit in kleineren Anstalten, wo Hausvater und Hausmutter in der That als Haupt einer zahlreichen Familie dastehen, und die Schattenseiten des Anstaltslebens mehr zurücktreten, als die gesegnetste erscheint. Hinsichtlich des Alters gehört es auch zu den Aufnahmebedingungen von Friedheim, daß die gemeldeten Kinder zwischen dem zurückgelegten 5. und 13. Altersjahre stehen. Außer Tauf-, Heimaths- und Gesundheitsschein und Garantie des Koßgeldes ist für die Aufnahme eine Erklärung erforderlich, daß die Eltern oder Vormünder sich den Statuten der Anstalt unterordnen, die Erziehung der Kinder ihr unbedingt überlassen und ihren Austritt nicht vor der Confirmation verlangen; an Effekten haben die Zöglinge doppelte Kleidung mitzubringen; nachher werden sie von der Anstalt bekleidet und erhalten beim Austritt eine Kleideraussteuer.

Wir übergehen, was über die sittliche Qualification der aufnahmefähigen Kinder, über die landwirthschaftliche Beschäftigung, den Unterricht der Kinder und die weiteren Erziehungsgrundsätze gesagt ist, weil es das allgemein anerkannte ist, und beschränken uns nur noch auf Mittheilung desjenigen was über den Erfolg der Bemühungen gesagt ist, weil die Kundigen daraus ersehen werden, daß in der Schweiz wie in Deutschland, im Süden wie im Norden über diesen Gegenstand dieselben irrigen und wenig gesundes Urtheil bekundenden Voraussetzungen herrschen. Sehr richtig heißt es in dieser Beziehung: So schnell die Frage nach dem Erfolg der Anstaltsbemühungen gethan ist und so guten Grund sie hat, so langsam sind wir, sie zu beantworten; bedeutet die Frage vollends so viel als: wie viele der Zöglinge sind wahrhaft bekehrt worden? so weisen wir die Fragenden an Den, der weiß, was im Menschen ist. Es hat Jemand [wir vermuthen auf wenig gesicherte allgemeine Grundlage] die Rechnung gemacht, daß $\frac{1}{4}-\frac{3}{4}$ der Zöglinge der Rettungsanstalten als gerathen anzusehen seien, eine unbestimmte Zwischenzahl schwanke, und $\frac{1}{24}-\frac{3}{24}$ müsse als verloren gelten; er fügt aber vorsichtig bei, daß die Rechnung die äußerlich sichtbaren Resultate betreffe. Schon in Hinsicht dieses äußern Erfolges mag unter den einzelnen Anstalten eine große Verschiedenheit walten; die Seelenstatistik vollends ist eine mißliche Sache. Es darf nicht irre machen, wenn Leute von den Erfolgen eines Rettungshauses übertriebene Erwartungen hegen, als ob z. B. ein Kind, das 2—3 Jahre in einer Anstalt gewesen ist, nicht mehr sollte gröblich fehlen oder tief fallen können, oder wenn andere meinen, gewesene Zöglinge solcher Anstalten sollten sich zur Armenerziehern am besten eignen, weil sie aus eigner Erfahrung wissen, was Verwahrlosung und Rettung sei, oder wenn gar Einzelne erwarten, daß aus solchen Anstalten lauter Missionare hervorgehen werden. Solche Zumuthungen rühren von Mangel an Erkenntniß der Macht und Tiefe der Sünde her und hängen mit der Ansicht zusammen, als ob der Glaube anerzogen oder angebildet werden könne.

In Friedheim sind bis jetzt 48 Zöglinge aufgenommen worden, nämlich 29 Knaben und 19 Mädchen, mit Ausnahme von zweien alle aus dem Kanton Zürich; davon befinden sich gegenwärtig noch in der Anstalt 18, nämlich 11 Knaben und 7 Mädchen, 30 sind ausgetreten. Für die statutengemäß Austretenden sorgt die Anstalt, indem sie ihnen entweder selbst einen Platz verschafft oder doch für ihre Unterbringung Beihülfe leistet. Von jenen 30 sind 7 noch vor der Confirmation in ihre Familien zurückgekehrt, also dieselben Erfahrungen wie hier im Norden. Die Mädchen sind meist in Dienst gegangen, die Knaben meist Handwerker geworden.

6—20. **Würtembergische Anstalten.** Wir sind auch dieses Jahr wieder im Stande, eine Uebersicht über 15 größere und kleinere evangelische Rettungsanstalten zu geben, deren Jahresberichte uns von dort zugegangen. Wir geben die nachstehende, aus den verschiedenen Berichten entnommene Uebersicht, welche sich auf das Jahr 1862 bezieht, im Anschluß an die gleiche Uebersicht im vorigen Jahre (p. 214), welche sich auf die 3 Jahre 1859—1861 bezog, und fügen dann noch einige Notizen in Betreff einzelner dieser Institute hinzu:

Namen der Anstalten:	Kinder-bestand:	Ausgabe pro 1862:
Augustenhülfe zu Ebingen	27	2342 fl.
Wilhelmshülfe zu Göppingen	52	4053 „
Rettungsanstalt zu Herbrechtingen	50	4007 „
Paulinenpflege zu Kirchheim u. T.	32	2251 „
Rettungsanstalten zu Kornthal mit Schlottwiese und Wilhelmsdorf	168	12516 „
Armenschullehrer- und Rettungsanstalt zu Lichtenstern	82*)	7531 „
Mathildenstift zu Ludwigsburg	75	4757 „
Sophienpflege zu Lustnau bei Tübingen	34	3294 „
Oberensingen	9	unbekannt
Wilhelmspflege bei Pliningen	64	7461 „
Rettungsanstalt zu Stamheim (bei Calw)	50	3783 „
Schullehrer- und Rettungsanstalt zu Tempelhof	62*)	6886 „
Erziehungsanstalt für hülfsbedürftige Kinder in Tuttlingen	34	2360 „
Paulinenpflege bei Winnenden	76**)	6519 „
Thalwiese bei Herrenalb	22	5145 „
	837	72905 fl.

Aus den vorstehenden Zahlen ergiebt sich, daß sich die Zahl der verpflegten Kinder wie der Betrag der Ausgaben im Ganzen wesentlich auf dem Stand der früheren Jahre erhalten.

a. Neu hinzugekommen ist im obigen Verzeichniß die Anstalt zu Thalwiese, welche es mit solchen Knaben evangelischer Confession zu thun hat, die entweder wegen Verbrechen oder Vergehen Freiheitsstrafen bereits bestanden haben, oder in Gefahr sind, dem Arm der Gerechtigkeit zu verfallen. Vielleicht daß aus diesem Grunde der Anstalt ein besonderer Staatsbeitrag von 1433 fl. zu Theil geworden. Die Knaben werden auch hier mit Arbeiten auf dem Felde und im Hause beschäftigt. Die Aufzunehmenden müssen das zehnte Lebensjahr zurückgelegt und dürfen das sechzehnte nicht überschritten haben. Ueber Aufnahme und Entlassung entscheidet das Comitté nach seinem Ermessen. Der Ausschuß, der in Stuttgart seinen Sitz hat, begleitet den Bericht mit folgenden Anmerkungen: Einen Aufenthalt in der Anstalt von weniger als 3 Jahren halten wir für zwecklos in den meisten Fällen. Eine noch längere Zeit, im Durchschnitt bis nach zurückgelegtem achtzehnten Lebensjahre, wäre namentlich dann angemessen, wenn die Knaben gleich nach oder nicht lange vor ihrer Con-

---

*) Lichtenstern und Tempelhof mit Einschluß von je 20 und 28 Schullehrerzöglingen. — **) Worunter 24 Taubstumme.

firmation eintreten. Je länger dieselben ein ungeordnetes Leben gewöhnt waren, desto mehr Zeit erfordert auch wohl die Eingewöhnung in einen guten Wandel. — Das Kostgeld beträgt bei noch nicht confirmirten Knaben 40 Fl., bei älteren bis zum sechszehnten Jahre und bei sechszehnjährigen im ersten Jahre 24 Fl., nachher 12 Fl. Eintrittskleidergeld 12 Fl. Confirmationskleider bezahlt die Heimathgemeinde. — Bei Entweichungsfällen hat sich das als besonders praktisch gezeigt, daß die Entwichenen ohne weitere Umstände zurückgesandt werden. Natürlich pflegen sie, in der Heimath angekommen, mit Lügen sich zu helfen, und es sind deßhalb die Ortsbehörden zu warnen. Der Entwichene ist Zögling der Thalwiese vertragsmäßig und rechtlich, so lange er nicht von uns entlassen ist, und die Polizeibehörden, auch die örtlichen, werden deßhalb, wenn nicht andere Vergehen hinzugekommen sind, vor allen Dingen für dessen Zurücklieferung besorgt sein.

b. Mit der Anstalt in Ludwigsburg ist ein s. g. Mutterhaus verbunden, das zur interimistischen Aufnahme solcher Kinder dient, die anderweitig in Familien oder Anstalten untergebracht werden sollen. Die 25 im Laufe des Jahres 1862 derartig aufgenommenen, verpflegten und untergebrachten Kinder sind in der obigen Kinderzahl mitbegriffen. 18 derselben kamen in Familien, 7 in verschiedene Rettungsanstalten und 8 wurden ohne vorherige Einkehr in das Mutterhaus aus einem Pflegehaus in das andere versetzt. Im Ganzen sind seit dem 3¼jährigen Bestehen dieser Nebenanstalt ungefähr 115 Kinder mit kürzerem oder längerem Aufenthalt und mit 6621 Tagen durch die Anstalt gegangen.

c. Eine eigenthümliche und bemerkenswerthe Erfahrung, so wird berichtet, gewährt die Anstalt in Oberensingen, welche im August 1856 mit 12 Kindern eröffnet, nur für Angehörige des Oberamts Nürtingen bestimmt und sogleich mit einem Gründungs-Capital von 18,000 Fl. ausgestattet worden ist, nun aber nach 6 Jahren nur noch 9 Pfleglinge hat, überhaupt ein schwächliches Bestehen haben soll, während die ohne Ausstattung nur auf der Freiwilligkeit der Liebe und brüderlichen Handreichung beruhenden übrigen Anstalten des Landes ein gesegnetes Fortkommen und freudiges Wirken an den Tag legen.

(Fortsetzung folgt.)

Zeitung und kürzere Correspondenzen.

Schriftenverbreitung.

Die in New=York im Jahre 1816 nach dem Muster der Londoner Bibelgesellschaft vom Jahre 1804 gegründete allgemeine Bibelgesellschaft hat seit ihrem Bestehen 16,094,601 Bibeln und N. T. verbreitet, dazu 786,696 in fremden Sprachen. Von dieser Gesellschaft sind Bibelniederlagen in allen Städten Nord=Amerikas. Man kann eine deutsche Bibel ohne Apokryphen für 50 Cents, ein Neues Testament für 15 Cents kaufen. Bibel=Agenten reisen mit Vorräthen im ganzen Lande umher. Die lutherische Missouri=Synode betheiligt sich principiell nicht an den Segnungen dieser Gesellschaft, weil die Apokryphen fehlen und die deutschen Ausgaben der Bibel manche „Verbesserungen" des Textes erhalten haben, die freilich nicht immer Verbesserungen sein mögen. Die letzte Jahres=Einnahme betrug 379,277 Dollars, also über $1/2$ Million in preußischem Gelde; dazu hatte eine Frau in New=York der Gesellschaft 61,000 Doll. in ihrem Testament als Vermächtniß ausgesetzt. Am 8. Mai hatte diese von Gott gesegnete Gesellschaft ihre 47. jährliche Zusammenkunft in New=York, wo sie ein großartiges Gebäude, einer Berliner Militair=Kaserne gleichend, besitzt. Nach der Türkei wurden im Jahre 1862 allein für 10,900 Doll. Bibeln gesandt, nach China für 5500 Doll., nach Deutschland für 3000 Doll., nach Italien für 3000 Doll., nach Indien für 1500 Doll., desgleichen nach Japan. Es bleibt doch wahr, was Luther prophetisch gesungen hat: das Wort sie sollen lassen stahn ꝛc. Das Schwert des göttlichen Worts richtet freilich oftmals in den Händen der Unkundigen Unfug an, doch abgesehen von diesem Mißbrauche des Heiligsten in den Händen der Ungläubigen und Sectirer ruht auf der Bibel und ihrem Ansehen das ganze amerikanische Volksbewußtsein, namentlich der östlichen Staaten. Spricht man mit einem amerikanischen Postillon von der holy bible, so hat er denselben Respect, als wenn ein Katholik sich vor der Monstranz neigt, und der ungläubige Passagier im Postwagen schweigt still und beugt sich wider seine Ueberzeugung vor den Sprüchen der holy bible. — Die amerikanische Traktat=Gesellschaft feierte am 9. Mai 1863 ihr 38jähriges Stiftungsfest. Diese Gesellschaft hatte 1860 vor Ausbruch des Bürgerkrieges eine Ausgabe von 380,762 Doll. und eine Einnahme von 432,157 Doll. Der Vorstand dieser Gesellschaft besteht aus Geistlichen und Gliedern der verschiedenen Kirchenparteien Nord=Amerika's. Es darf kein religiöses Buch gedruckt werden ohne Einwilligung sämmtlicher Mitglieder des Vorstandes. Zweck der Gesellschaft ist, durch gediegene christliche Schriften, kleine Aufsätze ꝛc. dem Unfuge der Presse entgegenzuarbeiten, atheistische, rationalistische, materialistische Schriften zu bekämpfen. Es werden auch schätzenswerthe deutsche Schriften von dieser Gesellschaft herausgegeben, z. B. die Kinderschriften von dem verstorbenen Dr. Barth zu Calw, von Schmidt, Schubert, Horn ꝛc.; die Predigten von L. Hofacker, J. Arndt, Barters Schriften, Abhandlungen über das göttliche Ansehen der heiligen Schrift, Schulbücher ꝛc. In allen Staaten und Wildnissen der vereinigten Staaten bis nach Texas hinunter reisen die Colporteure, besuchen die gläubigen und die ungläubigen Familien, lesen mit ihnen die Bücher, beten und unterhalten sich mit ihnen. Das religiöse Leben in Nord=Amerika verdankt dem rastlosen

Eifer dieser Colporteure, unter denen sich Deutsche, Amerikaner, Dänen und Franzosen befinden, unendlich viel. Es waren 1860 bereits 412 Colporteure im Dienste dieser Gesellschaft, diese besuchten 669,468 christliche Häuser und Familien, verschenkten für 166,320 Doll. Traktate, verkauften 590,000 größere Bände.

In Sachen der Enthaltsamkeitsvereine.

Der in Hannover am 29. Septbr. zusammengetretene und von über 300 Mitgliedern besuchte continentale Mäßigkeits-Congreß hat am 1. October unter bis zu Ende gleich lebhafter Betheiligung seine Verhandlungen geschlossen. War die erste Sitzung geeignet, uns so ziemlich ein Bild vom Stande der Mäßigkeitssache, namentlich in Bezug auf den Branntweingenuß in verschiedenen Ländern, und zwar ein im Allgemeinen günstiges zu geben, so wurde doch allenthalben auch mehr als zur Genüge bewiesen, daß man bei allen bisher errungenen Erfolgen doch noch weit, weit vom Ziele entfernt, ein endlicher Sieg erst durch unermüdliche Thätigkeit zu erringen ist. Die gefaßten Beschlüsse betreffen im Allgemeinen zuerst die Bekämpfung des Branntweins mit allen Mitteln, Stellung der notorischen Säufer unter Curatel. Sodann wurde unter Annahme eines Beschlusses des Bremer Kirchentages folgende Resolution gefaßt: „Bei dem immer tieferen Versinken des Volks in die Branntweinknechtschaft ist die Förderung der Enthaltsamkeit von demselben, das Zeugniß gegen ihn und das Streben, ihn als Volksgetränk zu verdrängen, gegenwärtig eine Verpflichtung, der sich Niemand entziehen darf." Nachdem die weiteren Berathungen auf die Beleuchtung der schädlichen Einflüsse des Trunkes auf Leib und Seele geführt, wobei wirklich schreckenerregende Erfahrungen mitgetheilt wurden, dann, nachdem als Wurzel des Uebels nicht das Getränk, sondern die Genußsucht bezeichnet worden, gegen welche nur eine neue Sitte wehren könne, — beschloß man folgende sechs Punkte: 1) Der Branntweingenuß ist eine Verschwendung von einer nicht zu berechnenden Summe an Capital und nützlicher Thätigkeit, und belastet die Gemeinden in drückendster Weise. 2) Alle Vereine, welche die Hebung der sittlichen, geistigen, wirthschaftlichen und leiblichen Zustände der arbeitenden Volksklasse zum Ziele haben, mögen den Congreß in seinem Streben unterstützen. 3) Der internationale statistische Congreß möge einen Ausdruck in Zahlen dafür zu gewinnen suchen, in welchem Maße überall da, wo eine trostlose Lage in regelmäßiger Wiederkehr entgegentritt, dies auf Rechnung des Branntweins zu setzen sei. 4) Die Mäßigkeitsvereine mögen durch moralische Mittel auf Begründung einer neuen Sitte anstatt der des Branntweins hinwirken, und hoffen dabei auf die Unterstützung von Staat und Kirche. 5) Der Congreß ersucht die Presse, mit allem Eifer mitzukämpfen gegen die Trunksucht und giebt 6) anheim, ob nicht Einführung gänzlicher Enthaltsamkeit zu empfehlen sei. (N. Pr. Z.)

Vereinshäuser.

Westphalen. Abermals können wir von einem neuen Vereinshause berichten, das in diesem Sommer zu Lippstadt erbaut ist, um den dortigen verschiedenen Vereinen und Bestrebungen für innere Mission einen örtlichen Mittelpunkt zu schaffen. In dem unteren Stock befinden sich eine Schule für arme Kinder und die Wohnung für den Portier, oben ein großer schöner Saal für Bibelstunden und sonstige Versammlungen, und außerdem noch einige Räume für den Jünglingsverein und die zu gründende Gemeindebibliothek. Der Bau kostet über 5000 ℳ, wovon weit über die Hälfte bereits durch freiwillige Gaben aus der Gemeinde aufgebracht ist. Am 11. October hat die Einweihung stattgefunden. Der Gründer des Werkes ist Pastor Dieckmann in Lippstadt. Zur Eigenthümerin ist die große Marienkirche bestimmt.

Rettungshäuser und verwandte Anstalten.

Aus dem westlichen Westphalen. Das Interesse für die Arbeit der inneren Mission ist auch hier in neuester Zeit neu geweckt durch ein in Holzwickede bei Unna gegründetes Rettungshaus, das ein frommer Bauer ganz aus eigenen Mitteln für circa 4000 ℳ gebaut hat, ein stattliches Gebäude, nahe an der Bergisch-Märkischen (Dortmund-Soester) Eisenbahn. Bis jetzt sind 10 Kinder aufgenommen, von denen jener Landmann einen großen Theil Jahre lang in seinem Hause erzogen hat. Der Hausvater ist aus Düsselthal berufen. Die Einweihung der Anstalt am 3. Juni d. J. hatte sich einer großen Theilnahme zu erfreuen.

Nachrichten aus dem Rauhen Hause.

Die ausführlichen Nachrichten über die am 4. October im Rauhen Hause begangene Festfeier findet sich im dießmaligen Beiblatt.

Speciell für die auswärtigen Brüder.

Für die Hülfscasse (H. C.) sind vom 24. September bis zum 21. October an Jahresbeiträgen für 1863 eingegangen: à 1 ℳ von G.(340) und N.(353). — Die Restanten werden dringend ersucht, die noch fehlenden Beiträge einzusenden.

Geboren ein Sohn 17/8. T. (72). Verheirathet hat sich 11/9. B.(123).

Quittungen vom Monat September 1863.

Für die Kinderanstalt. Hamburg: ein Ungenannter zum 4. October 1000 ℳ Bco. für einen speciellen Zweck. — **Lauenburg:** Fr. Pastorin Rohrdanz in Lütau 9 ℳ 8 ß. **Hausbüchse:** 56 ℳ 2½ ß.

Für die Brüderanstalt. Hannover: durch Hrn. G. A. Springmann in Osnabrück: Hr. Kaupmann 15 Sgr., Hr. R. Japing 2 ℳ, Hr. F. A. Waldmann 2 ℳ, Fr. J. L. Springmann 5 ℳ, Frl. Henr. Springmann 8 ℳ, N. N. 1 ℳ, Hr. Justus Japing 2 ℳ, C. A. S. 9 ℳ 15 Sgr.

Für die Kinder- und Brüderanstalt gemeinschaftlich. Preußen: Hr. E. W. Jacoby in Angermünde 1 ℳ.

Naturalien. Hamburg: durch Frl. E. Eckermann der Nähverein 6 Knabenhemden, 18 Handtücher; Hr. Dr. Hudtwalcker 1 Sommerrock, 4 Sommerhosen, 5 Paar Stiefel, 1 Weste, 1 Hut u. s. w. (alt); Hr. Justus Krüger 1 Rock, 3 Hosen, 3 Westen, 1 Mütze ꝛc. (alt). — **Preußen:** Hr. Conradin Fall in Berlin 1 Rock, 1 Hose, 1 Weste ꝛc. (alt).

Zur Deckung des Deficits

sind vom 24. September bis zum 21. October ferner eingegangen:

Hamburg: Inhalt der bei der 30jährigen Stiftungsfeier am 4. October im Rauhen Hause ausgesetzten Becken 160 ₰ 15½ ß; Fr. Dr. S. 2 ₰ 8 ß; R. R. aus Versehen am 4. October nicht in's Becken gelegt 2 ₰ 8 ß; H. G. Dr. 50 ß; C. C. S. 5 ₰; Fr. Dr. Schütze in Hamm 25 ß; C. L. e. 1 ₰ 8 ß; H. W. B. 5 ₰. — Holstein: R. R. in Wandsbeck 1 ₰. — Kurhessen: Hr. Geh. Regierungsrath Schröder in Cassel 2 ₰. — Aus Kurhessen oder Nassau, Poststempel Menterskausen, „Wenig mit Liebe" 11 Fl. 15 Kr. — Mecklenburg-Schwerin: Fr. Oberforstmeisterin von Rantzau in Ludwigslust 2 ₰. — Preußen: Aus Berlin: Hr. Max Matthies 1 ₰, Hr. Prediger Oldenberg 1 ₰, Hr. Prediger Kleinschneider 2 ₰, Hr. Prof. Friederichs und Frau 1 ₰, Hr. Prediger Meyeringh 2 ₰; Hr. Pastor Pfeifer in Bidua 2 ₰; Hr. Cand. Cremer in Niedermassen bei Unna 1 ₰; Hr. Mecklenburg in Mülverstedt 1 ₰: R. N. in Mülverstedt 1 ₰ 20 Sgr.; Ertrag einer Collecte im Rettungshause zu Görlitz 5 ₰; Hr. Pastor Reborn in St. Goar 1 ₰; R. R. Poststempel Erdmannsdorf 1 ₰. — Sachsen: N. R. Poststempel Pillnitz „aus dankbarem Herzen" 3 ₰; durch Hrn. Epstein in Kiesa Hr. Lehrer Starke daselbst 1 ₰ und 10 Sgr. — Sachsen-Weimar: Hr. Prof. Dr. Rückert in Jena 25 ₰. — Serbien: durch Hrn. Lehrer Victor in Belgrad Ertrag einer Collecte 1 Ducaten und 2 ₰. — Württemberg: „Eine Freundin des R. H." Poststempel Kirchberg 2 Fl. 30 Kr.

Außerdem hat für denselben Zweck und zum 4. October der Cassirer, Hr. F. W. Jacobi in Hamburg erhalten: von Hrn. Senat. Dr. Hudtwalcker in Hamburg 100 ₰.

Darnach sind zur Deckung des 1500 ₰ betragenden Deficits bis jetzt eingegangen 1038 ₰ 6¾ ß. Es fehlen demnach noch 461 ₰ 9¼ ß oder 184 ℛ 19 Sgr.

Ich verbinde damit zugleich die Anzeige der bereits zu Weihnachten eingegangenen Gaben:

Preußen: Hr. Pastor Ziegler in Pleißmar für „die Brüderanstalt 1 ₰, für die Kinderanstalt 1 ₰"; Fr. Majorin Gericke, geb. von Schindel in Oppeln 25 ₰.

Mit dem herzlichsten Dank für die vorstehenden, bleibe ich zur Entgegennahme fernerer Liebesgaben bereit.

Dr. Wichern.

In der Agentur des Rauhen Hauses sind neuerdings folgende Schriften erschienen:

Jaquet, J. Aonio Palearis. Eine Studie über die Reformation in Italien. Uebersetzt von Dr. Fr. Merschmann. 285 S. geh. Preis 1 ℛ = 2 ₰ 8 ß.

Die Leser entsinnen sich, mit welcher Ueberraschung die evangelische Christenheit vor einigen Jahren das so unverhofft wieder aufgefundene unvergleichliche Büchlein „Von der Wohlthat Christi" entgegengenommen, das die Feinde des Evangeliums zur Zeit der Reformation in Italien mit Feuer und Schwert zu vertilgen gesucht. Das vorstehende Buch giebt uns die Lebensbeschreibung des Verfassers jenes berühmten Büchleins, des Aonio Paleario, eines durch Glauben und wissenschaftliche Bedeutung gleichmäßig hervorragenden Mannes, der um seines evangelischen Bekenntnisses willen einer der italienischen Blutzeugen wurde. Die deutsche Uebersetzung ist gleichzeitig mit dem Original erschienen.

Paltzu, H., Pastor in St. Petersburg. Der verlorne Sohn. Betrachtungen aus dem Leben eines Christenmenschen. 212 S. geh. Preis 15 Sgr. = 1 ₰ 4 ß.

Das Büchlein enthält erweckliche und tief eindringende Predigten über jenes unausforschliche Gleichniß Luc. 15, den Einen zur Warnung, den Andern zum Trost.

Lübker, Fr., Dr. Kaiser Julians Kampf und Ende. Eine Erzählung aus dem vierten christlichen Jahrhundert. 157 S. geh. Preis 15 Sgr. = 1 ℳ 4 β.

In ergreifender und fesselnder Weise führt der Verfasser in die inneren Kämpfe und Siege des Glaubens, und hält in dem geschichtlichen Bilde zugleich einen Spiegel vor, in welchem sich mancher Geist, der in unseren Tagen um die höchsten Güter des Lebens und Friedens vor Gott ringt, wieder erkennen wird. Es ist ein Büchlein, das für die Kreise höherer Bildung Vielen eine willkommene Gabe sein wird.

Oosterzee, J. J. van, Dr. und Professor zu Utrecht. Das Bild Christi nach der Schrift. Uebers. von F. Meyeringh. 402 S. geh. Preis 1 ℳ 18 Sgr. = 4 ℳ.

Wir behalten uns einer ausführlicheren Anzeige dieses schönen Buches vor.

Anzeige.

Vom Anfang November an werde ich für den Winter wieder nach Berlin übersiedeln, und erbitte mir deßwegen für mich bestimmte Briefe dorthin unter der Adresse: Victoriastraße 29a. Dr. Wichern.

Inhalt des Hauptblattes: Die Einheit des Menschengeschlechts. Erster Artikel. Die Bedeutung dieser Frage. Zweiter Artikel. Die Abstammung des Menschen. — Mittheilungen über den Bestand und die Erfahrungen verschiedener Rettungs- und verwandter Erziehungshäuser, resp. Vereine. — Zeitung und kürzere Correspondenzen: Schriftenverbreitung in New-York; In Sachen der Enthaltsamkeitsvereine; Vereinshaus in Lippstadt; Rettungshaus in Holzwickede. — Nachrichten aus dem Rauhen Hause: Speciell für die auswärtigen Brüder; Quittungen; Verlagsanzeigen der Agentur; Anzeige.

Inhalt des Beiblattes: Zum 4. October errichtetes Denkmal der Feier des dreißigjährigen Bestehens des Rauhen Hauses. — Aus dem Rauhen Hause: Quittungen; Anzeige.

Gegenerklärung.

Eine von Herrn Prof. V. A. Huber in verschiedenen Blättern abgegebene, uns erst ganz kürzlich zu Gesicht gekommene Erklärung ist die Veranlassung zu dieser Gegenerklärung, daß wir von ihm uns übersandte Artikel über das s. g. Genossenschaftswesen zwar gern entgegennehmen, jedoch nur dann veröffentlichen werden, wenn dieselben den von uns zu stellenden Anforderungen entsprechen.

Horn bei Hamburg,   **Die Redaction der Fliegenden Blätter**
21. Oct. 1863.   **des Rauhen Hauses.**

(Redactionen, welche die „Erklärung" aufgenommen, werden um Berücksichtigung auch dieser Gegenerklärung höflichst ersucht.)

Herausgeber Dr. Wichern, Vorsteher des Rauhen Hauses. — Verlag der Agentur des R. H. zu Horn bei Hamburg. — Gedruckt im R. H.

XX. Serie.
November.
Jährlich 24 Bogen zu
1 Thr. in 12 (monat-
lichen) Lieferungen.

1863.
No. 11.
Durch alle Buchhand-
lungen u. Postämter
zu beziehen.

Fliegende Blätter

aus dem

Rauhen Hause zu Horn bei Hamburg.

Organ des Central-Ausschusses für die innere Mission der deutschen evangel. Kirche.

Hauptblatt.

☞ Die auswärtigen geehrten Leser der Fl. Blätter machen wir darauf aufmerksam,
1) daß zur ununterbrochenen Lieferung der Fliegenden Blätter für das Jahr 1864 nöthig ist, daß die Bestellungen bei den resp. Buchhandlungen oder Postämtern zeitig genug gemacht werden.
2) daß ebenso die Bestellungen des „Beiblattes" (Volksblatt für innere Mission; jährlich 12 Bogen. Preis 14 Schillinge Hamb. oder 10 Sgr.) beschleunigt werden müssen. Das Beiblatt wird sowohl allein als mit dem Hauptblatt der Fliegenden Blätter geliefert, muß aber auch in diesem Falle ausdrücklich bestellt werden. Wir bitten, die Bestellungen nicht unmittelbar bei uns, sondern bei den resp. Postämtern oder Buchhandlungen zu machen.
Die Agentur des Rauhen Hauses.

Die Einheit des Menschengeschlechts.
Dritter Artikel.
Die Rassen des Menschengeschlechts.

Unter den Rassen des menschlichen Geschlechts versteht man die verschiedene körperliche Beschaffenheit, durch welche sich einzelne Menschenstämme von einander unterscheiden und welche Verschiedenheit als bleibender Unterschied von Geschlecht zu Geschlecht übergeht. Einen schwarzen, wollhaarigen Neger mit breitgedrückter Nase und aufgeworfenen Lippen, einen gelben Mongolen mit eckigem und starkknochigem Gesichte und einen kupferfarbigen Indianer mit straffem schwarzem Haupthaar, für Individuen ein und derselben Art zu halten, kann man wohl Anstand nehmen. Und doch sind diese Unterschiede, welche im Allgemeinen so auffallend in Erscheinung treten, wiederum so fliehenb, daß es bis heute noch nicht feststeht, in wie viele Rassen man das Menschengeschlecht theilen soll. Blumenbach zählt derselben fünf, nemlich die kaukasische, mongolische, äthiopische, amerikanische und malayische, während Cuvier nur drei Hauptrassen annimmt und die amerikanische und malayische nicht für besondere Rassen, sondern nur für Abarten jener drei gelten läßt. Andere zählen 6, 7, 4, 15, 32 und noch mehr Rassen, ja fast so viele, als es besondere Völker giebt. Ein deutlicher Beweis, wie, trotz der ins Auge fallenden Unterschiede, die eigentliche Abgrenzung der Rassen recht große Schwierigkeiten bietet. Denn weder der Schädelbau, noch die Form der Augen, Nase und Lippen, noch der Bau des Beckens, noch die Hautfarbe und die Sprache sind bei den einzelnen Rassen so charakteristische Kennzeichen, daß man bei den einzelnen eine scharfe Scheidelinie ziehen kann. Mitten unter den Ungarn wird zuweilen die kaukasische Form, wie unter den Europäern wieder die Ungarbildung täuschend ähnlich gefunden. Es giebt ganze Volksstämme z. B. im Innern Afrika's, im Sudan, welche auffallende Uebergänge zu den Weißen bilden, in Central-Afrika spielt, nach Livingstone, die Farbe ganzer Völkerschaften vom Dunkelbraun bis ins Olivenfarbige und die eigentliche Neger-Physiognomie zeigt sich nur bei den entartetsten Individuen. Die Hottentotten, sagt A. Wagner, werden bald zu den Negern, bald zu den Mongolen gezählt und die Kaffern haben charakteristische Züge aus allen drei Hauptklassen, daß sie auch jeder derselben schon zugewiesen wurden. So halten auch die Eskimo's die Mitte zwischen der mongolischen und amerikanischen Rasse, daß sie mit gleicher Berechtigung jeder von diesen zugezählt wurden. Daher sagt J. Müller in seiner Physiologie mit Recht: „Eine scharfe Eintheilung der Menschenrassen ist unmöglich. Die gegebenen Formen sind sich ungleich an typischer Schärfe und Eigenthümlichkeit und ein sicheres, wissenschaftliches, inneres Prinzip der Abgrenzung liegt nicht, wie bei den Arten anderer Geschöpfe vor."

Stehen diese Unterschiede der Rassen nun einzig als eine Eigenthümlichkeit des Menschengeschlechts da, oder begegnen wir dieser merkwürdigen Erscheinung auch auf andern Gebieten der Natur? Hierauf antwortet die neuere Naturwissenschaft einstimmig, daß sich sowohl bei Pflanzen, als bei Thieren innerhalb derselben Art zahlreiche Modificationen des ursprünglichen Typus wiederfinden. Freilich ziehet dieselbe, je nachdem sie dem Materialismus huldiget, aus dieser merkwürdigen Erscheinung die verschiedensten und gewagtesten Schlüsse. Diese Neigung, aus dem Grundtypus in die mannigfaltigsten Varietäten überzugehen, sehen wir am auffallendsten an unsern Gartengewächsen, z. B. an den Rosen, Dahlien, dem Obstbaume und Weinstocke. Aber auch an nicht von Menschenhand kultivirten Gewächsen machen wir dieselbe Erfahrung; z. B. an dem Brombeerstrauche, wo bisher sieben für verschiedene Arten gehaltene Sträuche in kurzer Zeit, sobald sie an denselben Ort gepflanzt, dieselbe Pflege genossen, ihre charakteristischen Unterschiede verloren und ineinander übergingen. Umgekehrt hat man beobachtet, daß aus dem Samen einer Gattung des Wegebreit mindestens sieben Formen hervorgingen, die man bisher für spezifisch verschieden angesehen hatte. Wer sollte es beim ersten Anblick für möglich halten, daß die von Buffon mit 28 Varietäten und acht Rassen eingetheilten Kanarienvögel, welche erst seit Mitte des 15ten Jahrhunderts nach Europa gebracht worden sind, alle von dem unkultivirten Kanarienvogel auf den kanarischen Inseln stammen? Ihre dortigen Stammeltern haben keine gelbe, sondern eine graugräuliche Farbe mit braunen Flecken und sind auch meist kleiner, als ihre kultivirten Brüder in Europa, deren Gefieder alle möglichen Abstufungen im Gelb zeigt. Dasselbe gilt von den Enten, Hühnern und Tauben. Besonders die letztern zeigen eine so mannigfaltige Verschiedenheit in Größe, Gefieder und Gestalt, daß man ihre Verwandlungsfähigkeit kaum begreifen kann, — und doch gelten sie nur für Varietäten ein und derselben Stammart, man streitet höchstens darüber, welche man für die ursprünglichen Stammeltern halten soll, ob die Turteltaube oder die kleine Holztaube. Unter den Säugethieren sehen wir dieselbe Verwandlungsfähigkeit am Rinde, Esel, Pferde, am stärksten aber am Hunde. Denn Bullenbeißer, Pudel, Dachshund, das Windspiel und wie sie alle heißen, sind nur Rassen ein und derselben Art. Die ersten Naturforscher der Jetztzeit sind der Meinung, daß alle diese Hunderassen, so sehr sie im Bau, Haar, Farbe und Befähigung von einander abweichen, nur Abkömmlinge des Schakals seien. Auch haben alle diese Varietäten der Pflanzen, Vögel und Säugethiere, sobald sie sich selber überlassen, wieder verwildern, eine Neigung unter einander gleichartiger zu werden und sich ihrem Urtypus zu nähern, ohne jedoch völlig auf diesen wieder zurückzusinken.

Aber fragt es sich, woher wissen wir, daß z. B. alle Hunderassen nur eine einzige Art bilden und nicht verschiedenen ursprünglichen

Stammeltern entsprossen sind? Die Antwort giebt die Erfahrung, wie einzelne Varietäten unter Züchtung des Menschen entstanden sind, desgleichen auch bei den Vögeln. Allein wir begegnen hier auch einem Gesetze der Natur, welches sie zum Schutz der einzelnen Art, daß sie sich nicht ineinander verlieren kann, aufgestellt hat, nemlich, daß nur Gleichartiges fortpflanzungsfähig ist. So weit als die Varietäten der Rose auseinander gehen, nie wird sie eine Vermischung mit der Nelke eingehen. Die Möglichkeit der Begattung besonders der künstlichen unter menschlicher Vermittlung, muß zwar bei verschiedenen Thierarten zugegeben werden, aber ihre Produkte, die Bastarde, sind fortpflanzungsunfähig. Von Natur wird keine Begattung zwischen Pferd und Esel eintreten, aber der Mensch bringt beide zusammen, daß ihre Vermischung den Maulesel erzeugt. Allein den Mauleseln fehlt die Kraft und Fähigkeit sein Geschlecht weiter zu führen. Ebenso ist die Brut, welche aus Paarung mit Stieglitz und Hänfling, Zeisig und Grünling erzeugt wird, unfähig ihr Bastardgeschlecht unter einander neu zu erzeugen. Auch können Schaaf und Ziege mit einander Bastarde erzeugen, aber dieselben sind und bleiben unfruchtbar. Aus diesem Gesetze werden wir alle diejenigen Geschöpfe zu einer abgeschlossenen Art rechnen müssen, welche trotz aller Variation in Gestalt, Farbe und Größe mit einander zeugungsfähige Nachkommen hervorzubringen im Stande sind. So definirt A. Wagner ebenfalls: „Der Inbegriff sämmtlicher Individuen, welche eine unbeschränkt fruchtbare Nachkommenschaft unter einander zu erzeugen vermögen, constituirt die Art." Und J. Müller schreibt: „Die Arten der Thiere bieten keine entfernte Möglichkeit einer Erzeugung der einen aus der andern Art. Diese müssen vielmehr nach allem, was jetzt in der Geschichte der thierischen Welt vor sich geht, einzeln und unabhängig von einander geschaffen sein." (Physiol. II., p. 769). Wie steht es nun mit dem Menschen? Sind seine Rassen selbstständige Arten? Nein, weil keine Rassenverschiedenheit hier die Zeugung fortpflanzungsfähiger Nachkommen hindert. Die Zahl solcher Mischlinge aus Vermischung der verschiedenen Rassen ist gegenwärtig so groß und mannigfaltig, daß an ihrem Fortbestehen und an ihrer Weiterzeugung kein Zweifel gehegt werden kann. Im spanischen Amerika hat man förmlich eine Skala festgesetzt, um den Antheil des Blutes von den Weißen zu messen, welcher in den Adern solcher Mittelschläge sich bewegt. Und wenn man behauptet hat, daß das

Geschlecht solcher Mischlinge sich nicht auf mehrere Generationen erhalte, sondern am Siechthume hinwelke, so ist das sehr oberflächlich geurtheilt. Denn einmal ist nicht in Anschlag gebracht, wie das Loos dieser Mittelschläge meist ein gar trauriges und armseliges zu sein pflegt; dann aber, wie wir auch bei der kaukasischen Rasse sehen, daß, sobald eine Familie sich nur in ihren nächsten Angehörigen verheirathet und keine neuen, fremden Elemente aufnimmt, ein gewisses Siechthum nicht ausbleibt, auch bei der Fortpflanzung jener Mischlinge unter einander dieselbe Erscheinung wieder eintreten muß. Wie aber der Familientypus, wenn er einmal eine fixirte Form in seinen Gliedern erlangt hat, sich auch dann erhält, wenn selbst andere fremde Elemente hineindringen, so wird auch bei den Mischlingsgeschlechtern immer die Rasse ihren Typus am meisten bewahren, welche beim ersten Paar am stärksten und kräftigsten entwickelt war. Die Einheit der Art des menschlichen Geschlechts kann demnach auf Grund der unbeschränkten Wiedererzeugung fortpflanzungsfähiger Individuen unter den verschiedenen Rassen, als wissenschaftlich festgestellt angesehen werden. Wenn aber das, dann können die verschiedenen Rassen auch nur als Varietäten ein und derselben Art gehalten und kann die Möglichkeit des Ursprunges der Menschheit von einem Paare wissenschaftlich nicht widerlegt werden. Wohl kann man daran zweifeln und mancherlei Bedenken dagegen aufwerfen, aber nicht beweisen, daß die Abstammung von einem Blute ein frommer Mythus sei, welchen für wahr zu halten nur einem Köhlerglauben möglich bleibe.

Doch die Rassen sind da und ihre Entstehung muß einen bestimmten Grund haben. Wie ist dieselbe zu erklären? Aehnlich wie bei anderen Geschöpfen z. B. beim Hunde. Hier sehen wir deutlich, daß zwischen den entferntesten Formen stets reihenweise Abstufungen, welche sie innig verknüpfen, ununterbrochen gefunden werden. Diese Erscheinung zwingt heut zu Tage auch die Männer, welche sonst von der Einheit des Menschengeschlechts wenig wissen wollen, sämmtliche Hunderassen auf einen spezifischen Typus zurück zu führen. Mit Recht nimmt der Franzose Quatrefages dieselbe Regel auch für die Menschenrassen in Anspruch. Denn dieselben Abstufungen in ununterbrochener Reihenfolge kehren auch hier wieder. Quatrefages*) vergleicht

---

*) Vergleiche Magazin für Litteratur des Auslandes vom Jahr 1861. No. 40 und 50.

die beiden äußersten Formen, den Europäer und den Neger, und schreibt: „Wir wissen es heute, wir erfahren es jeden Tag mehr, daß nicht alle Neger den Bewohnern des Golfes von Guinea gleichen, die man so lange als Repräsentanten der ganzen Rasse betrachtet hat. Kaum hat man die Ufergegend der Sklavenküste hinter sich, so findet man Menschen mit wolligem Haare und schwarzer Haut, deren Gesichtsbildung sich von der guineischen zu entfernen beginnt. Die Züge werden daselbst bisweilen völlig europäisch. Bodwich vergleicht die der edlen Aschantis mit den griechischen. Die Prinzen von Dahomey, die wir in Europa sahen, hatten noch etwas dick aufgeworfene Lippen; was aber die Höhe und Entwicklung der Stirn, die Form der Nase betraf, so gaben sie darin keinem Europäer von der reinsten Rasse etwas nach. In Kongo im Westen, auf der ganzen Küste von Mozambik im Osten sehen wir die Einwohner sich in ihren Zügen den europäischen Völkern so sehr nähern, daß nur die Beschaffenheit der Haare und der Ton der Farbe eine Verwechselung hindern kann. Dieses letztere Kennzeichen schwächt sich oft an den Ufern des Zambese. — — — Mehr nach Süden finden sich alle jene Völkerschaften gemischt, welche, wenngleich unmerklich vom Neger zu den Hottentotten am Kap, nie zu den Weißen im Kafferlande führen. Und wenn wir den engen Kanal von Mozambik überschreiten, so werden wir denselben Negertypus ins Polynesische und Malayische übergehen sehen. Das sind einige Thatsachen, welche das südliche Afrika bietet, d. h. wo die Negerrasse, eingeengt zwischen zwei Meere, soviel nur immer sich selbst überlassen und ziemlich stetigen Einflüssen unterworfen, am meisten im Stillstande geblieben ist und sich am wenigsten verändern mußte. Wenn wir nun nach dem Norden gehen und zwar auf einer gebogenen Linie, die sich etwa vom Senegal bis zum Tschadsee, und von hier bis zu dem vom Aequator durchschnittenen Theile der Küste von Zanzibar erstreckt, so werden die Thatsachen noch schlagender. Die Stämme des Sudan zeigen uns eine unendliche Mannigfaltigkeit. Die Züge nähern sich bisweilen vollständig den unsrigen und zwar von dem Haussa an; die Farbe geht vom Schwarzen ins Schwärzliche, ins Kupfrige, ins Bräunliche, ins Milchkaffeeartige über; die Wollenhaare werden lockig, einfach schlicht, ja selbst straff. Von Stufe zu Stufe, von Nüance zu Nüance kommt man endlich vom Neger zum Araber oder Berber, ohne eigentlich sagen zu können, wo dieser Typus aufhört und jener anfängt. In Abessynien ist die Verwirrung der Kennzeichen so groß, daß weder Haare noch Farbe den Neger charakterisiren, sondern das Vorspringen der Ferse. Ist dieses Kennzeichen nur ausschließlich dem Neger eigenthümlich? Nein, wir finden es bei andern Rassen, welche, wenn sie auch afrikanisch sind, doch zu den am besten umschriebenen gehören, — beim Buschmann und Hottentotten. Das Beispiel, welches Afrika bietet, wiederholt sich überall."

Soweit dieser französische Gelehrte. Keineswegs will derselbe jedoch die Entstehung der Rasse allein auf die Einflüsse des Bodens, Klimas und der Lebensweise zurückführen. Denn in Amerika, wo seit 300 Jahren Weiße und Neger leben, werden diese, obgleich denselben Einflüssen ausgesetzt, doch nicht einander gleich, noch auch in Rothhäute verwandelt werden. Aber den Einfluß des Bodens und Klimas völlig in Abrede stellen zu wollen, wäre sehr unüberlegt, da wir sehen, wie der Amerikaner sich von seinem angelsächsischen Stammbruder in Europa außerordentlich entfernt hat. Ebenso unterscheiden sich die Juden in ähnlichem Maaße von einander, je nachdem sie in nordischen oder südlichen Ländern wohnen. Der Neger wird in Europa nie ein Weißer, und der Weiße in Afrika nie ein Neger werden, so sehr sie sich einander in Farbe und Aussehen nähern mögen. Das Aufhören der Rasse kann nur durch fortgesetzte Kreuzung bewirkt werden. Daß die Rasse aber, in andere Klimate versetzt, den Einflüssen derselben unterliege und aussterbe, wie einige Polygenisten behaupten, ist keineswegs bewiesen. Daß z. B. der Neger in Europa leicht der Schwindsucht unterliegt, beweist nur, daß sein Organismus bisher unter ganz andern Bedingungen erwachsen und entwickelt, im Kampfe mit einer andern äußern Natur erliegt. Allein das Kap der guten Hoffnung und Neuholland, welche weit auseinander liegen, ernähren zwei Rassen, die als von einander am entferntesten angesehen werden müssen, so, daß diese Punkte des Erdballs, für Kolonisation der Weißen als recht geeignet angesehen werden.

Die Entstehung der Rasse kann nicht als urplötzlich gedacht werden, sondern nur als das Produkt allmähliger Entwickelung, ähnlich wie der Familientypus auch nur in mehreren Generationen sich zu einer konstanten Form entwickelt. Daß ein Geschlecht ins Innere von Afrika verschlagen, da zwischen zwei große Meere eingekeilt, vom Verkehr mit andern Stämmen durch die Küste abgeschnitten, nur auf die Fortpflanzung seiner Glieder unter sich angewiesen, dem beständigen

Wechsel des dortigen tropischen Klimas ausgesetzt, immer auf dieselbe
Nahrung angewiesen, auf denselben Umgang und einseitigen Gedanken=
austausch beschränkt, ohne alle neu anregende Elemente Generationen
hindurchlebt, allmählig an Gestalt, Farbe, Gesinnung und Charakter
einen gemeinsamen Typus bekommen und sich so allmählig zu einer
Rasse abschließen werde, das darf wohl mehr als wahrscheinlich gelten,
wenn wir beachten, wie die geringere Abgeschlossenheit und Absper=
rung einer einzigen Familie vom allgemeinen Strome des Verkehrs
mitten in Europa, ihren Gliedern schon ein bestimmtes Aussehen und
einen sie von andern unterscheidenden Charakter verleiht. Das ist es
auch, was den Juden überall als Juden erhält. Wenn man, wie
auch am richtigsten erscheint, nur drei Menschenrassen zählt, nemlich
die kaukasische, mongolische und äthiopische, so bestätigt sich das, was
eben über Entstehung der Rasse gesagt worden ist. Nemlich, wie die
Negerrasse geographisch vom Verkehr ausgeschlossen und auf sich an=
gewiesen wohnend, den Einflüssen des Klimas und Bodens sich ent=
sprechend entwickeln mußte, also auch die mongolische. In der Mitte
Asiens, in unabsehbarer Weite der Steppe, deren Saum nach allen
Himmelsgegenden von hohen Gebirgen, wie von Mauern umfangen
ist, mußten die flachen Weideländer, die wiederum ringsumher von
unwegsamem Sand, Sumpf und Kiesgrund abgeschlossen liegen und
den Menschen mit seiner Familie einsam zu leben zwingen, Ursache
zur Entartung des Menschenstammes zur mongolischen Rasse werden.
„Die tägliche Gewöhnung," sagt G. H. v. Schubert, „des Auges,
blinzelnd über die grenzenlose Fläche der Steppe oder über die Mo=
nate lang verweilende Decke des Schnees hinauszublicken, verräth sich
selbst in der äußern Form und Stellung dieser Augen, deren zum
Fernblick günstige Lage die stark vor= und aufwärts gedrungenen
Backenknochen und die Gestaltung der Augenhöhlen begründen. Dies
ist kein Leib, welcher durch das beständig abwechselnde Hinwegschreiten
über Berg und Thal oder durch das Geschäft des Schiffers und die
vielartigen Gewerbe des Städtebewohners vielseitig ausgebildet ist;
Hände, sowie Füße, werden weniger entwickelt gefunden als bei den
Völkern des westlichen Asiens und Europas, dieser Körper scheint
mehr zum Sitzen auf dem Rücken des Lastthieres oder am Boden ge=
macht, als zum Gehen und Klettern." Die Einflüsse des Bodens und
Klimas und der dadurch bedingten Lebensweise lassen sich als beson=
ders wirksame Faktoren bei Bildung der mongolischen und äthiopischen

Rasse nicht verkennen. Aber ebenso, wenn nicht noch höher, muß hier der fehlende Wechselverkehr und der Mangel an Vermischung mit fremdem Blute angeschlagen werden. Ueberall wo ein Menschenhäuflein in die abgeschiedene Gegend eines Festlandes, oder einer Insel, welche vom Verkehr abgeschlossen lag, hinkam und da das verwandte Blut der Familie sich von Geschlecht auf Geschlecht forterben und das bildende Element des Wechselverkehrs mit andern entbehren mußte, trat auch jedesmal neue Mangelhaftigkeit und Einseitigkeit der äußern, wie innern Bildung hervor, welche mehr oder weniger zu einer der extremen Formen der Rassen hinneigte. Es ist mithin nicht bloß das Klima und die Beschaffenheit des Bodens der Länder, was die Abarten der Menschenform entstehen ließ, sondern ebensosehr auch das vom Wechselverkehr mit andern Völkerfamilien aus- und abgeschlossene, auf den engen Kreis des eignen Stammes angewiesene Leben. Daher wird weder der Neger noch der Mongole durch bloße Verlegung seines Wohnsitzes in einen andern Welttheil gänzlich aufhören, Neger oder Mongole zu bleiben, sondern sein Unterschied kann nur durch allmählige Vermischung mit andern Menschenschlägen verwischt und aufgehoben werden. Auf diese Weise sind die Mittelrassen der amerikanischen und malaysischen Völkerstämme entstanden.

Man hat dem Klima und Boden auch die Bildung des Charakters hauptsächlich Schuld gegeben und in neuster Zeit geradezu die Bildungsfähigkeit des Negervolkes unter dem afrikanischen Himmelsstriche in Abrede gestellt. Dem widerspricht jedoch die Geschichte. Wohl mag die tropische Hitze und die Fülle der Naturerzeugnisse eine moralische Erschlaffung einerseits, wie eine wilde Leidenschaftlichkeit andrerseits begünstigen. Allein es lebt im Menschen noch eine andere Macht, von der wir vorher sagten, daß sie erst den Menschen zum Menschen mache, d. i. die Religion, welche zuletzt die Gemüthsart und den Charakter der Menschen bildet. Man bedenke, bis zu welcher bewundernswürdigen Selbstbeherrschung die Anachoreten kraft ihres Glaubens, in den heißen, alle Sinne bald ermattenden, bald zum rohen Sinnengenuß reizenden Ebenen Egyptens gelangten. Da zeigt sich deutlich, wie dieses innere Licht weit stärker als das der glühenden Sonne da draußen, bildend auf den Menschen wirkt. In unsern Tagen dient der König Theodorus von Abessynien ebenfalls zu einem Zeugniß wider die, welche diese den Menschen umbildende Macht der Religion leugnen wollen. Wir geben gern zu, daß es sehr schwer sein mag, die tief gesunkenen Negerstämme auf die sittliche Höhe des Christenthums zu führen, aber die Möglichkeit ihrer Wiedergeburt leugnen zu wollen, das hieße, alle einzelnen Siege des Evangeliums unter diesen Stämmen, so vereinzelt solche auch sein mögen, leugnen und dem Christenthume seine weltüberwindende Kraft, ja ihm die Aufgabe Weltreligion zu sein, absprechen. Doch hier überschreiten wir die Grenze unsrer Aufgabe, es sollte nur betont werden, wie die Rassenbildung nicht minder von den Einflüssen der Natur, als auch von denen der Religion mit abhängt. Ein deutliches Beispiel bieten uns die Türken, deren sittliche Erschlaffung und physische Schwachheit nicht wenig den Einflüssen des Islam zugeschrieben werden muß.

Die Entstehung der Rassen haben wir also in die ältesten Zeiten, wo sowohl die bildenden Einflüsse der Natur, als die bildungsfähige Kraft des menschlichen Organismus zarter, ja jungfräulicher hervortraten, zu verlegen. Im Urtypus der Menschheit war, wie in dem jeder Pflanze und jedes Thieres, die Fähigkeit, sich in verschiedene Varietäten oder Familienstämme zu entwickeln. Je nun, daß Klima, Abgeschlossensein vom Verkehr mit andern Stämmen, Lebensweise, Sitte und Religion auf diesen bildungsfähigen Organismus des Menschen im Laufe der Zeit einwirkten, darnach gestaltete sich auch derselbe eigenthümlich. Jemehr aber der einzelne Stamm sich diesen seinen natürlichen Lebensbedingungen hingab, desto mehr sank er von seiner geistigen Höhe unter die Herrschaft der Natur herab. Verlor er aber so allmählig die innere Macht des Glaubens oder das Bewußtsein seiner göttlichen Abstammung, so sank er immer mehr unter die tellurischen Einflüsse und näherte sich dem Thiere. Der Mensch der Natur überlassen, wird zuletzt nur vegetiren. Denn die Natur kann ihn, weil er über ihr steht, nicht heben, sondern nur ins animalische Leben hinabziehen.

Sollten wir einen historischen Zeitpunkt, wo die Anfänge zur Rassenbildung eintraten, bezeichnen, so könnten wir keinen andern Termin, als jene große Katastrophe, welche die heilige Schrift die babylonische Sprachverwirrung nennt, angeben. Der menschliche Hochmuth, welcher die Menschheit unaufhörlich an eine Gegend fesseln wollte, ward Ursache ihrer Zerstreuung. Mit der Zerstreuung ward zugleich die Sprachverschiedenheit gegeben. Ob die neuern Bemühungen, die Grund- und Ursprache aus gegenwärtig verschiedenen Sprachstämmen wieder aufzufinden, je mit Erfolg werden gekrönt werden, wissen wir nicht. Soviel aber stehet fest, daß, je abgeschnittener ein Menschenschlag von dem Markte der Civilisation, welche seit der apostolischen Predigt des Evangeliums dem Gange des Christenthums sich anheftet, lebt, desto mehr Sprachen zählt er auch. Und jemehr christliche Sitte und Civilisation eine Rasse durchbringt, desto mehr verschwindet auch die Sprachenverschiedenheit der einzelnen Volksstämme. Während im Innern Afrikas fast jedes Dorf eine andere Sprache redet, hat sich in Europa die Zahl der Sprachen immer mehr auf die Zahl der einzelnen größeren Volksstämme reduzirt und sehen wir mit jedem Jahrhundert eine Abnahme der frühern Sprachenfülle. Dieselbe Erscheinung kehrt in Amerika wieder. Wir dürfen daher wohl sagen, daß die geschichtliche Entwicklung der Menschheit immer mehr auf eine Ausgleichung der Rassen und Sprachen zugleich hinsteuert, also die Einheit des menschlichen Geschlechts herzustellen bemüht ist. Das würde aber nun und nimmermehr der Fall sein, wenn die Rassen ursprünglich als selbstständige Formen und Urgebilde geschaffen oder irgendwie als koordinirte Typen entstanden wären. Die Behauptung der Ursprünglichkeit der Rassen verwirrt sich in unauflösliche Widersprüche. Die Uebergänge und Abstufungen, sowie die Vermischung und Kreuzung der Rassen, bieten dann eine unerklärliche Erscheinung. Denn wir würden dann im Menschen einen Vorgang sehen, der seines Gleichen in der ganzen Natur, weder bei Pflanzen, noch bei Thieren wieder findet, nemlich, daß eine ursprünglich gegebene Form sich in eine andere, ebenfalls ursprünglich gegebene auflösen und übergehen kann. Wären die Rassen ursprünglich gegebene Formen, dann würden und müßten sich auch die verschiedenen Sprachstämme auf die drei Rassen der Menschheit zurückführen lassen. Denn was wäre natürlicher, als daß auch jede Rasse ihre eigenthümliche Grundsprache müsse gehabt haben? Wir werden daher sagen müssen, die ursprüngliche Selbstständigkeit der Rassen läßt sich wissenschaftlich nicht beweisen. Dagegen kann wissenschaftlich die Möglichkeit der Abstammung der Menschheit von einem Paare nicht umgestoßen werden. Aber ebenso wenig kann diese einheitliche Abstammung mit wissenschaftlicher Evidenz bewiesen werden. Und zwar mit Recht. Denn aller Ursprung und Anfang der Dinge entzieht sich der menschlichen Forschung und hüllt sich in ein geheimnißvolles Dunkel, das zu durchbringen noch kein menschliches Auge vermocht hat. Immer aber wird bei derartigen Untersuchungen über den Ursprung der Erde und ihrer Geschöpfe der

Irrthum mit unterlaufen, daß wir die gegenwärtigen Bedingungen der Entwicklung auch auf die ersten Anfänge übertragen, weil wir eben von den damaligen Zuständen gar keine Kenntniß noch Vorstellung haben. Daher ist und bleibt die Erschaffung der Welt und des Menschen ein Gegenstand des Glaubens, welcher sich an das, was die Offenbarung darüber berichtet, hält. Aber es freut uns sagen zu können, wir glauben in diesem Punkte nichts, was absurd ist und den Richterstuhl der wissenschaftlichen Kritik zu scheuen hätte, sondern unser Offenbarungsglaube kann getrost die strengste wissenschaftliche Kritik herausfordern und über alle bisherigen Hypothesen der Wissenschaft sich stellen. So lange Jesus Christus als der einige Urtypus unsers Geschlechts dasteht, so lange muß ihm auch ein einiger Urtypus der natürlichen Menschheit gegenüber stehen.

Man hat endlich noch die Bevölkerung von Amerika und Neuholland bei der Abstammung des Menschen von einem Paare für unerklärlich gefunden. Denn wie sollen in der ältesten Vorzeit bei Unerfahrenheit der Schifffahrt diese Gegenden der neuen Welt ihre Bewohner aus der alten erhalten haben? Aber gerade die Einwohner der neuen Welt tragen das unverkennbare Gepräge ihrer Verwandtschaft mit denen der alten und geben somit Zeugniß, daß sie keine ursprünglichen Rassen sein können. Die Aehnlichkeit der amerikanischen und mongolischen Rasse, sagt A. v. Humboldt, zeigt sich besonders in der Farbe der Haut und der Haare, dem wenigen Bart, den stark hervortretenden Backenknochen und aus der Richtung der Augen. Die menschliche Gattung zeigt keine sich mehr nähernden Rassen als die amerikanische, die mongolische, die der Mandschu und die Malayen." Desgleichen erinnern die Kunstgebilde, die socialen und religiösen Zustände der alten Mexikaner und Peruaner, vielfach an Indien und Hinterindien, wie auch an Aegypten. Dasselbe bestätigt auch K. v. Raumer in noch anderer Hinsicht. Man wird daher nichts Unwahrscheinliches behaupten, wenn man die amerikanischen Volksstämme aus der mongolischen und kaukasischen Rasse hervorgehen läßt. Daß aber beide Rassen dorthin ohne zu große Schwierigkeit gelangen konnten, zeigt schon ein flüchtiger Blick auf die Karte. An der Behringsstraße rücken die beiden Continente von Asien und Amerika einander am nächsten. Die Tschuktschen führen dort noch heute alljährlich die Erzeugnisse des einen Erdtheils dem andern zu. Was aber jetzt regelmäßig geschieht, wird, ja muß auch früher geschehen sein. Dann aber führt ein zweiter Weg über die japanisch-aleutische Inselkette von Asien nach Amerika hinüber. Endlich aber könnte von Südasien nach Südamerika über die Sunda-Inseln, die der Molukken und Philippinen, obwohl dann zwischen letztern und dem Festlande von Amerika eine größere Lücke liegt, ebenfalls ein Verbindungsweg beider Erdtheile angenommen werden. Die Völkerstämme jener Inselgruppen bis zu den Sandwichsinseln verrathen auch in Bau, Sprache und Sitten eine gemeinschaftliche Abstammung und zwar von Asien her. So würden sich die verschiedenen amerikanischen Volksstämme mit ihrem gemeinschaftlichen mongolischen Typus am natürlichsten erklären lassen. Das aber auch von der Westküste des europäischen Festlandes lange vor Kolumbus eine Verbindung mit dem amerikanischen Kontinente stattgefunden habe, darüber herrscht gegenwärtig kein Zweifel. Denn es gilt für erwiesen, daß die Normannen schon vom zehnten Jahrhundert an über Island und Grönland die Ostküste des nördlichen Amerikas besuchten und daselbst Niederlassungen gründeten. Und wenn in diesem Punkte etwas als sicher aufgestellt werden darf, so möchte es die Abstammung der Einwohner Amerikas aus denen der alten Welt sein.

Aehnliches läßt sich auch von der äthiopischen Rasse in Bezug auf Neuholland sagen. Denn auffallender Weise finden sich auf den Inseln, welche zwischen den malayischen, polynesischen mitten inne liegen, die Papuas, ein echt wollhaariges Negervolk angesiedelt, welche ihre afrikanische Abkunft nicht verleugnen können und sich um den ganzen Ostrand Neuhollands herumziehen. Demnach würde die Bevölkerung Australiens wiederum aus den beiden Kontinenten der alten Welt, aus Asien und Afrika herzuleiten sein. Diese Andeutungen mögen jedoch genügen, um die Möglichkeit, daß die Einwohner der neuen Welt von denen der alten Welt ausgegangen sind, nachzuweisen. Welche Veränderungen aber Klima, Nahrung, Beschäftigung, Sitte und Religion bei den einzelnen Völkern hervorbringt, das sehen wir, wie schon vorher bemerkt, an den auffallenden Modifikationen, welche der Yankee im Vergleich zu seinen angelsächsischen Brüdern in England, und die Kanadier im Vergleich zu den Franzosen, von denen sie herstammen, in kaum zweihundert Jahren erfahren haben.

Letztere, die Kanadier sind auch ein schlagender Beweis gegen die Bedenken, daß die gegenwärtige Zahl der Bewohner der Erde nicht so groß sein könnte, wenn sie nur von einem Paare abstammten.

Denn im Jahr 1671 zogen 47 französische Familien mit 400 Personen nach Kanada und gegenwärtig zählen sie nahe 700,000 Seelen, trotz der blutigen Kämpfe, welche sie zu bestehen hatten. Zugleich gehören sie zu den körperlich und geistig kräftigsten Menschenschlägen, wie ihre Beschäftigung und ihre Anstalten in Quebek und Montreal zeigen. Demnach wäre auch die oft bezweifelte Vermehrung der Israeliten in Egypten innerhalb 430 Jahren nichts Wunderbares mehr. Die gegenwärtige Bevölkerung der Erde von den aus der Arche hervorgegangenen acht Seelen kann demnach auch nicht mehr als eine Unmöglichkeit bezweifelt werden. Wir haben genug an dem, daß bis jetzt die Lehre der h. Schrift über Abstammung des Menschen auch wissenschaftlich nicht hat widerlegt werden können.

Die Pilgermission auf St. Chrischona.

Wir finden in dem Evangel. Sonntagsboten einen, nach einem Rundschreiben der s. g. Pilgermission verfaßten Aufsatz über die Chrischona, welcher unseres Wissens zum ersten Mal eine einigermaßen zusammenhängende Uebersicht über die genannte Unternehmung bringt, mit deren Grundsätzen, betreffend die Ausbildung der Zöglinge und die Verwaltung des Vermögens, wir uns freilich nicht einverstanden erklären können, wenn dieselben auch mehr als die von uns für richtig geachteten, dazu geeignet sind, eine derartige in's Weite und, wozu gewiß die Gefahr vorliegt, ins Maßlose auseinandergehende Unternehmung rasch in's Werk zu setzen.

Unter vielen Freunden der Baseler Missionsgesellschaft, so lautet dieser Aufsatz, herrscht häufig noch die Ansicht, als wäre die Anstalt Chrischona und die Baseler Missionsanstalt ein und dasselbe, oder wenigstens sei jene eine Art Voranstalt oder doch Hülfsanstalt für diese. - Dies Alles ist in keiner Weise der Fall; vielmehr bestehen beide Anstalten vollständig gesondert und unabhängig von einander und jede für sich. Zwar sind beide einander in vielen Stücken ähnlich. Beide Anstalten sind vornehmlich durch Vater Spittler in's Leben gerufen worden; beide Gesellschaften haben ihre Bildungsschulen für Missionare; beide senden ihre Zöglinge in eigene Missionsgebiete oder nach Amerika, oder sie sind bereit, sie anderen Gesellschaften (unter gewissen Bedingungen) zur Aussendung zu überlassen. Andererseits aber bestehen nicht unbedeutende Verschiedenheiten zwischen beiden; zunächst darin, daß die Chrischona-Pilgermission kein verantwortliches Committé hat und keine öffentliche Rechnung über Einnahme und Ausgabe ablegt. Vater Spittler ist gewissermaßen für sich das ganze Committé, und das volle Vertrauen, das er bei Jedermann genießt, tritt an die Stelle der Rechnungsablage. Ferner wird auf der Chrischona nicht, wie in der Baseler Missionsanstalt, — wenigstens ursprünglich nicht — ein besonderer Werth auf die wissenschaftliche Ausbildung der Zöglinge gelegt. Endlich hat sie — im Unterschied von der Baseler Missionsgesellschaft — neben der äußeren Mission ihre Thätigkeit auch der inneren Mission (und zwar dieser ursprünglich allein) zugewendet.

Es mag etwa zwanzig Jahre sein, daß Vater Spittler auf das zerfallene und längst nicht mehr gebrauchte Kirchlein aufmerksam wurde, das $1\frac{1}{4}$ Stunden von Basel von den letzten Ausläufern des Schwarzwaldes auf den weiten Thalgrund, wie auf die Höhen des Jura und die fernen Schneespitzen der Alpen fröhlich hinausschaut. Er setzte zuerst, mit Gestattung der Behörde, einen christlichen Jüngling, Zimmermann von Profession, in ein Dachkämmerlein des Thurms, und nahm so gewissermaßen vom Kirchlein Besitz. Der junge Zimmermann schaffte den Schutt und Unrath hinaus und ruhte nicht, bis er Alles freundlich und reinlich im Kirchlein hergestellt hatte. Was nun dort oben weiter werden sollte, mußte sich erst zeigen. Anfangs wurden dem vereinsamten Zimmermann etliche verkommene Leute zugeschickt, die er zu Handarbeit anhalten und durch christlichen Einfluß zurechtbringen sollte. Da diese zum Theil wohlgeriethen, so sammelten sich nach und nach, von Vater Spittler dahin gesandt, junge christliche Handwerker in den wohnlich eingerichteten Dachkammern des Thurms, mit dem Zweck, später den dort gesammelten Schatz christlicher Erkenntniß theils auf ihren Wanderungen, theils nach Gründung ihres eigenen Herdes bei Andern zu verwerthen. Damals erhielt das Kirchlein den Namen „Pilgermissionsschule". Aber im Lauf der Zeit hat sich Alles Schritt für Schritt ausgedehnt, und die Chrischona ist nun eine große Bildungsanstalt für innere und äußere Mission geworden. Nach dem vierzehnten Rundschreiben theilen wir Folgendes darüber mit:

I. In der Anstalt selbst befinden sich etwa fünfzig Zöglinge und Präparanden, mit dem übrigen Lehr- und Hauspersonal 60 bis 70 Personen. Da nun das ganze umliegende Land (der Chrischona-

Hof mit seinen Gütern) in den Besitz der Anstalt durch Kauf übergegangen ist, so haben die Zöglinge im Sommer einen großen Theil ihrer Zeit der Feldarbeit zu widmen; daneben geht der Unterricht in den verschiedensten Fächern fort. Eine Brunnenleitung mit Pumpwerk, von den Zöglingen selbst zu Stande gebracht, führt das Wasser aus ziemlicher Entfernung der Anstalt zu. Die Felder, der Viehstand und der Garten liefern den Zöglingen den größeren Theil der nöthigen Lebensbedürfnisse. Eine Druckerei mit Schnellpresse liefert verschiedene Schriften und soll bald auch amharische Büchlein, wozu die Lettern von England geschenkt wurden, hervorbringen. Reiche Naturalbeiträge, so wie Beisteuern von verschiedenen Hülfsvereinen, haben die Ausgaben der Anstalt gedeckt. Doch ist es im letzten Jahr „nicht ohne Schulden" abgegangen.

II. Innere Mission.

1) Es wurde im Laufe des Jahres (1862) ein Evangelist unter die Eisenbahnarbeiter im Canton Schaffhausen und ein Colporteur in den Canton Zürich gesandt.

2) Die Anstalt Matenbühl (am Fuß der Chrischona) ist zur Aufnahme mißrathener und sonst verkommener Leute bestimmt, welche durch geordnete Arbeit und den Einfluß des Christenthums für die menschliche Gesellschaft wieder gewonnen werden sollen. Viele traten letztes Jahr ein und aus, mit dem verschiedensten Erfolg. Es ist eine gesegnete Anstalt.

3) Die Pfingstwaide (ein Gut in der Nähe des Bodensees) war bisher die Station etlicher Brüder, von welchen die Umgegend evangelisirt werden sollte. Jetzt wird dort eine Anstalt für epileptische Kinder eingerichtet.

4) Von einem Pastor in Pommern wurde ein Zögling als Laiengehülfe berufen, der nun theils die Kinder des Pastors unterrichtet, theils in dem großen Pfarrsprengel als Laiendiakon arbeitet.

5) In Kurland arbeiten als Evangelisten acht Chrischona-Zöglinge, namentlich auf den Gütern adeliger Herrschaften, wo sie Schulen, Hausandachten, Krankenbesuche, Bibelstunden ꝛc. zu halten haben. Da die dortigen Bauern meist nur lettisch reden, so haben sie sich dieser Sprache zu bemächtigen.

6. Nach Nord-Amerika (theils den südlichen, theils den nördlichen Staaten) sind nach und nach mehr als 50 Chrischona-Zöglinge ausgesandt worden, auch noch im Laufe des verflossenen Jahres fünf.

Viele von ihnen haben in Folge des Bürgerkrieges allerlei Schwierigkeiten zu bestehen. Sie sind größtentheils Pastoren an deutschen Gemeinden.

7) Auch in Süd-Amerika stehen sechs Zöglinge der Chrischona als Prediger und Lehrer, namentlich im Staate Buenos-Ayres.

III. **Aeußere Mission.**

1) In der europäischen Türkei, dem alten Macedonien, arbeitet (wahrscheinlich im Dienst einer englischen Judengesellschaft) ein Chrischona-Zögling in Kassandra, einer in Saloniki (Thessalonich). Ihre Hauptaufgabe besteht in der Bedienung einer Schule, wo sich freilich unendliche Schwierigkeiten darbieten. Auch durch ärztliche Dienstleistungen suchen sie das Volk zu gewinnen.

2) Eine bedeutende Thätigkeit entwickelt die Chrischona-Mission in Palästina. In Jerusalem sucht ein vor Jahren gegründetes Handlungsgeschäft theils die Mittel für die Mission herbeizuschaffen, theils dem Volk ein Vorbild der Redlichkeit in Handel und Wandel zu geben. Zwei Kaufleute besorgen die Handlung. — In dem Knaben-Waisenhaus (nahe bei Jerusalem), das in Folge der syrischen Metzeleien gegründet wurde, befindet sich ein Hauspersonal von etwa 40 Personen, darunter 29 christliche und muhamedanische Knaben. Außer dem Schulunterricht werden die Knaben auch in der Schneiderei, Schusterei und Drechslerei geübt. Daß es in der Erziehung dieser Kinder viel Noth und Schwierigkeiten giebt, ist natürlich. — In der Hafenstadt Jaffa steht ein Chrischona-Zögling als Spediteur für die Handlung in Jerusalem; zugleich ist er durch einen christlichen Russen in den Stand gesetzt worden, eine Schule und ein kleines Spital zu errichten, wofür bereits die nöthigen Gehülfen aus Europa eingetroffen sind.

3) Die denkwürdige „Apostelstraße", deren Sinn der ist, daß zwischen Jerusalem und Abyssinien zwölf etwa gleich weit von einander entfernte Stationen, jede mit dem Namen eines Apostels, errichtet werden sollen, hat nun zwei Stationen: Cairo, die Station „St. Marcus", und Matammah an der Grenze Abyssiniens, deren Apostelname noch nicht angegeben ist. In Cairo arbeiten drei Brüder, und zwar mit großem Segen. Sie halten Schule, predigen den Deutschen, halten jeden Sonntag arabischen Gottesdienst und haben eine förmliche Stadtmission in der Stadt eingerichtet. In Matammah aber sind erst im März 1862 zwei Brüder eingetroffen. Bereits haben

sie sich einige Hütten gebaut, Land angepflanzt und mit den Eingebornen, namentlich den Negern aus Darfur, Verbindungen angeknüpft.

4) In Abyssinien wurde im Jahre 1855, unter der Leitung des Bischofs Samuel Gobat, von der Chrischona aus eine Mission begonnen. Es waren zunächst Handwerksbrüder, welche neben ihrer Missionsarbeit zugleich ihren eigenen Unterhalt sich erwerben sollten. Jetzt arbeiten acht Brüder im Lande. Fünf von ihnen sind nur indirekt als Missionare thätig, indem sie beabsichtigtermaßen und freiwillig (seit dem Jahre 1855) dem König Theodoros sich als Arbeiter nützlich gemacht haben, und dafür vom König auch einen Theil ihres Unterhalts beziehen. Sie haben durch Verbreitung der amharischen Bibel, durch Vorlesung biblischer Abschnitte, durch Predigten und Hausgottesdienste, so wie überhaupt durch Wort und Wandel für den Herrn zu wirken gesucht. Etliche Kinder sind ihnen zur Erziehung übergeben. Auf der Bergfeste Magdale sind auch einige Soldaten und zwei königliche Schreiber erweckt worden. — Auch auf die etwa 100,000 Juden (Falascha's) in Abyssinien, die besonders empfänglich für die Heilswahrheit zu sein scheinen, hat sich die Aufmerksamkeit der Chrischona-Brüder gerichtet. Als nun die Londoner Judengesellschaft im Jahre 1860 drei englische Judenmissionare zu den Falascha's nach Abyssinien sandte, schloß einer der Chrischona-Brüder (Flad) sich an diese an. In neuerer Zeit scheint ein heilsbegieriges Fragen nach dem wahren Messias unter den Falascha's erwacht zu sein. — Endlich hat auch die schottische Kirche zwei Judenmissionare zu den abyssinischen Falascha's gesandt, und zwei Chrischona-Brüder haben sich an diese angeschlossen. — Der politische Zustand des Landes ist noch immer durch unaufhörliche Kriege zerrüttet, und König Theodoros kann seines neugewonnenen Reiches nicht froh werden.

5) An die Ostküste Afrika's sind vor zwei Jahren unter der Leitung von Dr. Krapf und im Dienste einer englischen Methodistengesellschaft zwei Chrischona-Brüder abgegangen, aber nach kurzer Zeit „wegen Krankheit und Mangel an Glaubensmuth" wieder heimgekehrt.

6) In Westafrika (Sierra Leone) arbeiten zwei Zöglinge der Chrischona im Dienste der englisch-kirchlichen Missionsgesellschaft im Segen. Der eine (Bockstatt) steht als Hausvater der großen Negerschule in Kissey vor, während der andere (Knöbler), nach erhaltener bischöflicher Ordination, als Pastor der Gemeinde Wilberforce vorsteht. — Ein anderer Chrischona-Bruder, im Dienste derselben Mis-

sionsgesellschaft, wirkt als Katechist in Abbeokuta, der Hauptstadt des Yoruba-Landes.

7) Seit mehreren Jahren stehen zwei Chrischona-Zöglinge (Schmid und Hunziker), angestellt von der englischen „Missionsgesellschaft für Patagonien in Süd-Amerika", auf den Falklands-Inseln; dort wenigstens ist die Hauptstation. Von dort aus werden Versuche gemacht, theils im Feuerland, theils in Patagonien und unter den Indianern von Araukanien, Missions-Niederlassungen zu gründen. Bereits sind hoffnungsreiche Anfänge gemacht, und Bruder Hunziler ist wohl bei weitem der tüchtigste unter allen dort arbeitenden Missionaren. Im Februar 1862 sind wieder zwei neue Zöglinge der Chrischona dahin abgegangen; sie sollen am Fluß Negro (Im Nordosten von Patagonien) eine Station errichten.

Das Genossenschaftswesen und die ländlichen Tagelöhner.

Vor einiger Zeit erkundigte ein englischer Geistlicher sich in einer der cooperativen Bewegung gewidmeten Zeitschrift sehr angelegentlich nach Nachrichten über etwaige Versuche, im Sinne der landwirthschaftlichen Genossenschaften. Darauf erfolgte ein Bericht des Gutsbesitzers Gurdon über eine solche Association, die — bemerkenswerther Weise, bereits seit 30 Jahren, und zwar nur fünf englische Meilen von dem Wohnort jenes Geistlichen in Thätigkeit gewesen war, ohne daß jener Geistliche und überhaupt Jemand davon eine Kunde erhalten; frühere Mittheilungen der Art an die Times hatte diese Zeitung, charakteristisch genug, keiner Berücksichtigung für würdig erachtet. Jener Bericht des Herrn Gurdon ist nunmehr für Professor B. A. Huber die Veranlassung geworden, ganz neuerdings eine kleine Brochure herauszugeben, die solchen, denen es an der Erledigung des ländlichen Tagelöhner-Problems ernstlich gelegen ist, dringend empfohlen werden darf. Vornehmlich freilich sind es Gutsbesitzer, deren Interesse man hier betheiligt zu sehen wünschen muß, aber auch von denjenigen, welche nach jener Seite hin nichts direct thun, sondern nur irgend welchen Einfluß ausüben können, ist die Beachtung lebhaft zu wünschen. Der Verfasser geht von der Ueberzeugung aus, (S. 2), „daß die Zustände der Massen der landwirthschaftlichen Tagelöhner durchschnittlich in jeder Beziehung — geistig, leiblich und wirthschaftlich oder überhaupt materiell und social — der Art seien, daß sie auch den bescheidensten Ansprüchen christlicher Civilisation und jedesmal nach germanischer Volks- und Landesart nicht entfernt entsprechen" — eine Ansicht, die hie und da gewiß Widerspruch hervorrufen wird. In England, so fährt er fort, sei man längst darüber im Reinen, daß die Zustände der Tagelöhner auf dem Lande durchschnittlich fast in jeder Beziehung schlechter seien, als jene der Fabrikarbeiter in gewöhnlichen Zeiten, während bei diesen allerdings der verderbliche, aber doch nur vorübergehende Einfluß schlechter Zeiten (durch Krisen u. s. w.) sich weit mehr fühlbar mache, als bei jenen, denen der Vorzug einer größeren Stabilität auf der niedrigsten Stufe nicht abzusprechen sei. Zur Beglaubigung dieser schwer wiegenden Urtheile wird, so weit sie England betreffen, auf eine englische Schrift von Fawcett, die in diesem Jahr erschienen, verwiesen. Wir hätten aber gewünscht, daß der Verfasser auch aus Deutschland nähere thatsächliche Belege zur Begründung seiner Behauptung beigebracht hätte, da der bloße Hinweis auf jenen einen, freilich wichtigen Aufsatz eines preußischen Geistlichen in der Evangelischen Kirchenzeitung doch schwerlich genügen kann, schon deßwegen nicht, weil dieser letzte Aufsatz sich nur auf Pommern bezieht. Es wäre zweckmäßig gewesen, diese argen Zustände in Beziehung auf weitere Kreise zu constatiren. Denn es ist wenig allgemein bekannt, in welchen desolaten Zuständen die Tagelöhner auch in andern Ländern dahinleben. Wir denken z. B. an Schlesien, dessen Schattenseiten nach dieser Seite hin vor einigen Jahren mit großem Ernst einmal, z. B. in der Kreuzzeitung aufgedeckt wurde, oder an Westpreußen, wo man wenigstens vor etlichen Jahren hie und da unter den Tagelöhnern noch auf eigentliche Troglodyten stoßen konnte. — Der Verfasser geht, wie von ihm zu erwarten, abermals davon aus, daß die Lösung dieser Tagelöhnerfrage auch unter der ländlichen Bevölkerung allein von der Anwendung des genossenschaftlichen Prinzips erhofft werden darf. Wir halten dem für die Sache begeisterten Freunde diese Ausschließlichkeit immerhin zu gut, aber wollen doch dieser Behauptung gegenüber, zumal er selbst nicht Willens ist, es in Abrede zu stellen, daran zugleich erinnern, daß zu einer Regeneration des untern Volkslebens doch noch ganz andere Factoren als diese Art der immerhin bedeutungsvollen Association in Bewegung gesetzt werden müssen. Jedenfalls aber ist das Thatsächliche, was er zur Begründung seiner Ansicht anführt, der ernstesten Beachtung werth und wir theilen den Kern dieses Thatsächlichen mit, weil wir glauben, damit zugleich am erfolgreichsten zur Lesung der ganzen Brochure aufzufordern.

Nachdem der Verfasser nemlich zuvor auf diejenigen Erscheinungen in England, welche die Einführung des Genossenschaftswesens vorbereitet, namentlich aufmerksam gemacht, wendet er sich zu jenem neuesten derartigen Versuch auf dieser Bahn, welchen Mr. Gurdon auf Assington-Hall bei Sudbury (Grafschaft Suffolk) mit der Gründung und Durchführung jener Tagelöhner-Association ins Leben gerufen.

Professor Huber läßt zunächst den Ehrenmann sich selbst über die Sache aussprechen zur bessern Orientirung über Geist und Gesinnung, aus welcher sie hervorging. „Es sind schon 33 Jahre", sagt er, „daß ich, getrieben durch die klägliche Versunkenheit der Tagelöhner in dieser wie in andern Gegenden, wo Holz- und Felddiebstahl, Wildfrevel, Trunkenheit u. s. w. die herrschenden Lebensgewohnheiten bilden, einen Entschluß und Plan faßte, die Leute in ihrem Stand und Beruf und ohne sie über denselben zu erheben und ihm zu entfremden, diesem kläglichen Zustande zu entreißen. Dabei legte ich das Hauptgewicht darauf, daß ihnen ein Antheil, ein Interesse an und in dem Lande, dem Grund und Boden verschafft werden sollte. Sie sollten darin wieder ein Bewußtsein ihrer Verantwortlichkeit gegen Gott und Menschen, gegen ihre Nachbarn gewinnen. Von der gepriesenen Unabhängigkeit halte ich nichts, sondern von der rechten Abhängigkeit zunächst von Gott und dann von dem Nächsten nach allen Seiten. Das ist die Grundlage und das Band aller guten Ordnung und menschlichen Gesellschaft. Ich bin für den rechten, zeitgemäßen Fortschritt in allen Dingen; ich bin für Dampfmaschinen und Dampfpflüge u. s. w.; aber auch eben deshalb für den rationellen Großbetrieb auf großen zusammenhängenden Gütern. Aber es giebt auch kleinere vereinzelte Grundstücke (Vorwerke), die meistens eben deshalb schlecht bewirthschaftet werden, und ein solches ersah ich mir zur Verwirklichung meines Planes."

Als ihm 1830 ein solches Grundstück von 114 Acres pachtfrei wurde, berief er 20 der verhältnißmäßig bessern Tagelöhner der Gemeinde und machte ihnen den Vorschlag: sie sollen gegen landesübliche Pacht, eine Einzahlung von 2 £ zum Betriebscapital und als eine allgemeine Bürgschaft, und eine wöchentliche Fuhr mit 4 Pferden und 2 Mann die Pachtung (auf seine Lebzeit) zu gemeinsamem Betrieb auf Vierfelderwirthschaft nach seiner Anleitung übernehmen, wogegen er ihnen das Betriebscapital von 400 £ zinsfrei vorstrecken wolle. Dieser Vorschlag wurde contraktmäßig formulirt und angenommen und ebenso die Statuten für die "Landwirthschaftliche cooperative Genossenschaft von Aßington", welche noch im Laufe des Jahres ihre Pachtung antrat. Der Erfolg ging über alle Erwartung. Schon nach zehn Jahren war das vorgeschossene Capital heimgezahlt und sie waren im vollen Genuß einer wohlangebauten und mit allem nöthigen Inventarium reichlich versehenen Pachtung. — Dies veranlaßte Mr. Gurdon, mit einem zweiten ähnlich vereinzelten Grundstück den Versuch zu wiederholen. Es fanden sich 30 Tagelöhner zur Bildung einer zweiten landwirthschaftlichen Genossenschaft, mit welcher ein Contract unter folgenden Hauptpunkten geschlossen wurde: Ich verpachte an die Genossenschaft u. s. w. ein Grundstück von 136 Acres, genannt "Severals", für die jährliche Pachtsumme von 194 £ und 3 £ für jedes Haus unter folgenden Bedingungen: 1) Daß die Genossenschaft aus 30 Mitgliedern bestehe. 2) Daß ihre Führung gut sei und sie das Pachtgeld richtig bezahlen. 3) Daß das Grundstück auf Vierfelderwirthschaft bebaut werde. 4) Daß das Grundstück alle 12 Jahre neu geschätzt werde. 5) Daß alle nöthigen baulichen Reparaturen auf Kosten der Genossenschaft ausgeführt werden, wozu der Gutsherr das Rohmaterial liefert. 6) Daß die Gebäude für 300 £ versichert werden u. s. w.

Nach dem von Professor Huber dann weiter mitgetheilten Statut der Genossenschaft ist unter andern ein Ausschuß von 3 Mitgliedern zur Leitung der Arbeiten gewählt: ein Vorsteher (manager), ein Rechnungsführer und Cassier, ein Viehmeister (stockkeeper) unter dem Vorsteher. — Der Vorsteher ist ermächtigt, die Zahl der Arbeiter nach Bedürfniß und Jahreszeit zu vermehren und zu vermindern, und wenn alle Mitglieder in Arbeit stehen, auch andere Arbeiter anzunehmen. — Die nöthigen Lebensbedürfnisse für die Mitglieder sind vom Ausschuß anzuschaffen und im Pachthof bereit zu halten. — Macht sich ein Mitglied einer Veruntreuung oder sonstigen Vergehens schuldig, so wird es mit Verlust seines Antheils ausgeschlossen und der Antheil zum Reservefonds geschlagen. — Bei unvorhergesehenen Verlegenheiten kann jedes Mitglied einen Vorschuß bis zur Hälfte seines Antheils zu 5 Proc. erhalten oder auch seinen Antheil unter Zustimmung der Genossenschaft und des Gutsherrn verkaufen.

Wegen der weiteren Einrichtungen müssen wir auf die Brochure selbst verweisen. Nur von demjenigen, was über den erwünschtesten Erfolg jener beiden Genossenschaften der Verfasser mittheilt, können wir das Nachfolgende nicht übergehen. „Wie die erste Genossenschaft, so hat auch die zweite schon nach zehn Jahren das vorgeschossene Betriebscapital heimgezahlt, während der durchschnittliche Antheil der Mitglieder auf 50 £ zu berechnen ist, welche im Betrieb sich zu etwa 10 Proc. verwerthen. Wie sich dieser zunehmend verbessert, geht schon aus der einen Thatsache hervor, daß der Gutsherr den beiden Genossenschaften vor drei Jahren die Kosten einer Dreschmaschine erster Klasse zu 5 Proc. vorstrecken konnte, worauf sie jetzt nur noch einen geringen Rest schuldig sind, während die Vortheile der Erwerbung mehr und mehr sich bewähren. Die Hauptbedeutung dieses Unternehmens zeigt sich aber in der gänzlichen Umwandlung und außerordentlichen Hebung der ganzen Lebenshaltung dieser Leute und in dem Einfluß der sich von ihnen aus auf die ganze Nachbarschaft verbreitet. Ein solches Resultat begreift natürlich eine Menge von Einzelnheiten des täglichen Lebens, namentlich auch nach der sittlichen und intellektuellen Seite, welche sich nicht nach einem materiellen Werth schätzen oder (wenigstens nicht hier) weiter ausmalen läßt. Wenn auch negativ, doch entscheidend ist schon allein die Thatsache, daß, während früher die meisten dieser Leute ab und zu dem Armenwesen zur Last fielen, sie jetzt größten Theils zur Armensteuer herangezogen werden, und während sonst die Klagen oder Bestrafungen wegen Felddiebstahl und Waldfrevel kein Ende nahmen, davon jetzt gar nicht mehr die Rede ist. Auch die Trunkenheit ist gleichsam selbstverständlich verschwunden. Die ganze äußere Haltung und Erscheinung der Leute und ihrer Umgebungen und Wohnungen ist eine zunehmend respectable. Mit einem Wort, in wenigen Jahren sind im besten Sinne ganz andere Leute daraus geworden. Namentlich ist aber noch hervorzuheben, daß eine irgend ernstliche oder nachhaltige Störung des guten Vernehmens zwischen dem Grund- und Arbeitsherrn und diesen Pächtern und Arbeitern oder dieser unter einander nicht vorgekommen ist.

Es ist nicht unsere Absicht durch diese Anzeige das Lesen der Brochüre überflüssig zu machen, wir wünschen vielmehr, daß sie alle ihr gebührende Berücksichtigung finde, welche sie um des Inhalts und des

Verfassers willen verdient. Dieselbe ist unter dem Titel Sociale Fragen I. von V. A. Huber, Nordhausen bei F. Förstemann erschienen und umfaßt nur 36 S.

Mittheilungen über den Bestand
und die Erfahrungen verschiedener Rettungs- und verwandter Erziehungshäuser, resp. Vereine.
(Fortsetzung.)

Wir fahren mit einigen Bemerkungen aus den Berichten der in der vorigen No. angeführten württembergischen Anstalten fort.

d. In mehreren Berichten, z. B. dem Kornthaler (39) und Calwer (35) ist davon die Rede, daß unter den Hausvätern und Leitern der württembergischen Rettungsanstalten nur eine Stimme darüber herrscht, wie schwer es halte, als Aufseher wahrhaft christlich gesinnte und zugleich für diesen Zweck taugliche junge Männer zu bekommen. Anstaltsfreunde, Vorsteher und Hausväter traten im Jahre 1861 in Stuttgart zusammen, um den Weg der Abhülfe dieses Mangels durch gemeinsame Berathung zu suchen, aber ohne ihn gefunden zu haben. Jetzt hofft die Kornthaler Anstalt, daß mit der jüngsten Einführung allgemeiner Gewerbefreiheit es sich werde möglich machen lassen, fortan Zöglinge aus dem eigenen Hause für gewerbliche Berufsarbeit z. B. Schneider, Schuster u. dgl. heranzubilden, und nebenbei (?) auch je nach innerer und äußerer Begabung für den späteren Beruf von Aufsehern zu erziehen. Man hat in genannter Gemeinde mit der Heranbildung einiger jüngst confirmirter Knaben den Anfang gemacht. Wir bezweifeln aber, daß dieser Weg hier zum Ziele führen kann — nachdem er sich auch schon anderswo als nicht geeignet herausgestellt.

e. Der Bericht über die Anstalt zu Herbrechtingen berichtet auch im letzten Jahre vielfache sehr erfreuliche Beweise von Anhänglichkeit früherer Zöglinge erfahren zu haben und fährt fort: Wie erfreulich wäre es für uns, wenn wir auch an unserem Jahresfeste solche frühere Zöglinge unseres Hauses in unserer Mitte begrüßen und etwas Aehnliches von dem erleben dürften, was ich kürzlich über ein Rettungshaus in Schottland gelesen habe. Der Vorstand dieses Hauses ladet jedes Jahr diejenigen früheren Zöglinge zur Jahresfeier ein, die günstige Zeugnisse über das abgelaufene Jahr beibringen können. Er sendet zu diesem Behufe an die Herrschaften und Principale der Kinder gedruckte Fragen, von deren Beantwortung die Zusendung einer Karte abhängt. Unter den sechs aufgestellten Fragen lautet die vierte: „Haben Sie Grund, zu glauben, daß sein Betragen in seinen Freistunden treu und tugendhaft ist?" Die fünfte: „Welche Kirche besucht er, und ist sein Besuch ein regelmäßiger?" Zu einer solchen Feier nicht eingeladen zu werden, ist eine Unehre, und ein löbliches Streben geht darnach, jährlich im Mutterhause die alten Kameraden und Genossen wieder zu sehen; auf der andern Seite werden die Zeugnisse großentheils sehr gewissenhaft ausgestellt.

f. Die Anstalt zu Stammheim bei Calw hat durch den am 12. November 1862 erfolgten Tod ihres Stifters, des in weiten Kreisen unvergeßlichen Pfarrer Dr. Barth einen Verlust erlitten, der in der Geschichte der Anstalt einen Abschnitt bildet. Der vorliegende 36. Jahresbericht über das Jahr 1862 widmet der bisherigen geschichtlichen Entwickelung der Anstalt eine eingehendere Erörterung. Nachdem von der Königin Katharina das erste derartige Institut im Württemberger Lande, die Paulinenpflege in Stuttgart, gegründet worden, trat in Folge eines Aufrufs der ebenfalls von der genannten Königin veranlaßten Centralleitung des Wohlthätigkeitsvereins vom 13. März 1823 die Paulinenpflege zu Winnenden in's Leben. Um dieselbe Zeit baute Hoffmann eine gleiche Anstalt in Kornthal; in Tuttlingen hatte, von der gesegneten Wirksamkeit Zellers in Beuggen angeregt, das Werk begonnen, dem schloß die edle Herzogin Henriette zu Kirchheim u. T. mit der Stiftung der dortigen Anstalt sich an. Die dann nächste Anstalt wurde die zu Stammheim bei Calw, und der Aufruf zu ihrer Begründung ging im November 1825 von Dr. Barth, damals Pfarrer in Möttlingen, aus. Man begann 1827 in einer Miethswohnung, und beschloß noch in demselben Jahre einen Hausbau. Von da an entwickelte sich die Anstalt in ihrer äußeren Gestalt bis zum Jahre 1844. Die Zahl der Aufgenommenen stieg mit jedem Jahre, bis sie 1854 mit 65 Zöglingen voll war; 1853, wo 18 Kinder neu aufgenommen werden konnten, lagen der Aufnahmegesuche 53 vor, auch 1856 hatte die Anstalt noch 62 Zöglinge. Der Zudrang wurde erst von 1858 an weniger stark als vorher. Die Gesammtzahl der bisherigen Zöglinge beträgt im Ganzen 326, und zwar 189 Knaben und 137 Mädchen. Die Knaben sind nach ihrem Austritt mit geringer Ausnahme Handwerker, nur etliche sind

Bauern geworden und bis nach Amerika zerstreut. Die Mädchen wurden Dienstboten, Näherinnen ꝛc. Wie viel gestorben sind, ist natürlich nicht zu ermitteln.

„Bei jedem Anstaltsbericht — so heißt es in dem Bericht weiter — drängt sich uns die Frage auf: wie viel mögen der Pfleglinge sein, welche als wirklich gerettete, oder vielmehr auf dem Wege der Rettung wandelnde — aus dieser Anstalt hervorgegangen sind; wie viele derselben sind nicht bloß nützliche Glieder der menschlichen Gesellschaft in der Zeit geworden, sondern wandeln zugleich gemäß ihrer himmlischen Berufung in Christo, so daß sie als Krone der Rettungsanstalt an jenem großen Tag, der Alles offenbar machen wird, erscheinen und ihn den Vorstehern, Lehrern und Freunden zum ewigen Anstaltsfest machen werden? Lieben Freunde, das wissen wir nicht! Eine statistische Tabelle vom Jahre 1857 sagt uns, es seien bis damals aus unserer Anstalt hervorgegangen: wohlgerathen 37 Knaben und 36 Mädchen, ungebessert: 6 Knaben und 4 Mädchen, zweifelhaft oder unbekannt: 108 Knaben und 57 Mädchen. Andere Anstalten haben seiner Zeit ihre entlassenen Pfleglinge unter die Rubriken: „Gut gerathen"; „Mittelmäßig"; „Schlecht", einzutheilen und den Erziehungserfolg so in Uebersicht zu bringen gesucht; wir finden zu solcherlei Notizen keinen verläßlichen Anhaltsgrund. Aber es ist uns leid, daß so wenige unserer entlassenen Pfleglinge in fortwährender Verbindung mit uns geblieben sind, und nicht von Zeit zu Zeit uns Nachricht über den Gang ihres innern und äußern Lebens gegeben haben. Um diesem Uebelstand für die Zukunft wo möglich mehr abzuhelfen, haben wir im Laufe dieses Frühjahrs damit angefangen, jeden einzelnen der entlassenen Zöglinge einem einzelnen Mitglied unserer Comité zu fernerer väterlichen Beachtung, Fürsorge und Berathung zu übergeben."

Schließlich erwähnt der Bericht die Abnahme der Kindermeldungen. Die Zahl der angemeldeten Kinder ist in Calw im Jahre 1862 so gering gewesen, daß nur 1 Knabe und 1 Mädchen aufgenommen wurden und die Zahl der Pfleglinge gegenwärtig 36 nicht übersteigt. „Woher kommt diese auffallende Erscheinung? Wir haben sie — antwortet der Bericht aus dem Munde des unsern Lesern aus dem Beiblatt schon mehrfach bekannten Herrn Gutsbesitzer Meßner — wir haben sie zunächst als Folge davon anzusehen, daß den armen Leuten durch die erhöhten Arbeitslöhne und vervielfältigte Gelegenheit zu reichlichem Arbeitsverdienst es leichter gemacht ist, als zu irgend einer andern von uns erlebten Zeit, ihre Familien zu ernähren und ihre Kinder zu beschäftigen. Zudem haben sich in zwei Nachbarbezirken, die früher einen nicht unbeträchtlichen Bestandtheil unserer Kinderschaar einzureihen pflegten, Vereine zur Unterbringung verwahrloster Kinder dort in Familien gebildet und gegründet; diesen zwei Umständen zunächst mag es zuzuschreiben sein, daß bis jetzt der neuen Anmeldungen so wenige bei uns eingelaufen sind, und daß das im vorigen Jahr uns zugekommene Contingent mehr als sonst aus schwächlichen Kindern besteht. So sehen wir uns veranlaßt, unsere Arme in entferntere Theile des Landes auszustrecken und kund zu thun, daß noch Raum bei uns sei und zur Ausfüllung desselben Bereitwilligkeit, der Verwahrlosung preisgegebene Kinder aufzunehmen.

Die Tage allgemeinen Wohlstandes gehen vorüber; daß wir sie erleben durften, auch dafür können wir Gott nicht genug danken; aber geliebte Freunde, wir wollen der Ebbe, die nach der Fluth erfolgen wird, nicht vergessen. Mag gegenwärtig die Anzahl rettungsbedürftiger armer Kinder kleiner erscheinen als früher: es kommt nicht daher, daß Gerechtigkeit die Erde bedecke, wie Meereswogen. Es sind nur Feigenblätter, welche die Blöße decken. Wir dürfen unsere Rettungshäuser noch nicht aufgeben; wir sollen ihrer gegenwärtig nur um so treuer pflegen, daß sie zum Segen stehen — und eine Zufluchtsstätte bleiben für die Armuth und Verkommenheit in den zukünftigen Tagen der Noth."

Wir bemerken hierzu nur noch, daß nach der von uns vorangestellten Generalübersicht im Großen und Ganzen die Zahl der Anstaltszöglinge in Württemberg nicht abgenommen hat; ja nach den hier gegebenen Andeutungen von neu entstandenen Vereinen scheint im Allgemeinen die Zahl der durch christliche Hülfsleistungen versorgten Kinder sogar zugenommen zu haben.

21—24. Frauenvereine zur Versorgung verwahrloster Kinder bestehen zunächst in Stuttgart und Kirchheim u. T. Ersterer hat im Jahre 1862 92 Pfleglinge mit einem Aufwande von 3681 Fl. 18 Kr., letzterer hat 12 Kinder mit 147 Fl. 18 Kr. versorgt. Von den Pfleglingen gehören 73 dem schulpflichtigen Alter an und sind in die verschiedenen Rettungsanstalten aufgenommen; 31 sind confirmirt und theils in Lehren, theils in Dienste untergebracht. — Außerdem haben wir bei Anführung des Calwer Berichtes (s. vorstehend) schon zweier neuentstandener Vereine, die sich die Aufgabe gestellt, derartige Kinder in Familien unterzubringen, gedacht. Ueber diese beiden letzteren Vereine ist uns jedoch nichts Genaueres bekannt.

25—39. **Großherzogthum Baden.** Aus dem Großherzogthum Baden fehlen uns alle Berichte. Der Mangel wird sich einigermaßen durch einige Mittheilungen ersetzen lassen, welche in dem interessanten Buche des Geh. Ref. Dr. R. Dietz im großherzoglichen Handelsministerium (Ergebnisse der Statistik des Großherzogthums Baden aus den Jahren 1852—1862. Karlsruhe 1863. 228 S. 8°.) enthalten ist. Das genannte Werk giebt eine vollständige Ueberficht über 15 verschiedene derartige theils evangelische, theils römisch-katholische Anstalten und einen derartigen paritätischen Verein.

a. Der „Verein für Rettung sittlich verwahrloster Kinder" erstreckt sich über das ganze Land, und nimmt sowohl evangelische als katholische Kinder auf und pflegt, wie jener württembergische Verein, diese Kinder meist in Anstalten unterzubringen, nämlich die evangelischen Kinder in den Anstalten zu Durlach und im Marienstift zu Buggingen, die katholischen in den Anstalten zu Mariahilf bei Donaueschingen und in Constanz. Doch überweist der Verein seine Pflegebefohlenen auch an brave Familien und sorgt später für Lehrlinge. 1862 betrug die Gesammtzahl der vom Verein versorgten Kinder 93 und die der Lehrlinge 33. Dieser Landesverein erhält einen Staatsbeitrag von 3000 fl.

b. Die evangelischen und katholischen Rettungshäuser in Baden sind folgende:

Evangelische Rettungshäuser:

Die Hardtstiftung bei Welschneureuth mit	70	Kindern,
Das Waisen- und Rettungshaus in Dinglingen mit	55	„
Die Rettungsanstalt Pilgerhaus bei Weinheim mit	53	„
Die Rettungsanstalt Niefernburg bei Pforzheim mit	48	„
Das Waisen- und Rettungshaus Georgshülfe bei Wertheim mit	19	„
Das Rettungshaus für Mädchen in Mannheim mit	30	„
Das Rettungshaus Friedrichshöhe bei Tüllingen mit	23	„
und das Schwarzwälder Rettungshaus in Kirnbach mit	3	„
	301	Kindern.

Katholische Rettungsanstalten:

Zu Waldbürn mit	50—60	Kindern,
Zu Mannheim (die Luisenanstalt) mit	30—40	"
Zu Käferthal (die Kinderzahl kann nicht angegeben werden)	—	"
Zu Schwarzach mit etwa	80	"
Zu Oberkirch mit etwa	60	"
Zu Riegel mit etwa	40	"
Zu Gurtweil mit etwa	40	"
	280—320	Kindern.

Die Berücksichtigung der Geschlechter ist aus vorstehenden Verzeichnissen nicht zu ersehen. Hinsichtlich der Confession ist die Zahl der evangelischen Anstalten (ihrer 8) um eine größer als die der katholischen (ihrer 7) und die Zahl der Zöglinge in beiden Reihen fast gleich (circa 300). Da die badische Bevölkerungsstatistik ⅓ Evangelische und ⅔ Katholiken nachweist, so würde daraus, wenn nicht die Katholiken die Evangelischen in sittlicher Beziehung bedeutend überragen, der Schluß zu ziehen sein, daß die dortigen Katholiken in dieser Hülfsleistung hinter den Evangelischen noch zurückgeblieben.

Alle vorgenannten 15 Anstalten verdanken ihre Entstehung und Erhaltung Stiftungen und Sammlungen. Für einzelne Kinder wird, wie allerwärts, Kostgeld von Gemeinden und Privaten bezahlt.

Zeitung und kürzere Correspondenzen.
Vereinshäuser.

Frankfurt a/O. Am 1. Nov. ist in Frankfurt a/O. eine neu gebaute „Herberge zur Heimath" feierlich eingeweiht. Das Nähere über das Ganze, das zu spät eingetroffen, um es noch in dieser No. aufzunehmen, wird das nächstemal erfolgen.

Verschiedenes.

Zum Gefängnißwesen in Preußen. Die Nordd. Allg. Zeitung vom 28. Oct. enthält als von amtlicher Stelle folgendes: Die „Kölnische Zeitung" brachte vor einigen Tagen Mittheilungen über eine von dem Baron von Seld aus Potsdam auf dem Mäßigkeitskongreß zu Hannover gehaltene Rede, in welcher derselbe von den Erfahrungen, welche er unter den Bewohnern von Zucht- und Strafhäusern gemacht, mit spezieller Bezugnahme auf Preußen gesprochen und dabei unter Anderem angegeben hat, es würden in Preußen täglich 2600 Gefangene geprügelt. Am Sonntage ruhe die Peitsche, aber dafür werde am Montage oft mit zwei Kräften den ganzen Tag geprügelt und am Abende sei man noch nicht fertig und müsse am Dienstag wieder anfangen.

Wenn jener Bericht die Behauptungen des Hrn. von Seld richtig wiedergiebt, so ist zu beklagen, daß derselbe sich in seinen Angaben augenscheinlich die gröbsten Uebertreibungen hat zu Schulden kommen lassen. Wir bemerken, daß dem Herrn von Seld in früheren Jahren während einiger Zeit der Zutritt zu den Preußischen Strafanstalten gestattet war, weil man hoffen zu dürfen glaubte, daß die beredten Worte, mit denen er die verderblichen Folgen des übermäßigen Branntweingenusses zu schildern weiß, auch unter den Strafgefangenen für die Zeit ihrer Entlassung zuweilen einen heilsamen Eindruck zurückzulassen im Stande sein möchten.

Als er indessen im Jahre 1858 in einem Vortrage, welchen er in dem evangelischen Verein zu Potsdam hielt, gleichfalls Mittheilungen über angebliche Erfahrungen aus dem Bereiche der Preußischen Strafanstalten machte, welche mit der Wirklichkeit nicht entfernt im Einklang standen, so wurde die ihm früher ertheilte offene Ordre, durch welche ihm der Zutritt zu den Straf- und Besserungsanstalten ermöglicht war, nunmehr wieder zurückgezogen. Der oben erwähnte Artikel der „Kölnischen Zeitung" ergiebt, daß Baron von Seld in dem neueren Vortrage in denselben Fehler, wie früher verfallen ist. Nach amtlichen Nachweisungen sind in den letzten Jahren in sämmtlichen Strafanstalten des Preußischen Staates durchschnittlich zwischen 1600—1700 körperliche Züchtigungen jährlich gegen Sträflinge verhängt worden, somit also im Laufe des ganzen Jahres bei Weitem noch nicht so viele, als nach der Rede des Barons von Seld angeblich täglich vollstreckt werden. Vertheilt man nun außerdem jene Zahl auf 31 Strafanstalten und berücksichtigt man dabei, daß der tägliche Bestand dieser Anstalten durchschnittlich gegen 19,000 Strafgefangene beträgt, so wird nicht blos das Unrichtige jener Angaben des Barons von Seld noch greller hervortreten, sondern man wird überhaupt den Maßstab zur Beurtheilung auch anderer vermeintlich thatsächlicher Mittheilungen auf dem Gebiete des Strafanstaltswesens erhalten.

Biblische Bilder

zum Ausschneiden und Zusammensetzen. Erste Section: das Leben der Erzväter. 14 Cartonblätter nach Muster der Schnorr'schen Bilderbibel, gezeichnet von Prof. Schubert, nebst Textbuch. Herausgegeben zum Besten der Züllchower Anstalt von G. Jahn. Preis 3⅓ ℳ. Mit den dazu gehörigen Gestellen 4 ℳ.

Die Absicht des Herausgebers ist, namentlich christlichen Müttern zu helfen, daß sie ihren Kindern eine zweckmäßige Beschäftigung bieten, welche sie auch in den Frei- und Spielstunden auf das Heilige und seine Geschichte hinführen kann. Um dieß Ziel zu erreichen, hat Herr Jahn im Verein mit Professor Schubert in Berlin, dessen Name für die künstlerische Ausführung bürgt, auf 14 großen, sorgfältig colorirten und auf Cartons gezogenen Tafeln, für christliche Eltern und Erzieher, den ersten Versuch einer Ausführung seiner Gedanken gemacht. Die bis jetzt dargebotenen Figuren machen es möglich, die Geschichte der drei Erzväter in 25 Tableaux aufzustellen, deren jedesmaliges Gesammtbild aber in einem Holzschnitt, der in einem Textbuch enthalten ist, vorgeführt wird.

Der befreundete Verfasser wünscht eine Empfehlung des Unternehmens in den Fliegenden Blättern, die sich sonst bekanntlich nur sehr ausnahmsweise auf Empfehlungen fremder Verlagsartikel einlassen können, da Bücherempfehlungen überhaupt jenseits ihres Zweckes liegen. Doch folgen wir der Aufforderung, das Unternehmen warm zu empfehlen, hiermit gern. Das Opfer, das zur Verwirklichung der Ausführung gebracht ist, ist ein so großes, der Zweck des Unternehmens zugleich ein so schöner und reiner, und die Möglichkeit für viele Eltern, ihren Kindern eine derartige Beschäftigung zu bieten, gewiß eine so erwünschte, daß wir nicht unterlassen wollen, hiermit in der Ueberzeugung, daß Niemand, der die Summe an ein solches Weihnachtsgeschenk wenden kann, die Ausgabe bereuen werde, darauf aufmerksam zu machen. Da der Herausgeber mit dem Buchhandel nichts zu thun haben will — was wir übrigens, minder im Interesse der Buchhändler, als namentlich der Verbreitung jenes Werkes bedauern möchten — müssen die etwaigen Besteller sich direkt an den genannten Herausgeber — Herrn G. Jahn, Vorsteher der Anstalten zu Züllchow bei Stettin — wenden, der ihnen dann Alles zusenden wird. —

In Sachen des Central-Ausschusses.

Für die Reiseagenturen sind im Monat September nachfolgende Beiträge eingegangen, deren Empfang der Central-Ausschuß mit herzlichem Dank bescheinigt:
Aus Preußen. Prov. Pommern. Rittergutsbesitzer Andrae zu Roman 5 Thlr. **Prov. Sachsen.** Durch Superint. Rogge in Egeln: Rechtsanwalt Wilken das. 1 Thlr., Superint. Rogge das. 20 Sgr., Pfarr. Foerster in Langenweddingen 15 Sgr., Pfarr. Gloel in Osterweddingen 10 Sgr., Pfarr. Caesar in Süldorf 15 Sgr., Pfarr. Wipprecht in Bahrendorf 1 Thlr., Pfarr. Dietlein in Stemmern 1 Thlr., Pfarr. Oelze in Welsleben 10 Sgr., Pfarr. Schenk in Dodendorf 1 Thlr., Lehrer Lange (?) das. 7 Sgr. 6 Pf., Pfarr. Fr. Thieman in Beyendorf 10 Sgr., Pfarr. Rocholl in Gr. Ottersleben 1 Thlr., Pfarr. Lehmstedt in Kl. Ottersleben 10 Sgr., Pfarr. Friese in Buckau 10 Sgr., Hülfspred. Schleier das. 10 Sgr., Pfarr. Heyne in Salbke 10 Sgr., Pfarr. Schultze in Westerhüsen 10 Sgr., Pfarr. Schulze in Altwesddingen 1 Thlr., Pfarr. Engelhardt in Unseburg 15 Sgr., Pfarr. L. Koch in Wolmirsleben 10 Sgr., Pfarr. Hauptmann in Farthun 10 Sgr., Pfarr. Wulke in Egeln 10 Sgr., Pfarr. Schmidt in Hackeborn 10 Sgr., Pfarr. Kühne in Etgersleben 10 Sgr., Pfarr. Dannenberg in Bleckendorf 10 Sgr., Cand. Glöckner in Farthun (designir. Pfarr. von Kolbitzhain) 10 Sgr. = 13 Thlr. 18 Sgr. 6 Pf.
Rheinprovinz. Superint. Müller in Monzingen 1 Thlr., Pfarr. Lindenborn in Kirn a. d. Nahe 1 Thlr. = 2 Thl.
Königreich Baiern. Pfarr. Müller in Schweinfurt 2 Thlr.
Kurfürstenthum Hessen. Regier.-Director Herberdt in Hanau 3 fl. 30 kr., Reg.-Rath Rauh 1 fl., Bau-Rath Müller 1 fl., Reg.-Assef. Althaus 1 fl., Medizin.-Rath Möller 1 fl., Superint. Wendel 1 fl. 30 kr., Schul-Inspector Hertwig 3 fl. 30 kr., Consistor.-Rath a. D. S (unleserlich) 1 fl., Metropolitan Calamintus 1 fl., Pfarr. Fuchs 1 fl., Gymn.-Dir. Dr. Piderit 1 fl., Pfarr. Lorenz 1 fl., Pfarr. Iknies 1 fl., Gymnas.-Lehrer Lichtenberg 1 fl. 45 kr., Selhaar 1 fl., Pfarr. Wiederhold 1 fl., Lehrer St. Ziegler 1 fl., Lehrer Brünig 1 fl., Lehrer Elsenbach 1 fl., daraufgelegt von Hertwig 1 fl. = 26 fl. 15 kr. = 15 Thlr.
Hamburg. C. C. S. „zum Besten der Reisepredigt" 5 ℳ.

Nachrichten aus dem Rauhen Hause.
Speciell für die auswärtigen Brüder.

Für die Hülfscasse (H. C.) sind vom 22. October bis zum 2. November an Jahresbeiträgen für 1864 eingegangen: 2 ℳ von B.(7), 1 ℳ von W.(217). — (Gestorben ein Sohn 6/10. S. (207). — Verlobt hat sich 30/9. L. (223).

Quittungen vom Monat October 1863.

Für die Kinderanstalt. Holstein: Hr. Pastor Bahnson in Oldesloe 5 ℳ j. B.; durch denselben aus den Ueberschüssen der dortigen Sparcasse 100 ℳ. — Jütland: Hr. Lehrer R. I. Andersen in Haistrup bei Aarosund 6 ℳ 4 ß. — Mecklenburg-Strelitz: „eine treue alte Freundin in Rattey für den zu stiftenden neuen Bienenkorb" 1 ℳ. — Preußen: einige Kinder in Schnellwalde in Ostpreußen durch Hrn. Cand. Ebel 1 ℳ.
Hausbüchse: 16 ℳ 14½ ß.

Für die Brüderanstalt. Hannover: durch Hrn. Bolte in Hameln aus der Hausbüchse 15 Sgr.

Für die Kinder- und Brüderanstalt gemeinschaftlich. Hannover: Hr. Bolte in Hameln 15 Sgr.; Hr. Senator Schulze daselbst 2 ℳ. — Preußen: durch Hrn. Oberlehrer Henöke in Marienwerder „unter Freunden gesammelt" 6 ℳ; E. H. in G. 2 ℳ; Hr. F. X. Spies in Bonn 2 ℳ. — Rußland: durch Hrn. Pastor Hunnius in Narva Sco. ℳ 25.

Naturalien. Hamburg: Hr. Schlachtermeister Freundt in Ham 50 ℔ Ochsenfleisch; Hr. J. H. C. Hellberg in Horn ¼ Fäßchen Bier und 24 Flaschen Horner Weißbier; Hr. H. Helms 171 ℔ Erbsen, 148 ℔ Bohnen; Hr. Dr. Abendroth 1 Rock, 1 Hose, 2 Westen ⁊c. (alt), 1 Unterjacke, 4 Unterbeinkleider. — Preußen: Hr. G. Falk in Berlin 1 Rock, 1 Hose, 1 Weste ⁊c. (alt); der Jungfrauenverein in Friedersdorf bei Seelow durch Hrn. Pastor Balzer daselbst 6 Hemden, 2 Kittel, 5 Paar wollene Strümpfe.

Zur Deckung des Deficits
sind vom 22. October bis zum 2. November ferner eingegangen:

Mecklenburg-Schwerin: C. X. X. in Schwerin 1 ℳ. — **Preußen:** M. Poststempel Magdeburg 2 ℳ; N. N. Poststempel Marienburg 5 ℳ. — **Rußland:** Hr. Bauer in Reval 2 Rbl. S., Hr. Jann daselbst 1 Rbl. S.

Darnach sind bis jetzt eingegangen 1066 ℳ 1¼ β. Es fehlen mithin an den 1500 ℳ noch 433 ℳ 14¼ β oder 173 ℛ 17 Sgr.

Für alle obigen Gaben sage ich hiemit den Wohlthätern den herzlichsten Dank.
Dr. **Wichern.**

Zu Weihnacht.

So viele unserer Leser wohnen so weit weg oder erhalten diese Blätter erst so spät, daß ich auch dieses Jahr schon wieder im November diese Bitte an sie richten darf, unsers Hauses zu Weihnachten gütigst eingedenk sein zu wollen. Es ist ein großer Weihnachtstisch, auf dem hier beschert werden soll. Wenn unsere Freunde nicht hülfen, bliebe er leer. Aber wir vertrauen auf den, der so viele Liebe für unser Haus seit dreißig Jahren immer aufs Neue geweckt und dadurch uns jedes Jahr aufs Neue den Weihnachtstisch gefüllt hat; derselbe wird auch dießmal unserer Kinder nicht vergessen und wird die Freunde erinnern, daß sie ihm eine Liebe thun, wenn sie unsers großen Hauses zum Christfest eingedenk sind. An diese Liebe richtet sich diese vertrauensvolle Bitte.

Etwaige derartige Liebesgaben bitte ich freundlichst an meine hier angegebene Adresse gelangen lassen zu wollen.

Horn, Rauhes Haus.

Adresse: Hahntrapp 5, Hamburg.
Dr. **Wichern.**

Inhalt des Hauptblattes: Die Einheit des Menschengeschlechts. Dritter Artikel: Die Rassen des Menschengeschlechts. — Die Pilgermission auf St. Chrischona. — Das Genossenschaftswesen und die ländlichen Tagelöhner. — Mittheilungen über den Bestand und die Erfahrungen verschiedener Rettungs- und verwandter Erziehungshäuser, resp. Vereine. (Fortsetzung.) — Zeitung und kürzere Correspondenzen: Vereinshaus in Frankfurt a/O.; Zum Gefängnißwesen in Preußen. — Biblische Bilder zum Ausschneiden und Zusammensetzen. — In Sachen des C.-A.: Quittungen. — Nachrichten aus dem R. H.: Speciell ⁊c.; Quittungen; Zu Weihnacht.

Inhalt des Beiblattes: Das Richtfest und die Kranzrede. — Vater Stedekönig zu Leinfelden und seine drei Söhne. — Kredit ist Geld. — Wem kann Gold helfen? — Aus dem Rauhen Hause. Zu Weihnacht.

Herausgeber Dr. **Wichern,** Vorsteher des Rauhen Hauses. — Verlag der Agentur des R. H. zu Horn bei Hamburg. — Gedruckt im R. H.

Zu Weihnachten.
24 Bilder für Christen-Kinder.
Preis 7½ Sgr.

Unter diesem Titel bietet die Agentur hiermit 24 sauber in Holz geschnittene, aus der Gaber'schen Offizin hervorgegangene Blätter in einem schönen Titelumschlag dar. Dieselben enthalten meist Bilder aus der Kindheitsgeschichte Jesu (die Ankündigung, die Geburt, die Hirten auf dem Felde, die Darstellung im Tempel, die Weisen aus dem Morgenlande, die Flucht nach Egypten, Jesus im Tempel u. s. w.) und einige andere auf Weihnachten bezügliche Darstellungen. Unter jedem Bild steht ein Vers. Auf der vorhergehenden Seite ist das hübsche Umschlagsbild mitgetheilt. Wir fügen hier noch eins der eigentlichen Bilder zur Probe hinzu.

Nun bist Du hier, da liegest Du,
Hältst in dem Kripplein Deine Ruh;
Bist klein und machst doch alles groß,
Bekleid'st die Welt und kommst doch bloß.

Rauhhäusler Bilderbogen.
Ein Bilderbuch mit 58 Holzschnitten.
12 Bogen. In Carton. Preis 10 Sgr.

Inhalt: Bogen 1. Gott ist die Liebe. — 2. Kommet her zu mir Alle, die ihr mühselig und beladen seid. — 3. Ich bin das A und das O. — 4. Gehorsam ist besser, denn Opfer. — 5. Die Geschichte vom guten und bösen Fritz. — 6. Jesus, der Kinderfreund. — 7. Jesus, der Krankenfreund. — 8. Ich bin gefangen gewesen. — 9. Die Wanderschaft. — 10. Die Jahreszeiten. — 11. Kinder-Räthsel. — 12. Kinder-Reime.

„Vom Himmel hoch da komm ich her,"

auf einem Quartblatt mit einem Holzschnittbild, das eine ganze 8°.-Seite füllt, eine heilige Familie mit einem Verkündigungs-Engel darstellend. Originalbild aus der Gaber'schen Offizin, und

Vier verschiedene früher schon ausgegebene Advents= und Weihnachtsbilder
zum Vertheilen, mit untergedruckten Liedern. Holzschnitte nach Dürer u. A., Zeichnungen von O. Speckter u. A.

Von diesen 5 Bildern, auf gutem Papier gedruckt, kosten 20 Blätter 10 Sgr. — 100 Blätter (20 von jedem) 1 ℳ 10 Sgr.

Ferner sind für dieses Weihnachtsfest ausgegeben:

Sechszehn neue und ältere Festbilder in einzelnen Blättern
mit Liedern und Sprüchen (im Format der früher hier empfohlenen Bilder aus der Christenfreude.) Preis 9 Sgr. (80 Blätter d. h. 5 Stück von jedem der 16 Bilder kosten nur 1 ℳ).

☞ All diese vorstehenden einzelnen Blättern können aber nur direkt von der Agentur des Rauhen Hauses in Hamburg (Hahntrapp 5) bezogen werden.

Auch wird noch gebeten die Bestellungen hierauf rechtzeitig, spätestens bis zum 15. Dec. an die genannte Agentur dir. einzusenden, da nach dieser Zeit — wie es auch in früheren Jahren öfter geschehen — kaum noch Exempl. zu haben sind.

Christus am Kreuz.
Nach einem Original im Stephansdom zu Wien. Holzschnitt von Gaber in Dresden. Groß Folio. 22 Zoll hoch und 17 Zoll breit. Auf Tongrund. Preis eines Blattes 5 Sgr. — 10 Exempl. 1 ℳ.

Es sind lediglich besonders günstige Verhältnisse, welche es der Agentur möglich machen, dies überaus sauber gearbeitete Blatt auf Tongrund, so weit der Vorrath reicht, für einen so billigen Preis zu überlassen.

Die drei großen Holzschnitt-Bilder nach Dürer und Martin Schön, gezeichnet von C. Andreä in Dresden — die s. g. Huber'schen Holzschnitte —

Anbetung der Weisen. — Auferstehung Christi. — Die Kreuzigung.
2½ Fuß hoch und 2 Fuß breit. Preis eines Blattes in Tondruck 1 ℳ — bringt die Agentur abermals in Erinnerung.

Diese in ihrer Art und wegen ihrer Grösse einzigen Holzschnitte sind dazu bestimmt, etwa in Krankensälen, Schul- und anderen grösseren Anstaltsräumen, oder auch an den Wänden der Hausfluren, Vorplätze, Corridors, sowie an Orten, wo in grösserer Zahl Personen sich versammeln oder vielleicht auch zu warten pflegen — angebracht zu werden. Ebenso sind sie bereits vielfach in grösseren Wohnzimmern zu treffen. Namentlich werden auch Gutsbesitzer auf dieselben aufmerksam gemacht, da in den grösseren Räumen der herrschaftlichen Gebäude vielfach der zweckmässigste Gebrauch von diesen Bildern gemacht werden kann und gemacht worden ist.

O du fröhliche, o du selige gnadenbringende Weihnachtszeit!

Ein Weihnachtsgespräch von Wilhelm Saur.

Zweite Auflage. 108 S. 8. cart. Preis 12 Sgr.

Das vorstehende Büchlein ist eine sinnreiche Weihnachtsgabe, nicht für Kinder und Anfänger, sondern für solche, die sich in das Geheimniß und den Reichthum des Weihnachtswunders vertiefen wollen.

Dr. Martin Luther's kleiner Catechismus

für die

Pfarrherrn, Schulmeister, Hausväter, Jugend und Kinder.

Mit 32 Bildern von Otto Speckter nach verschiedenen Meistern.

Schulausgabe. 5. Aufl. Preis geb. 4 Sgr. 25 Exempl. 2 ℛ 15 Sgr.

Belinausgabe: Preis 7½ Sgr. — 25 Exempl. 5 ℛ

Weihnachtsschriften der Agentur des Rauhen Hauses in Hamburg.

Ein Weihnachtsbüchlein.	Allen kleinen und großen Kindern, die gerne ein fröhliches Weihnachtsfest feiern wollen, gewidmet von Eduard Raabe. 128 S. Mit 3 Bildern. Cart. 9 Sgr.
Augustin.	Eine Erzählung für Mütter. 356 Seiten cart. 12 Sgr.
Grüße an die christliche Mädchenwelt.	Blüthen aus dem Pfarrgarten zu Bergheim. Gesammelt für kindliche Jungfrauen von einer Freundin der Jugend. 108 S. cart. 4½ Sgr.
Vier kleine Festgeschichten	auf Weihnachten, Charfreitag, Ostern und Pfingsten. 84 S. cart. 5 Sgr.
Fanny oder die Kunstreuter.	Eine Erzählung für meine kleine Henriette. 72 S. cart. 4½ Sgr.
Kindliche Gedichte,	geordnet nach den Jahres- und Tageszeiten. Ein Lern- und Lesebüchlein für Haus und Schule von Kähler. 132 S. cart. 4½ Sgr.
Zwei und zwanzig schöne geistliche Lieder.	Von Dr. M. Luther, N. Hermann, P. Gerhard u. a., mit Fleiß ausgewählt und zum Nutzen des christlichen Volkes herausgegeben von H. A. Seibel. 90 S. cart. 4½ Sgr.
Der Ring des Polenkönigs Stanislaus.	Eine Erzählung für die Jugend von Pfeifer. 31 S. cart. In verziertem Umschlage. 3 Sgr.
Die Zwillinge.	Eine Erzählung von Hofrath Dr. G. H. von Schubert. 52 S. geh. 4½ Sgr.
Frühlingspredigt	für Kinder. Mit 14 Bildern. 32 S. cart. 3 Sgr.

Weihnachtsschriften der Agentur des Rauhen Hauses in Hamburg.

Nimm und lies! Preisschrift.	Eine Ermunterung und Anweisung zu einem heilsamen, wohlgeordneten Bibellesen in Gesprächen. Von Prediger J. Kraft. 139 S. cart. 7½ Sgr.
Das Weib.	Zwei Vorträge. Den deutschen Frauen gewidmet. Von Adolph Monod. Miniatur-Ausgabe. 124 S. cart. 7½ Sgr.
 **Lucile.**	Ein Buch für Leser der heiligen Schrift. Von Adolph Monod. 332 S. broch. 22½ Sgr.
Der Dienst der Frauen.	Ein Vortrag von Dr. Wichern. Miniatur-Ausgabe. Eleg. cart. mit Goldschn. 10 Sgr.
Ernst Moritz Arndt's Leben, Thaten und Meinungen,	nebst einigen seiner geistlichen und vaterländischen Lieder. Ein Buch für das deutsche Volk von Wilhelm Baur. 302 S. broch. 12 Sgr. Velin-Ausgabe 15 Sgr.
Das Leben der Olympia Morata.	Eine Episode aus der Zeit des Wiederaufblühens klassischer Studien und der Reformation in Italien. Von Jules Bonnet. Mit dem Bildniß der Fulvia Olympia Morata. Geh. 288 S. 1 ℳ. Eleg. geb. 1 ℳ 12 Sgr.
Das Pfarrhaus zu Beckenham	unter den Arbeitern mit Schaufeln und Hacke, nebst Erinnerungen an Capitain Hedley Vicars. Mit Vorwort von Dr. Wichern. Autorisirte Ausgabe. Geh. 244 S. 20 Sgr.
Geschichten u. Bilder	aus der inneren Mission. Neu aufgelegt und mit vielen Bildern von Otto Specter u. a. geziert. I. Theil. 188 S. cart. 12 Sgr. — II. Theil. 192 S. geh. 12 Sgr.
Ein Gebirgsthal Afrika's	oder die Kirche zu Regenstown in Westafrika. Deutsch von Dr. Fr. Merschmann. Mit einem schönen Farbendruck. 265 S. 18 Sgr.

Weihnachtsschriften der Agentur des Rauhen Hauses in Hamburg.

Sara Martin, die Schneiderin.	Eine Lebensgeschichte, erzählt von Friedrich Eckart. 131 S. cart. 7½ Sgr.
Lebensbilder	aus dem letztverflossenen Jahrhundert deutscher Wissenschaft und Literatur. Von Dr. Lübker. 487 S. 1 ℳ 12 Sgr.
Bildung und Christenthum.	Zwölf Vorträge von Dr. Lübker. 380 Seiten. 1 ℳ 10 Sgr.
Der verlorne Sohn.	Betrachtungen aus dem Leben eines Christenmenschen. Von H. Dalton, Pastor in St. Petersburg. 212 Seiten. 15 Sgr. — Eleg. geb. mit Goldpressung. 25 Sgr.
Vierzig Sprüche der Heiligen Schrift.	ausgewählt für jeden Tag im Monat und für besondere Tage. In großer Schrift auf Cartonpapier in 4°. Dienen in einen Rahmen gesteckt als Losungsworte für Schule und Haus. 1 ℳ
Lebensbeschreibung St. Anschar's,	des Apostels des Nordens. Eine Volksschrift von O. F. Wehrhan. Mit dem Bilde St. Anschar's. 83 S. cart. 6 Sgr.
Lebensgeschichte Johann Arndt's,	des Verfassers vom „wahren Christenthum". Eine Volksschrift von O. F. Wehrhan. Mit dem Bilde Johann Arndt's. 102 S. cart. 6 Sgr.
Gottlieb Treu,	der Tagelöhner vom Bergkathen, eine erbauliche Geschichte insonderheit für den norddeutschen Landmann erzählt von H. A. Seibel. Mit einem Bilde. 108 S. cart. 6 Sgr.
Aus dem Kellnerleben.	Eine Geschichte aus dem Leben. Volksbuch von Emil Frommel. 99 S. cart. 6 Sgr.

Weihnachtsschriften der Agentur des Rauhen Hauses in Hamburg

Dr. Heinrich Müller's geistliche Erquickstunden	ober dreihundert Haus- und Tischandachten. Zwei Ausgaben, eine in Taschenformat 683 S. 10 Sgr. geb. 15 Sgr. und eine in größerem Format und größerer Schrift. 408 S. 10 Sgr.
Kreuz-, Buß- und Betschule	aus dem Psalm 143. Von Dr. Heinrich Müller. 2. Aufl. geb. 216 S. 9 Sgr.
Himmlischer Liebeskuß	eine Uebung des wahren Christenthums, fließend aus der Erfahrung göttlicher Liebe von Dr. Heinrich Müller, geb. 616 S. 18 Sgr.
Dr. Heinrich Müller's	evangelischer Herzensspiegel. I. Thl.: Evangelien-Predigten 587 S. 1 ℳ. II. Thl.: Epistel-Predigten 615 S. 1 ℳ.
Sechs Bücher vom wahren Christenthum nebst Paradiesgärtlein.	Das ist, von heilsamer Buße, herzlicher Reue und Leid über die Sünde und wahrem Glauben, auch heiligem Leben und Wandel. 64 Bogen geb. 1 ℳ.
Dr. Martin Luther's christliche Lehren	auf alle Tage im Jahre. Auserlesene Stellen aus Luthers sämmtlichen Schriften. 492 Seiten geb. 18 Sgr.
Bibelstunden.	Der Brief Pauli an die Galater erklärt von Julius Müller, weiland Pastor zu Wonsbeck. Mit einem Vorwort von Dr. Nitzsch. 392 Seiten geb. 15 Sgr.
Der erste Brief Johannis	erbaulich erklärt von M. Friedrich Christoph Steinhofer, weiland Stadtpfarrer in Weinsberg, geb. 612 S. 15 Sgr.
Adolph Monod's letzte Worte	an seine Freunde und an die Kirche. 2. Aufl. geb. 189 S. Velin Ausgabe mit Monod's Bild eleg. geb. 27 Sgr.

XX. Serie. 1863.
December. No. 12.

Fliegende Blätter

aus dem

Rauhen Hause zu Horn bei Hamburg.

Organ des Central-Ausschusses für die innere Mission der deutschen evangel. Kirche.

Hauptblatt.

☞ Die auswärtigen geehrten Leser der Fl. Blätter machen wir darauf aufmerksam,
1) daß zur ununterbrochenen Lieferung der Fliegenden Blätter für das Jahr 1864 nöthig ist, daß die Bestellungen bei den resp. Buchhandlungen oder Postämtern zeitig genug gemacht werden.
2) daß ebenso die Bestellungen des „Beiblattes" (Volksblatt für innere Mission; jährlich 12 Bogen. Preis 14 Schillinge Hamb. oder 10 Sgr.) beschleunigt werden müssen. Das Beiblatt wird sowohl allein als mit dem Hauptblatt der Fliegenden Blätter geliefert, muß aber auch in diesem Falle ausdrücklich bestellt werden. Wir bitten, die Bestellungen nicht unmittelbar bei uns, sondern bei den resp. Postämtern oder Buchhandlungen zu machen.
Die Agentur des Rauhen Hauses.

Die Verpflichtung zur Armenpflege

hat im preußischen Staate, wenigstens soweit es das platte Land betrifft, eine bedeutende Veränderung und Verbesserung dadurch erfahren, daß die Gutsbezirke aus den übrigen Gemeindebezirken ausgeschieden sind und einen Armenverband für sich bilden. Dadurch sind die Gutsherren die verpflichteten Armenpfleger für ihre eigenen Mieths- und Dienstleute, für das ganze ihnen eigenthümlich zugehörige Gebiet geworden. Denn die Gutsbezirke bestehen aus denjenigen Häusern und Grundstücken, welche zur Zeit im unmittelbaren Besitz des Gutsherrn sind. Was vom Gute abgezweigt wird, scheidet aus demselben; was erworben wird, wenn es auch bis dahin bäuerlicher Besitz gewesen ist, tritt in denselben ein. Dadurch ist für die Gutsbezirke ein natürliches, richtiges, heilsames Verhältniß der Armenpflege hergestellt. Der Armenpfleger ist der geworden, welcher die ganze Macht und den ganzen Einfluß über den ihm untergebenen Bezirk, aber auch den ganzen Gewinn und Vortheil von demselben hat. Er ist in der Lage, sich, soweit das überhaupt in Menschenmacht und Berechnung liegt, der Armen zu erwehren. Er braucht keine unzuverlässigen, liederlichen Miethsleute in seine Wohnungen, keine dergleichen Arbeiter unter seine Arbeitsleute aufzunehmen. Er verhindert das frühe Heirathen unreifer junger Leute einfach dadurch, daß er solchen keine Aufnahme gewährt. Gemeinen können immer nur aus gesetzlichen Gründen die Aufnahme versagen, und der Nachweis gesetzlicher Gründe ist oft auch da schwer, wo solche wirklich obwalten. Der Gutsherr ist beim Vermiethen seiner Wohnungen an gar keine gesetzlichen Bedingungen gebunden; er handelt lediglich nach eigenem Ermessen und kann mit jeder ihm zusagenden Strenge und Auswahl verfahren. Er kann ferner, soweit das in Menschenmacht und Berechnung steht, das Verarmen seiner Leute verhindern. Er kann sie so stellen, daß sie nicht überbürdet sind und nicht vor der Zeit abgenutzt werden. Er kann über ihre sittliche Führung, ihr ordentliches Haushalten wachen, den Unordentlichen mit Entziehung der Wohnung und Arbeit drohen und, wenn das nicht hilft, den Miethsvertrag kündigen. Er kann für seine Dienstleute das kirchliche Leben, die christliche Sonntagsfeier ermöglichen und fördern, sofern er überzeugt ist, daß dadurch Ordnung und Sittlichkeit gefördert und der Verarmung gewehrt wird. Er kann sich der Kranken annehmen, daß sie zur rechten Zeit die nöthige Pflege und ärztliche Behandlung finden. Er kann bewirken, daß seine Arbeiter und Miethsleute sich an Sparkassen, Kranken= und Sterbevereinen betheiligen und demnach selbst für den ersten Nothfall Vorsorge treffen. Er hat also neben der Verpflichtung, die Armen zu ernähren, die volle Macht, sich der Armen zu erwehren, soweit das bei Menschen möglich ist. Freilich kann ihn auch bei aller Vorsicht und Vorsorge Unglück treffen. Er kann Alte und Schwache, Wittwen und Waisen zu ernähren bekommen. Aber das geschieht dann auch von Gottes= und Rechtswegen, daß er die in ihrer Schwachheit erhält, welche ihm gedient haben mit ihrer Kraft, und Unglück müssen wir alle hinnehmen aus Gottes Hand. Die Kosten solcher unvermeidlichen Armenpflege gehören mit zu den Wirthschaftskosten; sie muß der Grundbesitz tragen, so gewiß er die Kosten seiner Bewirthschaftung tragen muß. Man redet viel von einem patriarchalischen Verhältniß und fordert solches wohl auch da, wo es nicht durch natürliche Bande besteht.

Hier aber haben wir das natürliche, patriarchalische Verhältniß. Hier muß es bestehen und aufrecht erhalten werden nicht durch Recht allein, sondern durch Recht und Pflicht. Beide gehören nach Gottes Ordnung zusammen, und nur, wo beide zusammen sind, ist ein sittliches Verhältniß begründet.

Das ist nun aber nur ein verhältnißmäßig enges Gebiet der Armenpflege, für welches dieses natürliche, sittliche, patriarchalische Verhältniß besteht. Könnte und sollte man denselben Grundsatz nicht weiter ausdehnen? Könnte und sollte man nicht nach demselben überall in den größeren Gemeindeverbänden engere Armenpflegeverpflichtungen gründen und aussondern? Das ist die Frage, welche ich durch die gegenwärtigen Zeilen einer weiteren Erwägung anheimgeben möchte. Nach meiner Ansicht ist eine richtige heilsame Armenpflege überall nur im engen patriarchalischen Verhältniß, bei naher persönlicher Verbindung zwischen Pflegern und Verpflegten möglich. Die ersten Armenpfleger sollen überall diejenigen sein, welche dem Armen vor seiner Verarmung die Nächsten gewesen sind, und die Gesammtgemeine soll nur subsidiarisch verpflichtet bleiben. Wo Verwandte und Angehörige, Eltern, Kinder, Brüder, Schwestern helfen können, da sind sie die nächsten; da ordnet, soweit es sich um die bemittelteren Stände handelt, schon das Gesetz und ich will davon nicht weiter reden. Ich habe hier nur die gewöhnliche Armenpflege für die besitzlose arbeitende Klasse vor Augen. Auch der Besitzlose hat und behält seine natürlichen Nächsten, welche helfen müssen, das sind seine Brodherren, Arbeitgeber, Wohnungsvermiether. Die Verpflichtung der Dienstherrschaften gegen Dienstboten ist im Preußischen genügend geregelt, daran dürfte kaum etwas zu ändern sein. Desto weniger aber scheint mir der vorhin aufgestellte Grundsatz bisher die nöthige Anwendung gefunden zu haben auf Arbeitgeber und Wohnungsvermiether. Es sind da drei Fälle zu unterscheiden, welche, wie ich glaube, eine verschiedene Verpflichtung begründen. Einmal giebt es außer den Rittergutsbesitzern in allen Landgemeinen und wohl auch in vielen Stadtgemeinen solche Grundbesitzer oder Fabrikanten, welche zu ihren Wirthschaften oder Fabriken Tagelöhnerfamilien nöthig haben und dieselben in eigenen Miethswohnungen halten. Sie sind, wie der Rittergutsbesitzer, Wohnungsvermiether und Arbeitgeber zugleich, sie müssen auch dieselbe Verpflichtung zur Armenpflege haben, und die Gemeine müßte nur in besonders harten Fällen durch freien Gemeindebeschluß helfend zutreten.

23*

Ich setze aber eine Gemeindeordnung voraus, welche bindende Gemeinde=
beschlüsse möglich macht. Das Gebiet der Landgemeindeordnung liegt
leider bei uns im Preußischen ganz und gar im Argen. Dann giebt
es Wohnungsvermiether, welche von ihren Miethern keine Arbeit,
nichts als den Miethzins fordern. Sie sind bisher von jeder Ver=
bindlichkeit gegen den Miethsmann für den Fall seiner Verarmung
frei gewesen. Sie haben eine möglichst hohe Miethe bezogen, so lange
der Miether zahlungsfähig war und denselben der Gesammtgemeinde
zur weiteren Unterbringung und Versorgung aufgebürdet, sobald seine
Zahlungsfähigkeit aufhörte, und haben dann einen andern Miether
eingenommen, um mit demselben das gleiche Verfahren zu wiederholen.
Das ist nach meiner Meinung ein schreiender Mißstand. Es ist un=
recht an sich und es führt möglicherweise zu argem Mißbrauch. Frei=
lich hat ein solcher Vermiether seinen Miethsmann nicht in jeder
Beziehung ausgenutzt, so lange derselbe erwerbs= und zahlungsfähig
war. Er hat nur die Miethe empfangen, die Arbeitskraft ist ihm nicht
zu Gute gekommen. Deßhalb kann er auch dem Miether nicht in
allen Beziehungen verpflichtet bleiben. Aber er hat doch denselben
aufgenommen, in die Gemeinde hereingezogen. Er könnte bei der Auf=
nahme vorsichtig sein, sich um den sittlichen Charakter und die Er=
werbsfähigkeit des Miethers bekümmern und unzuverlässigen Leuten
die Aufnahme versagen. Er kann den Miether beobachten, auf den=
selben einwirken, ihm die Wohnung entziehen, sobald er ein unorden=
liches Leben anfängt. Darum muß er auch zunächst zur Armenpflege
verpflichtet sein und herangezogen werden. Er kann wahrlich der
Gemeinde gegenüber nicht ein gutes Gewissen haben, wenn er immer
neue Miether hereinzieht und der Gemeinde zur Verpflegung aufbürdet,
und was Niemand mit gutem Gewissen fordern kann, das soll auch
das Gesetz nicht fordern. Es wird von gewissenlosen Vermiethern
mit dem Hereinziehen halbruinirter Leute ein förmliches Geschäft ge=
macht. Man nimmt auf, was anderswo schwer noch Aufnahme
findet. Man bedingt dafür einen ungewöhnlich hohen Miethzins und
erhält ihn augenblicklich. Man nimmt wohl unter der Hand doppelte
Bezahlung, nämlich einmal von dem Miether selbst und dann von
dem, welcher denselben bisher in Wohnung gehabt hat und gern los
sein wollte, um sich der Armenpflege zu entziehen. Für das Alles ist
dann die Gemeinde der Sündenbock, welcher die Folge trägt. Gesetze,
welche solchen Mißbrauch zulassen, müssen nicht gegeben, und, wenn sie

bestehen, nicht aufrecht erhalten werden. Nach meiner Meinung wäre es nur billig und recht, wenn jeder Wohnungsvermiether verpflichtet bliebe, seinem verarmten Miether 10 Jahre lang nach eingetretener Zahlungsunfähigkeit unentgeltlich Wohnung zu gewähren, sei es, daß er denselben umsonst in seiner Miethswohnung behält, oder daß er ihm auf eigene Kosten eine Armenwohnung miethet. Für das Uebrige, wenn mehr nöthig wird, müßte dann die Gemeine sorgen, falls nicht anderweitig gesorgt ist. Daß und wie anderweitig gesorgt sein kann, wollen wir jetzt sehen. Ich komme nämlich auf den dritten Fall, auf den Fall derjenigen Arbeiter, welche irgendwo in dauernder Arbeit stehen, ohne auch vom Arbeitgeber ihre Wohnung zu empfangen. Solche Fälle findet man überall, auf dem Lande sowohl als in den Städten. Diese selbstständig wohnenden und ihre Arbeitskraft frei verdingenden Arbeiter erhalten überall einen höheren Lohn, als diejenigen, welche durch ihre Wohnung zur Arbeit verpflichtet sind. Sie sind also in ihrem Einkommen günstiger gestellt, und können leichter für den Nothfall selbst Vorsorge treffen. Der Arbeitgeber auf der anderen Seite kauft sich durch seine höhere Lohnzahlung von seiner sonst natürlichen weiteren Verpflichtung los, ihm kann daher die Armenpflege nicht mehr auferlegt werden. Sondern es sind hier zwei Wege möglich. Entweder man überläßt die Vorsorge für künftige Nothfälle ganz den Arbeitern selbst, welche durch ihren größeren Arbeitsverdienst günstiger gestellt sind und für deren Wohnung im Nothfall durch die Pflicht der Vermiether gesorgt ist. Oder man verpflichtet solche Arbeitgeber, welche eine größere Zahl von Arbeitern dauernd beschäftigen, denselben die Theilnahme an Kranken- und Sterbevereinen, wie an Sparkassen zur Bedingung zu machen, und, wenn sie das unterlassen, die entsprechenden Leistungen selbst zu übernehmen. So bleibt nur noch die kleinere Zahl der Arbeiter übrig, welche nirgends stehende Beschäftigung haben, sondern hie und da die sich darbietenden Arbeiten übernehmen. Für ihre Sicherung gegen Armennoth kann uns nur die Verpflichtung der Wohnungsvermiether und die Gemeine übrig bleiben. Es ist aber gewiß zu erwarten, daß das Beispiel größerer Sicherheit, welches sie an den stehend beschäftigten Arbeitern vor sich haben, auch auf diese Klasse einwirken und sie veranlassen würde, die Betheiligung an den zur Sicherung gegen Nothfälle bestehenden Vereinen nicht zu unterlassen. So wäre für die weit überwiegende Zahl derer, welche überhaupt der Verarmung ausgesetzt sind, die erste Verpflichtung in Privathände gelegt. Und das ist der Gewinn, welchen ich beabsichtige und suche. Denn nur so entsteht zwischen dem Berechtigten und dem Verpflichteten, dem Nehmenden und dem Gebenden ein sittliches Verhältniß. Die große Gemeine ist ein Abstractum, vor welchem Niemand Schaam und Scheu empfindet, je größer sie ist, um desto weniger. An sie werden unbedenklich die unverschämtesten Anforderungen gemacht auch von solchen, welche den Einzelnen gegenüber sich schämen würden, Gaben zu suchen und anzunehmen. Der großen Gemeine gegenüber fühlt sich auch Niemand zum Dank verpflichtet; das Verhältniß bleibt kalt und herzlos, weil die Gemeine als solche kein Herz hat. Die große Gemeine ist aber auch meistens nicht im Stande, die Verhältnisse des Hülfe Suchenden genau zu kennen und zu beurtheilen; sie kann den unberechtigten Anspruch nicht leicht von dem berechtigten unterscheiden. Die nach meinem Vorschlage zuerst Verpflichteten würden die genaueste Kenntniß aller Verhältnisse haben und nicht leicht einem unberechtigten Anspruch nachgeben.

Ich weiß wohl, daß man namentlich gegen die von mir geforderte Verpflichtung der Wohnungsvermiether Bedenken erheben kann und wird. Man wird sagen, dadurch werde das Bauen von Arbeiterwohnungen zu einem noch bedenklicheren Geschäft gemacht, als es schon ist; und würde deshalb unterbleiben und es würde an kleinen wohlfeilen Miethswohnungen Mangel entstehen. Aber ich weiche vor diesem Einwande nicht zurück; ich würde mich im Gegentheil freuen, wenn die Voraussetzung desselben wirklich eintreten sollte; sie gehört mit zu den beabsichtigten Wirkungen meines Vorschlages. Ich halte es nämlich durchaus nicht für wünschenswerth, daß diejenigen Arbeiterwohnungen bauen, welche keiner Arbeiter bedürfen und ihren Miethsleuten keinen Erwerb geben können und wollen. Man überlasse doch das Bauen von Arbeiterwohnungen denen, welche Arbeiter nöthig haben. Sie werden es schon thun müssen und wirklich thun, wenn sie nicht anders Arbeiter haben können! Sie treten zu denselben ein in das unter 1) von mir angegebene und gerühmte Verhältniß; sie sind deren Versorger und verpflichtete Armenpfleger, und so soll es sein. Wer Arbeiter ausnutzen will, soll sie auch ganz auf sich nehmen. Besitzlose Arbeiterfamilien sollen so wenig als möglich mit ihrer ganzen Existenz in der freien Luft schweben. Je mehr das Entstehen solcher Familien verhütet wird, für deren Subsistenz Niemand sorgen will und zu sorgen verpflichtet ist, desto besser. Freie, Keinem zur Arbeit verpflichtete Arbeiter wird es deshalb immer und in steigender Anzahl geben. Es werden das diejenigen sein, welche im Stande sind, sich ein eigenes Haus, eine eigene Wohnung zu erwerben und dadurch über den Stand des besitzlosen Proletariates sich zu erheben. Ihre Zahl ist auf dem Lande in stetem Zunehmen begriffen und bis jetzt fehlt es für sie nie an Arbeit und Erwerb. Die Arbeit mehrt sich, wenigstens in dem Gebiete meiner Erfahrung, in der Kurmark Brandenburg, noch reichlich in demselben Maaße, in welchem die Arbeitskraft sich mehrt, oder vielmehr die Arbeitskraft kann immer noch, wo sie nur vorhanden ist, auf rentable Weise verwerthet werden, sowohl in den Landwirthschaften als in der Fabrikation. Das also würde eine seltsame Wirkung meines Vorschlages sein, wenn er dahin führte, daß besitzlose Arbeiter nur in den Wohnungen ihrer Arbeitgeber wohnten und an diesen einen vollständigen Anhalt hätten, freie Arbeiter aber nur als kleine Grundeigenthümer sich ansiedelten und damit ihre Existenz von vorn herein sicherten. Die Möglichkeit, daß auch der kleine Eigenthümer verarmt und der Gemeine zur Last fällt, ist gar nicht ausgeschlossen. Aber erfahrungsmäßig tritt der Fall recht selten ein, und wo er eintritt, da nimmt wenigstens nur der die Hülfe der Gemeine in Anspruch, welcher vorher auch ihre Lasten mitgetragen hat; dann hat Rechtsgefühl und Gewissen eine Beruhigung.

Man wird auch nach dem eben Ausgeführten vielleicht auf die Einwendung zurückkommen, daß meine Vorschläge demnach die Ansiedelung armer Familien, die Verheirathung junger Leute aus dem Arbeiterstande erschweren. Aber ich muß wieder antworten, ich wünsche auch diesen Erfolg. Das leichtsinnige Verheirathen und Ansiedeln ist der Grund alles Uebels. Wo es so steht, wie ich eben von der Mark gesagt habe, daß immer noch Arbeitskräfte in steigender Zahl begehrt werden, da wird es dem tüchtigen jungen Manne und dem Mädchen, welches sich im Dienstverhältniß als brauchbar bewährt hat, nie an einem Unterkommen fehlen, wenn sie sich verheirathen wollen. Der Untüchtige aber, der Liederliche, welcher im Dienste sich nirgends bewährt, schon als einzelner Mensch seinen Erwerb nur durchgebracht hat, der Bursche von 18 bis 19 Jahren, welcher in diesem frühen Alter schon eine liederliche Dirne zu Fall gebracht hat und nun heirathen will: die sollen auch kein Unterkommen finden, das ist ihre verdiente Strafe. Die Möglichkeit, sich zu verheirathen und einen eigenen Hausstand zu gründen, soll überall im ernsten Streben erarbeitet werden. Je weniger Ehen geschlossen werden können, welche schon mit dem blassen Elende anfangen und deßhalb nichts als das blasse Elend in Aussicht haben, desto besser ist es für das Ganze. Und wenn es Orte oder Gegenden giebt, in welchen die Arbeitskraft nicht mehr gesucht ist und sich genügend verwerthen läßt, so soll an solchen Orten auch die Ansiedelung von Arbeiterfamilien nicht erleichtert, vielmehr erschwert und verhindert werden. Familien, deren Verarmung vorherzusehen ist, sollen sich nicht ansiedeln. Man hat die steigende Armennoth unserer Zeit oft aus der zu großen Freiheit der Ansiedelung hergeleitet und da alte Schranken wieder aufrichten wollen. Man hat darüber geklagt, daß die jungen Leute sich zu früh verheiratheten und dagegen gesetzliche Beschränkungen gesucht. Ich kann nach meiner Erfahrung die Klage so allgemein nicht für begründet halten. Die jungen Leute des arbeitenden Standes verheirathen sich im Allgemeinen nicht zu früh. Sie haben gar sehr das Gefühl, daß sie als Dienstboten sorgenfreier leben, und dienen deßhalb so lange als möglich. Daß Mädchen vor dem 20sten oder 22sten Jahre sich verheirathen, was in höheren Ständen häufig genug ist, kommt im arbeitenden Stande fast gar nicht vor. Die meisten werden 25 bis 26 und die jungen Männer treten kaum vor 28 bis 30 in den Ehestand. Ausnahmen giebt es freilich, aber wir Geistliche kommen doch sehr viel häufiger in die Lage, den sich zur Trauung meldenden jungen Leuten zu sagen, daß sie sich 6 bis 8 Monate oder auch ein Jahr früher hätten trauen lassen sollen, als daß sie noch länger warten sollten. Es scheint oft fast, als wenn erst eine gewisse Nöthigung die jungen Leute in die Ehe hineintreiben müßte. Dennoch kommen zu frühe und leichtfertige Verheirathungen vor. Aber soll und kann man sie dadurch hindern, daß man die Verheirathung von irgend wessen Erlaubniß abhängig macht? In wessen Hand wollte und könnte man eine solche discretionäre Gewalt über Andere legen? Wer ist würdig und tüchtig, darin Anderer Vormund zu sein? Es würde auf eine Bevormundung der niederen Stände durch die höheren hinauslaufen und die würde weder Dank finden noch Dank verdienen. Sie wäre durch nichts zu rechtfertigen, denn die höheren Stände stehen an Sittlichkeit den niederen nicht voran, nicht bloß überhaupt nicht, sondern namentlich auch nicht auf diesem Gebiete. Gott behüte uns vor Einrichtungen, welche den Neid und Haß der niederen Stände gegen die höheren nur mehren würden. Ich meine, die von mir gemachten Vorschläge für die Armenpflege bieten auch hier die naturgemäße Hülfe. Wenn sie ins Leben treten, dann nimmt Niemand Gesindel, welches sich leichtsinnig ohne gehörigen sittlichen Fonds verheirathen will, in seine Wohnung auf, damit ist die Sache von selbst verhindert.

Es gehört nicht eigentlich hierher, aber es hängt doch mit dem hier Besprochenen zusammen, daß nach meiner Ansicht unsere Gesetzgebung überhaupt eine viel zu große Scheu getragen hat, den Wohnungsvermiethern irgend welche Lasten oder Pflichten aufzulegen. Das zeigt sich auch im Kommunalverhältniß. Die Besitzer von 10, 20, 30 und mehr vermietheten Wohnungen leisten für diese ihre Wohnungen nichts bei den Gemeine-, Schul- und Parochiallasten. Die Miether sollen zum Theil herangezogen werden, aber ihre Heranziehung ist praktisch unausführbar. Vorzugsweise zeigt sich das in den Schulgemeineverbänden. Der Gutsherr ist von der Schulgemeine eximirt und leistet zu Schulzwecken gar nichts. Seine 20 oder 30 Tagelöhnerfamilien gehören aber zur Schulgemeine, füllen die Schulen, machen bauliche Erweiterungen, Neubauten, Anstellung zweiter Lehrer u. dgl. nothwendig und die Kosten sollen Andere tragen. — Denn die Tagelöhner, welche in ihren Wohnungen sitzen wie der Vogel auf dem Dache, können dazu nicht herangezogen werden, selbst mit geringen Leistungen nicht, obgleich das Gesetz es fordert. Sie verlassen lieber den Ort, wo solche Leistungen nöthig werden und ziehen anderswohin. Am stärksten tritt der Widersinn da hervor, wo eine Schulgemeine bloß aus einem Rittergut und seinen Tagelöhnern besteht. Da ist nach dem Gesetz der Gutsherr frei, die Tagelöhner sollen allein Alles bauen und schaffen. Natürlich thun sie es in Wirklichkeit nicht, die lex caesarea steht entgegen. Der nicht verpflichtete Gutsherr thut Alles, die allein verpflichteten Tagelöhner bleiben frei. Aber richtig kann doch eine Gesetzgebung nicht sein, welche zu solchen Ergebnissen führt. Man kommt solchen Gesetzen gegenüber unwillkürlich auf den Gedanken, daß sie nur haben entstehen können, weil die Wohnungsvermiether größeren Einfluß auf die Gesetzgebung ausgeübt haben, als die Miether oder die lasttragenden Gemeinen. Das natürliche Verhältniß ist allein das, daß der Eigenthümer der Wohnung der Gemeine gegenüber verpflichtet bleibt und leistet was billig und recht ist, und wegen der Wiedererstattung des Geleisteten von Seiten des Miethers sich durch seinen Miethscontract sichert, sofern der Miether leistungsfähig ist. Es ist auch dieß ein Stück von dem, was ich vorher über den Mangel einer genügenden Landgemeineordnung gesagt habe.

Man wundert sich vielleicht, daß ein Geistlicher, und für einen solchen bekenne ich mich, Vorschläge für die bürgerliche Armenpflege macht, und nicht lieber, von der kirchlichen handelnd, bei seinem Leisten bleibt. Ich gestehe aber, daß ich an eine kirchliche Armenpflege, welche die bürgerliche zu ersetzen und zweckmäßig zu ersetzen im Stande wäre, überhaupt nicht glaube. So läßt sich im christlichen Lande Bürgerliches und Kirchliches nicht trennen oder einander entgegen setzen. Ich kann es auf keine Weise für einen Gewinn erachten, wenn die ganze Armenpflege aus der Hand der bürgerlichen Gemeine genommen und in die der kirchlichen gelegt werden sollte. Das ist nur ein Wechsel der Personen, nicht eine Aenderung der Sache. Die Kirchenämter werden auch von schwachen Menschen verwaltet. Die Kirchengemeine ist eine eben so große Gemeine, als die bürgerliche. Sie steht dem einzelnen Armen ebenso fern und wäre derselben Unverschämtheit, demselben Truge und Undank ausgesetzt. Wenn an einzelnen Orten mit dieser Uebertragung augenblicklich günstige Erfolge erzielt worden sind,*) so ist das sicher nur im Feuer des ersten Eifers und der ersten Liebe geschehen, und dieses Feuer läßt sich weder allgemein noch bleibend machen. Die kirchliche Armenpflege, wo sie überhaupt möglich ist, kann nur eine freie Liebespflege sein. Wo man sie zur gesetzlichen Ordnung macht, da verliert sie ihren kirchlichen Charakter. Und doch kann der Staat auf diesem Gebiete die feste gesetzliche Ordnung nicht entbehren. Uebrigens ändern meine Vorschläge in dieser Beziehung nichts. Wo bisher eine kirchliche Armenpflege neben der bürgerlichen möglich gewesen ist, wird sie es bleiben. Die freie Liebesthätigkeit behält denselben Raum, wie bei der bisherigen Einrichtung. Ihre Sache ist es, daß sie diejenigen vor der zwangsweisen Armenpflege

---

*) Der Herausgeber erlaubt sich zu bezweifeln, daß das irgendwo geschehen. Wo man aber einen solchen Versuch hat wagen wollen, wie z. B. in der lutherischen Gemeinde in Elberfeld, hat sich alsobald der Irrthum nur zu fühlbar herausgestellt. Aber freilich können wir auch nicht mit dem geehrten Verfasser übereinstimmen, daß die kirchliche immer nur eine freie Liebespflege sein könne. Nach unserer Ansicht, die wir früher öfter entwickelt, kommt es vor allem auf die richtige Unterscheidung der bürgerlichen, kirchlichen und freien Armenpflege, und schließlich wiederum auf die richtige Verknüpfung dieser drei Factoren an — eine Lösung, die in einer organischen Weise freilich noch nirgends verwirklicht ist. D. H.

zu bewahren oder von derselben zu erretten sucht, welche gern bewahrt und errettet sein möchten.

Ich habe mit dem Vorstehenden über einen viel besprochenen Gegenstand und über eine schwierige sociale Frage einen Gedanken der Oeffentlichkeit übergeben wollen, damit die Sache von mehreren Seiten und auch aus anderen Erfahrungen heraus beleuchtet werde. Es wird mich freuen, wenn ich Berichtigung oder Ergänzung habe.

B.   G. W. Schinkel.

Gesellenherberge zur Heimath in Frankfurt a/O.

Frankfurt a/O., den 2. November. — Gestern, an dem kirchlichen Gedächtnißtage der Reformation, wurde hier eine neue „Herberge zur Heimath" feierlich eingeweiht. Dieselbe ist ein Werk des hier seit 1850 bestehenden „Vereins für innere Mission", welcher schon unter der früheren Leitung des verstorbenen Generals von Thile lebhaft die Gründung einer solchen Herberge verfolgte, besonders als vor 9 Jahren die Bildung eines „Jünglingsvereins" und eines „Geselligkeitsvereins" (für Männer) erfolgte und in einem Miethslokale vorläufige Herberge für dieselben gefunden war. Die beschränkte Räumlichkeit desselben konnte nur wenigen durchwandernden Gesellen ein Nachtlogis bieten, auch nicht den Zwecken und Wünschen jener Vereine genügen. Zwar wurde allmälig mancher ermunternde Beitrag zum Baufonds eines eigenen Hauses geschenkt, auch ein schöner Grundriß für einen Neubau entworfen; allein bald wollten die großen Kosten, bald andere Schwierigkeiten die Freunde des Unternehmens von seiner Ausführung abschrecken. Desto fleißiger wurde im Stillen dafür gebetet, und der Glaube an die Ausführbarkeit wuchs darunter, bis endlich vor neun Monaten die Stunde zur That kam, der Vorstand des Vereins für innere Mission in Gottes Namen zu bauen beschloß und den Baucontrakt förmlich abschloß.

Die Geldgeschenke von Freunden und Freundinnen aus der Stadt waren bis auf 2000 ℳ angewachsen; auch hatte man aus dem „Meßunkostenfonds" der Stadt ein Gnadengeschenk erbeten und erhielt ein solches wirklich während des Baues, durch Entscheidung Sr. Majestät und des königlichen Finanzministeriums, im Betrage von 2500 ℳ; dazu wurden noch 4000 ℳ Hypothek aus städtischen Mitteln dargeboten. Ein Theil der Grundziegel- und Dachsteine sowie der Bauhölzer wurde von Gutsbesitzern der Umgegend geschenkt; auch manche Lieferanten von Glas, Eisenwaaren und anderen für die Hauseinrichtung erforderlichen Materialien gewährten Preisermäßigungen und ein Frauen- und Jungfrauenverein arbeitete fleißig an Beschaffung der Betten, Wäsche u. dgl. So ging über Erwarten rasch und glücklich der Bau und die innere Einrichtung des Hauses von Statten, bis am gestrigen Sonntagnachmittage auf dem Platze, der noch vor 9 Monaten eine wüste Baustelle gewesen, sich zahlreiche Freunde der Sache in ihrer vollendeten „Herberge zur Heimath" zu deren feierlichen Einweihung versammeln konnten.

Leider war der eigentliche Vorsitzende des Vereins für innere Mission, der Graf von Bismark-Bohlen, verhindert, persönlich zugegen zu sein; darum leitete als sein Stellvertreter der Oberregierungsrath von Schlottheim die Feier. Die Zahl der eingeladenen Gäste hatte wegen Mangel an Raum beschränkt werden müssen. Dennoch mochten nahezu 200 Personen in den zwei zu einem freundlich geschmückten Festsaal verbundenen Zimmern gegen 5 Uhr Nachmittags beisammen sein, darunter außer dem Vorstande des Vereins für innere Mission, des Jünglings- und Geselligkeitsvereins, des Frauen- und Jungfrauenvereins und mancher Mitglieder dieser Vereine, die eingeladenen Spitzen der Stadt- und Regierungsbehörden, der Stadtgeistlichkeit und manche von auswärts gekommene Freunde. — Eine eingehende Schilderung der Feier verbieten die Grenzen der „Fliegenden Blätter". Choralgesang, Einleitungsgebet, Verlesung von Gottes Wort (der 84. und 24. Psalm wurden gleichsam als Hauspsalmen zu Grunde gelegt) mit erbaulichen und weihenden Ansprachen des Pastors Kühn und des Superintendenten Schönaich, Berichterstattung des Vorsitzenden und der Baucommission, Uebergabe der Hausordnung und der Berufsinstruktion an den Hausvater, einige Festgrüße auswärtiger befreundeter Corporationen, wie des Predigers Zahn aus Berlin im Namen des dortigen „Evangelischen Vereins für kirchliche Zwecke" und des Reisepredigers Meyeringh im Namen des „Central-Ausschusses für die innere Mission", endlich Schlußgebet und Segen — das alles bot im Wechsel von Ergüssen des Dankes und Lobes, der Mittheilungen und Ermunterungen, der Segenswünsche und Fürbitten einen reichen Stoff zu festlicher Erbauung und Stärkung der zu diesem Werke verbundenen und festlich in und vor Gott dem Herrn, als dem eigentlichen Anfänger und Vollender des Werkes, vereinigten Freunde.

Nach der eigentlichen Einweihungsfeier, die von 5 bis 7 Uhr währte, durchwanderten die Festgenossen das Haus, seine Einrichtungen und Ordnungen näher zu besehen, und saßen darnach noch einige Abendstunden an gedeckten Festtischen, die Kaffee und Bier, Kuchen und Butterbrod zu leiblicher Erquickung boten, in fröhlicher und wahrhaft festlicher Stimmung beisammen, stimmten einmüthig in das Hoch ein, welches der Regierungspräsident von Münchhausen auf Se. Majestät den König ausbrachte, und ließen ihre gesellige Unterhaltung manchmal durch Gesangvorträge des Jünglingsvereins und Ansprachen einzelner Festgäste gern unterbrechen.

Referent hat von der Feier wie von der gesammten Einrichtung des Hauses einen sehr befriedigenden Eindruck mitgenommen. Die neue Herberge liegt nahe bei dem zur Eisenbahn führenden Stadtthor in der Logenstraße 6a, 70 Fuß in der Front, 45 in der Tiefe, durchaus massiv und geschmackvoll gebaut, mit 2 Stockwerken von je 7 Rundbogenfenstern über einander, zwischen beiden die einladende Firma „Herberge zur Heimath", im Portal die Eingangsthür mit der Inschrift: „Der Herr behüte deinen Eingang", an der Rückseite mit den Worten: „Der Herr behüte deinen Ausgang", und einem einfachen Kreuz auf dem First des Dachstuhls. Im gewölbten Souterrain befinden sich 2 Schlafzimmer mit 6 und eins mit 4 Betten und eins mit Streulager für Wandergesellen, 1 Waschküche, 1 Badezimmer mit Backofen, 3 Kellerräume. Im Parterre: Küche, Speisekammer, Gaststube und Wohnung des Hausvaters und seiner Familie. Im zweiten Stockwerke Versammlungslokale für den Jünglings- und Geselligkeitsverein und den Verein für innere Mission, und einige Schlafzimmer für Arbeitsgesellen, die in der Herberge länger Kost und Logis suchen, auch für durchreisende Gönner und Freunde ein Schlafzimmer. Das ausgebaute Dachstockwerk enthält noch 6 Räume zur Reserve, theils zum Vermiethen, theils zum Schlafen für Handwerksburschen, und darüber noch einen geräumigen Trockenboden, in Summa 32 Piecen. Hinter dem Hause noch Hof mit Garten.

Die gesammte innere Einrichtung, welche bereits 36 fertige und sehr complete und saubere Betten aufweist, hat der Vorstand des Vereins für innere Mission angeschafft, und einige Mitglieder desselben bilden das Curatorium der Herberge. Die Wirthschaft selbst dagegen hat der Hausvater Fischer, welcher sich für dieselbe schon in dem früheren Miethslokal bewährt hatte, auf eigene Kosten zu führen, und treibt daneben sein Handwerk als Schuhmachermeister fort.

Die noch nicht zur Schlußabrechnung gebrachten Gesammtkosten des Baues inclusive Bauplatz und innere Einrichtung der Herberge dürften die Summe von 10,000 ℳ übersteigen, so daß also außer der hypothekarisch aufgenommenen Schuld von 4000 ℳ noch weitere 2000 ℳ zu decken sein mögen, die der opferwilligen Liebe für ein so erfolgverheißendes Arbeitsfeld anheimgegeben bleiben. — Sollte, was wahrscheinlich ist, der von dem Stadtverein für innere Mission unterhaltene Gefängniß= und Hospitalgeistliche auch seine Herberge in der „Heimath" nehmen, und seine Wirksamkeit im Dienste jenes Vereins auch für noch anderweitige Arbeitsfelder der inneren Mission eine fester begründete und dauernde werden, so würde dadurch nicht allein die „Herberge" zu einem eigentlichen Vereinshause für Stadtmission erweitert, sondern auch für die weitere Organisirung und Pflege der letzteren ein persönlicher Mittel= und Haltpunkt gewonnen werden können. Möge denn nun diese „Herberge zur Heimath" im rechten Sinne werden, wozu sie geweihet wurde, „ein Gotteshaus, eine Wohnung des Friedens und eine Pflanzstätte des Reiches Gottes"!

Bei dem sich immer weiter ausbreitenden Interesse für diese Art von Anstalten wird es von Interesse sein, wenn wir hier zugleich die für diese neue Herberge aufgestellte Hausordnung hinzufügen:

§ 1. Die vom Verein für innere Mission gegründete Herberge zur Heimath bezweckt, jungen Männern des Gewerbe= und Handwerkerstandes, sowohl den durchreisenden als auch solchen, welche hierselbst in Arbeit stehen, ein Unterkommen zu bieten.

§ 2. Aufnahme in die Herberge findet jeder junge Mann des Gewerbe= und Handwerkerstandes, welcher entweder mit einer Empfehlung versehen ist, oder in Ermangelung dessen, vom Hausvater für geeignet zur Aufnahme gehalten wird.

§ 3. Kranke Personen haben auf Aufnahme und Verpflegung in der Herberge keinen Anspruch.

Jeder Aufzunehmende muß sich gefallen lassen, daß sich der Hausvater, nöthigenfalls unter Zuziehung eines Arztes, von seinem Gesundheitszustande überzeugt.

§ 4. Jeder in die Herberge Aufgenommene hat sich der vorgeschriebenen Hausordnung zu fügen, den Anweisungen und Ermahnungen des Hausvaters Folge zu leisten, die nöthige Reinlichkeit zu beobachten, darf nicht durch unnützes Lärmen die Stille des Hauses stören, oder gar in anstößiger Weise mit Personen weiblichen Geschlechts verkehren, muß überhaupt Alles vermeiden, was einem christlichen jungen Manne nicht ziemt, und hat der Hausvater das Recht und die Pflicht, den gegen diese Hausordnung Handelnden sofort auszuweisen.

§ 5. Tabackrauchen ist in den Schlafräumen nicht gestattet.

§ 6. In den Schlafräumen darf nichts dieselben Verunreinigendes, als: Waschen, Kleider- und Stiefelreinigen und dergleichen, vorgenommen werden, vielmehr ist dazu eine erforderliche Räumlichkeit eingerichtet.

§ 7. Niemand darf das ihm angewiesene Bett eigenmächtig gegen ein anderes vertauschen.

Die Bettwäsche wird für die festen Schlafgäste alle Monate gewechselt. Jeder neu eintretende Gast erhält reine Bettwäsche. Alle 8 Tage erhält jeder Schlafgast ein reines Handtuch.

§ 8. In den Sommermonaten des Morgens 5 Uhr, in den Wintermonaten um 6 Uhr wird mit einer Glocke das Zeichen zum Aufstehen gegeben. Eine halbe Stunde später findet auf ein zweites Zeichen mit der Glocke in der Gaststube eine gemeinsame Morgen-Andacht für die Hausgenossen statt.

§ 9. Im Sommer um 8 Uhr und im Winter um 9 Uhr beginnt die tägliche Reinigung und Lüftung der Schlafräume, und muß bis dahin Jeder dieselben verlassen haben.

§ 10. In den Sommermonaten muß jeder in die Herberge Aufgenommene um $10\frac{1}{4}$ Uhr und in den Wintermonaten um 10 Uhr Abends zu Hause sein. Hausschlüssel werden nicht verabfolgt.

§ 11. Jeden Abend um $9\frac{1}{4}$ Uhr findet auf ein mit der Glocke gegebenes Zeichen eine gemeinsame Hausandacht statt, an welcher außer den Hausgenossen auch die Mitglieder des Jünglingsvereins Theil nehmen dürfen.

§ 12. Wer nur eine oder einige Nächte in der Herberge wohnt, zahlt pro Nacht für

1 Bett ohne Unterbett	$1\frac{1}{2}$ Sgr.
1 Bett mit Unterbett	$2\frac{1}{2}$ „
1 Bett mit weißem Ueberzug	5 „

Wer auf 14 Tage das Bett miethet, zahlt für
1 Bett ohne Unterbett . . . . 15 Sgr.
1 Bett mit Unterbett . . . . 25 „

Wer auf einen Monat miethet, muß acht Tage, bevor er die Herberge verlassen will, kündigen. Der Miethspreis für einen Monat beträgt:
in den Sälen mit 5 Betten oder mehr . 1 ℳ
in den Sälen mit 3 Betten . . . . . 1 „ 10 Sgr.

Wenn die Heizung der Schlafräume gewünscht wird, so ist für eine einmalige Heizung 2 Sgr. zu bezahlen.

Der Hausvater ist zur pünktlichen Einziehung der Miethsgelder angewiesen.

§ 13. Jedem Bewohner der Herberge steht die Theilnahme an dem in dem Hause sich versammelnden Jünglingsverein frei, nur muß er sich der darin geltenden Ordnung fügen.

§ 14. Die Beköstigung der Herbergsgäste geschieht nur im Gastzimmer und gilt das dort aufgehängte, vom Curatorium genehmigte Preisverzeichniß. Branntwein und Liqueure dürfen in der Herberge zur Heimath nicht genossen werden, auch darf nicht um Geld oder Geldeswerth gespielt werden.

§ 15. Beim Eintritt in die Herberge wird jedem Gast ein Exemplar dieser Ordnung behändigt, durch dessen Annahme er zur pünktlichen Befolgung derselben verpflichtet ist.

§ 16. Aenderungen dieser Ordnung bleiben dem Vorstande des Vereins, nach Maßgabe des Bedürfnisses, vorbehalten.

Frankfurt a/O., den 1. November 1863.

Der Vorstand des Vereins für innere Mission.
Graf v. Bismark-Bohlen. Krosnik. G. A. Balzer.

Mittheilungen über den Bestand
und die Erfahrungen verschiedener Rettungs- und verwandter Erziehungshäuser, resp. -Vereine.
(Fortsetzung.)

40—130. **Bayern.** Es fehlen uns aus Bayern mit Ausnahme der vier Anstalten zu Nürnberg, Erlangen, Schweinfurt und Castell alle speziellen Berichte. Doch besitzen wir eine uns von Bayern aus mitgetheilte Uebersicht über eine Anzahl der gegenwärtig dort existirenden

Rettungshäuser, welche meist alle erst seit dem Jahre 1848 entstanden sind. Die Zahl derselben beläuft sich auf nicht weniger als 90, von denen nur 3 vor 1848 entstanden sind. Unter diesen 3 ist keine katholisch, aber 2 sind evangelisch (das zu Nürnberg und die Erlanger Mädchenanstalt) und 1 ist gemischt, das Jean Paul-Stift zu Bayreuth, das aber jetzt überwiegend protestantisch ist. Seit dem Jahr 1848 sind dann

1) an **katholischen Anstalten** entstanden in Oberbayern deren 7 (mit c. 350 Kindern), in Niederbayern deren 8 (mit c. 230 Kindern), in der Pfalz 3, in der Oberpfalz 14, in Oberfranken 3, in Mittelfranken 6, in Unterfranken 16, in Schwaben 4. — Zusammen also 61 Anstalten.

2) An **protestantischen Anstalten** sind seit 1848 entstanden in Oberbayern 1 (zu Feldkirchen s. Fl. Bl. von 1856, p. 347), in der Pfalz 2 zu Haßloch und Weckenhausen, in Oberfranken 5 (Faffeltshof, Hof, Wunsiedel, Naila, Schwarzenbach) in Mittelfranken 6, in Unterfranken 2, in Schwaben und Neuburg 2. — Zusammen 18 Anstalten.

3) **Confessionell gemischt** sind 5 Anstalten in der Pfalz, unter denen auch 4, die zugleich Waisenhäuser sind.

Dazu kommen 4 Staatsanstalten, von denen 2 katholisch und 2 (zu Brückberg und Neudettelsau) evangelisch und 2 Asyle für jugendliche entlassene Sträflinge und Corrigenden im Alter zwischen 12 und 18 Jahren zu Castell und zu Zell in Unterfranken. Eine zusammenhängende Uebersicht dieser und aller verwandten Bestrebungen ist vermuthlich in dem Generalbericht des vom König Max gestifteten bayerischen St. Johannesvereins enthalten, der uns aber bis jetzt ganz unzugänglich geblieben. —

Die Anstalt zu Nürnberg hat im letzten Jahre einen ihrer ältesten Freunde, den Marktvorsteher Herrn Platten, durch den Tod verloren. Derselbe hatte 1826 durch die großmüthige Schenkung der Mutterhäuser der Anstalt einen festen Grund und Halt für ihr Fortbestehen gegeben und zwar in einem Augenblick, wo sie wegen Mangel an genügender Räumlichkeit nahe daran war, sich wieder aufzulösen. Die Anstalt hat während ihres 37jährigen Bestehens eine Kinderzahl von 292 Knaben und 41 Mädchen aufgenommen. Die Zahl der Zöglinge hatte sich im letzten Verwaltungsjahr um 10 vermehrt, sie betrug 32 Knaben und 12 Mädchen. Die Kinder werden mit Garten- und Hausarbeiten (namentlich Papparbeiten) beschäftigt. Die Einnahmen und Ausgaben betragen 5150 fl. mit einer Mehreinnahme von 52 fl. An immobilem Inventar besitzt die Anstalt drei Häuser, worunter ein neu gebautes mit Garten und 1 Morgen 60 Dez. Feld, außerdem 6300 fl. Capital, neben einer Hypothekschuld von 3000 fl.

Rettungshaus und Brüderanstalt zu Puckenhof bei Erlangen — bestand im Jahr 1862 13 Jahre. Auch hier macht sich eine Abnahme der angemeldeten Kinder, namentlich der Mädchen, bemerklich. Die Anstalt ist für 48 Kinder eingerichtet und hatte beim letzten Jahresschluß nur 32 Zöglinge. Auch hier weiß man diese Erscheinung sich nicht zu erklären, da es notorisch nicht an Kindern fehle, die, wenn man sie so fortgehen läßt, dem Staat und der Armenpflege sicher zur Last fallen müssen. Es wird bezweifelt, daß der Grund in der Forderung eines jährlichen Pflegegeldes von 60 fl. zu suchen sei. Weitere Antwort wird nicht darauf gegeben; und doch ist es gewiß, daß wenigstens an vielen anderen Orten das angenommene System des Pflegegeldes einen der Hauptgründe dieser Erscheinung mit bildet. — Die Zahl der Brüder ist nur 4 — und doch ist aller Orten Mangel an Arbeitern. Die Anstalt hat 5642 fl. eingenommen und bis auf 144 fl. ausgegeben, besitzt überdieß ein Gesammtvermögen von 17,527 fl. mit Einschluß von 4172 fl. Inventarvermögen. Die Leitung ist in der Hand eines theologisch gebildeten Inspectors, jetzt des Herrn Kleinknecht. Das Comittee besteht zum größten Theil aus Professoren der Universität.

Das Trautberger Haus bei Castell in Unterfranken hat in den 12 Jahren seines Bestehens 136 Kinder (106 Knaben und 30 Mädchen) aufgenommen, von denen 92 ausgeschieden waren, so daß jetzt noch 44 verbleiben, während ein Jahr vorher 55 der Bestand war. Die Anstalt hat Raum für 60 Zöglinge, muß aber in Folge einer Vereinbarung 12 Plätze für der Strafrechtspflege verfallene und von der Staatsregierung überwiesene Kinder reservirt halten — eine Bestimmung, welche für die Anstalt nicht erwünschte Folgen haben könnte. Außerdem gehören 11 Erwachsene zur Anstalt, die mit den Kindern des Hausvaters zusammen 60 Personen umfaßt. Die in dem Bericht dargestellte Einrichtung der Familien, der Schule und Handarbeit, werden vielfach an das Rauhe Haus erinnern, in welchem der jetzige Hausvater, Lehrer Blaufuß, sich zu seinem jetzigen Beruf vorbereitete. Zur Anstalt gehören 1 Morgen Gartenland, 55 Morgen Acker und Wiesen und 10 Stück Rindvieh. Im letzten Jahre sind noch 4 Morgen Wiesenland erworben. Die Ausgabe betrug 1844 fl. und 3 fl. mehr als die Einnahme. Mit einem Deficit von 1600 fl. war man in das Anstaltsjahr hineingegangen. Durch die Unterstützung des St. Johannesvereins in München, der Regierung, der Kreisverwaltung, durch die Zuwendung verschiedener Legate und außerordentlicher Geschenke, sowie durch die besonders hervorgehobene Sparsamkeit der Hauseltern wurden die Schulden gedeckt. Außerdem aber trägt die Anstalt eine Capitalschuld von 3050 fl. (Fortf. folgt.)

In Sachen des Central-Ausschusses.

Quittungen des Central-Ausschusses vom 1. Octbr. bis zum 21. Novbr.

Für die Zwecke des Central-Ausschusses und insbesondere für die von demselben ausgeführte Reisepredigt sind in der vorbenannten Zeit nachstehende Liebesgaben eingegangen, die mit herzlichem Dank hiermit quittirt werden. Fernere derartige Gaben wird außer dem Cassirer, Herrn Buchhändler W. Hertz (Behrenstraße 7, Berlin) der Herausgeber dieser Blätter entgegennehmen.

Sachsen-Altenburg. Ihre Hoheiten der Herzog und die Frau Herzogin von Sachsen-Altenburg pro 1862 und 1863 20 ℳ und 20 ℳ.

Hamburg. Durch Hrn. F. Schroll von Hrn. Friedrich Köster 5 ₰ (jährl. Beitrag).
Holstein. Unter Couvert mit Poststempel Kiel: Pastor Schrader das. 4 ₰, C. von Levetzow das. 1 ₰, derselbe 1 ₰ 15 Sgr., derselbe 2 ₰, Prof. Fricke 1 ₰, Prof. Weiß 1 ₰, Kaufmann L. C. Brauer das. 7 ₰ 15 Sgr. — 18 ₰.
Aus Preußen. Prov. Brandenburg. Von dem Verein für innere Mission zu Frankfurt a/O. 10 ₰. — Durch Sup.-Verweser Schultze in Potsdam: halbjährlicher Beitrag des Predigers Groote in Nowawes 5 ₰.
Prov. Pommern. Archidial. Dr. Willms zu Stralsund 5 ₰.
Prov. Sachsen. K. in C. 00 ₰.
Prov. Westphalen. Diöces Hörter durch Sup. Beckhaus 4 ₰ 11 Sgr. — Durch Pfarrer von Velsen II. aus der Gemeinde Unna 12 ₰.
Rheinprovinz. Durch Sup. Schulz zu Mülheim a/R. (Kreissynode Düsseldorf): derselbe 1 ₰ 5 Sgr., Pf. Keller das. 1 ₰, Pf. Wolf das. 1 ₰, Pf. Sturzberg das. 15 Sgr., Pf. Vogt das. 15 Sgr., Pfarrverw. Königs zu Oberhausen 10 Sgr., Pf. Haardt zu Borbeck 1 ₰, Pf. Jonghaus zu Essen 15 Sgr., Pf. Graeber das. 15 Sgr., Pf. Spies zu Reutlinghausen 15 Sgr., Pf. Hempel zu Werden 15 Sgr., Pf. Isenbügel zu Kettwig 15 Sgr., Pf. Brüggemann das. 15 Sgr., Pf. Wülfing zu Linnep 10 Sgr., Pf. Müller zu Mettmann 1 ₰, Pf. Kühl zu Schrath 10 Sgr., Pf. Meinhaus zu Haan 10 Sgr., Pf. Jacobs zu Hilden 15 Sgr., Pf. Ratory zu Düsseldorf 15 Sgr., Pf. Roffhack das. 15 Sgr., Pf. Blech das. 1 ₰, Gefängnißgeistl. Scheffer das. 15 Sgr., Pf. Seyd zu Saarn 15 Sgr. — 14 ₰. — Durch Hrn. L. Lamberts Sohn zu M.-Gladbach 50 ₰. — Pf. Reuß zu Dickenschied 10 Sgr., Pf. Bartels zu Alterkülz 12 Sgr., Pf. Oertel zu Horn 10 Sgr., Pf. Kaiser zu Eilern 10 Sgr., Pf. Raquot zu Argenthal 10 Sgr., Pf. Büren zu Simmern 10 Sgr., Pf. Back zu Kastellaun 10 Sgr., Pf. Koch zu Lauferßweiler 16 Sgr. — 3 ₰.

Zeitung und kürzere Correspondenzen.
Schriftenverbreitung.

Katholische Tractat- und Bibelgesellschaften. Die mannigfachen freien Liebesarbeiten der evangelischen Kirche sind bekanntlich auf katholischer Seite nicht immer ohne Beachtung geblieben und haben daselbst zum Theil directe Nachahmung gefunden. So hat z. B. die rege Thätigkeit der evangelisch-französischen Tractatgesellschaften die Französisch-Katholischen veranlaßt, jetzt eine ähnliche Gesellschaft zu organisiren, um durch Verbreitung von Controversschriften und dergleichen, dem Einflusse jener Gesellschaften entgegen zu arbeiten.*) Die neueste Erscheinung dieser Art ist, als an die Arbeit der Bibelgesellschaften sich anschließend, von ganz besonderem Interesse. Es liegt ein von 25 katholischen Geistlichen der Diöcese Grenoble unterzeichnetes Schreiben vor, das an die Gesellschaft des h. Franz v. Sales gerichtet ist und also lautet:

„Die Anstrengungen der protestantischen Bibelgesellschaften wachsen von Jahr zu Jahr. Colporteure ziehen von Haus zu Haus, um Bibeln und Neue Testamente zu verkaufen. Da die Protestanten eifrige Bibelleser sind, so besitzen dieselben eine Schlagfertigkeit und Geschicklichkeit beim Anführen von Bibelstellen, daß sie in religiösen Dingen den Katholiken natürlich weit überlegen sind. So bedauerlich wir das empfunden, so haben wir, die unterzeichneten Geistlichen, es für das kräftigste Gegenmittel gegen das weitere Umsichgreifen der Ketzereien erachtet, wenn in den Familien sich die Sitte, die h. Evangelien und die h. Geschichte zu lesen einbürgerte. Demnach würde, wo man künftig in einem Hause

---

*) In Deutschland entfaltet auf katholischer Seite in dieser Hinsicht eine nicht unbedeutende Thätigkeit der Borromäus-Verein, der in jeder größeren Provinz sein Hauptdepot zur Schriftenverbreitung hat, für Rheinland z. B. in Bonn. Leider verbreitet der genannte Verein neben wirklich guten Büchern, wenn auch katholischer Färbung, Schmähschriften der allertraurigsten Art gegen die Reformation und die Reformatoren.

die Bibel auf dem Tische liegen sähe, dasselbe nicht ohne Weiteres für ein protestantisches zu halten sein und man würde nicht mehr behaupten dürfen, daß die schrecklichste Waffe gegen uns die Verbreitung des Evangeliums sei. Die Unterzeichneten, von der Ansicht ausgehend, daß religiöse Disputationen heut zu Tage nicht mehr zeitgemäß, weil z. B. dem heutigen Publikum auch die oberflächlichste Kenntniß der christlichen Lehren abgeht, halten, um weitere Gefahren zu verhüten, für das zweckmäßigste: das Evangelium in französischer Sprache zu verbreiten."

Das Schreiben verlangt sodann, daß die Vertheilung der Bibel durch die Pfarrgeistlichen geschehe. Bereits hat man eine Anzahl Neuer Testamente in einer autorisirten Uebersetzung mit erklärenden Noten unter dem Text angekauft und in Umlauf gesetzt. Das oben erwähnte Schreiben bittet die Gesellschaft des Franz v. Sales um Geldunterstützungen, um die Verbreitung der h. Schrift in der Landessprache in vollstem Umfange ins Werk zu setzen. Die Gesellschaft hat dem gegen sie geäußerten Wunsche auch bereits entsprochen, und werden in jener Gegend jetzt eine nicht geringe Anzahl Bibeln, wenn auch mit katholischen Noten versehen, um die römische Kirchenlehre aufrecht zu erhalten, verbreitet.

Verschiedenes.

Gustav Werners Anstalten und Zweiganstalten zu Reutlingen. — Wir haben unsern Lesern Jahrgang 1861, p. 26 ff. eine ausführliche Mittheilung über diese Wernerschen Unternehmungen gemacht und waren neuerdings doppelt erfreut, einer auch im Buchhandel ausgegebenen Brochure*) zu begegnen, aus der noch weitere Aufschlüsse über diese vielfach noch unklaren Einrichtungen zu hoffen waren. Diese Brochure weist zunächst nach, daß seit 1860 oder 1861 (vgl. Jahrgang 1861, p. 70) der Bestand der Anstalt so fortgeschritten ist, daß jetzt im Ganzen 25 größere und kleinere Etablissements (Erziehungs- und Versorgungsanstalten, Läden, Landgüter, Ziegelhütten und industrielle Anstalten der verschiedensten Art) mit 1746 Personen und 1282 Morgen Land dazu gehören. Die baldige Vollendung der Papierfabrik in Dettingen, die 500 Personen beschäftigen soll und zu deren Herstellung eine halbe Million erfordert wird, wird in Aussicht gestellt. Wen sollte ein Werk von diesem Umfang, wo und wie es sei, nicht in Erstaunen setzen und vollends, wenn das Ganze mit dem vollen Bekenntniß zu Christo und aus der Gemeinschaft dieses Glaubens und dieser Liebe erwächst? Ohne uns hier auf eine eingehende Besprechung einlassen zu können, wollen wir nur hervorheben, daß unsere schon 1861, wenn auch nur leise angedeuteten Zweifel an der Richtigkeit der geschäftlichen Grundlage des Unternehmens nach Lesung dieser Brochure aufs höchste gestiegen sind. Die darin enthaltenen richtigen Gedanken, z. B. über die Stellung des Christenthums zur Industrie, sind zugleich mit solcher Unklarheit über das Geschäftliche (und grade dieses müssen wir in diesem Falle immer wieder betonen) und überdieß mit einer so überschwänglichen Erwartung von einer socialen Weltverbesserung, mit der in Reutlingen der Anfang gemacht worden sei, durchwebt, daß wir, abge-

---

*) Das Mutterhaus Gotteshülfe in Reutlingen und seine Zweiganstalten. Dessen Bestimmung und nunmehriger Bestand von Gustav Werner. Stuttgart bei Rommelsbacher. 1862.

sehen von vielem Andern, schließlich nur um so mehr von der Furcht erfüllt sind, die Sache werde ein Ende mit Schrecken nehmen, — es sei denn, daß noch anderweitige Aufklärungen folgen werden. Unternehmungen der Art müssen auf einer ganz klaren, soliden, finanziellen Unterlage beruhen und auch rechtlich sicher geordnet sein. Das Alles widerspricht dem christlichen Geist so wenig, daß vielmehr in dieser richtigen Durchführung die Richtigkeit des christlichen Geistes sich documentiren wird. Aber was soll man sich dabei denken, wenn in jener Brochure da, wo sich die Frage aufdrängt, wo und wer denn die moralische Person sein möge, der jenes umfangreiche Vermögen, zu dem wer weiß wie viele beigetragen, gehört — geantwortet wird: "es gehört dem Herrn und Seinen Armen", und wenn Gustav Werner hinzusetzt: "ich werde dafür sorgen, daß einst auch in genügender Rechtsform dieses Gut auf den Herrn oder Seine Armen übertragen werde; bis jetzt war dieß aus manchen innern und äußern Gründen nicht möglich."? — Dieser charakteristischen Aeußerung schließt sich nun eine zweite, ein Jahr später ausgegebene Brochure "Sendbrief an die neue Brüdergemeinde" vom September 1863 an, der nur zu sehr bestätigt, wieviel Grund zu jenem Bedenken vorhanden war. Das ganze Unternehmen ist durch das Drängen der Gläubiger mehr als ins Schwanken gekommen. Bereits haben mehrere Etablissements verkauft werden müssen, um den Gläubigern gerecht zu werden. Fernere Verkäufe scheinen unvermeidlich und es bleibt zweifelhaft, ob namentlich die Unternehmung mit jener Dettinger Papierfabrik, woran sich die größte Last der Sorge schließt, sich überhaupt halten läßt. Dazu kommt innerer Zwiespalt und Unzufriedenheit. Wir gewinnen, wenn auch nur ferne Blicke in die Tag und Nacht erfüllenden Sorgen und Aengste, von denen jetzt mit einemmale offenbar wird, daß sie durch jene Unternehmungen, welche die Aufmerksamkeit der Welt auf sich gezogen, nur ganz äußerlich verschleiert gewesen, und daß lange schon "manche Brüder es nicht mehr haben begreifen können; als es von einer Unternehmung in die andere und eben damit begreiflicherweise auch von einer Schuld in die andere hineinging." — Es ist deßwegen jetzt eine Art von Verwaltungsrath unter dem Vorsitz des Dr. Landerer in Göppingen eingesetzt, dem die Abwickelung und rechtliche Regulirung der Sache übertragen worden. Daß bei alledem sogleich wieder ein neues Unternehmen, nämlich eine Auswanderung nach Costarica in Central-Amerika, oder wie man es aufgefaßt haben will: die Gründung einer neuen Zweiganstalt daselbst, wohin zu diesem Zweck im October zwei Männer abgeordnet sind, auftaucht — könnte noch bedenklicher machen. In characteristischer Weise erklärt G. Werner sich damit einverstanden, "weil sich in meiner Anstalt Manche finden, die in derselben nicht bleiben wollen und in einer fernen Kolonie ein zweckmäßiges Unterkommen finden können."

Die ganze Angelegenheit hat durch die angeführten Brochüren eine solche Oeffentlichkeit erlangt, daß wir, nachdem wir früher schon einmal darauf hingewiesen, nicht glaubten jetzt darüber schweigen und unser Urtheil zurückhalten zu dürfen. Statt anderweitiger Nutzanwendungen und Ausstellungen, wozu freilich reichlich Veranlassung vorläge, schließen wir mit dem aufrichtigen Wunsche, daß jene Regulirung durch geschäftskundige Männer gelingen möge, damit aus dem Ganzen nicht schließlich noch ein weitgehendes Aergerniß erwachse. Wir wünschen jenes glückliche Ende namentlich auch um Gustav Werners willen, dessen Lauteren Eifer troß der großen unleugbaren Fehler, die er gemacht, Niemand bezweifeln wird. —

Großherzogthum Baden. Ueber die Abnahme der Armuthsverhältnisse und der Verbrechen und damit verwandter Beziehungen im Großherzogthum Baden innerhalb der Jahre 1852 — 1862 entnehmen wir den „Ergebnissen der Statistik des Großherzogthums Baden" von Dr. Dieß (Karlsruhe 1862) folgende interessante Daten.

Von 1852—1862 wanderten 65,690 Personen (worunter mehr als die Hälfte der Ackerbautreibenden Classe angehörten) aus, die zusammen 10,326,776 Fl. (darunter 1,418,345 Fl. zu diesem Zweck ertheilte Staats- und Gemeindeunterstützung) aus dem Lande wegführten. Unter denselben war eine große Anzahl von Personen, welche in ihrer früheren Heimath nach den damaligen Verhältnissen genügenden Verdienst nicht finden konnten und deshalb verkommen waren. Während nun die Zahl dieser Auswanderer in den 3 Jahren 1852—1854 in runden Zahlen jährlich 14000, 12000 und gar 21000 betrug, ist sie von da an so gefallen, daß sie in den letzten 8 Jahren nur dreimal über 2 und 3000 hinausging, in den übrigen Jahren nie 2000 erreichte. In demselben Maß ist natürlich auch das aus dem Lande ausgeführte Vermögen geringer geworden. Die Geldopfer, welche die Auswanderung forderte, haben sich durch die Ersparungen an Unterstützungen und an Kosten der Strafrechtspflege, sowie durch Steigerung des Verdienstes der Zurückgebliebenen bereits reichlich ersetzt.

Die Zahl der Unterstützungsbedürftigen im Lande hat sich nämlich seit 1854 nahezu um die Hälfte vermindert. Der Aufwand sämmtlicher Gemeinden des Landes für Armenunterstützung, einschließlich der Unterstützung der Auswanderung, stellte sich im Jahre 1854 auf die Summe von 1,102,752 Fl., im Jahre 1860 aber nur auf 552,863 Fl., ist demnach um 549,884 Fl., also nahe zu um die Hälfte geringer geworden.

Seit 1852 ist die Anzahl der Diebstähle, welche vor dem Schwurgerichte abzuurtheilen waren, von 96 auf 6, der Brandstiftungen von 24 auf 10 (in den beiden vorhergehenden Jahren auf je 5), des Meineides von 11 auf 4, des Raubes von 11 auf 2 herabgesunken. Die Zahl aber der Anklagen überhaupt, worüber die Schwurgerichte abzuurtheilen hatten, fiel von 1852—1861 von 193 auf 74. Die s. g. Hofgerichte hatten im Jahre 1852: 766, und im Jahre 1854 noch 1009 Diebstähle abzuurtheilen; die Zahl derselben hat aber darnach auch an dieser Stelle fast jährlich abgenommen, so daß sie in den beiden letzten Jahren nur 460, und die beiden vorangehenden Jahre noch weniger betrug.

Ebenso ist die Zahl der Gefangenen gesunken, und zwar seit 1854 in den polizeilichen Verwahrungsanstalten von 130 Personen auf 80 Personen, und in den Central-Strafanstalten von 1448 Personen auf 691 Personen herabgegangen. Die Summe der Kosten für die in den Amtsgefängnissen zu erstehenden polizeilichen und gerichtlichen Strafen betrug 1854 251,212 Fl. und ist von da an von Jahr zu Jahr und zuletzt 1861 um 109,346 Fl. weniger geworden, nämlich auf 141,860 Fl. gefallen.

Während die Zahl der Geburten sich vom Jahre 1852, wo sie 45,353 betrug, jährlich und im Jahre 1859 bis auf 49,766 vermehrt, ist zu gleicher Zeit die Zahl der unehelich Gebornen, die im Jahr 1852 auf 6712 angegeben wird, dann bis zum Jahre 1855 auf 5988 sinkt, von da an und zwar bis 1859 fortwährend bis auf 8592 gestiegen, während sie 1860 auffallender Weise plötzlich auf 8067 niedergeht. Dr. Dieß spricht die Hoffnung aus, daß die Zahl dieser unehelichen Kinder wieder abnehmen werde, nachdem durch ein Gesetz vom 9. Oct. 1862 mehrere frühere Beschränkungen des Rechts zur Verehelichung aufgehoben worden. Für Ernährung unehelicher Kinder, für Findlinge und Kinder von Inquisiten sind im Staatsbudget für 1862 und 1863 an Unterstützungen 20,000 Fl. vorgesehen. — Jedenfalls constatiren die hier zusammengestellten Daten ein erfreuliches Wachsthum der öffentlichen Sittlichkeit nach den angegebenen Richtungen hin. Es ist Thatsache, daß, soweit wir übersehen können, gleiche Resultate aus fast allen deutschen Ländern vorliegen. Die wahren und tieferen Ursachen dieser Erfahrung zu ermitteln, wäre eine verdienstliche Aufgabe, da sich andererseits schwerlich behaupten läßt, daß das sittliche Urtheil und die christliche Vertiefung der Nation gleichermaßen im Zunehmen begriffen ist.

Seminar für innere Mission in Ahlborg — in Schweden. Im Anschluß an die in No. 6 d. J. gegebenen Nachrichten über die Arbeiten der inneren Mission in Schweden tragen wir hier noch Folgendes nach. Vor mehreren Jahren hat ein Pastor Ahlberg, der sein Amt wegen Kränklichkeit niedergelegt hatte, in Ahlborg, in der Provinz Smoland, ein Seminar für Arbeiter der inneren Mission gegründet. Mit diesem Seminar, das dem stark begehrten Bedürfnisse nach Colporteuren, Stadtmissionaren, Lehrern an Volksschulen u. s. w. abzuhelfen unternommen, ist eine Rettungsanstalt verbunden, wozu denn noch neuerdings die Gründung eines Diakonissenhauses gekommen. Die genannten Anstalten zählten am Schlusse des verflossenen Jahres 110 Bewohner, die in den 4 bis dahin ausreichenden und stattlichen Häusern kaum mehr Platz zu finden vermochten, so daß man zum Neubau schreiten mußte. In der Rettungsanstalt allein befanden sich 80 Knaben. In finanzieller Hinsicht ist die Anstalt fast ausschließlich auf die Gaben christlicher Liebe angewiesen und betrug die Gesammtsumme der Ausgaben im vorigen Jahre c. 4500 pr. Thlr. Das in demselben Distrikte gelegene Rettungshaus in Alsheda zählt etwa 40 Kinder; es wird, wie die vorhin erwähnten Anstalten, vorzugsweise von den Gaben christlicher Bauern und Arbeiter unterhalten; ein schönes Zeugniß von dem lebendigen Christenthum, an dem es namentlich unter den kleinen Leuten dortiger Gegend nicht fehlt.

Nachrichten aus dem Rauhen Hause.
Speciell für die auswärtigen Brüder.

Für die Hülfscasse (H. C.) sind vom 4. bis 30. November an Jahresbeiträgen eingegangen: für 1863 2 ℳ von B.(122); à 1 ℳ von S.(231), K.(305), N.(333); für 1864 2 ℳ von V.(277); à 1 ℳ von M.(95), N.(333).

Geboren: ein Sohn 22/11. M. (159), 9/10. H.(206), 15/11. T.(266); eine Tochter 29/9. M.(258). — Verheirathet hat sich 16/10. R.(280); verlobt haben sich G.(243), B.(247).

Empfehlenswerthe Bücher und Bilder für Weihnachten.

Jugendschriften von Caroline von Reiche:

I. Die Großmutter unter ihren Enkeln.
Kindergeschichten mit Bildern.
Cart. Preis 15 Sgr. ob. 1 ƒ 4 fl.

II. Die Reise in's Geschichtenland.
Ein Buch für Kinder und Eltern.
Mit 28 Bildern. Cart. Preis 15 Sgr. ob. 1 ƒ 4 fl.

III. Erzählungen aus der Spiel=Schule.
Cart. Preis 15 Sgr. ob. 1 ƒ 4 fl.

Die Verfasserin hat vorstehende drei Bücher nicht geschrieben, um sie drucken zu lassen, sondern im Kinderkreise sind sie geboren, wurden dort erzählt, mit lauschender Aufmerksamkeit gehört, mußten zu erneuter Lust immer wieder erzählt werden, und sind endlich auf den Wunsch Vieler niedergeschrieben, wie sie erzählt wurden. So athmen sie die Wahrheit, Lieblichkeit und Lebendigkeit jenes Kinderkreises, dem sie ihren Ursprung verdanken.

Denkwürdigkeiten aus dem Leben
von
Amalie Sieveking.
In deren Auftrage von einer Freundin derselben verfaßt.

Mit einem Vorwort von Dr. Wichern.

Preis broch. 1 ℳ. — Eleg. geb. 1 ℳ 12 Sgr. ob. 2 fl 6 kr.

Amalie Sieveking, die Hamburger Tabea, ist bekannt. Ihr Leben liegt hier vor uns, klar und treu in einfachster Darstellung und wie reich dabei! eine Auslegung der Forderung des Apostels: „Lasset uns lieben, nicht mit Worten und mit der Zunge, sondern mit der That und mit der Wahrheit," ein Stück Hamburger, Freireichsstädtischen, ja deutschen Lebens, ein Lebensspiegel und eine Ehrenkrone für Deutschlands Frauen und Jungfrauen. Sie hat einen ehrlichen Kampf gekämpft, aus der Finsterniß des Zweifels zum Licht des lebendigen Glaubens. Sie hat Glauben gehalten, ihren Glauben in der Liebe bewährt, fortan ist ihr beigelegt die Krone des ewigen Lebens.
(Evangel. Schulblatt.)

Aus dem Leben.
Fünf Erzählungen von Caroline Litzmann.
Preis 12 Sgr. ob. 1 fl.

Inhalt: Die beiden Freunde, oder Reich und Arm. — Die Bibel. — Der bekehrte Knabe. — Das Versprechen. — Marie, oder der Ziegler und seine Tochter.

Der Stoff dieser Erzählungen ist wirklich aus dem Leben geschöpft, das sich einfach und vielgestaltig, aber überall ernst in diesen Geschichten wiederspiegelt, die manchem jugendlichen Leser seine eigene Geschichte, seine eigene Zukunft und die große Frage nach dem Einen, was noth ist, vor Augen und Gewissen stellen werden. — Wenn sich am Sonntage oder an langen Winterabenden Väter und Mütter mit den heranwachsenden Kindern sammeln und nach einem heilsamen Buche fragen, an dem Alle mit gleicher Freude Theil nehmen mögen, so werden diese Erzählungen willkommene Freunde sein und mehr bringen als flüchtige Unterhaltung.

Unsere Lieder.
Mit Vorwort von Dr. Wichern.
Dritte bedeutend vermehrte und verbesserte Auflage.

320 Seiten. Preis cart. 12 Sgr. ob. 1 fl. — Velin-Ausgabe eleg. geb. 1 ℳ.

Es sind mehr als 300 Lieder, in deren Chor die besten deutschen Sänger, genannte und ungenannte, zusammenstimmen; die Lieder sind einstimmig, zwei- und dreistimmig, ihrer viele auch vollchörig gesetzt. Gottes Schöpfung in Wies' und Wald; das Leben des Hauses, wie in ihm Mutter- und Kindesliebe singt und spielt; die Wanderlust, die jauchzend hinauszieht in die Welt; das Vaterland und seine unsterblichen Helden, seine Kaiser aus alten Tagen und seine Geschichte mit allen aus ihr sprießenden Hoffnungen; allerlei Lust und Leid, wie sie unversieglich aus stillem Herzen in beschaulicher Andacht oder in traulicher Liebe und Gemeinschaft, etwa zu Frühlings- und Sommerzeiten, oder wenn der Eiszapfen die Fenster ziert, sich ergießen; Festliches zu Weihnachten und anderen Gotteszeiten, — das Alles spiegelt sich in diesem Büchlein in Worten und Tönen, nach denen sorgfältig gelauscht und geforscht ist, bis sich viele der edelsten und schönsten von beiden hier zusammengefunden, um Herzen und Geister in schönem Einklang zusammenzubinden.

Die Agentur bringt überdies zu Weihnachten in Erinnerung drei bis dahin viel gekaufte Bilderbücher von Oskar Pletsch:

Die Kinderstube in 36 Bildern.

Gez. von O. Pletsch, in Holz gesch. von A. Gaber in Dresden.
Eleg. cart. mit verziertem Umschlage. Preis 27 Sgr. ob. 3 ⅓ 4 ß.
Schön geb. in engl. Leinen mit Goldsch. und Pressung. Preis 1⅓ 4.

Die Handzeichnungen befinden sich im Besitz des jungen Prinzen Friedrich Wilhelm Victor Albert von Preußen, für welchen sie Ihre Königl. Hoheiten dem Prinzen Friedrich Wilhelm und seiner Gemahlin, der Prinzeß Victoria, von dem Künstler überreicht werden durften. Die Annahme der Dedication von Seiten des Fürstenpaares findet ihre volle Berechtigung auch in dem künstlerischen Werthe der Bilder, welche die Lust und das Leid der Kinderstube und des Kinderlebens gleich ergötzlich und erbaulich für Jung und Alt in wahrer und warmer Lebendigkeit wiedergeben.

Daß zu der Poesie des Bildes auch die des Verses sich gesellt, hat die Künstlergabe um so viel werthvoller gemacht. Das **erste Bilderbuch** des künftigen preußischen Thronerben ist durch diese Ausgabe der „Kinderstube" aus dem Fürstenschlosse zurückgekehrt und hat bereits in weiten Kreisen Eingang gesucht und gefunden, wo für das Leben und die Wundergestalten der Kinderwelt Herz und Sinn offen steht.

Engelgeschichten der heiligen Schrift.

In 40 Bildern von O. Pletsch. In Holz geschnitten von A. Gaber.
Preis 1 4.

Eine liebliche Idee, 40 biblische Geschichten, in welchen die heiligen Engel dienen, — jede auf einem besonderen Blatte — mit kurzem Schriftworte und trefflichem Holzschnitt, zugleich in prachtvollem Einbande, vorzuführen und zu veranschaulichen; ein gar köstliches Geschenk für die Kleinen, deren Engel allezeit das Angesicht des Vaters sehen.

Unter vorstehendem Titel bietet die Agentur ein Bilderbuch dar, das Vielen, die Kindern ein derartiges Geschenk machen wollen, zur Freude gereichen wird. Es sind 32 Bilder, meist von Oskar Pletsch, jedes mit einem Vers oder Bibelspruch, die den Beschauer in das Stilleben der Familie führen; wir belauschen Mutter und Kind an der Wiege, oder in ihrer stillen Andacht, oder in der häuslichen Beschäftigung; uns begegnen Säeleute und Pflüger, und bald darnach hören wir den Klang der Sichel und das Jauchzen im Erntefeld; dort streut das Töchterchen den Tauben und Küchlein das Futter, während ein Blatt weiter zwei Häschen im blumigen Grase neschen und springen, oder dort Bruder und Schwester vorsichtig ein Vogelnest beschauen. Die muthwilligen Jungen in dem Apfelbaum, das in Schnee gehüllte gemüthliche Dorf, und dann wieder das liebliche Weihnachtsbild, das Licht ausgießt über die dunkle Welt, — das Alles noch mag beispielsweise die Mannigfaltigkeit des Ganzen andeuten, das doch innerlich durch den Einen Zug nach Oben zusammengehalten wird. Das Titelbild zeigt die Eltern, die in dem Blicke auf die Kinder, und die Kinder, die an dem Bilderbesehen sich freuen.

Eleg. cart. Preis 18 Sgr. od. 1 fl.

Empfehlenswerthe Bücher der Agentur des Rauhen Hauses. Zu Weihnachten.

Kaiser Julians Kampf und Ende.

Eine Erzählung aus dem vierten christlichen Jahrhundert.

Von Dr. **Fr. Lübker.**

157 S. geh. Preis 15 Sgr. od. 1 ƒ 4 ß.

In ergreifender und fesselnder Weise führt der Verfasser in die inneren Kämpfe und Siege des Glaubens, und hält in dem geschichtlichen Bilde zugleich einen Spiegel vor, in welchem sich mancher Geist, der in unseren Tagen um die höchsten Güter des Lebens und Friedens vor Gott ringt, wieder erkennen wird. Es ist ein Büchlein, das für die Kreise höherer Bildung Vielen eine willkommene Gabe sein wird.

Die preußische Expedition nach Ostasien.

Reisebilder aus Japan, China und Siam.

Aus dem Tagebuche von **J. Kreyher,**

ehemal. Schiffsprediger an Bord S. M. S. „Arcona."

28 Bogen 8. br. Preis 1 ₰ 12 Sgr. od. 3 ƒ 8 ß.

Der Verfasser schildert in vorstehend angezeigtem Buche in ansprechender Weise die Erlebnisse der „Arcona". An seiner Hand begleiten wir dieselbe von ihrer Abreise von Danzig an, nach England und auf die lange Fahrt bis nach dem indischen Ocean, durchleben mit ihm die Ankunft der Expedition in Japan selbst und blicken mit Theilnahme auf die Ueberwindung der unendlichen Schwierigkeiten, welche vor Abschluß des bekannten Vertrages beseitigt werden mußten. Gar manches überraschende Bild entwirft uns der Verfasser von dem Leben und Treiben in Japan, welches er in der langen Zeit seines dortigen Aufenthaltes genugsam kennen zu lernen die Gelegenheit hatte. Von Japan aus geht es weiter nach Peking, der riesigen Hauptstadt des alten China; die chinesischen Zustände schildernd führt uns unser Geleitsmann ein ergreifendes Bild der Civilisation vor, bis zu welcher der natürliche, sich selbst überlassene Menschengeist sich emporzuschwingen vermag. Am letzten Ziele der Expedition — Siam — angekommen, werden wir selbst in den prächtigen Audienz-Saal des stolzen Herrn des siebenfachen Sonnenschirms (welcher als Zeichen des Königthums gilt) und des weißen Elephanten eingelassen und erblicken daselbst Se. Majestät Phra Paramendi Maha Mongkut, dessen ihn umgebende Pracht, so wie die ganze halb friedliche, halb komisch lächerliche Situation einen überraschenden Anblick gewährt. — Auch die auf der Rückreise gemachten kurzen Ausflüge nach Capstadt und Stellenbusch, St. Helena und den Azoren bieten des Interessanten mancherlei dar!

(Neue Hallesche Zeitung.)

Gottlieb Treu, der Tagelöhner von Bergkaten.

Eine erbauliche Geschichte, insonderheit für den norddeutschen Landmann erzählt.

Von **H. A. Seidel.**

108 S. 12. cart. Preis 6 Sgr. od. 9 ß.

Es fehlt an Erzählungen, die ganz der Fassungskraft des gewöhnlichen Landmanns angepaßt sind. Der Gottlieb Treu ist ein mecklenburgischer Kathenbewohner, dessen Haus durch das Evangelium ein Haus Gottes geworden ist. Es steht zu hoffen, daß das Büchlein unter denen, für die es zunächst bestimmt ist, seinen Zweck nicht verfehlen wird; es ist unmittelbar aus dem Leben gezeichnet.

Empfehlenswerthe Bücher der Agentur des Rauhen Hauses. Zu Weihnachten.

Gebet-Büchlein
für Kinder.

Inhalt: Morgengebete. Tischgebete. Abendgebete. Gebete für alle Zeiten. Festgebete. Schulgebett. 9. Aufl. Pr. br. 1½ Sgr. ob. 3 ß. Eleg. geb. in Call. mit Goldschn. 5 Sgr. ob. 7 ß.

---

200 Bilder mit Versen.

Zum Vertheilen
unter
Jung und Alt.

5 Päckchen
mit je 40 verschiedenen Bildern.

Preis eines Päckchens
6 Sgr. ob. 8 ß.

Nebenstehend eine Probe. ☞

Wer in einen Kinderkreis tritt, wird sich freuen, wenn er ein Paar Bilder in der Tasche trägt. Sie sind der Paß, der zu den Kinderherzen den Zugang öffnet, der Schlüssel, der sie uns aufschließt. Bilder reden einmal die Kindersprache, und manche heilsame Anregung, manch' ernstes Gotteswort wird mit dem Bilde und seiner Unterschrift bewahrt und den Geschwistern oder Eltern in's Haus getragen. Die hier empfohlenen Bilder sind zum Theil von Ludw. Richter, O. Pletsch, O. Speckter u. a. Künstlern neu gezeichnet, von A. Gaber in Holz geschnitten und mit Reimen und Sprüchen wohl ausgestattet. Wir zweifeln nicht, daß Alle, die diese Bilder sehen, ihre Lust daran haben werden.

Empfehlenswerthe Bücher der Agentur des Rauhen Hauses. Zu Weihnachten.

Aonio Paleario.
Eine Studie über die Reformation in Italien.
Von Jules Bonnet.
Ins Deutsche übertragen von Dr. Merschmann.
205 S. geh. 1 ℛ.

Paleario erregte vor mehreren Jahren durch seine wieder aufgefundene Schrift „von der Wohlthat Christi" die größte Aufmerksamkeit. Der durch seine geschichtlichen Studien hinreichend bekannte Jules Bonnet bietet uns hier durch Benutzung der italienischen Archive, namentlich derer von Florenz und Rom, zum ersten Male von dem bis dahin wenig bekannten Leben Paleario's ein ebenso merkwürdiges, wie anziehendes und bedeutungsreiches Bild. In gegenwärtiger Zeit, wo die Blicke wieder auf Italien und seine neue politische und religiöse Freiheit mehr denn sonst gerichtet sind, wird das inhaltsreiche Lebensbild dieses italienischen Märtyrers mit doppeltem Interesse gelesen werden.

Das Leben des württembergischen Pfarrers
Johannes Denner,
von ihm selbst beschrieben.
Herausgegeben von Dr. Heinrich Merz.
351 S. cart. 15 Sgr. od. 1 ℛ 4 ß.

Wenige Bücher der Neuzeit dürften wegen des verschlungenen Lebensganges mehr Aehnlichkeit mit dem Leben Jung Stillings haben, als das vorstehende. Denner, Sohn eines Tagelöhners, Zögling in der Falk'schen Rettungsanstalt in Weimar, stirbt nach den wunderbarsten Führungen im Jahre 1859 als reich gesegneter Pfarrer in Württemberg. Das schön geschriebene Buch, voll der köstlichsten Beweise göttlicher Gnadenführung, gewährt eine ebenso unterhaltende wie anregende und glaubensstärkende Lecture.

Balthasar Schuppe.
Ein Beitrag zur Geschichte des christlichen Lebens in der ersten Hälfte des 17. Jahrhunderts.
Von Ernst Oelze.
328 S. geh. 24 Sgr. od. 2 ℛ.

Das frisch und lebendig gezeichnete Lebensbild des als Prediger, Seelsorger und Schriftsteller gleich ausgezeichneten, später als Pastor an der St. Jacobikirche zu Hamburg gestorbenen B. Schuppius lehrt uns die Menschen und Zustände des 17. Jahrhunderts, wie wenig andere, kennen. Jeder wird aus der Lecture des Buches den alten originellen Schuppius bei aller seiner Derbheit, wegen seiner Geradheit und einfachen, ungezierten Frömmigkeit lieb gewinnen und den mannigfachen Stoff zum Nachdenken, wie Belehrung und Genuß davon tragen. Wenn auch gleich anziehend für Jedermann, bietet das Buch doch dem Geistlichen einen Spiegel, wie wenig andere, und gehört die eingefügte Predigt, „Gedenk daran Hamburg", nicht bloß zu den bedeutendsten Predigten des 17. Jahrhunderts, sondern in ihrer Art überhaupt zu dem Großartigsten, was die evangelische Kanzel-Beredsamkeit aufzuweisen hat.

Empfehlenswerthe Bücher der Agentur des Rauhen Hauses. Zu Weihnachten.

Reise nach dem Morgenlande,
insonderheit nach
Jerusalem und dem heiligen Lande.
Von Dr. Friedrich Liebetrut.
Mit Ansichten von Bethlehem, Jerusalem und 2 Karten.
Preis 24 Sgr. ob. 2 fl. — Eleg. geb. mit Goldpressung 1 ℛ.

„Eine Reise nach Jerusalem, nach Kanaan, dem Schauplatz der großen Offenbarungen Gottes in seinem Volke durch Jahrtausende hin; in das geistliche Heimathsland aller Glaubenskinder, in das Land, da der Fuß des Herrn gewandelt, da unsere Brüder seine Herrlichkeit geschaut, da er litt und starb, die Welt versöhnte und zur Herrlichkeit wieder erhoben ward; und zudem eine Reise in das reiche gottgeschmückte Morgenland, die ist einzig und keiner anderen Reise auf Erden vergleichbar."

Der kleine Katechismus Luther's
erläutert durch
Bibelsprüche, schriftmäßige Christenlehre, Erzählungen aus dem Reiche Gottes und geistliche Lieder.
Ein Lern= und Erbauungsbuch für Schule und Haus
von J. H. F. Kähler.
Zweite Auflage. 354 S. geh. 22½ Sgr. ob. 1 fl. 14 ß.

Ein überaus reiches Material, eine wahre Schatzkammer des Edelsten und Besten, was seit lange und von den verschiedensten Seiten zur Erklärung der „deutschen Kinderbibel" geleistet worden. Die Hauptstücke sind nach ihren einzelnen Theilen genau zergliedert, durch Ueberschriften, Einleitungen, Anhänge und Uebergänge eingehend erläutert und ergänzt, und das Ganze klar und übersichtlich geordnet. Die alsbald vergriffene erste Auflage hat bereits die verbreitetste Aufnahme gefunden.

Das Krankenbett.
Worte christlicher Anleitung und Ermahnung für Gesunde, Kranke und Genesene
von Nicolaus Beets, Dr. theol.
Aus dem Holländischen übersetzt und herausgegeben von F. Meyeringh.
120 S. cart. 10 Sgr. ob. 14 ß.

Ein auf tiefer Schrift= und Menschenkenntniß beruhendes Büchlein, das in Holland, dem Vaterlande des Verfassers, die weiteste Verbreitung gefunden, Gesunden wie Kranken, auch dem Geistlichen zum Studium und Förderung in der pastoralen Seelsorge bringend zu empfehlen.

Quittungen vom Monat November 1863.

Für die Kinderanstalt. Hamburg: "ein dankbares einst in der Anstalt erzogenes Mädchen" 2 ℳ 8 ₰. — **Preußen:** Hr. Pastor Schweichler in Schönberg bei Mühlhausen (Ostpr.) "zum Besten des neuen Bienenkorbs und der dazu gehörigen Bienenarbeiter" 1 ℳ. Hausbüchse: 11 ℳ 5 ₰.

Für die Brüderanstalt — vacat.

Für die Kinder- und Brüderanstalt gemeinschaftlich. Mecklenburg-Strelitz: K., Poststempel Neubrandenburg 2 ℳ. — **Sachsen:** Hr. F. W. Ed. Thode in Dresden 7 ℳ, Hr. F. Eduard Thode 7 ℳ, Frl. Louise Thode 2 ℳ. — **Württemberg:** durch Hrn. Pfarrer Burk in Echterdingen, als von der Redaction des "Christenboten" 22 Fl.

Naturalien. Hamburg: Hr. H. Hagedorn 7 Paar Schuh und Stiefel (alt); D. K. 2 Hemden, 2 Paar Strümpfe (neu), 1 Hose (alt).

Außerdem:

Für das ev. Johannesstift in Berlin. Preußen: Hr. Professor Dr. Friederichs in Berlin 2 ℳ.

Für alle obigen Gaben sage ich hiemit den Wohlthätern den herzlichsten Dank.

Dr. Wichern.

Die Quittungen über die seit dem 2. November eingegangenen Gaben zur Deckung des Deficits müssen aus Mangel an Platz diesmal zurückbleiben und werden in der nächsten Nummer nachfolgen.

Zu Weihnachten.

Mit herzlichem Vertrauen erneuere ich die

Bitte um eine Weihnachtsgabe

für das Rauhe Haus und seine Kinder, deren mit Einschluß derjenigen Ausgetretenen, die mit bedacht sein wollen, an 130 sind. Es ist also ein großer Weihnachtstisch, auf dem beschert werden soll. Aber wir vertrauen auf den, der ihn uns seit dreißig Jahren gefüllt hat, und bitten in seinem Namen unsere Freunde, auch dieses Jahr, wie bisher, unserer Bitte freundlichst eingedenk sein zu wollen.

Horn, Rauhes Haus.

Adresse: 5 Hahntrapp, Hamburg.   Dr. Wichern.

Inhalt des Hauptblattes: Die Verpflichtung zur Armenpflege. — Die Gesellenherberge "zur Heimath" in Frankfurt a/O. — Mittheilungen über den Bestand und die Erfahrungen verschiedener Rettungs- und verwandter Erziehungshäuser, resp. -Vereine. (Fortsetzung.) — In Sachen des Central-Ausschusses: Quittungen. — Zeitung und kürzere Correspondenzen: Katholische Tractat- und Bibelgesellschaften; Gustav Werners Anstalten in Reutlingen ꝛc.; Statistisches aus dem Großherzogthum Baden; Seminar für innere Mission zu Ahlborg in Schweden. — Nachrichten aus dem Rauhen Hause: Speciell für die auswärtigen Brüder; Empfehlenswerthe Bücher und Bilder zu Weihnachten aus dem Verlage der Agentur; Quittungen u. s. w.

Inhalt des Beiblattes: O du selige, o du fröhliche, gnadenbringende Weihnachtszeit. — Der Vater Jänicke in Berlin. — Festgeschenke zu Weihnachten aus der Agentur des Rauhen Hauses.

Herausgeber Dr. Wichern, Vorsteher des Rauhen Hauses. — Verlag der Agentur des R. H. zu Horn bei Hamburg. — Gedruckt im R. H.

Das Beiblatt

der

Fliegenden Blätter

aus dem

Rauhen Hause zu Horn bei Hamburg,

herausgegeben

von

Dr. Wichern.

Vierzehnter Jahrgang 1863.

Hamburg, 1863.
Agentur des Rauhen Hauses.

Inhalt

des vierzehnten Jahrganges von 1863.

	Seite:
„Zum Neuen Jahr"	1
Der Freihof	2
Luc. 16, 22. Offenb. Joh. 14, 13.	25
Bis in's dritte und vierte Glied	25
Aus dem Rauhen Hause: Tod des Bruder Seidel	29
„Ich danke dir von Herzen"	33
Zwei Gräber in Süddeutschland	34
Aus dem Verlage der Agentur des Rauhen Hauses	48
Vom Fußwaschen	49
Zwei Gräber in Süddeutschland. (Schluß.)	50
Neuester Verlagsartikel der Agentur	64
„Kinder, frischauf, es ist Maientag!"	65
Die Königin Eberhardine von Polen im Schmerz um ihres Sohnes Glaubenswechsel	66
Aus Hochschottland	74
Im Dom zu Lübeck	80
Bischof Friedrich von Utrecht	80
Was aus einem großen Bauern werden kann	81
Wie die Leute in Sitzen ihre Kinder erzogen	89
Aus Vinet	96

	Seite
"Ich bin ein armes, armes Kind"	97
Vater Hurter auf der Steig	98
Etwas von den alten deutschen Landsknechten	105
Nachrichten aus dem Rauhen Hause	108
Fünfundzwanzig Arbeiter werden gesucht von der Brüderanstalt des Rauhen Hauses	111
Auguste, Großherzogin von Mecklenburg-Schwerin	113
Aus dem Rauhen Hause	128
Die Anfänge des Rauhen Hauses	129
Die Frau Marianne in London	136
Aus dem Rauhen Hause	144
Zum 4. October 1863 errichtetes Denkmal der Feier des dreißigjährigen Bestehens des Rauhen Hauses	145
Aus dem Rauhen Hause	160
Das Richtfest und die Kranzrede	161
Vater Steckönig zu Leinfelden und seine drei Söhne	166
Kredit ist Geld	173
Wem kann Gold helfen?	175
Empfehlenswerthe Bücher und Bilder zu Weihnachten	176
Aus dem Rauhen Hause: Zu Weihnacht	184
Der Vater Jänicke in Berlin	186

14. Jahrgang | **1863.**
Januar | **No. 1.**

Jährlich 12 Bogen in monatlichen Lieferungen 10 Sgr. od. 14 ƒ.

Beiblatt
der
fliegenden Blätter
aus dem
Rauhen Hause.

Durch alle Buchhandlungen und Postämter zu beziehen.

Volksblatt für innere Mission.

No. 1 enthält diesmal 1½ Bogen, dafür wird No. 2 nur in ½ Bogen ausgegeben.

Zum Neuen Jahr
Bleibt draußen Alles wie es war;
Die Einen hassen sich und kennen keinen Frieden,
Die Andern lachen, tanzen, haben g'nug hienieden,
Die Dritten bau'n ein Babel ohne Gott und Himmel!
All überall erfüllt ein wild Getümmel,
Die Welt, die draußen bleibt und — stirbt,
Weil sie den Herrn nicht kennt, der um ihr Leben wirbt.
    Kennst du ihn, Freund,
      Und weißt du, wie er's meint? —
Dann laß was draußen, zieh' nach innen!
Steig fröhlich auf des Glaubens Zinnen

Sieh, dorten strahlt der Stern auf Bethleh'ms Höhen,
Und Alle werden froh, so viel ihn sehen!
Was Könige einst hofften und von ferne sahen
Ist nun erfüllt. Dem Kindlein in der Krippe nahen,
Die Armen und die Reichen, die Großen und die Kleinen.
In seiner Gnade sehn wir Alle sich vereinen
Zu seinem Preis, der alle Sünd' vergeben
Und wiederbracht aus seinem Paradies das Leben.
Das Alte ist vergangen, neu muß Alles werden,
Und Fried' und Freude wiederkehren zur Erden.
Auch dieses Erdenjahr wird neu in Gottes Lichte,
Das seligmachend strahlt von Christi Angesichte.
Der Friede kommt, die Feindschaft ist dahin,
Wo Glaube siegt, und Liebe sein Gewinn.
Das ew'ge Leben giebt der Freuden Fülle
Und Babel fällt; ohn Nacht und Hülle
Erbaut sich Gottes Reich in heil'ger Stille. —
  O sel'ger Stern aus Salems Höhn,
  Wollst über diesem Jahre stehn,
  Herr, laß mich deine Gnadenwerke sehn!
Ich lasse heut was draußen, kehre mich nach innen
Zum ew'gen Gut und will drum froh beginnen
Getrosten Muths das liebe neue Jahr.
Ob's Mühe bringt, ob Streit und Sorgen?
Es sei! Ich habe meinen Heiland funden,
Und in ihm alle Müh' und Sorge überwunden;
Ich schaue mit der Engel Schaar
Schon jenen ew'gen Neujahrsmorgen,
Der anbricht mit dem sel'gen, ewig neuen Gnadenjahr.

Der Freihof.

Es war ein leuchtender Frühlingsabend zu Anfang des Maimonats, als den duftigen Rübsaatfeldern entlang zwei Herren lustwandelten, der eine ältlich und ländlich nachlässig gekleidet, der andre jung und städtisch geschniegelt: Herr Jasper, der Dorf-Krämer und Kornhändler, der sich gern Negoziant nannte, ein anschlägiger Kopf, und Dr. Adolar Werlau, ein angehender Rechtsanwalt, dem das reiche Dorf links, Sitz eines Amtsgerichts, zum Wohnort angewiesen war. Ein langgestrecktes Gehöft dehnte sich rechts zwischen Gärten im Kranze von Blüthenbäumen. „Wer wohnt denn auf dieser hübschen Besitzung?" fragte der junge Mann, und: „Weiberwirthschaft, pure Weiberwirthschaft!" entgegnete der Alte. „Es ist der Freihof, mein lieber Herr Doctor, der Freihof, genannt zu den Sieben Eichen. Sie sehen dieselben dort auf der Höhe. Schönes Schiffsbauholz, das könnte ein stolzes Geschäftchen abgeben, aber von so etwas haben diese Frauensleute keinen Begriff, — gar nicht, sage ich Ihnen, mein bester Herr Doctor! Ein hübscher Theil unsres Sundern gehört auch dazu, man könnte jährlich für circa 500 ℳ Hölzer verkaufen; dabei eine gute Feldflur, Waizen, Roggen, Rübsaat und kostbaren Wieswachs" — „Es sind wohl reiche Leute dort?" — „Nun, sie haben ihr gutes Auskommen, aber Weiberwirthschaft, sage ich Ihnen, Weiberwirthschaft! Der Freihof könnte anders ausgebeutet werden, ganz anders! Was ließe sich da für Capital abzweigen!" — „Wer ist denn Besitzerin?" — „Eine alte Jungfer, lieber Herr Doctor, eine alte Jungfer, Anna Renate Röhrs, ist Zeitbesitzerin. Ein wunderliches Kraut! Sie hat ihre Stiefmutter bei sich, nebst deren Enkelin und ein Pathenkind, Schulmeisterswaise; hielt auch deren Bruder auf Schulen, nur der starb an der Halsschwindsucht; — das lebt nun so in Gottes Namen fort, ißt, trinkt und schläft, betet sehr viel, arbeitet vielleicht auch etwas, doch nicht auf die rechte Weise; füttert dabei jeden Bettelmann, schickt allen Kranken Brühsuppe, hat offene Hand für alle Sammeleien, vom Klingelbeutel bis zum entferntesten Rettungshause; kurz, an ein Weiterkommen ist nicht zu denken. Und diese Nichte, deren Zukunft die Röhrs doch sicher zu stellen hätte, — Enkelin der Stiefmutter aus früherer Ehe. Vater war Rendant. — Ich sagte einmal: Mamsell Röhrs, sagte ich, denn ich bin ein alter Deutscher und halte viel auf das ehrliche deutsche Mamsell, was in meiner Jugend gang und gäbe war, ehe die Fröhlenwirthschaft einriß. — Mamsell Röhrs, was legen sie denn zurück für Bella? und suchte ihr in das Gewissen zu reden, wegen eines Holzhandels, zu dem ich Gelegenheit hatte. Aber nichts nichts! ich weiß nicht, wie die Leute so in den Tag hinein basels können. Habe wenig Verkehr mit dem Freihof, wenig Verkehr; nur die Fräulein Bella kommt zuweilen zu meinen Töchtern, ein wackres Mädchen, die klügste zudem von der ganzen Kumpanei. Die Großmutter hatte es durchgesetzt, sie auf ein Jahr nach H. in eine Kostschule zu schicken." — „Und sie ist wohl muthmaßliche Erbin?" — „Das kann man so eigentlich nicht wissen, lieber Herr Doctor. Jungfer Röhrs erbte den Freihof von einem Muttersbruder auf Lebenszeit; sie hinkte und lahmte von Kindesbeinen an, und die Stiefmutter, kaum ein Dutzend Jahre älter wie sie, hat viel Last mit ihr gehabt, sie gepflegt und gewartet in ihrer Kindheit. Nun, der Alte dachte wohl nicht, daß die Renate jemals in den Stand der heiligen Ehe treten könne und eigne Erben hinterlassen. Alte Leute sagen wohl, es wäre eine plutonische Liebe zwischen ihr und dem Schulmeister gewesen, nur wegen ihres Lahmens hätte sie abgestanden. — Wie der Oheim nun nach dem Tode seiner Nichte verfügt hat, weiß niemand und wird niemand bis dahin gewahr werden. Er war auch ein Quesenkopf — ein recht ächter, lieber Herr Doctor! Jungfer Renate selbst soll vermeinen, der Freihof sei dem Männersiechenhause zu Sanct Emmeron verschrieben, dem sie auch jährlich hundert Thaler zahlt, wie sie sagt, auf mündliche Verabredung mit dem Alten. Wunderliche Verhältnisse das, wunderliche Verhältnisse!" —

Hinter der blühenden Weißdornhecke trat jetzt ein junges Mädchen hervor, leuchtend wie der Frühlingsabend. Schlank und zierlich gebaut, mit blondem Gelock, Rosenwangen, frischen Lippen, Perlzähnchen und dem süßesten Lächeln. Kenner hätten vielleicht das Blau ihrer großen dunkelumrahmten Augen etwas hart, das Näschen zu keck finden können, indeß war das Ganze eine frische, anmuthige Erscheinung, und der angenehme Eindruck schien ein gegenseitiger, denn Dr. Werlau war ein stattliches Herrchen mit schwarzem Lockenhaar nach neuestem Schnitt und wohlgepflegtem jugendlichem Bartwuchs, sieghaften Aeuglein und bis zu den Glanzstiefeln herab tadellosem Anzuge. „Ei, schönen guten Abend, Fräulein Bella, wohin des Weges?" Dann folgte eine Vorstellung, und Bella, einen Korb mit riesengroßem Spargel vorzeigend, sprach: „ich gehe in's Pfarrwittwenhaus und bringe von unsrem Spargel die Probe. Die arme Frau Pastorin krankt seit Ostern; die Tante, oft selbst krank, nimmt an allen Leiden doppelt Theil." — Herr Jasper schüttelte unmerklich den Kopf. „Da sehen Sie es selbst.", sagte er, da die Wege sich getrennt hatten und der junge Mann dem Mägdlein lange wohlgefällig nachsah, „da sehen Sie es selbst; alles wird verschenkt und verbaselt! Wie gut könnten sie auf dem Freihof ihren überflüssigen Spargel in der Hauptstadt verwerthen, würde gerne die Hände dazu bieten; aber nein, da muß die steinalte Pfarrerswittwe lieber darin quasen! Und eine Docke Butter war auch dabei. Versteht sich!" —

„Aber werden Sie mich nicht auf dem Freihofe einführen? es muß ein ganz gemüthliches Leben dort sein!" — „Wenn Sie es wünschen, etwa am Sonntage. Unterdeß können Sie die hübsche Bella, Hauptperson, bei meinen Töchtern treffen. Morgen Abend z. B. habe ich ein paar junge Waldschnepfen in petto.

Die Sonntagsspätsonne strahlte, da gingen beide Herren dem Freihofe zu. Im Vorhause begegnete ihnen ein junges Mädchen mit goldbraunem Haar, sanften etwas träumerischen grauen Augen und feinen wenig gefärbten Zügen. „Nicht in einem Tage mit der Bella zu nennen, auch reichlich mit Eigensinn und Dummheit gesegnet," flüsterte Herr Jasper, als jene gegangen, um die Herren bei der Pathe anzumelden. Hatte sie doch eben auf unangenehme Weise sich bemerklich gemacht, indem sie, auf Befragen, geantwortet, „jene sei, mit Erlaubniß zu sagen, in der Gartenlaube." — „Ja, sie hat einen Piek auf diese treffliche Zeitschrift, für die ich mit Mühe einen Leserkreis gewonnen zu höherer Ausbildung unseres Cultus auf dem platten Lande. Sie hält das Blatt für christusfeindlich, gotteslästerlich, und was weiß ich alles! — Geht von der Pfarrerswittwe aus, die — mit 80 ℳ Wittthum! — in der Gegend herum orakelt. Wird aber bald mit ihr zu Ende sein, pfeift aus dem letzten!" —

In der blühenden Laube war grade ein lebhaftes Gespräch geführt: Bella, unterstützt von der Großmutter, hatte die sonntägliche Stille angemessen erachtet, einige langgewünschte Veränderungen in der Lebensweise anzuregen; seit ihrer Rückkehr von H. fand sie es unpassend, bäuerlich, daß die Tante mit Knechten und Mägden gemeinsamen Mittagstisch halte. „Die Sache wäre über Jaspers Schnepfentische besprochen, und Dr. Werlau, der feine gebildete städtische Herr, hätte sich mißbilligend geäußert. Man gehöre doch einmal zu den Honoratioren, und müsse nicht mit Bauernvolk auf eine Linie sich stellen."

Jungfer Renate, lang und blaß, mit glattem dunkeln Scheitel, edlen Zügen und sonnigen lichtbraunen Augen voll Milde, lehnte sich im Rollsessel zurück und sprach: „Als ich als Kind bei dem seligen Oheim durch die lateinische Schule laufen mußte, lernte ich, daß honor, honoris die Ehre heiße. Kommt jenes Fremdwort von Honor, so schließt es alle Ehrenwerthen ein, vor allem die Bauern." — „Nun, sie können sich ja emporarbeiten, es hindert sie niemand." — „Ich meine, als Standschaft sind sie der höchsten Ehren werth." — „Ach, Tantchen, Thorheit!" — „Eines der schönsten Gedichte deutscher Sprache ist an sie gerichtet, von Max v. Schenkendorf." — „Ach, Schenkendorf ist ein überwundener Standpunkt, das weiß ich aus der Literaturgeschichte!" Renate schien etwas verletzt, aber die Großmutter, eine rührig freundliche kleine Frau, die gern vermittelte, sprach: „Sag' uns doch das Gedicht, Renate!" gelangweiltes Räschen, und die Tante hob an:

„O Bauernstand, o Bauernstand,
Du liebster mir von allen,
Zum Erbtheil ist ein freies Land
Dir herrlich zugefallen.

Die Hoffahrt zehrt, ein böser Wurm,
Ein Rost an Ritterschilden;
Zerfallen sind im Zeitensturm
Die reichen Bürgergilden.

Du aber bau'st ein festes Haus,
Die schöne grüne Erde,
Und streuest goldnen Samen aus
Ohn Argwohn und Gefährde.

Hast Gottesluft und Gottesstrahl,
Um eilig zu genesen,
Wenn sich in deine Hürd' einmal
Geschlichen frembes Wesen. —

Was unsre blöde Welt nicht kennt,
Mit ihrem eitlen Treiben,
Wovon im Alten Testament
Die heil'gen Männer schreiben,

Das soll noch oft wie Morgenwind
Um meinen Busen wehen,
Das hab' ich wohl an manchem Kind
Im stillen Thal gesehen;

Die Demuth und die Dienstbarkeit,
Die Schönheit und die Stärke,
Die Einfalt, die sich kindlich freut
An jedem Gotteswerke;

Des Jünglings freke Tüchtigkeit
Zu würdigen Geschäften,
Der alten Männer Trefflichkeit,
Bescheiden bei den Kräften.

Wohl manches Zeichen, manchen Wink
Kann man da draußen sehen,
Wovon wir in dem Mauerring
Die Hälfte nicht verstehen.

Vom Bauernstand, von unten aus
Soll sich das neue Leben
In Adels Schloß und Bürgers Haus
Ein frischer Quell erheben.

Doch eines, lieber ältster Stand,
Kann größres Lob dir schaffen:
Nie müssig hängen an der Wand
Laß deine Bauernwaffen.

Der scharfe Speer, das gute Schwert
Muß öfters dich begleiten,
Um fröhlich für Gesetz und Heerd
Und für das Heil zu streiten.

Zieh' freudig, wenn erschallt das Horn,
Ein Sturm auf allen Wegen,
Und wirf ein heißes blaues Korn
Dem Räuber kühn entgegen.

Die Siegessaat, die Freiheitssaat,
Wie herrlich wird sie sprießen!
Du, Bauer, sollst für solche That
Die Erndte selbst genießen.

Der Arm, der harte Erde gräbt
Und Stiere weiß zu zwingen,
Kann wohl, vom Heldengeist belebt,
Mit jedem Feinde ringen.

Du frommer freier Bauernstand,
Du liebster mir von allen,
Dein Erbtheil ist im deutschen Land
Gar lieblich dir gefallen."

Sie war zu Ende und Bella athmete auf, als die angenehme Unterbrechung geschah. Dr. Werlau erschien in gelben Glanzhandschuhen und

Herr Jasper hatte sich mit seinem grünen Ring geschmückt, ein Pfandstück, wie man sich zuflüsterte, aber es war Verleumdung und vielmehr ein Geschenk des reichen Rittergutsbesitzers Schremmel-Gnadenstein, dem er mehrfach dienstwillig gewesen. Das Gespräch bewegte sich um den Frühling, die Kirche, einige Nachbarn; auf einen Wink der Pathe war Anna hinweggegangen und kehrte wieder mit Bechern funkelnden Johannisbeerweines und zierlichen Butterschnitten von dem dem Freihof eigenthümlichen schönen Halbklarbrode. „Selbstgekeltert," sagte die Großmutter, „wir haben ganze Beete." — „Ei," meinte später bei Besichtigung des weiten Gartens der junge Herr, „diese Johannistraubenflur ließe sich herrlich verwerthen! Jeder Confiseur aus der Residenz gäbe 25 ℳ dafür, und ließe die Früchte selbst pflücken; ohne die geringste Mühe, als die Gelder einzustreichen! Auch wunderte ich mich schon, auf Ehre, ich wunderte mich, mit Herrn Jasper, daß Sie Ihren Spargel nicht zur Residenz schicken." — „Meine Tochter ißt sie gern und hält sie gesund," antwortete das Großmütterchen; „ich wünschte auch wohl mitunter," hier seufzte sie, „daß manches zu Gelde gemacht würde! Nun, meine kleine Wittwenpension — ach nur 120 ℳ! — lege ich gewissenhaft zurück für meine süße Bella, das frühverwaisete Kind! Für Kleidung und dergleichen sorgt meine Tochter, da wir ihr unsere Zeit und unsere Gesellschaft widmen." —

„Ach, Pathe, mir gefällt er nicht so besonders; sollte er nicht von sich und seinen Gedanken allzusehr erfüllt sein, zu sehr am Irdischen hängen?" sprach unterdessen Anna. — „Von einer Stunde kannst Du nicht urtheilen, mein Kind. Bella scheint durchaus von ihm eingenommen!" so war die Antwort. —

Der Todesfall im Pfarrwittwenhause hatte, indem er Renate und ihre Stiefmutter, so wie Anna in herzlicher Trauer beschäftigte, die Gedanken vom jungen Doctor abgelenkt; nicht so indeß bei Bella, die mehr als je mit den Töchtern des Dorfkrämers verkehrte, ganze Nachmittage bei ihnen zubringend. Die weichherzige Nachgiebigkeit der Großmutter verstattete ihr alles.

So war es weiter und weiter gegangen, einen kurzen Blüthenmond; so hatte die Großmutter lange, lange Unterredungen, eingeschlossen mit Renate, und ihre Beredtsamkeit trug jeden Sieg: der junge Doctor ward auf Pfingstmontag zum erstenmale zu Mittag eingeladen, und Großmütterchen stopfte eine zarte Kalbsbrust mit Leberfüllsel, während Anna die Pathe zur Kirche geschoben; vorher sollte Brühsuppe kommen mit Schwammklößchen, beim Fleisch Lattich und junge Erbsen, und zuletzt ein

Stachelbeerauflauf, mit saurer Sahne bereitet. Herrschaftlich genug, aber es war auch Bella's Verlobungsmahl, und wir sehen Dr. Werlau in ehrerbietigster Höflichkeit neben Jungfer Renatens Lehnstuhl, über ihre Hand gebeugt.

Im andern Ende des geräumigen Hauses unterdeß herrscht Bella bei eiligem Aufschmücken die Anna an, und da sie im Eifer eine etwas scharfe und bissige Stimme bekommt, nicht unähnlich einem bleffenden Hündchen, spricht Grete, die alte Magd: „Nah, hüte hät use Fröhlen ören Namen mit er Daht; se deiht jo nicks as Bellen!" Süß lächelnd indeß erschien sie im Eßzimmer, wo eben Wichtiges verhandelt war:

„Meine Einwilligung," hatte Jungfer Renate gesagt, „ist nicht wesentlich; der Vormund und die Großmutter haben sie zu ertheilen, ich habe nur, unter Anwünschung göttlichen Segens, herzlichen Antheil zu nehmen. Aber täuschen dürfen Sie sich nicht: Isabella Meiners ist nicht Erbin des Freihofs zu Siebeneichen, kann es nicht sein, denn sie war nicht geboren, als mein Oheim letztwillig verfügte, auch standen ihre Mutter und Großmutter zu ihm in keiner Blutsfreundschaft; er kannte beide wenig oder gar nicht. Was meine Stiefmutter für Isabella zurückgelegt, weiß ich nicht genau; von mir bekommt sie ein vollständiges Bett, einen Koffer voll Hausleinen und Drell und ein Sparkassenbuch mit 1200 ℳ. Vielleicht haben Sie mehr erwartet." — Er hatte es nicht, denn die Großmutter hatte ihm alles zuvor gesagt; so machte er ein gerührt dankbares Gesicht. „Ferner," fuhr Renate fort, „kann ich der jungen Haushaltung mit einigen Vorräthen zu Hülfe kommen." — „Der Haushaltung? o ich hatte gehofft, theuerste Tante, daß wir alle ungetrennt einen glücklichen Hausstand bilden könnten, auf diesem paradiesischen Freihof; ich habe wohl einiges Vermögen, doch nicht das Gleiche, meiner Bella zu bieten. Diese sowohl als die Großmutter sind einverstanden und die Räumlichkeiten bieten kein Hinderniß." — „Aber, lieber Herr Doctor, ich habe Gewohnheiten, Ansichten und Pflichten, die ich weder aufgeben mag, kann, noch darf. Bella würde ich, wenn es zu ihrem Heil gereichte, vermissen lernen, aber in der Lebensweise Fremden mich unterzuordnen, dazu bin ich zu alt, zu körperschwach und — wenn Sie wollen — zu verwöhnt." — „Bewahre, daß wir Opfer von Ihnen verlangten! nur einen Zuwachs häuslichen Behagens wollen wir liebend Ihnen gewähren, und ich bin dabei in der Lage, tausendfache kleinere und größere Vortheile Ihnen zu schaffen. Mein Sinn war stets auf das Praktische, das Materiell-Fördernde gerichtet; ich finde hier ein weites Feld edelster Thätigkeit. Sie werden die Stunde segnen, wo Sie mich unter die Ihrigen aufgenommen haben!"

Ganz war Renate nicht gleicher Ansicht; der elegante Doctor im Hause war ihr unbequem. Aber was konnte die Schweigsame gegen der Mutter und gegen Bella's Beredtsamkeit? Raum zudem war genug da, besonders wenn Anna in den Erker befördert ward.

Anna auch hatte, von Renatens Milde, ein Sparkassenbuch von 1200 ℳ. Großmütterchen „würde es schön gefunden haben", wenn Anna, die Gelegenheit der Brautgeschenke ergriffen, um der Jugendfreundin das Buch darzubringen. War doch Alles, was Renate für Anna gethan, gewissermaßen Bella entnommen. Zuerst schien Anna die Andeutungen nicht zu verstehen, endlich aber sagte sie: „Wer weiß, wie nöthig ich dieses Geld noch haben kann." — „Gar keine Opferfreudigkeit!" sagte die Großmutter, deren Liebling Anna nie gewesen. Sie war um drei Jahr die ältere, und Frau Wittwe Röhrs vermeinte, ein heimlicher Neid auf Bella's Vorzüge und Bella's Glück nage an ihrer Seele. Dem aber war nicht so: Anna hatte einigen Scharfblick und hatte Werlau's glatte Geschmeidigkeit durchschauet.

Um die Zeit, daß Anna die reiche Ernte der Sauerkirschen, Renatens Lieblingsfrucht, theils dörrte, theils zu Säften und Wintermus verarbeitete, zwischen Roggen- und Waitzen-Erndte, ward mit Sang und Klang Bella's Hochzeit gefeiert; das Brautkranzfest gaben Jaspers. Großmütterchen hatte die Einrichtung allerliebst besorgt, die Brautzimmer ließen nichts zu wünschen übrig. Renate und Anna fanden, für den immer doch bäuerlichen Freihof, die rothen Damast-Bezüge zu prunkend, aber eine wollte die andere nicht durch diese Bemerkung aufregen.

Gegen Martini fand Dr. Werlau es zeitgemäß, mit einigen Reform-Versuchen einen Anfang zu machen: zuerst schickte er ohne weiteres, von den acht Gänsen, die fett gemacht waren, vier zum Verkauf in die Residenz, im Stolz vollbrachter That und in vollkommenem Einverständniß mit Frau und Großmutter vor Renaten tretend; erstere hatte eine modische Lampe und einen Pelzkragen sich gewünscht, und Wünsche schöner junger Frauen sind Gesetze.

Vier Stück Gänse wurden sonst gebraten, vier geräuchert und eingekocht; die Dienst- und Hausleute freuten sich auf Marten-Abend, wo zwei zum Besten gegeben wurden. Jetzt, bei vergrößertem Hausstande vier weniger! Anna erlaubte sich eine leise Bemerkung und Renate schüttelte den Kopf, aber Großmütterchen war beredt in Adolars Vertheidigung, und Anna, das aus Gnaden aufgenommene Schulmeisterwaisenkind, ward angewiesen, künftig in häuslichen Angelegenheiten ohne weiteres dem Wort der Frau zu gehorsamen.

Nun ging die Reform an die Milchwirthschaft: Dreimal wöchentlich ward gebuttert und im Herbst und Frühling ward eine Anzahl Butterfäßchen versandt. Verkauft wurde noch Roggen, Waitzen, duftiges Heu, Rübsaat und mitunter Jungvieh; ein altvertrauter Knecht fuhr diese Gegenstände nach den größeren Märkten einer Provinzialstadt. Welcher Schlendrian!

„Die feine Butter kann jederzeit zu 10—11 Sgr. in der Residenz verkauft werden, und zu eigenem Bedarf kaufen wir Bauernbutter zu 8—9 Sgr." — „Die ist aber schlecht," erwiderte die Großmutter, „und Renate ist immer der frischesten Butter gewöhnt." — „Wenn sie so naschhaft ist," fuhr der holde Adolar auf, „was ich zu ihrer Ehre nicht glauben will, so mag alle Woche ein Pfündchen für sie zurückgesetzt werden. — Das beste würde sein, ich machte ein für alle mal einen Accord mit dem Hofbutterhändler der Residenz. Es ist ja eine Sünde! nicht allein wir, nein, auch Knechte und Mägde schlemmen und praßen in 10 Sgr.-Butter!" — „Sie bekommen ja ihr gesetzlich ausgewogen Theil nur!" hatte Anna sich unterfangen, ausnahmsweise zu bemerken, als Großmütterchen mit strengem Blick sie hinaus an ihre Arbeit schickte. „Und wozu braucht das dicke Frauenzimmer, diese rothhaarige Hauslast, alle Morgen früh ihr Glas frische Milch?" — Wirklich hatte Bella eine sehr viel schmalere Taille als Anna, und hielt sich deßhalb für zart, einschaltend: „Was mir nie einfällt!" — Nun, sie trank Kaffee, und Annen ward abgesahnte Milch mit Waßer zudiktirt. Sie trank dieselbe lächelnd und schweigend. „Es ist ein dickfelliges Geschöpf!" sagte, von ihrer sonstigen Milde abweichend, das lebhaft rührige Großmütterchen.

Bislang war im Freihofe punkt 12 Uhr das gemeinsame Mittagsmahl mit Gebet und Danksagung gehalten; beides hatte das junge Ehepaar abgeschafft, und die fünf Hausgenossen, ohne das Gesinde, beugten sich schweigend über ihre Teller. Adolar hatte wider Pharisäer-Scheinheiligkeit und Lippenwerk gepredigt. — Um 3 Uhr hatte sonst die Großmutter mit Bella Kaffee getrunken, Renate um 5, zuweilen mit, zuweilen ohne Anna, eine Tasse Thee. Ersterem schloß Adolar sich an, während er letzteres abzuschaffen bestrebt war, dagegen statt des üblichen Abendbrodes, einen Achtuhrs-Thee mit Dringlichkeit anrathend. — Und Renate? schwieg sie zu allem? Bis jetzt ja: aus Nachgiebigkeit, Selbstlosigkeit, Schweigsamkeit. Auch Annen wies sie mild, aber nachdrücklich zum Schweigen und Abwarten an. Große Nachsicht auch heischten ja Bella's frohe Hoffnungen! —

Anna sollte zum h. Christ ein Abendmahlskleid haben; neun Jahre schon hatte das Confirmationsgewand ausgeharrt; sie stand im 23sten Lebensjahre. Renate wünschte schwarzen Seidenstoff. „Thorheit!" riefen Großmutter und Bella einstimmig, und „Thorheit!" donnerte Adolar; dann rief das Kleeblatt: „Orléans!" und Orléans geringster Qualität brachte das Ehepaar mit aus der Residenz. Die Bescherung der Dienstleute ward möglichst verringert, was leicht war, indem die Großmutter die meisten Besorgungen dazu von jeher übernommen hatte.

Zwei fette Schweine waren im Advent geschlachtet, 6 harrten auf Januars- und Februars-Schlachtfeste. Aber 4 davon wurden am Dienstag vor Neujahr zum Verkauf zur Residenz getrieben. „Baar Geld lacht!" sprach Adolar, milde hinzufügend: „Nöthigenfalls lasse ich im Frühling einen oder ein paar Schinken und ein Fäßchen amerikanischen Schmalzes kommen. Aber Sparsamkeit im täglichen Verbrauch, es ist die Hauptsache zum Weiterkommen. Jasper, der plutonische Mamsellen-Verehrer, ist ein ungebildeter Mann und oft lächerlich; aber das hat er begriffen und mir im Praktischen manchen nützlichen Wink gegeben. Auch ist er mir bei Schremmel viel werth; er hat sein Ohr, und Schremmel-Gnadenstein ist der reichste Grundbesitzer der Gegend. Ich möchte, daß in der Folge Bella ihren Besuch auf dem Gnadenstein machte; die Dame ist eine geborne von Speierbach." —

Nun kam die Holzverschwendung an die Reihe, „denn, was man nicht verbrennt, kann man verkaufen!" Es ist eine Sünde mit diesen Kachelöfen! Zum Herbst lasse ich bergische Kanonenöfchen kommen, — für Bellas Zimmer mit Bronze-Verschlag, — und im Frühling accordire ich mit einem tüchtigen Holzhändler, der Baria hat, wegen des Sundern. — Renate hat Vorurtheil wider Steinkohlenbrand, verträgt den Dunst nicht, hätte in der Wasserheilanstalt davon gelitten." — „Ah, bah, Vorurtheil, wer mag immer und immer um die Alte sich kümmern und ihren Absurditäten Rechnung tragen!" —

Mit den ersten Blüthen lag ein Knabe im geschmückten Wiegenbettchen und die entzückte Eltermutter vermißte, bei der immer stiller werdenden Anna jeden Ausdruck enthusiastischer Freude über das Ereigniß. Kaum das Kind beachtend, bewachte sie nur mit ängstlichem Blicke die Pathe, die hinfällig und leidend ihr erschien.

Nun ward der erste Spargel gestochen und kläglich sah es aus, wenn vor Renate, mit Absichtlichkeit, ein kleiner Teller der dünnsten Schwänzchen hingestellt wurde, während die andern Kartoffeln, Linsen oder dergleichen verspeiseten. Dreimal wöchentlich ging aller Spargel nach der Residenz: eben so der Lattich, die Möhren, die jungen Erbsen und was wuchs und grünte; die fetten Täubchen und Kapphähne, selbst die Eier, wurden zumeist zur Stadt geschickt und man lebte, inmitten des reichen Freihofes, in der Weise eines engbeschränkten städtischen Haushaltes; es wurden Ersparungen in der Zahl der Dienstboten nöthig gefunden; ach, Bella hatte nicht nähren können, eine Amme war unvermeidlich gewesen; nun sollte sie, zur Stärkung und Zerstreuung, nach Pyrmont; zuvor kam ein Schneiderfräulein aus der Residenz, und wurden eiligst alle Johannistrauben auf dem Stämmchen verkauft und wegen der Sauerkirschen abgeschlossen.

Aber duldete Renate denn alles das? Ja! Die Großmutter, die Pflegerin ihrer kranken Kindheit, hatte, leise erst, dann immer bestimmter, ihr eingehaucht, wie sie von jeher ihre Pflicht gegen Bella verabsäumt habe, wie es gottgeboten sei, wieder gut zu machen. Wie gesammelt und gespart werden müsse für das Kindlein in der Wiege, und, Herbstes von allem, wie es bringend an der Zeit sei, irgend ein Dienstverhältniß für die Anna zu suchen. Bella, ihrerseits, hatte schmeichelnde Liebkosungen und — Krämpfe, die, bei rascherneuerten Hoffnungen, beängstigend wurden. So sah Renate im October die weißen Kachelöfen abreißen und bergische Säulen an ihre Statt setzen, sie sah die ganze Milchwirthschaft einem „Holländer" verpachtet, sie sah alte Dienstleute aus ihren Heuerhäusern vertrieben, um mehrzahlendem Gesindel Raum zu machen. Ach, sie sah auch alte Schuldverschreibungen vom Freihof, nachdem Adolar sich in Besitz des kleinen Archivs gesetzt, mit Härte, und als Pflicht für Bellas Kinder, eintreiben!!

Das war das Abzweigungs-System von Sieben Eichen! — —

Für Anna hatte man eine Stellung: am Lustgarten der Residenz war das Vergnügenshaus Rosenthal; — dort ward, für Kaffee- und Thee-Schank, eine „zuverlässige Demoiselle" mit 80 ℳ Lohn gesucht. Die verstockte scheinheilige Person wollte nicht; hatte die verwünschte todte Pfarrerswittwe, deren Sohn Hülfsprediger war in der Residenz — alte Klatsche! — einmal gesagt, die Rosenthaler Conzerte und Bälle ständen in üblem Ruf. — Nun, zwingen konnte man sie nicht, aber weg mußte sie. Hatte sie doch ein unangenehmes Geschwätz veranlaßt, was nur durch die milde und „liberale Denkart" (war so schlimm nicht,) des jungen Pfarrers beigelegt wurde: Er hatte sollen, auf geistlichem Wege, die arme blasse kranke Renate „zu einer nachgiebigeren Stimmung gegen ihre Angehörigen" ermahnen; (nächste Veranlassung war, die Auspfändung eines brustkranken Heuermannes, in die Renate nicht willigen mochte.) Nun hatte diese hergelaufene Schulmeisterdirne sich erfrecht, mit dem Pastoren zu reden, und Großmütterchen wie Bella und selbst Adolar, hatten tausend Mühen dem Manne die Sache ins rechte Licht zu stellen.

Am Tage nach Martini fuhr Anna, das thränenlose Auge starr auf die Heimath gerichtet, nach einem wortlosen Abschied von Renate — der man dazu den kleinen Adolar auf den Schooß gesetzt, — in Jaspers Einspänner nach Neudorf, wo sie im kinderreichen Superintendentenhause die dreifache Aufgabe von Stütze der Hausfrau, Bonne und Kammermädchen gegen 40 ℳ Lohn ausfüllen sollte. Ihren Koffer nahm sie mit und auch ihr Sparkassenbuch mit aufgelaufenen Zinsen, die selbstsüchtige, berechnende Person! —

Jetzt konnte ein Großes vorgenommen werden: Renatens Uebersiedelungen in die kleinen Erkerkammern, damit Bella angemessenern Raum gewinne; es galt dem Brautkranzfest von Jaspers Line, und dann hatte — man denke! — Frau von Schremmel-Gnadenstein geborne, v. Speierbach einen Besuch verheißen! — Im Sundern ward tüchtig verkauft und rothbrauner Plüsch zu dem Sopha im großen Zimmer bestellt.

Krank lag, und sehr vereinsamt, Renate im zugigen Erkerzimmer; niedrig und voll Steinkohlendunst aus dem schlecht angelegten Kanonen-Oefchen den langen traurigen Winter. Beim Brautkranzfest aber kam der alte Jasper ein Stündchen nach oben: „Nun, Mamsell Röhrs, wie stehts? Freut mich, Sie hier oben zu sehn; paßt besser für so eine alte Schachtel wie Sie! — Guter Ananas-Punsch das da unten, guter Ananas-Punsch! ich sage immer, Ersparung im Täglichen und Kleinen, dann kann man bei Gelegenheiten wie heute etwas aufwenden! — Daß die Schremmels gekommen sind, ist doch eine große Ehre. Frau Mutter strahlen auch in ihrer Bänderpracht." Da hob Renate die schwache Stimme: „Vor einigen funfzehn Jahren war Schremmel der übelberüchtigte Waldkrüger; er hat seine Güter mit Bauernschlächterei zusammengebracht und als Funfziger ein Fräulein geheirathet in dritter Ehe; wo die große Ehre herkommt — —"
„Nun, nun, alte Violen! Ein 50 Jährchen haben Sie doch auch auf dem Rücken; Frau Mutter sind 64, sagen sie eben an Frau v. Schremmel; aber sie sehen rüstiger aus als Sie, meine liebe Mamsell Röhrs; Sie machen sich zu viele Gedanken. Semper lustig, nunquam traurig! Sie sehen mich an und meinen, Frau Mutter hätten allzu fleißig mir eingeschenkt? O bewahre, ich bin nicht berauscht, ich bin nur etwas — nun wie soll ich sagen — auf meinen speciellen Strumpf, speciellen

Strumpf, liebe Mamsell Röhrs. Ja, was ich sagen wollte, vor 15 Jahren, als meine Selige ein Jahr weg war, da dachte ich an Sie: Donnerwetter, ich dachte an Sie. Mant die Pastörin, was jetzt die selige Wittwe ist, sagte: „Jasper, es giebt nichts wie einen Korb. Wenn die Röhrs hätte heirathen wollen — — — Nun, und was macht Mamsell Anna bei der Superintendentin? Gut daß sie fort ist, gut daß sie fort ist. Na, Adjes, meine liebe Mamsell Röhrs — hübsch munter!!" — —

Bella unterdeß, neben der Frau von Schremmel in dem rothsammtenen Sopha lehnend, sprach mit vielem Gefühl von ihrer armen gemüthskranken Tante Rena, und wie man befürchte, daß, bei immer steigendem Trübsinn, ein Irrenasyl zeitweise geboten sei. Welche Opfer ihr Abolar, ihre Mutter und sie selbst der Kranken brächten, das ahnte Keiner. Unterdeß sprach Baron Schremmel sehr eingehend und herablassend mit Abolar von allerhand Spekulationen; eine ungemein vortheilhaft, wenn er im April 5000 ℳ realisiren könne. Gierig griff jener zu. Es war dieser strahlende Abend zu Ende des Februars, und Herr Jasper hatte das Mißgeschick beim Einsteigen in den Wagen seinen „speciellen Strumpf" dergestalt zu verletzen, daß er zur Trauung hinkte und nach derselben Blutegel ansetzen ließ.

Der Erker hatte den Blick auf die Höhe der Sieben Eichen, und, im Lehnstuhl am Fenster hatte Renate den Blick auf die geliebte Höhe geheftet, da, — — „hilf Himmel!" sie schrie laut auf und sank zu Boden. Frau Röhrs kam: „Renate, still, Bella ist erschrocken. Was ist denn?" Renate zeigte nach den Sieben Eichen. „Weiter nichts!? Renate, sei verständig; es ist zu Deiner, es ist zu der Kinder Bestem! Abolar betheiligt sich mit Baron Schremmel an der Eisenbahn von B. nach X., er bekommt 1300 ℳ für die Bäume. Er wird gleich kommen!"

„Tantchen, es ist mir leid, Sie alterirt zu haben; ich glaubte Sie im Einverständniß. Zurücktreten kann ich nicht, alle Contracte sind untersiegelt, meine Stellung ist in Gefahr, und unsre Bella eben vor ihrer Niederkunft. Vernunft, Vernunft!" — —

„Mit diesen Eichen bricht mein Herz — aber die Kaufsumme gehört dem Männersiechenhause zu Sanct Emmeran. Der Ohm hat für den Fall eine irgendwie nothwendige Abholzung darüber verfügt. Es muß zum Amtsrichter geschickt werden!" — „Tantchen, seien Sie gescheid, denken Sie an Bella!" „Zum Amtsrichter" — „O Renate, diese Arme, die Dich als krankes Kind gepflegt haben, umschlingen Deine Knie! mach Abolar und Bella, das theure Paar, nicht unglücklich! denke an alle Opfer, treu gebracht, denke der Kinder!"

„Zum Amtsrichter! Mein Gewissen heischt es!"

„Tantchen, ich lasse Sie ins Irrenhaus bringen. Ich bin Anwalt; ich muß wissen was Recht und was Rechtens ist! beruhigen Sie Ihr Gewissen, oder — — ins Irrenhaus!"

„Zum Amtsrichter!"

Eine ältere Magd war, den Redenden unbemerkt, zum Amtsgericht gekommen; staunend erschien der Richter, ein schlichter strenger Mann; die Mutter und Adolar ihm entgegen. Er hörte zuerst Renaten an — dann sagte er: „Jungfer Röhrs ist in vollkommenem Rechte. Vielleicht ist sie im Stande den Ausfall Ihnen anderweitig zu decken."

Und Sanct Emmeran bekam die Kaufsumme. Knirschend war Adolar fortgegangen; man ließ sie allein, immer allein. Kaum erfuhr sie, im Mai, daß ein Mägdlein geboren. Vom Geist der Krankheit gebunden, lag sie daher und litt, Gott preisend, daß sie ihr Gewissen nicht verletzt.

Es war anderthalb Jahr später, als die Mutter und Bella, freundlicher wie seit lange, mit beiden Kinderchen, vor ihrem Bette erschienen; die erstere sprach: „Meine Renate, nun zeige, in der That und in der Wahrheit, daß Du eine Christin bist!" — Sie nahm die aufgeschlagene Bibel ihr aus den Händen: „Wir verlassen den Freihof!" — —

Nun war unlängst einmal von einer Versetzung des Amtsgerichtspersonals die Rede gewesen, und Renate athmete hoch auf: „Geht mit Gott!" — „Und für Dich, Tantchen," fiel Bella ein, „ist auf Reumers Heuer in Schwarzebeck, dem Filial von Steinkirchen, ein reizendes Quartier gemiethet; die taube Grete wohnt dort, die einst Stallmagd hier gewesen, sie ist zu Deiner Bedienung bestellt. Wir ziehen nach X. Den Freihof hat Adolar auf Deine Lebenszeit an Schremmel cedirt. Wir haben finanzielles Mißgeschick gehabt, Jasper hat die Sache in Ordnung gebracht. Morgen bringt Großmütterchen Dich hin. Uebermorgen ist hier Versteigerung, Du unterschreibst nur diese Papiere. Hier. Anna Renate Röhrs. Recht so. Nun sollst Du auch eine Tasse Thee haben!"

Also sagte Renate ihrer Heimath Lebewohl. Sie hatte keine Thränen! aber in Reumers Heuer weinte sie lange Nächte hindurch. Einiges an nothdürftigem Geräth war ihr mitgegeben. Die Lise, eine Wittwe, war sehr taub, und nie konnte Renate gewahren, wo die Grenze zwischen Taubheit und Nichthörenwollen lag. Einige Vorräthe hatte die Großmutter mitgegeben; Lise griff wüst hinein, kochte sich zwei — auch dreimal am Tage mit großer Umständlichkeit Kaffee im kleinen Stubenkamine, dicht neben Renatens Bett, — ihr, deren Geruchsnerven den Kaffee nicht ertragen konnten, zur Pein, — und sorgte nothdürftig für das allernothwendigste. Wenn Renate schellte: „Jungfer, lasse sie das Gepingel, ich höre doch nicht drauf!" Wenn sie rief oder bat, selten oder nie die Antwort. „Ick daue wat ick mat, und damit jüh!" Von Mitleid und Theilnahme kein Gedanke. Und doch war die Lise nicht bös, nur gleichgültig. —

Mit verschmachtender Lippe konnte einst, an einem herben Februartage, Renate die Flasche nicht erreichen. „Lise, etwas Trinkwasser, bitte!" Lise, geschäftelnd am Heerd, hörte nicht, oder wollte nicht hören. In verzweifelnder Anstrengung die Flasche zu erreichen, entglitt das Deckbett; — da lag sie da, zitternd, dürstend, frierend. Ihr waren die Sinne geschwunden. — Warme Thränen auf ihr Angesicht erweckten sie: „Pathe, liebe Pathe, finde ich Dich so?!" Und Anna stand vor ihr, mit sanften Händen Renatens Haupt auf die geglätteten Kissen legend. „Gottlob, daß wir wieder zusammen sind, nun soll auch n i c h t s uns trennen!" „Anna, ich bin eine Bettlerin." „Ich habe ja, was ich Deiner Milde verdanke; dann kann ich arbeiten. Meine liebe, liebe Pathe, der Herr sei tausendfach gepriesen! — Eher konnte ich nicht kommen; ich wußte lange Deinen Umzug nicht und da die Großmutter mir geschrieben, mußte Frau Superintendentin erst meine Stelle besetzt haben. Morgen oder Uebermorgen kommt mein Koffer. In der Tasche hier aber habe ich süße Orangen und etwas Thee und klaren weißen Kandiszucker für Dich. Mehr konnte ich nicht tragen, ich kam zu Fuße." „Zu Fuße? Neun Stunden? Bei diesem Wetter!" — „Ich bin nicht im Geringsten müde; jetzt mache ich Dir Thee."

Die Glückseligkeit strahlte ihr aus den Augen. Lise war hinweg, die Neuigkeit zu erzählen; so suchte Anna für die Besitzerin des holzreichen Waldes Sundern ein Feuerlein zu schüren, Spreckwerk zusammen und bald summte der Kessel und Kranke wie Wanderin erquickten sich.

Großmutter hatte geschrieben um das Sparkassenbuch als Darlehn, da Adolar, der Aussicht habe in die Kammer gewählt zu werden, dringend für kurze Zeit einer Summe bedürfe. —

Lise war nun überflüssig. Mit zärtlichster Liebe, mit leisem freundlichem Geschick ward die Kranke gepflegt, nichts ging ihr ab, und sie fing an wohler und wohler sich zu fühlen. Immer war das arme Stübchen sauber und behaglich, immer war die Wäsche schneeweiß, das Essen wohlgerathen; das schadhafte Fenster erhielt einen Vorhang und vor dem Lehnstuhl und vor dem Bette waren weiche Halbschnuckenteppiche gebreitet. Der Frühling brachte Blüthen und der frühe Sommer einige duftige Beeren, die Anna bei raschen Waldgängen suchte. Zu mehreren Hunderten waren die Zinsen des Capitals im Sparkassenbuche angelaufen. Noth war nicht da, aber Renate sprach: „Anna, mein Herzenskind! erweise mir die größte Wohlthat, die ein Christenmensch dem andern gewähren kann: erleichtere mein Gewissen von einer schweren Last! Sieh, seit dem Unglücksfall mit den Sieben Eichen ist mein Jahrgeld an Sanct Emmeran nicht abgetragen! — Er thats nicht, und ich hatte keine Gelder. Geh, bring 200 ℳ für zwei Jahr hin mit meinem Segensgruß." —

Und Anna ging. Sanct Emmeran lag fünf Stunden weit von Schwarzebeck. Man empfing sie sehr freundlich, ein alter Herr vom Verwaltungsrath lud sie zu Tische, erwähnend, wie die Zusendung ihn und seine Genossen in freudiges Staunen gesetzt, indem er Fräulein Röhrs für gänzlich verarmt geachtet hätte, da Dr. Werlau für sie um ein Asyl in Sankt Emmeran supplicirt habe, eine Sache, die die Statuten unmöglich gemacht hätten. Sankt Emmeran sei ausschließlich Männersiechenhaus. Es war dieser Herr Sohn und Enkel früherer Angestellten, und von ihm erfuhr Anna den Grund der Vorliebe für diese Stiftung abseiten von Renatens Oheim: außer der um viele Jahre jüngern Schwester, der ersten Frau Röhrs, hatte der alte Steinmann auch einen Bruder, den er über alles liebte, jüngeren Zwilling. Der kam ins Heer, in den Revolutionsjahren nach Frankreich, gerieth ins wilde Leben, — ja man sprach von einer Räuberei, — und klopfte, krank, verwundet und ein Verzweifelnder, vergebens an des strengen Vaters Pforte. Da hatte Sankt Emmeran milde ihn aufgenommen, er war liebend verpflegt und nach anderthalb Jahren ein Neugeborner in dem Herrn dort selig verstorben, nachdem die Pfleger eine Versöhnung mit dem Vater nicht ohne schwere Mühe vermittelt. — Man zeigte ihr seinen Leichenstein mit Namen und Bibelspruch: „Bei dem Herrn ist viel Vergebung." Er hieß Renatus.

Renate lauschte der Erzählung und pries den Herrn.

Jetzt aber galt es zu erwerben: auf Veranlassung der ihr noch aus der Ferne wohlwollenden Superintendentin, strickte Anna schöne Bettdecken. Die mühelosern Mitteltheile konnte Renate übernehmen und gewann dadurch eine erheiternde Beschäftigung, war auch der Verdienst langwierig und nicht sehr groß. So ging der Sommer hin.

Gegen den Herbst kam ein Besuch; — auf dem platten Lande macht man wenig Spaziergänge, es war ein Ereigniß: Heuerling Trumann hatte auf Reumers Hofe sich ein Ferkelchen erstanden und wollte nun sehen was seine ehemalige „Jungfer" mache. Anna freuete sich, daß sie grade einen Topf voll Milchreis, für zwei Tage berechnet, im Kamin hatte. Was ward da nicht alles erzählt vom lieben alten Freihof! Vom neuen Pächter urtheilte Trumann, er sei streng, sehe den Leuten scharf auf die Arbeit und hätte Thorheiten vor mit Ueberrieselung des Kieselhams — einer wenig austräglichen großen Wiese. Sonst wäre er gottesfürchtig, hielte sich zur Kirche, hielte auch Betstunden im großen Zimmer, eben wie die Jungfer ehemals. (Diese Betstunden wurden „Adolars höherer Ansichten von den Beziehungen des Individuums zum Weltgeiste wegen", im ersten Jahr seiner Ehe aufgegeben.) Der Pächter hätte zwei Lehrlinge und hätte deshalb kein Kleinobst verkaufen wollen. Er habe bei den Cuirassieren gedient und sei dann 6 Jahr Verwalter gewesen. Einer der Lehrlinge — nun, Trumann mag selber reden: „Dat is faun Hüpsken resoluten, hei nennt sik Offenkarel und hätt en lütken Wagen bi sik un twei eigne lütte Kinnerpäre, dar segt hei Pony vör. Et is en Grabensöhn, man de Ohle is all dodt. De Annere het Karel alleene, sin Vader is faun wat vor'n Schriewer an'n Gerichte: Geheimer Justiz-Rath segget sei er tau. Jedder eene is sostien Jahr old; se sollet denn noch upper Schaulen!" — Das Trumanns Mittheilungen; übrigens hatte er der Jungfer eine Bewilligung von zwölf frischen Eiern mitgebracht. Renate freuete sich, daß wieder frommes Gebet in ihrer lieben Heimath lebendig sei.

Der Winter brachte Druck und Sorgen: Renate wollte durchaus nicht in eine Verkürzung von Annens Capital willigen; frühe trat strenge Kälte ein, Renate wurde schwächer und schwächer. Mit zwei bestellten Decken, einem Riesenwerk, je zu 10 ℳ, während Anna 8 ℳ für die gesammte Baumwolle ausgelegt, war sie den weiten, mühevollen Winterpfad zum Gnadenstein hinaufgegangen. — Eine alte Benediktiner Abtei auf stattlicher Höhe, später Krongut und jetzt Eigenthum des reichen Baron Schrammel-Gnadenstein. Im kalten Flur nahm ein betreßter Diener ihr den Packen ab, nach einer Stunde Harrens kam ein Zöfchen: „Sie möchten in acht bis vierzehn Tagen um des Geldes wieder vorkommen" — drei Wegstunden! — „Gnädige Frau wären grade beschäftigt." Anna beugte ihren Stolz zu einer Bitte — vergebens! Es trug sich schwer. Nach 14 Tagen „waren gnädige Frau grade verreist."

Es war eine bitter kalte Januarsnacht: „Anna!" — „Herzenspathe?" „Mich fröstelt, ich liege auch zu niedrig, bitte gieb mir das Kissen aus dem Lehnstuhle!" Ach, es war dies Lederkissen das einzige, was Anna

unter dem Kopfe hatte. Freudig gab sie es her und legte ihren warmen
Mantel noch über die Fröstelnde. Dann suchte sie ein Feuerlein zu ent-
fachen, und da das Trinkwasser gefroren war, bereitete sie der Pathe eine
heiße Tasse Thee. Da schlug es von der Filial-Capelle 3 Uhr.

„Uebermorgen bitte ich Reumers um etwas Heu," tröstete sich Anna,
thue das in einen der vorhandenen Ueberzüge und habe eine herrlich warme
Decke. Und Morgen ists Sonntag, da wage ich es und gehe zum Pächter
wegen einiger trocknen Sauerkirschen. Wie verlangt die Pathe darnach,
wenn die Fieberhitze eintritt. Ich lege mich nicht wieder hin." —

Um 5 Uhr war das Stübchen durchwärmt, Renatens Frühstück in
erreichbare Nähe ihr gestellt, der Theetopf auf dem Oellämpchen und Anna
war sauber gekleidet. Um 6 schloß sie die Thür der Pathe und ging,
unter den Sternen der Morgendämmerung entgegen. O da lag es ja
unter seinem Schneemantel, das heißgeliebte alte Haus! Anna weinte, aber
süße Thränen, nur der bittre Frost machte sie erfrieren. —

Eine Magd führte sie ins große Zimmer; es war einfacher noch wie
zu Renatens Zeiten: ein Eichentisch, sechs Stühle, ein kleiner Tisch mit
einem hohen Crucifix. Fertig zur Kirche gekleidet, stand der Pächter, ein
großer stattlicher Mann mit krausem Blondhaar. Zwei schöne Knaben
neben ihm. — Freundlich ward ihre zitternde Bitte angehört: „Ja, gewiß,
liebes Fräulein, Saft und trockne Kirschen stehen zu Besehl. Ruhen Sie
sich, ich bitte. Graf Oscar, seien sie so freundlich die Haushälterin zu
fragen, ob sie die auf heute bereitete Brühsuppe schnell erwärmen könne,
oder lieber Eierbier bereiten wollte für das Fräulein. Drei Stundenweges
bei dieser Kälte! — Wenn Sie vielleicht mit uns zur Kirche gehen, oder
sich unterdeß ausruhen und uns zu Mittag das Vergnügen machen wollten,
so ließe ich Sie Nachmittags heimfahren, Eher ists unmöglich. „O Herr
Walter, dürfte ich das Fräulein nicht in' meinem Poniwagen zu Hause
fahren, gleich, sie ist eilig, das sieht man!" — „Und die Kirche versäumen!
Nein, Graf Oscar, das habe ich Ihrer Frau Mutter versprochen, dürfe
unter keiner Bedingung geschehn. Wie ist es, mein Fräulein, können
Sie bleiben." — „Nein nein, ich muß zur armen Pathe; sie liegt unbe-
weglich und eingeschloffen!" — Anna hatte von dem Frühstücksbrode eine
Scheibe in ihren Korb gethan: „Ich möchte es der Pathe mitbringen!"
Da brachte die Haushälterin Kirschen und Saft; „beides nur wenig," sprach
Herr Walter, „Sie erlauben mir wohl in den nächsten Tagen eine kleine
Sendung zu machen. Aber könnten Sie ein gebratenes Hähnchen noch
tragen? Vielleicht ißt Ihre Frau Tante gern einmal vom alten Hühnerhofe

ein Stückchen. Ich lasse immer Sonnabends den Sonntagsbraten bereiten." — Dankbar nahm Anna es an und verabschiedete sich. Sie wollte, ehe der Laden geschlossen würde beim Kirchenläuten, etwas Thee mitnehmen bei Jasper. „Ei, bonschuer bonschuer, meine liebe Mamsell Anna! — Woher des Weges? Souchong-Thee — ja, bester Qualität und zweiter. Feine Waare das, feine Waare! Baria mitgebracht? Schön, notire nicht gern Kleinigkeiten! Was macht die alte Schachtel in ihrem „reizenden Sorgenfrei." Mußte lachen. Die Frau Doctorin find bei der Verschönerungs-Commission angestellt, sie nennen im Briefe zu meiner Line, — was in Bremen verheirathet ist — Reumers Heuer ein reizendes Sorgenfrei. Und was sagte ich zum Doctor, als die Alte dahin sollte? mein lieber Herr Doctor, neue Diehlen und neue Fenster! Nun, keins von beiden konnte geschehen. Was ich sagen wollte, weil ich nach Bremen machte, bin ich vorgewesen; wohnen am Markte — Spiegelfenster, Teppich im Visitenzimmer. Frau Großmutter recht kümmerlich geworden, spielen vor Kindesfrau bei den vier Urenkeln. Bella immer schön, werden stärker, hörens nicht gern. Der Doctor ist scharf linkisch und hofft in die Stände gewählt zu werden. Aber Sie, meine liebe Mamsell Anna, hätten Sie nicht besser gethan im Dienst zu bleiben, sich was auf Ihre alten Tage zurückzulegen, als so bei der Pathe weg zu lungern? nun, jeder trägt seine Haut zu Markte!" — — Da erschallte das heimathliche liebe Geläute! O wie gern wäre Anna zur Kirche eingegangen, aber mächtiger zog es sie zur Pathe. Groß war die Freude bei der Heimkehr, und o! wie mundete der Kranken der Kirschsaft und das zarte gespickte Hähnchen.

Einige Tage später kam Graf Oscar in seinem Poniewagen, und o! was Alles brachte er darin! Sechs Flaschen Kirschensaft, ganz ohne Zucker eingekocht, zwei Brode vom schönen Halbklarbrode, zwei Büchsen Spargel und allerhand. Graf Oscar sah im kleinen Bauernstübchen sich um wie in einem Märchen-Raum, enteilte aber schnell, da seine Ponies nicht erkalten dürften.

Einige Tage später kam ein Reiter, und setzte sein Pferd in Reumers Pferdestall, dann kam er freundlich zu Renate und erzählte ihr von der lieben alten Stelle, und daß er sieben junge Eichen auf die Höhe gepflanzt; und von allen Heuerlingen wußte er Bescheid und gab den Inhalt der letzten Predigten. Renatens Auge strahlte.

Es war ein kalter Februar, ein stürmiger März, ein April voll Schnee, aber es waren Büthenmonde, denn wieder und wieder kam der freundliche Herr Walter; er hatte mit dem Colonus Reumer wohl manches Geschäft.

Zu Ende April kam Anna mit blühenden Weißdornzweigen zur Pathe; sie sah frisch und lieblich aus. Der Pächter war vor einer Stunde hinweggeritten. Renate sah ihr lange in die sanften träumerischen Augen, dann sprach sie: „Kind, er wirbt um dich!" — Anna schlug die Augen nieder: „ich glaube es auch!" — „Und Du?" „Ach, Pathe, ich bin mir nicht klar. Sieh, jauchzend möcht ich ja sagen, aber — — weil er dich und mich in die geliebte Heimath führen will! Wäre das nicht, wohnte er etwa in einer Stadt, würde ich ihn dann lieben? und könnte eine andre es nicht vielleicht vielmehr? ich weiß nicht, wer meine Zweifel lösen könnte." „Sage sie ihm, wenn er spricht." — „Ach, Pathe, er hat schon gesprochen!"

Aber er sprach wieder und lösete Annens Zweifel. Nun war sie eine freudige Braut. Renate aber war glückseliger noch als sie.

Es war am Dienstag nach Rogate im blüthenreichen Mai, da stand Anna früh auf und lag lange im Gebete auf ihren Knieen. Dann bereitete sie der Pathe das Frühstück und kleidete sie, früher als gewöhnlich, in ihre besten Gewande. Dann schob sie den Rollsessel vor die Thür unter den blühenden Apfelbaum; da kam ein Leiterwagen, von Sieben Eichen, Renaten's Bett ward abgeschlagen und daraufgesetzt, alles Geräth dabei, bald war die Stube leer. In Liesens Topf dann wärmte sie Renaten etwas Suppe und dann kleidete sie sich an, während die Pathe mit frommen Händen den Myrthenkranz ihr wand. Ihr Brautkleid war weiße klare Leinewand, von Renaten gesponnen. Sie hatte es zuletzt getragen auf Bella's Hochzeit, wo diese es altmodig gefunden, gegenüber den buntgestickten Tarlatan-Kleidern der Jaspers, ihrer Brautjungfern. Anna hatte es sich Tages vorher schneeweiß gewaschen und sorglich aufgebügelt. Um 3 Uhr erschallte das Geläute der kleinen Filial-Capelle vor Schwarzebeck. Gottlieb Walter fuhr heran, mit seinem jüngern Bruder, einem Förster — der im vorigen Jahre die Sieben Eichen gesetzt. Graf Décar folgte im Poniwagen und hatte die stolze Freude, Renaten zur Kirche und nächstdem zum Freihof darin zu fahren. Karl war mit im großen Wagen.

Lieblich sah die Braut aus, mit dem vollen Myrthenkranz im reichen goldbraunen Haar; lieblich und bräutlich auch war der Freihof aufgeschmückt, und Gott preisend setzten sie sich, Renate im bequemsten Lehnstuhl, zum hochzeitlichen Mahl. Was war's? Riesengroßer Spargel mit frischester Butter, junge Hühnchen und zuletzt ein kleiner Kuchen nebst Johannistraubengallert. Dazu ein Glas Moselwein und freudig dankbare Herzen.

Renatens Bett war an der alten Stelle aufgeschlagen, und wie eine zu neuem Leben geborene, legte sie das Haupt nieder. Anna aber, im Abenddämmer- und Sternenschein, durchwandelte an Gottlieb Walters Hand den Garten. Ei, Graf Oscar hat ein Feuerwerk von Ziffemännchen besorgt, unter Mitwirkung seines Freundes Trumann der bei der reitenden Artillerie in W. gedient hat! Jasper hat das Pulver „notirt."

Wohl heiße ich Renate! sprach am andern Morgen die Dankbare zu ihrer treuen Anna; ich bin wiedergeboren der schönen Erde durch Deine Liebe.

Es begann nun ein Leben voll frommen Fleißes und voll Segen, wenn auch nicht ohne Entbehrungen: Gottlieb Walter hatte nur geringe Ersparnisse aus seinen Verwalterjahren, er hatte eine schwere Pacht zu zahlen; Annens Sparkassenbuch, dessen Vorhandensein Gottlieb erst nach der Hochzeit erfuhr, deckte einen Theil des Inventars, dazu er hatte aufleihen müssen. Kleinliche Späreleien wurden nicht geübt, konnten es schon nicht der Knaben wegen. Gingen sie ab, so war ihr Platz im voraus besetzt.

Renate ward nicht wieder stark, aber sie litt minder und im Sommer konnte sie in den Garten, einmal auch auf ihre geliebte Höhe der Sieben Eichen geschoben werden. Sie erlebte mit Preis und Dank, nach zwei Jahren die Geburt einer kleinen Anna Renate, die mit des Großvaters, ihres Jugendfreundes, träumerischen grauen Augen sie ansah, sie hörte noch ein Jahr später des Mägdleins erstes Liebeslallen, dann ist sie, gestärkt durch das heilige Sakrament, süßlächelnd entschlafen, die Hände gefaltet und das Haupt in Annens Arme gestützt. Es war am dritten Jahrestage ihrer Hochzeit.

„Armes Kind! nun ist die Pacht zu Ende!" hatte Renate beim Herannahen des Todes gesprochen." Aber wenn Sanct Emmeran erbt, so ist hier ein Brief an den Verwaltungsrath, ich bitte, daß man Gottlieb darin läßt, und vielleicht hat die Bitte einer Sterbenden einiges Gewicht. Es ist auch nicht unmöglich, daß das reiche Stift, in Berücksichtigung des Oheims, etwas mildere Bedingungen stellt, als der Waldkrüger-Baron.

Im weißen jungfräulichen Sarg mit grünen Kränzen und Blumen verziert, ward die Hülle zur Ruh getragen, und am Abend des feierlichen Tages fand ein alter Bekannter sich ein, Herr Dr. Adolar Werlau, jetzt Mitglied der Ständekammer, um nach dem Testamente zu sehen, und ob nichts dabei zu machen? Er war bei Jasper abgetreten. „Alte Schachtel eingeschachtelt, mein lieber Herr Doctor! Hat's zuletzt noch gut gehabt — gut gehabt! Wird nun den Freihof wohl wieder verlassen müssen, die Frau Anna. Nun, er hält das Seine zu Rathe, er ist so übel nicht. Immer gegen baar. Und Frau Großmutter? wie machen Sie es? Sind doch wohl betreten um der Mamsell Röhrs? Hinters Amtsgericht, Morgen, kommen Sie wieder vor und essen bei mir zu Nacht; ich habe wieder Schnepfen, wie Anno dunnemals? — Bin ich doch neugierig, wie's mit dem Freihof wird? Herr v. Schremmel übrigens haben das Ihrigte heraus!" —

Der Amtsrichter öffnete das Document: "Wer, nach dreier Zeugen, unter denen Pastor loci sich befinden muß, Aussage, bis zum letzten am treuesten gegen Jungfrau Anna Renata Röhrs gehandelt, erbt, ganz oder getheilt, den Freihof, mit einer ewigen Rente von 100 ℳ an das Männersiechenhaus zu Sanct Emmeran beschwert."

"Also theilen einerseits meine Frau und deren Großmutter, andererseits Frau Walter," rief der entzückte Adolar. Aber: "Nein, sprach der Amtsrichter," nach Testament, Gesetz und Zeugenaussage, ist Frau Anna Renate Walter geborene Berg alleinige Erbin."

Gottlieb umarmte seine Frau in tiefer Bewegung. Sie wußte von nichts, ahnte nichts. Endlich sprach sie: "O daß ich ihr danken könnte!" — "Du hast ihr gedankt!" war Gottlieb's zuversichtliche Antwort.

"Ich," diese Bemerkung konnte Herr Jasper nicht unterdrücken, "ich sage immer, die Pietisten, mein lieber Herr Doctor, die wissen es an sich heranzubringen, auf eine Weise oder die andere. Sind nun reiche Leute, diese Walters. Dachte es gleich, als das rothhaarige Kraut sich in Reumers Heuer eindrängte, daß sie etwas im Schilde führe. Nun, Gutenacht, mein bester Herr Doctor! ein andermal besser Glück!" —

Die Weihnachtsgaben

betreffend, sage ich Allen, die dazu beigetragen, hiemit den herzlichsten Dank und verweise wegen des Näheren, namentlich der Quittungen und übrigen vielfachen Mittheilungen aus dem Rauhen Hause, auf das dießmalige Hauptblatt.

W.

Inhalt des Beiblattes: Zum Neuen Jahr. — Der Freihof.
Inhalt des Hauptblattes: Kornthal in Württemberg. — Allgemeines über das Genossenschaftswesen. — Die Feuerprobe der englischen Genossenschaften. — Die Diakonissenanstalt Bethesda in Hamburg. — Zur kirchlichen Kunst. — Das Waisenhaus in Zelienopel. — Nachrichten aus dem Rauhen Hause (Quittungen u. s. w.)

Herausgeber Dr. Wichern, Vorsteher des Rauhen Hauses. — Verlag der Agentur des R. H. zu Horn bei Hamburg. — Gedruckt im R. H.

14. Jahrgang. **Februar.**

Jährlich 12 Bogen in monatlichen Lieferungen 10 Sgr. od. 15 g.

Beiblatt
der
fliegenden Blätter
aus dem
Rauhen Hause.

1863. **No. 2.**

Durch alle Buchhandlungen und Postämter zu beziehen.

Volksblatt für innere Mission.

Da No. 1 in 1¼ Bogen ausgegeben ist, enthält diesmal No. 2 nur ¾ Bogen.

Es begab sich, daß der Arme starb und ward getragen von den Engeln in Abrahams Schooß. Luc. 16, 22.

Selig sind die Todten, die in dem Herrn sterben, von nun an. Off. Joh. 14, 13.

„Bis in's dritte und vierte Glied."

Und Er behält doch recht, wenn er gerichtet wird. Sie vergessen's, daß Seine Gebote in Stein gehauen sind. Der Stein spottet aller, die Sein Wort mit dem Schwamme ihrer Willkühr weglöschen wollen, wie Kinder ihre Malereien von der Schiefertafel. Denn wenn die Sonne darauf leuchtet, tritt des Steines Schrift nur reiner hervor, den Vergeßlichen zu Leid, den Spöttern zu Trotz. Er heißt Wunderbar auch in Seinen Gerichten und ist unbegreiflich auch in der Kunst, Sein Wort hoch zu halten.

Das habe ich oft erfahren und beuge meine Kniee vor der Majestät, die gestern und heut zwischen Groß und Klein tritt und ihr Urtheil laut und bündig ausspricht: Ich will meine Ehre keinen Andern gönnen, noch meinen Ruhm den Götzen. Ich bin noch kein alter Mann, meine Haare sind noch nicht grau geworden in meiner Gemeinde, sehe auch nicht tiefer und weiter als andere Menschenkinder um mich, aber jedes neue Jahr legt vor mir neue Zeugnisse zu den alten, daß Er recht behält, wenn Er gerichtet wird.

Da lagen einmal meine Kirchenbücher vor mir und ein Mann trat herein, ein ehrbarer Bürger und bestellte das Aufgebot seiner Tochter.

„Herr Pfarrer, ich hätte gern den Sack Weizen dran gegeben, wenn nur meine Tochter mit dem Kränzlein vor den Altar treten könnte! Aber 's geht nicht, 's geht nicht und lügen und trügen will ich nicht, wie Jener unten, der kollerte und aufbegehrte, als er am Hochzeitstag den Häckerling vor seiner Thür liegen sah, als hätte sein Mädchen kein Fleckchen an sich gehabt. Ich will's tragen, das Gemurmel und Gucken der Leute, wenn die „Jungfer" beim Abkündigen fort bleibt und die Trauung kurz weg geht, ohne Klang und ohne Sang. Hätte gern den Sack Weizen dran gegeben."

Und dabei liefen dem Vater die Augen über und das Herz noch mehr.

Ich stand so vor ihm da und die Augen nahmen etwas von seinen Augen an und die tröstliche Gegenrede blieb mir in der Kehle stecken. Es dauerte mich herzlich der Mann, deß Haus ein gutes Gerücht im Orte hatte, denn es war nun aus damit. Endlich faßte ich seine Hand und drückte sie ihm und sprach: Es ist das ja ein traurig Geständniß, aber in der Unehre doch eine Ehre vor Gott, die Sünde zu bekennen.

Er ging; ich seufzte: Nun, wenn das am grünen Holze geschieht, was will's an dem dürren werden? Und dabei dachte ich an den gefährlichen Triumph der liederlichen Weibsleute in der Gemeinde über der kranzlosen Braut aus dem guten Hause.

Weil aber das Kirchenbuch vor mir lag, griff ich nach ihm; denn dies Buch ist ein Actenbuch der Gemeinde und Familien, wie Zahlen, Namen und Beifügungen Spiegel der Personen, Skizzen ihres Lebens, Schlüssel zu den Räthseln in den Chroniken der Häuser. Ich suchte und fand — Was denn?

Vor einem Viertel-Jahrhundert circa hatte der nun seufzende Vater auch vor dem Traualtar gestanden und neben ihm seine Braut — aber auch ohne — Kranz. — Längst war über diesen Fleck das Gras gewachsen und die Leute hatten's vergessen, aber Er nicht. Er suchte die Sünde des Vaters heim an diesem Kind.

Ja bis in's dritte und vierte Glied!

Neulich kommen meine Söhnlein in's Haus gelaufen: „Vater, es brennt unten auf dem Plane!" Es war am hellen Tag; ich konnte weder Rauch, noch den Schein des Feuers am Himmel gewahr werden; auch sah ich Niemand auf der Straße laufen. Wie ich mich aber auf's Fragen legen will, fängt die Glocke an zu stürmen. Wenige Minuten, und ich war an der Feuerstätte. Das Strohdach eines kleinen, zwischen andere Häuser geschobenen Hauses brannte lichterloh; um und um das Getümmel und Geschrei der Löschenden, das Herrgottrufen der verwirrten Hausbewohner.

Die Hausgeräthschaften und wenigen Habseligkeiten der Familie waren gerettet worden und lagen weit ab von der Brandstätte am Bache. Nur ein Mädchen lief händeringend um das brennende Gebäude: „Ach, meine Sachen, meine Sachen!" Es war die erwachsene Tochter des Hauses, die in vieljährigem Dienste unter fremden Leuten sich mehrere Anzüge und Bettzeug erworben hatte und nun sehen mußte, wie ihre theure Habe rettungslos unter dem Dache, wo sie in der Lade lag, verbrannte. Wer's weiß, wie sauer es einem Dienstmädchen wird, bei Bauersleuten sich einige neue Anzüge und Leinen zu schaffen, wird das Maaß des Jammers der Magd begreifen. Es verbrannte der Lohn von den besten Lebensjahren, den wieder zu ersetzen es ihr nun an Kraft gebrach.

Ruhig und fast unbekümmert um das Schicksal des Hauses und der Schwester stand ein Sohn des Schneidermeisters, dem das Haus gehörte, bei einem Häuflein Sachen, die seitab lagen von dem geretteten Hausrath. Ein Tisch, Elle, Plätteisen, Scheere, dabei ein Pack zusammengeraffter Kleidungsstücke zeigten an, daß der Sohn die Profession des Vaters trieb. Er regte keine Hand zur Löschung des Hauses, keine Lippe, die alte Mutter zu trösten, die neben ihm ihrem Leid in Wehklagen Luft machte.

„Da haben sie sich nun die Woche über gestritten und gezankt, gestoßen und geschlagen, wer das Haus kriegen sollte. Nun kann's jeder nehmen, wer Lust hat," das war das einzige Wort, das die Umstehenden von dem verschlossenen Menschen hörten. „Nun mag der Alte zusehen!"

Der Alte war der Hausvater, der eine halbe Stunde vor dem Ausbruch des Feuers über Feld gegangen war. Das war eine bittere, kalte Anklage eines Sohnes gegen seinen Vater. Den Leuten aber, die sie hörten, war die Rede nicht verwunderlich. Sie wußten, wie der Sohn dazu gekommen war. Friede ernährt, Unfriede verzehrt. Unfriede war die glühende Kohle gewesen, die über 50 Jahre in diesem Hause gelegen, bis es über ihr in Flammen aufging.

Als der Dachstuhl niedergerissen und die Gefahr für die nebenstehenden Häuser vorüber war, ging ich meine Wege.

Andern Tags feierten wir unser Erntedankfest. Ich predigte von dem Feuerzeichen der Güte und Barmherzigkeit Gottes und wie jene Frau an der Brandstätte gestern recht gehabt, die da meinte, es sei doch ein wunderlicher heiliger Abend. Zur Besperzeit kommt ein eingeborener Bürger der Stadt auf die Pfarre; und weil in kleinen Orten auch das kleinste Feuer ein großes Ereigniß ist, welches tagelang die Zungen in Bewegung setzt, so kam nach dem dritten Wort die Rede auf den Brand. Niemand kannte den Ursprung des Feuers.

„Aber ich kann mir's doch erklären, woher?" sprach der Mann. „Gestern nach dem Schrecken und heute nach der Predigt hab' ich meinen Leuten daheim von diesem Feuer erzählt, wiewohl es alle mit eigenen Augen gesehen und wie ein Ei dem anderen andern Feuersbrünsten ähnlich sah. — Ja, ja, Herr Pfarrer, Gottes Wort bleibt Gottes Wort," fuhr er im feierlichen Tone fort; „und ich hab's meinen Kindern wieder einmal eingeschärft, mit diesem Worte es zu halten und im Kleinsten es genau zu nehmen. Das Feuer kam nicht von ohngefähr. Wer es aber erfahren will, woher, muß 50 Jahre in unseren Häusern ein- und ausgegangen sein und ein Merks haben für die Dinge, die darinnen vorgegangen sind. Es ist mir gar kein Wunder, daß es beim Schneider so gekommen ist; es mußte so kommen, weil es in Gottes Wort nicht anders vorher gesagt wird."

Wo denn? frug ich.

„Ja, sehen Sie, Herr Pfarrer, ich weiß noch wie heute, daß der Urgroßvater des Schneidergesellen, der gestern dort am Bache seine Siebensachen hütete, in meines Vaters Stube trat, ein Mann mit dünnen und weißen Haaren, und wie er kläglich that und weinte und den alten runzeligen Kopf hinhielt und die Striemen zeigte, die ihm sein Sohn geschlagen und wie er schluchzte: „Ich weiß bei Gott nicht, womit ich das verdient!" Und das war damals ein vermögender Mann, der mit gutem glattem Vieh vor'm Pflug und Wagen in sein Feld zog.

Dann weiß ich aber auch noch, wie wenn's gestern geschehen wäre, daß der Großvater jenes Schneidergesellen vor circa 30 Jahren in unser Haus kam, denn wir sind ja Nachbarsleute, und accurat dieselben Flecken auf der Haut trug und dieselben Klagen ausstieß, wie sein Vater. Ich war damals noch ein junger Mann; dachte mir bei solchen Geschichten nicht viel und meinte, es sei genug geredet, wenn ich mit einstimmte in sein Schelten auf den rauhherzigen, undankbaren Sohn. Es kam mir nicht gleich in den Sinn, was ich als Kind gesehen. — Der gescholtene Sohn war aber kein anderer, als der Vater jenes Gesellen.

„Dem nun," fuhr der Mann in einem Zuge fort — „ist es, seit seine Jungen Burschen geworden sind, accurat so wieder ergangen, wie seinem Vater und Großvater. Die ganze Woche ist wieder ein Zanken und Fluchen und Schlagen im Hause gewesen, daß die Nachbarn den Kopf geschüttelt haben über den Jammer, da die Hände der Kinder sich an den Vater vergriffen. Der Alte wollte dem Schneider das Haus übergeben, aber der Zweite gönnte es dem ersten nicht, und der Dritte nicht dem Zweiten, die Tochter aber keinem von allen, denn sie denkt: ist das Häuschen weg, so bleiben auch die Freier, die so nicht dick gesäet sind, weg und ich kann dann die Frösche nach Jerusalem treiben — wie man hier zu Lande von den alten Jungfern sagt. Drum ließ sie auch ihre Zunge im Zanken spielen. Wer soll nun noch nach ihr fragen, sie hat schon lediger Weise ein Kind gehabt und das Feld des Urgroßvaters und Schiff und Geschirr in der Wirthschaft des Großvaters sind längst losgeschlagen und das Geld zum Schornstein hinausgeflogen. Und nun stehen noch die vier Lehmwände des großväterlichen Hauses. Wer wird's wieder aufbauen?"

„Es war eine grimmige Gluth, in welcher das Haus stand. Aber haben Sie Sich nicht auch gewundert, daß das Feuer nicht weiter fraß; links von dem lodernden Strohdach, nur einen Schritt davon, der Scheunengiebel, mit Stroh ausgehangen, und — es ist kein Strohhalm braun geworden, und rechts, fünf Schritte davon, zwei Häuschen mit Stroh eingedeckt und doch hat die Flamme nicht hinübergeleckt, kerzengerade stieg sie in die Luft."

So sprach der Bürgersmann mit den offenen Augen für Menschenthun und Gotteswalten.

Ist's nicht also, wie geschrieben steht? Hat nicht dies Feuer wiederum ein schreckliches Licht geworfen auf die ewige Drohung:

„Er sucht die Sünden der Väter heim an den Kindern bis in's dritte und vierte Glied?"

Aus dem Rauhen Hause.
Bruder Seidel I. †

Es ist schon im vorigen Hauptblatt angezeigt, daß einer unserer Brüder, unser Seidel, so plötzlich aus dem Leben abgerufen. Wir lösen hier unser dort gegebenes Versprechen, indem wir ein Wort über den Lebensgang des Heimgegangenen sagen. Es finden sich ja auch unter unseren Beiblattlesern so viele Freunde der Brüder des Rauhen Hauses, die mit Theilnahme und Erbauung das, wenn auch so einfache, aber unter göttlicher Liebeszucht gereifte Leben eines unserer Brüder an sich werden vorüber gehen lassen.

Unser Gotthelf Friedrich Seidel wurde am 17. Februar 1835 zu Rothenfurt im Königreich Sachsen geboren, wo er einer Familie angehörte, in der sich viele Genossen mit dem Bergbau beschäftigten. Sein Vater starb früh, in Folge dessen er bis zur Wiederverheirathung der Mutter von einer Mutter-Schwester erzogen wurde. Dieser verdankte er die erste lebendige Hinweisung auf das Wort Gottes. Nach der Confirmation wählte auch er den Bergmannsberuf, dem er mit Lust und Liebe angehörte. Dem heranwachsenden Jünglinge drohte in leichtfertiger Umgebung große sittliche Gefahr; da traf ihn beim Hinabfahren in eine Grube eine schwere Verwundung, die ihn auf ein langes Krankenlager warf; während dieses Leidens wurde er auf Gottes Ernst aufmerksam, und als er danach bei seiner ihm neuangewiesenen Arbeit in die Gemeinschaft von zwei frommen Bergleuten gelangte und deren Gespräche über göttliche Dinge hörte, war für ihn die Stunde gekommen, von der an er ernstlich nach dem Wege des Lebens zu forschen begann. Jene beiden Arbeitsgenossen waren ältere Männer; Seidel bat den einen derselben, ihn besuchen zu dürfen. Es kostete ihn noch einigen Kampf, von der ihm gewordenen Erlaubniß Gebrauch zu machen, bis am Christtag 1857 der Entschluß zur Ausführung gelangte. Aber wie erstaunt war er, in dem Aufgesuchten einen Mann zu finden, der ihn als einen Bruder aufnahm! Solche Liebe hatte er bis dahin noch nie erfahren und auch nicht für möglich gehalten. Einen großen Eindruck auf ihn machte es, als der väterliche Freund als sein Lieblingsbild ihm das Bild eines gekreuzigten Heilandes zeigte und dabei von dem Frieden und der Genüge sprach, die das Menschenherz finde, sobald es im Glauben sich zu Christo wende und bei ihm bleibe. Gefördert durch diesen Umgang mit befreundeten Männern, deren Kreis sich noch erweiterte, hörte er auch bald von Menschen, die wie die Diakonissen den Dienst für Arme und Kranke als ihren Lebensberuf erwählt. Mehrere anwesende befreundete Jünglinge knüpften daran den Wunsch, daß es doch auch für junge Männer gleiche Gelegenheit geben möge, sich solcher Arbeit für das Reich Gottes uneingeschränkt zu widmen. Da wies einer der Bergleute auf das Rauhe Haus bei Hamburg, und wenige Wochen darauf machten sich zwei von denen, die jenes Verlangen ausgesprochen, auf den Weg nach B., wo mehrere unserer Brüder unter Kindern arbeiten. Alles, was sie in B. hörten und sahen, machte ihr Herz alsobald fest in dem Vorsatz, sich, mit der Bitte um Aufnahme unter die Brüder, nach dem Rauhen Hause zu wenden. Sie führten den Vorsatz aus und so kam unser Br. Seidel, einer dieser beiden, am 3. October 1857 zu uns. Alle, die ihn gekannt, erinnern sich seines offenen klaren Auges und seines freundlichen Angesichts; Auge und Angesicht waren ein treues Bild seiner Seele, die in der Wahrheit und Klarheit Christi in Wahrheit ihr Leben gefunden.

Einige Monate nach dem Eintritt unseres Seidel ereilte uns die Nachricht von dem Heimgange des lieben Bruder Deneke, der bis dahin unserem Bruder Krüger in der Rettungsanstalt zu Rattey in Mecklenburg-Strelitz zur Seite gestanden. Wir haben über den Tod des Genannten in diesen Blättern (Hauptblatt 1858, p. 25.) seiner Zeit ausführlich gesprochen. Niemand schien geeigneter, Deneke zu ersetzen, als Seidel, und so trat er im Mai 1858 an dessen Stelle in das ebengenannte Erziehungshaus. Sein dort zurückgelassenes Andenken ist und bleibt ein gesegnetes. Er leistete dem Hausvater desselben bei Erziehung der Kinder nicht bloß zwei Jahre hindurch treulich die ersprießlichste Hülfe, sondern nützte auch selbst die ihm dargebotene Anleitung zur Förderung in mannigfacher Erkenntniß auf's sorgsamste und wuchs namentlich unter ernsten inneren Kämpfen und aufrichtigem Ringen am inwendigen Menschen; die erziehende Arbeit an den Kindern diente ihm, unter der treuen Hülfe und Leitung des Hausvaters, in ganz besonderem Maße zu eigener Erziehung. So konnte er, trefflich bewährt und innerlich neugerüstet, im Jahre 1860 zurückkehren und im Jahre darnach mit Vertrauen den Brüdern des Johannesstifts in Berlin zugetheilt werden. Hier setzte sich für ihn der ihm im Rauhen Hause ertheilte Vorbereitungsunterricht fort; daneben wurde er zu seiner fernern praktischen Uebung insonderheit bei der dem Johannesstift obliegenden Hülfsleistung der freiwilligen Armenpflege und bei der Fürsorge für die Familien von Gefangenen beschäftigt und übernahm darnach, als er dazu aufgefordert wurde, mit Freuden eine sehr schwere Krankenpflege in einer gräflichen Familie zu J. in Westpreußen. Sein Aufenthalt in dieser Stellung war zum Voraus nur auf Ein Jahr bestimmt. Nachdem er sich dieses Auftrags in einer für Alle befriedigenden Weise entledigt hatte, sollte er gerade jetzt, gleich nach Weihnachten, von dort nach Berlin zurückkehren. Schon rüstete er sich zur Rückreise und verhandelte das Nähere wegen verschiedener Dienste und Handreichungen der Liebe zum Besten mehrerer Nothleidenden, die er nach seinem eigenen Wunsche unterwegs besuchen wollte. Am 30. November hatte er in der Gemeinde zu J. noch mit mehreren, ihm nahe stehenden lieben Freunden das heilige Abendmahl gefeiert; es war nämlich der erste Advent, an dem die ganze Brüderschaft, der er angehört, sich um den Tisch des Herrn zu sammeln pflegt. Er hatte sich darüber noch mit besonderer Dankbarkeit und Innigkeit geäußert; — da ereilte ihn, es war drei Tage später, am 3. December, der jäheste Tod. Obgleich er — wie wir, wenn auch mit Schmerzen, nicht verschweigen dürfen — zuvor gewarnt worden war, hatte er in seiner Erholungsstunde den großen See des gräflichen Parks mit Schlittschuhen betreten. Er fuhr frischen Muthes auf dem glatten Eise dahin. Einige Fischer und ein Jäger standen am Ufer. Da — es waren nur 60 Schritte vom Lande — geräth der Arglose auf eine schwache Stelle. Das plötzliche Zerbersten des Eises unter ihm, sein lauter schnell verhallender Schrei: Rett'! sein völliges Verschwinden unter der Eisdecke — war Sache desselben schreckenerfüllten Augenblicks. Der Hut und die Handschuhe des Verunglückten bezeichneten die Stätte, wo eine bedeutende Tiefe den eben noch so blühenden Jüngling als Leiche aufgenommen. Wie die spätere ärztliche Untersuchung ergeben, hatte in dem eisigen Wasser der Schlag den Erhitzten sofort getödtet; daraus erklärt sich zugleich, daß er gar nicht wieder zum Vorschein gekommen. Alle sonstige Anstrengung der mit Kähnen und Geräthschaften Herbeigeeilten, den Leichnam wieder zu finden, war vergebens. Dieß gelang erst nach vollen 24 Stunden. Mit Angeln wurde derselbe aus der Tiefe von 25 Fuß wieder emporgezogen. Klage und Weinen umgab den verblichenen Freund; denn viele hatten ihn lieb gehabt. Durch die gräfliche Fürsorge wurden die drei in der Nähe von einigen Meilen wohnenden Brüder von dem Tod und dem bevorstehenden Begräbniß benachrichtigt; ihrer zwei konnten herbei kommen und haben uns die Liebe beschrieben, die ihn im Tode umstellt und mit dem weißen Kleide und dem Grün und den Blumen des Frühlings geschmückt. Er gewährte ein tröstliches Bild, nicht eines Todten, sondern wie eines Lebendigen. Doch war das irdische Leben gänzlich von ihm geflohen. Das Begräbniß fand am Sonntag, den 7. Decbr., Nachmittags 3 Uhr, Statt. Um den Sarg hatten sich Viele versammelt, auch der Organist und die lieben Schulkinder. Da erklang der Grabgesang: „Christus, der ist mein Leben." Der treue Pfarrer und Seelsorger, an dessen Predigt der Entschlafene sich so oft erbaut und aus dessen Hand er noch wenige Tage vorher den Leib des Herrn und den gesegneten Kelch empfangen, erinnerte an das: „Herr, lehre doch mich, daß es ein Ende mit mir haben muß, und mein Leben ein Ziel hat, und ich davon muß." Das Wort unseres Gottes, das Glaubensgebet, der Gesang der versammelten Gemeinde, der Segen, die trauernde Versammlung am Grabe, die Zeichen der Theilnahme so Vieler, die den Glauben und die Liebe des Heimgegangenen gekannt, der unverhaltene Schmerz der Eltern über das wie ein Räthsel dastehende Ende — das Alles war ein redendes Zeugniß, daß hier ein Jünger des Herrn zur Ruhe geleitet wurde. Als am Grabe das letzte Lied „Valet will ich dir geben" verstummt, das letzte Gebet und der Segen gesprochen war und Alle die Trauerstätte in der winterlichen Abendstunde schon wieder verlassen hatten, blieben nur noch jene beiden Brüder zurück; sie knieten nieder, an dem Grabe des geliebten Bruders zu beten. Als sie das Grab verließen, war es schon finster geworden. Der Dank, den sie dann dem Geistlichen und den anderen Freunden, die dem Hingeschiedenen die letzte Ehre erwiesen, gebracht, soll von uns hier wiederholt werden. Ueber dem Grabe des Freundes und Bruders aber steht und bleibt der unsichtbare Schmuck: sein Glaube, in welchem er seinem Herrn in Treue gedient, die Hoffnung, mit der er sich so fest auf Gottes Verheißungen gegründet.

Unsere Liebe wird sein Gedächtniß in der Brüderschaft bewahren. Sein treuer Dienst, so wenige Jahre er ihn auch nur leisten konnte, hat doch für Viele Segen bereitet, weil er in ihnen ein Opfer des Dankes dem Heiland dargebracht, der in den armen hülflosen Brüdern sich lieben lassen will. Derselbe weiß auch, wie ernst und aufrichtig und heiß der nun Vollendete um die ewigen Güter des Lebens rang und wird ihm die Krone des Lebens als Preis des Kampfes nicht vorenthalten haben. Seine Sünde und Schwäche beklagte unser Bruder Seidel selbst am aufrichtigsten; Züge wie der eine, in welchem er sich trotz der Warnung in jene Gefahr, die ihm das Leben gekostet, begeben konnte, sind uns sonst an ihm völlig unbekannt geblieben. Unbegreiflich könnte uns die Hand des Herrn erscheinen, die auf solchen Anlaß hin ihn hinweggerissen; aber unser Trost ist, daß der Herr ihn, und seinen Glauben und sein Lieben zu seinem Erlöser bis in den letzten Grund erkannt hat. Wenn er ihn so plötzlich zu sich nahm, hören wir neben dieser That zugleich die eben so ernste als liebliche Stimme: „Was ich jetzt thue weißest du nicht, du wirst es aber hernach erfahren." Uns Allen aber bleibe dies erschütternde Ereigniß eine Mahnung, jenes Psalmenworts nicht zu vergessen, über das der Pfarrer am Sarge des seligen Bruders geredet. — Einer jener Brüder in B., deren Erzählungen aus dem Rauhen Hause für den Verewigten einst die Veranlassung wurden, in die Reihe unserer Brüder einzutreten, hat der schwer betroffenen Mutter des Heimgegangenen die trübsalsreiche Botschaft überbracht. Wer kann den Schmerz einer Mutter in solcher Stunde ermessen? Der Herr, der allein recht zu trösten vermag, wolle in die blutenden Wunden dieser so tief betrübten Frau reichlich von dem lindernden Balsam seines himmlischen Trostes gießen.

Inhalt des Beiblattes: Luc. 16, 22. Off. Joh. 14, 13. — „Bis in's dritte und vierte Glied." — Aus dem Rauhen Hause: Bruder Seidel I. †.

Inhalt des Hauptblattes: Ein Zeugniß der Wissenschaft wider den religionslosen Staat. I. — Die Gemeinde Kornthal in Würtemberg. (Schluß.) — Noth und Hülfe unter den Fabrikarbeitern auf Anlaß der Baumwollensperre in England und insbesondere in Lancasshire. — Zur kirchlichen Kunst. — Weiteres aus Zelienopel in Pensylvanien. — In Sachen des Central-Ausschusses: Anzeigen. — Nachrichten aus dem Rauhen Hause: Specielles; Quittungen.

Herausgeber Dr. Wichern, Vorsteher des Rauhen Hauses. — Verlag der Agentur des R. H. zu Horn bei Hamburg. — Gedruckt im R. H.

14. Jahrgang.
März.

Jährlich 12 Bogen
in monatlichen
Lieferungen
10 Sgr. ob. 14 fl.

Beiblatt
der
fliegenden Blätter
aus dem
Rauhen Hause.

1863.
No. 3.

Durch alle Buch-
handlungen und
Postämter zu
beziehen.

Volksblatt für innere Mission.

Ich danke dir von Herzen,
O Jesu, liebster Freund,
Für deines Todes Schmerzen,
Da du's so gut gemeint:
Ach gieb, daß ich mich halte
In dir und deiner Treu,
Und wenn ich nun erkalte,
In dir mein Ende sei.

Wenn ich einmal soll scheiden,
So scheide nicht von mir,
Wenn ich den Tod soll leiden,
So tritt du dann herfür:
Wenn mir am allerbängsten
Wird um das Herze sein,
So reiß mich aus den Aengsten,
Kraft deiner Angst und Pein.

Zwei Gräber in Süddeutschland.

Die Reihen der alten Krieger, die auf ihrer Brust noch das eiserne Kreuz tragen, die von den Schlachtfeldern in Rußland, von Deutschlands Knechtschaft, aber auch von der großen Zeit reden können, da es bei Leipzig Licht ward, und eine bessere Zeit herauf kommen sahen, lichten sich gewaltig. Kaum ist da und dort noch Einer, der damals Pulver gerochen und von daher seinen Stelzfuß datirt. Sie sterben weg und Niemand merket darauf; da vergeht kein März und kein November, der nicht ihrer Etliche aufbietet zum letzten heißen Kampf und sie ruft zu der großen Armee und zum langen Schlafe, den ihre Brüder in Rußland, in Spanien, Italien und Deutschland schlafen. Und doch wie hoch noth wäre es, wenn unserm Geschlechte gegenüber nicht blos

„Ein Geist herniederstiege
Ein Sänger oder Held
Ein solcher, der im heil'gen Kriege
Gefallen auf dem Siegerfeld —"

sondern Leute noch begegneten, denen man ins narbenvolle Antlitz schauen könnte. Die da warnten vor welschem Unglauben und Zuchtlosigkeit, vor Schlaffheit und Uneinigkeit, vor falscher Vermittlung und innerem Zank, vor solchen Dingen, die einst unser Volk mit so viel Blut hat büßen müssen. Die könnten aber auch mit leuchtenden Augen reden, wie still im Volk sich's geregt, wie die Lieder Arndts und Schenkendorfs und Körners wie Frühlingsblumen mit ihren Köpfen herausschauten unter der Eisesdecke zum Zeugniß, daß sich's drunten zu regen beginnt und der Volksfrühling nahe war — die könnten reden von einer ersten Zeit der Liebe, da man willig war, Alles hinzugeben, sich die Hände als Brüder gereicht und des alten Haders vergaß. Ein solcher Mann wäre mehr werth, als ein ganzes Regiment Freiheitsschwindler die mit allen Reichsfeinden fraternisiren, mehr werth, als all das Heer von Juden und Judengenossen, die für's deutsche Vaterland begeistert sind.

Ich will aber von zwei anderen Veteranen reden, die einen andern Krieg mitgemacht, einen andern Freiheitsmorgen erlebt haben als jene. Sah's nicht zu Anfang dieses Jahrhunderts in der Kirche des Herrn aus, wie in Deutschland zur Zeit der Jenaer Schlacht? Wo war's doch hingekommen mit unserm deutschen evangelischen

Volke? Ein grimmigerer Feind, denn die Welschen, war hereingebrochen und schaltete und waltete drin als wär's sein Land. Und dieser Reichsfeind hieß der Unglaube in Gesellschaft mit seinem lendenlahmen Bruder Indifferentismus; und wo noch was von Glaube war, da war es einbalsamirt in den Duft der Sentimentalität und der Weinerlichkeit. Die Kirche war zu einem Kirchhof geworden, und ihre Priester zu todten Todtengräbern. Aber der Herr, der lange genug todtgeschwiegen war und die Schmach vom Vaterlande genommen, nahm sie auch von seiner Kirche, machte sich auf und redete ein Wort, wie einst zu Ezechiels Zeit: Du Menschenkind weissage und sprich zu dem Winde: So spricht der Herr: Wind komm herzu aus den vier Winden und blase diese Getödteten an, daß sie lebendig werden.

Und siehe es fing an sich zu regen und die Todten fingen an aufzuwachen und aufzustehen. Er weckte Leute unter allerlei Volk, die standen auf und gingen in die Städte und Dörfer und bliesen mit der Predigt des lautern Evangelii die Schläfer wach. Und wie auf dem Lande draußen der Wächter, zusieht wie ein Laden nach dem andern aufgeht und die halb schlafenen Gesichter nach der Sonne schauen, die schon jauchzend über die Berge kömmt und ein Aufgewachter den Andern grüßt, so war's auch damals; es ging ein heilig Grüßen durch's deutsche Land — wenn es hieß: der und der ist auch gläubig geworden — man wußte sich in der Hauptsache eins. Aber freilich gings ohne heißen Kampf nicht ab. Da gab's Spott und Schmach und Zurücksetzung vollauf; so leichten Kauf's gab der Feind sein Terrain nicht her. Es gab ein Platzen der Geister auf einander und die Streiche des Schwertes des Geistes, welches ist das Wort Gottes, fielen wuchtig auf die Gegner, die in der vollen Rüstung daher kamen. Gab's auch nach den Siegen kein Octoberfeuer auf den Bergen, so brannte doch das Feuer des Herrn wieder in den Kirchen und Herzen; wurden auch nicht allenthalben die Siegeslieder laut, so sang man doch in den Hütten der Gerechten: Die Rechte des Herrn ist erhöht, die Rechte des Herrn behält den Sieg. Aber auch die Zeugen und Helden dieser großen seligen Zeit gehen nachgerade heim einer um den andern, es sind bald wenige mehr, die's nicht durch Hörensagen haben, daß es einmal Winter war und Frühling ward. Sie gehen heim, die müden alten Streiter, sie werden weggerafft vor dem Unglück und eingeheimst wie die reifen Aehren, ehe der Sturm kommt. Und gerade jetzt, wo so viel Streit auch im Lager der Gläubigen ist, die sich zanken unter der Hausthüre, und sich den Eingang verwehren wollen, während der rothe Hahn schon oben auf dem Dache des Hauses aufgesteckt ist; wo so viel Lauheit und Desperation, so viel Trotz und Zaghaftigkeit ist im Heere des Herrn, und viel ungeübte Streiter, sammt dem, daß sie mit Wissenschaftlichkeit und Rechtgläubigkeit bis an die Zähne bewaffnet sind, — wie Noth wäre es, die ergrauten bewährten Vorkämpfer zu haben, die wir Generale noch einmal commandirten und das übermüthige junge Volk schweigen hießen; die mit Geistesmacht und Erfahrung gerüstet, die Haufen streiten lehrten, wie einstmals unsere Jünglinge neben ihren Vätern fochten und von ihnen kämpfen lernten. Da stehen wir denn jedesmal gesenkten Hauptes am Grabe, wenn wieder ein Großer in Israel gefallen — die Welt steht schadenfroh dabei und freut sich, daß wieder „ein Mucker" weniger geworden ist in der Welt. Wir aber gedenken weinend unserer Lehrer, die uns das Wort Gottes gesagt haben, schauen ihr Ende an und möchten ihrem Glauben nachfolgen; und darum möchte ich die Leser bitten mit zu kommen an zwei Gräber, die noch Ende vorigen Jahres aufgeworfen wurden. Darin liegen zwei Helden aus jener Zeit. Das eine umschließt die Hülle des seligen Dr. **Christian Gottlob Barth** in Calw in Würtemberg, das andere die des seligen Dr. **Aloys Henhöfer** in **Spöck in Baden.**

Der Raum dieser Blätter verstattet natürlich nur einen engen Rahmen; — wir verweisen darum auf die beiden bereits in Arbeit genommenen Lebensbilder der Entschlafenen; gelingts aber dem Schreiber dieser Zeilen, nur ein annähernd treffend Bild zu zeichnen, so ist seine Arbeit nicht umsonst gewesen.

Ich beginne mit dem Lebensbilde des seligen:

Dr. Christian Gottlob Barth.

1. **Des Stubenmalers Kind in Stuttgart, oder der Mann im Kinde.**

Am 31. Juli 1799 ward zu Stuttgart dem Stubenmaler Barth am alten Töpfermarkt ein Söhnlein geboren. Niemand sah es ihm an, daß der liebe Gott einmal aus ihm den berühmten Dr. Barth machen werde; und doch war's so. Bei wenig Leuten ist's so in der Jugend schon herausgekommen, was es einmal mit ihnen werden will, als bei dem kleinen Christian Gottlob Barth. Wenn das wahr ist, daß alle lieben Schwabenkinder was „Apartiges" haben, so hatte der Kleine vor Allem noch etwas besonders Apartiges. Ueberall schaut aus dem Bube schon der spätere Doctor heraus; aber nicht so, als ob er ein frühreifes, altkluges Kind gewesen wäre — bei Leibe nicht — nein er war ein ächtes Stuttgarter Kind, wie es nur je Eines gegeben hat, und anno 1800 — 1810 in Stuttgart herumgelaufen ist.

Sein Vater war ein geschickter Mann, der es hätte zu einem Künstler bringen können, wenn in der Jugend mehr an ihn gewandt worden wäre; so aber wollte er lieber ein ganzer Stubenmaler als ein verggeratheber Künstler werden, wie leider heute Viele in der Welt herumlaufen. Aber der Vater konnte noch mehr als Stuben und des Königs Wagen bemalen und verstand vornehmlich das große, wahrhaft goldene Handwerk, das jener churpfälzische Junker Otto von Grünrad auch konnte, als man ihn um sein Handwerk frug, und das heißt: Beten.

Dem Kinde, das früh seinen Vater verlor, haben's gläubige Männer später gerühmt, wie sein Vater durch sein Gebet die Herzen gestärkt und gestillt, und den Weg zum Herrn zu zeichnen so herrlich verstanden habe; wie er ausgezeichnet gewesen durch seine Milde und das ganze Reich Gottes auf seinem Herzen getragen habe. Die Mutter Barths war eine von den kraftvollen, großangelegten Naturen, wie man sie im lieben Würtemberg manchmal findet; voll Einfalt, Weisheit und Liebe. Ihr Haus war offen für alle Brüder nah und fern; ihre Hausfreunde waren ein Machtolf, Rieger, Moser, und Dann. Mit ihren Kindern betete sie viel, einzeln mit jedem auf den Knieen, und hielt sie daneben in guter Zucht: denn beides muß zusammengehn. Es muß ein herrlich zartes und inniges Verhältniß gewesen sein, das das Kind bis zum Lebensende an die Mutter band. Was er an ihr verlor, spricht er in dem rührenden Gedicht auf seiner Mutter Tod aus, dessen letzte Strophe lautet:

    Dann wird Er reichlich dir,
    Was du uns warst, vergelten
    Mit ew'ger Seligkeit
    Im Glanze beß'rer Welten.
    Ruh' von der Arbeit aus;
    Sie ist in Gott gethan:
    Du bist in Vaters Haus:
    — Wir beten weinend an.

Aus solchem Hause kam das Kind. Wer's versteht, der merket hier schon, welch schönes Erbstück dem Knaben in den Schooß gefallen ist. Wo Vater und Mutter Zacharias und Elisabeth sind, giebt der Herr auch Gnade, daß das Kindlein ein wohlgerathener Johannes wird. Aus solchen Häusern bekommt auch unser Herr Gott seine besten Pfarrer gemeiniglich her.

Barth selbst erzählt in den „Blättern von dem Baume meines Lebens" Züge aus seiner Jugend und öffnet uns ein Guckfenster in die Kinderstube, daß wir leibhaftig den kleinen Jungen und mit ihm den künftigen Doctor vor uns sehen.

So gehen wir denn auf den alten Töpfermarkt, in Barths Heimathshaus. Glaubt's doch kein Mensch, daß es so ganz einerlei ist, in welch einem Bau ein Mensch aufwächst. Ein heimathliches Haus, in welchem eines Kindes Sinn, Phantasie angeregt wird, in das sich allerhand „hineingeheimnissen" läßt, das mit dem Kinde redet, und mit dem es redet, ist drei gelehrte Hofmeister werth. In den heutigen Wohnkasernen, die man alle Quartal wechselt, kömmt der Mensch mit der angebornen Geschichtelosigkeit auf die Welt, und das geht ihm seine Lebetage nach. Und es muß ein altes, heimliges Haus gewesen sein, von dem der Doctor später schreibt: „Seine Fußbekleidung ist eine andere geworden und nur die alte Giebelmütze trägt es noch sammt dem Zapfen, auf welchem sich einst eine blecherne Windfahne drehte, die schon vor 30 Jahren aus Furcht vor den Gewittern in's Unterhaus flüchten mußte." — „Wie manche heitere und trübe Erinnerungen," fährt er fort, „knüpfen sich an dich, du altes Gebäude mit deiner hölzernen Altane, welche der Schauplatz meiner ersten Kinderspiele gewesen ist! Auch jener Engpässe zwischen zwei Bretterlagen in einem benachbarten Hofe erinnere ich mich noch, wo wir so oft den Helden Leonidas spielten. Damals dachte ich noch nicht an jene ernsthafteren Kämpfe, welche im späteren Alter meiner warteten; und das war auch gut, denn außer der Kinderzeit giebt es keine ungetrübte Freude, und im reiferen Alter kann sich auch nur der recht freuen, der sich den kindlichen Sinn erhalten hat oder auf's Neue von Oben damit beschenkt worden ist."

Ein Malerskind war Barth. Aber einem Malerskinde bleiben nicht allein die Farben an den Kleidern hängen zum Verdruß der Mutter, sondern auch im Kopf und in den Augen, und es ist kein Wunder, wenn der kleine Christian still in die Werkstatt des Vaters sich schleicht und selber das Blei und den Pinsel probirt, ob er's nicht auch so hinbringen könne wie der Vater. Da hat er denn studirt, was er später auch praktizirt hat, denn manches schöne Missionsbild in den Calwer Blättern hat das Stubenmalerskind in spätern Jahren selbst gezeichnet. Auf Weihnachten 1808 hatte er eine Compagnie Soldaten gemalt, aufgepappt, ausgeschnitten und auf hölzerne Blöckchen geleimt, um in Reih' und Glied aufrecht stehen zu können. „Ich bildete mir," sagt er, „was Rechtes darauf ein, als ich damit zu Stande gekommen war und wollte die Soldaten durchaus auf dem Weihnachtsmarkt verkaufen; nach langem Bitten erhielt ich endlich von meinen Eltern die Erlaubniß dazu; ein kleiner Tisch und ein Stuhl wurden auf den Markt getragen und die Lade mit den Soldaten darauf gestellt. Um Geld war mir's dabei nicht zu thun, denn das brauchte ich nicht; aber ich meinte in meinem kindischen Unverstand, Jedermann würde sich darüber wundern, daß ich so schöne Soldaten zu Stande gebracht, und in kurzer Zeit, hoffte ich, würde ich sie alle verkauft haben. Es war sehr kalt; ich fror beinahe zu einem Eisklumpen zusammen, meine Zähne klapperten, meine Kniee schlotterten, aber ich gab die Hoffnung nicht auf. Lange wollte kein Käufer kommen; endlich verkaufte ich für einen Groschen einen Theil meiner kleinen Armee und als es Mittag wurde, entleidete mir das lange Warten; ich brachte den Ueberrest einem meiner Freunde zum Geschenk und habe seitdem nie wieder den Weihnachtsmarkt mit meinen Waaren besucht."

Das Jahr darauf geht das Büblein hin und malt die Weihnachtsgeschichte auf Kartenpapier, mit Figuren, Ochs und Esel, bis zum Engel in seinem schönen Kleid von Schaumgold. Die ganze Herrlichkeit hat er hergeschenkt, denn wie ein ächter Künstler hat er sich mehr an der Freude der Andern gefreut, als an dem elendem Geld. Aber wer einmal ein Künstler ist, der will auch unter die Künstler gehen. Da war denn in Stuttgart eine Kunstausstellung, und wo so viele sind, denkt der Christian, darfst du auch hin. Auf eine geschliffene Sandsteinplatte hat er ein kleines Bild vom Feldmarschall Blücher gemalt, dem Marschall Vorwärts, wie ihn die Soldaten nannten. Das ist auch eine Prophezeihung gewesen, denn Dr. Barth war in der Mission auch der „Marschall Vorwärts," der von keinem Liegenbleiben wissen wollte, bis die ganze Heidenwelt erobert wäre. Aber zum Bilde zurück. Der Kopf selbst war nicht größer als eine Erbse, ziemlich gut getroffen. Das Brustbild war auf einem gothischem Denkmal mit kriegerischen Attributen angebracht; im Hintergrunde standen Bäume und wurde nun das kleine, vermeintliche Kunstwerk in einem vergoldeten Rahmen befestigt. Das hatte der Knabe wohl gemerkt, daß sein kleines Stück auf dem gewöhnlichen Wege keine Aufnahme unter die ausgestellten Kunstwerke finden werde und hatte daher dasselbe beim Durchgang durch die Säle verstohlen auf den Tisch gelegt und sich dann still und schnell entfernt. Am folgenden Tage kam er wieder, um zu sehen, welche Stelle sein Kunstwerk einnehmen würde! — „Es stand oben auf einem der hohen Fenstersimse und zwar verkehrt, so daß der arme Blücher die Aussicht durch's Fenster auf die Reitschule hatte und von allen Herrlichkeiten im Saale nichts mit ansehen durfte."

Von Jugend auf hatte er auch eine besondere Neigung zu seltenen und seltsamen Dingen gehabt und hatte verschiedene Versuche gemacht, sich eine Sammlung derselben anzulegen. „Ich weiß noch wohl," sagt er, „wie mich der Besitz eines kleinen Pfeifenräumers in Form eines Schwertes freute." — Später kam er auf den Gedanken, eine Sammlung von Spazierstöcken anzulegen. Es war darunter einer von Rosenholz mit einer natürlichen Handhabe den er mit rosenrother Oelfarbe anstrich; ein anderer wurde mit blauer Oelfarbe bemalt; diesen ließ er einmal im Schloßgarten unter einer Bank liegen, auf welcher er in Tacitus' Germania gelesen hatte und fand ihn nicht wieder. Auf einem dritten waren chinesische Figuren angebracht; ein vierter war von knorrigem Epheuholz; an einem fünften hatte er oben ein kleines Fernglas angebracht. Eine leidenschaftliche Sammellust verschiedener Wappen, die er damals mit andern seiner Altersgenossen gemein hatte, war in eine noch frühere Zeit gefallen. Der höchste Wunsch war dahin gegangen, eine vollständige Reihe von Wappen aller regierenden Fürstenhäuser von Europa in Besitz zu haben. „Ein türkisches Wappen zu bekommen," erzählt er, „wollte Keinem glücken und gerade das reizte die Lust darnach noch mehr. Ich suchte mir daher selbst zu helfen. Von meinem Vater hatte ich eine vollständige in Kupfer gestochene Wappensammlung. Darin fand sich nun auch ein türkisches Wappen, blos aus einem Halbmond im rothen Felde mit zwei Roßschweifen bestehend. Ich versuchte nun dieses Wappen in ein Stück feiner, weißer Champagner-Kreide selbst zu graviren, was ich auch mit Grabstichel und Federmesser glücklich zu Stande brachte. Der Abdruck fiel sehr erträglich aus und da ich so viele Abdrücke, als ich wollte, nehmen konnte, so dienten sie mir als Tauschartikel, gegen welche ich manche andere Wappen, die mir fehlten, einhandelte."

Mit großer Freude hatte ihn das Geschenk eines kleinen Büchleins, wohl zwanzigmal kleiner als Oktavformat, erfüllt, das er in einer benachbarten Reichsstadt erhielt, und auch später noch hatte er ein Wohlgefallen an solchen kleinen Bücherformaten und kaufte alles der Art, was sich bei Antiquaren auftreiben ließ, zusammen. „Jene jugendliche Sammellust aber," fügt er bei, „die so wenig Gelegenheit zur Befriedigung hatte, kommt mir vor wie eine frühzeitige Ahnung, dem Predigertrieb vergleichbar, den manche Prediger schon in früher Kindheit gezeigt haben. Denn in spätern Jahren hat sich mir ungesucht die Gelegenheit ergeben, Merkwürdigkeiten aus allen Gegenden und Gebieten der Welt zusammen zu bekommen, und das Wasser des Jordans wie die Palmblätter von Südamerika aus eigener Anschauung kennen zu lernen. So ist an mir wahr geworden, was Göthe einmal gesagt hat: „Was man in der Jugend wünscht, hat man im Alter die Fülle."

Auch die Lust des Gesanges war in dem vielbegabten Knaben erwacht. „Wie eine junge Amsel," sagt er, „bin ich unter viel Gesang aufgewachsen. Mein Vater war ein großer Freund des Gesanges und spielte die Zither, die Flöte, die Harfe und das Clavier, vielleicht auch noch andere Instrumente. Meine Mutter hatte eine schöne Stimme und stammte aus einer musikalischen Familie. In unserem Hause wurde viel gesungen, aber nur christliche Lieder; und von manchem derselben: „Auf du priesterliches Geschlechte" — „Saft vom Felsen" u. s. w. klingen mir die Melodien noch immer lebhaft in den Ohren, daß ich sie vorsingen und nach dem Gehör auf dem Klavier spielen kann, ob ich sie gleich nie auf Noten sah und seit dreißig Jahren nicht mehr singen hörte."

Auch ein Erzähler war der Knabe frühzeitig geworden. „Ich erinnere mich," sagt er, „daß ich in einem Alter von zwölf Jahren von den Zöglingen meines Lehrers, mit denen ich unter seiner Aufsicht jeden Abend spazieren ging, als ein Erzähler unterhaltender Geschichten betrachtet wurde, dem's nie ausgehen kann. Mein Vorrath von Geschichten war natürlich bald auf der Neige, und da mir meine Kameraden keine Ruhe ließen und immer mehr verlangten, so war ich zuletzt genöthigt, meiner Phantasie den Lauf zu lassen und erdichtete Geschichten zu erzählen, die sich natürlich als solche alsbald verriethen. Gewöhnlich waren es Rittergeschichten, Eroberungen fester Städte und Burgen und andere abentheuerliche Begebenheiten, welche die Aufmerksamkeit spannen konnten."

Der vollendete Freund hat uns noch weiter von einem merkwürdigen Blatte des Baumes seiner Jugend zu melden. Es war etwa in seinem zehnten Jahr, daß er auf den Gedanken kam, eine kleine Sammlung biblischer Geschichten zu schreiben und die Bilder selbst dazu zu zeichnen. Das Format des Büchleins war Sedez. Der Titel lautete: „Eine Aufmunterung für die Seele. Herausgegeben von — — Erste Auflage. — Verkaufspreis 1 Groschen. Im Jahre Christi 1809. Auf der Rückseite des Titelblattes stand das Motto: „Setzer setz es in Fraktur: JESUS IST MEIN ALLES NUR." Die Vorrede lautete also: „Dieses Büchlein heiße ich eine Aufmunterung der Seele, weil ich darin beschreibe den Lebenslauf der Alten. Dieses Büchlein, lieber christlicher Leser, lies mit Bedacht, und denke darauf, wie du dem Exempel dieser alten Väter nachkommen mögest." Es standen in dem Büchlein die kurzen Lebensbeschreibungen der Patriarchen bis auf Mose und bei den wichtigsten Geschichten stand ein Bild, mit der Feder gezeichnet. Von dieser kleinen, biblischen Geschichte, die nur wenige Blätter enthielt, schrieb ich zwanzig Exemplare und zeichnete in jedes die Bilder hinein. Die meisten dieser Büchlein wurden an meine Mitschüler verschenkt."

So viel von des theuern Doctors Jugend. Schaut da nicht leibhaftig der spätere Doctor mit dem langen Haar und dem schwarzen Sammtkäppchen auf dem Kopf aus dem Büblein heraus, wie er in seinem Studirzimmer zu Möttlingen und Calw sitzt? Wie er zeichnet und schreibt und so herzig erzählt? Wie er da sitzt in seinem Zimmer unter den wunderlichsten Dingen aus der ganzen Welt, die er gesammelt hat, und den Kindern schenkt, die seine Räthsel rathen? Wie er Lieder dichtet für das Missionsvolk auf die hohen Festtage?

Ja es war ein wundersam Kind, des Stubenmalers Gottlob Christian. Ich meine, seine Mutter müßte ihn oft wundersam angeschaut haben, wenn er des Abends müde in seinem Bettlein lag, und müssen ihr allerhand Gedanken gekommen sein, wo's doch mit dem „apartigen" Büblein hinauswolle.

O Jugendzeit, o Jugendzeit,
Wie bist du doch so weit, so weit!

II. Lern-, Lehr- und Wanderjahre.
Der „pietistische Student."
1811 — 1824.

Wir treten in die Schulzeit des Knaben. Es ist ein alter Ruhm der württembergischen Schulen, daß sie ihren Zöglingen einen guten Schulsack mitgeben. Wird solcher Schulsack von Vielen unter mancherlei Kümmernissen und Thränen erworben, so ist unser Christian Gottlob Barth fröhlich dahintergegangen. Bis zum zehnten Jahr war er bei dem alten Informator Jeremias Flatt und seinem Herrn Taufpathen, dem Schulmeister Gundert an der deutschen Schule. Dieser letztere war's besonders, der rieth, den lebendigen, aufgeweckten Jungen studiren zu lassen. Nun mußte aber nachgeholt werden, denn die lateinischen Stuttgarter Jungen waren schon weit voran. Der Kleine ritt aber prächtig hinterdrein den Jungens nach, übersprang in einem Jahr zwei Klassen und holte sie ein. Das war auf dem mittlern Gymnasium. In eine Klosterschule wollte er nicht, darum blieb er in Stuttgart auch auf dem obern Gymnasium, wo ihn besonders sein großes Dichter- und Rednertalent vor Andern auszeichneten. Dabei aber imponirten ihm die Personen immer mehr, als die Sachen, die sie gerade vortrugen. Ein ganzer Mann wollte er werden, darum schloß er sich auch immer, so jung er war, an Männer an, wanderte an Sonntagen zu dem alten Hausfreund Dann, der früher in Stuttgart, dann in Oeschingen stand, ließ sich von ihm examiniren und schrieb seine Predigten nach. Ob's der Junge nicht geahnt hat, daß sich nur an Persönlichkeiten eben solche wieder bilden, und daß bei einem Lehrer das viel mehr werth hat, was er ist, als was er weiß? Es kamen die Kriegszeiten von 1813 — 15, da konnte Barth nicht schweigen; er sang und dichtete patriotische und politische Lieder, ließ es aber bald wieder bleiben. Sein Hauptgedanke ging weiter, auf das Reich des Herrn. Als Gymnasiast mit 17 Jahren schrieb er ein Büchlein „die Stimme eines Predigers in der Wüste, ein kleiner Spiegel des letzten Jahrzehnds," das durchweg vom Gedanken getragen war, daß wir in der „letzten Stunde" leben. Das Büchlein aber blieb vor der Hand noch ohne Druckerschwärze geschrieben. Dagegen erschien bald ein anderes im Druck. Barth hatte auf einem seiner Streifzüge Jung Stilling kennen gelernt. Sein ganzes Herz war hingenommen von diesem Manne. Bis in sein Alter las Barth noch immer jährlich einmal Stilings „Heimweh" durch. Sein größeres Gedicht auf ihn „Jung Stillings Siegesfeier (1817) machte in den gläubigen Kreisen einiges Aufsehen. Man rieth hin und her auf den Verfasser; bald erlebte es die 2te Auflage. Wir setzen hier ein paar Zeilen aus dem Gedichte zum Zeugniß seines Sinnes her:

„Wer war wirksam wie Er? — entflammt von Liebe zu Jesus
Wollte er Frieden bringen der Welt, sie zur Seligkeit rufend:
Wollte das ganze Geschlecht der sündetrunkenen Menschen
Innig liebend umfah'n, und zum ewigen Licht' hin leiten.
Viele auch ehrten ihn und benützten die warnenden Winke;
Doch die Feinde des Kreuzes, von schimmerndem Truge verblendet,
Achteten nicht, was er sprach, und entwürdigten Gottes Geweihten:
Stilling duldete still und trug selbst Schande und Kränkung.
Denn ihn stärkte der Blick auf die allumfassende Liebe,
Ihn sein Vertrauen auf den, der für uns einst blutend erblaßte.
Wer hat gekämpft wie Er mit Ungemach widriger Schickung,
Schmerzen und Körperqual? wen hat der Finger des Höchsten
So in die Nacht der Leiden, in's Dunkel der Prüfung geführet?
Und wer heftete fester den thränenden Blick durch das Dunkel
Auf den leitenden Stern, der Licht und Hoffnung ihm strahlte?
Unermüdet und treu, stets thätig mit Rathen und Helfen,
Goß er des Lichtes Strahl in das Auge jammernder Blinden,
Und entflammte die Herzen mit Funken göttlichen Feuers.

Bald wurde er mit lebendigen Christen im Auslande bekannt, mit dem alten Kießling in Nürnberg, dem alten Köllner und Anna Schlatter in St. Gallen. Es ist da köstlich zu hören, wie so aller Unterschied des Alters über dem Einssein in Christo schwieg, der alte Kießling dem jungen Barth das „Du" anbot und ihn seinen Jonathan nennt, den er zum Bleiben in Christo und vor loser Philosophie warnt. „Ja," sagte er weissagend zu ihm, suche den Herrn treu lieben zu lernen, so wirst du ein herrlicher, fröhlicher, seliger, brauchbarer Mensch werden. O Jonathan, bleibe nur bei Ihm und laß dich nichts von ihm abwendig machen.

Seine Abschiedsreden über Brenz und Melanchthon hatte er gehalten und zog 1817 ins Stift nach Tübingen. Ueberflüssiges konnte er nichts mitnehmen, denn Barths Vater war gestorben und die Geschwister unversorgt und Vermögen auch nicht viel vorhanden. Und doch nahm er ein groß Kapital mit gen Tübingen, das bestand in einem kindlichen Glauben, einem hellen weiten Kopf und Herzen, einem sprudelnden, oft scharfen Witz und Humor und dabei einen tiefen christlichen Ernst. So sehen wir ihn in Tübingen einziehen und unter den Studenten auftreten. Wie er ein originales Kind war, so war er auch ein originaler Student und sah anders in die Welt hinein, als andere Leute. Seine Freunde, wie Passavant,

Burk, Kling, L. Hofacker, Krummacher, wußten oft nicht, was sie aus dem Freunde machen sollten, in dem es gährte und kochte und sprudelte wie in einem Faße neuen Weins. So anspruchslos auf der einen, und doch wieder so auf eigenen Füßen stehend auf der andern Seite und seiner bewußt und herzhaft, so schlag- und thatfertig, vom feinsten Humor zum bittersten Ernste übergehend mußte er für Alle etwas Bedenkliches haben, ein „Vielwisser, von dem man nicht wissen könne, wie und wann er noch ausschlagen könne."

Und allerdings, er studirte wundersame Dinge neben einander, wie wir sie nicht allen Studiosen anräthen möchten, wenn sie nicht Barth heißen und sind. Bald treibt er Philosophie und alte Sprachen, lernt italienisch, englisch und spanisch, studirt bald im Talmud und macht im Arabischen Fortschritte, hört nur wenig Collegien und die nicht am fleißigsten, malt aber dafür seine Freunde und sein eigen Symbolum (ein Schiff mit vollen Segeln und schreibt drunter odi tranquillitatem d. i. ich hasse die Ruhe). Dann kommen Brüder von nah und fern, an die er wieder schreibt, giebt Stunden, um seiner Mutter nicht beschwerlich zu fallen, schreibt ein Büchlein „Alles in Einem und Nichts in Allem, worüber Kießling ihn lobt und es „zuckersüß" nennt; läßt sich vom alten Dann tüchtig abputzen über seine Vieltreiberei und schreibt wieder Gedichte, die in Wien erscheinen. Dann predigt er als achtzehnjähriger Jüngling in den Kirchen um Tübingen her; predigt er aber einmal auf dem Schloß zu Tübingen, wo sonst nur Professoren und Studenten zur Kritik der armen Candidaten kommen, da füllt sich das Kirchlein mit Handwerkern, alten Mütterchen mit Knechten und Mägden; denn für die fällt allemal Etwas ab. Daneben besucht er die Versammlungen der Schuster und Schneider in der Stadt, redet dort und entwickelt seine theologischen, wunderbaren Gedanken; denn Oetinger ist ihm über alles lieb neben Baader, Bengel, Steinhofer und manchen auch katholischen Kirchenvätern. Gerade dies letztere, der Umgang mit Schuhmachern und Schneidern, hat ihm den Namen eingetragen, daß er ein „pietistischer Student" sei; und doch war er so gesund an Leib und Seele, und hatte keine Hörner auf, wie so mancher flotte Bursche mit der Trikolor auf der Brust.

Schon damals ergriff ihn der große Gedanke der Heidenmission. 1818 trägt er seinen Freunden einen Aufsatz vor, worin er ermahnt Hand anzulegen. Missionsstunden werden von ihm gehalten, es wird Geld gesammelt und nach Basel geschickt, in seine Predigten hinein webt er die Missionsgedanken; mit Basler Zöglingen correspondirt er und mit Zaremba wird Freundschaft für immer geschlossen; reist zum Basler Fest, wo er seitdem volle 40 Jahre nicht mehr gefehlt hat. Ja bei einer Ordination ist's nahe daran, daß er selber daran denkt, den Stab in die Hand zu nehmen und als Missionar wegzuwandern.

Dabei aber hat er seine liebe würtembergische Kirche nicht vergessen. Schreibt für die angefochtenen Pietisten ein Schriftchen, lobt und tadelt, was zu loben und zu tadeln ist, einerlei ob's gefällt oder nicht. Das Schriftchen war so reif und verständig, daß man allenthalben auf einen alten Pfarrer rieth, so weise und machtvoll nach beiden Seiten war's gehalten; wo er die Pietisten vertheidigt, sagt er ihnen aber auch, daß es mit dem nichts sei bei ihnen, sich gegen weltliche Bildung so zu sperren und sagt ihnen, daß ein guter christlicher Roman mehr wirken könne, als 20 erbauliche Bücher. Schärfer geht es her in der Schrift für die Kornthaler Gemeinde, für die ihn kein Mensch aufgefordert hatte zu schreiben. Sie heißt: Hoffmännische Tropfen gegen die Glaubensohnmacht und führt eine scharfe Geißel mit Ernst und Witz gegen die büreaukratischen auch politisch gesinnten Geistlichen. Die Schrift traf, und Barth wurde tüchtig darüber hergenommen von ältern Freunden wie Daun, aber vornehmlich auch von seiner Mutter.

Hat vielleicht mancher Leser gedacht, daß sie eine unbedingte Bewunderin ihres Sohnes gewesen, so hat er sich gründlich geirrt. Sie hielt ihm immer den Daumen oben auf dem Kopf und sagte nicht zu Allem Ja. So schreibt ein Freund des Entschlafenen: „Besonders treu wachte in diesen sorglichen Zeiten die geistvolle Mutter über ihm. Sie critisirte ihm seine Predigten, fand Vieles zu scharf und freute sich nur, wenn er sich selber recht traf, wünschte wohl auch, eine Frucht davon (an ihm selber) zu sehen. Wenn er predigt, ohne zu schreiben, so ist ihr das viel zu gewagt. („Es ist unverdiente Gnade vom lieben Gott, daß Er dich nicht stecken ließ. Wage doch nichts auf deine eigene Kraft.") Besonders beunruhigte sie seine Schriftstellerei; wie wünschte sie, daß doch Alles verschwiegen bliebe. Wegen der Hoffmännischen Tropfen bittet sie ihn, dem Verfasser nachzuforschen und ihm zu sagen, daß er nicht um seiner Demuth willen, sondern um der Seinigen vielen Gebets willen bisher geschont worden sei, und jetzt versuche er den lieben Gott wieder. Er schreibe zwar manches Gute, urtheile aber an einigen Stellen sehr scharf, welches wieder ebensoviel Gebets erfordere, wenn der liebe Gott zudecken solle. „Eile in die Stille, falle auf deine Knie, bitte um Vergebung aller deiner Sünden und Versäumnisse, gelobe ihm fortan allein zu leben. Ich zweifle nicht an deiner Errettung, aber je bälder, je seliger. Wie werden sich dein vollendeter Vater und die theure selige Großmutter, die immer eine große Vorliebe für dich hatte, darüber freuen, ja alle heiligen Engel, wenn du es zu der ganzen Hingabe deines ganzen Wesens bringst. Muß doch ein Seelsorger zuvörderst für seine eigene Seele sorgen! Glaube denen nicht, die dir schmeicheln, sei auch nicht so vorlaut im Reden." „Suche doch Gottes Ehre und nicht die deine, bitte täglich um die wahre Demuth und die edle Einfalt. Wie steht's denn um deine Herzensverfassung, wie um die Treue im Kleinen? Alle Zeit, die du dir lebst, ist verloren; so richte doch den Blick auf die Verheißungen, welche den Ueberwindern gegeben sind. Begnüge dich nicht mit stillen Seufzern zu Gott; man muß sich von Geschäften losreißen, sich Zeit zum

Gebet im Kämmerlein nehmen und nach der Schrift dem Gebet abwarten." — „Du hast es auch bei der Conscription verspielt, wenn du nun einen Exceß machst, mußt du Soldat sein; bitte den Herrn um Bewahrung!" — Gewiß hat Barth der treuen, priesterlichen Mutter unaussprechlich viel zu danken*).

Barth sollte verklagt werden, doch half ihm der Herr aus der Verlegenheit heraus. Aber er hat ihn doch gedemüthigt und er zog sich die Lehre für künftig daraus, hat auch kein Exemplar der Schrift mehr für sich behalten. Daneben reiste er nach Heidelberg, Frankfurt, überall aber nur, wie in Darmstadt, um Leute für die Mission zu gewinnen.

Mittlerweile ging die Studirzeit zu Ende. Niemand mehr als Barth selbst hat's gefühlt, wo es ihm während dieser Zeit gefehlt. Lieber Weniges studirt und das recht, das habe ich durch eigenen Schaden gelernt, das hat er oft jungen Leuten gerathen. Die theologische Fakultät gab ihm ein merkwürdiges Zeugniß mit: „In errores Mysticismi elapsus" (in die „Irrthümer des Mysticismus verfallen") und er verließ die Universität.

Er wurde Vicar zu Neckarweisingen 1821, führte dort Missionsstunden ein und war bei allen verschiedenen würtembergischen Arten des Pietismus, bei Hahnern, Pregizern :c., ein gern gesehener Mann und suchte zu reformiren, wo er konnte. Seine Mutter freut sich wieder mehr an ihrem nüchternen Sohn und schreibt ihm: Der Herr erfülle dich mit seinem Geiste, und lasse dich Ihn so darstellen wie er ist. Bete viel." Sie will ihm das viele Rauchen wehren und empfiehlt ihm ein ander Rauchwerk, das der liebe Leser hoffentlich auch kennt. Noch ein Vicariat in Dornhan, und er wird als Pfarrverweser nach Effringen auf den Schwarzwald versetzt. Mit den Geistlichen pflog er Conferenzen, in seiner Gemeinde arbeitete er mit fast übermenschlicher Anstrengung, oft bis tief in die Nacht hinein, und ließ durch Predigt und Seelsorge einen mächtigen Eindruck zurück.

Darnach machte ein Reisestipendium es ihm möglich, wie den ausgezeichneten Candidaten in Würtemberg, hinaus zu gehn. Er zog nach Norddeutschland und flocht mit den ausgezeichnetsten Leuten des Reiches Gottes dauernde Verbindungen; besuchte Herrnhut, dessen Stifter er zeitlebens verehrte und dessen Lieder ihm besonders lieb waren,

---

*) Uebrigens wahrte er auch der Mutter gegenüber seinen Standpunkt mit großer Entschiedenheit. „Ihre Unruhe scheint mir nicht gegründet. Je mehr ich die Schrift ansehe, desto fester werde ich überzeugt, daß Gottes besonderer Beistand mich unterstützte. Gesetzt die Sache würde bekannt und schadete meinen äußerlichen Verhältnissen, was wäre denn das Großes? Ich würde gerne für die Wahrheit leiden. Meinen Beruf zum Schreiben habe ich lebhaft gefühlt und ernstlich geprüft. Da komme ich immer wieder auf Goßner's Wort zurück: Wahrheit bleibt Wahrheit, es mag sie ein Nachtwächter oder ein Professor sagen. Es darf kein Ansehen der Person stattfinden. Wahrheit schmeckt immer bitter."

besuchte den alten Jänike in Berlin, ließ sich den Missionseifer neu anfachen und kehrt reich an äußern und innern Erlebnissen nach Hause. So waren hier schon die Drähte still gespannt, die später wie in einer geistlichen Telegraphenstation in Calw zusammenliefen, das ein Mittelpunkt der Geistesströme wurde, die hinausgingen bis in die fernsten Heidenländer.

So viel von der Studienzeit, von dem lehrenden Lerner, und lernenden Lehrer — fürwahr ein eigenthümlicher Student, desgleichen heuer vielleicht kein zweiter auf allen deutschen Universitäten sich findet. Mag Manches an seiner Studirart auszusetzen sein, ich wünschte jeder Universität den „pietistischen Studenten," Christian Gottlob Barth!

Aus dem Verlage der Agentur des Rauhen Hauses in Hamburg:
„O du fröhliche, o du selige, gnadenbringende Osterzeit!"
Ein Ostergespräch von Wilhelm Baur.
(Miniaturausgabe. 196 S. cart. 12 Sgr.)

Der Verfasser von E. M. Arndt's Leben und des zu Weihnachten erschienenen Weihnachtsgespräches zeigt in diesem Büchlein, wie das in der Kirche gepredigte Osterevangelium im Familienkreise, beim Gange durch die Fluren, beim Besuche des Friedhofes und im häuslichen Zusammensein forttönt. Aus den Gesprächen der Freunde tritt uns die Auferstehung des Herrn entgegen, wie sie die Evangelisten erzählen, der Frühling versinnbildlicht und wie sie in der Festfeier und im gesammten Leben fortwirkt. Wir empfehlen das Büchlein als ein Mittel, die Osterfeier im Hause zu beleben.

Die wiederholten Erfahrungen, daß die Original=Artikel dieser Blätter sogar ohne alle Angabe der Quelle in andere Blätter eingerückt worden, veranlassen uns hiemit zu der Erinnerung, daß Niemand zu solchem Nachdruck berechtigt ist. Jedenfalls behalten wir uns unser Recht an unserm Eigenthum vor. Von denen, die eine derartige Benutzung der hier veröffentlichten Artikel wünschen möchten, erwarten wir vorgängige Anfrage bei uns.

Hamburg.   Die Agentur des Rauhen Hauses.

Inhalt des Beiblattes: Zwei Gräber in Süddeutschland. — Verlag der Agentur 2c.

Inhalt des Hauptblattes: Die Ursachen der so vielfach erfolglosen Bemühungen in der heutigen Kindererziehung. — Ein Zeugniß der Wissenschaft wider den religionslosen Staat. II. — Noth und Hülfe unter den Fabrikarbeitern auf Anlaß der Baumwollensperre in England und insbesondere in Lancashire. (Schluß.) — Genossenschaftliche Briefe. I. — Zeitung: Stadtmission in Liverpool; — Nachrichten aus dem Rauhen Hause: Quittungen; Neuester Verlag der Agentur.

Herausgeber Dr. Wichern, Vorsteher des Rauhen Hauses. — Verlag der Agentur des R. H. zu Horn bei Hamburg. — Gedruckt im R. H.

14. Jahrgang. April.

Jährlich 12 Bogen in monatlichen Lieferungen 10 Sgr. od. 45 fr.

Beiblatt
der
fliegenden Blätter
aus dem
Rauhen Hause.

1863. No. 4.

Durch alle Buchhandlungen und Postämter zu beziehen.

Volksblatt für innere Mission.

Vom Fußwaschen.

Jesus sprach: Ihr heißet mich Meister und Herr, und saget recht daran, denn ich bin's auch. So nun ich, euer Herr und Meister, euch die Füße gewaschen habe, so sollet ihr auch euch unter einander die Füße waschen. Ein Beispiel habe ich euch gegeben, daß ihr thut, wie ich euch gethan habe.

Ev. Johannis 13, 13—15.

Zwei Gräber in Süddeutschland.
Dr. Chr. G. Barth.
III. Meisterjahre und seliger Heimgang.
Der Pfarrer in Möttlingen. Der Doktor in Calw. Missionspalme und Kindesbäumlein. Des Doktors letzter Kampf und Sieg.

Bald nachher, 1824, wird Barth Pfarrer in Möttlingen, wo Pfarrer Machtolf, der treue und originelle Zeuge des Herrn, gestanden war. Barth trat auch innerlich in dessen Arbeit ein und über den Schwarzwald hin gingen Feuerfunken aus, die zündeten. Seine Mutter zog zu ihm, und hielt ihm Haus und seine kränkliche Schwester; er hatte an der ersteren, was man nur an einer Pfarrfrau haben kann. Zu derselben Zeit flocht sich auch das Band mit dem etwas ältern Pfarrer Osiander von Münklingen, seinem Jonathan. Es war ein wunderbar inniges Verhältniß und Barth konnte wohl von ihm sagen: „Deine Liebe war mir sonderlicher denn Frauenliebe." Da war Nichts, was nicht getheilt und mitgetheilt ward. Jahrelang hatten sie nur einen Mantel mit einander gemein. Da gings in die Höhen und Tiefen der Schrift, die durch und durch studirt und diskutirt ward — und es wäre wohl manchmal die Nacht durch bis in den Morgen hineingegangen, wenn die treue Mutter nicht gemahnt hätte, daß der Tag zum Wachen und die Nacht zum Schlafen sei.

Damals wurde auch die Bibel mit Freunden durchstudirt, um mit Kelle und Schwert an Jerusalem zu bauen; mit den Schriftwaffen zog er ins Feld gegen den Rationalismus im liturgisch-homiletischen Correspondenzblatt — ein Blatt, das mit der sicher geschwungenen Geißel die Eigenweisheitskrämer aus dem Tempel Gottes trieb — und dann half Barth im Aufbauen an der Schullehrerbibel. Ueberhaupt war ihm die Bibel das A und O aller Weisheit. „Diesem Grunde verdanke ich es, daß ich nun weiß, woran ich bin und nicht mehr nöthig habe, daß mich Jemand lehre außer dem Reiche Gottes. Die Verwirrung unter den Gläubigen wird freilich immer größer werden. Wir machen es keiner Parthei recht und werden von allen Seiten paradox gescholten; an dieser Schmach nehme auch ich mit Freuden Theil. Es wird Friede werden, wenn der Herr kommt. Darauf warte und darnach seufze ich."

Neben all der Schriftstellerei ging aber sein Pfarramt her, in welchem nichts versäumt wurde; auch hing Alles, was er trieb, immer mit seinem heiligen Amte in irgend welcher Beziehung. Er war kein Schmetterlingsfänger, noch Käferjäger, noch Rosenpfleger und was alles noch ein Pfarrherr zu sein vermag. Wenn er die „süddeutschen Originalien" herausgiebt und die Pfarrer Oetinger und Bengel, die alten Prälaten Flattich, Stosch u. A. sitzen heißt und sie dann mit ihren eigenen Worten scharf und fein porträtirt, so schaut in solchem Thun wohl das Stubenmalerskind heraus, aber auch der Pfarrer, der von den alten Helden für sein Amt nur profitiren kann. Es ging bei ihm immer aus der Studirstube in und für die Gemeinde und aus der Gemeinde für und in die Studirstube.

Zugleich drängt es ihn, für die verwahrlosten Schwarzwälder Kinder ein Obdach zu suchen, und gründet eine Kinderrettungsanstalt in Stammheim, über die in diesen Blättern schon oft als von einer reichen Gegendstätte berichtet worden. Aber der es mit dem Reich Gottes zu thun hat, hat es nicht mit einem fertigen Hause zu thun, an dem nur da und dort ein Ziegel zu flicken oder ein morscher Balken durchzuziehen wäre, sondern er hats mit einem Baume zu thun, der da wächst und zwar in die Höhe und Tiefe und in die Breite und Länge. Da kann man nicht „halt" sagen. So gings auch Barth. Ueber der Arbeit an der Gemeinde durfte er die große Arbeit am Reiche des Herrn durch die Mission nicht vergessen. Nur in kurzen Zügen kann hier angedeutet werden, was Alles im Möttlinger Pfarrhause gearbeitet wurde, denn der Raum gönnt es hier nicht, tiefer einzugehen.

Seit Barth in Basel auf dem Feste war, ließ es ihm keine Ruhe; er sann und sann, wie die Sache der Mission unter die Leute gebracht werden könnte. Die Nachrichten aus Basel, das Missionsmagazin (fast die einzigen damaligen Missionsschriften) genügten ihm nicht, das war zu steif und wenig eingreifend. Darum wollte er selbst ein Blatt gründen, das mit Bildern und lebendigen Schilderungen das Neueste aus der Heidenwelt brächte. Frische Blumensträußchen für das Volk, keine eingelegten trockenen Blumen für Sammler. So ließ er im Jahre 1818 das erste „Calwer Blatt" erscheinen. Er gab dadurch den Anstoß zu vielen andern Blättern. Des Columbus Ei wird eben auch alle Tage wieder neu. Aber doch wie langsam schien's ihm zu gehen, wenn er seinen Globus ansah, wo er die Missionsstationen mit Stecknadeln bezeichnet hatte, und dann über die leeren Flächen fuhr! Was er der Basler Mission im Besondern war, das wissen die Basler am besten. Es ist wahr: „die jetzige Missionsschuld von 300,000 Franken ist nichts gegen den Verlust von Barth". Ohne im Comité zu sein, war er doch ein unentbehrliches Glied dabei. Aber eintreten wollte er nicht, denn er wollte für die ganze Mission ein Herz haben, wenngleich Basel sein Benjamin und Benoni blieb. Denn Missionsschmerzen hat er auch durchgemacht. Auch die Kinderwelt sollte für die Sache der Mission gewonnen werden, darum gab er das Kindermissionsblatt heraus und für die Amtsbrüder die Blätter für Missionsstunden. Daneben ging der Verkehr mit den Missionaren, mit den Christen aller Länder. Barth wußte überall die rechten Leute herauszufinden, von denen er lernen konnte. Unser Volk fabelt von Leuten, die's merken, wo Gold in der Erde liegt und das Wünschelrüthlein haben — Barth war Einer, der wußte, wo das Gold in den Herzensackern liegt.

Und wieder bei alle dem Eifer für die Heidenwelt ist sein Blick offen für die Schäden der Christenheit und so lieb er die Brüder in Christo hat, so weiß er, daß die Liebe darin auch steht, daß man dem Bruder seine Fehle aufdeckt, und nicht mit schlechtem Friedensleim die Risse leimt; das zeigt sein Schriftchen: „Zwiespalt und Einigung der Gläubigen", das 1827 im Correspondenzblatt erschien und als besonderes Schriftchen gedruckt ward. Da liegt es vor mir, das kleine goldene Büchlein, das wohl verdiente, wieder in die Welt hinauszugehen als ein Friedensbote. Nur ein paar Gedanken daraus will ich hersetzen, die das Büchlein zeichnen.

„Es ist eine sonderbare Frage: wer wird im Himmel einen höhern Grad von Seligkeit erlangen, der christliche Weise, der in alle heilige

Erkenntniß heilig eingedrungene oder das einfältige Herz, das nur von dem Einen, das Noth thut, wußte? — Wenn ein Gelehrter und ein Bäuerlein, ermüdet von langer Reise, von einem großen König in sein Schloß geführt werden, das mit allen Wundern der Welt angefüllt ist, und würden da beide köstlich bewirthet, so hätte der Gelehrte freilich mehr Genuß als das Bäuerlein, das die Dinge nicht versteht, nur, in der Einfalt sie ansehend, von den Speisen sich zur Genüge sättiget; aber dennoch würde das Bäuerlein subjektiv eben so glücklich sich fühlen als der Gelehrte; denn es hat für's Andere kein Bedürfniß. Und am Ende würde dem Gelehrten doch auch das G e n i e ß e n der Speisen das Wichtigste sein."

„Jesus ist die Hauptstadt des Landes Canaan, von welcher aus auf allen Seiten die Wege ins gelobte Land der Wahrheit führen. In seinem Licht sehen wir das Licht."

„Wohl kann die Bekehrung bei dem Einen schneller, bei dem Andern langsamer, schwerer und leichter vorübergegangen sein. Früh reift der Kirschen-, spät der Mandelbaum. Und wie der Kirschkern ein bitterer ist, so giebt's ja auch bittere Mandeln."

„Der Mensch ist bald besser, bald schlechter als sein System."

„Streitet nicht auf dem Wege und achtet den nicht gering, der vielleicht, ohne daß ihr es wißt, den goldenen Becher in seinen Säcken führt. Wartet aber in Geduld der herrlichen Offenbarung der Kinder Gottes und säet getrost euren Samen, bis der Same in das Sternbild der W a a g e tritt und die ewige Gerechtigkeit richtet, was hier verborgen war."

Ist's nicht köstlich? es steht aber voll Blüthen in dem Büchlein.

Ich will nichts sagen vom Traktatverein, den er gründete. Vornehmlich war's auf die liebe Jugend abgesehen. Da reist er nach England und der Schweiz und ruht nicht, bis er die Mittel bei einander hat, auch wohlfeile Bücher für Schule und Volk herauszugeben. Es erscheint die biblische Geschichte, die jetzt in der 157. Auflage erschienen und in 67 Sprachen übersetzt ist.

Diese ungeheure Arbeit veranlaßte ihn im Jahr 1838, sein Pfarramt niederzulegen und nach Calw zu ziehen. Es sollte keiner von beiden leiden, weder Amt noch Mission. Und er hat Recht gethan. Unbesorgt war er, wer ihn nähren würde, da er die Besoldung aufgab, aber wohl war er darum bekümmert, wer sein Nachfolger würde — da hörte er, daß der theure Blumhardt sein Nachfolger würde. „Das Mannle kommt hin", jauchzte Barth und zog nach Calw.

Da theilt sich denn von jetzt an die Arbeit in äußere und innere Mission, eine doppelte Arbeit: an der Palme und am Bäumlein, wie ein dem Entschlafenen nachgesungenes Lied schön sagt:

Du gingest heim! In Gottes Garten
Wer wird wie du der Pflanzen ferner warten?
Du hast manch Korn in stillen Grund gelegt,
Zwei Bäumlein doch vor andern stets gepflegt:
Hoch eine Palme — und ein Bäumlein schlank, —
Drum habe Dank!

> Die Palme grünt, und ihrer Blätter Brausen
> Tönt: Hüter, ist die Nacht verschwunden draußen?
> Und ihre Krone über Land und Meer,
> Beut Schatten, Zuflucht einem Völkerheer;
> Sie sprosset fort im Heidenlande fern,
>   Dank sei dem Herrn.
>
>   Das Bäumlein schlank! War's nicht der Gaben beste
> In froher Kinderzeit am Weihnachtsfeste?
> „Der arme Heinrich" und „Des Vaters Fluch",
> Die „Setma", „Biblisches Geschichtenbuch"!
>
>   Wir wuchsen auf — und siehe, neue Gaben
> Bot uns dein Bäumlein, frisch uns dran zu laben,
> Die Jugendblätter reich an Blüth und Frucht.

Eine Arbeit, die wir näher nicht beschreiben können. Die große und kleine Kinderwelt aber weiß es, was sie an Barth hatte. Er, der Einsame, nicht Verheirathete und Kinderlose, hat doch viel tausend Kinder spielend um sich gehabt. Für sie wußte er immer was, für sie hatte er immer Etwas aus Morgen- und Abendland, wenn sie seine Räthsel riethen. Ich erwähne nur noch die größeren Werke, die unter ihm bearbeitet wurden, die des Calwer Bibelwerk, die Glaubenslehre, die Kirchengeschichte Würtembergs u. a.

Nur in kurzen Zügen möchte ich noch zum Schluß den Mann zeichnen, wie er unter uns leibte und lebte.

Ist er uns doch unvergeßlich, der Mann und die Perle unserer Missionsfeste. Es fehlte Etwas, wenn er nicht da war. Eine männliche Gestalt mit hoher Stirn und langem Haar, das ein schwarzes Sammtkäppchen bedeckte, mit der silbernen Brille über den schönen freundlichen Augen; der Mund scharf und fein geschnitten, mit einem Lächeln umspielt, das aber auch plötzlich verschwinden und einem scharfen Zuge um die Lippen weichen konnte; in der Hand den Stab Jung-Stillings, oben am Griff mit einem Perspectiv versehen, so wandelte er zu unsern Missionsfesten. Seine Predigt war meist kurz aber fesselnd, darum er meist den Schluß machte. In der Predigt ging ein frischer Humor neben dem tiefsten, schneidendsten Ernst. Wenn auch die Gemeinde durch mehrere Predigten ermüdet war, er wußte gewiß Etwas, was den Schläfrigsten aufweckte.

Im Leben und ganzen Wesen ein Original. Kurz, einsilbig, mit scharfem treffendem Witz begabt, der wie ein Pfeil treffen konnte und doch Niemand verletzte. Es bezeichnet den Mann, wenn er einen Menschen, der durchaus von ihm etwas Geheimgehaltenes wissen wollte, geheimnißvoll mit hohler, ernsthafter Stimme frägt: „Ich will Ihnen was sagen, aber könnet Sie schweigen? Könnet Sie ganz g'wiß schweigen?" Der Mensch antwortet: Ja, ganz g'wiß. „Nu," sagt der Doktor, „I kann au' schweigen." So giebt er den Aufschluß über die Frage, wie er denn so viel arbeiten könne, in seiner originellen Weise mit 3 Worten: „1. arbeite ich schnell, 2. thue ich eins nach dem andern, 3. was zu schwer ist, lasse ich liegen."

So sprudelnd von Witz und ein Erzähler wie Wenige, war er dennoch einsylbig, verschlossen und was sein Innerstes anging, überaus schweigsam. „In Beziehung auf unsern Herzenszustand brauchen wir keinen andern Busenfreund als den Herrn selbst, und es ist Mangel an Erkenntniß seiner allgenugsamen Gnade, wenn man neben ihm noch Etwas vermißt", konnte er sagen. Und dennoch stand er ganz zu seinen Freunden und Jeder hatte an ihm und durch ihn etwas Besonderes an Liebe zu erfahren. Er wandelte unter seinen Freunden, wie ein großer leuchtender Stern droben am Himmel, der zu jedem andern Sterne und Sternlein seine besondere Stellung hat, die vergaß er nie. Ein Jeder konnte denken, er sei bem Doktor der Liebste und von ihm Ausgezeichnetste.

Das führt mich zu der Gastfreundschaft Barth's, eine Tugend, die in seltenem Maaße von ihm geübt ward. Es waren ja wahre Wallfahrten zu ihm. Oft seufzte er, wenn er mitten in großer Arbeit unterbrochen ward mit Besuchen, und doch empfing er Jeden mit voller Freundlichkeit. Wenn nähere Freunde ihn baten, er solle sie sich selbst überlassen, sagte Barth: Das weiß ich besser, du ziehst den Schlafrock an und stopfst dir die lange Pfeife. Und dann wurde geplaudert, als ob keine Arbeit wäre — aber in der Mitternacht arbeitete der Doktor und holte das Versäumte nach. Um 5 Uhr wurde aufgestanden. Das war die Regel. Bei seiner Gastfreundschaft hieß es recht: „ohne Murmeln" und ohne Wesensmacherei. Mit den Dienstboten verkehrte er, wenn Gäste da waren, in besonderer Fingersprache, und unversehens wanderte aus Küche und Keller herauf, was der Doktor Gutes hatte. In seinem Hause trafen sich die verschiedensten Menschenkinder, Fürsten und Bettler, Gelehrte und Ungelehrte, Kirchenmänner und Sektenleute von allen Spielarten — für alle hatte er dieselbe Gastfreundschaft, so daß eine edle deutsche Fürstin, die ihn einmal besuchte, sagte, daß in Barth's Hause „die beste Junggesellenwirthschaft sei, die sie je angetroffen", — und jener poetische, zusprechende Pfarrer hat Recht, wenn er in's Album schrieb:

„Des lieben Mann's
Wirthliches Haus im Thal,
Vergessen kann's
Keiner, der drin einmal."

Bei alle dem, daß sein Haus aufgesucht ward aus allen Theilen der Welt, daß sein Name auf den Lippen von Alt und Jung war und bekannt über Land und Meer, konnte es nicht leicht einen bescheidenern und demüthigeren Mann geben als unsern Doktor. Die Anerkennungen, die er bekam, haben in ihm nichts geändert, so wenig als die Schmähungen. Und er hätte wohl Ursache haben können, stolz zu werden, der reichbegabte Mann. Aber er war eine wahrhaft volle Kornähre, die ihr Haupt zu Boden senkt. Nach einer Aufzählung des schwäbischen Merkurs war Dr. Barth Besitzer der großen Verdienstmedaillen für Kunst und Wissenschaften von Württemberg und Preußen, ordentliches Mitglied der Berliner societas christiana statistica (Gesellschaft für geistliche Statistik), correspondirendes Mitglied der mathematisch-physikalischen Klasse der Akademie in München, Ehrenmitglied des Württembergischen Naturforschervereins, Ritter des Ordens der Würtembergischen Krone, des Bairischen Ordens vom heil. Michael, des Russischen St. Annen-Ordens, des Oestreichischen Franz-Joseph-Ordens, des Schwedischen Nordstern-Ordens, des Preußischen rothen Adler-Ordens, des Badischen Ordens vom Zähringer Löwen, des Sächsischen Albrecht-Ordens, Commenthur des Luxemburger Ordens der Eichenkrone u. s. w. Barth hat all dieser Ehren nie mit einem Worte erwähnt. Alle seine Orden hatte er in einer alten Schublade liegen. Einst fragte ihn ein Freund: „Wo hast du denn das Kreuz, das du bekommen hast?" und deutete auf die Brust. — (Weißt du denn nicht," erwiderte Barth, „daß man das Kreuz auf dem Rücken trägt?" Damit war die Sache abgethan.

Und nun zum Schlusse.

Was im Kinde ahnungsvoll lag, hat sich im Manne herrlich durch Gottes Gnade entwickelt. Er war ein ganzer Mann, ein Mann von Kopf bis zu Fuß und ragte eines Hauptes Länge über alles Volk. Ganze Leute bringen auch etwas Ganzes zu Stande. Barth durfte auch schauen und nach 40jährigem Dienste auch mitjubeln über die Siege der Mission. „40 Jahre lang," so hörte ich ihn noch vor 2 Jahren in einer Missionsrede sagen, „arbeite ich in der Mission — ich habe mitgekämpft, mitgebetet, mitgejubelt." Seine auf die Schrift gegründete Hoffnung von der Herrlichkeit des Volkes Gottes, die er in vollster Realität erfaßte, hat ihn nicht zu Schanden werden lassen. Ein weites Herz, ein enges Gewissen, ein kindlicher, durchgebildeter Glaube, und eine mit tausend Armen greifende Liebe, das war des Mannes Krone.

Er ist eingegangen zur Ruhe der Kinder Gottes. Sein Haus hatte er bestellt. 500 fl. waren das einzige Kapital, über das er zu verfügen hatte. Alles Andere war für des Herrn Dienst gegangen. Vom Schlag gelähmt diktirte er noch; las keine Briefe mehr. „Das Alte wisse er schon, und Neues wolle er nicht mehr hören. Sentimentalitäten könne er nicht brauchen. Zu Möttlingen, in seiner Mutter Grab wollte er gelegt sein, ohne Alles Gepränge, „Nur keine Kirbe (Kirchweihe) an meinem Grab" hatte er befohlen. Von ihm und seiner Person sollte Nichts gesagt werden. Von einer Krone droben — wollte er nichts wissen. „Nichts da, aus Gnaden selig werden, das ist genug. Ich gehe ganz arm hinüber." —

Seit dem Jahr 1834, dem Jahr, da sein Jonathan ihm starb, fühlte er den Schmerz, der ihm den Tod bringen sollte, und 28 Jahre ist er damit hingegangen. „Die Ruine, das bin ich", hat er in seinem letzten Lied im September gesagt — wieder durchgestrichen, darnach aber die Lücke nicht mehr ausgefüllt. Kurz vor seinem Tode frug ihn ein Freund: Bist du ein armer Sünder? „Ja ein ganz armer Sünder," antwortete Barth. Meinsch't es langt dir? fuhr der Freund fort. „Ja, mit Christo," sagte laut der Doktor. Kurz darauf stand das Herz plötzlich still, er sank ohne Kampf, wie er gebetet, auf die Kissen zurück, nachdem er sechs Wochen vorher mit Erstickungsanfällen gerungen. Es war am 12. November. Unter viel Thränen ging der Leichenzug über die Höhen des Schwarzwalds nach Möttlingen. Allenthalben läuteten die Glocken in den Dörfern. Es läutete bis hinaus in die Heidenlande. Pfarrer Werner, sein nächster Freund, hielt die Leichenrede unter großer Bewegung. Zinzendorfs Lieder klangen am Grab — aber der Geist des Herrn sprach: Selig sind die Todten, die in dem Herrn sterben von nun. Sie ruhen aus von ihrer Arbeit, und ihre Werke folgen ihnen nach. Amen.

2.

Wir kommen zum andern Grabe. Es liegt am Rheine. Drin schlummert der treue Knecht Gottes

Aloys Henhöfer, Pfarrer zu Spöck im Badischen.

Einst war Henhöfers Name auf den Lippen aller derer in Deutschland, denen die Dinge des Reiches Gottes am Herzen lagen und Barths Name noch unbekannt. In der letzten Zeit war's stille von ihm geworden, so stille, wie's auch in ihm war. Der Kampf war gekämpft und es war Friede geworden und er durfte im Frieden heimgehen.

Henhöfer selbst hat den kurzen Abriß seines Lebens ins Kirchenbuch seiner Gemeinde zu Stafforth geschrieben, die ganze Einfalt und Schlichtheit seines Wesens ist zu sehr darin ausgeprägt, als daß wir ihn unsern Lesern versagen könnten. Wenige Striche haben wir beizufügen und das Bild des seligen Knechtes wird vor uns stehen.

Führung des Pfarrers Henhöfer aus der katholischen in die evangelische Kirche.

"Ich, der unterzeichnete Pfarrer, unter welchem die neuen Kirchenbücher von Stafforth angelegt wurden, bin geboren den 11. Juli 1789 zu Völlersbach, einem ehemals dem Kloster Frauenalb, jetzt dem Großherzogthum Baden zugehörigen, und dem Bezirksamt Ettlingen zugewiesenen Orte. Meine Eltern waren einfache Bürgers- und Bauersleute alda, nicht reich und nicht arm. Mein Vater hieß Hans Martin Henhöfer und starb den 7. September 1823; meine Mutter, die nach des Vaters Tod unter dem 16. März 1824 zu mir nach Graben und von da nach Spöck zog, hieß Theresia Axsmann und starb den 6. October 1833. Ich war unter vier Geschwistern, zwei andern Brüdern und einer Schwester, der jüngste Sohn. Der ganze Ort und so auch wir, gehörten der katholischen Religion und Kirche an. Mein Vater war ein gottesfürchtiger Mann, ohne weitere Erkenntniß; meine Mutter war eine sehr gläubige und fromme Katholikin, und eine fromme Beterin. Jeden Tag ging sie in ihre Messe, und auch ich mußte mit, sobald ich herangewachsen war, und Messe dienen; sonst war sie an jenem Tage nicht gut auf mich zu sprechen. Jeden Freitag ging sie auf die nahgelegene Wallfahrt nach Moosbrunn, oft nach Bickesheim, mehrmals auch nach Wallbürn, so daß mein Vater einmal verdrießlich fragte: "Willst du nicht auch noch nach Jerusalem?" Alle Sonntage, oft auch Samstag Abend, wurde der Rosenkranz knieend gebetet; und als dieser fertig war, wußte meine Mutter noch so viele Heiligen, deren Jedem ein "Ave Maria" zugeschickt wurde, daß es oft nicht ausgehen wollte. Als ihr jüngstes Kind und als ihr Liebling mußte ich beinahe immer an ihrer Seite sein; und so oft es eine Stunde schlug, oder so wir an einem Bilderstöcklein vorbei kamen, betete sie mit mir. Zu ihrer Gläubigkeit und Frömmigkeit hatten in ihrer Jugend besonders die Jesuiten viel beigetragen, die eine Mission im Orte hielten, wahrscheinlich um die letzten Keime der Reformation daselbst zu ersticken, die in jener Gegend ebenfalls nicht spurlos vorübergegangen sein soll. Sie wurde von ihnen um ihres gläubigen und frommen Sinnes und der guten Antworten wegen mit dem Namen einer „Königin" beehrt. Zu dem von ihnen errichteten Missionskreuz wallfahrtete sie und ich auch. In Folge dieses durch die Jesuiten gesteigerten Eifers wäre sie gerne in ein Kloster gegangen. Da aber die Umstände es nicht erlaubten, so trat sie unter dem 15. Mai 1775 in ihrem zweiundzwanzigsten Jahre in den Ehestand. Nun ging aber ihr Sinn dahin, einen geistlichen Sohn zu haben. Denn einen Geistlichen zu haben, hielt sie für das größte Glück einer Familie, indem sie glaubte, alle Verdienste desselben, besonders die der Messe, gingen auf alle Glieder der Familie über. Mit den ersten Kindern wollte das nicht gehen, denn sie waren für das Hauswesen nöthig; so fiel denn ihr Sinn auf mich, den jüngsten. Durch ihre Erzählungen und ihr Rühmen der vielen Verdienste erweckte sie auch schon frühe in mir den Wunsch, geistlich, besonders Missionar zu werden. Am liebsten beschäftigte ich mich mit Büchern, und da ich hörte, daß Jemand im Orte eine Bibel habe, so holte ich auch diese, ein großes dickes Buch, das ich kaum tragen konnte. Was ich aber darin las, waren meistens Geschichten aus dem alten Testamente, das andere verstand ich nicht und so auch Niemand aus dem Hause. Mittlerweile wuchs ich heran; wie ich aber geistlich werden sollte, wußte weder meine Mutter noch ich; sie aber glaubte es und betete darum. Und gerade zur rechten Zeit wurde ihr Gebet erhört. Es starb nämlich der alte Pfarrer Lehn, und an seine Stelle kam ein junger, kräftiger Mann, Namens Beyerle, von Weilerstadt gebürtig, bisher Grundherrlich von Gemmingen'scher Pfarrer in Mühlhausen. Derselbe wurde in der Schule bald auf mich aufmerksam, und in kurzer Zeit bekam ich durch ihn Unterricht in der lateinischen Sprache. An Ostern 1802, nachdem ich konfirmirt war, kam ich nach Rastatt in die Schule der Piaristen, und da später das Lyceum von Baden hierher versetzt wurde, so blieb ich bis 1811. Anfangs hatte ich Kosttage, bald aber kam ich als Hauslehrer zu den beiden Söhnen des damaligen Oberbeamten, Geheimenraths Spinner. Nach dem Tode der beiden Söhne, wovon der eine als Offizier im Felde, der andere zu Hause starb, brachte ich mich durch Privatunterricht durch. Im Jahr 1811, im November, bezog ich als Theolog die Universität Freiburg. Schon vor meinem Abgang von Rastatt erhielt ich den Ruf als Hauslehrer zu Herrn Geheimen Hofrath Engelberger in Freiburg zum Unterrichte seines jüngsten Sohnes; überdies erhielt ich als Theolog ein jährliches Stipendium von 150 fl., aus dem Marzzeller Heiligen, dessen Rücksatz aber nach 16 Jahren, da ich schon Pfarrer in Spöck war, wieder verlangt und in Raten zum letzten Mal 1859 wieder zurückbezahlt wurde. Im Jahr 1814 wurde ich examinirt, erhielt unter dem 24. Sept. d. J. den Tafeltitel und ging im November ab ins Seminar nach Meersburg. Unter dem 16. Dezember 1814 erhielt ich durch den Fürst Primas von Frankfurt, Herrn von Dalberg, als Bischof von Konstanz, die vier untern Weihungen. In Folge von veränderter Luft und Lebensweise wurde ich krank und ging zurück zu meinem alten Freund und Wohlthäter, dem, indessen nach Jffezheim bei Rastatt versetzten Pfarrer Beyerle. Nach wiederhergestellter Gesundheit kehrte ich nach Meersburg zurück, und erhielt durch den Fürsten von Hohenlohe in Konstanz die drei obern Weihungen, vom 19—21. Mai 1815. Ich primizirte auch alsbald noch in Meersburg. Vor meinem Abgang hatte ich den Ruf als Hofmeister in das Freiherrlich v. Gemmingen'sche Haus in Steineck erhalten mit dem Auftrag, an Sonntagen in Neuhausen seelsorgerliche Hülfe zu leisten, und sodann die beiden Orte Steineck und Hamberg zu pastoriren. Unter dem 12. Juli 1815 trat ich die neue Stelle an und war drei Jahre daselbst. Am 20. November 1817 starb der alte Pfarrer Geiger in Mühlhausen, und unter dem 3. März 1818 wurde ich von der Grundherrschaft zu seinem Nachfolger ernannt, welche Stelle ich auch an Ostern bezog. Als Hofmeister nach Steineck wurde ein gewisser Fink berufen, der aber nicht lange blieb. Aufgeweckt von Professor Sailer in Landshut, kehrte er, getrieben durch innere Unruhe und Kämpfe, zu demselben zurück. Er war aber lange genug da, um auf mich einen mächtigen Eindruck zu machen. Mehr als er, kam ich in innere Unruhe und Anfechtung und wäre auch gerne gegangen, wenn ich nicht eine Pfarrei gehabt hätte. Ich war nun ganz auf mich gestellt und mußte meine Hülfe allein in Gottes Wort und Gebet suchen; und mein Suchen und Seufzen blieb nicht unerhört. Von Woche zu Woche bekam ich mehr Licht, und was mir mitgetheilt wurde, theilte ich auch andern mit. Von jetzt an wurden meine Predigten ganz anders, statt Moral- wurden es Bußpredigten. Diese blieben nicht ungesegnet an meiner Gemeinde, denn viele Leute wachten auf und fragten mit Ernst, was sie thun sollten, um selig zu werden. Von jetzt an kamen auch Fremde zur Kirche und mit jedem Sonntage mehr, sowohl aus den benachbarten katholischen Oertern, als auch evangelische aus dem nahen Würtemberg. Nachdem ich lange Zeit die Predigt der Buße fortgesetzt hatte, brachten mir Freunde aus der Nähe das Büchlein von Boos „Christus für und in uns" unter der Hand bei, wodurch ich weiter geführt und mehr zum Evangelium gebracht wurde. Von jetzt an predigte ich mit eben so viel Eifer das Wort von der Versöhnung und freien Gnade Gottes in Christo, und der Zulauf von Katholiken und Protestanten von nahe und ferne vermehrte sich, und es entstand eine große Erweckung in der ganzen Gegend. An Widerspruch fehlte es aber auch nicht, besonders von den Werkheiligen und den Weisen und Klugen des Orts. Da aber das Neue Testament von van Eß in Jedermanns Händen war, worüber ich später zur Verantwortung gezogen wurde (den 14. November 1821 und den 2. Januar 1822) und da ich jedes Evangelium Vers für Vers auf das Deutlichste zu erklären suchte, so hörte der Widerspruch bei den Meisten auf bis auf Jene, die eben mit Nichts zu überzeugen oder zu widerlegen waren. Für sich hätten diese wohl Nichts ausrichten können. Da aber die benachbarten Pfarrer wegen des Weglaufens ihrer Leute auch unzufrieden waren, so steckten sie sich hinter diese, und hinterbrachten ihnen die widersinnigsten Dinge. Nun kam es zu Klagen, die bei geistlicher und weltlicher Obrigkeit fortgesetzt wurden, bis zu meinem und der Gemeinde Austritt. Die Klagen aber drehten sich meistens alle um die Zusammenkünfte der gleichgesinnten Leute an Sonntagen zu Gottes Wort, um den großen Zulauf fremder Leute und zum Theil auch um meine Rechtgläubigkeit. Die Zusammenkünfte sollte ich aufheben und die Fremden abhalten. Die erste Klage zur Verantwortung von hohem Vikariat in Bruchsal, jedoch immer ohne Angabe des Klägers, kam mir zu den 11. September 1819; nun ging es fort, bis ich auf einmal ohne mein Wissen und Wollen unter dem 8. März 1821 auf die Pfarrei Büchenau in die Nähe von Bruchsal versetzt wurde. Da die Gemeinde und an ihrer Spitze der Herr von Gemmingen beim Großherzog dies verhinderte, so ging es auf's Neue an, bis ich unter dem 7. März 1822 von der Pfarrei ab und in's Verhör nach Bruchsal gerufen wurde. Nachdem ich bereits ein Vierteljahr beinahe unnöthig und ohne Resultat im Seminar gesessen war, endlich noch abgesperrt werden sollte (15. und 29. Mai 1822) und meine Gesundheit durch so viele Unannehmlichkeiten gelitten hatte, bat ich um Urlaub nach Steineck, den ich aber durch Vermittlung des Herrn von Gemmingen, der beim Landtag in Karlsruhe war, durch weltliche Behörden erzwingen mußte. Kaum aber war er vorüber, so wurde ich alsbald und trotz meiner Bitte um Verlängerung wiederholt eingerufen. Der Arzt aber widerrieth, und so legte ich meine sowohl in Mühlhausen als auch und insbesondere in Bruchsal gewonnene Ueberzeugung und Zweifel hohem Vikariat offen dar, und bat um Lösung oder bessere Belehrung. Als Antwort darauf kam unter dem 16. Oktober 1822 die Abnahme der Pfarrei und mein Ausschluß aus katholischer Kirche, und bald darauf noch ein bei der evang. Kirchensection bewirkter Beschluß, daß man dort meine Aufnahme nicht wünsche. In und mit meinem Ausschluß hielten sich aber auch alle Diejenigen mit ausgeschlossen, welche gleiche Ueberzeugung aus Gottes Wort hatten; und da es noch überdies in der Kinderlehre Streit mit dem Pfarrverweser gab, so ging's an Austritt. Ueber Hunderte erklärten denselben Tag für Tag, bis endlich sich Alle entschieden hatten. Schnell wurde nun Pfarrverweser Baumann abgerufen und Dekan Jäck, ein freisinniger Geistlicher, hingesandt; allein es war zu spät. Unter dem 23. Januar 1823 bat die neue Gemeinde um Aufnahme in die evangelische Kirche, Herr von Gemmingen, der noch immer in Karlsruhe beim Landtag war, schloß sich an, und unter dem 7. März trat auch ich bei. Am 6. April 1823 geschah der Uebertritt zu Steinegg. Unter dem 22. März 1823 wurde ich unter die evangel. Kandidaten aufgenommen, unter dem 11. April d. J. in Pforzheim ordinirt und unter dem 1. Juli d. J. nach Graben versetzt. Hier ging es auch nicht ohne Kampf ab, da der Rationalismus ziemlich allgemein war, bis endlich der Großherzog Ludwig unter dem 28. September 1823 ganz unerwartet selbst zur Kirche kam, worauf Ruhe eintrat. Unter dem 15. März 1827 wurde ich auf Verlangen von mehreren Bürgern des hiesigen Orts durch Kabinetsbeschluß hierher nach Epöd versetzt, wo ich am 14. Mai aufzog. Bald wurden meine Nachbarn, Pfarrer Käß in Graben und Dietz in Friedrichsthal im Geiste mit mir einig und wurden mir liebe Brüder. Der größte Kampf, den wir hatten, war der Streit mit dem Katechismus, der zuerst angenommen, dann verändert und endlich ganz abgeschafft wurde. Mehreres über meine Führung und die der Gemeinde Mühlhausen steht in meinem Glaubensbekenntniß. Und was soll ich nun am Schlusse sagen? —

Herr, ich bin zu gering aller Barmherzigkeit und Treue, die du an deinem Knechte gethan hast; sei mir gnädig, mein Gott, sei mir gnädig und tilge alle meine Sünde nach deiner großen Barmherzigkeit!"
Geschrieben im September 1860.
Al. Henhöfer, Pfr.

Zweierlei ist's, was den Mann Gottes kennzeichnet und was ihn so zum Segen gesetzt. Ein Bauernkind war Henhöfer — ein Mann aus dem Volk und ein Mann für das Volk — und zum Andern ein durch Gottes freie Gnade, vornehmlich durch die Schrift erweckter Priester aus der römischen Kirche. Wie wunderlich der Herr doch allezeit führt, und aus welcher Werkstätte er seine Werkzeuge doch herbringt! Da nimmt er, um seiner in Unglauben und Lauheit versunkenen evangelischen Kirche bei uns aufzuhelfen, ein Bauernkind aus einem armen katholischen Bauernort, läßt's durch eine fromme katholische Mutter „geistlich" werden und schickt's auf die römischen Schulen und in die Convikte und läßt ihm die Weihen geben. Und das Bauernkind muß wie Joseph einst in Egyptenland zu einem vornehmen Herrn kommen, und der vornehme Herr wird gesegnet um seines Joseph willen. Und dort bekömmt er einen Funken ins tiefste Herz; der brennt und brennt und will sich nicht löschen lassen. Und als der Sturm der Verfolgung losbricht, da schlägt's in helle Flammen aus; und die Flammen fassen an und entzünden in der evangel. Kirche die Herzen in der Liebe zur alten Wahrheit und Zeugen um Zeugen stehen auf, die er gezeugt hat durch sein Wort!

Ein Prediger der freien Gnade war Henhöfer wie kaum ein zweiter zu seiner Zeit. Ich erinnere mich keiner Predigt (und ich habe deren viele gehört), in der nicht sie der Mittelpunkt — Eingang — Thema und Schluß war. Da mochte Kinderfest, Rettungsanstaltsfest, Missionsfest oder Kirchweihe, oder Schulhausweihe, oder Großherzogs-Geburtstag und was Alles sein — der „Heilsweg" wird eben verkündigt. „Das können die Leute nicht genug hören," sagte er oft. Darin bestand seine großartige „Einseitigkeit". „Was Christum und seine Gerechtigkeit treibt" — war ihm über Alles — für's Andere hatte er weniger Sinn. Wohl wird dem Texte manchmal etwas wehe dabei gethan — aber „die freie Gnade", der „Heilsweg" war doch verkündigt. Da war er unerschöpflich, Einem diese Wahrheit immer von neuer Seite darzustellen. Das war Himmelsthau auf die verschmachteten Herzen damaliger Zeit. Da nun zog's in Schaaren zu dem Kirchlein des schlichten Mannes an den Sonntagen und kamen die Besuche von fern her alle Tage. Vor mir liegt sein Tagebuch aus den Jahren 1827—32 — da zähle ich in einem Monat mehr denn 130 Besuche von Auswärts, die meist bei ihm über Nacht bleiben. Das sind die verschiedensten Leute bei ihm, ihn zu hören und mit ihm zu disputiren: Generäle, Professoren, Forstleute, römische Priester und Laien, Frauen und Männer, Greise, die 20 und 40 Stunden Wegs zu Fuße kommen, bis auf die Kinder, die sich von dem freundlichen Manne nicht trennen können. Wo er streitet, gilt's immer nur Gottes Wort und die freie Gnade — das Bekenntniß — alles Andre ist ihm erst in zweiter Reihe; wo er sich in dem einig weiß, da giebt er viel frei.

Was er predigte war eben selbst erlebt, durchgekämpft und errungen. Noch merkt man ihm, wenn er am Altar steht und die Gebete so schnell und lautlos lies't, den ehemaligen römischen Priester an — aber auf der Kanzel geht's evangelisch zu, und das gewaltig und nicht wie bei den Schriftgelehrten. Das war nicht angelernt und anstudirt, das ging aus einem Herzen, das laut bezeugte: „Mir ist Erbarmung widerfahren". Ach, wie oft hat er dies Lied anstimmen lassen! Als solch ein Prediger der freien Gnade hat er ein mächtig Feuer angezündet; seine vielen Vicare haben größtentheils das von ihrem geistlichen Vater mitgenommen, daß er ihnen nicht nur gründlich den Gelehrten aus den Röcken klopfte, sondern ihnen darnach den Rock der eigenen Gerechtigkeit auszog und dafür ihnen das Kleid der vollkommenen Gerechtigkeit Christi empfahl. — Und aus solchem Glauben sind dann die Werke der Liebe ringsum entstanden, Rettungshaus an Rettungshaus, die Missionsarbeit draußen und drinnen — denn es war kein fauler Glaube, den er predigte.

War das der Inhalt seiner Predigt, die so mächtig wirkte, die eine ehemalige römische Gemeinde zum Uebertritt bewog und Tausende von Seelen in der evangelischen Kirche dem Herrn zuführte, so war die Art und Weise seiner Predigt nicht minder ein gewaltiger Hebel.

Predigen war überhaupt seine Lust. Schon todtkrank, geht er noch auf die Kanzel und predigt, er, der 72jährige Mann, so gewaltig, daß seine Gemeinde glaubt, so habe sie ihn noch nie predigen hören. Die Kunst seiner Predigt ist einfach und die Herren Kritiker hätten viel daran auszusetzen. Sie hatte im Grunde nur einige Grundgedanken, vielleicht ihrer drei oder vier; aber die wußte er nach allen Seiten hin zu beleuchten; er ließ den Edelstein funkeln nach allen Seiten hin; unerschöpflich auch wurde immer dasselbe auf neue Art gesagt, und das trieb die Hauptgedanken der Predigt Einem so in's Herz und in's Gedächtniß, daß wer nur einmal eine Predigt von ihm aufmerksam gehört, sie nicht vergessen konnte.

Er ist auf der Kanzel mitten unter seinen Kindern gewesen, der alte Pfarrer mit dem spärlichen Kopfhaar, den vielen Runzeln und Falten auf dem Gesicht, aus denen nur leuchtend die beiden großen freundlichen Augen hervorblickten — unter seinen Kindern, denen er die Speisen vorsetzte und zugleich auch eingab. „Man muß den Leuten nicht nur kochen, sondern auch den Löffel dazu geben," sagte er oft zu mir. Ihn störte es nicht, wenn Fremde in die Kirche kamen und stehen mußten, sich zu unterbrechen, zu winken und zu sagen: „Kommt, da ist noch Platz." Hat der unruhigen Jugend geschienen, als dauerte die Predigt, die meist gegen zwei Stunden währte, zu lang zu sein — so konnte er sie freundlich trösten mit dem Wort: „'s'isch bald' aus!" Seine Predigt war voll Gleichnisse, deren oft eines das andere drängte, meist aus der Natur genommen, in deren Umgang er lebte. Da mußte bald der Kornacker, bald die Eisenbahn, bald der Soldatenstand u. s. w. sich dazu hergeben. Waren sie auch manchmal derb, plumb waren sie nie; dagegen die meisten so köstlich zutreffend, daß man stundenlang ihm hätte zuhören mögen. Voll Einfalt und Tiefe und Kindlichkeit, so war der Mann und sein Wort. Alles Geschraubte, Unnatürliche war ihm zuwider, aller Pathos und Kan-

gelten — im Leben und Wesen. Dabei so anspruchlos und bescheiden, gar nichts aus sich machend — gern zurücktretend in die Stille, er, der einst so gefeierte Mann — oft den Jüngeren, seinen Schülern, zuhörend und sich freuend an ihren Gaben und Erkenntniß. Dazu ein weites, liebevolles Herz für alle Schwachen, auch für die Gegner, die ihn nicht dazu brachten, aus der Liebe und Sanftmuth heraus zu fallen. Oft verkannt von denen, deren geistlicher Vater er war, denen er nicht scharf und streng genug war — auch das hinnehmend als heilsame Zucht.

So durfte er nach der Arbeit auch selig heimgehen. Man kann wohl sagen, daß weit über die Grenzen unseres Landes hinaus einst sein Zeugniß gewirkt. Mühlhausen war mit seiner Erweckung ein Zeichen kommenden Frühlings im deutschen Lande; das religiöse Leben aber bei uns in Baden dankt ihm den mächtigsten Anstoß. Es gingen Ströme lebendigen Wassers von ihm auf Geistliche und Gemeinden. Die Werke christlicher Liebe danken ihm reichliche Anregung und Förderung. Sein Lebensabend nahte aber heran. Wie Barth die Mission im Siege, hatte auch er das Evangelium gesehen, wie es auf Kanzeln, Kathedern und in den Behörden seine Vertreter und Zeugen fand. Seine Arbeit war vollendet.

Seit zwei Jahren redete er oft von seinem Heimgang. Wie Luther vor dem Krieg sehnte er sich vor dem Ausbruch der Feindschaft gegen das alte, biblische Evangelium im Frieden hinweggenommen zu werden. Wie manchmal seufzte er: „Ach, wenn ich nur stürbe, ehe die bösen Zeiten hereinbrechen, bin ein alter Mann, habe genug durchgemacht." Dies Verlangen der gottverlobten Seele nach der Ruhe des Volkes Gottes machte dann den alten Mann immer sehr weich, herzlich, liebreich und dankbar gegen seinen Herrn. Was ihm einen Blick in die Herrlichkeit des Reiches Gottes und in die Seligkeit der Kinder Gottes verlieh, machte ihm Freude, jedes Schriftwort, jedes Lied. „Ach, was hat mir der Herr in diesem Jahr noch Blicke geschenkt in den Reichthum und in die Tiefen und Höhen der Schrift," sagte er vor Kurzem. Und vor wenigen Wochen hat man ihm das folgende herzerquickende Lied abschreiben müssen:

„Wie wird uns sein, wenn endlich nach dem schweren,
Doch nach dem letzten ausgekämpften Streit
Wir aus der Fremde in die Heimath kehren
Und einziehn in das Thor der Ewigkeit!
Wenn wir den letzten Staub von unsern Füßen,
Den letzten Schweiß vom Angesicht gewischt
Und in der Nähe sehen und begrüßen,
Was oft den Muth im Pilgerthal erfrischt.

Wie wird uns sein? O was kein Aug' gesehen,
Kein Ohr gehört, kein Menschensinn empfand,
Das wird uns werden, wird an uns geschehen,
Wenn wir hineinziehn in's gelobte Land.
Wohlan, den steilen Pfad hinan geklommen,
Es ist der Mühe und des Schweißes werth,
Dahin zu eilen und dorthin zu kommen,
Wo mehr, als wir verstehn, der Herr bescheert."

Und für dieses herrliche Ziel scheute er auch in seinen letzten Arbeitstagen nicht Mühe und Schweiß. Obwohl er schon vor dem Buß- und Bettag unwohl war, predigte er an diesem Tage doch noch so eindringlich, daß seine Zuhörer diese letzte Predigt am letzten Tag des Kirchenjahres nicht vergessen werden.

 Am Donnerstag darauf kam zu seinem allgemeinen Unwohlsein noch eine Erkältung hinzu, welche er sich auf dem Wege nach Stafforth zugezogen hatte. Bald von Frostschauern geschüttelt, bald vor Fieberhitze brennend, legte er sich nieder. Die Krankheit nahm bald eine bedenkliche Wendung. Der herbeigerufene Arzt erklärte sie für eine nervöse Lungenentzündung. Die Hausgenossen und Freunde erkannten schon am Sonntag, daß da von menschlicher Kunst und Hülfe wenig mehr zu erwarten sei. Viele Herzen und Hände hier und in der Umgegend erhoben sich zum Herrn über Leben und Tod, daß er uns den theuern Mann, wo möglich, noch länger erhalten wolle. Angesichts des drohenden Todes fühlten wir die Größe seines Verlustes noch mehr. Zwei Tage schien der Entschlafene auch wieder in dieses Leben zurückkehren zu wollen; aber er glaubte nicht daran, sondern bat, daß man ihn doch nicht aufhalten solle. Die Bangigkeiten und Schwächen nahmen zu. Die drei letzten Nächte waren die schwersten. Aber trotz großer Leibesbeschwerden und oft wiederkehrender Trübungen seines Geistes lag ihm seine Gemeinde, sein Haus, das Heil der Kirche immer noch am Herzen. Gleich im Anfange der Krankheit brachen die erschütternden Bußtagsgedanken immer wieder durch alle Hemmungen seiner Leiden hindurch. Sein Geist war noch ganz im Amte. „Feigenbaum" — rief er in abgebrochenen Worten, „nur kein unfruchtbarer Feigenbaum, — abhauen? — nein, nicht abhauen." — Einmal fragte er: „Hat die Gemeinde die Wahrheit?" — Ja, war die Antwort, sie hat sie, es sind lebendige Zeugen davon da. — „Nur auch bleiben in der Wahrheit — auch die Wahrheit wählen." — Vom Unterricht seiner Konfirmanden redete er öfter, besonders von dem im Unterricht zuletzt behandelten Gegenstand. — „Ach, die liebe Jugend," — seufzte er, „die Nacht kommt über sie." — Als die Bangigkeiten ihn schwerer drückten, hörte man ihn oft rufen: „Ach, wie lange, wie schwer! Ach, wenn ich nur ausruhen könnte!" — Einmal sagte er: „Es wäre nicht auszuhalten, wenn keine Hoffnung wär." — Auf die Frage, ob es in seiner Seele trotz der Finsterniß auch helle sei, lispelte er: „Ja, helle." — „Kein Mensch vor Gott bestehen" — war ein anderes Wort aus dem über dieses Thema sonst so beredten Munde. — „Glaube, Glaube," sagte er oft schnell. „Glaube, nicht Werke," rief er einmal laut. „Wer nicht glaubt, versteht mich nicht," — sprach er mit Bezug auf sein letztes Schriftchen. — Als ihm seine Gattin, die nie von seinem Bette kam, wieder Arznei geben wollte, sagte er: „Glaube! das Alles kann den Glauben nicht stärken." — Als man zu einigen Umstehenden sagte: Sehet, jetzt predigt er uns auch, antwortete er: „Ja, ohne Worte." Dann ermahnte er auch einmal, daß sie das von ihm Gehörte auch innerlich werden lassen sollten. Oft tröstete er sich selber mit Psalm 42: „Was betrübest du dich, meine Seele, und bist so unruhig in mir? — Harre, harre!" war das letzte verständliche Wort aus seinem

Munde. — Am Freitag, dem großen Leidens- und Todestage seines Heilandes, am 5. December, Morgens 5 Uhr, durfte der müde Knecht Gottes zur ewigen Ruhe aller Erlöseten eingehen. Am Sonn- und Auferstehungstage unseres Heilandes legten wir seinen Leib in's Grab, in freudiger Hoffnung einer seligen Auferstehung zum Leben. Er erreichte ein Alter von 73 Jahren 4 Monaten 24 Tagen. Wie ein guter Baum auch in seinem Alter noch grünet und blüht, fruchtbar und frisch ist, bis er sich vollends auf die Erde hinlegt: so unser lieber, unvergeßlicher Vater Henhöfer noch vor kurzer Zeit grünend, blühend, fruchtbar und frisch unter uns, gebeugt vom Alter, aber doch voll göttlicher Kraft. Jetzt ist er in den obern Weinberg versetzt, wo er ewig grünt und blüht.

Sie beide, Barth und Henhöfer, eingegangen.

Beides ganze Leute, beides Leute, deren innerster Lebenstrieb „Christus für uns" war; demüthige Leute — originale Leute — selig triumphirende Leute!

Uns aber bleibt die Klage um sie und Davids Trauerlied: „Wie sind die Helden so gefallen! Der Bogen Jonathans hat nie gefehlet, und das Schwert Sauls ist nie leer zurückgekommen. Beide holdselig und lieblich in ihrem Leben, sind auch im Tode nicht geschieden; leichter denn die Adler und stärker denn die Löwen. Wie sind die Helden so gefallen und die Streitbaren umgekommen!" Und in die Klage hinein tönte die Prophetenstimme Jesaias über diesen beiden Gräbern, scharf und eisig wie ein Decembersturm: „Der Gerechte kommt um und Niemand ist, der es zu Herzen nehme; und heilige Männer werden aufgerafft und Niemand achtet darauf. Denn die Gerechten werden weggerafft vor dem Unglück, und die richtig vor sich gewandelt haben, kommen zum Frieden und ruhen in ihren Kammern."

Friede über ihrem Grabe und Friede über Israel! Amen.

Neuester Verlagsartikel der Agentur des Rauhen Hauses, durch jede Buchhandlung zu beziehen:

Die Ursachen der so vielfach erfolglosen Bemühungen in der heutigen Kindererziehung. Ein Vortrag von Dr. Wichern. 51 S. br. 5 Sgr.

Inhalt des Beiblattes: Vom Fußwaschen. — Zwei Gräber in Süddeutschland. (Schluß.) — Neuester Verlag der Agentur.

Inhalt des Hauptblattes: Die Ursachen der so vielfach erfolglosen Bemühungen in der heutigen Kindererziehung. (Schluß.) — Aus der Schweiz, insbesondere dem Canton Zürich. — Die Einrichtung eines Vereinshauses in der Grafschaft Ravensberg. — Neuester Verlagsartikel der Agentur.

Herausgeber Dr. Wichern, Vorsteher des Rauhen Hauses. — Verlag der Agentur des R. H. zu Horn bei Hamburg. — Gedruckt im R. H.

14. Jahrgang.
Mai.

Jährlich 12 Bogen
in monatlichen
Lieferungen
10 Sgr. od. 45 kr.

Beiblatt
der
fliegenden Blätter
aus dem
Rauhen Hause.

1863.
No. 5.

Durch alle Buch-
handlungen und
Postämter zu
beziehen.

Volksblatt für innere Mission.

Kinder, frischauf, es ist Maientag!
Heut' freue sich, wer froh sein
mag,
Frisch zu den Blumen alle hinaus!
Der Himmel öffnet sein Sternen-
haus.
Alle Engelein kommen mit Pran-
gen,
Sie wollen den Frühling, den
Frühling empfangen.

Die Königin Eberhardine von Polen
im Schmerz über ihres Sohnes Glaubenswechsel.

Das Himmelreich ist gleich einem Kaufmann, der gute Perlen suchte, und da er eine köstliche Perle fand, ging er hin und verkaufte alles, was er hatte, und kaufte dieselbige. Wer also handelt, der handelt in dem Sinne des Herrn, welcher laut bekannte, sein Reich sei nicht von dieser Welt, aber auch eben so laut ermahnte: Trachtet am ersten nach dem Reiche Gottes und seiner Gerechtigkeit, dann wird euch das Uebrige alles zufallen. Aber die Welt hat mehr Sinn für das Irdische und Sichtbare, das da blendet und berauscht, als für das Ewige und Himmlische, in welchem wir wohl hienieden schon selig sein können, aber in Hoffnung. An der Mehrzahl der Menschen geht das Wort unbeachtet vorüber, bis der weise Mund des Königs Salomo (Sprüche 8, 10 f.) spricht: Nehmet an meine Zucht lieber denn Silber und die Lehre achtet höher denn köstlich Gold; denn Weisheit ist besser denn Perlen, und alles, was man wünschen mag, kann ihr nicht gleichen.

Aber statt zu solcher Höhe emporzusteigen, ist der Mensch bisweilen sogar von seiner irdischen Höhe heruntergestiegen, um für das Kleinod seines Glaubens sich irdische Träber zu erkaufen. Fürsten haben ihr gutes Bekenntniß verleugnet, um in dem Glanze einer irdischen Krone sich zu sonnen, der keine himmlische entspricht. Wir brauchen den evangelischen Sinn, der unter allen Trübungen der sichtbaren Kirche die verborgene Gestalt der unsichtbaren wohl zu entdecken und zu beherzigen versteht, gewiß nicht zu verleugnen, um nicht jeden Wechsel des Bekenntnisses zu bedauern, dem nicht die freie und tiefe Ueberzeugung, sondern der Leichtsinn irdischer Weltlust zum Grunde liegt. Man kann die ewige Wahrheit nur lieben in ihrer bestimmten, faßbar ausgeprägten Gestalt; und was man liebt, das kann man niemals ohne Schmerz verlieren. Wer aber einmal die Kräfte des höheren Lebens geschmeckt, wer vor allen Dingen die That sittlicher Selbstentscheidung vollzogen hat, mit welcher der evangelische Christ im Glauben sich seinem Heiland ergeben und zugesprochen hat, um durch seine Gnade ohne alles Verdienst der Werke die Gerechtigkeit zu finden, die vor Gott gilt: der kann nicht wieder lau und gleichgültig von dem gewonnenen Gnadenstande zurücktreten und den theuersten Schatz seines inwendigen Lebens für sinnliche Reize und vergängliche Güter daran geben.

Es war eine furchtbare, schwer wiegende, aber auch von schwerem Fluche begleitete That, als der mit schönen Gaben ausgestattete und durch glückliche Umstände begünstigte Kurfürst Friedrich August von Sachsen im Jahre 1697 mit Gold und Kunst sich die polnische Krone erwarb. Ein Fürst, dessen Ahnen mit Gut und Blut für die durch Luther hergestellte reine Lehre des Evangeliums gekämpft und der Wahrheit auf deutschem Boden so schönen Sieg erstritten hatten, verleugnete nun um einer irdischen Krone willen, die auch nicht einmal einen irdischen Segen gebracht, sondern viel Verderben erzeugt hat, den theuren Glauben seiner Väter. Wohl hatte man Ursache in Rom, diesen unerwarteten und durch nichts geförderten glänzenden Sieg als ein großes Fest mit dem Ambrosianischen Lobgesang in allen Kirchen und mit dem Abfeuern der Kanonen von der Engelsburg zu feiern; aber eine schönere Kundgebung war es dennoch, als unwillkürlich von der in der Frauenkirche zu Dresden versammelten Gemeinde, nachdem zum Danke für die erlangte Königskrone das Tedeum gesungen worden war, das Lied angestimmt ward: Ach, bleib bei uns, Herr Jesu Christ, weil es nun Abend worden ist.

Und durch was für Mittel ist diese Krone erlangt und behauptet worden? Der Kurfürst verkaufte wichtige Rechte, Besitzthümer und Hoheiten, um das Geld für die ersehnte Krone zu gewinnen, und nur dadurch, daß das Geld bei seinem Gesandten länger vorhielt als bei dem französischen, behielt er die Oberhand über seinen Mitbewerber, den Prinzen Conti, auf dem Wahlreichstage, der nach dem Tode Johann Sobieski's gehalten ward. Und als er die im Kriege mit dem Schwedenkönige Karl dem Zwölften verlorene Krone nach der Niederlage desselben bei Pultawa wieder gewann, versuchte er erst mit der Gewalt seiner in das Land gezogenen sächsischen Truppen jede Bewegung des Nationalgefühls niederzuhalten, dann durch üppige Wollust und sittenlose Prunksucht den Sinn für Freiheit und Selbstständigkeit zu ersticken. Für den Fall seines Todes vermochte August dem Treiben keine Bürgschaft für die Aufrechthaltung dieses Zustandes zu bieten.

Der junge Kurprinz August wuchs unter der zärtlichen Pflege und gewissenhaften Fürsorge seiner Mutter Christiana Eberhardine, geborenen Markgräfin von Baireuth, heran. Sie ermahnte ihn schon in zarter Jugend, nicht in allen Stücken dem Beispiele seines Vaters zu folgen, insbesondere das evangelische Bekenntniß der Väter nicht zu verlassen. Und es machte einen tiefen Eindruck auf ihn, er war innerlich durchdrungen von der Wahrheit seines Bekenntnisses. Als bei seiner Confirmation der Geistliche ihn öffentlich in der Kirche zum treuen Beharren in der evangelischen Lehre ermahnte, ergriff ihn eine tiefe Rührung, und er bekannte laut: „Ich will in der evangelischen Lehre beständig verbleiben, und wenn ich davon abfalle, so soll mir Gott Land und Leute nehmen."

Aber dennoch kam es anders, als die edle, fromme Mutter dachte, als der Sohn selber geahnt haben mag. Der früh gewonnene Schatz wurde aus dem Heiligthume seines Herzens gerissen und den äußerlichsten politischen Absichten zum Opfer gebracht. Die Polen grollten ob der Einführung fremder Truppen in ihr Land, sie mißtrauten der Redlichkeit der katholischen Ueberzeugung. Um dem immer schlimmeren Samen streuenden Argwohn, als ob er mit aller Anhänglichkeit seinen früheren Glaubensgenossen ergeben sei, gründlich entgegen zu treten, bereitete König August der Zweite in der Stille den Abfall seines Sohnes vom Bekenntnisse der Reformatoren vor, um zu rechter Stunde damit in wohlberechneter Wirkung vor das Volk zu treten. Als er mit demselben im Jahre 1712 in Italien sich befand, mochte er wohl das jugendlich unerfahrene Herz durch eine rasche Benutzung günstiger Umstände überrumpelt haben: der Uebertritt erfolgte schon in jenem Jahre zu Bologna, die Bekanntmachung an die sächsischen Landstände aber am 23. October 1717, unmittelbar vorher, als zum zweiten Male das Andenken der Reformation in dem Lande, das ihre Wiege war, gefeiert werden sollte. Der König versicherte öffentlich: er habe in diesem Stücke seinem Sohne volle Freiheit gelassen; der Prinz aber habe sein Herz ihm offenbart, daß er sich bewogen finde den katholischen Glauben anzunehmen. Er sei dieser Entschließung nicht nur nicht entgegen, sondern vielmehr zufrieden damit; er hoffe, daß auch die Stände und Unterthanen sich durch diese Glaubensveränderung in keine Besorgniß würden setzen lassen. „Wir selbst sind in der Religionssache," fügte er hinzu, „Niemand beschwerlich gewesen, wohl wissend, daß der Glaube eine Gabe Gottes ist und daß alle unsere Unterthanen sich in dem, was das Gewissen anbelangt, derselben Freiheit zu erfreuen haben müssen, so wir unserem königlichen Prinzen freigestellet."

Die Einen nahmen solche Erklärung mit innerlicher Freude, die Anderen mit lauer Gleichgültigkeit, vielleicht einige Wenige mit ge-

rechtem Schmerze auf. Aber es gab eine Seele, die in namenlose
Pein durch diese Kunde versetzt ward, die sich im tiefsten Lebens-
grunde erschüttert fühlte und mit der bangen Sorge ihrer mütterlichen
Liebe die ewige Seligkeit ihres Kindes vernichtet sah: das war die
edle Kurfürstin. Was sie in dieser Angst und Noth ihrer Seele gelitten hat, vermag kein Anderer zu empfinden oder zu beschreiben;
wohl aber sehen wir einen überall schmerzlichen Abdruck davon niedergelegt in dem Briefe, den sie in dieser Veranlassung an ihren Sohn
geschrieben hat:

„Mein Sohn! Wenn Du den Jammer sehen solltest, welchen ich
über die Nachricht Deines unglückseligen Abfalls von der seligmachenden Erkenntniß Gottes fühle, so zweifle ich nicht, wofern Du mit
Deinem wahren Gott nicht auch Deine stets treue Mutter verleugnet
hast, Dein kindlich Herz werde über meinen häufigen Thränen brechen.
O Schmerzenssohn! meine Thränen sind wohl jetzt recht meine Speise
Tag und Nacht, indem ich arme Mutter nicht zeitliche Güter, sondern
den Verlust Deiner Seligkeit und den Schaden Deiner armen Seele
beseufzen und bejammern muß. Ich weine mit Rahel über mein
Kind und will mich nicht trösten lassen, denn es scheint mit ihm gar
aus zu sein. Aber ist nicht alle Schuldigkeit gegen das vierte Gebot
und alle kindliche Liebe gegen Deine Mutter bei Deinen angenomme-
nen Irrthümern in Dir verloschen, ach so höre mich, da ich durch
diesen Thränenbrief mit Dir rede! Mein Sohn, o Du Sohn meines
Leibes, höre mich, damit Dich Gott auch höre. Ich bin Deine Mutter, mein Sohn, Du Fleisch von meinem Fleisch, von mir hast Du,
wie Deinem Gewissen bekannt, alle mütterliche Liebe zeitlebens genossen, so kannst Du von meiner mütterlichen Treue Dir ja gewiß
versprechen, daß in allen Dingen, daran uns Christen am meisten gelegen ist, Deiner Seelen ewige Freude und Seligkeit betreffend, ich
Dein Bestes suchen und verlangen werde. Verfluchte Mutter, welche
entweder aus Unbedachtsamkeit, Uebereilung, blind angenommener Meinung, oder Betrachtung zeitlicher Ehre und Vermeidung von Spott
bei ihren Glaubensgenossen, ihrem Kinde, auf dem Wege des Lebens
begriffen, den Weg zum ewigen Untergang rathen sollte. Wäre eine
solche Mutter, die müßte mit Recht nach Christi Befehl gehaßt und
von keinem Kinde gehört werden.

Mich befreiet von dem Argwohn solch erschrecklichen Beginnens
und giebt mir Zeugniß, daß ich mein Kind aus den Händen des

Satans meinem Jesu zuzuführen mich bemüht, das untrügliche Wort des lebendigen Gottes, mein unschuldiges, wohl unterwiesenes Gewissen, so der strenge Richter der Lebendigen und der Todten, mein Jesus, einst entdecken wird.

Und also zwinget Dich Deine Mutter, die sich mit viel tausend Thränen zu Deinen Füßen wirft, gehorsamlich zu hören und ihre Sorgfalt, die sie Deinetwegen tragen muß, zu beherzigen.

Verachte mich nicht, mein Kind, auf Anstiften Deiner Feinde und Verführer, daß ich ein Weib sei, so von Religionsstreitigkeiten zu urtheilen und zu handeln sich unterwinde. Du weißt ja, liebes Kind, daß mich die unendliche Gnade Gottes in einer solchen Kirche hat lassen geboren werden, wo man nach Art der alten heiligen apostolischen Kirche auch den Weibern, in der Schrift zu forschen und das ewige Leben zu suchen, willigst verstattet, aber auch Frauen, wie die Großmutter und Mutter des heiligen Timotheus, Loide und Eunike, wie Paulus von ihnen rühmet (2 Tim. 1, 5.), die Glaubensgeheimnisse zu lernen, bei Verlust ihrer Seligkeit angehalten worden; denn ein jeder Gerechter, er sei Mann oder Weib, wird seines Glaubens leben. Wie ich diese Ermahnung allezeit in Acht genommen und das Wort meines Gottes habe meines Herzens Freude und Lust sein lassen, wird Dich Dein eigenes Gewissen überführen. Eben nach diesem wahrhaften und untrüglichen Worte Gottes, so auch die Pforten der Hölle nicht überwältigen können, gründet und beruft sich mein Ausspruch, und ich schreibe mit gebrochenem Herzen, daß Du, o Unglückseliger, zu einem solchen Glauben Dich hast verführen lassen, welcher nichts als die ewige Verdammniß und Höllenqual nach sich zieht. Unsere Gottesgelehrten haben den Verführern dieses schon längst gründlicher, scharfsinniger und ausführlicher erwiesen.

Ich bleibe bei meinen solchen Beweisthümern, die meine christliche Klugheit aus der Bibel erlernte. Sollte das eine heilige und seligmachende Religion und Lehre sein, die sich vor der heiligen Bibel als ihrem abgesagten Feind fürchtet, ihrem Urtheil durchaus nicht unterworfen sein will, damit man hinter ihre Falschheit und Betrügerei nicht komme? das Bibelbuch, so doch Jesus (Joh. 5, 39 f.) allen Menschen anbefohlen, ihren Kindern als ein schädlich Buch aus den Händen reißt, und darin nachzuforschen mit Bedrohung des grausamsten Fluchs verbietet? O verdammte Lehre; das Wort, das sie verachtet haben, wird sie nach Christi Ausspruch verdammen am jüngsten

Tage. Sollte das eine heilige und seligmachende Lehre sein, welche den Mittler unserer Seligkeit stets verspottet? Mußt Du, mein armes, verführtes Kind, nicht solches gestehen? Bekenne mir, was Deine Augen gesehen und Deine Ohren gehöret haben, wo bleibt der Kelch bei Genießung des heiligen Abendmahles, welchen doch unser sterbender Jesus so ernstlich angeordnet und eingesetzt hat? Spottet man nicht solcher Ordnung? entziehet man ihn nicht den Communicanten und hält es für ganz unnöthig? Mich dünkt, es habe der heilige Geist über diese Lehre ein Urtheil gefaßt (Offenb. 22, 19.): Wer davon thut von der Ordnung Jesu, solchen wird Gott abthun sein Theil von dem Buch des Lebens und von der heiligen Stadt. Hast Du nicht gehöret, wie der Mensch mit seinen guten Werken seine Seligkeit verdienen müsse, wodurch das Blut des gemarterten Jesu, gleich als ob dasselbe nicht vollgültig zu der Menschen Seligkeit gewesen, gewaltig gelästert wird, da doch meine Bibel mich versichert, daß wir allein durch das Blut Jesu selig werden: hingegen sie durch ihre Werke den Himmel suchen und dadurch den ewigen Fluch auf sich laden. Sollte das eine heilige und zum Himmel führende Lehre sein, welche zu vorsätzlicher und unzähliger Abgötterei, Anrufung der Heiligen und Niederfallen vor den Bildern ihre Kinder anweist, da der klare Ausspruch Gottes ist (Offenb. 21, 8.): Der Abgöttischen Theil wird sein in dem Pfuhl, der mit Feuer und Schwefel brennt, welches ist der andere Tod. Siehe, elendes Kind, (denn ich muß schließen und andere verdammungswürdige Irrthümer übergehen, weil die Thränen die Feder zurückhalten,) solche Lehren, deren Ende die Verdammniß ist, hast Du leider angenommen, und in solchen höllischen Ketten gehst Du beim papistischen Glauben einher. Ach, liebes Kind, bleibt Dir dennoch die Bibel so lieb, Dir das Blut Deines Jesu so lieb, als Dir Dein Dich liebender Jesus selbst ist, so mache dich doch wieder los von den Stricken des Teufels und gehe aus von den papistischen Finsternissen. Bekenne mir die Wahrheit, wie auch Deines Herzens Gedanken, so mein allwissender Jesus einst offenbaren wird: ist es nicht wahr, nichts hat Dich zur Annahme dieser irrigen Lehre gelockt, als ein zeitlicher Gewinn, Versprechen großer Dinge? Aber verachte alle diese Zusagen. Was hülfe es Dir, wenn Du die ganze Welt gewönnest und nähmest Schaden an Deiner Seele? Meinest Du auch, daß die großen Reichthümer Dir gedeihen werden, da ich bei Deiner Verleugnung Gottes Dir zu fluchen von Gott selbst gezwungen worden? Weißt Du nicht, daß der Mutter Fluch der Kinder Häuser und Vermögen niederreiße? Wir Evangelischen haben einen reichen, gnädigen Gott, der alle, die auf ihn trauen und fromm leben, reichlich segnen kann und will, der auch, wenn es nützlich ist, die Elenden erhört und die Hungrigen mit Gütern füllt. So steht Dir auch, mein liebstes Kind, mein mütterliches Herz offen, so sich Deiner jederzeit annehmen wird. Ach so erbarme Dich doch, mein Sohn, o Du Sohn meines Leibes, welchen ich mit großer Beschwerniß unter meinem Herzen getragen und so sorgfältig erzogen habe, erbarme Dich über Deine eigene arme Seele, erbarme Dich über Deine arme Mutter, die Du sonst mit Herzeleid in die Grube bringen wirst, und kehre wieder zu der evangelischen Wahrheit, damit ich nicht allein hier, sondern auch dort bei Deinen seligen Vätern mit Dir in der ewigen Freude ewig bei Jesu leben möge.

Nun kehre wieder, liebstes Kind, damit Dein himmlischer Vater, der um Christi heiligen und beständigen Bekenntnisses willen Dir Deine schweren Fehler gewiß vergeben wird, mit dem verleugnenden Petrus, und ich, Deine bisher betrübte Mutter, zu frohlocken Ursache habe: Dieser, mein Sohn, war todt und ist wieder lebendig geworden. O seliger Tag, o fröhliche Stunde, o erwünschte Post, so mich dessen benachrichtigen wird. Und darum will ich Gottes Güte Tag und Nacht anrufen, zweifle auch nicht, Gott werde mein Gebet und heiße Thränen erhören; denn es kann ein Weib ihres Kindes nicht vergessen, daß sie sich nicht erbarme über den Sohn ihres Leibes. Darum will ich in keinem Gebet Dich, o in der größten Seelengefahr schwebender Sohn, bei meinem Gott vergessen, die ich verbleibe Deine Dich zwar brünstig liebende, aber über Deinen Abfall unaufhörlich seufzende und bitterlich weinende Mutter." —

Wer möchte der Angst einer Mutter, die in dem Bekenntnisse des evangelischen Grundes der christlichen Wahrheit ihres Herzens Trost und Frieden in vollem Maße findet, nicht willig auch das bisweilen rauh klingende Wort zugestehen, das doch nichts Anderes als die volle, nur den blöden Augen so vieler Menschen entzogene Wahrheit, als der Abdruck einer reinen Liebe ist? Sie sieht alleiniges Heil in dem Grunde der heiligen Schrift, auf welchem wir alle die Hoffnung des ewigen Lebens bauen; sie ist mit ganzem und vollem Herzen eine lutherische Christin, und Preis sei der ihr wiederfahrenen Gnade, daß sie das ist. Was aber ist rührender, die Liebe der frommen

Fürstin zu ihrem Bekenntnisse, oder die Liebe der treuen Mutter zu ihrem Sohne? O wären doch recht viele deutsche Mütter in beiden Beziehungen ihr gleich!

Und was wirkte die kräftige Sprache der Mutter an dem Herzen des Sohnes? — August der Dritte soll nachmals vielfach Gewissensbisse über den von ihm gethanen Schritt empfunden, er soll auch des Gelübdes seiner Jugend gedacht haben. Aber ein dunkler Flor breitet sich über sein ganzes übriges Leben aus; und wenn er auch mühsam erreichte, was der Endzweck solcher unheiligen Verleugnung gewesen war: ein elendes Leben als Mensch und eine klägliche Rolle als Fürst war die ganze Folge davon. Als sein Vater 1733 während eines Reichstages zu Warschau starb, war nichts für die Nachfolge des Sohnes vorbereitet. Der aus Polen verdrängte König Stanislaus Leszinsky, unter Verkleidung durch Deutschland geflüchtet, erschien plötzlich auf dem Wahltage und wurde von einer ungeheuren Mehrheit zum Könige ausgerufen. Aber gegen die Ränke und eigennützigen Interessen der österreichischen und russischen Politik konnte er sich dennoch nicht behaupten, und so wurde der von einer schwachen Minderheit erwählte August der Dritte als König anerkannt, konnte aber diese Anerkennung nur mit seinen sächsischen Truppen aufrecht erhalten. Allein während Stanislaus in dem ihm bald nachher abgetretenen Lothringen noch lange Jahre bis in das höchste Greisenalter, geliebt und gesegnet wie ein Vater von seinen Unterthanen, regierte, konnte der Schattenkönig von Polen keinen Reichstag in Ruhe zu Ende halten, den grenzenlosen Aufwand seines Günstlings, des Grafen Brühl, sich selbst nicht in irgend einem Stücke zu Gute kommen lassen, mußte drei Jahre nach Erwerbung der Krone das Verfahren, wodurch er diese erlangt, in einem Reichstagsgesetz mit seiner Zustimmung und Namensunterschrift als ein todeswürdiges Verbrechen bezeichnen, und hatte, da sein ganzes Regiment längst durch elende Creaturen in russische Hände gebracht war, am Ende von seinem erbärmlichen Dasein keinen anderen Genuß, als in den sächsischen Wäldern zu jagen oder Taback rauchend und in seinem Zimmer auf- und abgehend dem gnädigen Minister mit seiner Frage: „Brühl, habe ich Geld?" die bejahende Antwort zu entlocken.

Nicht immer tritt für den Frevel und die Missethat der Menschen schon eine irdische Vergeltung ein; was diesem Sohn der tiefgebeugten Mutter wiederfuhr, war auch nur die unmittelbare Folge jenes verweltlichten, von den Banden der Sinnenlust umstrickten Wesens, womit er die Judasthat vollzogen hatte. Nicht umsonst aber steht auch dieses erschütternde Exempel im Buche der Geschichte da, um an das zu mahnen, was der Herr durch den Mund des Propheten Jesaias (49, 23.) für seine Kirche fordert: Die Könige sollen deine Pfleger und ihre Fürstinnen deine Säugammen sein.

Aus Hochschottland.
(Eine Erzählung des „Pilgers von Schaffhausen".)

Der mitternächtliche Theil des Königsreichs Schottland, einer der drei Edelsteine, aus denen das Inselreich Großbritannien besteht, heißt Hochschottland. Es ist ein bergiges, wildes, von schrecklichen Abgründen zerrissenes Land; Wälder hat es keine, aber Torfmoose, kalt und schwarz, wie überall, und über diesem Land ist der Himmel nur zu oft neblig und trüb. Die Häuser und Dörfer liegen gewöhnlich weit auseinander und ein meist arm Volk wohnt drin. Aber diese armen Hochschotten sind kräftige, kerngesunde Leute nach Leib und Seele; einfach und abgehärtet, und Gottes Wort wohnt reichlich unter ihnen. Die Bibel ist ihnen Lese-, Spruch- und Unterhaltungsbuch; denn sie haben wenig Schulen und wenn sie zur Kirche gehen, bleiben sie dort gerade über Mittag, weil es zu weit nach Hause wäre, um zur Kinderlehre wieder zu kommen.

Wie alle Gebirgskinder, haben auch die Hochschotten große Lust, dem Kalbfell zu folgen, und dort finden die Werber immer Rekruten; denn in Großbritannien besteht das reguläre Heer aus lauter geworbenen Soldaten. Aber die schottischen Hochländer-Regimenter haben ihre besondere Uniform. Eine Pelzmütze, einen Mantel oder Rock von Tartan oder gewürfeltem Zeug, Strümpfe — aber keine Hosen; denn diesen ist der Hochschotte von Jugend an feind; heißt es aber: „Hochschotten vor!" dann geht es wie Mord und Brand in den Feind; vom Umkehren verstehen sie wenig und fürchten mit ihren nackten Beinen die blauen Bohnen nicht gar sehr. Sie haben das in den schrecklichen Kriegen, welche die Engländer innerhalb der letzten 10 Jahre in der Krim und in Indien geführt haben, glänzend bewiesen.

Aber, lieber Leser, ist der tapferer, der dem schnellen Tod aus offenen Kanonen und tausend Flintenläufen keck ins Auge schaut, oder der, welcher die langsam daherschleichenden Schrecken des Elends, Hungers und der Krankheit überwindet und guten Muth behält? — Urtheile nachher.

An die theuern Zeiten zu Ende der Vierziger- und zu Anfang der Fünfzigerjahre werden manche selbst in unserer Zeit noch lange denken, wo doch alles mit Dampf- und Telegraphenschnelle an einem vorüberzieht, als hätte die Welt Eile, große Eile zu ihrem jüngsten Tage hin. Anno 1847 fand die theure Zeit ihren Weg auch zu einer abgelegenen Hütte in einem Thal des Hochschottlandes und klopfte an bei Mac-Kensie, der in bessern Zeiten Weib und ein Häuflein Kinder mit Gott und Ehren durchgebracht hatte. Bald veränderte sich vieles. Oft hatte an dem kernfesten Tisch unseres Hochschotten auch der Arme ein Mittags- oder Abendmahl umsonst bekommen; jetzt mußte Mac-Kensie fast täglich fragen: Was werden wir essen? — Sonst sprangen muntere Kinder um's Häuslein herum, jauchzten und sangen. Jetzt schlichen sie müd und matt umher oder untersuchten die Tischlade, wo in guten Zeiten so manches Brod gelegen hatte. — Sonst grunzte noch ein Schwein in seinem Stall; jetzt fanden sie kaum für die Kuh das nothdürftigste Futter. Und als der traurige, kalte Winter kam, da wurde der schöne Haselnußstrauch vor dem Hause, den der Vater gepflanzt hatte und der den Kindern lieb war wie ein Freund, umgehauen, und vom Strohdach, mit Birkenreis und Steinen befestigt, wurde bald Stroh, bald Reis gezupft; denn die Kälte war hart, der Torf kostete mehr als sonst und Geld war keins vorhanden.

Als die Noth noch höher stieg, da wurde der Tisch, an dem Väter und Großväter gegessen, in Geld umgewandelt, der leere Mehlkasten folgte ihm, und endlich auch ein Bett der Kinder und ihr niederer Stuhl, in dem die Kleinen sonst so manchmal eingeschlafen waren. — Die Backen der Kinder, sonst wie Milch und Blut, sind bleich und hohl geworden; die Kleinen rücken auf ihrem Strohsack so nah als möglich zusammen, damit jedes einen Genuß von der löcherichten Decke habe; zum Glück legt sich auch die alte Katze zu ihnen und hilft die Würmlein wärmen. Die Röcklein sind eng und fadenscheinig und mögen kaum die vor Frost blauen Beine decken, welche schlottrig drunter hervorschauen.

Zuerst schafften die armen Eltern das Abendessen in ihrer Haushaltung ab und bald auch das Morgenessen, und den hungrigen Kindern wollte es wie eine Ewigkeit vorkommen, bis die Mutter das kleine Pfännlein überthat, um die wenige Milch zu wärmen, welche die Kuh noch geben konnte; denn die hatte auch erbärmliche Fastenzeit. Jetzt ging noch das kleine Torfhäuslein zu Ende und während draußen Schnee und Wind an die Fenster schlugen, war es drinnen im Häuslein kalt und fröstelig, und als die Kinder auf ihrem Strohsacke sich hin- und herkrümmten und vor Kälte weinten, sagte das älteste: „Vater, wenn wir nur bei der Kuh im Stalle wären; 's ist dort sonst so warm." Da geht das treue Vaterherz hinaus und holt die Kuh, die auch todtmüde ist, in die Stube und an ihr können sich die Kinder ein wenig erwärmen.

Des andern Morgens früh klopfte ein Nachbar an's Fenster. „Mac-Kensie," sagt er, „über dem Berge drüben machen sie einen Kanal; dort könntest du für einige Zeit Arbeit bekommen." Vor Kummer konnte Mac-Kensie fast nicht reden. Er nickte mit dem Kopfe und stieß dann einen Seufzer aus. Dann aber nahm er sich zusammen und sagte: „Mutter, gib mir die Bibel und ihr Kinder setzt euch um den Tisch." Und als er den 23. Psalm aufschlug und las: „Der Herr ist mein Hirte, mir wird nichts mangeln!" — Und: „Denn du bist bei mir, dein Stecken und Stab trösten mich" — da strömte von oben wieder Glaubensmuth in sein Herz und seine Gebeine wurden so fröhlich, daß er ein Morgenlied anstimmte, wie in bessern Zeiten.

Jetzt gab er den Seinen die Hand zum Abschied und wanderte auf bösen Wegen über das Gebirge drei Stunden weit bis zu dem Kanal. Er fand Arbeit und des Abends seinen Lohn. Mit zitternder Hand empfing er das Geld, kaufte Mehl dafür und begab sich auf den Rückweg. Die Mutter hatte mit Seelenangst seiner geharrt und die Kinder waren über dem Weinen eingeschlafen.

„Mutter," sagte er, „schau, da habe ich ein Säcklein Mehl und es ist Aussicht auf Arbeit für viele Wochen." Aber während er noch redete, zitterten seine Kniee, es schwand ihm alles vor den Augen und er wäre umgesunken, hätte die Mutter ihn nicht gehalten und zu Bette geführt. Hat nicht die treue Seele den weiten Weg gemacht und den ganzen Tag streng gearbeitet, ohne etwas zu sich zu nehmen!

Ein wenig Milch erquickte ihn wieder; er will nicht, daß die Mutter noch eine Suppe koche, und mit einem Wort aus der heiligen Schrift schlafen sie ein; die Liebe Gottes war ihr Trost.

Gegen Morgen stand die Mutter auf, um eine Suppe zu kochen; denn schon hat die Kleinen der Hunger geweckt. Und als jedes der

Kinder seinen Theil bekommen, fing auch der Vater zu essen an. „Ach, lieber Mann," jammerte die Mutter, „jetzt mußt du wieder den weiten entsetzlichen Weg machen!" — „Sprich nicht so, Mutter," erwiderte Mac=Kensie. „Wie mancher brave Hochländer, dem es geht wie uns, würde für diesen Verdienst Gott danken." — Abermals stärkten sie sich durch Gebet und Gottes Wort, und der Vater machte sich auf den Weg.

Drei Wochen lang machte Mac=Kensie den weiten Hin- und Herweg; jeden Tag über arbeitete er und in später Nacht brachte er den sauer erworbenen Verdienst nach Hause, meistens in Lebensmitteln. Eines Abends, da die Kinder schliefen und die Mutter beim trüben Lichte an einem Kleidchen flickte, wurde es spät und immer später, der Vater wollte nicht kommen. Mitternacht ging vorüber; er war noch nicht da. Die Mutter betete, und betete heftiger, je länger er ausblieb und sprach: „Herr, willst du denn eine arme Mutter mit ihren Kindern untergehen lassen?" — Sie hatte nicht bemerkt, daß unterdessen die Thüre aufgegangen war und fuhr fort: „Du treuer Gott hast ja gesagt, daß wir alle Sorge auf dich werfen sollen." — Da wendet sie sich um und sieht ihren Mann. Aber sie hätte in den Boden versinken mögen ob dem Anblick. Da stand er an der Wand, lautlos, mit starrem Blick. Das Nervenfieber hatte ihn ergriffen. Die Anstrengungen der letzten Zeit waren größer gewesen, als die Kräfte des treuen Mannes. Die Frau brachte den todtkranken Mann zu Bette. Oft schaute er mit wehmüthigem Blicke Gattin und Kinder an, wies sie mit gebrochener Stimme auf den Vater der Wittwen und Waisen im Himmel — und nach drei Tagen war Margreth Mac=Kensie eine arme Wittwe.

Ja wohl verlassen; denn als im Kirchspiel bekannt wurde, Mac=Kensie sei am Nervenfieber gestorben, da wagte sich niemand zu der Hütte aus Furcht vor Ansteckung, welche die Hochländer fürchten wie den Tod.

Der älteste Sohn geht in die nächste Ortschaft, einen Sarg zu bestellen. Er verspricht dem Schreiner dafür die Kuh; denn den Strohsack hätte niemand angerührt und in des Vaters Sonntagskleidern hätte ja der Tod auch stecken können.

Der Sarg wurde zu rechter Zeit vor die Thüre gestellt. Die Stunde des Begräbnisses kam. Aber keiner der Kirchspielgenossen wäre in's Haus gegangen, um den Leichnam in den Sarg zu tragen.

Die Wittwe mit dem ältesten Knaben mußten dieses herzbrechende Geschäft vollziehen. Wie aber der arme Knabe vor Hunger und Schauer ohnmächtig niederfällt, muß die Wittwe den schweren Leichnam selbst herausschleppen; denn keine Seele will ihr zu Hülfe kommen. Und dann winkt man ihr, sie solle wieder in die Hütte zurückkehren. Die betrübte Frau mußte sich nur wundern, daß sie alles durchmachen konnte. — Aber es stehet geschrieben: Meine Kraft ist in den Schwachen mächtig.

Draußen aber vor der Hütte nageln sie den Sarg zu, tragen ihn in ein Schifflein und rudern zu einer Insel mitten im See, wo das Familiengrab ist, worein sie den Sarg begraben. Da schläft Mac-Kensie und die Wellen schlagen an sein Grab.

In der Hütte aber konnte sich die Wittwe bei allem Elend nur freuen und Gott danken, daß ihr Mann im Frieden entschlafen sei. Denn eine Stunde vor dem Tode hatte ihn das Fieber verlassen und er blickte fröhlich seinem letzten Stündlein entgegen. „Mutter, lies mir das 8. Kapitel im Römerbrief vor," sagte er, und wie sie an die Stelle kam: Um deinetwillen werden wir getödtet den ganzen Tag; wir sind geachtet wie Schlachtschafe — da sah er sein armes Weib an und fuhr leise fort: Aber in allem überwinden wir weit um deßwillen, der uns geliebet hat. — Als die Frau aber die herrliche Stelle: Denn ich bin gewiß, daß weder Tod noch Leben, weder Engel noch Fürstenthum, noch Gewalt, weder Gegenwärtiges noch Zukünftiges, weder Hohes noch Tiefes, noch keine andere Kreatur uns scheiden mag von der Liebe Gottes, die in Christo Jesu ist, unserm Herrn — geendet hatte, da neigte Mac-Kensie sein müdes Haupt und verschied.

Am Abend, als alles still war und man überall den seligen Vater vermißte, da las die Mutter wieder in dem heiligen Bibelbuch und wie sie im 21. Kapitel der Offenbarung Johannis von dem schönen Himmel las, wo man nicht mehr hungere, so ruft eines der Kleinen: „Ach Mutter, wenn wir nur dort wären, wo man nicht mehr Hunger leiden muß. Gelt, jetzt hat der liebe Vater an allem genug?"

Da nimmt die Mutter die Kleine in den Arm und sagt: „O liebes Magdalenchen, weil uns Gott seinen Sohn gegeben, wird er uns auch alles andere Nöthige geben. Er will uns durch die Noth zum Himmel ziehen." Das Magdalenchen umhalsete das Mütterchen und strich ihr die Thränen weg. Aber nach diesen Worten überfiel das Kind ein

Fieberfrost — und noch denselben Abend war Magdalenchen beim lieben Vater, wo man nicht mehr hungert.

Die Vorräthe, welche mitleidige Verwandte nach des Vaters Leichenbegängniß gebracht hatten, waren aufgezehrt. Die Kuh gab keine Milch mehr und man hätte sie getödtet, wäre jemand im Hause gewesen, ihr den Todesstreich zu geben. Selbst für den Säugling war die Nahrungsquelle versiegt. Die Noth stieg wieder gar sehr. Die beiden Knaben wurden auch vom Fieber ergriffen; doch ihre Stunde war noch nicht gekommen; sie erholten sich später wieder.

Aber der Hunger stellte sich mit neuer Macht ein. Oft stund die Mutter in der Nacht auf, um zu horchen, ob ihre Kinder noch lebten, und doch schauderte es ihr vor dem nächsten Tag, der eben so trostlos anbrach, wie der gestrige dahin geschwunden war. Es wurde ganz still in der Hütte; die Kinder schwatzten nicht mehr, und nur die Mutter erquickte sich und hielt sich aufrecht an Sprüchen der heiligen Schrift und das bewahrte sie vor Verzweiflung.

Am folgenden Morgen stieg die Noth auf's Aeußerste. Selbst die alte Katze hat sich fortgemacht, da sie nicht Hungers sterben will — da faßt die Mutter den Entschluß, nach Brot zu gehen und wäre es noch so weit. Sie übergibt den Säugling dem ältesten Knaben und spricht: „Kinder, betet für mich, derweil ich auf Nahrung ausgehe, daß Gott mich segne!"

Wie sie aber vor dem Hause ist und die kalte Luft auf sie einbringt, sinkt sie vor Elend auf den harten Boden. In diesem Augenblick hört sie ein Freudengeschrei ihrer Kinder aus der Hütte. Sie wankt zum Hause hin. Was sieht sie? Wie die Raben dem Elias sein Futter brachten, so hat die Katze den Kindern Nahrung gebracht, nämlich einen großen Fisch, mit dem sie nach Katzenart spielte. Dann ließ sie ihn fallen, rieb ihren Kopf an den Kindern und sprang wieder fort. Bald brachte sie, wahrscheinlich aus irgend einem Fischbehälter, einen zweiten und so des folgenden Tages noch mehr.

Der treue Gott wollte zeigen, wie er in höchster Noth am nächsten sei.

Denn eben in diesen Tagen hatte sich eine Hülfsgesellschaft aufgemacht, den Armen des Hochlandes Hülfe zu bringen. Mit 120 der bedürftigsten Familien empfing auch unsere treue Mutter Mehl für sechs Wochen. Und als ihre Geschichte bekannt wurde, wurde auch noch für ein weiteres gesorgt. Margretha Mac=Kenste erfuhr die

Wahrheit des Wortes: „Rufe mich an in der Noth, so will ich dich erretten und du sollst mich preisen."

Und nun, geneigter Leser! Wo braucht's größeren Heldenmuth — vor den Kanonen in der Schlacht oder im Angesicht des Hungers auf dem Hochlande? —

Im Dom zu Lübeck
hängt eine alte Tafel, worauf zu lesen ist:

Christ unser Herr so zu uns spricht:
Ihr nennt mich Meister, — und fraget mich nicht,
Ihr nennet mich Licht, — und sehet mich nicht,
Ihr nennet mich Weg, — und gehet mich nicht,
Ihr nennet mich Leben, — und begehret mich nicht,
Ihr heißet mich weise, — und folget mir nicht,
Ihr heißet mich schön, — und liebet mich nicht,
Ihr heißet mich reich, — und bittet mich nicht,
Ihr heißet mich ewig, — und suchet mich nicht,
Ihr heißet mich barmherzig, — und trauet mir nicht,
Ihr heißet mich edel, — und dienet mir nicht,
Ihr nennet mich allmächtig, — und ehret mich nicht,
Ihr nennet mich gerecht, — und fürchtet mich nicht:
Werd' ich euch verdammen, verdenket mir's nicht!

Bischof Friedrich von Utrecht
war bei dem Kaiser Ludwig dem Frommen zu Tische geladen. „Herr," sprach er entschuldigend, „ich bin nicht viel zu Hofe gewesen, ich weiß nicht, wo ich den Bratfisch soll angreifen." — „Ei," erwiderte der Kaiser, „erwischt ihn beim Kopfe." Da brach der Bischof los und sagte: „Dank habt dem Spruche. Ihr seid das Haupt des Orts und lebet doch in Sünden wider das sechste Gebot; darum warne ich euch zuerst, macht es besser." — Gott gab Gnade, daß der Kaiser in sich schlug und umkehrte.

Inhalt des Beiblattes: Kinder, frischauf, es ist Maientag! — Die Königin Eberhardine von Polen im Schmerz um ihres Sohnes Glaubenswechsel. — Aus Hochschottland. — Im Dom zu Lübeck. — Bischof Friedrich von Utrecht.

Inhalt des Hauptblattes: Die großen Städte. — Die Vereinshäuser. — In Sachen des Central-Ausschusses. — Nachrichten aus dem Rauhen Hause.

Herausgeber Dr. Wichern, Vorsteher des Rauhen Hauses. — Verlag der Agentur des R. H. zu Horn bei Hamburg. — Gedruckt im R. H.

Beiblatt der fliegenden Blätter aus dem Rauhen Hause.

14. Jahrgang. Juni.
1863. No. 6.

Jährlich 12 Bogen in monatlichen Lieferungen 10 Sgr. od. 15 ß.

Durch alle Buchhandlungen und Postämter zu beziehen.

Volksblatt für innere Mission.

Was aus einem großen Bauern werden kann.
(Aus dem Leben.)

Der alte Ehrhardt in einem sächsischen Dorfe war ein Bauer von ächtem Schrot und Korn, fleißig und unverdrossen, überall selbst dabei und schämte sich keiner Arbeit, dazu war er ehrbar und rechtschaffen im Wandel, fromm und gottesfürchtig vor seinem Gott, seinem Gesinde ein Herr, der wußte, daß auch er einen Herrn im Himmel habe, und seinen Kindern ein Vater, der sie auferzog in der Zucht und Vermahnung zum Herrn, beiden aber ein Priester des Hauses nach dem Vorbild Abrahams. In Haus und Hof herrschte Ordnung und Sauberkeit und in den Ställen standen wahre Prachtexemplare von Rindvieh und wieherten zwei muthige Rappen, daß es weithin schallte. Die Felder befanden sich in bestem Stand, so daß es dem alten Wirth manches Jahr erging wie dem Manne in der Schrift, dessen Scheune den Gottes-Segen nicht bergen konnte. Ehrhardt lebte im Wittwerstande; mit seiner seligen Hanne hatte er 28 Jahre die glücklichste Ehe geführt, beide waren bis zum Heimgange der Hausmutter Ein Herz und Eine Seele geblieben. Die alte Regel, bete und arbeite, war die Regel ihres Hauswesens gewesen. Seit dem Tode der Mutter stand die älteste Tochter, sie hieß Minna, der inneren Wirthschaft vor; sie war aber keineswegs ein Ebenbild der frommen Mutter, denn sie setzte ihren Stolz nur darein, ihres Gleichen in Putz und Kleiderpracht weit zu überstrahlen. War sie keine Maria, die zu ihres Heilandes Füßen saß, so war sie leider auch keine Martha, die in rastloser Thätigkeit des Hauses Beste schaffte. Dieser hochfahrende Sinn verursachte dem Vater viel Herzleid und Kummer, denn er wußte ja aus Schrift und Erfahrung, daß

Gott den Hoffährtigen widersteht. Was ihm als Vater geboten war, that er, um des Mädchens Herz auf die Wege Gottes zu lenken. Er versäumte es nicht, die Tochter ernstlich wegen des Thörichten und Verderblichen in ihrem Dichten und Trachten zu ermahnen; er wies sie auf den rechten Schmuck einer Jungfrau, der nicht auswendig sei mit Haarflechten und Goldumhängen oder Kleideranlegen, sondern der verborgene Mensch des Herzens unverrückt mit sanftem und stillem Geist. Fielen die väterlichen Ermahnungen auch nicht gerade auf den härtesten Boden, sondern brachten sie auch zu Zeiten gute Vorsätze hervor, so welkten diese doch auch wieder schnell dahin, wenn dem Auge die Reizungen und Blendwerke des eitlen Flitters und Tandes begegneten. Bald aber steigerte sich noch die Sorge des Vaters. Minna trat in ein Liebesverhältniß mit einem Bauerburschen aus dem benachbarten Dorfe. Gotthold Schmidt — so hieß der junge Mensch — stammte wohl aus einer ehrenwerthen Familie; sein Vater war Besitzer eines bedeutenden Hofs und hatte außerdem ansehnliche Capitalien auf Hypothek und in sicheren Papieren; aber Gotthold, von Kind auf schwächlich und darum wenig zur angestrengten Arbeit angehalten, verstand den Landbau nicht, und schämte sich obendrein der Bauern= arbeit; statt dessen liebte er Gesellschaften, wo Essen, Trinken und Spiel die Hauptsache war. Die glatten Manieren und Worte, über= haupt die Vornehmthuerei fesselten die Eitelkeit der Tochter des alten Ehrhardt. Der Vater, sobald er die Annäherung bemerkte, warnte; aber die väterlichen Warnungen verhallten und blieben ohne Wirkung, ebensowenig half es, daß der Vater allen Umgang der beiden jungen Leute miteinander zu hindern suchte; die gegenseitige Neigung war erfinderisch in heimlichen Zusammenkünften, und so wurde die Sache immer schwieriger und bedenklicher. Im zweiten Jahre der Bekannt= schaft wurden die beiden eins, Minna solle beim Vater um's Jawort bitten. Dies geschah. Wie zerriß diese Bitte das Herz des Vaters! Er wollte und konnte die Einwilligung nicht geben. Einen Augen= blick schien es, als solle die Sorge ihm abgenommen werden. Als die Tochter die Bekümmerniß des Vaters sah, kam ihr, wie ein Engel vom Himmel, die Frage in's Herz, ob der Vater nicht im Grunde doch Recht habe, ob sie nicht um des Vaters willen entsagen, ob sie nicht aus Kindespflicht ein Verhältniß, dem der Vater widerstrebe, lösen müsse. Doch war das nur eine Anwandlung ohne nachhaltige Wirkung. Es folgten bald neue Bitten der Tochter und neue Sorgen des Vaters, der in dieser Noth doppelt die Noth seines Wittwerstandes fühlte. Er suchte sich zuletzt mit Hoffnungen zu trösten, als er in Berathung mit Freunden und Nachbarn keinen anderen Ausweg sah, und gab dann endlich, wenn auch mit Bangen und nicht ohne Zweifel im Herzen, sein Jawort zu der Verbindung zwischen Minna und Gotthold.

Sonnig und warm brach der 18. Juni an. Die goldene Morgensonne schaute freundlich vom Himmel auf die grünende und blühende Erde. In dem Dorf, wo heute Minna Ehrhardt's Hochzeit sein sollte, beleuchteten die hellen Strahlen das festlich geschmückte Haus. Die Thorfahrt zierte eine stattliche Ehrenpforte aus grünen Zweigen und an der Hausthür erhoben sich zwei große Maien, die ihre Gipfel in einander schlangen. In der Mitte eines Kranzes war zu lesen: Der Herr segne euren Ausgang und Eingang! So hatte es der alte Vater angeordnet. Das Herz der Braut ging in Sprüngen, und vor ihrem Blick breitete sich die Zukunft in hellem Lichte aus. Auch des Vaters Auge schaut nicht mehr so trübe und bange wie vordem darein; der künftige Sohn des Hauses hatte ja in letzter Zeit dem Schwiegervater in jeder Beziehung zu Willen gelebt, und in der Unterredung, die dem Gange auf die Pfarre vorangegangen, die besten Vorsätze kund gethan; dennoch war der Hochzeitsvater doch nicht so recht von Herzen fröhlich und vergnügt, wie es bei einer rechten Hochzeit der Fall sein muß. Er wußte ja, daß menschliche Versprechungen keinen Werth haben, wenn sie nicht vor dem Angesichte des Herrn gefaßt und mit Gottes Verheißung im Gebete und mit dem Geist des Gebets erfaßt sind. Im Hochzeitshause war äußerlich ein reges Leben; emsige Hände schafften in Küche und Keller, daß es an Kuchen und Braten nicht fehle, und hurtige Füße eilten hin und her. Hochzeitsgäste trafen ein zu Fuß und zu Wagen, und die Brautleute empfingen fromme Wünsche aus vielen aufrichtigen Herzen; dazu wurden viele Geschenke herbei gebracht, Nützliches und Schönes, wie Sitte und Liebe es bei solchem Anlaß bieten. So schlug die zwölfte Stunde. Da erscholl das Läuten der Glocken vom Thurme in feierlichem Klange und eröffnete sich alsobald der stattliche Hochzeitszug vom Brauthause her, der Pastor des Orts voran, ihm zur Rechten die mit dem Kranze geschmückte Braut, hinter ihm der alte Ehrhardt mit dem Bräutigam, dann die Brautjungfern und Brautführer, dann Verwandte, Freunde, Bekannte — ein langer fröhlicher Zug, dem sich Viele anschlossen, während Andere an den Thüren theils ernst, theils neugierig zuschauten. Wir folgen schweigend bis in die Kirche. Unter Gottes Wort und Gottes Segen wurden die Brautleute zusammen gethan, und kehrten dann zur fröhlichen Hochzeit zurück. Mancher pries sie glücklich und mit Recht; denn es ist ja immer eine neue Einkehr Gottes bei dem Menschen, wenn er zwei Herzen und das Leben zweier Menschen in Eins verbindet. — Wenn nur dies Leben unter den Augen und Segnungen Gottes verbleibt! Wir wissen, daß der alte Vater sich der Sorge nicht entschlagen konnte, die auch am Hochzeitstag oft wie ein Schatten durch seine Seele eilten, wenn er das Sonnenlicht sah, das unter den Hochzeitsgästen lachte!

Zwölf Jahre sind verflossen. Wie ist's doch so ganz anders geworden in jenem Bauerngehöfte. Neue massive Wirthschaftsgebäude sind aufgeführt und das Wohnhaus präsentirt sich stattlich in dem weißen Abputz. Und trittst du hinein in letzteres, und öffnest die Thür zur Wohnstube, welche Veränderung! — Gestickte Vorhänge vor den Fenstern, große Spiegel an den Wänden, ein weiches Sopha an der Seite und blank polirte Meubles dazu! Der alte Familientisch, die früheren föhrenen Stühle, der Großvaterstuhl — alles ist in die Gesindestube gewandert, und diese ist hinter der Küche, weit weg von dem Wohnzimmer der Herrschaft angelegt. Wie unten, ebenso städtisch ist die Einrichtung in den oberen Räumen des Hauses. Die Bewohner haben auch theilweise gewechselt. Das liebe freundliche Angesicht des alten Ehrhardt begegnet dir nicht mehr, weder im Hofe noch im Hause. Er schläft draußen auf dem Friedhofe neben seiner ihm längst vorangegangenen Ehefrau. Vor drei Jahren haben sie ihn hinausgetragen — den Lebensmüden, der heimlich seufzte: ich habe Lust abzuscheiden und bei Christo zu sein. Der Lebensabend war ihm trübe genug geworden: es wandelten seine Kinder nicht in den Wegen des Herrn, den er gekannt, und aus dessen Segenshand er alles Gute genommen, das sie jetzt genossen; ja sie verachteten die Stimme des Vaters, der sie an den lebendigen Gott zu verweisen nicht aufgehört. Inzwischen sprangen zwei frische Knaben umher, die Freude des Großvaters, dessen Kummer nur war, daß diese Eltern es so ganz unterließen, ihre Kinder zu dem zu weisen, der allein sie jetzt und einst vor allem Bösen bewahren konnte. So lange der liebe

Alte lebte, konnte er selbst bei den Enkeln vieles von dem, was die
Eltern versäumten, ersetzen, und war seine Gegenwart selbst Gewähr
genug, daß von der alten guten Ordnung und Sitte manches, woran
man um seinetwillen die Hand nicht zu legen wagte, stehen blieb. Als
aber der alte Vater seine Augen geschlossen, da ging das Hausregi=
ment sehr bald über an den Geist der Welt. Das Haus des jungen
Schmidt wurde ein ganz anderes. Wie selbstverständlich hörte nun
die Abendandacht auf, unterblieb das Tischgebet, wurde der Sonntag
nicht mehr geheiligt, und unter Kindern und Gesinde keine Zucht mehr
geübt. Der alte böse Feind hatte nun keine Burg mehr, die ihm
Widerstand leistete; er säete geschäftig seinen Saamen, und üppig
wuchs derselbe in den Werken des Fleisches hervor.

Da erhob im März 1848 der Geist des Aufruhrs sein Haupt.
Schnell wie ein Blitz breitete er seine Herrschaft aus von der Haupt=
stadt in die größeren und kleineren Städte. Zündstoff fand sich ja
überall, auch in unserem Dorfe. Volksversammlungen wurden gehalten
und die neue Freiheit sammt dem neuen Licht mit begeisterten Worten
verkündigt und mit Beifall willkommen geheißen. Unser Schmidt lebte
in diesen bewegten Zeiten viel außer dem Hause; die neue Weisheit
fand auch in ihm einen eifrigen Verehrer. Mit der Kirche brach er,
seit der Seelsorger ihn mit ernsten aber herzlichen Worten gebeten,
doch in die frommen Fußstapfen des alten Ehrhardt wieder einzutreten.
Er sei kein Schuljunge! so polterte er nach solcher Ermahnung in
seinem Hause, und betrat von da an die Kirche nicht wieder. Ebenso
ergrimmt wurde er auf die Edelleute, nachdem er einen selbstverschul=
deten Prozeß mit dem Rittergute im Orte verloren, was ihm bedeu=
tende Summen kostete. Seine Lebensweisheit und die Kräftigung
für die neuen Lebensbahnen holte er sich fortan lediglich aus den
Volksversammlungen. Daneben zechte er nach Herzenslust und ergab
sich immer mehr der Leidenschaft des Spiels. Unter solchem Trei=
ben des Hausherrn litt das Gut um so mehr, als die Wirthschaft
schon seit Jahren rückwärts gegangen war. Die Knechte und Tage=
löhner, sich selbst überlassen, waren träge geworden, bearbeiteten den
Acker liederlich, trieben Unterschleife und besorgten das Vieh nicht
nach der Ordnung. So wenig wie der Mann that die Hausfrau ihre
Pflicht als Wirthin und Hausmutter gegen Kinder und Dienstboten.
Freilich zu Zeiten war es, als wollten die Schuppen von ihren Augen
fallen. Wenn sie an den langen Abenden allein und einsam daheim

saß, dann gedachte sie wohl mit bangem Herzen der vergangenen Zeiten und des ehrwürdigen Vaters. Es schien ihr, als käme allmählig, was derselbe oft zuvor gesagt. O wie anders war das damals und jetzt in Scheune und Stall, in Vorrathskammer und Cassel Dazu waren schon mehrere Morgen Feld verkauft und bei einem benachbarten Schulzen fremde Gelder aufgenommen. Das Gewissen erwachte bei solchen Vergleichungen; leise begannen, aber immer lauter wurden die Anklagen; das haffährtige Frauenherz wollte aber nichts von Beschuldigungen hören; dennoch blieb ein Stachel im Herzen. Daß sie aus solchen Stimmungen heraus zu ihrem Manne redete, war natürlich; er mußte sich dann zu rechtfertigen suchen und glaubte das zur Genüge zu thun, wenn er, blind gegen alle wahre Ursache, die in ihm und seiner Frau lag und allen Nachbarn bekannt war, statt dessen auf das Gesinde schalt, über die Ungunst der Witterung und den niedrigen Stand der Preise und über Vieles sonst noch raisonnirte und lamentirte.

Doch Gott läßt Niemand auf dem breiten Wege des Verderbens ohne Warnung. Auch dem liederlichen Bauern Schmidt ging er nach und ließ ihn die Stimme der Erbarmung vor der Stunde des Gerichts vernehmen: Kehre wieder, du abtrünniges Menschenkind. So geschah es in einer dunklen Novembernacht. Unser Bauersmann wanderte in gewohnter Weise, nach den bei Wein und Spiel durchlebten späten Abendstunden, zum Stadtthor hinaus, um in sein Dorf zurückzukehren; kein Sternlein leuchtete am Firmament, das mit Wolken düster bedeckt war; ein kalter Wind strich unheimlich über die Felder. Der Fußweg nach Haus führte an tiefen Sand- und Steingruben vorüber; der Heimkehrende kannte hier jeden Schritt und Tritt; das machte ihn sicher auch in der finsteren Nacht; plötzlich sank die Erde unter seinen Füßen, er stürzte, im nächsten Augenblick lag er in der jählings abfallenden Grube. Lange währte die Betäubung; als das Bewußtsein wiederkehrte, fühlte er heftige Schmerzen; er versuchte vergeblich sich aufzurichten, der Fuß war unterm Knie gebrochen. Da erfaßte den Armen eine entsetzliche Angst. Er schrie aus Leibeskräften; aber Alles blieb still. Er wiederholte oft, aber ebenso erfolglos das Angstgeschrei. Drüben im Dorfe verkündigte im langsamen Schlage die Thurmuhr bereits die zwölfte Stunde. Die Schmerzen nahmen zu, das Wundfieber war im Anzuge, der ganze Leib zitterte; dazu erwachte in der für ihn doppelt schaurigen Nacht das Gewissen, und fing an sich häufiger und immer kräftiger vernehmen zu lassen. Das ver..... Spiel! schrie dann auf einmal der Unglückliche in seiner Verzweiflung! Warum hörte ich nicht die Mahnung des Nachbarn, früher mit ihm heimzukehren? Warum hörte ich nicht? Was verhinderte mich! Ich unseliger, verlorener Mensch! Giebts denn keine Hülfe? Da mit einemmal leuchtete in die umnachtete Seele ein Hoffnungsstern; es ließ sich eine sanfte Stimme vernehmen aus weiter Ferne der Erinnerung: Rufe mich an in der Noth, so will ich dich erretten, so sollst du mich preisen. Aus der fernen Kindheit her drang dieß verheißungsvolle Wort an das Ohr des zerschlagenen Mannes, der, wie es schien, von dem Gott, den er bis dahin verachtet, sich jetzt wollte finden lassen! Er streckte seine sonst starken Hände gen Himmel und that, was er seit lange nicht mehr gethan und nicht gewollt, er betete: und berief sich gegen Gott auf jene Verheißungsworte. — Und siehe ihm sollte eine Hülfe werden. — In der Mitte der Nacht war die Frau zu Hause erwacht. Zu ihrem Schrecken vermißte sie den Mann. Die Uhr zeigte bereits die erste Morgenstunde. Voller Sorge schaute sie zum Fenster hinaus in die finstre, kalte Nacht. — Wo er nur bleibt? Er wollte doch mit dem Nachbar zeitig heimkehren? — Und nachdem sie noch eine lange Zeit vergeblich gestanden, dann das Gesangbuch aufgeschlagen und wieder zugeschlagen, weil die Gedanken nicht bei dem Liede hafteten, nachdem sie wieder ausgeschaut und ängstlich aber ebenso vergeblich gehorcht, weckte sie den Knecht und machte mit ihm sich auf den Weg zur Stadt, voll böser Ahnung, daß dem Mann unterwegs ein Unglück begegnet sei. In der Nähe jener Gruben hörten sie bald das Aechzen und Stöhnen, und fanden dann den Hausherrn mit gebrochnem Bein voller Schmerzen. Mit vieler Mühe wurden Anstalten getroffen ihn in seine Wohnung zu schaffen. Ein langes schweres Krankenlager folgte, das aber eine doppelte Genesung an Leib und Seele schien herbeiführen zu sollen. Es entstand in der Seele des Kranken ein Kampf, in welchem zu Zeiten der Geist Gottes Herr des Fleisches wurde, so daß nach langen Jahren auch in diesem Hause wiederum ein in Gott fröhliches und seliges Weihnachtsfest gefeiert werden konnte. Wäre nur der Gerettete auf diesem neuen Wege geblieben! Ihm wäre Leib und Seele, Haus und Hof, Friede und Freude für Zeit und Ewigkeit erhalten. Allein es ging ihm nach jenem Wort: der unsaubere Geist, der ausgefahren, kehrte mit sieben Geistern wieder, so daß es ärger wurde denn zuvor. Es war die Karte, deren Versuchung er erlag.

Nach drei Jahren mußte Schmidt das alte väterliche Erbtheil seiner Frau verlassen und mit ihr, die nun aller Hoffarth entkleidet werden sollte, von dannen ziehen. Es ging der Frau tief ins Herz; jetzt aber, da sie, eingedenk ihres seligen Vaters, endlich mit allem Ernst dem Verderben sich hatte entgegenstemmen wollen, war es zu spät. Mit dem tiefsten Kummer und der zu späten Reue im Herzen und dem Tode in den Gliedern, mußte sie dem Hause, in dem einst der alte Vater dies Ende, vor dem er sie hatte bewahren wollen, vorhergesagt, ein Lebewohl sagen — wohl ahnend, daß es noch nicht das Ende des nun anhebenden Gerichts sei.

Schmidt war nach einem andern Dorfe übergesiedelt. Ein Hintersattlergut hatte er mit jenem schönen Bauerngut vertauschen müssen. Salomo spricht: es ist besser ein Wenig mit der Furcht des Herrn, denn großer Schatz, darinnen Unruhe ist. Aber diese Furcht des Herrn, die in Armuth reich macht, fehlte dem Schmidt. Er hatte nichts gelernt in aller seiner Noth. Jetzt mußte er selbst den Pflug führen und selbst mit den Knechten zur Erntezeit ausziehen. Das war ein hartes Ding für den stolzen Mann. Dazu kam schweres Hauskreuz. Die Frau fing an zu siechen; der Gram begann sie auch leiblich aufzuzehren. Sie konnte bald ihr Lager nicht mehr verlassen. Ein Jammerleben führte Schmidt in dieser Zeit. Auf dem Felde arbeitete er mit Verdruß und Widerwillen, daheim wartete seiner das todtenbleiche, abgezehrte Angesicht seines Weibes, das ihm nur wie ein Ankläger gegen all sein Unwesen erschien, in seinem Herzen tobte unausgesetzt und immer toller der Teufel des Spiels mit einer Wuth, die ihn endlich verderben mußte. Auf ihm lag die gewaltige Hand Gottes; er fühlte die Schläge, ohne daß er erkennen wollte, wessen Arm sie führte. Er klagte laut und murrte über sein Schicksal, aber beten wollte er nicht und sich nicht beugen unter die Zucht seines Gottes, der nicht aufhörte ihn zu suchen zuletzt in der Gestalt und in dem Zeugniß der ihrem Ende entgegeneilenden Frau. Nach allen ihren Verirrungen und unter allen diesen Demüthigungen war diese zuletzt zu demuthsvoller Erkenntniß des guten Hirten gekommen, der die verirrten Schafe seiner Heerde sucht, ob sie sich wollen finden lassen. Im Frühling des Jahres 1857 erfolgte das Ende ihres Leidens, nachdem sie nach langem Widerstreben, unter heißen Kämpfen und schweren Anfechtungen hatte beten gelernt: o Herr, gedenke nicht der Sünden meiner Jugend und meiner Uebertretung, gedenke aber meiner nach deiner Barmherzigkeit um deiner Güte willen! An ihrem Grabe konnte der Pfarrer in voller Wahrheit auf sie das Wort anwenden: Selig sind die Todten die in dem Herrn sterben, von nun an!

Aber so ganz anders stand und steht es mit dem Mann, der all dies Unheil herbei geführt. Zwar fehlte es bei ihm nicht an Thränen bei dem Begräbniß der Frau, deren Trübsal und Tod er verschuldet. Aber er war bald getröstet; dünkte er sich doch jetzt wieder ein freier Mann zu sein. Spiel und Glas hielt ihn namentlich jeden Sonntagnachmittag bis tief in die Nacht. Nun kamen noch Schulden hinzu und bald war die Zinsenzahlung für ihn nicht mehr möglich. Da wurde sein Haus gerichtlich verkauft. Er mußte Tagelöhner werden, und sank von Stufe zu Stufe. Er der einst so stolze Bauer lebt noch heute, aber er dient, so bitter es ihm dünkt, in demselben Dorf, wo er sein letztes Besitzthum hatte verkaufen müssen, jetzt als Ochsenknecht.

Wie die Leute in Gitzen ihre Kinder erzogen.

Ein wackeres Büchlein von einem Ungenannten geschrieben, ist in Erlangen bei Theodor Bläsing, dem trefflichen Buchhändler, der leider vor Kurzem verstorben, erschienen, das hiermit unsern Lesern empfohlen werden soll. Es führt den Titel: „Quellwasser für das deutsche Volk", ist in kleinem Format auf 215 Seiten gedruckt und kostet nur 10 Sgr. Es wird Allen Freude machen, die einen frischen Trunk aus der Quelle der Wahrheit lieben. Es bringt die Wahrheit in zwölf Abschnitten, meist Geschichten, die den Leser vielfach an den Fürstenbrunnen von Untersberg im Salzburgischen, wo der Unbekannte zu Hause zu sein scheint, führen. Als Probe und zur Empfehlung des Uebrigen mag der hier unter der obigen Ueberschrift folgende vierte Abschnitt dienen.

Gitzen heißt ein mäßiges Bauerngut, das auf einem sonnigen Berge liegt. Durch einen Buchenwald kommt man hinauf; an diesen grenzt ein Obstgarten, in dem fast lauter gutes, edles Obst gedeiht. Ueber dem Obstgarten steht das Haus. Es ist alt; dicke Mauern und kleine Fenster, und die Hausthüre ist halb gewölbt; die Flur ist mit rothen Marmorplatten belegt. Pfirsichbäume und Weinreben sind an der Sonnenseite an der Mauer. Der Gitzner und seine Frau sind ein verehrungswürdiges Ehepaar, und ihre Kinder sind wie die gut gezogenen Obstbäume im Garten. Da ging ich oft hinauf, aß Obst und Brod und trank mit Georg, dem Hausvater, alten Aepfelwein; wenn Therese, die Hausfrau, Weile hatte, so setzte sie sich zu uns. Der ältere Sohn versah das Feld, und die Tochter das Haus; ein frischer Knabe von etwa zwölf Jahren ging noch in die Schule. Es ging Alles im Hause gar still und freundlich ab; die Kinder gehorchten auf's Wort und liebten die Eltern.

„Ihr habt Eure Kinder gut erzogen, Georg!" sagte ich einmal zu ihm.

„Sie sind so weit gut gerathen," antwortete er, „meine Frau hat mir treulich geholfen, und Gott hat uns den Segen dazu gegeben."

„Ihr habt wohl früh dazu gethan?" fragte ich.

„Ja wohl", sagte er, „früher als die Kinder auf der Welt waren. Ich will es Euch sagen, warum? Ihr habt gewiß schon von einem Lazarus Gitzner gelesen?"

„Ja," sagte ich, „wenn es derselbe ist, der einmal im Untersberge beim Kaiser Karl gewesen sein soll; der war Rathschreiber in Reichenhall."

„Ja, derselbe ist's," bemerkte Georg.

„Aber wie kommt denn der mit Eurer Kindererziehung zusammen?"

„Das wird sich gleich geben," sagt Georg. „Ihr habt gelesen, daß ihm Einer im Untersberge gesagt haben soll, er werde erstochen werden?"

„Ja, das habe ich gelesen."

„Nun, da meinte er, er habe in Reichenhall Feinde, und gab seine Stelle auf und kaufte dieses mein Gut, das damals zum Domstift gehörte, und lebte hier. Von ihm heißt mein Gut Gitzen."

„Nun, und was ist es weiter?" —

„Was ist es weiter?" fuhr Georg fort, „der Rathschreiber hatte einen Sohn, und den erzog er schlecht, weil er mit seinen Gedanken immer im Untersberg war, und dieser Sohn erstach den Vater da draußen auf dem Watzenfelde, das Ihr von hier aus sehen könnt. Das ist jetzt einige hundert Jahre her. Als ich vor zwanzig Jahren dieses Gut kaufte, da wollten meine Verwandten nichts davon wissen. Denn, sagten sie, auf diesem Gute gerathen gewöhnlich die Kinder schlecht, und es giebt Unglück. Es liegt auf dem Hause. Nein, sagte mein Weib, glaubt das nicht: auf dem Hause liegt das nicht, sondern am Menschen liegt es. Man muß den Sohn gut erziehen, das ist der beste Bann gegen den Fluch. Kurz, wir kauften das Gut und zogen herauf. Mir war immer das Schicksal des Lazarus Gitzner vor Augen, und so oft ich vom Felde heim kam, sprach ich mit Theresen darüber, und wir nahmen uns jedesmal vor, die Kinder, die uns Gott geben sollte, recht aus dem Fundamente gut zu erziehen."

„Nun," fragte ich, „und welche Grundsätze habt Ihr denn aufgestellt, nach denen Ihr die Erziehung durchführen wollt?" —

„Unser erster Grundsatz war, daß wir Zwei immer fest zusammenhalten und einig sein müßten. Denn glaubt es mir, Herr! viele Kinder mißrathen bloß deßwegen, weil die Eltern nicht fest zusammenhalten. Es ist das bei allen Arbeiten so, wo zwei zusammenhelfen sollen. Wenn ich auf dem Acker Weizen säe, und meine Frau geht darauf hin und säet Wicken, so wird die Ernte nicht gar gut werden, es giebt höchstens Taubenfutter. Und dann gar erst, wenn ich einen schief wachsenden jungen Baum anbinde, und meine Frau löst den Bund wieder auf, da schnellt das Bäumchen erst recht auf die andere Seite hinüber."

„Ja," sagte Therese, „Mann und Weib müssen zuerst selbst recht zusammengewachsen sein, und Ein Mensch sein, ehe sie ein Kind in die Höhe ziehen können. Wir haben uns deßhalb auch gleich nach der Hochzeit fest vorgenommen, daß wir uns recht zusammenleben wollten, auf daß wir uns selber recht genau kennen, und daß wir uns ausgleichen, ehe Kinder kommen. Denn das ist nicht genug, daß die Eheleute ihre Schränke zusammenbringen, und Eines in den Schrank des Andern hineinsieht; sie müssen auch die Herzen gegenseitig aufmachen, damit sie wissen, was in denselben ist. Die Kinder nehmen immer eine Art vom Vater oder von der Mutter an, und da muß man gleich wissen, was man zu verbessern hat. So ist mein Georg in jüngeren Jahren jähzornig gewesen, wie das meistens die guten Menschen sind, und der ältere Bub schlug ihm nach. Da nützt es dann nichts, zu sagen: du bist wie dein Vater; nein, da muß man gleich entgegenarbeiten, und dazu muß der Vater selbst helfen."

„Ja," setzte Georg hinzu, „so ist's. Bei den meisten Eheleuten ist es aber gerade umgekehrt. In der ersten Zeit, da sind sie vor lauter Liebe zu einander so blind und taub, wie Auerhähne; sie denken gar nicht daran, daß sie auch fehlerhafte Menschen sind. Sie sind voll Rausch. Wenn dann der Rausch verdunstet, dann fängt der Jammer an. Da sehen sie dann an einander wieder gar nichts mehr, als Schlechtes. Dann kommen die Kinder, und dann schimpft die Mutter in dem Buben den Vater, und der Vater nimmt dann sich selbst in Schutz im Buben, und es geht der Hader nicht aus, und aus den Kindern kann nichts werden."

„So stelle ich mir vor," sagte Therese,"„daß es bei dem Lazarus Gitzner gewesen sein muß. Mich geht es nichts an, ob es wahr ist, daß er im Untersberg beim Kaiser Karl gewesen ist (ich für meinen Theil halte nichts darauf), aber für was ist er denn von Haus, Weib und Kind fortgelaufen, um so kuriose Sachen zu treiben? Wenn er in sein Herz und in das Herz seines Weibes und Kindes fleißig hineingesehen hätte, da hätte er gewiß erfahren, was ihm nützlicher gewesen wäre."

„Ja," sagte ich, „Ihr habt Recht; mit einer guten Ehe ist es nicht anders, als wie mit dem Wein. In der ersten Zeit muß er gähren und herb sein, dann wird er im Alter immer milder. Wenn aber der Most nur süß ist, dann wird er später Essig. Ich habe das in der Welt oft erfahren. Die besten Ehen waren immer diejenigen, in denen sich die Eheleute frühe darauf verlegten, sich ihre Fehler zu sagen, und die schlechtesten, in denen sie in den ersten Jahren noch immer wie Verliebte dahinlebten. Gott hat die Ehe nicht eingesetzt, daß sich die Menschen noch mehr verblenden sollen, sondern daß sie besser werden. Besser wird aber der Mensch nicht, wenn er blind geliebt wird. Ich kenne eine Frau, die im ersten Jahre ihren Mann immer mit dem Apostel Johannes verglich; als ich sie nach zehn Jahren wieder hörte, da meinte sie, ihr Mann wäre etwa dem Barabbas am ähnlichsten. Ich kannte den Mann gut. Er war weder der Johannes noch der Barabbas, sondern wie seine Nachbarn, mit denen er ging. Dasselbe geschah auch mit der Frau. In den ersten Jahren hieß sie ihr Mann nie anders, als meine Taube, mein Veilchen, mein Maienglöckchen; nach zehn Jahren sprach er von seinem Krokodill und von seiner Brennnessel."

„Wir heißen uns," sagte der Gitzner, „immer Mann und Weib, oder Georg und Therese, und Vater und Mutter."

„Was war denn Euer zweiter Grundsatz in der Erziehung Eurer Kinder?" fragte ich.

„Ha!" erwiderte Georg, „daß das Kind gehorchen müsse. Da wir Beide Eins waren, so war es nicht schwer, das Kind zum Gehorsam zu bringen. Ich dachte mir so: Alle Sünde des Menschen entsteht aus dem Ungehorsam gegen Gott; denn das ist bei mir Sünde, wenn ein Mensch thut, was ihm Gott verboten hat, oder nicht thut, was ihm Gott befohlen hat. Wenn nun die Eltern an Gottes Stelle sind, so ist das Erste, daß das Kind ihnen gehorcht. Da gab ich auch nicht nach. Ich habe ein altes Sprüchlein, das ich immer den Kindern sagte: „Wer will, der thu's, wer nicht will, muß." Als ich meinen ersten Buben einige Male mit der Ruthe durchgesalzen hatte, weil er nicht wollte, da brauchte ich später nur den Spruch zu sagen und auf die Ruthe hinzudeuten; dieses Sprüchlein fuhr dann dem Jungen in die Füße, und er that, was ich befohlen hatte. Als er dann größer wurde, erklärte ich ihm einmal den Spruch. Das erste Verslein, sagte ich, geht dein Herz an; das zweite dein Hinterleder. Wenn das erste Verslein genug ist, so braucht es das zweite nicht. Dann sagte der Knabe, er brauche das zweite nicht mehr, und von da an durfte ich nur noch das erste Verslein sagen, wenn er zauderte."

„Ja, da habt Ihr gut gethan. Mit dem ersten Vers reicht man in der ersten Erziehung nicht aus; der Mensch ist von Geburt aus widerspenstig, und ist auch noch zu fleischlich. Aber man muß es dahin bringen, daß er nicht immer den zweiten Vers nöthig hat; er muß lernen, sich selbst zu bestimmen."

„Das habe ich meinem Buben auch an meinem Schimmel gezeigt. Er brachte mir immer die Peitsche, wenn ich in die Stadt fuhr. Ich ließ ihn einmal selbst fahren. Er hatte nichts Eiligeres zu thun, als an die Peitsche eine neue Schnur anzumachen. „Schlag' den Schimmel ja nicht," sagte ich ihm, „wenn es nicht noth thut!" Als er wieder heim kam, sagte er zu mir: Ich habe die Peitsche nicht nöthig gehabt, Vater, der Schimmel geht auf's Wort; er hat mir rechte Freude gemacht. „Nun," sagte ich, „wenn ein unvernünftiges Thier soviel kann, so wirst wohl Du auch auf's Wort gehorchen wollen. Du hast ja einen vernünftigen Geist." Das begriff der Bub. Ich hatte damals vom Müller in Grünbach, eine Stunde von hier, einen jungen Esel gekauft, und der Junge konnte vor Freuden nicht schlafen, er durfte ihn heim bringen, und er hatte noch keinen Esel gesehen. „Nimm ja die Peitsche mit," sagte ich ihm beim Fortgehen. O Vater! rief er, das wird nicht nöthig sein; Du sagst ja, der Esel ist viel kleiner als unser Schimmel. „Thut nichts," sagte ich, „nimm nur die Peitsche mit, wenn Du sie nicht nöthig hast, ist es desto besser." — Ach, sagte er, als er heim kam, mir thut der Arm noch weh, und ich habe viel Verdruß mit dem Esel gehabt. Wenn man ihn nicht prügelt, folgt er gar nicht. „Du hast also den armen jungen Esel doch geschlagen?" fragte ich ihn. O Du darfst mir glauben, Vater, ich that es gewiß nicht gern; es fing an Schloßen zu werfen und war recht kalt, und ich hätte den armen Kerl so gerne in den warmen Stall zum Futter gebracht; ich habe ihm die schönsten Worte gegeben und mein halbes Brod, aber es half Alles nichts, es mußte die Peitsche her; ich schlug ihn gewiß nur, weil ich ihn lieb hatte und er mich erbarmte. „Nun sieh, Hanns," sagte ich, „gerade so gerne habe ich Dich mit der Ruthe gezüchtigt, wie Du den Esel; ich war oft traurig darüber, aber es mußte sein; es wäre aus Dir kein gehorsamer Knabe geworden, der aufs Wort folgt. Sieh, darum sagt auch die himmlische Weisheit: Wer sein Kind lieb hat, der züchtiget es."

Eben kam Hanns vom Felde heim; er wischte sich das sonnenverbrannte Gesicht ab, und gab mir die Hand. Wir erinnerten ihn an den Esel, was ihm viel Vergnügen machte. „An den Esel," sagte er, „denke ich mein Lebtag. Man soll Vieh und Menschen nicht zusammengleichen, aber ich kenne Buben, die diesem Esel aufs Haar gleichen. Ich lache ihre Mutter immer aus, die meint, sie werden durch schöne Worte und Butterbrod gehorsamer gemacht. Wenn ich sie an meinen Esel erinnere, so wird sie böse und sagt: Ihre Buben seien keine Esel, und wenn sie zu Verstand kommen, dann werden sie schon gehorchen; sie werden schon erkenntlich sein für ihre Liebe. „Ja," sagte ich, „seht wohl zu, daß sie es nicht machen wie mein Esel. So lange ich ihm Brod vorhielt, ging er mir nach; als ich dann hungrig und müde war, dachte ich: du hast mein Brod gegessen, jetzt kannst du mich auch eine Strecke Weges tragen. Als ich mich aufsetzte, schlug er aus, und ich saß kaum, so zog er den Kopf zwischen die Vorderbeine und schnellte mich hinab."

„Du hast vollkommen Recht, Hanns!" sagte ich. „Mir haben das manche alte Mütter unter Thränen gesagt. Die undankbarsten Kinder sind immer die, denen die Eltern nur den süßen Birkensaft, aber nicht die Birkenzweige zu kosten gegeben haben."

Hanns entfernte sich; er ging in den Stall, nach dem Pferde zu sehen.

„Nun, Georg!" was hattet Ihr noch für einen Grundsatz in Eurer Erziehung?"

„Ja," sagte er, „wie soll ich das kurz zusammenfassen? Ich hoffe, Ihr versteht mich, wenn ich Euch sage, daß wir uns alle Mühe gegeben haben, recht christlich zu leben, und die Kinder zu wahren Christen zu machen. Aber das kann man nicht allein mit Worten abmachen; man muß ein Christ sein, und dann erklären sich die Worte von selbst."

„Ihr wollt sagen," bemerkte ich, „man muß christlich leben, und dann ist das Leben selbst die beste Predigt und Auslegung der heiligen Schrift, und dann bringt es tief in das Herz der Kinder."

„Ja," antwortete er, „das wollte ich eigentlich sagen. Ich kann die Maulchristen nicht leiden, und es ist mir ein Mensch lieber, der vom Christenthume gar nichts sagt, als Einer, der immer davon redet und doch nicht darnach lebt. In jüngeren Jahren kaufte ich viel junge Bäume. Da pries mir ein Gärtner einen jungen Baum ganz besonders an, und er machte ein Wesen, als ob ich des Baumes gar nicht werth wäre. Ich hatte auch im dritten Jahre große Freude, als ich Blätter und seine schönen großen Blüthen sah, und versprach auch dem Pfarrer die ersten Früchte. Aber es kam nichts zum Vorschein, als einige steinigte Birnen, an denen man sich die Zähne hätte ausbeißen können. Seitdem glaube ich dem Baumgärtner nicht mehr, wenn er Bäumchen gar so lobt; ich kaufe ihm nur mehr solche ab, von denen ich schon weiß, zu welcher Gattung sie gehören, und welche Früchte sie tragen. Seht, gerade so mache ich es mit den Menschen. Leute, die immer von ihrem Glauben und von ihrem Christenthume sprechen, kommen mir vor wie die Bäume, die gar sehr viel Laub haben, und etwa gar gefüllte Blüthen; da ist selten viel Frucht. Es schießt aller Saft in die Blätter. Ich und mein Weib haben uns eine Lehre daraus genommen, und haben uns verabredet, in unserm Hause soll viel Frucht und wenig Laub sein. Wir haben uns aufgesetzt, Tag und Nacht so zu reden und zu leben, als ob der Herr Christus im Hause wohnte, und alles sähe und höre. Er hat ja auch gesagt: Wo zwei in meinem Namen versammelt sind, da bin ich mitten unter ihnen. Das habe ich denn auch den Kindern bald beigebracht, und das hat mehr gewirkt, als viel Gerede. Wenn sie dann sehen, daß die Eltern auch so in der Gegenwart des Herrn wandeln, dann wird ihnen das Christenthum recht lebendig. Mir hat es immer gar sehr gefallen, daß Gott zu Abraham gesagt hat: Wandle vor mir! Wenn mein Sohn vor mir wandelt, so daß ich Alles sehen darf, was er thut, dann wird er gewiß bestehen. Und ich brachte dann den Kindern bei, daß sie so vor dem Herrn Christus, unserm Meister, wandeln sollten. Aber nicht bloß auswendig, als Augendiener, sondern inwendig, denn er kennt auch das Inwendige des Menschen. Wenn jetzt mein Sohn oder meine Tochter zu Bekannten auf Besuch gehen, oder sonst wo hin, dann sage ich nicht mehr als: Wandle vor Ihm! Glaubt mir, Herr! es braucht nicht mehr Worte."

"Nein, es braucht wahrlich nicht mehr," sagte ich; "die Sünden der Menschen kommen alle nur daher, weil sie vergessen, daß Gott überall ist, und nichts hilft mehr die Versuchung zu überwinden, als der lebendige Gedanke, daß der gute Herr Jesus Christus immer nahe ist. Das muß ein bis in die Herzwurzel nichtsnutziges Kind sein, das in Gegenwart der Mutter Böses thun kann, und der Herr Jesus hat doch noch viel mehr für uns gethan, als die beste Mutter für ihr Kind."

Es wurde Abend und ich ging. Die Sonne vergoldete den Buchenwald, durch den ich wandelte. Wie schön kann die Sonne einen Wald machen, dachte ich, aber um wie viel schöner ist eine Familie, welche in dem himmlischen Lichte des Christenthums wandelt!

Aus Vinet.

"Die Trunkenheit der Sünde ist wie die des Weines; der Schmerz allein, entweder äußerer, oder innerer, kann den trunkenen Menschen aus seiner Betäubung herausreißen und ihn zu sich kommen lassen."

"Die Liebe ist ein Geheimniß, das größte aller Geheimnisse und der Schlüssel aller Geheimnisse; sie selbst aber hat keinen Schlüssel."

Inhalt des Beiblattes: Was aus einem großen Bauern werden kann. — Wie die Leute in Gizen ihre Kinder erzogen. — Aus Vinet.
Inhalt des Hauptblattes: Deutsches Kirchen- und Schulwesen in Rußland. — Die großen Städte. Stadtmission in Hamburg. (Schluß.) — Zeitung und kürzere Correspondenzen; Vereinshäuser; die evangelische Gesellschaft in Stockholm; die Idioten-Anstalt in Kiel. — In Sachen des Central-Ausschusses: Quittungen. — Nachrichten aus dem Rauhen Hause: Specielles; Quittungen.

Herausgeber Dr. Wichern, Vorsteher des Rauhen Hauses. — Verlag der Agentur des R. H. zu Horn bei Hamburg. — Gedruckt im R. H.

**14. Jahrgang.
Juli.**

Jährlich 12 Bogen
in monatlichen
Lieferungen
10 Sgr. od. 14 ß.

Beiblatt
der
fliegenden Blätter
aus dem
Rauhen Hause.

**1863.
No. 7.**

Durch alle Buch-
handlungen und
Postämter zu
beziehen.

Volksblatt für innere Mission.

Ich bin ein armes, armes Kind,
Denn Vater und Mutter sind todt;
Durch meine Kleider bläst der Wind,
Ich hab' kein Stücklein Brod!

Ihr, die ihr reich und glücklich seid,
Noch Vater und Mutter habt;
O gebt mir doch ein warmes Kleid,
Ein Stücklein, das mich labt!

Vater Hurter auf der Steig.

Daß der Mann Gottes, August Herman Franke, in der großen Stadt Halle zwischen den Jahren 1692 und 1712 unter wunderbarer und handgreiflicher Durchhülfe des Herrn eine Armenanstalt, ein Waisenhaus, ein Pädagogium und andere wohlthätige Anstalten gegründet und bleibend zu Stand und Wesen gebracht, das weiß heutiges Tages fast jeder Schüler; — daß aber zu gleicher Zeit ein armer Pfarrer unter ähnlichen Glaubensproben und mit gleicher Durchhülfe des reichen Gottes eine Armenschule und ein Waisenhaus in der kleinen Stadt Schaffhausen gegründet hat, das wissen nur noch wenige Leute. Darum mag es wohl nicht überflüssig sein, in einer Zeit, die in ihrer Ueberweisheit spricht: Es ist kein Gott! an der Hand gewissenhafter Aufzeichnungen ein neues und doch altes Denkmal von dem Walten dessen aufzurichten, der die Haare unseres Hauptes zählt.

Kehrt einmal einer meiner Leser von dem weltberühmten Rheinfall zu Fuß den „obern Weg" am „Oelberg" vorüber, nach Schaffhausen zurück, so führt ihn sein Weg am „Sonderssiechenhaus" vorüber. Ein Baukundiger merkt gleich, daß es ein alt Gebäude ist, ob sie es schon vor ein paar Jahren frisch getüncht haben. Es ist im 13. Jahrhundert gestiftet worden. Du kennst es aber sicherlich am Opferstock vor den Fenstern und an der Tafel darüber, die da sagt: Im Namen Gottes gebt den Armen. Wirfst du etwas in den Gotteskasten, so öffnet sich eilends ein Fensterlein, und eine gebrechliche Weibsperson ruft dir nach:

Dank i Gott!
Gott erseh' i eus Almuese a Seel' und Leib!
Gott geb dih i Säge und G'sundheit trüll!

Der Erzähler sollte eigentlich die hochdeutsche Uebersetzung nicht hinsetzen; denn wir Schweizer müssen in dem „Beiblatt der Fliegenden Blätter" auch an plattdeutschen Brocken herumkauen und sie doch oft ganz hinunterschlucken. Aber es soll nicht Gleiches mit Gleichem vergolten werden. Das Weiblein ruft:

Dank euch Gott!
Gott ersetze euch euer Almosen an Seele und Leib!
Gott gebe euch Segen und Gesundheit treulich.

Gleich neben an ist die kleine Kirche St. Jakob, dem Schutzpatron der „Sonderstechen" oder Aussätzigen geweiht. Hart an der Kirche erhebt sich das Gebäude, von dem ich erzählen will. Seine geräumigen Zimmer belehren dich, daß es ein Schulhaus ist, und ein Blick hinein läßt dich vielleicht die Schüler sehen. Ueber der Hausthüre unter einer steinernen Verdachung liesest du das Bibelwort, mit dem diese Erzählung schließt.

Dies ist das Schulhaus auf der „Steig", einer Außengemeinde von Schaffhausen, wo vor Jahren und zum Theil noch jetzt kleine Bäuerlein, Taglöhner und Arbeiter wohnen.

An dieser Gemeinde arbeitete vom Jahre 1704 an ein frommer Pfarrer, Namens Joh. Georg Hurter. Der warme Hauch, der damals den „Pietisten" Francke antrieb, sich der Armen, Verlassenen und Geringen anzunehmen, während die „rechtgläubigen" Priester und Leviten an ihnen theilnahmlos vorüber gingen, wehte auch aus dem Herzen unseres lieben Hurter; denn es war von der Liebe dessen entzündet, der uns zuerst geliebet hat. Also ging es ihm nach, daß die Kinder seiner zerstreuten Gemeinde in die Stadt zur Schule mußten. Im Sommer wurde es den Kindern zu warm, und im Winter fanden die Faulen und die Armen eine Ausrede am schlechten Weg. Er sah ein, daß eine eigene Schule auf der Steig vielen Uebelständen auf einmal abhelfen würde. Allein zu einer Schule und gar zu einem Schulhaus bedarfs Geld, ja viel Geld. Blickte der Pfarrer auf sich, so war da wenig zu sehen; schaute er aber zu den Bergen, von denen uns Hülfe kommt, so wurde sein Herz getrost. Für den Anfang aber zeigte sich noch ein Ausweg, der nicht viel kostete. In der Nähe des Kirchleins befand sich ein Wachthaus, in welchem sich jede Nacht eine Anzahl Männer einfanden, um den Sicherheitsdienst zu besorgen; des Tages übernahm jedes Gemeindeglied dieses Geschäft auf eigene Faust und dann stand das Lokal leer.

Nachdem nun Pfarrer Hurter von „den gnädigen Herren und Obern" Erlaubniß zur Errichtung der Schule erhalten und einen willigen und tüchtigen Armenschulmeister gewonnen hatte, kündigte er in der Kirche an, daß des folgenden Tages eine besondere Steigschule in der Wachtstube eröffnet werde, und an dem kalten 23. Jänner 1708 fanden sich 33 Schüler ein, die sich nach und nach auf 50 vermehrten. Da gab's viel Noth; denn die Wachtstube war klein, hatte nur von einer Seite spärliches Licht und paßte erbärmlich übel zu einem Schulhaus. Doch man behalf sich; denn die Liebe ist erfinderisch; man ließ sie in vier Abtheilungen kommen.

Mit der Zahl der Schüler wuchsen die Bedürfnisse. Kluge Leute gaben dem Pfarrer den Rath, eine Steuer zu sammeln, und so das Geld zusammen zu betteln. Das wollte nun Hurtern gar nicht in den Kopf und in's Herz noch weniger. „Euer Vater weiß, was ihr bedürfet" — und es kamen freiwillige Gaben theils an Büchern, theils an Geld, wie man's bedurfte. Gleichsam als Angeld empfing Hurter am ersten Schultag 1 ℔, der in ein noch köstlicheres Bibelwort gewickelt war, und bald darauf schenkte Jemand zwei blecherne Büchsen, um sie an die Kirchenthüre zu hängen. Da klopfte dem guten Hurter das Herz, und damit ja alles freiwillig hergehe, schrieb er über die Büchsen den Spruch aus 2. Cor. 9, 7: Ein Jeglicher gebe nach seiner Willkühr, nicht aus Unwillen oder aus Zwang; denn einen fröhlichen Geber hat Gott lieb. — Aber der liebe Heiland schaute auf den Gotteskasten, und es hat ihn gefreut, als nach einem Wochengottesdienst Jemand den goldenen Trauring hineinlegte, und dabei die Worte: Herr, gedenke nicht der Sünden meiner Jugend!

Die Tage fingen an zu „langen", und mit der Tageslänge vermehrte sich die Zahl der Kinder. Dem guten Schulmeister wurde es „wind und wehe" in dem engen Stüblein, dem Pfarrer „wohlete" es aber zusehends, dieweil er dafür hielt: Schickt mir der Herr Kinder, so ist's ein Beweis, daß ihm das Werk gefällt und daß er helfen will. Und siehe, am 1. Juli sendet ihm Jemand 50 ℔, gute harte Kronenthaler, als Erstlinge zum Bau einer Schule, erweckt durch das Beispiel des Hauptmanns von Kapernaum, der den Juden eine Schule baute. Weil es aber für Christenkinder geschah, ließ der Geber sich vernehmen: wenn mehr nöthig werde, sei er wieder da.

Das erschien unserm Hurter, wie seiner Zeit dem Franke, auch als ein „ehrlich Capital", und jetzt hoben sich seine Flügel. Er kam bei der Obrigkeit um einen Bauplatz ein und erhielt ihn. Da ein Junker erfuhr, daß man schon Steine zum Neubau zuhaue, sandte er 6 Eimer Wein; ihm folgte ein Pfarrer mit 4 ℔, eine Gutthäterin mit 20 Gulden, jener Pfarrer mit weiteren 2 ℔, eine Unbekannte mit 10 ℔, in einem aufmunternden Briefe lagen 5 ℔, und dann rückte noch ein Unbekannter mit 24 ℔ an. Diese Gaben reichte die Liebe innerhalb wenigen Wochen und hoben die Freudigkeit des Bauherrn, dem es daneben an Spott und Lästerung eben so wenig fehlte.

Doch konnte im Jahre 1708 der Bau nicht mehr begonnen werden, und mußten sich die armen Kinder noch einen Winter mit der Wachtstube behelfen. Jetzt stockten auch die Gaben. Während die Schadenfrohen wähnten, es werde aus der ganzen Sache nichts werden, meinte dagegen Hurter, Gott erhalte ja auch den kalten Winter hindurch den Saamen in der Erde, so daß er im Frühjahr wieder lustig emporsprosse; er werde an diesem edeln Saamenkorn nicht stiefväterlich handeln. — Aber der Winter von 1708 auf 1709 war gar streng und dauerte lange; der Frost zerstörte alle Hoffnung auf den Ertrag des Weinstocks, der Schaffhausens Hauptreichthum ist, sowie der Bäume und theilweise der Saatfelder. Die Lebensmittelpreise gingen sehr in die Höhe und die Bauaussichten wurden gar trübe. Auch unserm Hurter fiel solcher Stand der Dinge schwer auf's Herz, und er dachte darauf, lieber ein schon gebautes Haus zu kaufen. Er hörte wirklich von zwei feilen Häusern auf der Steig. Als man aber nachsah, war das eine schon verkauft und das andere paßte durchaus nicht für eine Schule.

Jetzt erweckte derjenige, der die Herzen der Könige leitet wie die Wasserbäche, zwar nicht das Herz eines Königs; denn einen solchen haben die Schweizer nicht, wohl aber die Herzen der Räthe des Landes, also daß die Obrigkeit, als endlich am 6. Mai der Bau begonnen worden war, so viel Fuhren und Frohnen bewilligte, als mangeln würden über die, welche andere Freunde schon versprochen; ferner ein Fuder Wein, 10 Mutt Korn und 100 ₰ an Baar. Das war ein feines Angeld. Aber dabei blieb es nicht. „Herr Pfarrer," sagte einer, „Ihr habt letztes Jahr mein Anerbieten an Korn und Wein von der Hand gewiesen, dieses Jahr werdet Ihr's wohl brauchen können; 's steht parat." Und so sprachen Andere auch und gaben noch über das Versprochene, obwohl jetzt alles theuer war. Einer ließ die 15 Gulden, die ihm ein Anderer schuldete, am Schulhausbau abverdienen, und mehr als ein Bürger stellte sich als Ehrentaglöhner ein.

Die Hand des Herrn war in dieser Sache offenbar. Vielmal, da Hurter gar nichts mehr hatte und doch die Arbeit bezahlen sollte, kam auf der Stelle gerade so viel, als er brauchte. So war der Keller ausgegraben, das Fundament gelegt, da thürmten sich Hindernisse und Schwierigkeiten in Masse auf; Hurter wußte nicht mehr wo ein und aus, ja es schien, als sollte alles wieder den Krebsgang gehen. Als der angefochtene Mann in der höchsten Noth sich befand, kam ein herzstärkender Brief mit dem Bericht, wie ein ähnliches Unternehmen an einem andern Ort unter den größten Schwierigkeiten dennoch zu Stande gekommen sei. Als bald darauf ein Zweifler dem Pfarrer Vorwürfe gemacht hatte, wie er so leichtfertig ein solches Werk habe beginnen können; wie es nun am Tage sei, daß er es nicht habe hinauszuführen und daß kein Mensch mehr für eine verlorne Sache einen Batzen steuern werde, da wollte dem guten Pfarrherrn das Herz brechen. Denn eine Stunde hernach sollte er einem Arbeiter 9 Batzen bezahlen, und er hatte nicht einmal so viel mehr. Siehe, da kommt eine Dienstmagd und bringt gerade 9 Batzen! Als man sich der Kreuzstöcke wegen berieth und Hurter der Ersparniß wegen hölzerne, die Bauverständigen aber steinerne haben wollten, da ja das Haus ganz von Stein sei, da sandte Jemand 4 Louisd'or — das erste Gold; denn Goldstücke galten damals bei uns noch als eine Seltenheit. Hurter verstand den Wink. Kommt Gold, so darf ich auch solider bauen, und er bestellte — steinerne Kreuzstöcke. Die Maurer, die den Keller gewölbt hatten, hatten 10 Gulden zu fordern; nur Hurter wußte das; am Zahltage aber schickte ein Adelicher gerade 10 Gulden!

Am 27. Juni befand sich Hurter auf dem Wege zur Kirche. „Habt nichts für ungut, Herr Pfarrer," redete ihn ein Handwerksmann an und drückte ihm ein beschwertes Papier in die Hand. Hurter öffnete es nicht. Kaum war er wieder zu Hause, so bat ihn ein Nachbar um Ersatz für das Gras, das ihm durch's Bauen verderbt worden sei; sie wurden um 3 Gulden eins. Als Hurter das Papier aus der Tasche zog, waren 3 ℔ darin, und der Schade war mehr als gut gemacht. Die meisten Fuhren geschahen freiwillig; da nun die Heuernte anging und um eben diese Zeit von verschiedenen Seiten her ein böser Wille unter den Leuten dieses Baues wegen erregt wurde, fuhren dennoch mitten in der Heuernte vier Wagen auf einmal daher und boten ihre Dienste an, und so geschah es mehrmals. Beim Aufrichten des Dachstuhls sollte man 12 Gulden haben; denn soviel war dafür akkordirt; da sandte eine Wittwe auf eben diesen Tag gerade so viel; eigentlich 18 Gulden, aber 6 davon war man für Fuhren schuldig. Am 9. November sandte eine Unbekannte ausdrücklich zu den Fenstern 8 Dukaten, und um eben diesen Preis hatte sie der Glaser zu liefern versprochen. Ob der Scherin dies bekannt war, wußte Hurter nicht; er erfuhr ihren Namen nie.

Die Widerwärtigen und Tadler aber, als sie zu ihrem Verdruß merkten, daß die Sache auch ohne sie fortgehe, wußten jetzt wenigstens das auszusetzen, der Pfarrer baue zu kostbar für eine Armenschule; es sei sündenhaft, so das geschenkte Geld für Luxus zu verwenden, und doch hatten sie nichts für das Werk gethan. Gerade jetzt aber verfertigten die Steinmetzer ohne Hurters Wissen und Willen eine zierliche Verdachung über das Portal. Als der Bielgeplagte hievon Kenntniß erhielt, machte er den Arbeitern Vorwürfe und fürchtete, was jetzt erst die bösen Zungen sagen würden. „Habt nur gar keinen Kummer, Herr Pfarrer," riefen lächelnd die treuherzigen Arbeiter, das soll Euch keinen Pfennig kosten; diese Arbeit machen wir als eine Zugabe und als ein kleines Geschenk an Euren Bau, und wer das tadeln will, hat's mit uns zu thun."

So kam dieses gute Werk trotz aller Widerwärtigkeiten zu Stande. Zwar die Arbeiter selbst glaubten bis gegen Herbst hin nicht, daß es vor Einbruch des Winters noch werde unter Dach kommen; denn war eine Schwierigkeit gehoben, so zeigte sich nur zu bald wieder eine andere. Aber der Glaube, der nur auf den Herrn steht, drang muthig hindurch und so, daß Zweifler, Ungläubige und Spötter zu Schanden wurden. Leute aus allen Ständen und Altern wurden willig, das schöne Werk zu fördern, und selbst die Geringsten wurden erfinderisch, um wenigstens ihr Scherflein in ihrer Art beisteuern zu können. Arme Bauern stellten sich für einige Tage als Arbeiter, Andere halfen mit Fuhrwerk; ein Taglöhner hatte 24 Batzen am Bau zu gut. Als man ihm bezahlen wollte, sagte er: „Behaltet's in Gottes Namen; das soll meine Schulsteuer sein!" Der Ofenmacher stellte eine sehr billige Rechnung und strich dann doch 5 Gulden davon. Besonders auffallend ist's, wie viele Wittwen sich für die Sache willig erfinden ließen; sie steuerten Geld, Wein, Frucht, Brod. Um vor dem Winter wenigstens die Schulstube fertig zu bringen, bedurfte es noch eines kleinen Anleihens; sogleich wurde das Nöthige ohne Zinsen dargereicht. Mancher Herzen innerste Beschaffenheit wurde an diesem Wunderbau offenbar.

Am 5. Christmonat 1709 endlich hatten Pfarrer Hurter und andere Theilnehmer die Freude, mit den Kindern von der kleinen finstern Wachtstube in die helle, geräumige Schulstube einzuziehen.

Bietet doch das Haus eine Aussicht dar, die ein fühlendes Menschenherz erquicken kann. Dein Auge weilt zuerst auf schönen Weinbergen, dann auf dem klaren Rhein, dessen jenseitiges Ufer bald wieder emporsteigt zu wein-, wiesen- und waldreichen Abhängen. Gegen Morgen und Süden breiten sich einzelne Stadttheile aus, gegen Südwesten aber erheben sich der Uetliberg ob Zürich und der Pilatus ob Luzern, und weiter entfernt schließen den Gesichtskreis die mit ewigem Schnee gekrönten Häupter der Unterwaldner- und besonders der Berneralpen.

Doch nicht die Aussicht begeisterte den Stifter des Hauses, wohl aber die Einsicht in die Wunderwege des barmherzigen Gottes. Er hielt eine liebliche Predigt über Matth. 18, 4. von dem freundlichen Umgang des Heilandes mit den Kindern und weihete das Haus mit Gebet und Lobpreisung und Einsegnung des Lehrers. Die Kinder aber sagten den 103. Psalm her, und Dankes- und Freudenthränen flossen reichlich.

Es hatten nunmehr etliche und siebenzig meist arme Kinder eine eigene Schule gefunden; aber dabei sollte es nicht stehen bleiben. Allerlei Winke waren vorhanden, daß Gott noch Weiteres im Sinne habe. Es sollten arme Kinder nicht nur eine Schule, sondern verlassene Waisen in diesem Hause ein Obdach und christliche Pflege finden. Hatte doch schon während des Baues Jemand 200 Gulden mit der ausdrücklichen Bedingung vergabt, daß die eine Hälfte zum Bau, die andere aber zur Erziehung und Verpflegung armer Waisen in diesem Haus verwendet werden sollte.

An Räumen fehlte es nicht, und bald waren etliche Zimmer zur Aufnahme armer Kinder eingerichtet, und schon am 20. Juli 1711 zog eine Wittwe mit sieben Kindern ein. Am 23. November wurde die erste Ganzwaise aufgenommen, und aus dem verdorbenen Bettelkinde wurde ein recht brauchbarer Christenmensch. Mit der Zahl der Waisen mehrte sich die Zahl der willigen Geber. Am Ende des Jahres 1714 waren es schon 17 junge Seelen, die der Pflege bedurften, und darum gereichte es Hurtern zu großem Troste, daß sich eine wackere Frau entschloß, um Gottes- und nicht des Geldeswillen als Waisenmutter einzutreten. Aber auch jetzt wieder ging es bei dieser großen Haushaltung durch allerlei Sorgen und Nöthen und wunderbare Hülfserweisungen hindurch. So fehlten einmal zu einer Zahlung 10 ℔; wenige Tage später ging ein Wechsel dieses Betrages ein. Ein Hausvater sandte Geld und bat für sich und seine Kinder um die Fürbitte der Waisen. Einer hatte unrechtes Gut an sich gebracht, und da es ihn reuete und er's wieder erstatten wollte, wurde er angewiesen, es auf die „Steig" zu tragen. Ein kranker Knabe hatte bei seiner Genesung ein Geldgeschenk erhalten: es wanderte lustig in die Waisenbüchse. Kurz und gut: der Herr war mit der Anstalt, und sie gedieh fröhlich. Im Waisenhause galt der Spruch: Bete und arbeite, und beides wurde fleißig getrieben.

Der fromme Stifter des Hauses aber, der mit einigen gleichgesinnten Amtsbrüdern sich verbunden hatte, Erbauungsstunden zu halten, und sowohl auf als unter der Kanzel auf einen lebendigen Glauben drang, welcher sich nicht in todter Rechtgläubigkeit, sondern in Selbstverleugnung und Liebe bewähren sollte, stieß damit sehr an. Die Erbauungsstunden wurden verboten, während andere Leute zu Wein, Spiel und Tanz ungehindert zusammen kommen durften. Ja es kam nach allerlei Zwischenfällen und Plackereien so weit, daß Hurter mit fünf anderen Glaubensgenossen aus der Geistlichkeit gestoßen wurde, zum größten Schaden dieser Geistlichkeit selber, die sich so des „Salzes" beraubte.

Georg Hurter aber zog nach einem thätigen Christenwandel in seinem höhern Alter in sein liebes Waisenhaus auf der Steig, wo er sich ein Stübchen hatte zurecht machen lassen. Er wollte aber nur zur Miethe wohnen und bezahlte getreulich alle Jahre seinen Zins an die Anstalt. Sein Sinn wandte sich immer mehr der oberen Heimath zu, in die er auch am 28. Mai 1721 sanft und selig einging. Die Waisenanstalt auf der Steig ist später in die Stadt gewandert; aber als Schulhaus dient das Gebäude jetzt noch. Unter der von den Steinmetzen freiwillig gefertigten Verdachung über dem Portal aber liesest du die Worte aus Psalm 138, 8:

„Herr, das Werk deiner Hände wollest du nicht lassen!"

Etwas von den alten deutschen Landsknechten.

Landsknechte nennt man bekanntlich die Kriegsleute, die sonderlich im fünfzehnten und sechszehnten Jahrhundert, als die stattlichen Ritter in ihrer blanken Stahlrüstung den neu erfundenen mörderischen Feuerwaffen, dem Feuerrohr und der Kanone, nicht mehr Stand halten konnten, unter eigen erwählten Hauptleuten in allen Landen weit und breit die Kriege ausfochten. Denn bazumal gab es noch keine Casernen im deutschen Land, und Niemand brauchte nach dem Gesetz bei der Fahne zu dienen. Wenn's Krieg gab, entweder mit den übermüthigen Franzosen im Westen, den listigen Italienern im Süden, oder den Türken im Osten, so hieß der deutsche Kaiser die Werbetrommel rühren, und auf den Märkten, Gassen und Heerstraßen sammelte sich das junge Volk in hellen Haufen, zumal wenn ein erprobter Führer, wie der Frundsberg, der Sickingen, der Schärtlin von Burtenbach u. a. sich an die Spitze stellten. „Da flog und schwärmte es zu, wie die Fliegen im Sommer, daß man sich wunderte, wo die Schaaren alle herkamen." Alsdann wählten die einzelnen Haufen unter sich die Erprobtesten zum Anführer: den Wachtmeister, den Rottenmeister, den Hauptmann, bis zum Obristen des Fähnleins hinauf. Ein Jeder war gekleidet und bewaffnet, wie es ihm beliebte, der Eine mit einer Pickelhaube, der Andere mit einem Federbaret oder mit einem Hute, dieser mit einer engen, jener mit einer weiten, gepauschten Pluderhose, der Eine mit einem Wamms, der Andere mit einem Mantel angethan, dabei mit den verschiedensten Waffen ausstaffirt: mit Hellebarden, Partisanen, Morgensternen, Faußhämmern, Schlachtschwertern oder dem kurzen breiten Landsknechtdegen: ein bunter, wild aussehender Haufe. Dabei trug männiglich ein auf seinem Gewande aufgenähetes rothes Kreuz und über dem Harnisch eine rothe Binde. Daß der wilde Haufe es doch aber nicht gar zu toll triebe, dafür sorgten strenge Gesetze, die ein Jeglicher beschwören mußte, und deren geringste Uebertretung die strengste Bestrafung nach sich zog. Ein ehrlicher Landsknecht, hieß es, soll Gott und seine Heiligen nicht lästern, Frauen, alte Leute und die Geistlichen, sowie die Kirchen ehren und beschirmen, gotteslästerliches Fluchen und Schwören unterlassen, Mühlwerke, Backöfen, Pflüge ungeschoren lassen. Der Fähndrich als der, welcher des Regimentes Kleinod, die Fahne, zu bewahren hatte, mußte also schwören: „Wenn Ihr werdet in eine Hand geschossen, darein Ihr das Fähnlein traget, so werdet Ihr es in die andere nehmen; werdet Ihr an derselben Hand auch beschädigt, so werdet Ihr das Fähnlein in's Maul nehmen und fliegen lassen. Sofern Ihr aber vor solchem Allem von den Feinden überwältiget werdet, so sollt Ihr Euch in's Fähnlein wickeln und Euern Leib und Leben dabei und darinnen lassen, ehe Ihr Euer Fähnlein übergebt."

Und es werden Fälle erzählt, wo das Gebot buchstäblich von heldenmüthigen Fähndrichen vollzogen worden ist. Ueberhaupt aber waren die Landsknechte wegen ihrer Tapferkeit in allen Landen hoch berühmt; freilich trieben sie's nach vollbrachtem Sieg mitunter recht toll. So führten die lutherischen Landsknechte nach der Erstürmung Roms einstmals in St. Peter eine Comödie auf, indem sie verkleidet bei einem Mummenschanz den Pabst von seinem vergoldeten Thron herunterwarfen und ihren deutschen Landsmann, den Doctor Martin Luther, der damals noch in Wittenberg lebte, an seine Stelle setzten, und ihm ein lustiges deutsches Hoch ausbrachten, wie es St. Peter nie wieder gehört.

Wie es aber unter allerlei Volk noch nie an Leuten gefehlt, die Gott fürchten, so auch unter den Landsknechten. Ist doch überhaupt das Kriegshandwerk ein gar ernstes, sonderlich wenn die Kugeln pfeifen und die Cameraden rechts und links niedergehauen werden.

So war es unverbrüchliche Sitte bei den Landsknechten, daß sie vor dem Beginn der Feldschlacht auf die Kniee niederfielen, ein Gebet verrichteten und ein geistliches Lied anstimmten. Wenn dann das Gebet gesprochen war, warf das Regiment nach uralter Kriegssitte den Staub hinter sich, oder schüttelte ihn von Schuhen und Wämsen, gleich als entledigte es sich dadurch alles Schlechten und weihete sich der Fügung Gottes in der Schlacht. Dann senkten die Knechte die Spieße, und mit dem Sturmangriffe auf offenem Felde erscholl aus voller Brust das Kriegsgeschrei: „Her, her!" als Herausforderung des Feindes.

Es saßen einmal zwei ächte Genossen solcher Landsknechtengemeinde am anderen Sonntage nach Trinitatis, da man vom großen Abendmahl predigte, zu Schwabach in der Kirche, und hörten der Predigt zu. Als sie da vernahmen, wie die Armen, Krüppel und Lahmen geladen werden, und für die Bettler auch noch Raum ist, wird dem Einen das Herz bewegt, und er spricht zu seinem Gesellen: „Walt Gott, lieber Bruder mein, wenn wir zu Feld müssen und der Tod die Trommel dazu schlägt, daß wir alsdann auch zur Tafel Christi und seiner Heiligen angenommen werden. Wir sind auch von den Landstraßen und Zäunen her, erbarm's Gott! und rechte Bettler!" Damit deutet er auf das elende Leben, das solch ein Bruder Veit führen muß, wenn kein Krieg ist und er nicht stehlen will.

Wie nun jene Beiden aus der Kirche gehen, hören sie großes Geschrei und die Trommeln schlagen durch die Gassen. Die Feinde waren unversehens herangerückt und wollten das Städtlein überfallen.

Da mußten die Landsknechte mit ihrem Fähnlein der Trommel folgen, und alsbald liegt der Eine, der so gesprochen, verwundet da. Als nun die Feinde in die Flucht geschlagen sind, will sein Camerad nach ihm sehen. Da sitzt der Verwundete an einem Baum in großer Schwachheit, die Augen gen Himmel gerichtet. Als der Andere fragt, wie es mit ihm stehe, sagt er nur: „Bruder, es ist noch Raum da!" und ist damit selig entschlafen.

Wem solche Geschichten von Landsknechten gefallen oder mehr davon wissen möchte, der lese das Büchlein, das Pastor Caselmann neulich herausgegeben: „Das Leben Frundsbergs" betitelt.

Nachrichten aus dem Rauhen Hause.
(Ursprünglich für das Hauptblatt bestimmt.)

Indem während der letztverflossenen Wochen die internationale landwirthschaftliche Ausstellung eine ungeheure Menge von Fremden nach Hamburg geführt, ist auch in der hiesigen Anstalt der Verkehr von Besuchenden zahlreicher als es sonst der Fall zu sein pflegt, gewesen. Doch würde dessen hier nicht von uns erwähnt worden sein, wenn Gottes Hand uns auf diesem Wege nicht einen besondern Segen bereitet hätte, dessen sich mit uns noch viele andere freuen wollen. Unter den freilich mancherlei Sorgen, mit denen wir uns seit länger getragen, war namentlich auch die, welche aus der Baufälligkeit und großen Engigkeit der einen unserer hiesigen Kinderwohnungen, nämlich des s. g. Bienenkorbs hervorging. Dieselbe entsprach nicht mehr dem Bedürfniß einer erwünschten Herberge für die betreffende Kinderfamilie und den dazu gehörigen Brüderconvict. Demgemäß war bereits der Beschluß gefaßt, das ganze Haus abzubrechen und statt seiner eine zweckmäßigere Wohnung nach der Art der Schönburg zu errichten. Doch war an die Ausführung nicht zu denken, bevor nicht Mittel und Wege gefunden, die wenigstens für uns nicht unerheblichen Kosten einer solchen Bauunternehmung zu decken. Schon waren allerlei darauf bezügliche Pläne gemacht, auch hatten sich in den Verhandlungen darüber allerlei Hoffnungen an die internationale Ausstellung selbst geknüpft, ob während derselben vielleicht eine Versammlung von Freunden des Hauses veranlaßt werden solle u. dgl. Allein das Alles erschien unausführbar und war offenbar nicht der richtige Weg. Es wurde nachher klar, wir sollten auch in diesem Fall nichts machen, sondern wieder warten und uns geben lassen, was uns Gottes Herz und Hand, und wäre es auch durch das

Mittel der internationalen Ausstellung, zugedacht. Und wie ist das geschehen? Ganz unerwartet in einer frühen Morgenstunde erschien am 15. Juli in unserm Rauhen Hause Se. königliche Hoheit der Großherzog von Mecklenburg. Die Liebe und Theilnahme des hohen Herrn für unsere hiesige Arbeit ist uns längst bekannt, namentlich durch seine schon früher wiederholten Besuche, zusammen mit seiner Gemahlin, der Großherzogin Auguste, die,- wie es Menschen bedünken möchte, (doch Gottes Gnadengedanken gehen über unsere Vernunft!) Ihm und ihren Kindern und ihrem Lande viel zu früh genommen worden.

Nachdem der gütige Fürst auch dießmal wieder alle Einrichtungen mit der Liebe, deren Gedächtniß unter uns nicht vergessen ist, gesehen und auch von unsern Wünschen hinsichtlich des Bienenkorbes gehört, wollte derselbe beim Abschied diese seine Liebe und Theilnahme für das hiesige Werk besiegeln und that es mit der Erklärung, daß er jenes Kinderhaus nunmehr wirklich neu gebaut wünsche, daß aber darnach er, der Großherzog, die Kosten dieses Neubaues tragen werde. Es wird nur wenigen Lesern aus dem „Festbüchlein" die Geschichte bekannt oder erinnerlich sein, wie der erste Bau des Bienenkorbes einst in ganz ähnlicher Weise zu Stande gekommen. Wer es aber weiß, der wird doppelt dankerfüllt hier die freundliche Hand unsers Gottes erkennen, der nicht aufhört, das Rauhe Haus zu segnen und mit den Zeugnissen seiner Barmherzigkeit zu stärken inmitten der sonstigen Nöthe und Kämpfe, die ihm reichlich zu Theil geworden.

Unsere Freunde hätten nur sehen sollen, welche Bewegung durch die im Betsaal versammelte Hausgenossenschaft ging, als ihr in der nächsten darauffolgenden Hausandacht diese Botschaft mitgetheilt wurde, und wir gemeinsam dem Herrn die Opfer des Dankes und für das fürstliche Haupt, durch das unserm Hause dieser neue Segen bereitet worden, unser Gebet darbringen konnten.

Allein es fehlte nun abermals etwas. Wenn nämlich der Bienenkorb neu gebaut werden und der Grundstein dazu noch in diesem Jahre gelegt werden sollte, dann fehlte es für die Zeit eines Jahres wieder an einer vorläufigen Wohnung für die Knabenfamilie des Bienenkorbes. Dazu ließe sich wohl der obere Stock des Schweizerhauses, der jetzt für die Buchdruckerei mit verwendet wird, einrichten, nur daß dazu abermals, namentlich zur Anlage einer neuen Treppe mehrere hundert Thaler nöthig sein würden. Bei dem überaus schlechten Stande unserer Casse war diese Summe ohne außerordentliche Hülfe unerschwinglich, und fragte es sich wiederum, woher das Geld nehmen? Aber siehe! da hört einige Tage darnach Jemand, es war ein alter Freund des Hauses in Hamburg, wie zufällig davon — und alsobald stellte er seinestheils zu diesem Zweck die nöthige Summe für die „Bienen" zur Verfügung. Und abermals war der Verlegenheit abgeholfen.

Ist das nicht Gottes Vaterhand, die, wie für alle, die auf ihn hoffen, also auch für unser Rauhes Haus sorgt? Darum wollen wir nicht aufhören ihm zu trauen! Die Ehre ist sein.

Wie viele Jahre sind wir nunmehr reich und immer reicher geworden an solchen Erfahrungen seiner Liebe und Hülfe! Er wird auch ferner helfen, deß sind wir gewiß. Zu solchem Vertrauen werden wir noch durch einen besondern Umstand aufgefordert. Wir haben schon oben gesagt, daß die Casse des Rauhen Hauses diesen Augenblick keineswegs besonders bestellt ist, so daß wir abermals auf außerordentliche Hülfe angewiesen sind. Schon einmal fehlte unserm Cassirer in diesem Jahre bei einem Monatsschluß an 1000 ℳ. Eine außerordentliche Gabe half auch über diese 1000 ℳ hinweg. Nun aber ergiebt sich für das Neue Jahr ein Deficit von circa 1500 ℳ. Dasselbe muß gedeckt werden, und es ist unsere Aufgabe als gute Haushalter — nicht zu sorgen! das sollen wir nicht, und wie könnten wir das nach solchen Erfahrungen? — aber wohl Fürsorge zu treffen, und dazu fordert Gott unsere Gebete, unsere Gedanken und unsere Arbeit. Da ist es mir erschienen, als ob ich es den Lesern der Fliegenden Blätter und namentlich auch des Beiblattes, einmal schuldig wäre, ihnen dieß Alles einfach vorzulegen und es ihnen dann zu überlassen, nachzusehen, ob Gottes Geist nicht auch sie auffordert, dem Rauhen Hause einmal eine freundliche Hülfe zu leisten, ob es nicht auch ihnen eine Freude ist, auch ihrestheils mitzuhalten am Bau und Weiterbau des hiesigen Werkes?

Alle, die so dazu stehen, will ich hiermit geradezu gebeten haben, und für das Rauhe Haus zur Deckung jenes Defizits ein Scherflein zu senden. Ich bitte, eine derartige Liebesgabe an mich, hieher nach Hamburg zu adressiren. Der Herr wird es vergelten.

Dabei will ich daran erinnern, daß das Rauhe Haus am 12. September dieses Jahres (der Tag des Festes wird noch näher bestimmt werden) sein 30jähriges Stiftungsfest feiern wird. Der Schluß der drei Jahrzehende fordert zu einer besondern Feier des Tages auf, der an so viele Segnungen unsers Gottes erinnert. Zugleich wünsche ich, daß wir damit einen Brüdertag verbinden — eine Nachricht, die ich hiermit den fernen Brüdern mittheile. Ich bitte, daß diejenigen, welche glauben an diesem Brüdertage theilnehmen zu können, sich rechtzeitig melden, damit es möglich werde, alles dazu Erforderliche rechtzeitig zu ordnen.

Noch habe ich den Brüdern die Trauernachricht zu bringen, daß am 2. Juli d. J. unserm frühern Bruder Fr. Meyer (68), der 9 Jahre lang, bis zum Jahre 1859, in der Nähe von Bärwalde in Hinterpommern Hausvater eines Rettungshauses war und dann aus besonderen Gründen sich anders einrichtete und in Bärwalde als Handelsgärtner mit seiner Familie gewohnt, ganz unerwartet nach nur zweitägiger Krankheit gestorben ist. Er hinterläßt eine Wittwe mit 6 Kindern. Die Liebe der Vielen, die ihn in Bärwalde und in seiner früheren Arbeit gekannt, nimmt sich der Hinterlassenen in großer Theilnahme an. Der Herr wird sich auch gegen sie als Vater der Wittwen und Waisen bezeugen. Alle die ihn seit seinem Eintritt im Jahre 1850 in unsere Brüderschaft gekannt, wissen, wie treu und aufrichtig er zum Evangelium stand und so ist er geblieben bis zu seinem Ende. Ebenso hat er treu zur Gemeinschaft unserer Brüder gehalten, wenn auch sein Beruf in den letzten Jahren ein anderer werden mußte. Geboren den 29. Mai 1823 und gestorben den 2. Juli d. J., hat er sein Alter auf 40 Jahre gebracht. Sein Gedächtniß wird unter uns in Segen bleiben.

Fünfundzwanzig Arbeiter werden gesucht
von der
Brüderanstalt des Rauhen Hauses.

Die Anforderungen an unsere Brüderanstalt im Rauhen Hause sind so zahlreich und die Anmeldungen von Jünglingen, die Willens oder wirklich geeignet sind, in die Arbeit der inneren Mission einzutreten, sind verhältnißmäßig leider so wenig, daß ich abermals wie im vorigen Jahr alle, die dazu helfen können hiemit auf das angelegentlichste bitte, der hiesigen Brüderanstalt oder der im Johannesstift zu Berlin solche Mitarbeiter zuzuweisen. Es handelt sich darum, christlich gesinnte, unbescholtene, geistig und leiblich gesunde und tüchtige junge Männer zwischen 20 und 30 Jahren, die aber unverlobt sein müssen, zu finden; dieselben müssen sich bereit erklären, nach einem mehrjährigen theoretischen und praktischen Unterrichtscursus hier im Rauhen Hause zu Horn oder im evangelischen Johannesstift zu Berlin einen Dienst christlicher Liebe, je nach der Gabe, die den Einzelnen gegeben ist, unter Kindern oder Armen, unter Kranken oder Gefangenen oder Verlassenen und Hülfsbedürftigen irgend welcher Art zu Stadt oder

Land, in Anstalten verschiedenster Art, in Vereinen, Schulen, Gemeinden innerhalb oder außerhalb der Heimath, in geordneten Verhältnissen, zu ihrem Lebensberuf zu machen. Bei ihrem Eintritt haben dieselben nachzuweisen, daß sie bis dahin entweder als Lehrer, oder als Handwerker, Landwirthe, Kaufleute thätig gewesen, oder daß sie sonst einen ordentlichen Lebensberuf erlernt haben, den sie um des neuen Lebensberufes willen aufzugeben entschlossen sind. Nachdem im vorigen Jahre auf eine ähnliche Aufforderung hin vierundzwanzig geeignete junge Leute sich gefunden, suche ich jetzt wieder deren fünfundzwanzig.

Es gilt Arbeiter in ein großes zur Erndte reifes Feld zu entsenden. Bereits über dreihundert Brüder sind von hier in diese Arbeit eingegangen und stehen in treuem Bunde, wenn auch weithin unter der deutschen evangelischen Christenheit zerstreut, zusammen. Wer der Aufforderung folgt, mehrt diese Schaar und wird mit ihr der Segnung der Gemeinschaft und gemeinsamen Arbeit für Gottes Reich theilhaftig werden. Wer sonst nicht gebunden ist, der komme und helfe und wende sich vertrauensvoll an den Unterzeichneten, der dann die näheren Aufnahmebedingungen mittheilen und was sonst zu fragen beantworten wird.

Geistliche und Lehrer, namentlich auch Vorsteher von Jünglingsvereinen, denen wir schon so viele Mitarbeiter verdanken, und sonstige Freunde werden um weitere Verbreitung dieses Aufrufs gebeten. Dieselbe Bitte wiederhole ich an befreundete Redactionen, indem ich denselben zugleich für frühere Berücksichtigung solcher Bitte hiemit herzlich danke.

Die Meldungen erbittet sich der Unterzeichnete frankirt hierher nach Horn.

Horn bei Hamburg.   Dr. Wichern.
Juli 1863.   Vorsteher des Rauhen Hauses.

Inhalt des Beiblattes: Ich bin ein armes, armes Kind. — Vater Hurter auf der Steig. — Etwas von den alten deutschen Landsknechten. — Nachrichten aus dem Rauhen Hause. — Fünfundzwanzig Arbeiter werden gesucht von der Brüderanstalt des Rauhen Hauses.

Inhalt des Hauptblattes: Welche Aufgaben empfehlen sich unsern Presbyterien und Synoden zur Behandlung in Beziehung auf die Stärkung des Gemeindelebens? (Vortrag auf der Pastoral-Conferenz in Bonn, gehalten am 1. Juli 1863.) — Die erste Schlesische Conferenz für innere Mission. — Die Pflege des kirchlichen Gemeinschaftslebens im Amte Herborn, Herzogthum Nassau. — Genossenschaftliches. — Nachrichten aus dem Rauhen Hause: Specielles; Quittungen.

Herausgeber Dr. Wichern, Vorsteher des Rauhen Hauses. — Verlag der Agentur des R. H. zu Horn bei Hamburg. — Gedruckt im R. H.

Beiblatt der fliegenden Blätter aus dem Rauhen Hause.

Volksblatt für innere Mission.

Auguste, Großherzogin von Mecklenburg-Schwerin.*)

Als die Pfingstglocken des Jahres 1822 (am 26. Mai) das herrliche Fest einläuteten, wurde Auguste Wilhelmine Mathilde, Prinzessin Reuß, ihren frommen fürstlichen Eltern auf ihrem Stammsitze zu Klipphausen bei Dresden geboren. Eine schöne Bedeutung ging, wenn auch Manchen noch lange verborgen und unerkannt, von diesem Zusammentreffen aus: es stellte ihr ganzes Leben zu edlem, stillem Friedenswerke unter die besondere Obhut des heiligen Geistes. Beide Eltern hatten den Segen eines frommen Sinnes von ihren Vorfahren ererbt; denn das ist die wahre Bedeutung der Tradition im evangelischen Sinne, wie sie sich hier in der fürstlich Reuß'schen und gräflich Stolberg'schen Familie immer erhalten hat bis auf den heutigen Tag. Aber das Leben dieser jungen Pilgerin wurde auch frühe von Gott unter den ernsten Aufblick zum Ewigen gestellt; sie verlor ihre theure Mutter schon im fünften Lebensjahre, und wenn sie nachmals auch in einer Schwester derselben, mit welcher der Vater sich wieder verband, eine treue Mutter wieder bekam, so blieb doch in dem Wesen des fröhlich spielenden Kindes eine wehmüthige Sehnsucht und ein Zug zur Stille des inneren Lebens zurück. Hier hielt sie den treuen Heiland fest, den sie früh kennen gelernt, berieth mit ihm alle Sorgen und Entschließungen ihres leicht erregbaren, tief empfindenden Herzens, und fand so nicht blos Halt und Trost, sondern auch die Festigkeit und Zuversicht eines gewissen Geistes, durch welche sie bei aller Zartheit ihrer Natur im späteren Leben so große Stärke bewähren konnte.

---

*) Unter dankbarer Benutzung des vom Oberhofprediger Jahn entworfenen trefflichen Lebensbildes (Schwerin, Hildebrand, 1863) abgefaßt.

Einem solchen Gemüthe, das voll thätiger Liebe in die Interessen der Welt hineingreifen will, tritt die Berührung oft unsanft und rauh entgegen, es zieht sich scheu und verletzt zurück. „In dem Herzen des natürlichen Menschen ist die Liebe immer mit Selbstsucht versetzt, und die Arbeit des himmlischen Schmelzers geht dahin, das Gold von den Schlacken zu läutern."

Am 6. October 1838 sprach die Prinzessin Auguste nach einer schön verlebten, unter das Licht des göttlichen Wortes gestellten Kindheit ihr selbstverfaßtes Glaubensbekenntniß in der Kirche zu Kliz bei Bautzen und wurde öffentlich confirmirt. Das Wort des Propheten Jesaias (49, 15 f.): ich will deiner nicht vergessen, siehe, in die Hände habe ich dich gezeichnet, das ihr der Prediger nach der Einsegnung warm an's Herz legte, blieb ihr fortwährend, und selbst noch auf dem Sterbebette, gegenwärtig. Sie hat es selbst später bezeugt, daß eine andere ernstere Richtung in dieser schönen Zeit in sie gekommen sei; ihre persönliche Richtung trat jetzt lebendiger und klarer hervor, es war darin etwas der Brüdergemeinde Verwandtes, zu der ihr väterliches Haus seit vielen Geschlechtern in freundschaftlichen Beziehungen gestanden hatte; aber es war nichts Entlehntes oder äußerlich Bedingtes, sondern etwas innerlich Erfahrenes, der Grundzug ihres eigenen Glaubenslebens: Die Innigkeit der Liebe zum Heilande, das unmittelbare persönliche Verhältniß zu Ihm, das gläubige Ruhen in Seiner Versöhnung, das war der Schatz ihres Herzens, mit welchem sie fröhlich auf dem Grunde des lutherischen Bekenntnisses stand. Mit großer Gewissenhaftigkeit achtete sie auf alles Einzelne und zog einen Gewinn für ihre Seele daraus; nichts war ihr unbedeutend, in Allem erkannte sie Wink und Fügung des Herrn: das aber trug ihr eine reiche, heilsame Frucht ein.

Unmittelbar nach ihrer Confirmation am Dresdener Hofe eingeführt und mit der größeren Welt bekannt gemacht, lernte sie durch wunderbare Fügung hier den damaligen Erbgroßherzog Friedrich Franz von Mecklenburg-Schwerin kennen, der das Blochmannsche Institut besuchte und dort mit ihrem Bruder befreundet ward, und sah ihn in den beiden nächsten Wintern in den geselligen Kreisen des Dresdener Hofes zum öfteren. Was sie schon damals für einander empfanden, gestanden sie sich wohl kaum selbst, und als nach einem Besuche in Klipphausen im Sommer 1840 alle persönlichen Berührungen einstweilen aufhörten, war vor menschlichen Augen der Zusammenhang und Drängen eines stillen geistigen Bandes unterbrochen oder verhüllt. Aber der Herr läßt das Samenkorn oft lange in der Erde ruhen, daß es hervorkomme zu seiner Zeit.

Die Schule des Lebens sollte für die junge Prinzessin eine Schule der Prüfungen sein. Ihr geistvoller und feingebildeter Vater, an dem sie mit großer Innigkeit hing, starb nach langem Leiden im September 1841. Von nun an trat ihr das Bedürfniß entgegen, ihr inneres Leben mehr zu äußern und sich darüber mitzutheilen; sie sprach sich in Briefen, besonders an ihre Tante, die Fürstin Clementine Reuß, und in ihren Tagebüchern, über das, was sie bewegte, aus. „Welch ein unaussprechliches Glück ist es," schreibt sie darin unter Anderem, „den Heiland zu kennen, und so zu kennen, daß man Ihn mit kindlicher Liebe lieben kann. O, dafür kann ich ja in meinem ganzen Leben nicht genug danken, daß ich Ihn schon so früh kennen lernte, und daß er sich in den späteren Jahren mir noch besonders zu erkennen gab. — Durch Leiden, durch Liebe und durch Geduld hat mein Heiland mich zu sich gezogen." Sie klagt sich selber zum öfteren an, daß ihr Herz noch zu sehr an der Welt hange. Wenn sie dann auch wieder zu Ihm gezogen worden sei, mehr an Ihn gedacht und fleißiger gebetet habe, dann habe die geschäftige Welt sie doch immer wieder von dem Einen wahren Gute abzuhorchen gesucht. „Ach, da erbarmte sich der treue Hirte seines armen Schäfleins und führte es wieder mehr zurück auf den rechten Weg. Freilich geschah dieß nicht ohne viele, viele Thränen, denn durch Leiden und Schmerzen wurde ich mehr zum Gebet getrieben, und dieß brachte mich auch Seinem treuen Vaterherzen wieder näher. Das Erste, was mich besonders schmerzlich berührte, war die zunehmende Kränklichkeit meines geliebten Vaters. Von der Zeit an habe ich erst recht beten gelernt. Ach, da habe ich wohl oft mit dem Herrn gerungen, mir doch nur meinen Vater nicht zu nehmen, habe auch wohl geglaubt, Er könne mir ihn nicht nehmen. Ach, es wurde mir so schwer, aus tiefstem Herzensgrunde zu sagen: Herr, nicht mein, sondern dein Wille geschehe! Wenn wir doch nur immer rechten Glauben hätten und dem Herrn zutrauten, daß Er ja Alles herrlich hinausführt."

Aber bei alle dem, oder vielmehr grade deshalb war sie gegen die eigene Sünde nicht blind. Grade, weil sie dem Herrn so nahe trat und in der Klarheit seines Angesichts sich spiegelte, hatte sie für ihre eigenen Fehler ein so scharfes Auge. Nicht in der Weltflucht

*

und Weltentsagung suchte sie das Heil ihrer Seele: vor solchem Selbstbetruge blieb ihr Herz glücklich bewahrt. Offen lag ihr ganzes Wesen vor dem Herrn da, sie ließ Ihn hineinschauen in die geheimsten Falten desselben. Ihre Empfindlichkeit, in Folge deren sie sich so leicht verletzt und durch Mangel an Gegenliebe zurückgesetzt fühlte, erschien ihr immer mehr als Sünde, je mächtiger die Liebe Christi in ihr wurde. Besonders vor jedem Genusse des heiligen Mahles hielt sie ein strenges Gericht mit sich selbst, worüber sie in ihren schriftlichen Aufzeichnungen oft sich ausspricht. „Laß mich immer tiefere Blicke thun in mein sündhaftes Leben, aber auch in deine Gnade. Sei du mir mein Ein und Alles, und stelle mir das immer klar vor Augen, daß in Dir allein Friede, Freude und Trost zu finden ist." Sie bezeichnet es bei dieser Gelegenheit als ihren Lieblingsspruch, den sie sich auch als Grabschrift wünscht: Es ist in keinem Andern Heil, ist auch kein anderer Name den Menschen gegeben, darinnen wir sollen selig werden. Darum ist denn auch das Gefühl und Bekenntniß ihrer Schuld stets so lauter und wahr, so offen und aufrichtig, sie läßt es auch an der fortgehenden Beobachtung niemals fehlen: „Des Herrn Liebe ist unendlich groß. Er führt mich mit solcher Liebe, und immer, immer bin ich noch unzufrieden, immer möchte ich noch mehr haben. — Schmilz alles Unlautere, Unreine von mir ab, daß zuletzt Dein Bild, mein Heiland, hell und klar sich in meiner Seele spiegele."

Schon in jenen Jahren lag der Gedanke an den Tod ihr nahe. Das Gefühl leiblicher Schwachheit, die Folge eines langsam sich entwickelnden Herzübels, mochte ihr nebst den ernsten Lebenserfahrungen bei wiederholten Todesfällen in ihrer Familie wohl diese Stimmung geben. Ein schönes Gebet in diesem Sinn und Ton schrieb sie im Jahre 1844 nieder: „Herr, wenn Du mich heimholst, dann halte mich fest, verlaß mich nicht in meiner letzten Stunde; gieb, daß ich mich dann allein auf Dich, auf Dein auch für mich vergossenes theures Blut verlasse, und darauf heimgehe. — Gieb auch, daß mir alle Menschen vergeben, womit ich sie gekränkt, betrübt und beleidigt habe; gieb, daß sie mir von ganzem Herzen vergeben, wie ich durch Deinen Beistand hoffe immer thun zu können!" Darum konnte sie auch die vorangegangenen Lieben, eine Jugendfreundin im Jahre 1845, einen geliebten Bruder im Jahre 1847, nachdem sie in heißem Gebet um seine Erhaltung mit dem Herrn gerungen, so glückselig preisen, daß sie so früh zur Herrlichkeit eingegangen, entnommen „aller Sünde, allen Leiden, allen Schmerzen dieser ganzen thränenvollen Sündenwelt!?

Als im Jahre 1844 die bis dahin katholische Dorfkirche in Stonsdorf in Schlesien, dem nunmehrigen Wohnort ihrer Familie als Wittwensitz ihrer Mutter, den Evangelischen zum Mitgebrauche übergeben ward, da jubelte sie voll dankbaren Herzens: „Der Herr hat Großes an uns gethan, deß sind wir fröhlich. — O, mein Herr, wie danke ich Dir, daß ich diesen Tag erlebt habe, auf den wir uns schon seit Jahren gefreut, den zu sehen der sehnlichste Wunsch meines geliebten Vaters war, und die gewisse Aussicht darauf seine letzte Freude."

Jetzt war sie nach der Weisheit und Gnade des Herrn im Dulden, Hoffen und Handeln vorbereitet genug für den hohen Beruf, der nunmehr ihr irdisch Theil werden sollte. Im Sommer 1847 kam der nunmehr seit 1842 regierende Großherzog von Mecklenburg-Schwerin auf einer schlesischen Gebirgsreise zu einem Besuche nach Stonsdorf. In ihm lebte der Jugendeindruck kräftig fort, und er kam, um zu sehen, ob Herz und Hand der damals lieb gewonnenen noch frei sei. Dennoch vergingen zwei Jahre ohne weitere Folgen; es war jene Zeit der tiefsten Erschütterung und Verwirrung Deutschlands, in welcher den zu schwerer Stellung berufenen Fürsten andere Sorgen beschäftigten. Endlich aber fühlte er unabweislich das Bedürfniß, grade in so schwerer Zeit eine treue Gehülfin zur Seite zu haben; seiner Bewerbung entsprach nach ernster Prüfung und Berathung mit dem Herrn das Jawort der Prinzessin, die schon aller Gedanken auf irdisches Liebesglück sich entschlagen zu müssen geglaubt hatte: „Das ist vom Herrn geschehen und ist ein Wunder vor unsern Augen" (Ps. 118, 23.), und: „Ich lobe den Herrn, der mir gerathen hat" (Ps. 16, 7.), schrieb sie als Gedenksprüche dafür bei sich nieder.

Am 3. November 1849 wurde die Vermählung des fürstlichen Paares in Ludwigslust gefeiert. Auf Befragen des Geistlichen wählte sie sich selbst für die Traurede den, wie wir wissen, ihr lieb gewordenen Spruch: Siehe, in die Hände habe ich dich gezeichnet (Jes. 49, 16.), wozu sie als Gedenkspruch den andern merkte: Was Du, Herr, segnest, das ist gesegnet ewiglich (1 Chron. 18, 27.). Und sie konnte hinsichtlich des Eintritts in den neuen Lebensweg getrost sein: sie hatte im treuen Glauben den Herrn mit in ihren Ehestand hineingenommen: „Ich hoffe," schrieb sie, „wir werden Ihn immer den Dritten im Bunde sein lassen." In der gegenseitigen ungetheilten

Hingebung der Gattin ward nicht nur das tiefe Sehnen ihres Herzens gestillt und für die lange Zeit des Entbehrens und Harrens volle Entschädigung gewährt, sondern es wurde auch nun erst die reiche, in ihr schlummernde Liebesfülle frei, nach allen Seiten hin beglückend und segenspendend sich zu erweisen. Sie gewann dabei das volle Bewußtsein von der Gewichtigkeit und Schwere ihrer Stellung; aber mit vollendeter Sicherheit bewegte sie sich in den ungewohnten Verhältnissen, wie es nur durch die christliche Reife und innere Durchbildung ihres Charakters erklärlich war. Und das war von doppeltem Werthe, weil sie gleich im Beginne dieses neuen Lebens als eine Folge der Zeitverwicklungen erfahren mußte, was Friedrich Wilhelm IV. so wahr und bezeichnend aussprach: Die Wege der Fürsten sind thränenwerth und thränenschwer. Sie erkannte die Sünden der Zeit und die Verantwortung der Fürsten, aber mit dem zartesten Takte wußte sie sich in den Schranken ihres weiblichen Berufs zu halten; sie durfte die Sorgen und Erwägungen ihres Gatten theilen, weil sie nie den leisesten Anlaß zu der Befürchtung gab, als könne sie solch Vertrauen mißbrauchen oder täuschen.

Sie erkannte bald das besondere Gebiet ihrer landesmütterlichen Fürsorge: die Unterstützung Nothleidender und die Gründung und Förderung wohlthätiger Anstalten. Sie fand dazu in Ludwigslust und Schwerin bald reiche Gelegenheit. An ersterem Orte, wo sie wegen der Stille und Abgezogenheit besonders gern verweilte, nahm sie sofort Kenntniß von dem zwei Jahre früher durch Fräulein Helene von Bülow daselbst gestifteten Kinderhospitale, welchem diese nebst einer Diakonissin aus Kaiserswerth ihre hingebendste Liebe widmete. In Gemeinschaft mit ihr faßte die Großherzogin den Plan, diese Anstalt dahin zu erweitern, daß in derselben auch erwachsene Kranke leibliche und geistliche Pflege finden, und zugleich einheimische Diakonissen ausgebildet werden könnten. Durch reiche Beisteuer der allerhöchsten Herrschaften und durch anderweitige Liebesgaben wurde der Bau eines größeren Anstaltshauses ermöglicht. Fräulein von Bülow gab dazu einen beträchtlichen Theil ihres Vermögens her und stellte dann sich selbst und die von ihr gegründete Stiftung in den Dienst der Landeskirche, so daß, als am 3. November 1851 das neue Haus, „Stift Bethlehem", geweiht ward, sie als Stifts-Oberin in ihr Amt feierlich eingewiesen wurde. Im Jahre 1854 wurde die Anstalt beträchtlich erweitert durch die Ausführung eines neuen Baues, zu welchem am Geburtstage der Großherzogin der Grundstein gelegt ward. Die edle Fürstin trug die Anstalt fortwährend auf betendem und liebesthätigem Herzen: sie war bei der Einweihung persönlich zugegen, stiftete mit ihrem Gemahl zusammen zum Andenken ihres frühe wieder heimgegangenen kleinen Sohnes Nikolaus zwei Kinderfreibetten, besuchte die Anstalt oft und bewies ihre rege Theilnahme auf mannigfache Weise. Als die hier ausgebildeten Schwestern in der Choleranoth des Sommers 1859 glaubensmuthig an den bedrängtesten Stellen des Landes ihre Hülfe darbrachten, gewährten die Stände des Landes dem

Stifte eine Schenkung von 10,000 ℳ. Nunmehr konnte ein eigener Stiftsgeistlicher angestellt werden, und selbst der Wunsch der hohen Beschützerin nach einer eigenen Kirche für das Stift, wofür sie noch auf ihrem Sterbebette 2300 ℳ vermachte und andere Mittel gewonnen waren, konnte wenigstens so weit vorbereitet werden, daß im Mai v. J. der Grundstein zu der neuen Kirche gelegt werden konnte, was freilich ihren Augen nicht mehr zu schauen vergönnt war.

In Schwerin wandte sie schon im ersten Winter ihre Aufmerksamkeit und Fürsorge dem Carolinenstifte zu, worin mit Hülfe einer Lehrerin und einer Hausmutter je zwölf arme Mädchen erzogen und zu brauchbaren Dienstboten ausgebildet werden. Sie erkundigte sich persönlich nach dem Zustande und der inneren Einrichtung, und traf mancherlei Verbesserungen, indem sie das Protectorat mit der Frau Großherzogin Mutter theilte. Bei vorkommendem Wechsel des Personals war sie auf das sorgfältigste bedacht, die wichtige Wahl zu treffen, entwarf auch eigenhändig die Instruction für die Vorsteherin. Sie führte neben dem von einem Prediger ertheilten Katechismusunterricht noch biblische Geschichte (3 Stunden wöchentlich) und Gesang (1 Stunde wöchentlich) ein, wofür ein besonderer Lehrer angenommen ward. Sie nahm fortwährend von Allem Kenntniß, entschied über die Aufnahme neuer Zöglinge und beschenkte die abgehenden mit einer Bibel, in welche sie eigenhändig einen Gedenkspruch einschrieb.

Nicht minder unterstützte sie mit ihrer thätigen und theilnehmenden Liebe den in Ludwigslust schon früher bestandenen und den in Schwerin 1852 gestifteten Frauenverein für Krankenpflege und Unterstützung der Armen, vornemlich durch Zuweisung von Arbeit. Als insbesondere das Bedürfniß nach einer Versorgungsanstalt für hülflose alte Leute, die nicht mehr durch Arbeit ihren Unterhalt verdienen können und keinen Familienanhalt haben, fühlbar ward, wurde auf Verwendung der Großherzogin Auguste das von ihrem Gemahl angekaufte und der Domkirche zum Eigenthum überwiesene ehemalige Schweriner Schützenhaus nebst zugehörigem Grundstück 1855 vom Großherzoge für diesen Zweck bestimmt und jährlich 500 ℳ zur Dotirung angewiesen. Die Stiftung, mit dem Namen der erhabenen Beschützerin geschmückt und ihrer obersten Leitung übertragen, wurde am 3. August 1855 eingeweiht und eröffnet. Ein Hausvater mit seiner Gattin und vier alte Frauen, als erste Bewohnerinnen, bezogen dieselbe. Der Frauenverein übernahm die leibliche, einer der Domprediger die Seelenpflege. Vorläufig war für acht Frauen Platz, die denn auch innerhalb des ersten halben Jahres nach voraufgegangener kirchlicher Feier in ihre Stuben eingeführt wurden. Die Leutseligkeit und Huld, welche die hohe Frau „ihren lieben Alten" persönlich bei häufigen Anlässen bewies, gewann ihr die Herzen, zumal wenn sie bei eintretenden Krankheits- und Todesfällen selbst an die Betten der Leidenden trat und ihnen tröstende Worte aus der heiligen Schrift brachte. Nachdem ein halbes Jahr später noch vier Wohnungen mehr eingerichtet worden waren, wurde im Jahre 1857 eine Vergrößerung der Anstalt und ein Durchbau des ganzen Hauses vorgenommen. Bisher waren nur im oberen Stockwerk Wohnungen, außerdem ein Betsaal, in welchem Bibelstunden gehalten wurden, zu denen die Bewohner des umliegenden Stadttheils sich zahlreich einfanden. Jetzt wurde nun für vierundzwanzig Personen Raum geschafft, zu deren Unterhalt der Großherzog noch 1000 ℳ jährlich aus den Aufkünften der Herzog Friedrichs-Stiftung anwies, so daß fortan im Ganzen sechzehn Frauen und acht Männer aufgenommen werden konnten. Im Herbste 1858 wurde auch der bisher verpachtete große Garten dem Stift zur Benutzung übergeben und damit seinen Insassen ein Feld nützlicher Thätigkeit und eine Stätte der Erholung gewährt. Auch stattete der Großherzog den Betsaal mit einem Altar aus und ließ denselben kirchlich weihen, wodurch ein lebhaftes Bedürfniß der alten Leute befriedigt ward, die zum Theil den weiten Weg zur Kirche nicht mehr machen konnten. Fortan war dieß die Stätte einer rastlosen Liebesthätigkeit und rührenden Theilnahme von Seiten der Großherzogin und der großherzoglichen Familie. Die Bewohner des Augustenstifts reden noch heute davon, wie bei der Weihnachtsfeier 1860 die Frau Großherzogin mit dem kleinen Prinzen Johann Albrecht auf dem Schooß, und der Großherzog mit den drei älteren fürstlichen Kindern ihm zur Seite unter dem Christbaum gesessen, das Weihnachtslied mitgesungen und dann mit jedem Einzelnen freundlich gesprochen, wie sie so in Gemeinschaft mit den Allerärmsten sich des Heilands gefreut haben, der gekommen ist, uns Alle reich zu machen.

Ein lange gehegter sehnlicher Wunsch der Großherzogin ging jetzt auch in Erfüllung. Das Bedürfniß eines Siechenhauses zur Aufnahme und Verpflegung unheilbarer Kranken wurde immer dringender; sie wünschte es mit ihrem Augustenstifte zu verbinden. Die Mittel dazu kamen aus vorhandenen Stiftungen und neuen Schenkungen, und am 2. Junius 1860 wurde der Grundstein zum Anbau eines neuen Flügels an das alte Stiftshaus gelegt. Die Worte, mit denen die Großherzogin die Hammerschläge that: Im Namen Gottes, zur Ehre Gottes und unter dem Beistande Gottes, bilden jetzt die Inschrift des Treppenhauses in dem neuen Gebäude. Für die innere Einrichtung und Ausstattung sorgte sie selbst, bestimmte jedes Stück des Hausraths und wählte die Sprüche selbst, welche im Saal und in sämmtlichen Zimmern des Siechenhauses angebracht sind. Am 15. October 1861 wurde in ihrer Gegenwart das neue Siechenhaus eingeweiht; fünf Kranke und eine Diakonisse aus Bethlehem zogen ein. Nach der Feier setzte sich die Großherzogin zu der ganzen Hausgenossenschaft mit den Worten: Heute will ich eure Hausmutter sein an dem Tisch. Der Superintendent Karsten hatte in der Weiherede die christliche Liebe zur Unterstützung der Anstalt aufgefordert, und selber zu den ersten sechs Freistellen noch eine neue gestiftet. Mit herzlicher Freude sah die Großherzogin darin „eine Versiegelung, daß ihr liebes Siechenhaus zum Segen des ganzen Landes unter Gottes Beistand wachsen werde."

Die Mittel zu zwei weiteren Freistellen wurden durch wöchentliche Schillingsbeiträge gewonnen. Die Weihnachtsfeier vereinte die ganze fürstliche Familie mit den Pfleglingen der Anstalt im Betsaale; es war der Abschiedsbesuch der Großherzogin, sie betrat das Stift nicht wieder; aber wie sie unaufhörlich dafür sorgte, so fand auch noch am Tage vor ihrem Tode die erste regelmäßige gottesdienstliche Feier darin statt. Sie vermachte auch dieser Stiftung 2500 ℳ, zu Johannis 1862 wurden noch sechs Sieche und eine zweite Diakonisse eingeführt, im November eine eigene Stiftsvorsteherin ernannt und für 1864 ein Weiterbau des Siechenhauses in Aussicht gestellt.

Auch die Schweriner Industrieschule, die Kleinkinderschulen in und außerhalb Schwerins, das Gehlsdorfer Rettungshaus, das Armenkrankenhaus am heiligen Damm bei Doberan, die Schule in Raben-Steinfeld, dem einfach-lieblichen Landsitze der fürstlichen Herrschaften am Schweriner See, haben die wirksam fördernde Liebe der edlen Frau erfahren. Confirmanden, die wegen mangelnder häuslicher Zucht die nöthige Vorbereitung nicht empfangen hatten, ließ sie bei tüchtigen Landschullehrern in Pflege und Unterricht geben. Selbst in die Ferne erstreckte sich ihre christliche Mildthätigkeit. Bei ihrem ersten Besuche des Landes in Ischl (1856) lernte sie die Noth der armen evangelischen Gemeinde in Gallstadt kennen, und wußte auch hier durch die eigene wie durch die anderweitig erweckte mildthätige Liebe zum Kirchenbau mächtig fördernd zu helfen. Als sie 1860 wiederkam, war hier ein Betsaal eingerichtet, in welchem während der Curzeit ein protestantischer Hülfsprediger Gottesdienst hielt. Auch der dortigen kleinen evangelischen Gemeinde, die in Goisern eingepfarrt ist, wurde zu einer Schule verholfen, 1861 ein mecklenburgischer Seminarist als Schullehrer angestellt, ein eigenes Schulhaus erworben und zugleich ein Betsaal darin eingerichtet, auch die Schule mit Lehrmitteln durch die Fürsorge der Großherzogin ausgestattet. Die jüngste, erst Ostern 1861 gegründete Wohlthätigkeitsanstalt, der sie ihre reiche Liebe zuwandte, war das Stift Emmaus in Schwerin, zum Besten verwaiseter und verkommener Kinder der Stadt. Durch ihre Verwendung wurde ein dem Hofe gehöriges Haus nebst Garten dazu hergegeben und eingerichtet. Schon zu Ende des Jahres war das kleine Haus mit sechszehn Kindern ganz besetzt, die Großherzogin aber ermüdete nie in ihrer helfenden Fürsorge; versuchsweise waren auch zwei blödsinnige Kinder aufgenommen, und mit recht günstigem Erfolg. Für diese „Elendesten unter den Elenden" sorgte sie noch in ihren letzten Tagen, und nachdem auf ihre Veranlassung die Zahl der Blödsinnigen im Lande ermittelt worden, ist auf Befehl des Großherzogs für diesen Zweck ein Flügel in Emmaus angebaut worden.

Das ist die wunderbar reiche Liebe einer durch viel Krankheit und Schmerz geplagten Dulderin gewesen, die sie mit hoher Freude vom Throne aus unermüdet dem Dienste der inneren Mission gewidmet hat. Sie beharrte dabei im strengsten Sinne bis zu ihrem letzten

Lebenshauche.*) Eine arme Wittwe — um nur Einen Zug unter vielen anzuführen — in einer 6 Meilen von Schwerin gelegenen Stadt war, da sie mit ihrem Manne Alles verloren hatte, und sich mühsam mit Unterricht nur so viel verdiente, als später kaum für das Schulgeld der Kinder ausgereicht haben würde, völlig rathlos um die Kosten ihres Unterrichts. Sie wandte sich endlich auf den Rath dessen, der hier spricht, an die Frau Großherzogin, der der Rathgeber eben die darüber verlangte Auskunft gegeben hat, als die Nachricht von ihrer schweren Erkrankung eintraf. Nichts desto weniger hatte sie sich noch in ihren schwersten Stunden den Bericht vorlegen lassen und die Bitte in vollem Maße erfüllt. Als, vor Freude zitternd, die arme Wittwe mit dem Schreiben, das die Zusicherung enthielt, zu ihrem Freund geeilt kam, mußte derselbe ihr beim Lesen sagen: Das edle Herz, das diese große Hülfe gewährt, schlage vielleicht in dieser Stunde — es war wirklich grade ihre Sterbestunde — nicht mehr, aber die Erfüllung werde nur um so gewisser und der Segen um so größer sein. — Ja, der Segen dieser frommen Fürstin bleibt unvergänglich ruhen auf dem mecklenburgischen Volke wie auf dem mecklenburgischen Fürstenhause.

Denn daß er auch auf dem Fürstenhause ruhen bleiben wird, dafür bürgt der Charakter des schönen häuslichen Lebens, dessen Seele sie war. Wie unendlich glücklich sie sich in ihrer Ehe fühlte, wie dankbar sie die treue Liebe ihres Gatten zu erwiedern wünschte, bezeugen ihre Tagebücher von Anbeginn her. „Herr, halte Deine Augen über dem Bunde," schreibt sie nach dem ersten halben Jahre, „den Du selbst angefangen, offen, und bleibe Du der Dritte darin, damit er zu Deiner Ehre bestehe. O segne meinen geliebten Mann für seine Liebe, für die seligen sechs Monate, die ich an seiner Seite verlebt habe. O mache mich seiner Liebe würdig und ihm eine recht wahrhaft treue Frau. Zeige mir täglich, wie und was ich für ihn thun kann!" Und nach der ersten kurzen Trennung: „Es durchströmt mein Herz mit wunderbarer, immer neuer Wonne bei jedem Blick auf ihn, daß dies Herz mein ist, mein eigen, und in seiner Liebe, seiner warmen, seligen Liebe, bekommt das Herz nach der langen Entbehrung wieder neues Leben." Und wie reich machte ihre Liebe den Gemahl! Ihre vielseitige und gediegene Bildung, ihre klare, lebendige Auffassung, ihr richtiges

---

*) Wie weit die Liebe der seligen Großherzogin reichte, dafür mag als ein Zeugniß dienen, daß sie noch kurz vor ihrem Heimgang sich ernstlich darnach umsah, wie den in Deutschland reisenden Handwerksburschen in ihrer Fremde die Wege in christliche Herbergen, Jünglingsvereine, und an solche Stellen gewiesen werden könnten, wo ihnen, den so Verlassenen und Vergessenen, das Wort des Lebens möchte nahe gebracht werden. Der Herausgeber durfte bei dieser Bestrebung als Vermittler dienen, allein der Herr ließ, indem er die Fürstin abrief, auch dies Unternehmen nicht zur Ausführung kommen. Wie manches andere Saatkorn wird die theure Frau überdieß noch im Verborgenen ausgestreut haben, dessen Pflege und Frucht allein im Gedächtniß des Herrn aufbewahrt bleibt.

D. H.

Urtheil ließen ihn in dem Zusammenleben mit ihr die süßeste Erholung finden von den Sorgen und Lasten seines Regentenberufs. In jeder Weise war sie bestrebt, ihm Freude zu bereiten, und sein Haus ihm lieblich zu gestalten. Ihre mannigfache Begabung (sie war musikalisch, zeichnete und malte gut), ihr geläuterter Geschmack halfen dazu mit. Schon die Ausstattung ihrer Gemächer zeigte das Walten ihres feinen Schönheitssinnes. Auch ihre persönlichen Umgebungen wählte sie mit der größten Sorgfalt. Sie besaß merkwürdigen Scharfblick und bildete sich ihr Urtheil über Persönlichkeiten häufig schon aus den bei der ersten Begegnung gemachten Beobachtungen. Da konnte es denn zuweilen wohl vorkommen, daß sie eine vorgefaßte ungünstige Meinung allzu fest hielt und die ersten Eindrücke schwer wieder überwand; dagegen hat sie kaum je sich in denen getäuscht gefunden, welchen sie ihre Liebe und ihr Vertrauen schenkte. Gegen die Dienerschaft war sie eine milde, gütige Herrin, für deren zeitliches und ewiges Wohl sie gewissenhaft und liebevoll sorgte, indem sie für die unbeschäftigten Stunden eine angemessene und fruchtbare Lectüre veranstaltete, den Kindern eine Christbescheerung ausrichtete, die kleinen Mädchen die Schule besuchen ließ und den confirmirten Kindern Bibel oder Gesang- oder Communionbuch mit einem eigenhändig eingezeichneten Spruche schenkte.

Sechs Jahre war das häusliche Glück des fürstlichen Paares ungetrübt, es erblühte ihm ein reicher Kindersegen. Jede neue Hoffnung begrüßte die edle Fürstin mit heiliger Freude in Gebet und Gelübde. „Mache Wohnung in meinem Herzen," schrieb sie das erste Mal, „und gieb, daß man es auch in meinem Wandel sehe, daß Du in mir regierest. Mache mich treuer in meinen Pflichten, liebevoller und nachsichtiger gegen meine Mitmenschen, freundlicher gegen die Untergebenen. Vor Allem aber laß mich für meinen geliebten Friedrich immer mehr eine treue und gehorsame Frau werden, und für mein Kindchen schon jetzt eine Mutter nach Deinem Sinn." Der Erbgroßherzog Friedrich Franz wurde im März 1851 geboren und im Mai getauft; seine Pathen waren die Könige Friedrich Wilhelm IV. von Preußen und Ernst August von Hannover, persönlich gegenwärtig; der Kaiser Nikolaus von Rußland und der Großherzog Georg von Mecklenburg-Strelitz durch Abgesandte vertreten; alle Vier schon zu ihrer ewigen Ruhe eingegangen. Auch vor der Geburt des zweiten Kindes bereitete sie sich in Demuth und Ergebung mit viel Beten und Flehen auf die entscheidende Stunde: „O Herr," schreibt sie unter Anderem, „laß mein geliebtes Kind Dir übergeben sein, von dem Augenblicke seiner Geburt an, zur seligen Führung durch dies Leben; laß es in Deine Hand gezeichnet sein; laß es ein Segen werden für uns, seine Eltern, für sein Brüderchen, für seine Familie. — Herr, mein Gott, willst Du mir noch länger erlauben, in dem seligen Glück bei meinem Friedrich und bei meinen Kindern zu bleiben, o so laß es mich immer fester zu Dir ziehen, laß die Gnadenfrist nicht unbenutzt vorübergehen. Hast Du es anders bestimmt — o Herr, dann mache mich fertig! und bewahre mich und meinen Geliebten vor Murren, und dann nimm Du Dich selber seiner und meiner Kinder an." Der Prinz Paul Friedrich wurde 1852 geboren; zu seiner Taufe erschien persönlich der König Friedrich August von Sachsen, der bald nachher auch durch schwere Fügung schon seinem Lande entrissen worden ist. Im Sommer 1854 wurde die Prinzessin Marie geboren, zu unbeschreiblicher Freude der Mutter, die, nach rasch erlangter Genesung, nie so wohl und heiter aussah als in dieser Zeit. Es folgte im Sommer 1855 die Geburt des Prinzen Nicolaus. Diese rasch auf einander gefolgten Entbindungen hatte die Großherzogin gut überstanden; ihre, wenn auch stets zarte, Natur schien sich zu kräftigen. Sie hatte manche Reisen gemacht, war zu verschiedenen deutschen Fürstenhöfen in freundschaftliche Beziehungen getreten, und hatte im eigenen Lande immer allgemeine Liebe und Verehrung gefunden.

Der Erziehung ihrer Kinder widmete sie ihre unausgesetzte Sorgfalt; das galt ihr als ein wesentlicher Theil ihrer Mutterpflichten, in ihrer Erfüllung fand sie die schönste Aufgabe ihres Lebens und einen Quell der reinsten Freuden. Ihre leibliche Pflege war streng geregelt; wenn sie aßen, Abends gebadet und zu Bette gebracht wurden, war sie stets zugegen, und oft war sie mit eigener Hand dabei thätig. Sie spielte mit ihnen, sang ihnen vor, zeichnete Bildchen für sie, erzählte Geschichten und wußte sie stets angenehm zu beschäftigen und zu unterhalten. Auch wenn sie einmal schwach und leidend war, kam sie doch in's Kinderzimmer und sang ihr krankes Söhnlein, wenn es sich nicht anders beruhigen lassen wollte, in den Schlaf. Vor allen Dingen aber suchte sie sie ihrem Herrn zuzuführen, und mit ihrer Fürbitte begleitete sie sie schon vor ihrer Geburt. „Kindererziehung ist Kniearbeit", dieß schöne Wort hatte sie von ihrer Urgroßmutter gelernt und vergaß sie nie: „Heute," schreibt sie einmal in ihrem Tagebuch, „habe ich zum ersten Mal mit meinem kleinen Paul Friedrich gebetet. Wie wunderbar fragend sahen mich die Aeuglein an, als ich seine Händchen faltete. Er verstand es nicht, und doch war er ganz still und hörte zu. O Herr, laß ihn einst einen recht treuen, gläubigen Beter werden!" Natürlich hielt sie auch auf regelmäßige kleine Morgen- und Abend- sowie Tischgebete. Sie wußte mit Wort und Blick die Kinder zu regieren, aber scheute auch unter Umständen die Anwendung der Ruthe nicht. Sie forschte genau nach der Eigenthümlichkeit eines jeden Kindes und ließ sie gern gewähren, aber Gehorsam und Wahrhaftigkeit verlangte sie von Allen gleichmäßig. Sie gab ihnen selbst den ersten Religionsunterricht, zuerst an biblischen Bildern die Geschichten veranschaulichend, dann sie erzählend; später ging sie mit ihnen den Katechismus durch, und setzte diesen Unterricht auch dann noch fort, als (1856) ein Lehrer für die fürstlichen Kinder bestellt ward, bis sie ihn wegen zunehmender Kränklichkeit aufgeben mußte.

Zu Anfang des Jahres 1856 fiel der erste dunkle Schatten in das sonnenhelle Glück des fürstlichen Paares; der unerwartete und plötzliche Tod des jüngsten Prinzen Nicolaus, für den man kaum etwas

gefürchtet hatte, beugte auch die Mutter gar tief, ja es drang diese
Heimsuchung ihr bis an's innerste Leben, indem sie jede Stunde, jede
Minute, die sie nicht bei dem kleinen Kranken zugebracht hatte, als
eine schwere Schuld der Versäumniß empfand. Aber weil sie wirklich
Leid um ihre Sünde trug, darum fand sie bald den Weg zum Frieden.
Und wenn auch nicht gleich mit dem ersten Kampfe der Sieg gewonnen
war, sondern die Anfechtung noch öfters wiederkehrte, so daß sie
durch tiefe Dunkelheit sich hindurchringen mußte, so ward sie doch
dadurch im Glauben immer fester gegründet und ihr geistliches Leben
erstarkte. Aber auf ihren äußern Menschen übte es den entgegengesetzten
Einfluß: ihre Gesundheit erschien seitdem tief erschüttert und
hat sich nie wieder ganz erholt. Den wohlthätigen Einfluß des Aufenthalts
in Ischl im Sommer 1856 zerstörte ein neuer Krankheitsanfall
im Herbste. Dennoch überstand sie die Festlichkeiten beim Einzuge in
das neue Schloß ungewöhnlich gut; sie stärkte sich dafür durch stille
Betrachtungen demüthiger Gottergebung, die sie bei sich niederschrieb.
Die am Tage des Einzugs selbst aufgezeichneten sind nun auf einer
Marmortafel in dem Corridor zu lesen, der von ihren Zimmern nach
der Schloßkirche führt: „Unsern Eingang segne Gott! Unsern Ausgang
gleichermaßen: Wo der Herr nicht das Haus bauet, arbeiten umsonst,
die daran bauen. Du hast es uns gebauet, Herr! und bist mit uns
eingezogen, das wissen wir. O nun bleibe bei uns von Geschlecht
zu Geschlecht, und segne dieß Schloß damit, daß Du immer sein
Haupt und Herr bleibest, daß Keines aus diesem Stamme Dich verleugne,
und Du deren Keines verlierest! Der Friede Gottes, welcher
höher ist denn alle Vernunft, bewahre unsere Herzen und Sinne in
Christo Jesu. Amen." Auf ihren Wunsch wurden nun in der Schloßkirche
tägliche Morgenandachten eingerichtet, zu denen auch die Dienerschaft
und andere Zutritt hatten.

Ein längerer Aufenthalt in Pyrmont that der Großherzogin wohl,
aber nach der Geburt des Prinzen Johann Albrecht gegen den Schluß
des Jahres 1857, des ersten seit hundert Jahren wieder am Stammsitze
der Väter geborenen Fürstensohns, blieb sie leidend, so daß nach
einer abermaligen Cur in Pyrmont von den Aerzten ein Winteraufenthalt
in milderem Klima angerathen ward. Sie ging in Begleitung
ihres Gemahls, der sie dort auch mehrmals wieder besuchte, nach La
Faraz bei Vevay am Genfer See. Aber die gehoffte Genesung wollte
sich nicht einstellen und der jähe Tod ihrer Schwägerin, der Fürstin
von Windischgrätz in Venedig, erschütterten ihre angegriffene Gesundheit
noch mehr; auch veranlaßten die Kriegsunruhen in Italien eine
Abkürzung des Aufenthalts. Eine zu frühe, unglückliche Entbindung
von einem Prinzen, der noch an demselben Tage starb, brachte die
Kräfte der Fürstin dergestalt herunter, daß eine zweite Reise nach dem
Süden nicht thunlich schien. Als sie im Sommer mit ihrem Gemahl
wieder in Ischl war, wurde sie dort durch ein Gallenfieber über die
Zeit hinaus zurückgehalten. Der Tod des Königs von Preußen,
der ihrem Herzen sehr nahe ging, und das wachsende Gefühl der

eigenen Hinfälligkeit brachten ihr Todesgedanken fortwährend nahe. „Herr Jesu," schrieb sie, „mache das Herz still! Gib, daß ich meinen Lieben noch so viel als möglich sein kann, daß ich meinen Geliebten nicht betrübe, wenn ich noch so leide, ihm und den Kindern das Leben noch recht mit Liebe schmücke, und es nicht erschwere durch Klagen und Seufzen!" In dieser Leidensschule reifte sie für den Himmel. Gegen das Frühjahr besserte sich ihr Zustand wieder, und der Aufenthalt zu Reichenhall im Sommer 1860 übte eine wohlthätige Wirkung, wenn auch eine Erkältung auf der Rückreise ihr einen heftigen Brustkatarrh zuzog. Bei ihrer Heimkehr traf sie die erschütternde Kunde von der am Tage zuvor auf der Jagd erfolgten Verwundung des Großherzogs. Da ließ ihre hingebende Liebe sie der eigenen Schwachheit vergessen; und ihr Unwohlsein trat in der That für den Augenblick zurück. Und die gleiche Selbstvergessenheit bewies sie in der sorgsamen Pflege ihres Gemahls, als er etwas später an einer Brustentzündung erkrankte. Die jedesmalige Freude über seine Genesung gab ihr die Heiterkeit und Frische der besseren Tage wieder. Aber plötzlich ward die hohe Frau selbst am Abend des 20. Februar 1862 von einer bösen Grippe befallen, deren Gefahr sich nach einer günstigeren Wendung am 24. so bedeutend steigerte, daß eine das Aeußerste drohende Lungenentzündung sich bildete. Aber sie konnte dem Tode fest ins Auge sehen und in christlicher Herzensbereitung sich rüsten auf den letzten Kampf. Sie bekannte dem am Morgen des 27. gerufenen Seelsorger ihre Ueberzeugung, daß der Herr mit ihr zu Ende eile, und verlangte sich an dem Troste seines Worts zu erquicken. Es fiel ihr schwer, scheiden zu müssen von allem, was ihr auf Erden theuer war; aber ihr Herz stand zu dem Herrn, und Seine Liebe machte sie mehr und mehr von allen Erdenbanden los. Am folgenden Morgen war ihre Schwäche sehr groß. Es war der Geburtstag des Großherzogs, der, selbst kaum erst in der Genesung begriffen, nun aufs schmerzlichste von der Sorge um das Leben der theuren Gemahlin bedrückt ward. In der folgenden Nacht verschlimmerte es sich abermals, so daß früh 4 Uhr der Großherzog an ihr Bette gerufen ward. Mit dem tiefsten Schmerze theilte er ihr selbst die von den Aerzten gehegte ernste Befürchtung mit; schon längst hatten beide sich das Wort gegeben, in solchem Falle einander die Wahrheit nicht zu verhehlen. Sie verlangte nun ihre Kinder zu sehen und das heilige Abendmahl zu genießen. Jene traten an ihr Bett und empfingen die letzten mütterlichen Ermahnungen und knieend ihren Segen. Der erschütternde Auftritt hatte sie sehr erschöpft, sie bedurfte einer kurzen Ruhe. Ihrem Beichtvater bekundete sie die volle Bereitschaft ihrer Seele zum seligen Heimgang. Das Irdische lag bereits hinter ihr; sie genoß schon im Geiste den Vorschmack der zukünftigen Herrlichkeit, und freute sich darauf, daheim zu sein bei dem Herrn. Mitten im Gefühl solcher Gnade fragte ihr kindlich demüthiger Sinn: „Es ist doch nicht unrecht, daß ich mich so auf den Himmel freue?" Sie war sich klar bewußt, und bezeugte es ausdrücklich, daß sie als arme Sünderin allein in dem theuern Verdienste Jesu Christi und in dem Blute der Versöhnung ihre Gerechtigkeit und den Grund ihrer Zuversicht habe. Dieser Glaubenstrost wurde ihr durch das Sacrament versiegelt; sie empfing es gemeinsam mit dem Großherzoge. Es war eine wunderbar ergreifende Feier. Die liebenden Gatten, in den letzten Monaten durch so besondere Führungen Gottes nur noch inniger mit einander verbunden, fühlten die schwere Stunde des Scheidens gekommen und wußten doch zugleich sich auf den festen Grund gestellt, der die Dauer ihrer Liebe und Gemeinschaft für die Ewigkeit ihnen verbürgte.

Aber sie sollte nach Gottes Rathschluß noch die ganze Bitterkeit des Sterbens kosten, die Kräfte schwanden, die Herzbeklemmungen und Hustenanfälle wurden immer peinlicher. Vorgesprochene Lieder- und Bibelverse gewährten ihr reichen Trost; oft wiederholte sie daraus Einzelnes: „Jesus, Jesus ist doch mein schönstes Licht." Am Sonntage ließ sie die versammelte Schloßgemeinde zur Fürbitte auffordern; „nicht um Genesung, sondern daß des Herrn Gnade sie im Glauben fest erhalte bis ans Ende." Dann ließ sie ihre übrige Umgebung, auch die gesammte Dienerschaft einzeln zu sich kommen, um Abschied zu nehmen. Kein Auge blieb trocken, nur sie selbst bewahrte vollkommene Ruhe: ihre Seele hatte bereits festen Stand genommen auf dem ewigen Felsen. An die fernen Glieder der Familie trug sie Scheidegrüße auf. Der Großherzog hielt sie fast beständig mit seinen Armen umfaßt, und sie ließ ihr Auge voll inniger Zärtlichkeit auf ihm ruhen. Gegen Abend wurde der Zustand so schlimm, daß der letzte Augenblick gekommen schien. Alle Anwesenden knieten um das Bett und flehten im vereinten Gebet zum Herrn, die Dulderin durch ein sanftes Ende zu erlösen von Allem Uebel und sie aufzunehmen in Sein himmlisches Reich. Noch einmal schien das Leben zurückzukehren und Hoffnung der Genesung zu erwachen. Allein die Nacht war schwer und angstvoll, am Montagmorgen trat einige Erleichterung ein, aber um 10 Uhr Vormittags begann das letzte Ringen. Sie rief: „Hilf mir, mein Jesu!" und fand wieder Erquickung an vorgesprochenen Liederversen. Das ihr zugerufene Wort: „Fürchte dich nicht, ich habe dich erlöset; siehe, in die Hände habe ich dich gezeichnet," nahm sie dankend auf: „Ja, das ist mein Spruch; so wird es auch bleiben." Zuletzt sprach sie leise: „Jetzt wird es stiller, nun wird es gehen." Der Großherzog reichte ihr den letzten Labetrunk und empfing das letzte Dankeswort von ihren sterbenden Lippen. Er kniete zu ihrer Rechten, ihre Hand in der seinen haltend, neben ihm seine Mutter, umher die übrigen Familienglieder. Der Glanz ihres Auges erlosch; noch einmal erhob sie beide Hände, und saß aufrecht im Bett, etwas nach vorn gebeugt; ein schmerzlicher Ausdruck flog über die Züge des Gesichts: es war das letzte Weh: 5 Minuten nach 1 Uhr Mittags hatte sie ausgerungen. —

An einem schönen, warmen Frühlingstage (10. März) geleiteten wir in langem Zuge die geliebte Leiche von dem Schlosse nach dem

Dome Schwerins, wo ihr Sarg neben den Särgen ihres früh heimgegangenen Schwiegervaters Paul Friedrich und ihrer beiden Kinder in die blumengeschmückte offene Gruft nieder gesetzt ward. O, es war schön um dieses helle Licht und diese Frühlingswärme; denn es kann nicht anders sein, als daß ein solches Leben den kommenden Geschlechtern eines Fürstenhauses und eines ganzen Volkes Licht und Wärme, aber nicht in irdischen, sondern in himmlischen Gütern und Gaben, bringt.

Aus dem Rauhen Hause.

Das letzte Mal habe ich die Hoffnung und Bitte ausgesprochen, daß unter den vielen tausend Lesern dieser Blätter sich auch Einige bewogen finden möchten, der Kinderanstalt des Rauhen Hauses zur Beseitigung des diesjährigen Defizits zu helfen. Es freut mich, daß sich bis jetzt schon einige Freunde unseres Hauses gefunden haben, deren nachbenannte Liebesgaben ich hiermit mit herzlichem Dank bescheinige in der Hoffnung, daß zu diesen Wenigen sich noch Andere herzufinden werden, deren helfende Gaben ich mit Dank gegen Gott entgegennehmen werde. Das Defizit beträgt 1500 ℳ oder 600 ℛℳ.

Damit verbinde ich die Anzeige, daß wir unser diesmaliges Stiftungsfest, zugleich als dreißigjähriges Jubelfest der Anstalt, am 4. October begehen werden. Der 4. October würde eigentlich der Festtag unseres „Bienenkorbes" sein, der aber inzwischen abgebrochen werden wird, um mit dem fürstlichen Geschenk, von dem das vorige Mal die Rede gewesen, neu gebaut zu werden. Die Grundsteinlegung dieses schönen Neubaues wird mit jener Stiftungsfeier diesmal zusammenfallen.

An Beiträgen zur Deckung des Defizits sind bis zum 19. August eingegangen:

Hamburg: Hr. Dr. Busse in Ham 25 ₰ : Frl. H. Parish 100 ₰. — Mecklenburg: F. v. S. Poststempel Wittenburg 2 ₰; Poststempel Cröpelin 1 ₰. — Bremen: Von mir durch Hrn. Cand. Lütke in Münster 4 ₰. „Es ist dem nicht schwer, durch viel oder wenig helfen" Poststempel Naumburg 5 ₰; Poststempel Ilsenburg „eine Freundin des Rauhen Hauses" 25 ₰; Poststempel Hirschberg „für mancherlei Segen" 1 ₰. Zusammen 110 ₰.

Wichern.

Inhalt des Beiblattes: Auguste, Großherzogin von Mecklenburg-Schwerin. — Aus dem Rauhen Hause: Quittungen.

Inhalt des Hauptblattes: Zur Volksliteratur in England. — Mittheilungen über den Bestand und die Erfahrungen verschiedener Rettungs- und verwandter Erziehungshäuser, resp. Vereine. — Die Epileptischen und die Heil- und Bewahranstalt für dieselben auf der Pfingstweide zu Tettnang in Württemberg. — Zeitung und kürzere Correspondenzen. — In Sachen des C.-A.: Bekanntmachung; Quittungen. — Nachrichten aus dem Rauhen Hause ꝛc.

Herausgeber Dr. Wichern, Vorsteher des Rauhen Hauses. — Verlag der Agentur des R. H. zu Horn bei Hamburg. — Gedruckt im R. H.

14. Jahrgang. September.	**Beiblatt** der **fliegenden Blätter** aus dem **Rauhen Hause.**	1863. No. 9.
Jährlich 12 Bogen in monatlichen Lieferungen 10 Sgr. od. 15 ß.		Durch alle Buchhandlungen und Postämter zu beziehen.

Volksblatt für innere Mission.

Unsere Freunde wissen schon, daß zum 4. October dieses Jahres hier im Rauhen Hause ein Fest stattfinden soll, zur Feier des 30jährigen Bestehens der Anstalt. Indem wir hiemit ein Bild des alten Rauhen Hauses, das als Stammhaus des Ganzen uns allen besonders lieb und theuer ist, voranstellen, möchten wir in den Schatten dieses Häusleins Alle einladen, die zuhören wollen, wenn ich ihnen davon erzähle, wie gnädig und freundlich Gottes Hand Alles vor jetzt dreißig Jahren zusammengefügt, uns den Anfang der hiesigen Arbeit möglich zu machen, die inzwischen weit über alle hiesige Gränzen sich ausgebreitet, so daß aus dem Hause ein Dörflein geworden und aus einer kleinen Hausgenossenschaft eine Gemeinschaft von Menschen, die sich weithin über die ganze Erde ausbreitet. Wenn die Erzählung auch für Manche nichts Neues enthalten sollte, so hört man Gutes, was zur Ehre Gottes dient, doch auch nicht ungern zum zweitenmal, aber Vielen, so dürfen wir glauben, wird unsere Erzählung dennoch auch Neues bringen, das ihnen Freude und Segen bereitet. —

Als vor ungefähr funfzig Jahren im deutschen Vaterlande das Wort Gottes in den Herzen der Christen wieder eine Kraft Gottes und eine neue Lebensquelle wurde, hatte davon auch unser Hamburg seinen Segen. Auch hier weckte die immer neue Botschaft, daß der Sohn Gottes für uns gestorben und wahrhaftig auferstanden, manche Herzen aus dem Schlafe der Sünde und des Todes. Das war eine liebliche Zeit unter denen, welche sich des Himmelreichs wiederum freuen lernten. Viele jener Männer und Frauen, welche zu den Erstlingen des neu erwachten Christenlebens gehörten, sind nun schon heimgegangen, manche derselben wandeln aber noch unter uns und bezeugen die Gnade, die vordem im Kreise der ersten wieder erwachten Jünger ausgetheilt war. Wie begierig sammelten sie sich um die Predigt des göttlichen Wortes, wie feurig und ritterlich erging sich dieß Wort auf dem Kampfplatz der Welt, des Sieges und seiner Wahrheit gewiß! Wie innig und herzlich waltete die brüderliche Liebe unter denen, die sich in Christo wieder erkannt hatten! wie glaubensfrisch sahen sie auf den großen Acker, nemlich die Welt der Sünde und des Todes, um über ihn hin die Saat des ewigen Lebens zu streuen! Bis in diese ersten erneuerten Anfänge lebendigen christlichen Lebens in Hamburg, gehen auch die Wurzeln unseres Rauhen Hauses hinab. Wenn gleich in jenen Tagen noch nicht von demselben und seinem Werke die Rede war, so waren doch diejenigen, welche damals das Reich Gottes wieder liebgewannen, noch mit unter denen, welche sich unserer Anstalt vor nunmehr dreißig Jahren zuerst helfend annahmen, und Viele von diesen haben sie bis heute lieb behalten und werden es auch ferner thun.

Es kann nicht anders sein und ist immer so gewesen, daß, wo in den Herzen Glaube und in dem Glauben brüderliche Liebe wohnt, die Liebe auch gegen die erwacht, welche dieß neue Leben nicht haben und nicht kennen. Darum wird aus dem Glauben an Christum die Mission geboren, sowohl die äußere, welche den Heiden das Evangelium bringt, als die innere, welche sich derer annimmt, die in nächster Nähe des ewigen Lebens entbehren und somit in der Irre sind. Deß eingedenk, hat denn auch die erneuernde christliche Liebe in Hamburg alsobald ihr Werk gethan.

Es könnte von allerlei Pflanzungen dieser Liebe in Hamburg berichtet werden. Diejenige aber, die hier zunächst in Betracht kommt, ist ein männlicher Besuchsverein, der wie eine kleine Sommerlaube in dem großen Garten der Kirche Gottes seine Stelle so lange gefunden, bis es Gott gefallen, die einzelnen Bäume, aus denen sie zusammengewachsen war, auseinander zu pflanzen und in andere Theile seines großen Gartens zu versetzen. So verpflanzte er unsern nun längst heimgegangenen Freund Pehmöller nach Afrika, wo er Missionar wurde. Ein Anderer, unser Morath, wurde Prediger in Mölln, Andere bekamen später noch andere Arbeit in Schule und Kirche angewiesen, manche derselben sind jetzt bereits abgerufen. Es war aber eine reiche jugendliche Zeit, wo diese wenigen ernsten Männer und

Jünglinge, die wir uns in dem Einen Glauben zum Herrn zusammengefunden, in brüderlicher Liebe eng verbunden, die Armen, Kranken, Nothleidenden aller Art besuchten, ihnen zu helfen und zu dienen mit leiblichem und geistlichem Brodt. — Es waren Männer allerlei Alters und Standes, die auf diesen Wegen verborgenen Dienens reiche Erfahrungen über die Nothstände in der großen Handelsstadt sammelten. Welch unsägliches Elend Leibes und der Seele trat uns auf diesen Wanderungen in den Straßen und Höfen Hamburgs entgegen! Wie mancherlei Hülfe wurde von uns begehrt, die zu leisten wir nimmer im Stande waren. Sollte hier gründlich geholfen werden, so konnte das nur sehr allmählig geschehen und mußte das Werk von vielen Seiten her in Angriff genommen werden. Der Gegenstand, auf den sich unsere Aufmerksamkeit bald ernstlich richtete, war die Kinderwelt. Nicht als ob nicht auch andere Leute und viele Eltern in Hamburg ihre Kinder christlich erzögen! Wer glaubte und wüßte das nicht? Vielmehr daran dachten wir, denjenigen Eltern, die uns dafür in Anspruch nehmen wollten, grade darin zu helfen und mit allen Kräften zu dienen, ihre Kinder zu Christo, dem himmlischen Freunde der Kinder, zu führen, daß sie ihn sollten liebgewinnen und in ihm statt der Sünde und des Todes das Leben und den Frieden und das Heil für Zeit und Ewigkeit finden. Aber wir wußten auch aus der Erfahrung vieler Jahre, daß es viele Eltern und Kinderfreunde gab, welchen für die Erziehung der Kinder ein Rettungshaus eine willkommene Hülfe bieten würde. Vorbilder auf diesem Wege waren vornämlich die vielen ähnlichen Anstalten in Würtemberg und Düsselthal.

Es war am 8. October 1832, an einem Montag Abend, wo wir Mitglieder des männlichen Besuchsvereins uns im Hause eines theuren Mitarbeiters, des Schullehrers Herrn Hoffmann versammelten, um unsere Angelegenheiten zu berathen; und in jener Stunde wurde der Gedanke einer solchen Anstalt zum ersten Mal laut und klar ausgesprochen.

Dabei war uns nicht verborgen geblieben, daß das Unternehmen, wenn wir wirklich Hand an dasselbe legten, uns leicht die Aufgabe stellen könnte, Hunderte von Kindern aufzunehmen, die die Eltern herzubringen würden. Hätten wir unsere Unwürdigkeit und unser Unvermögen angesehen, so hätten wir alsobald von dem Vorhaben abstehen müssen; denn wie wir uns vor Gott keines Dinges rühmen konnten, so waren wir auch vor Menschen Nichts. Wir Alle waren nicht blos Männer, die selber nicht mehr hatten, als was sie für sich und ihre eigenen Familien gebrauchten, also für fremde Kinder keine Häuser bauen konnten, sondern waren auch der großen Menge der Mitbürger unbekannt und überdieß Neulinge, ein öffentliches Werk zu unternehmen. Aber je mehr wir solches Unvermögen aller Art an uns selber erkannten, desto lebendiger und getroster wuchs der Glaube, der auf den sich verläßt, dem alles Vermögen inne wohnt und der sein Wort und seine Verheißungen nicht vergebens gegeben haben will. In diesem lebendigen Vertrauen zu Christo unsern Herrn schieden wir an jenem 8. October von einander, Jeder mit dem Versprechen gegen den Andern, die hochwichtige Sache vor dem Herrn zu erwägen; dabei wurde aus dem Munde eines Handwerksgesellen, der einer unserer Genossen war, die Hoffnung laut, daß der Herr uns ein Zeichen seines Wohlgefallens zur Ermuthigung unsers Glaubens geben werde.

Die nächste Zusammenkunft wurde auf den Novembermonat angesetzt. Inzwischen begegnete der eine der Freunde dem andern und fragte wohl: „Betest du fleißig, daß der Herr uns seinen Willen und seine Wege zeige?"

Da geschah es bald nach jenem Versammlungsabend, daß zu einem von diesen so eng verbundenen Freunden (es war der nun schon entschlafene theure Postsecretair Hachtmann,) ein demselben sonst wenig bekannter College, der von unserer Sache gar nichts wußte und wissen konnte, herzutrat mit 100 ℳ in der Hand und mit dem Wunsche: „dies Geld für die Armen, deren er so viele kenne, zu nehmen; wo möglich aber es für eine fromme Stiftung, am liebsten aber für eine solche, die erst im Entstehen sei, zu verwenden."

Erstaunt, fast bestürzt sah der Freund den Geber an. Was lag näher, als an unsere Berathung vom 8. October, an unsere gehoffte Kinderanstalt zu denken! Das war ein Handgeld vom Herrn! Unvergeßlich bleibt mir die späte, nächtliche Stunde, in welcher der theure Empfänger mich aufsuchte, voll Lobes und Dankes für dies ermuthigende Zeugniß göttlicher Hülfe.

Dies war kurz vor dem Novembermonat, am 25. October, geschehen.

Noch ehe wir uns im November wieder versammelten, mußte der Empfänger dieser Summe, wie das bei uns in Hamburg Brauch ist, öffentlich bescheinigt werden. Dieß geschah auf unsere Bitte von dem Herrn Senator Hudtwalcker, und davon war die Folge, daß in Hamburg zum ersten Male der Name des Rettungshauses öffentlich genannt wurde.

Dieß Ereigniß mit den 100 Thalern war von der größten Bedeutung für die Anstalt, die nun werden sollte. Ohne unser Zuthun, ja fast gegen unsern Willen wurde die Sache durch diese Veröffentlichung mit einem Mal unter Tausenden genannt und bekannt, so daß man anfing zu fragen: was für ein Haus gemeint sei. Wir wurden dadurch aber gedrängt, uns über unsern Plan klarer zu werden und öffentlich zu erklären, zumal alsobald auch öffentliche Bedenken erfolgten. Sodann aber erfuhr durch diesen Zwischenfall der so eben genannte Herr Senator Hudtwalcker, was in jenem stillen Kreise vorgegangen und wie Alles bis dahin sich zugetragen; nachdem er damit bekannt geworden, schlug auch er gläubig und getrost seine Hände ein. Aber es sollte noch mehr geschehen.

Ein Hamburger Arbeitsmann, er war Quartiersmann gewesen, A. W. Gehrken, den Gott mit irdischen Gütern reichlich gesegnet hatte, war vor mehreren Jahren veranlaßt, in seinem Testamente bedeutende Summen für fromme Zwecke, z. B. zum Bau einer neuen Kirche, zur Besoldung einer Schiffspredigerstelle, zur Gründung einer christlichen Leihbibliothek und zuletzt auch noch mehrere Tausende für — ein künftiges Rettungshaus auszusetzen. Der letztgenannte, neu gewonnene Freund war zum Verwalter dieses Testaments eingesetzt, und so konnte er, als er uns beitrat, 17,500 ℳ (ungefähr 7000 ℳ Pr.) Geldes darbieten, das Rettungshaus ins Leben zu rufen.

Die Hoffnung wurde dadurch so hoch gehoben, daß wir glaubten, schon zu Neujahr 1832 ein Haus miethen und einige Kinder aufnehmen zu können. Das Alles war bis zum Anfang des Novembermonats noch vor dem Wiederzusammentritt der Versammlung des Besuchsvereins geschehen.

Als sich deßwegen im November unser kleiner Besuchsverein wieder versammelte, waren wir, die wir vor damals 4 Wochen noch nichts gehabt hatten, als das Gebet, die Verheißung unsers Gottes und den Glauben an dieselbe — schon, wir konnten es selbst kaum glauben, in den Besitz von 17,500 ℳ Geldes gekommen.

Wer anders hatte den reichen Tisch gedeckt, als der himmlische Stifter des Hauses! Er wollte uns verstehen lehren, wer da sind „die Armen, aber die doch Viele reich machen, die nichts inne haben, und doch Alles haben." Unsere Herzen waren Altäre voll Lobes und Dankes.

Noch Eins kam hinzu. Zum Januar 1833 faßten mehrere der verbundenen Freunde den Entschluß, zum Besten des Hauses ein Blatt, unter dem Namen des Bergedorfer Boten, herauszugeben. Mehrere Aufsätze in diesem Boten über ähnliche frühere Unternehmungen des Glaubens, namentlich über das Werk des seligen Johannes Falk in Weimar zum Besten von vielen hundert Kindern, weckten die Aufmerksamkeit der christlichen Liebe in immer weiteren Kreisen und bewirkten immer lebendigere Theilnahme. Gleich am ersten Sonnabend im Januar, nach Ausgabe der ersten Nummer des Blattes, sah sich eine uns längst mütterlich gesinnte Freundin, es war die nun längst heimgegangene, ehrwürdige Frau Pastorin Behrmann, bewogen, dem zu eröffnenden Rettungshause 100 ℳ (40 ℳ) zu schenken; in den nächsten Wochen that sich ein Kreis christlicher Dienstmägde zusammen, Beiträge für das Liebeswerk zu sammeln; ein Schuhmachergeselle brachte mir seinen ganzen Spartopf mit Silber und Gold, für unser Liebeswerk. Mehrere ähnliche Gaben folgten von unbekannter Hand mit ermuthigenden Sprüchen der heiligen Schrift.

In diesem Allen sahen wir ein Zeugniß von Oben, immer kräftiger Hand ans Werk zu legen.

Wir fingen darum an, ein geeignetes Haus zu suchen. Wir suchten in St. Georg, vor den Thoren, in der Ferne und in der Nähe, aber alles Suchen blieb vollkommen fruchtlos. Wo wir glaubten gefunden zu haben, fanden wir immer neue, unübersteigbare Hindernisse und Schwierigkeiten. Aber wir sollten nur nehmen und finden, wo wir nicht gesucht.

So kam ich am 4. Februar 1833 zu dem nun auch schon heimgegangenen Herrn Syndicus Sieveking, der hier in Hamm wohnte und ebenfalls seinen Beistand versprochen hatte. Es wurde viel berichtet, wie große Schwierigkeiten es habe, eine geeignete Behausung für die Anstalt zu finden. Da ging der theure unvergeßliche Mann aus dem Zimmer, kehrte aber bald mit einer Mappe zurück, entrollte ein langes Blatt, worauf sein Landbesitz in Hamm und Horn gezeichnet war, — und bot für das Haus, das wir im Glauben schon längst gebaut, einen Acker Landes dar an der Wandsbecker Heerstraße, da wo die Windmühle die weiteste Aussicht nach allen Himmelsgegenden beherrscht. Es war eine wunderschöne Stätte, die der Herr durch die Hand seiner Schöpfung gar reich geschmückt, aber, wie es schien, nun noch schöner durch die Segnungen seiner Barmherzigkeit schmücken wollte.

In höchster Freude eilte, der dieß hier erzählt, nach Hamburg zurück. Es war schon 9 Uhr Abends; wer aber kann solche Freude verbergen? Noch denselben Abend sammelte sich ein Häuflein der innigst verbundenen Freunde zu Lob und Dank, und zugleich um über die geeigneten Wege zu berathen, wie die Gabe aufs Baldigste und Zweckmäßigste genützt werden könnte.

Denn was fehlte uns noch? Wir hatten nur zu nehmen gebraucht und hatten in drei Monaten Freunde, Gold und Silber und Land und die reichste Stärkung unsers Glaubens gefunden!

Aber der Herr wollte diesen Glauben prüfen, oder läutern, damit wir aufs Neue lernten, uns nie auf Anderes, als auf ihn, auch nicht auf seine Gaben zu verlassen. Denn siehe! In die volle Freude des Gelingens drang plötzlich die Botschaft, daß von jenen genannten 17,500 ℳ dem Rettungshause wahrscheinlich nichts oder nur sehr wenig zu Theil werden würde; denn die Gültigkeit des Testaments war ganz unerwartet von mehreren Seiten auf einmal angefochten. Außerdem stellte sich bald heraus, daß die Lage des dargebotenen Ackers, in dessen Nähe keine Wohnung zu finden war, der Ausführung unserer Pläne solche Schwierigkeiten entgegenstellte, daß wir, zunächst wenigstens, nichts mit ihm anzufangen wußten. Auch traten jetzt, da die Schwierigkeiten sich häuften, mehrere der ursprünglichen Freunde zurück, weil sie zweifelhaft geworden waren, ob das Ganze auf dem richtigen Wege sei.

So wären wir von der Höhe unserer Zuversicht gänzlich heruntergeworfen, hätten wir nicht den reichen Herrn im Himmel gekannt. Waren wir doch im Irdischen fast wieder so arm, als wir es zu Anfang gewesen waren. Geld und Land schien dahin zu sein und Viele der Freunde schwankten. Aber noch einmal und um so freudiger legten die noch Uebriggebliebenen in Gottes Namen die Hände zusammen mit dem Gelübde, von allen diesen Prüfungen sich nicht beirren zu laffen. Das Rettungshaus war für uns schon da gewesen, noch ehe wir von dem, was jetzt unser Vertrauen wankend machen wollte, auch nur das Geringste besessen hatten. So ging der Glaube aus der nicht geringen Anfechtung nur um so reiner und gestärkter wieder hervor, und der Herr sahe ihn an und segnete ihn um so reichlicher.

Nicht ohne Sorge ging ich am 26. April wiederum zu dem Herrn Syndicus. Ein umständliches Gespräch über unsern Gegenstand machte dem theuren Manne die neuen Schwierigkeiten, mit denen wir zu kämpfen hatten, klar. Nicht ohne Kleinmuth schieden wir von einander. Es war ein trüber Sonnabend. Und auch der helle Sonnenschein an dem folgenden Sonntagmorgen fand das Herz noch unruhig und fast traurig. Da war es um 11 Uhr, als ein Diener mir einen Brief überbrachte; er kam als Bote von dem Freunde, den ich so kleinmüthig verlassen. Dieser schrieb nun, was er später mündlich ergänzte: er sei an dem Sonntagmorgen früh in Gedanken an unser letztes Sonnabendsgespräch durch seinen Garten an dessen äußerstes Ende gegen Osten hin gegangen. Dort in Horn besitze er ein Haus, das in vielfacher Beziehung sich für unsere Zwecke eignen möchte, und das er gleich Anfangs vorgeschlagen haben würde, wenn es nicht auf längere Zeit contractlich vermiethet gewesen wäre. Als er jetzt aber dorthin gekommen, habe er wider alles Vermuthen erfahren, daß der Miether jenes Hauses dasselbe gerade schon zu nächstem Sommer (1833) zu verlassen wünsche und sogar bereit sei, es schon jetzt zu räumen. Das Haus sei nur klein, aber für den Anfang ausreichend. Unter einem Strohdach habe es einige Zimmer, daneben liege ein tiefer Brunnen, beschattet von der schönsten Castanie der ganzen Gegend, ein Garten, ein Feldstück von 6 Morgen und ein Fischteich gehöre dazu; es trage seit Menschengedenken den Namen: "Rauhes Haus" (von seinem Erbauer Ruge, dessen Namen man später hochdeutsch gemacht und in Rauh verwandelt, so genannt). Ich möge selber kommen und sehen.

Ich kam und sah. Bis dahin hatte in dieser zerfallenen Bauernhütte ein Gärtner gewohnt. Sie war aber wegen der Bestimmung, die der Herr ihr geben wollte, gar lieblich anzusehen. Jetzt sollte von ihr aus ein Garten voller lebendiger Pflanzen gebaut werden, die der himmlische Gärtner durch seinen Geist selbst pflanzen und ziehen und mit seinem Lichte zieren wollte. Wie es jetzt sich ausnimmt, zeigt das Bild desselben, das dieser Erzählung vorangestellt ist. — Zur Entscheidung bedurfte es keiner Zeit. Wir nahmen mit Dank gegen Gott die dargebotene Hand und das liebe alte "Rauhe Haus". Schon in der nächsten Woche begannen die besseren Einrichtungen desselben. Während dessen fanden auch die andern Schwierigkeiten ihre baldige Erledigung. Der Handel um jenes testamentarische Geld kam zu einem glücklichen Ende. War anfänglich nur Hoffnung, höchstens einen kleinen Theil des Geldes für unsern Zweck zu erlangen, so wuchsen bald die günstigeren Aussichten auf einen etwas größeren und zuletzt immer größeren Antheil, bis uns die ganze Summe, ja am Ende sogar noch mehr als das zuerst bestimmte Ganze, zugewiesen wurde. So schwanden alle Sorgen. Wir sahen uns im Juli nicht nur in sicherem Besitz des Testamentes, sondern auch des Rauhen Hauses. Immer größer wurde der Kreis der Freunde. Da konnten wir es denn zum 12. September unternehmen, eine größere öffentliche Versammlung zusammenzurufen; derselben legten wir unsern Plan und unsere Bitte um Beistand und Unterstützung vor. Es war ein Abend reichen Segens, als Hunderte die Hand zum Werke boten — womit wir die erste Begründung unserer Kinderanstalt als zu einem Abschluß gelangt ansehen durften. Zum ersten November desselben Jahres zog ich mit meiner lieben Mutter, die nun auch schon in die ewige Heimath gerufen, in das liebe alte Haus. Es geschah in aller Stille; in Hamburg wußte kaum Jemand, daß es geschah. Keine äußere Feier, nichts was Aufsehen machte, kam dabei vor; das einzig sichtbar Festliche waren zwei große Bilder, womit ein Freund das bescheidene Wohnzimmer der kleinen Familie so sinnreich geschmückt hatte: der Einzug des Herrn in Jerusalem und die Segnung von zwölf Kindern durch Jesu Hand. Ebenso im Stillen nahmen wir gleich darauf die ersten drei Knaben zu uns. Der Herr aber feierte mit uns im Verborgenen und legte seinen Segen auf das Samenkorn, wie jetzt am Tage ist.

Das war der Anfang des Rauhen Hauses. Von ihm allein wollten wir heute erzählen. Ein andermal hören wir von dem Segen, unter dem Gott es in dreißig Jahren zu einem weitschattenden Baume hat erwachsen lassen. Um dieses Segens willen wollen wir am 4. October unser Dankfest feiern.

Zu den vielen guten Freunden, die das Beiblatt hat, gehört auch der Pilger aus Schaffhausen, der in seinem Kalender so viele schöne Geschichten so trefflich zu erzählen weiß.*) Derselbe hat und zwar ganz ungebeten, aus Freundschaft gegen die Beiblattleser sich erboten, etliche seiner Geschichten im Beiblatt wiederzuerzählen. Wer hörte ihm nicht gerne zu? Wir haben ihn schon neulich vernommen, als er die Geschichte aus Hochschottland berichtete, und ich weiß, der wackere Kalendermann verdient sich aufs Neue unsern Dank, wenn er uns erzählt, was ihm über

Die Frau Marianne in London

zu Ohren gekommen. Hören wir ihn denn:

Die größte Stadt der Erde ist jetzt ohne Zweifel London, die Hauptstadt von England. Der Pilger und seine geneigten Leser, selbst

---

*) Allen denen, die darauf sinnen, ihre Volksbibliothek mit guten Büchern zu vermehren, empfehlen wir hiemit die aus mehreren Jahrgängen des Kalenders ausgewählten „Erzählungen des Pilgers von Schaffhausen. Eine Volksschrift von Carl Keller. Schaffhausen, bei J. F. Schalch, 1863.

Wir gedenken übrigens die uns gegebene Erlaubniß dankbar zu benutzen und später noch andere Erzählungen des Pilgers mitzutheilen.

wenn solche schon in jener Weltstadt gewesen sind, haben doch keinen vollen Begriff von einer Stadt, in welcher 500000 Menschen mehr wohnen, als im ganzen Schweizerland von Rorschach bis Genf, von Basel bis Finstermünz. Nimmt doch die Seelenzahl der erschrecklich großen Stadt jährlich um 60000 Menschen zu, werden doch jedes Jahr über 800 neue Häuser erbaut und dennoch mangelt es immer an Platz und Raum. Wollte man alle Bewohner von London, dick und dünn, groß und klein, nebeneinander stellen und rechnete man für einen Menschen eine Elle Platz, so gäbe das eine Menschenlinie von 375 Stunden Länge.

Wenn der Pilger einmal nach London reiste, um dort seinen lieben Bekannten aus dem Zürichgebiet zu besuchen, und er käme auf einem jener vielen hundert Dampfschiffe an, die täglich bei London landen, so wäre mir's angst, ob ich mit zwei Augen alle die tausenderlei Dinge durchfechten könnte, die einem da in den Weg treten. Kein Zug Rosse aber könnte den Kalendermann abhalten, das brittische Museum zu besuchen, ein Prachtbau von Außen und voll reicher Schätze von Innen. Da findest du Bildwerke, Geräthe, Waffen und Merkwürdigkeiten aller Zeiten und Länder. Ueberreste aus Ninive und Babylon, Götzenbilder aus den fernsten Inseln. Krystalle und Versteinerungen, Pflanzen- und Thierüberreste aus den Tiefen der Erde, von den Höhen der Berge und aus den Abgründen des Meeres. Jahre lang könnte man in den hohen Sälen und vor den gefüllten Kasten verweilen und man hätte noch lange nicht Alles gesehen, was dieses Museum in sich faßt; denn noch liegen Hunderte von Kisten unausgepackt in irgend einem Behälter und täglich kommen neue Schätze an.

Das Museum liegt in der großen Russelstraße und wenn du dieselbe endlich durchschritten hast und denkst, jetzt werdest du doch bald wieder zur Stadt hinauskommen, so gelangst du statt dessen in die Orfordstraße; die ist nur eine halbe Stunde lang und geht kerzengerade gegen Abend. An den Prachthäusern hin, in deren Erdgeschoß Laden an Laden alle Herrlichkeiten der Welt, die Erzeugnisse aller fünf Erdtheile zur Schau stellen und zum Verkauf ausbieten, laufen Fußwege, sogenannte Trottoirs hin, auf denen Hunderttausende von Menschen an dir vorübergehen, und in der Mitte auf dem Fahrweg rasseln Omnibusse, Droschken, Karren, Kohlenwagen, feine Chaisen und prachtvolle Kutschen mit goldbetreßten Dienern hinten und vorn, dazwischen Reiter, Eseltreiber, so daß, wenn man von einer Seite der Straße zur andern muß, man vorher das Testament machen mag, da man nicht garantiren kann, ob man mit ganzen Beinen oder mit ungebrochenem Halse hinüber kommt. Haben doch Frauenzimmer schon stundenlang warten müssen, bis sie es haben wagen dürfen, von hüben nach drüben sich den Weg zu suchen.

Von der Orfordstraße aus kannst du auch in eine der engen Seitenstraßen hinein, z. B. zu den Feldern von St. Giles, wie's an der Straßenecke steht und du denkst: Ach, Felder sind im Freien, da willſt du ein wenig ausſchnaufen und das Ohr ruhen laſſen von dem betäubenden Getöſe. Weit gefehlt! Da waren wohl vor 500 Jahren Felder um die St. Gileskirche herum und daher der Name. Heute aber und ſchon lange ſind dieſe Felder mit einem Häuſergewirr überbaut, in dem nur wenige Londoner ſich ſicher zurechtfinden. Vor zwei Jahrhunderten noch wohnte hier der behäbige Mittelſtand in hübſchen Häuſern zwiſchen duftenden Gärten, heute findeſt du ſtatt deſſen zahlloſe Quer= und Winkelgaſſen, größere und kleinere Höfe, die dicht verbaut ſind, und die Häuſer ſind nicht mehr ſtockweiſe, ſondern ſtuben= und kammerweiſe vermiethet.

Da findeſt du auch Kramladen an Kramladen; aber ſchon am übeln Geruch läßt ſich erkennen, welcher Art ſie ſind. Da iſt im einen altes Eiſen, im zweiten altes Blei, im dritten ſind alte Kleider, im folgenden altes Glas, ja ſogar alte Knochen zu verkaufen. Du brauchſt nicht lange zu fragen, auf welche Weiſe viele Gegenſtände in dieſe Kramladen gekommen ſind; blicke nur um dich und ſiehe die Spitzbubengeſichter an, die in dieſen Gäßchen beſonders um die vielen Branntweinſchenken herum ſichtbar ſind, ſo greifſt du beſtimmt in den Hoſenſack, ob du dein Geld, oder in die Weſtentaſche, ob du deine Uhr noch haſt; denn du biſt in dem Quartier, wo die berüchtigten Londoner Diebe und Beutelſchneider zu Hauſe ſind. Daneben wohnen hier liederliche Dirnen in Menge; auch Straßenkehrer, Kaminfeger, Vögelausſtopfer, Bänkelſänger, Drehorgelmänner und Taſchenſpieler; nicht minder Scheerenſchleifer, Lumpenſammler, Kloaken= und Abtrittputzer; endlich auch allerlei Handwerker, Laſtträger und Tagelöhner. In dieſem Quartier iſt jeder Fleck bewohnt, von den Kellerräumen an bis unter das Dach hinauf; auf die Straßen und gegen die feuchten Höfe hinaus, wo der Unrath von Jahrzehenden ſeinen Geſtank verbreitet. Die Fenſter ſind lange nicht alle von Glas; Papier und Lumpen verſehen die Stelle. Glücklich, wer noch allein ein Gemach bewohnen kann; nur zu häufig wohnen und ſchlafen zwei, drei, vier Partieen in einer Kammer. Da liegt das neugeborne Kindlein, der Todtkranke, der Betrunkene und der Traurige in ſchrecklicher Vermengung durcheinander. Am übelſten ſind die Kinder in dieſen Gäßchen dran; denn die wiſſen nichts oder wenig von Blumenduft und Vogelſang, von blauem Himmel und grünem Gras.

In dieſem erbärmlichen Quartier lebte die Marianne B., die Ehefrau eines Tagelöhners, der ehrbar und arbeitſam iſt, aber jedenfalls das Pulver nicht erfunden hatte. Die Marianne aber iſt eine geſcheidte und anſtellige Frau. Ihre Eltern waren einſt wohlhabend geweſen und hatten in beſſern Quartieren gewohnt; aber der Vater war ein Trunkenbold, der ſich und ſeine Familie durch ſein Laſter ſo herunterbrachte, daß ſie in den Feldern von St. Giles, bei den ſieben Sonnenuhren, eine Herberge ſuchen mußten. Das Elend und die Rohheit des Mannes brach der Mutter das Herz und ſie ſtarb, als Marianne 15 Jahre alt war; bald ſtarb auch er und hinterließ Marianne und ihre fünfjährige Schweſter als hülfloſe Waiſen. Daß die

Kinder unter dem wüsten Volk, das um sie herum war, nicht an Seele und Leib zu Grunde gingen, war fast ein Wunder. Oft brachten die Kinder die Nacht hindurch auf der Stiege oder vor der Hausthüre zu, um nicht sehen zu müssen, was drinnen im Hause und in der Kammer vorging. Niemand nahm sich der Kinder an, als ein alter Mann, der im gleichen Hause wohnte. Er lehrte die Marianne schreiben; stricken und lesen hatte sie dadurch gelernt, daß sie viel vor den Laden- und Schaufenstern stand und sich da die Dinge absah. Wenn der Alte ihr Schreibstunden gab, sagte er oft: „Kind, lies mir nie in der Bibel, denn sie ist voller Lügen. Du brauchst dich nur in dem Quartier St. Giles umzusehen, so kannst du schon erkennen, daß es keinen Gott giebt."

Als Marianne 18 Jahre alt war, verheirathete sie sich. Nun, da mag's bei der Hochzeit armselig genug gegangen sein; denn als die Beiden zur Kirche gingen, hatte Marianne weder Schuhe noch Strümpfe und der Bräutigam keinen Rock. Ist wohl sonst irgendwo ein Pärlein so armselig zum Traualtar gegangen! Doch waren Beide vergnügt, da sie doch einander hatten und ein eigenes Kämmerlein für sich bewohnen konnten! Der Mann ging an den Tagelohn, die junge Frau machte Wachsblumen, Säcklein für Goldschmiede oder schnitt Kaminschirme von farbigem Papier aus. In der Bibel las sie nie.

So ging's bis zum Jahr 1853. Da mußte Marianne eines Abends, als Unwetter sie auf der Straße überfiel, sich unter das Vordach eines Hauses flüchten. Da hört sie aus dem Hause heraus eine Stimme, die laut und feierlich sprach; der Wunderwitz trieb sie hinein. Ein Stadtmissionar las da etwas aus der Bibel vor; sie hört noch die letzten Verse aus dem 11. Kapitel des Hebräerbriefes. Sie merkt, das Gelesene müsse aus der Bibel sein. Am Ende zeigte der Vorleser noch an, es sei in diesem Hause eine Leihbibliothek aufgestellt; wer ein Buch zum Lesen wünsche, könne morgen eins holen. Marianne war am folgenden Morgen eine der ersten, die sich einfand. Sie wollte ein unterhaltendes Geschichtenbuch holen; doch war es ihr, als hörte sie eine Stimme zu sich sagen: Bitte um eine Bibel! — Sie that das. Der Missionar sagte verwundert: „Wir haben gerade nicht Bibeln ausleihen wollen, doch will ich euch eine holen. Es ist ein gutes Zeichen, daß dieses beste Buch zuerst begehrt wird." — Als der Missionar ihr das Buch überreichte, fragte er, ob er nicht etwa in ihre Wohnung kommen und ihr ein Kapitel vorlesen solle. „Nein," sagte Marianne, „wir sind stille Leute, und mein Mann möchte es nicht gern haben; ich will das Buch für mich lesen."

Marianne las und las in dem merkwürdigen Buch und Gott that ihr das Herz auf, daß ihr das Wort durch's Herz und Gewissen ging. Und damit der Same recht tief gehe, schickte der himmlische Ackersmann die Pflugschaar des Kreuzes hinzu. Sie wurde krank und mußte endlich zu dem Missionar gehen, um durch ihn die Aufnahme in das Spital zu erlangen. Jetzt besuchte der Missionar die Leute und wunderte sich, wie mächtig das Wort Gottes in den Herzen gearbeitet hatte.

Schwere Zeiten folgten. Auch der Mann wurde krank; ihre wenige, mühsam ersparte Habe mußten sie verkaufen, um Brod kaufen zu können, und oft waren die armen Leute dem Hungertod nahe. Aber der treue Gott ließ es nicht zum Aeußersten kommen, und namentlich der Missionar erwies sich als ein Freund in der Noth. Es kamen wieder bessere Zeiten; Gesundheit und Verdienst wurde ihnen wieder zu Theil.

Es war an einem Sommernachmittag des Jahres 1857, als durch die schmutzigen und stinkenden Gäßchen eine Dame in Begleitung eines wackern Arztes dahinschritt; allein hätte die vornehme Frau das nicht wohl wagen dürfen. Der Doctor aber kannte die Gäßchen alle. Die Beiden sprachen darüber, wie man doch in diese traurigen Winkel und zu diesen erbärmlichen Menschen Gottes Wort bringen könne, damit aus diesen Heiden mitten in der Christenheit andere Menschen würden. Sie trafen gerade den Stadtmissionar und fragten ihn, ob er nicht eine treue, gottesfürchtige arme Frau wüßte, die sich getraute, mit einem Pack Bibeln in die Löcher und Kammern dieses Bezirks zu gehen, natürlich gegen einen kleinen wöchentlichen Gehalt.

"Wie merkwürdig sich das trifft," erwiderte der Missionar; "gerade habe ich in meiner Tasche einen Brief von einer braven Frau mittleren Alters, die mir meldet, wie sie Gelegenheit gehabt habe, den hülflosen und verlassenen Zustand vieler armen und versunkenen Weibspersonen dieses Bezirks kennen zu lernen. Nur eine weibliche Hand sei im Stande, sie aus ihrem Schmutz und Elend herauszuziehen. Da habe sie gedacht, weil der barmherzige Gott und Herr so viel Gutes ihr erwiesen, so wollte sie gerne alle Tage ein paar Stunden den Versunkensten sich widmen, denen sonst um ihrer Lasterhaftigkeit willen keine ordentliche Weibsperson nahe komme."

"Das ist wahrhaftig Gottes Finger!" meinten die Zweie, denen der Missionar das mittheilte, und der Kalendermann meint es auch. Es wurde unserer Marianne, denn das war die Schreiberin des Briefes, der Wunsch der Dame vorgelegt, und sie willigte nach ernstem Ueberdenken und herzlichem Gebet ein. Sie meinte, da an ihr die Gnade Gottes so groß gewesen sei, so werde dieselbe auch an Andern ihre Kraft beweisen.

Also fing Marianne ihre Arbeit in Gottes Namen an und zwar im Quartier von Soho, welches das verrufenste von ganz London ist. Da hat es in den Häusern schmale Gänge und zu beiden Seiten Kammer an Kammer bis in die Hinterhäuser, wo in der Regel nicht ein einziger Mensch eine ehrliche Handthierung treibt. Halbnackte, in Schmutz und Ungeziefer begrabene Kinder, zum Theil ohne Eltern, liefen und lagen da herum. Manchmal geht es bei diesem Gesindel in Saus und Braus; da werden gebratene Rippenstücke und Kartoffeln ohne Teller, Messer und Gabel auf dem schmierigen Tisch verzehrt; ein andermal ist Schmalhans Küchenmeister, ja oft zwischen ihm und dem Hungertod nur ein Schritt. Die Weiber kämmen und waschen sich nur selten; ihre Kleidung tragen sie, bis sie ihnen fetzenweise vom Leib fällt.

Hier fing Marianne ihren Samariterdienst an. Sie bekam allerhand zu hören. "Was wollt Ihr mit der Bibel bei Leuten, wie wir sind! Packt Euch!" — Andere waren verwundert, wie es komme, daß man auch an sie arme Leute denke. Diesen gefielen die schönen Bücher mit den hübschen Einbänden und sie erstaunten über den billigen Preis; meinten aber, sie seien so arm, daß sie ein solches Buch nicht kaufen könnten. Aber Marianne wußte auch von der Armuth zu erzählen und kannte die rechten Mittel zur Hülfe. Sie pries den Leuten das Buch an, versprach, sie wolle alle Woche kommen und einen Groschen einziehen, bis das Buch ihr Eigenthum sei, und nicht Wenige willigten ein.

Böses geschah der Marianne sonst nichts; wer hätte der freundlichen Frau böse sein können! Nur einmal schüttete Jemand das Nachtgeschirr über sie vom Fenster herunter. Aber gerade das erweckte bei den Umstehenden Mitleid. Eine Frau führte sie in eine Kammer und half ihr die Kleider säubern; eine Andere holte Wasser, und von da an hatte sie mehr Freunde als Feinde.

"Diese Stiege da geht nicht hinauf," sagte einst ein wohlmeinender Mann zu Marianne; "die Frau da oben ist ein wahrer Teufel. Vier Männer bringen sie kaum heim, wenn sie betrunken ist." — "Gerade zu solchen gehe ich," meinte Marianne, stieg die halsbrechende Treppe hinauf und stand bald vor einer wahren Furie, einer Fuhrmannsfrau, sechs baare Schuh hoch, der Schrecken der Nachbarschaft. Die Riesin stierte den eintretenden Gast an. Ein Bube von etwa neun Jahren stand nackend in einer Ecke; er hatte soeben Prügel bekommen und die Mutter schnitt seine Höslein in kleine Stücke, um das Sechsgroschenstück herauszukriegen, das der Troßkopf verdient hatte, aber nicht herausgeben wollte. — "Schlaget ihn nicht mehr," bat Marianne, "der wird seine Prügel nicht mehr vergessen. Aber was macht Ihr da mit den Hosen? Wenn Ihr sie so klein schneidet, kann er sie ja nicht mehr tragen. Hör', Büblein, diesen Morgen hat man mir ein paar Hosen gegeben für einen braven Knaben. Wenn Du mir nun versprichst, Deiner Mutter alles Geld zu geben, das Du verdienst, sollst Du auch die Hosen bekommen."

Das Alles kam der Mutter und dem Buben so unerwartet, und Marianne sprach Alles so freundlich und herzgewinnend, daß die kaum noch wüthende Frau kein Mucks mehr machen konnte, und auch der Bube hatte seinen Trotz eingestellt, wurde ganz weich, versprach alles Gute und bekam die Hosen. Von diesem Tage an stieg Marianne noch öfters die Stiege hinauf, die zur Wohnung der Fuhrmannsfrau führte, und obschon letztere sie manchmal gar unsanft anschnarchte, auch zu den Nachbarn sagte, sie werde, wenn sich die Bibelfrau wieder bei ihr blicken lasse, dieselbe mit den Füßen zu Brei verstampfen, so blieb Marianne doch hübsch ganz, ja die Sechsschuhige unterzeichnete auf eine Bibel, fing an, sich und ihre Kinder ordentlicher zu kleiden, ja eines Sonntags ging sie sogar wieder einmal zur Kirche; seit ihrer Hochzeit war sie nie mehr dort gewesen. Marianne kannte sie fast nicht in ihrer saubern Tracht und freute sich ihrer Aufmerksamkeit, ließ sich aber nichts merken, daß sie die ehemalige „Furie" gesehen habe. Doch die fing von selbst davon an und sagte: „'s ist mir so wohl in der Kirche, viel wohler als in der Branntweinschenke; werde wieder gehen." Und von nun an war die Riesin so für die Marianne eingenommen, daß sie oft sagte: „Wer mir der Bibelfrau etwas zu Leide thut, der hat's mit mir zu thun!" und dabei streckte sie ihre nervigen Arme aus und ballte ihre Faust, so daß die Leute nicht übel Respekt bekamen. Will's Gott, hat sie seither gelernt, ihre Hände nicht nur zum Faustmachen, sondern auch zum Gebet zusammen zu legen.

Die treue Bibelfrau aber, ob sie schon im ersten Monat ihre siebenzig Einzeichner auf die Bibel zusammengebracht hatte, sah doch gar wohl ein, daß in dem entsetzlichen Schmutz der Kammern von St. Giles der gute Saame nicht aufgehen könne. „Diesen Leuten," so sagte eines Tages Marianne zu jener guten Frau, die das Werk gestiftet hatte, kann nur geholfen werden, wenn man sie aus dem Unrath herausreißt. Wenn Sie mich unterstützten, so wollte ich einmal etliche Frauen zu einer Tasse Thee (in England gilt der Thee, was bei uns der Kaffee) einladen, da ließe sich am ehesten ein vernünftig Wort mit ihnen sprechen.

Frau Raynard, denn so hieß die Wohlthäterin, willigte mit beiden Händen ein, und bald darauf saßen acht Frauen in nicht schönen, aber doch saubern Röcken und ordentlich gekämmt bei der Bibelfrau; denn ein Weibsbild muß ganz aus der Art schlagen, wenn sie sogar bei einer Kaffee- oder Theevisite verhaaret und verhudelt sich einstellt. Zwar hatte die Marianne nur fünf Stühle; aber drei Frauen setzten sich dafür auf's Bett. Man sprach allerlei, und namentlich zogen die Weiber auf ihre Männer los. Das seien wüste Kerls und es sei bei ihnen nicht auszuhalten; fast der ganze Verdienst müsse den Hals hinunter.

„Das wundert mich nicht," meinte endlich die Marianne. „Das ist Eure eigene Schuld. Ihr könntet alle brave Männer haben, wenn Ihr recht wolltet. Aber wenn Ihr nie eine saubere Stube habt, wenn Ihr nicht strickt und flickt, an Euch selbst wüst und schmutzig seid, für Eure Männer, wenn sie müde von der Arbeit heimkommen, keinen guten, reinlichen Teller Suppe habt, ist's dann ein Wunder, wenn die wieder in's Wirthshaus laufen? Seid Ihr freundlich, säuberlich und nüchtern, so werdet Ihr lauter brave Männer bekommen." Nun sprach Marianne auch von der Bibel, was für schöne Geschichten und feine Sprüche d'rin stehen und daß sie sich von ihren Kindern sollten d'raus vorlesen lassen; auch that sie ihr Herz auf und bezeugte ihnen, was der grundgütige Gott Liebes und Gutes ihr erwiesen habe. Endlich ermahnte sie die Frauen, auch fleißig zur Kirche zu gehen. Da hatte sie aber in ein Immennest gestoßen. „Wie können wir, wenn uns ordentliche Kleider fehlen. Ihr, Marianne, würdet auch nicht gern in einem schäbigen Kleide und ohne Halstuch neben die und die hinsitzen, die eine schöne Haube auf- und ein gewirktes Tuch umhat." Und sie nannten mehrere Frauen. Aber Marianne sagte: „Die kenne ich wohl. Aber warum können sie so schön daherkommen? Weil diese Eheleute fleißig und sparsam sind und den Schnapps meiden. Sie verdienen nicht mehr als Ihr und Eure Männer; aber sie wenden den Verdienst besser an. Am Schluß der ersten Visite las Marianne noch das 15. Kapitel des Matthäus und betete. Beim Heimgehen meinten die Frauen: sie hätten in ihrem Leben noch keinen so vergnügten und schönen Abend verlebt; es sei ihnen gewesen fast wie im Himmel.

Und Marianne sah wohl ein und sagte es der reichen Frau Raynard, da sei mit Almosen und Unterstützungen nicht geholfen. Damit mache man die Leute nur liederlicher. Man müsse den Selbsttrieb wecken; sie müßten lernen, sich selber helfen. Marianne vertheilte unter die armen Leute das Recept einer gar nahrhaften Suppe, und Frau Raynard gab den eisernen Topf dazu aus ihrer eigenen Küche. Marianne kochte solche Suppe zuerst und gab da und dort den Nachbarn davon zu kosten. Jetzt wollte Jedermann solche Suppe haben. Aber Marianne verschenkte das Recept nicht, sondern ließ sich, wenn auch nur ein Weniges, dafür bezahlen. „Was die Leute umsonst erhalten, schätzen sie nicht," war ihre Meinung; den Topf dagegen hat sie unentgeltlich ausgeliehen und der kam weit herum. Die Leute fanden, die Suppe sei nahrhafter als Brod und Branntwein oder Thee; sie ersparten Geld dabei, und dem ersten ersparten Geldstück folgten bald ein halbes Dutzend nach. „Denn wer da hat, dem wird gegeben."

Dabei blieb aber Marianne nicht stehen. Sie konnte die Lumpen und Fetzen nicht leiden, in welche die Weiber zu Hause sich kleideten. Wer nichts Rechtes auf sich hat, hat auch nichts Rechtes in sich. Sie kaufte Baumwolltuch zu Hemden und Zeug zu Schürzen, sowie Nadeln, Fingerhüte und Faden; sie schnitt Alles ordentlich zu und etliche Frauen kamen herbei, die lernten und halfen nähen. „Marianne, sagten die armen Weiber, bring uns nur solch gutes Zeug, wir kaufen's Dir ab, wenn wir's nach und nach bezahlen dürfen, wie die Bibeln." Sie war's natürlich zufrieden. Jetzt gings in mehr als einer Haushaltung besser, die Weiber fingen an zu nähen und zu flicken, und als sie merkten, wie viel Nadelstiche ein Kleidungsstück erfordere, fingen sie an, Sorge dafür zu tragen, daß Schmutz und Unrath entfernt werde. Man fing an die Kinder zu waschen, die Kammern zu fegen und eine Wohnung um die andere bekam ein menschlicheres Aussehen. Die Väter blieben lieber daheim, ließen sich von den Kindern, die fleißiger in die Schule geschickt wurden, etwas Vernünftiges vorlesen, gingen auch in die Bibelstunden des Abends, oder in den Gottesdienst des Sonntags. Zu ordentlichen Kleidern kamen auch bald ordentliche Betten; die Leute sahen ein, daß sie zu etwas kommen konnten, wenn sie wollten, und so steht es jetzt nach vier Jahren in dem früher so erschrecklichen Quartier von St. Giles um Vieles besser aus als vor vier Jahren.

Weil die wohlthätigen Freunde der Armen sahen, daß es dort so gut ging, wurden seitdem mehr als hundert Bibelfrauen auch in andern übeln Quartieren der Weltstadt angestellt und selbst in andern großen Städten wird dieses Werk nachgeahmt.

Solche große Dinge vermag eine arme Frau in einer großen Stadt zu Stande zu bringen, wenn der Glaube ein Menschenherz erfüllt, die Liebe es reich macht und die Hoffnung es stärkt.

Und jetzt ihr vielen tausend Leserinnen, hat keine von euch Gelegenheit, in ihrem Theil und Kreis eine Marianne an armen, versunkenen Menschen und Haushaltungen zu werden? —

Aus dem Rauhen Hause.

1. Zur Deckung des dießjährigen Deficits sind dem Herausgeber bis zum 23. September abermals folgende Liebesgaben zugegangen:

Anhalt: Durch Frl. Dencker in Ballenstedt: Schw. Wilhelmine 1 ℳ; N. N. 1 ℳ; Frl. Steiner 5 Sgr.; N. N. 5 Sgr. — Baiern: N. N. Poststempel Erlangen 2 Gulden. — Hamburg: Hr. Cand. Senckel 2 ℳ 8 ß; ein Freund des Rauhen Hauses 50 ℳ; Hr. E. Vollmer 12 ℳ 8 ß. — Holstein: Hr. Cand. Leube in Reinbeck 7 ℳ 8 ß. — Kurhessen: Hr. Ulrich in Ziegenhain 2 ℳ. — Preußen: W. Poststempel Münster 5 ℳ; Hr. Pred. Schinkel in Barsikau 2 ℳ; W. in R. 5 ℳ; N. N. Pf 84, 12. Poststempel Berlin 1 ℳ; M. v. W. in Prenzlau 2 ℳ; Hr. Schreve in Marwitz 1 ℳ; zwei Freunde aus Magdeburg 5 ℳ; P. S. aus S. in P. 2 Verlobungsringe; Hr. Pred. Meyeringh in Berlin 1 ℳ; N. N. Poststempel Putbus 4 ℳ; Hr. Bruhn in Angermünde 1 ℳ; Hr. Inspector Flaischlen in Reinstedt 1 ℳ; H. D. G. in Gergehnen 5 ℳ; einige Leserinnen der fliegenden Blätter in Wernigerode 1. Petr. 4, 10. 2 ℳ. — Sachsen-Coburg: K. B in Gotha 12 ℳ.

Im Ganzen sind bis jetzt eingegangen 416 ℳ. Da das Deficit 1500 ℳ beträgt, fehlen noch 1084 ℳ oder 433 rℳ 18 Sgr.

Indem ich Denen, die soweit geholfen haben, meinen herzlichsten Dank sage, wiederhole ich die Bitte um weitere Hülfe an Alle, die dem Rauhen Hause ein Zeichen ihrer Liebe und Theilnahme gewähren möchten. Zur Entgegennahme solcher Gaben (unter der Adresse: 5 Hahntrapp, Hamburg) bleibe ich auch ferner bereit.

2. Die öffentliche Feier unseres dießjährigen, nämlich 30jährigen Stiftungsfestes in Verbindung mit der Grundsteinlegung des von Sr. Königl. Hoheit dem Großherzog von Mecklenburg-Schwerin geschenkten Neubaues wird stattfinden im Rauhen Hause am Sonntag, den 4. October, Nachmittags 2 Uhr. Es werden dazu alle Freunde und Freundinnen des Hauses hiemit eingeladen.

Dr. Wichern.

Die Agentur des Rauhen Hauses

zeigt hiemit an, daß die bisherige Auflage der beiden Kirchentags-Vorträge von Dr. Wichern und Dr. Rögel gänzlich vergriffen ist, so daß, da schon die letzten Bestellungen nicht mehr haben ausgeführt werden können, weitere Lieferungen nicht möglich sind. Eine neue Auflage zu so geringem Preis wie der bisherige, ist geschäftlich unausführbar.

Inhalt des Beiblattes: Der Anfang des Rauhen Hauses. — Die Frau Marianne in London. — Quittungen. — Stiftungsfest.

Herausgeber Dr. Wichern, Vorsteher des Rauhen Hauses. — Verlag der Agentur des R. H. zu Horn bei Hamburg. — Gedruckt im R. H.

14. Jahrgang.
October.

Jährlich 12 Bogen
in monatlichen
Lieferungen
10 Sgr od. 14 ß.

Beiblatt
der
Fliegenden Blätter
aus dem
Rauhen Hause.

Volksblatt für innere Mission.

1863.
No. 10.

Durch alle Buch=
handlungen und
Postämter zu
beziehen.

Zum 4. October 1863
errichtetes Denkmal der Feier des dreißigjährigen Bestehens
des Rauhen Hauses.

Wer in der Woche vor dem 4. October das Rauhe Haus besuchte, wurde bald gewahr, daß hier zu einem großen Hausfeste gerüstet wurde. Der ganze Garten, zwanzig Morgen groß, schien sich mit einem Festgewande schmücken zu wollen, bis in die letzten Wege und Büsche wurde gesäubert und gereinigt — und das mit einer Lust und einer Freude, daß dem Zuschauer das Herz dabei lachen mußte. An und in den einzelnen Häusern war es ebenso; große Wagen voller Laub= und Blumen= kränze wurden ausgebreitet; um die Fülle überfließend zu machen, kamen noch Blumengaben aus nachbarlichen Gärten hinzu, selbst aus einer fernen Stadt wurden die schönsten Blumen gesandt und aus einem

meilenweit entfernten Wald war die glänzende Stechpalme herbei=
geholt, um alle Wände des Betsaals mit neuen grünen Gewinden zu
überflechten.

Zugleich war an der Nordostseite des Gartens eines der alten
Wohnhäuser, der bisherige s. g. Bienenkorb verschwunden, und da, wo
er bis dahin gestanden, ein neuer Bauplatz bereitet; Bäume wurden
gefällt, um die seit 30 Jahren hoch heraufgewachsenen Eichen freier
zu stellen und den Bauplatz mit jungen, schon ganz stattlichen Eichen=
kronen umgeben sein zu lassen; neue breite Fußwege wurden durch
jenen Theil des Gartens gebahnt — lauter Zeichen, daß die mit=
feiernden Gäste in großer Zahl erwartet wurden.

Und wie wunderschön war der Sonnabend Abend vor diesem
Sonntag! Als ich da an dem Alten Hause stand und nun das drüben=
liegende friedliche Dorf in warmen abendlichen Nebel gehüllt unter dem
Laubgewölbe der wie ein Dom sich ausbreitenden Castanie und der
ebenbürtigen Lindenkronen her zu uns herüberschaute und die ganze
Natur so feierlich still wie anbetend lauschte, hinweisend auf den
Einen, der Himmel und Erde trägt und in seinem Eigenthum unsichtbar
wandelt, um den Weg zum Menschenherzen zu finden — da war es,
als ob dieser treue, gnädige Gott, der das Rauhe Haus seit dreißig
Jahren so liebreich und freundlich geleitet, es nun am Vorabend
seines Ehrentages in der Stille segnete und bereitete, neue und immer
noch größere Segnungen zu empfangen.

Aber siehe — da beleben sich die stillen Wege? Das sind die
ersten Festgäste! Es sind Brüder, die zum Theil aus weiter Ferne zum
Fest und zum Brüdertag herbeigekommen. Bald mehrt sich ihre Zahl; es
ist verabredet, sich in dieser stillen Abendstunde, in der die lieben Freunde
an der Stätte der alten Heimath sich zusammenfinden, zum erstenmal
zu begrüßen. Aus Bremen, aus Lübeck und verschiedenen Stellen
Holsteins, aus Celle und Hameln, von der Porta Westphalica, aus
Mecklenburg=Schwerin und Strelitz, aus Hinterpommern, aus den ver=
schiedensten Theilen der Mark und aus Berlin, aus Schlesien, aus dem
Königreich Sachsen, aus England und selbst aus Serbien waren sie her=
beigekommen. Und Viele von denen, die, durch andere Pflichten gehin=
dert, nicht selbst hatten kommen können, sandten durch Andere oder
mit ihrer Hand aus der Nähe und aus weitester Ferne ihre Grüße.
Es wird eine unvergessene Abendstunde bleiben, die wir nun in un=
serm Betsaal erlebten, als aus dem Kreise von nahe an siebenzig

Brüdern das „Lobe den Herren, o meine Seele", als ein wahrhaftes Opfer des Dankes und der Freude erschallte.

Alles trennte sich dann, um sich am andern Tage zum Feste wieder zu sehen. Wie viel Gutes die Brüder in den Häusern und Familien derer, die sie in Hamburg, in der Vorstadt St. Georg und in Ham und Horn herbergten, empfangen, davon hatten nachher Alle nur in Einem Dankgefühl, der Eine immer noch mehr als der Andere zu erzählen.

Nach wenigen Stunden aber sollte es Sonntag werden!

Der erste Blick in's Freie während der frühen Morgenstunde eines Festtages ist, wenn der Tag mit freundlichem Angesicht in die Gärten hereinschaut, immer wie die Erhörung eines Gebets. So war es auch dießmal, als das leichte Gewölk des Himmels einen schönen Tag verkündete und das Herz der Nähe dessen gewiß war, der allein Segen und Frieden zu geben vermag.

Aber wer hatte in der Nacht das Fest bereitet?

Als die Sonne aufging, siehe da war nach guter hamburgischer Art der schöne Garten an allen seinen Gränzen, auf allen seinen Wegen, und waren alle Häuser in demselben mit weithin wallendem Flaggenschmuck umwoben. Hoch oben auf dem die ganze Umgegend meilenweit überschauenden Mutterhause, in welchem der wohnt, der dieß erzählt, schwang sich im frischen Morgenwinde in gebietender Größe und Kraft Hamburgs Fahne, und ihr zur Seite in langen Gewinden dreißig Fähnlein zur Feier der dreißig Jahre und zum Gedächtniß des Segens, der diese ersten drei Jahrzehnde gefüllt. An den Seiten des langen breiten Hauptweges bis zu dem äußeren Eichenthor prangten auf hohen Masten die Fahnen der deutschen Städte, und ringsum und vom Thurme unseres Kirchleins die Farben aller Nationen. Vielerlei Liebe hatte sich vereinigt, dem Rauhen Hause für diesen Tag dies Festgewand anzulegen. Liebe lang bewährte Freunde aus dem Kreise hiesiger Schiffer waren selbst herbeigekommen und Hamburger Schiffsherren hatten ihre Leute gesandt, so daß, wie wir hernach erfuhren, von mitternächtlicher Stunde an bis zum Aufgang der Sonne zwölf Schiffer und außerdem auch noch andere Freunde daran gearbeitet, dem Rauhen Hause diese Ueberraschung zu bereiten und laut hinaus zu verkünden, daß dasselbe auch in seiner Heimath Freunde hat, die mit ihm sich dessen, was Gott an ihm thut und gethan, aus ganzer Seele freuen.

*

Um 2 Uhr sollte die Feier des Hausfestes beginnen, das wir hier beschreiben wollen. Es war kein sonniger Tag geworden, aber ein stiller Frieden lag über der ganzen Natur ausgebreitet und lockte von allen Seiten Freunde des Hauses herbei.

Die Festordnung lud die jetzigen und früheren Mitglieder des Verwaltungsrathes mit ihren Familien, außerdem eine Reihe von Ehrengästen zunächst in das Mutterhaus. Dasselbe reichte freilich bald nicht mehr aus, die vielen Freunde und Freundinnen, die zusammengekommen waren, aufzunehmen; so füllte sich denn die abgeschlossene Umgebung des Hauses, in dessen Gärten die Zöglinge der Anstalt, Knaben und Mädchen, und die Hausbrüder sowohl als die zahlreich herzugekommenen bereits entsandten Brüder zum Liedersang bereits versammelt waren. Wie viele Freunde, die sich auch in Hamburg seit Jahren kaum gesehen, trafen hier in der einen Theilnahme für die von Gott so reich gesegnete Stätte wieder zusammen! Dazu kamen noch manche andere Freunde von auswärts, aus Westphalen, aus Schwaben, aus Holland, aus Schweden und von anderswo. Um 2 Uhr begann der Festzug, dem wir uns jetzt anschließen wollen.

Voran das von einem Bruder getragene schöne Banner des Rauhen Hauses mit dem guten Hirten, der das Schaf auf seiner Achsel trägt — auch eine Festgabe aus einer früheren Zeit.

Dem schlossen sich an zwei Brüder und zwei Knaben — alle vier aus Mecklenburg, welche das zur Grundsteinlegung nöthige Geräthe und die dabei zu verwendenden Schriftstücke trugen.

Darnach ein Chor von Trompeten und Posaunen, der laut durch die Gärten hin das: „Allein Gott in der Höh' sei Ehr'!" erschallen ließ. Nun folgten in lang gestrecktem Zuge die genannten Freunde und Freundinnen der Anstalt, diesen zunächst die sämmtlichen, festlich geschmückten Familien unserer Mädchen und Knaben, durch ihre Fahnen von einander gesondert, dann die ausgedehnte Reihe der Brüder, zuletzt die übrigen Angehörigen der Anstalt, die Buchdrucker, Buchbinder und wer sonst dazu gehört. Als der Zug an das zweite große Eichenthor innerhalb unserer Gärten gelangt war, trat er in die Mitte von Tausenden von Festgenossen, die sich an diesem Theil des Gartens vor den auf's reichste bekränzten und beflaggten Häusern in der Nähe des Betsaals versammelt hatten. Der Zug aber nahm seinen Weg zunächst durch diesen Betsaal. Hier empfing ihn Orgelklang und wurde ein Lobgesang gesungen; dann kehrte er in die Mitte jener größeren Festversammlung zurück, um sich im Freien zu ordnen. Nun stimmten unter Posaunenbegleitung die Tausende ein in das „Lobe den Herren, den mächtigen König der Ehren". Das „Wie lieblich sind deine Wohnungen, Herr Zebaoth", nämlich unser Hauspsalm (84) wurde dann vom Hausvater verlesen, und das ganze Haus, dem sich bald die ganze Festversammlung anschloß, erwiderte denselben in volltönendem Chor mit einem aus den Psalmen zusammengestellten, in Aller Händen befindlichen Lobpreis! Darnach nahm der Hausvater, der hier den Lesern berichtet, das Wort. Er sagte unter anderm etwa Folgendes:

In Tagen und Stunden, wie die gegenwärtige, wandelt durch die feiernden Häuser und Herzen Einer, der Alle göttlich liebt, den Alle kennen. Es ist der Eine, der durch das Walten seiner Liebe und Gnade das Fest bereitet, der alles bis dahin gesegnet hat und fürder segnen will, der allein Alle in der Einen Freude und dem Einen Dank wie in der Einen Liebe zu ihm zusammenbindet, der König des Festes, den Alle gegenwärtig wissen, auf den alle Gemüther warten, ob er offenbar werden will. Die ganze Feier, die wir zu feiern haben, hat darin ihr Wesen, daß wir den Namen dieses Einzigen nennen, der über Alle und Alles erhaben ist, daß wir seine Gnade und Liebe preisen, aus deren Fülle Alles, was uns heute so dankbar macht, gegeben, daß wir anbetend ihm Alles zu Füßen legen, daß er es auf's Neue zu weiterem Gedeihen heilige und segne. Und welch anderer Name wäre das, als der Name Jesu Christi! der Name des Hochgelobten, der wie für Alle, so auch für uns gestorben, aber auch auferstanden und eingegangen in die Herrlichkeit seines Vaters, der durch seinen Geist der Gnade unter uns waltet und uns selig gemacht hat, der auch dieß ganze Hauswesen gegründet und dreißig Jahre hindurch unter tausend und aber tausend Beweisungen seiner Freundlichkeit und Gnade bis zu dem heutigen Feste und Freudentage geführt und uns an demselben zu dieser schönen Feier vereinigt hat. Ja wie von Anfang an und fort und fort, so soll auch heute das unser erstes und unser letztes Bekenntniß bleiben, daß Niemand als Christus Jesus der Grund- und Eckstein unseres Hauses ist, mit dem es stehen, ohne den es fallen und zu Grunde gehen wird.

Oder könnte an diesem Werk ihm gegenüber sich ein anderer, oder könnten andere neben ihm sich etwa rühmen? Die am innigsten mit dem Rauhen Hause vertraut, die am andauerndsten von Anfang an den stillen Wegen Gottes an dieser Stelle nachgegangen sind, diese

Alle, und von allen diesen der Hausvater zuerst, können alle Tage und insonderheit an einem Tag wie der heutige, nur mit dem ernsten demüthigen Bekenntniß erscheinen, daß sie unnütze Knechte sind, die ihre Kraft allein haben in ihm und ihren Trost allein finden in seinem Evangelio von der Vergebung der Sünden. Die ganze Saat dieses Gotteswortes, die hier und von hier aus hinein in die weite Christenwelt geschehen, ist eine Gottessaat, und die reiche von hier aus sichtbar werdende Ernte auf den vielen Gefilden des Glaubens und der barmherzigen Liebe ist das Werk des Herrn, für das Ihm allein Preis und Anbetung gebührt.

Als Zeichen des Segens, den der Herr über das Rauhe Haus seit so vielen Jahren ausgebreitet, wurde beispielsweise aufgeführt das Vertrauen, das die Anstalt während dieser drei Jahrzehnde in den verschiedensten Kreisen, denen es mit seiner Wirksamkeit angehört, gefunden. Während man zu Anfang, namentlich in Hamburg selbst, so oft Bedenken wie diese vernahm, ob sich auch Eltern zur Uebergabe ihrer Kinder an die Anstalt bereit, ob sich männliche und weibliche Gehülfinnen von gleicher Gesinnung mit der Anstalt in der gewünschten Zahl finden, ob namentlich die in Hamburg doppelt großen Mittel zur Erhaltung einer Anstalt, die das angebliche Wagniß unternehmen wollte, ohne eine auch nur theilweise Fundation, ihre Wirksamkeit zu eröffnen, zu beschaffen sein würden — sind alle diese Bedenken jetzt durch Thatsachen widerlegt, welche vor Aller Augen beweisen, daß der Herr über Bitten und Verstehen an uns gethan. Während der genannten Zeit haben mehr als 3000 Eltern aus Hamburg und aus dem ganzen Vaterlande und weit über dessen Gränzen hinaus die Aufnahme ihrer Kinder (von denen 640 wirklich aufgenommen sind) begehrt; über 400 Brüder und nahe an 50 Gehülfinnen, deßgleichen 75 angehende junge Geistliche, welche als Oberhelfer sich hier für ihren pfarramtlichen Beruf vorbereitet, sind Mitarbeiter an dem hiesigen Werk geworden. Und noch viel mehr als das! So weit die deutsche evangelische Christenheit diesseits und jenseits der Meere wohnt, hat die vertrauende Bitte sich an das Rauhe Haus gewandt und hat in vielen hunderten von Fällen erhört werden können, Arbeiter unter die in Verlassenheit, in Noth und Trübsal stehenden Volks- und Glaubensgenossen zu senden. Die aus der Ferne hier versammelten Brüder, so wie die vielen Hunderte, die jenseits unserer Gränze am heutigen Tage in der Stille mit uns feiern, sind dafür die lebendigen Zeugen. Und vollends daß die mit=

theilende Liebe vom ersten Augenblick bis heute nicht müde geworden, in Spenden aller Art zur Förderung des Werks zu helfen, dafür zeugen die vor Aller Augen ausgebreiteten Thatsachen, daß das Senfkorn zu einem weithin schattenden Baume erwachsen. Aber mehr als dieß Alles sei ein Zeugniß des preiswürdigen Segens, mit dem der Herr uns nahe geblieben, die Frucht des ewigen Lebens, die, ohne daß wir sie zählen können und wollen, in den Herzen so Vieler aufgegangen, die hier direct oder indirect den Weg des Heils im lebendigen Glauben an den Heiland gefunden.

Denn dieß Ziel zu erreichen, sei der Kern und Stern der ganzen Stiftung. Darum könne es auch nicht Wunder nehmen, daß unser dreißigjähriger Weg zugleich ein Weg des Kampfes und Streites nicht bloß wider die eigene Sünde und die Sünde derer, für die hier Hülfe und Heilung gesucht, sondern auch mit denen, welche gerade dieß gute, freimüthige, rückhaltlose Bekenntniß des Rauhen Hauses zu Christo zum Anlaß ihres Widerstreites gemacht. Wir achten es aber für unsere Ehre, um Christi willen zu leiden und den guten Kampf der Christenheit gegen den Widerglauben unsrer Tage auch unseres Theils mit kämpfen zu dürfen. Allerwege aber hat sich uns die Herrlichkeit unserer Kampfeslosung: Unser Glaube ist der Sieg, der die Welt überwunden! bewährt. Und so entspringen für uns am heutigen Tage von allen Seiten neue Quellen des Lobes und Dankes, und können wir mit gutem Grunde heute Alle aufrufen, sich mit uns zu freuen und fröhlich zu sein über den Gott, der so Großes an uns gethan. — Das Rauhe Haus sei heute wie einer, der vor dreißig Jahren in ein unscheinbares Schifflein mit schwacher und geringer Bemannung, ja eigentlich nur in einem gebrechlichen Nachen den Hafen verlassen, aber getrosten Muthes zu dem Steuermann und Herrn des Schiffes hinaus auf die weite See gefahren. Indem er nun von Jahr zu Jahr und von einem Hafen zum andern gelangt, kommt aus himmlischer Höhe ein Segen zum andern und ein Schiff zum andern, und wächst die schwache Bemannung zu immer größerer Zahl und zu einer geübten kundigen Mannschaft heran; aber es haben sich auch gefährliche Stürme erhoben, hie und da geht selbst eines der Schiffe verloren, aber dafür werden andere wieder erobert oder neu gebaut; Sonnentage wechseln mit dem Unwetter, und reichmachende Einkehr bei segnenden Freunden machen die Unbill der Widersacher vergessen, bis endlich nach Jahrzehnden der heimathliche Hafen sich wieder öffnet, und statt jenes Nachens eine reichbelastete Flotte heimkehrt, die um und um, wie es heute vor unsern Augen geschieht, von den grüßenden Flaggen im Mastenwald des Hafens Glück und Segenswünsche empfangend bewillkommt wird. So finden wir uns auch heute wieder im Kreise der mitfeiernden Freunde, mit ihnen uns des reichen Segens an himmlischen und irdischen Gütern, die uns vertrauet sind, zu freuen, mit ihnen den großen Herrn im Schiff seiner Kirche zu preisen, der als der rechte Steuermann auch uns in dem sichern Hafen seiner Gnade den festen Anker hat auswerfen lassen, nicht um auszuruhen, sondern um ihn alsbald zu neuer Fahrt wieder zu lichten und den in Gottes Namen begonnenen Lauf in Gottes Namen getrost und fröhlich weiter fortzusetzen.

Es sei, so ungefähr war der Schluß des Wortes, eine Gabe Gottes, das Gedächtniß einer Feier wie der heutigen durch ein bleibendes Zeichen befestigt zu sehen. Dem Rauhen Hause sei bei dieser Feier, die es am Schluß der ersten drei Jahrzehnde seines Bestehens begehe, solche Freude in zweifacher, ja in dreifacher Gestalt zu Theil geworden. Es dürfe nämlich auch heute des von hiesiger Stätte ausgegangenen Johannesstifts in Berlin gedacht werden, dessen Gründung vor 5 Jahren mit der hiesigen 25jährigen Jubelfeier zusammengefallen. Nach jetzt 5jährigem Warten sei endlich und zwar gerade in diesen Wochen (zum eigentlichen Stiftungstage des Rauhen Hauses sei die Nachricht von der schließlichen, nämlich königlichen Bestätigung hier eingetroffen) die genannte Stiftung in den Besitz eines bedeutenden Grundbesitzes von 80 Morgen unmittelbar am Weichbilde Berlin gelangt, auf dem es nun, in der getrosten Zuversicht, die gesegnete Tochter der hiesigen gesegneten Mutter zu sein, seine Kräfte entfalten und sich in der Weise des Rauhen Hauses ausbreiten werde. Die reiche Gabe sei von uns hier als eine Festgabe für die dießmalige bedeutungsvolle Stiftungsfeier, die uns jetzt vereine, entgegengenommen. Dazu aber komme ein Zweites, eine Gedächtnißthat an hiesiger Stätte, zu der die Betheiligung der ganzen gegenwärtigen Festversammlung erbeten werde: nämlich die Grundsteinlegung zu einem Neubau, den ein christlicher Fürst gestiftet, der zugleich gestattet, ihn als ein Denkmal der dreißigjährigen Segnungen des Rauhen Hauses zu betrachten. Zum Dritten aber solle in Gottes Namen ein Kinderpaar in die Gemeinschaft des Hauses aufgenommen werden im Gehorsam des Glaubens und der Liebe, in deren Beweisung sich alle Zeit das Gedächtniß der ewigen Gottesverheißung, auf der von Anfang an unser Werk begründet worden, erneuert.

Da stimmte der Hauschor den Lobgesang an: "Ehre sei Gott in der Höhe und Frieden auf Erden, und den Menschen ein Wohlgefallen. Wir loben dich, wir benedeien dich, wir beten dich an, wir preisen dich, wir sagen dir Dank um deiner großen Herrlichkeit willen" — es war die große, Anbetung athmende Bortnianskische Doxologie. Dann aber erhob sich abermals der Posaunenchor, um mit dem: "Nun lob mein Seel den Herren, was in mir ist den Namen sein!" — dem sich abermals aufmachenden Festzuge voranzuschreiten. Auf neugebahntem Festwege bewegte sich der langgedehnte Zug gerade auf die Baustätte hin, während ihm unmittelbar zur Seite auf einem zweiten Wege die übrige Festversammlung eben dahin zog. Die festliche Bahn, mit wehenden Flaggen bedeckt, mündete an der mit Fahnenmasten reich gezierten, von hohem Laub und emporragenden Eichen umkränzten Baustätte. Die Werkmeister des Baues warteten dort bereits. Hier sollte der Grundstein zu dem Neubau jener Kinderwohnung gelegt werden, die der Großherzog von Mecklenburg-Schwerin zur Erneuerung des bisherigen alten Bienenkorbes, der in den letzten Wochen abgebrochen war, so großmüthig gestiftet. Unsere Leser erinnern sich an das, was ihnen darüber schon früher mitgetheilt worden.

An der Baustätte wurde kurz die Geschichte des Baues, der 22 Jahre lang an dieser Stelle gestanden, und des Neubaues, der nun gegründet werden sollte, mitgetheilt. Das Wesentlichste davon ist in einem für das Innere des Grundsteins bestimmten Document enthalten, das verlesen wurde und dem auch hier eine Stelle gebühret. Es lautete folgendermaßen:

Im Jahre 1841 wurde an dieser Stelle "der Bienenkorb" gebaut, das sechste der Häuser, welche der am 12. September 1833 begründeten Anstalt des Rauhen Hauses zugehören. Der Bienenkorb war zur Wohnung für die dritte Knabenfamilie und den dazu gehörigen Brüderconvict bestimmt. Das Haus war das Werk von Brüdern und Knaben, die es gemeinschaftlich, ohne alle weitere Hülfe von Handwerkern, unter der obern Führung unsers Bruders Hansen, jetzt Hausvater des Linerhauses bei Celle, zu Stande gebracht. Die Hauptkosten des Baues wurden bestritten durch ein Liebesopfer des Herrn Johann Wilhelm Duncker, des nachherigen und jetzigen Patrons der Bewohner dieses Familienhauses; das daran noch Fehlende ersetzte der seitdem heimgegangene Senator Fritze in Bremen. Der Bau hat darnach vom Jahre 1841 bis zum Jahre 1863, also während 22 Jahren Kindern und Brüdern zu einer von Gott reich gesegneten Wohnung gedient.

Doch stellte sich mehr und mehr das Bedürfniß heraus, nicht bloß die zu eng angelegten Räumlichkeiten zu erweitern, sondern auch wenn irgend möglich den im Lauf von mehr als zwei Jahrzehnden baufällig gewordenen Fachwerkbau zu erneuern. Aber zur Errichtung eines neuen Bienenkorbes fehlten die Mittel.

Da geschah es am 15. Juli 1863, daß Seine Königliche Hoheit der Großherzog Friedrich Franz von Mecklenburg Schwerin, der fürstliche Schirmer und großherzige Pfleger vieler Werke christlichen Glaubens und christlicher Liebe nicht bloß in eignen, sondern ebenso in fremden Landen, das Rauhe Haus abermals besuchten. Nachdem der großmüthige Fürst bei dieser Gelegenheit von dem Bedürfniß eines solchen Neubaues Kunde erhalten, erboten Sie Sich, ohne daß eine Bitte ausgesprochen worden, ein solches neues Familienhaus an Stelle des alten Bienenkorbes zu stiften, mit dem Wunsche, daß die Einrichtungen dieses Neubaues auf Grund aller bisherigen Erfahrungen also getroffen würden, daß sie den Erziehungszwecken der Anstalt in voller Weise entsprächen. Nachdem darnach Sr. Königlichen Hoheit ein neuer Bauplan, den die Herren Architecten Remé und Glüer in Hamburg entworfen, vorgelegt worden und dieser die Allerhöchste Billigung gefunden, ist an derselben Stelle, an welcher bis dahin der alte Bienenkorb gestanden, dieser neue Bau unter Führung des Herrn Zimmermeisters Wilhelm Wichern unternommen und der Grundstein zu demselben am heutigen Tage, den 4. October 1863, als am Sonntage nach dem jährlichen Jahrestage des Bienenkorbes in Anwesenheit einer großen Festversammlung zur Feier des dreißigjährigen Bestehens der Anstalt und zugleich als ein Denkmal an die große Gnade Gottes, der drei Jahrzehnde das Rauhe Haus mit seinen Gaben gesegnet hat und ihm Sonne und Schild gewesen ist, feierlich gelegt. Der Verwaltungsrath hatte deswegen an den fürstlichen Stifter die Bitte gerichtet, Allerhöchst Selbst diesen bedeutsamen Grundstein legen zu wollen. Da aber Se. Königl. Hoheit der Großherzog persönlich verhindert wurden, beschlossen Allerhöchst Sie, Sich von Ihren Söhnen, des Erbprinzen Friedrich Franz Königl. Hoheit und Prinzen Paul Friedrich Hoheit vertreten zu lassen. Gesundheitsrücksichten haben aber den hohen Stellvertretern die Reise leider unmöglich gemacht. Das Schreiben, in welcher Se. Königl. Hoheit der Großherzog Sein Be=

dauern über die Vereitelung dieser Seiner Absicht und Seine Theilnahme für das Rauhe Haus und diesen Neubau allergnädigst aussprechen lassen, ist am heutigen Tage mit in diesen Grundstein verwahrt und zuvor von dem Schriftführer des Verwaltungsrathes vor der Festversammlung verlesen worden. Der Herr wolle nach seiner Gnade und Verheißung dem hohen fürstlichen Stifter dieses Baues diese große Wohlthat reichlich vergelten!

Der Grundstein ist gelegt im Aufsehen und Gebet zu unserm Herrn und Erlöser Jesus Christus, welcher der lebendige Grundstein des Rauhen Hauses und sein Bekenntniß ist und bleiben soll, so lange nach seinem Gnadenwillen das Rauhe Haus stehen wird. Er wolle schaffen, daß unter seinem gnadenreichen Segen dieser Bau Allen, die unter seinem Dach eine Heimath finden werden, für Zeit und Ewigkeit eine Stätte des Heiles und Friedens werde und bleibe! Ihm allein die Ehre!

Rauhes Haus, d. 4. October 1863.

Der Verwaltungsrath.

Ebenso waren die Namen der jetzigen Mitglieder des Verwaltungsrathes, des derzeitigen Patrons des Bienenkorbes und der Knaben und Brüder, die für jetzt demselben angehören, in einem besonderen Schriftstück verzeichnet, und wurden von verschiedenen Mitgliedern des Verwaltungsrathes verlesen. Darauf wurden alle diese Stücke von Herrn Dr. A. Abendroth im Innern des Grundsteins verwahrt. Daran schloß sich ein Gebet zu dem Gott, der vor jedem anderen Grundstein den ewigen Grundstein in dem Einen, der auch dieses Hauses Hort und Hüter sein will, gelegt. Indem darnach der Chor das Heilig, heilig, heilig — anstimmte, wurde der Grundstein gehoben und niedergelegt, und folgten dann die Hammerschläge zuerst des Großherzoglich Mecklenburgischen Generalconsuls, Herrn Störzel, in Stellvertretung der Großherzoglichen Prinzen, dann des Ehrengastes des Durchlaucht. Prinzen von Salm-Horstmar, der zum Fest herübergekommen und im Rauhen Hause selbst seine Herberge genommen, der sämmtlichen Mitglieder des Verwaltungsrathes und anderer Freunde des Hauses.

Damit war der Bau begründet, der ein bleibendes sichtbares Denkmal der Feier unter uns bleiben wird. In vollen Chören ertönte mit Posaunenschall das „Nun danket alle Gott!" — Der treue Gott wolle den Fortgang des Baues segnen, der von dem 5. October an auf jenem Grundstein täglich höher aus der Erde emporsteigt und schon am Ende des Monats so weit gediehen sein wird, daß sein Richtfest mit der Kranzrede auf den 31. October hat anberaumt werden können. Unseren Lesern bieten wir auf dem dießmaligen Titelblatt das Abbild des Hauses, das, so Gott will, zum Beginn des nächsten Sommers vollendet sein wird.

Die Festversammlung begab sich alsbann durch die langgebogene Fruchtbaumallee, die im Osten der Gärten in einen schattigen Laubengang sich zusammenflicht, an das „Alte Haus". Wie reich hatten die Kinder dasselbe namentlich auch im Innern geschmückt! Hier sollte die öffentliche Feier zu ihrem Abschluß kommen. Die Leser kennen das Haus, werden sich aber an diesem Bilde desselben auch heute wieder freuen.

Als vor dem Hause der weite Kreis sich geschlossen, wurden ein Knabe und ein Mädchen, die beiden Kinder die aufgenommen werden sollten, in die Mitte des Kreises geführt, und der Hausvater las das Wort: Matth. 25: „Wenn nun des Menschen Sohn kommen wird in seiner Herrlichkeit — bis zu den Worten: was ihr gethan habt Einem unter diesen meinen geringsten Brüdern, das habt ihr mir gethan." —

In der Freudigkeit des Glaubens an die Wahrheit dieser wunderbaren Verheißung des Herrn, der in den Kleinen immer auf's Neue bei den Seinen einkehren will, nahmen wir als aus Gottes Hand die beiden Kinder als ein lebendiges Festgeschenk. Mögen auch sie lernen den Herrn lieben, der sie selbst als Denkmäler seiner Gnade dem Hause einverleibt!

Nun trat mit einem Gruße der theilnehmenden Liebe und Mitfreude an Allem, was hier geschehen, Herr Pastor Dr. Baur aus Hamburg, der der Feier beigewohnt, in die Mitte der Versammlung, und sprach zum Schluß das Wort des Segens über das Haus und die in ihm feiernde so zahlreiche Festgemeinde, deren Gesang: „Lob, Ehr' und Preis sei Gott" die öffentliche Feier beschloß.

Bald hatte sich die Menge der Festgenossen zerstreut. Dank Allen, die unsere Gäste gewesen. Auch sie werden Gottes Segen wie wir erfahren haben.

Als es nach und nach in den Gärten wieder stille geworden, sammelten sich die Hausgenossen und namentlich auch die auswärtigen Brüder und noch manche andere Freunde in den verschiedenen Häusern, um das Vesperbrod in traulichem Kreise zu verzehren.

Inzwischen hatte mir während der Feier ein Freund aus Hamburg einen Zettel in die Hand gedrückt, dessen Inhalt ich bis dahin nicht hatte lesen können. Ich that es jetzt und siehe! es war eine Festgabe zum 4. October für das Rauhe Haus, eine Anweisung auf 1000 ℔ Banco. Das war eine der stillen Segensfrüchte, die unter der Feier gewachsen. Wahrlich, solche Opfer der Liebe gefallen nicht bloß Menschen, sondern auch Gotte wohl, der allein ihr Vergelter sein will und kann!

Bald war es Abend geworden. Für den Abend aber waren die sämmtlichen Hausgenossen, klein und groß, und sonstige Angehörige des Rauhen Hauses mit ihren Familien, desgleichen die herzugekommenen auswärtigen Brüder — von denen etliche auch ihre Frauen mitgebracht, — zu einem gemeinschaftlichen Thee mit Kuchen und was sonst dazu gehört, eingeladen. Auch einige liebe Hamburger Freunde und Gönner des Hauses wollten an der Freude der Hausgenossen Theil nehmen. Die Erwartung der Kinder war natürlich groß. Endlich gab die Glocke das Zeichen. Die Gäste wurden im s. g. Weinberg (es ist das größte unserer hiesigen Häuser) erwartet. In solchen Fällen pflegt Niemand auf sich warten zu lassen, auch dießmal waren Alle sofort am Platze. Aber wie groß war das fröhliche Erstaunen! Das Innere der großen Veranda, die 60 Fuß breit den Weg in den Weinberg öffnet, war um und um mit Lampen erleuchtet. Das hatten einige lieblich sorgende Frauenhände gethan, von denen Tage lang Alles auf's Schönste und Festlichste für diese Stunde bereitet war. Und nun vollends im Innern des Hauses! Der Hauptcorridor, 170 Fuß lang, war mit gedeckten Tischen besetzt; der große Saal, in welchem nachher über 140 Personen zu Tische saßen, war für den Abend mit den höher gelegenen Zimmern, in welchen für 60—70 Personen zugerichtet war, in Verbindung gebracht. Alle diese Räume mit Seitenzimmern bildeten Ein hell erleuchtetes Ganze, sinnreich und geschmackvoll mit Kränzen und zierlichen Laub- und Blättergewinden durchflochten. Nicht lange währte es, so waren alle Tafeln mit fröhlichen Gästen, großen und kleinen, Mädchen und Knaben, Männern und Frauen, Hiesigen und Fremden, jetzigen und früheren Hausgenossen besetzt. Es war eine Gesellschaft von dreihundert Personen. — Wer etwa nicht begreifen könnte, wie so viele Menschen in Einer Liebe verbunden, sich als Eine große christliche Familie fühlen und in diesem Geiste wie Kinder und Genossen Eines Hauses fröhlich beisammen sein können, den hätten wir den Abend als Gast in unserer Mitte sehen mögen. Für die mitanwesenden Freundinnen des Hauses entstand jetzt die Aufgabe eines großen zu Tische dienens. Es galt nach allen Seiten Trank und Speise, und was daneben sonst noch Schönes und Festliches bescheert war, auszutheilen. Das Schmausen einer solchen Gesellschaft, der Alles schmeckt, läßt sich nicht beschreiben, noch weniger die Menge der fröhlichen Angesichter — man muß sie sehen! und die traulichen Gespräche (was für Erinnerungen wurden an dem Abend in Vieler Herzen wach!) — man muß daran Theil nehmen dürfen und sie hören! um sich dessen von ganzem Herzen und mit Danksagung gegen den Geber so vieler guten Gaben zu freuen. Und als nun vollends der frische, volle Rauhhäusler Liederstrom anfing sich zu ergießen, wenn hier die Mädchen, dort die Knaben oder die Brüder begannen und mit einander wechselnd oder Alle in einem Chor zusammenstimmten! Zu Zeiten aber unterbrach dann den Liederklang ein gutes Wort, das dieser Freund und jener, auch jener Freund aus Schwaben für Alle auf den Herzen hatte. Nun vollends aber traf ein ganz unerwarteter Bote ein! Ein Telegram aus Berlin brachte von sechzig dort gleichzeitig versammelten Brüdern einen Gruß an den Brüdertag und das versammelte Rauhe Haus. Mit welchem Jubel wurde der Gruß willkommen geheißen und sogleich auf mehr als beflügeltem Wege zurückgesandt! — Der schöne Abend hätte Alle noch viel länger in dieser Gemüthlichkeit zusammengehalten, wenn nicht bald nach 9 Uhr abermals der Garten Alle erwartet hätte. Die Kinder und Brüder und diejenigen, welche Lust hatten sich ihnen anzuschließen, zogen ab. Die übrige Gesellschaft begab sich in's Freie. Die ganze Natur war in feierliche Stille, aber zugleich in tiefste Finsterniß gehüllt, nur hier und da schaute ein heller Stern durch das Gewölk. Da erschien alsbald an den fernsten Enden der Gärten erst klein, dann immer größer ein dichter Knäuel der schönsten farbigen Lichter; es waren mehrere hundert bunte Laternen; zuerst waren sie dicht zusammen gedrängt, dann aber breiteten sie sich in einer langen Kette aus und fingen an den ganzen Garten zu umziehen; jetzt waren sie ferner, dann kamen sie näher und immer näher und wanderten vorüber, und da erschien in ihrem Glanze eine ganze Schaar fröhlicher Angesichter; es war unsere Kinder- und Brüderschaar! Dann verschwinden sie wieder, bis in der Ferne mit dem stillen wandernden Lichte das sanfte Lied sich paarte. So ging es fort, Allen, die es sahen und hörten eine andächtig stimmende Lust und Freude.

Als es nun aber später geworden, schieden die nach Hamburg zurückkehrenden Freunde mit einem Gruß und Händedruck, der mehr spricht als Worte.

Inzwischen hat sich dort auf einem weiten Rasen zwischen den hohen Tannengruppen der Lichterglanz, der die Menschengestalten verbarg, in einen großen Kranz zusammengestellt. Ein liebliches Lied nach dem andern tönt aus dem Kreise, und durchbricht die feierliche Stille der Sternennacht. Das Ende eines schönen Tages war gekommen. Und noch einmal erwachte in dem Chor das Lied. Paul

Gerhard ist es, der in die Abendharfe greift: Nun ruhen alle Wälder! —

Der Tag ist nun vergangen,
Die gold'nen Sternlein prangen
Am blauen Himmelssaal:
Also werd' ich auch stehen,
Wenn mich wird heißen gehen
Mein Gott aus diesem Jammerthal. —

und der letzte Vers wie ein Glaubens= und Liebesruf in die Ferne:

Auch euch, ihr meine Lieben!
Soll heute nicht betrüben
Kein Unfall noch Gefahr:
Gott laß euch selig schlafen,
Stell' euch die gold'nen Waffen
Um's Bett, und seiner Helden Schaar. —

Kein Laut wird nun mehr vernommen!

Gute Nacht! gute Nacht! ruft es und antwortet es jetzt hier und dort, und das Licht weicht nach allen Seiten auseinander. Nur noch wenige Minuten, und es ist verschwunden in den Gebüschen und Häusern.

Gottes Frieden ruhte über dem Rauhen Hause nach einem so schönen und reichen Segenstage.

Nur noch ein kurzes Wort über den folgenden Tag, der auch dem Feste noch angehörte.

Der Montag diente in den Morgen= und Nachmittagsstunden zu den Versammlungen der Brüder, die ihre genossenschaftlichen Angelegenheiten beriethen und Beschlüsse faßten, über die den nicht anwesend gewesenen theils durch die Convictmeister, theils auf directem Wege noch weitere Mittheilungen zugehen sollen. Der Mittag aber vereinigte das ganze Haus mit allen seinen angehörigen lieben Gästen zu einem für Alle gemeinsamen festlichen Mittagsmahl. Am Nachmittag aber hatten die Kinder ihre Festspiele. Den späteren Nachmittag und Abend brachten die Brüder bei ihren Freunden in Hamburg zu, während ein Kreis von 70 näheren Freunden und Freundinnen des Rauhen Hauses, die sich um den Verwaltungsrath der Anstalt schaarten, ebenfalls in Hamburg freundschaftlich beisammen waren. Der Schluß des ganzen Festes war auf den Dienstag Morgen gestellt, wo in der Stunde der Morgenandacht viele der zahlreich herzugekommenen Brüder noch einmal mit der ganzen Hausgenossenschaft in unserem Betsaal versammelt waren. Es war ein schönes Zusammentreffen, daß unser Johannesevangelium, das wir diesen Sommer unserer gemeinsamen Hausandacht zu Grunde gelegt, uns gerade in dieser Stunde zu dem Heiland, der unter den Palmen und Lobgesängen der Seinen seinen festlichen Einzug hält, führte. So konnten wir unsere Feier damit schließen, daß wir unser Lobopfer für alle seine neu empfangenen Wohlthaten und unsere Gebete um seinen bleibenden

Segen dankend und bittend vor ihm, dem unter uns feiernden Herrn, der so sichtbar und fühlbar auch zu uns gekommen war, niederlegten. Unsere Hoffnung ist und bleibt, daß er selbst dazu sein Amen gesprochen.

Er segne auch ferner das ganze Rauhe Haus und alle die ihm angehören und ihm Liebe beweisen, auch die freundlichen Leser und die fernen Brüder, denen wir diese Festbeschreibung gewidmet.

Aus dem Rauhen Hause.

Zur Deckung des Deficits
sind vom 24. September bis zum 21. October ferner eingegangen:

Hamburg: Inhalt der bei der 30jährigen Stiftungsfeier am 4. October im Rauhen Hause ausgesetzten Becken 160 ℳ 15¼ ß; Fr. Dr. S. 2 ℳ 8 ß; N. N. „aus Versehen am 4. October nicht in's Becken gelegt" 2 ℳ 8 ß; Fr. Dr. Friederichs und Frau 1 ℳ; Hr. Prediger Meyeringh 3 ℳ; Hr. Pastor Pfeifer in Bibra 2 ℳ; Hr. Cand. Cremer in Niedermassen bei Unna 1 ℳ; Hr. Mecklenburg in Reppen 1 ℳ; N. N. in Mülverstedt 1 ℳ 20 Sgr.; Ertrag einer Collecte im Rettungshause zu Görlitz 5 ℳ; Hr. Pastor Rehorn in St. Goar 1 ℳ; N. N. Poststempel Erdmannsdorf 1 ℳ. — **Sachsen:** N. N. Poststempel Pillnitz „aus dankbarem Herzen" 3 ℳ; durch Hrn. Epstein in Riesa Hr. Lehrer Starke daselbst 1 ℳ und 10 Sgr. — **Sachsen-Weimar:** Hr. Prof. Dr. Rückert in Jena 25 ℳ. — **Serbien:** durch Hrn. Lehrer Victor in Belgrad Ertrag einer Collecte 1 Ducaten und 2 ℳ. — **Württemberg:** „Eine Freundin des R. H." Poststempel Kirchberg 3 Fl. 30 Kr.

Außerdem hat für denselben Zweck und zum 4. October der Cassirer, Hr. F. W. Jacobi in Hamburg erhalten: von Hrn. Senat. Dr. Hudtwalcker in Hamburg 200 ℳ.

Darnach sind zur Deckung des 1500 ℳ betragenden Deficits bis jetzt eingegangen 1038 ℳ 6¾ ß. Es fehlen demnach noch 461 ℳ 9¼ ß oder 184 ⅟ 19 Sgr.

Ich verbinde damit zugleich die Anzeige der zu Weihnachten eingegangenen Gaben:

Preußen: Hr. Pastor Ziegler in Pleismar für „die Brüderanstalt 1 ℳ, für die Kinderanstalt 1 ℳ"; Fr. Majorin Gericke, geb. von Schindel in Oppeln 25 ℳ.

Alle übrigen Quittungen und sonstigen Nachrichten über das Rauhe Haus sind in dem Hauptblatt enthalten.

Allen freundlichen Gebern sage ich für die uns bezeugte Theilnahme den herzlichsten Dank. Fernere Beiträge werde ich mit gleichem Dank entgegennehmen.

W.

Anzeige.

Vom Anfang November an werde ich für den Winter wieder nach Berlin übersiedeln, und erbitte mir deßwegen für mich bestimmte Briefe dorthin unter der Adresse: Victoriastraße 29a.

Dr. Wichern.

Inhalt des Beiblattes: Zum 4. October errichtetes Denkmal der Feier des dreißigjährigen Bestehens des Rauhen Hauses. — Aus dem Rauhen Hause: Quittungen; Anzeige.

Inhalt des Hauptblattes: Die Einheit des Menschengeschlechts. — Mittheilungen über den Bestand und die Erfahrungen verschiedener Rettungs- und verwandter Erziehungshäuser, resp. Vereine. — In Sachen des Central-Ausschusses: Quittungen. — Zeitung ꝛc. — Nachrichten aus dem Rauhen Hause ꝛc.

Herausgeber Dr. Wichern, Vorsteher des Rauhen Hauses. — Verlag der Agentur des R. H. zu Horn bei Hamburg. — Gedruckt im R. H.

14. Jahrgang. November.

Beiblatt
der fliegenden Blätter
aus dem Rauhen Hause.

1863. No. 11.

Jährlich 12 Bogen in monatlichen Lieferungen 10 Sgr. od. 14 ß.

Durch alle Buchhandlungen und Postämter zu beziehen.

Volksblatt für innere Mission.

☞ Die Agentur des Rauhen Hauses ersucht, das Abonnement auf das Hauptblatt (Preis 1 ℳ), sowie auf das Beiblatt (Preis 10 Sgr. oder 14 ß) für 1864 bei den resp. Buchhandlungen oder Postämtern rechtzeitig zu erneuen.

Das Richtfest und die Kranzrede.

Am 31. October ist es wirklich dazu gekommen, daß, wie wir das letztemal schon angekündigt, das Richtfest des neuen Bienenkorbes hat gefeiert und die Kranzrede hat gehalten werden können. Es war aber gut, daß sonst Niemand dazu eingeladen worden, denn der ungastliche

Herbst hatte sich uneingeladen und mit einer solchen Bravour eingestellt und in seinem Wolken- und Sonnen-Mantel so viel Wind und Sturm mitgebracht, daß es in seiner Nähe fast unheimlich wurde und Jeder, der nicht etwa mitfeiern mußte, wahrscheinlich lieber daheim blieb. Dennoch war es eine fröhliche Stunde; denn man ist's im Rauhen Hause zu Zeiten schon gewohnt, sich Wind und Sturm um die Stirn brausen zu lassen. Jedenfalls war es ein besonderer Ehren- und Freudentag für die Gesellschaft der Maurer- und der Zimmerleute, zumal es jetzt schon Bauten geben soll, bei denen man gar keine Kranzrede mehr hält und die dazu gehörigen Tractemente gar nicht mehr anstellt — ein böses Zeichen, wie die Ehren und Freuden, mit denen bis dahin das Gewerk geschmückt gewesen, dahin zu schwinden drohen. Aber an dieser Ehre hat's gerade bei uns nie und auch dießmal nicht gefehlt. Die vom Bienenkorbe, jetzt oben im Schweizerhause, hatten den Bauleuten einen gar stattlichen Kranz mit bunten Bändern gewunden, und als es am 31. October 4 Uhr Nachmittags war, begaben sich Alle an's Schweizerhaus, den Ehrenkranz abzuholen. Von da ging der Zug — die Zimmerleute und Maurerleute mit dem Kranze voran, und nach ihnen die ganze Jugend und Hausgenossenschaft des Rauhen Hauses an die Baustätte, wo seit vier Wochen tapfer gearbeitet war. Jeder suchte den möglichst besten Platz, unten auf platter Erde, im Gemäuer oder auf dem Gebälk, während die Zimmerleute den Kranz mit den flatternden Bändern an der Höhe des Gerüstes befestigten. Dann bestieg der Parlier seine Rednerbühne in der Höhe unter dem Kranz, und hub in doppelter Begleitung, eines schönen Sonnenscheines und eines gewaltigen Sturmes, der die Luft durchpeitschte, um das Alles sich nicht kümmernd, in stattlicher Haltung mannhaft und tapfer seine Rede:

>   Wie schön ist's hier auf meinem Dach,
>   Wo ich, als Zimmermann von Fach,
>   Mit Kranz und Bändern schön geziert
>   Und einer Rede, wohl studirt, —
>   Euch lieben Leute schauen seh
>   Auf meine stolze Giebelhöh!
>
>   Ja, hört nur meine Worte,
>   Laßt durch der Ohren Pforte
>   Sie euch in's Herz eindringen;
>   Zuletzt dann mögt ihr singen

Und sagen: — Alles wohl bedacht,
Fürwahr! Der Zimmermann
Hat seine Sache gut gemacht.

— Ja gut gemacht!
Denn habt nur Acht
Auf die Gedanken, die in mir sich regen,
Wenn ich dem Rauhen Hause folg' auf seinen Wegen.

———

Das Rauhe Haus — was ist's?
— ein Junggeselle,
Der niemals alt wird, sondern jung bleibt, frisch und helle,
Weil er mit Herzenslust dem guten Gott vertraut,
Der Haus und Herz ihm täglich neu erbaut.
Darum wird Altes bei euch neu,
Und wer gebunden war — wird frei,
Das Finstre wandelt sich in Licht,
Und wem bei euch das Herze bricht,
Der steht hier bald von Neuem auf
Zu frischem, frohen Lauf.

So fällt das Laub jetzt von den Bäumen
Und sinkt die Welt in's winterliche Träumen,
Bis Gottes Frühling wiederkehrt,
Und alles Leben unversehrt
Aus seinem Grabe aufersteht,
Weil Gottes Odem wieder weht.

Und sieh! Er wehet auch durch diese Aeste!
Der alte Bienenkorb — wie stand er einst so feste,
Und ist so schnell dahin geschwunden
In Eines kurzen Tages Stunden! —

Doch seht, was ist geschehn?
Weil er im Glauben einst geboren
Und sich den Herrn zum Hort erkoren —
Feiert er sein fröhlich Auferstehn
So stark, so jung, so mächtig,
So hoffnungsvoll, so prächtig,

So frisch, verjüngt und edel,
Daß Jungen, Mann und Mädel
Erstaunt den raschen Wandel sehn,
Und allesammt mir zugestehn,
Daß wahr, was ich gesagt:
Das Rauhe Haus sei wie ein Junggeselle,
Der ew'ge Jugend trinkt aus Gottes Lebensquelle,
Die aus dem großen Gottesgarten quillt,
Deß Blüthenduft das Rauhe Haus erfüllt.

Doch schauet auf! Wen seh ich dort im Bilde?
Ein edler Fürst ist's, der vom östlichen Gefilde
Jetzt vor drei Monden kam zu uns gegangen.
Ihn sandte Gott uns; nicht mit stolzem Prangen,
Mit stiller Demuth, wie verborgen,
Sah er dies Haus; und seine Sorgen
Nahm er zu Herzen, —
Dann steckt er Freudenkerzen
In Aller Seelen an —
Ihr wißt, was Gott durch ihn gethan!
Ihr Alle seht es hier! — ja, traun,
Er ist's, der uns dies schöne Haus läßt baun;
Er ist's, der hieß in Gottes Namen
Das Alte schwinden und in neuem Rahmen
Das Alte sich erneun,
Daß Gott und Menschen sich des Werkes freun.
Es lebe —
    Großherzog Friedrich Franz! —
    Bringt ihm den schönsten Kranz!
Er kam zu uns mit Gottes Gaben,
Den Lohn dafür wird er im Himmel haben;
Doch wird er nicht verschmähn,
Wenn wir in Liebe zu ihm stehn,
Für ihn mit Dank zu unserm Gotte gehn.
Gott lohn es dir, Großherzog! schenk dir Frieden,
Vergelt dir ewiglich, was du gethan hienieden.

Nun aber kommen wir Zimmerleute
Noch einmal an die Reihe! Heute
Haben wir das Wort,
Fahren aber darnach im Bauen fort. —
— Fort bis zum Ende
Trotz Sturm und Wetter regen unsre Hände
Sich lustig, bis das Werk zu Stand gebracht,
Wie unsers Meisters Kunst es hat bedacht.
Dann könnt Ihr weiter sorgen und sehen,
Wir werden dann unsere Wege gehen.

Und fragt ihr nach dem Segen, den zum Schluß
Ich diesem Hause zusprechen muß? —
Da weiß ich keinen neuen. Denn der alte Segen,
Der mehr als zwanzig Jahr auf diesem Hauf' gelegen,
Soll bleiben über ihm, soll wie ein Stern ihm glänzen,
Mit Gottes Gnad' und Licht es hell umkränzen.
Drum höre, Haus, den alten Spruch,
Den ich dir nochmals sage ohne Falsch und Trug:

In deinem Grund liegt Gottes Wort,
Das Wort verbleib dein starker Hort!
Gott stelle sich vor deine Thür
Und sprech: Ich wohn' mit Freuden hier!
Gott schau zu deinen Fenstern ein
Und sprech: All' deine Sorg' ist mein!
Gott streck' aus seine mächt'ge Hand
Und ruf': All Schad' sei abgewandt!
Gott sende seinen Himmelsschein
Und woll' dein Licht in Nächten sein!
Er pflanze hier den Friedensbaum
Und überschatte diesen Raum;
Laß Palmen der Gerechtigkeit
Hier wachsen für die Ewigkeit,
Und öffne seinen Gnadenborn
Für's ganze Rauhe Haus in Horn.

Nun folgte das Singen, von dem der Parlier zu Anfang geredet, ein allgemeines: Nun danket alle Gott! Und als dann

Alles horchte, begann der Parlier seine Trinksprüche, und trank mit seinen Arbeitsgenossen unter den Lebehochs der jauchzenden Umgebung das Wohl von vielen Leuten, aber namentlich das des guten Großherzogs, der Bauherren, des Rauhen Hauses, des Meisters und wer sonst seine Gunst hatte, bis diese Festlichkeit und der dazu bestimmte Trunk zu Ende war und im Bau selbst der für die Bauleute zubereitete Richtschmaus begann, wobei wir aber die fleißigen und geschickten Männer nicht weiter stören wollen.

Nun aber wird der Bau, so Gott will und so weit es der Winter gestattet, sogleich rasch weiter gehen. Ist er fertig, dann soll die dritte Knabenfamilie aus dem Schweizerhause ihren Umzug, oder vielmehr Rückzug in die neue Wohnung antreten. Da wird's dann wieder ein Fest geben, worüber wir seiner Zeit unseren geneigten Lesern, die vom Rauhen Hause mehr zu hören wünschen, den Bericht nicht vorenthalten wollen.

Vater Steckkönig zu Leinfelden und seine drei Söhne.

Die gütigen Leser entsinnen sich gewiß noch jenes schwäbischen Freundes, des Gutsbesitzers Meßner in Württemberg, der im August vorigen Jahres uns eine so schöne, lehrreiche und tröstliche Geschichte erzählt hat. Am letzten Pfingstmontag war Herr Meßner wieder auf einem Fest des Rettungshauses zu Stammheim, wo derselbe aus seinem Schatze abermals Altes und Neues mittheilte, unter anderm auch die merkwürdige Geschichte von dem hitzköpfigen Vater Steckkönig.

Lieben Freunde, so sagte Herr Meßner, unsere Kinder, nicht bloß die aus den Rettungsanstalten, sondern auch unsere eigenen werden in die Welt hinaus geführt, getrieben, gezogen, sei's mit unserm oder gegen unsern Willen. Eltern, Freunde und Verwandte wissen oft lange nicht, was aus denselben geworden ist; aber Gottes Vaterauge wacht über sie und verherrlicht sich manchmal in ihrem Lebensgang wunderbar. Die Führung Josephs bezweckte seine eigene Läuterung, die Glaubensbewährung seines Vaters, die Bekehrung seiner Brüder und die Erfüllung der schon dem Abraham gegebenen Verheißungen. Auch jetzt noch, wenn wir darauf merken wollten, bricht Gottes Gnade oft harte Herzen durch die Schicksale und verherrlicht seine Vorsicht durch wunderbare Fügungen, nach eines Jeden Bedürfniß und Fähigkeit. Laßt mich das an einer Geschichte zeigen, deren Wahrheit in allem Wesentlichen mir verbürgt ist.

Alte Leute in Leinfelden, einem Ort, der zum Pfarrdorf Mußberg bei Stuttgart gehört, können sich aus ihrer Jugendzeit noch eines Mannes dort erinnern, Namens Stecklönig, welcher neben dem Fleischerhandwerk eine kleine Wirthschaft betrieb. Er war ein arbeitsamer Mann, der seine Kinder stets anständig kleidete und sie zu fleißigem Schul- und Kirchenbesuch in Mußberg anhielt. Dabei aber war er ein Hitzkopf, der mit starrem Sinne seine häusliche und väterliche Gewalt handhabte und schlechterdings keinen Widerspruch ertragen konnte. Sein braves Weib, seine Tochter und besonders seine drei Söhne litten jämmerlich unter dieser hausherrlichen Gewalthaberschaft. Der älteste, ein gutmüthiger derber Bauernbursche ohne viel Verstand, ertrug die täglichen Scheltworte, auch wohl Schläge, des heftigen Vaters ziemlich lange, bis er endlich in jugendlichem Leichtsinn auf gut Glück das Weite suchte. Nicht lange nachher folgte der zweite Sohn, ein bedachtsamer Jüngling und fähiger Kopf, dem Beispiel des älteren Bruders; er ging jedoch vorsichtiger als dieser dabei zu Werke, indem er sich an eine Gesellschaft, die nach Amerika auswanderte, anschloß, und es dahin brachte, daß er von seinem Vater zur Reise ausgesteuert wurde.

Der alte Vater war durch dieses „undankbare — wie er es nannte — Entweichen" seiner zwei älteren Söhne tief betrübt, namentlich schmerzten ihn die stillen, vorwurfsvollen Mutterthränen seiner Frau; aber der selbstgerechte heftige Mann war zu unbeugsam, als daß er sich eine Mitschuld an dem Vergehen seiner Söhne zugerechnet hätte; er wollte nur seinen Vaterrechten und Vaterpflichten treu gewesen sein. So wurde er aus gekränkter Liebe noch leidenschaftlicher und finsterer, und sein jüngster Sohn, ein stiller, tieffühlender, talentvoller und schöner junger Mensch, den der Vater, freilich auf seine Art, innig liebte, hatte unendlich viel unter dessen finsterer Laune zu dulden. Allgemein wurde der arme Junge bedauert, und namentlich war er wegen seines guten, stillen Gemüths und seines gesitteten Benehmens im Pfarrhause zu Mußberg wohl gelitten.

Vergebens waren alle Vorstellungen, die dem Vater gemacht wurden. Dieses „Einmischen", wie er es nannte, das ihm ganz unbefugt vorkam, erbitterte ihn immer mehr. Auch der Geistliche in Mußberg, Pfarrer Brand, sprach dem Starrkopf vergebens zu. Dieser wüthete zu Hause, daß ihn sein Kind beim Pfarrer verklagt habe, und der junge Mensch, der auf diese Verwendung des Pfarrers die meiste Hoffnung gesetzt hatte, ging mehrere Tage wie tiefsinnig umher, und hierauf rückte er mit einem Entschlusse hervor, den man dem stillen schüchternen Jüngling nimmermehr zugetraut hätte: mit dem Entschlusse nämlich, seinen Vater ebenfalls verlassen zu wollen. Vergebens tobte der Vater, vergebens sogar flossen die zahllosen Mutterthränen, so sehr sie den armen Sohn schmerzten. „Er wolle nur die Welt sehen", tröstete er, um nicht sagen zu müssen, daß ihn seines Vaters Miß= handlung, die dem besten Kinde immer am wehsten thut, in die Fremde stoße. Wohlwollende suchten ihn Anfangs von seinem Plane abzu= bringen, in dem sie einen Schritt der Verzweiflung sahen. Als sie aber erkannten, daß sein Entschluß unwiderruflich sei, so stand man nicht nur von dem vergeblichen Versuche ab, sondern er wurde theil= nehmend unterstützt. — Sein Vater wollte ihn nicht mehr sehen! — Noch bedachte er nicht, daß er durch Sünde seine Söhne zur Sünde geärgert habe. Welch ein glücklicher Vater hätte er sein können, wenn er — selbst dem Worte Gottes gehorsam — Vater gewesen und der Ermahnung des Apostels nachgekommen wäre: „Ihr Väter, erbittert eure Kinder nicht, auf daß sie nicht scheu werden!"

Was wird aus diesen drei verschiedenartigen Söhnen geworden sein? Sie waren durch unväterliche Härte in die Sünde des Unge= horsams hineingetrieben und in die weite Welt hinausgestoßen. — Wir wollen zuerst sehen, was aus dem Alten noch wird.

„Wenn du den Narren im Mörser zerstießest mit dem Stämpfel, wie Grütze — so ließe doch seine Narrheit nicht von ihm." Dieser Spruch Salomos bestätigt sich ganz besonders an rechthaberischen, selbstgerechten Menschen. Aber Gott kann nicht bloß zerstoßen, er kann den Menschen in seiner eigenen Schuld schmelzen und um= schmelzen.

Als der Sohn wirklich abgereist war, als der Vater sah, daß es nicht leerer Trotz, nicht eitle Drohung gewesen sei, nagte es im Herzen des alten Mannes gewaltig. Die Stimme des Gewissens, daß er einen guten Sohn vom Vaterherzen gestoßen habe, ließ sich nicht be= schwichtigen.

Die Zerrissenheit nach Innen wurde zuerst stiller Ingrimm und äußerte sich in vermehrter Bitterkeit nach Außen; allmählig aber wurde er im Gefühl seines Verlustes, und da immer und immer keine Nachricht kam, sehnsüchtiger, weicher. Er gestand sich mehr und mehr, daß er selbst sein Schicksal herbeigeführt habe, daß er durch eigene Schuld ein verlassener, einsam dastehender Mann sei, während er ein glücklicher Vater sein könnte.

Einmal kam er besonders ergriffen aus der Kirche zurück. Der Pfarrer hatte vom verlorenen Sohne, seinem ehrlosen Dienen in der Fremde und seinem Darben eindringliche Worte gesprochen. Nun schwebten unaufhörlich dem unglücklichen Vater die Bilder seiner Söhne vor, wie sie draußen darbten, vor fremden Thüren bettelten und den harten Vater anklagten; sie hatten sich ja nicht muthwillig, wie der verlorene Sohn, losgerissen, nein! vom Vater selbst waren sie fortgetrieben worden aus dem Vaterhause.

Still und nachdenklich ging der alte Mann im Hause umher, zog dann plötzlich seinen Sonntagsrock an und wanderte hinüber nach Mußberg, zum Pfarrer. Daselbst erzählte er, wie viel er im Stillen gelitten, wie sein Herz geblutet habe, während es ungebrochen schien, und rückte dann mit der Bitte heraus: „der Herr Pfarrer möchte in öffentlichen Blättern seine Söhne, namentlich seinen jüngsten, gegen den er sich am meisten vorzuwerfen habe, zur Heimkehr ins Vaterhaus, zur Rückkehr ans verzeihende, bereuende Vaterherz auffordern."

Der Pfarrer führte ihm Anfangs sein früheres unweises Betragen und sein großes Unrecht zu Gemüthe; als er aber die Thränen im Vaterauge, den Gram in dem tiefgefurchten alten Menschenantlitz sah, so tröstete er ihn, indem er ihn auf die wunderbaren Fügungen Gottes aufmerksam machte, und versprach, seinen Wunsch zu erfüllen, obschon er in diesem Falle wenig Hoffnung hätte.

Der Pfarrer freute sich, wie man sich im Himmel freut über einen Sünder, der Buße thut.

Einige Wochen nach diesem Vorfall kam ein Brief an den Pfarrer, worin der jüngste Steckkönig sich entschuldigte, daß er sich an den Herrn Pfarrer wende, indem er nicht wisse, ob seine Eltern noch leben. Er schrieb, daß er in Amsterdam sich befinde und dort sich verheirathet habe, daß er eine mächtige Sehnsucht nach Heimath und Eltern fühle und vielleicht bald einen Besuch im Schwabenland abstatten werde. Die Freude des Alten läßt sich nicht schildern; ihre Wirkung war wunderbar. Er ward gläubiger, gottvertrauender; gegen Mutter, Tochter und Nachbaren ward er sanft, gefällig, voll Freundlichkeit, die hohe Freude leuchtete aus seinen Blicken, die starren, harten Züge bekamen etwas Liebliches. Das frohlockende Vater-, noch mehr aber das Mutterherz ging über und bald wußten alle Dörfer der Nachbarschaft die frohe Kunde.

Es war im Sommer 1793, als ein eleganter Reisewagen, zum Staunen der gaffenden Bewohner in das Dörfchen Leinfelden einfuhr und vor dem Hause des alten Stocklörig anhielt. Heraus stiegen drei Männer und eine junge Frau. Die Alten glaubten, sie träumten, als sie sich von allen drei Männern mit dem Vater- und Mutternamen begrüßen hörten, als ihre drei verlorenen Kinder an ihre Brust sanken. Die Nachbarn eilten glückwünschend herbei; das ganze Dorf strömte staunend zusammen, die drei verschollenen Brüder zu sehen, die nach mehreren Jahren sich so wunderbar zusammengefunden hatten. Die zwei älteren Söhne logirten sich sofort bei ihren Eltern ein; der jüngste mit seiner anmuthvollen Frau nahm seine Wohnung im gastlichen Pfarrhause zu Mußberg. Zum Abendessen versammelte sich die ganze wieder vereinte Familie im Pfarrhause, und nach manchem ungeordneten Hin- und Herreden, nach manchem Ausrufe der Verwunderung und des Dankes gegen Gott, erzählte der jüngste Sohn seine Geschichte zusammenhängend kurz also:

„Als ich mein väterliches Haus, wahrlich nicht mit leichtem Herzen, verließ, ging ich zunächst nach Heilbronn und Mannheim, und reiste, da ich für mich kein passendes Unterkommen fand, sofort weiter den schönen Rhein hinab, bis ich nach Amsterdam gelangte. Auch hier wollte sich nichts für mich zeigen, meine Baarschaft war geschmolzen und traurig wandelte ich am Hafen auf und ab, betrachtete die gewaltigen Schiffe mit den vielfarbigen Flaggen und fast wollte es mich gereuen, daß ich mein schönes Vaterland verlassen hatte. Man mochte mir mein inneres Herzleid wohl ansehen, denn ein ältlicher Herr fragte mich freundlich, was mir fehle? Seine Theilnahme that mir wohl und ich klagte ihm meine trostlosen Aussichten. „Willst du mit nach Ostindien?" fragte der liebreiche Herr. Auf weitere Erkundigung erfuhr ich, daß derselbe Eigenthümer eines Kauffahrteischiffes sei und im Begriff stehe, nach Ostindien zu reisen. Ich schlug ein und wurde sein Diener und Koch für diese Seereise. Ich suchte durch Treue und Fleiß meines Herrn Zutrauen zu gewinnen und es gelang mir in vollem Maße. Noch mehr konnte ich ihm meine dankbare Anhänglichkeit beweisen, als er bald darauf gefährlich erkrankte.

Die gefühllosen Matrosen bewiesen wenig Theilnahme; desto wohlthuender war für den Kranken, der dem Tode nahe zu sein glaubte, meine Sorgfalt und Pflege. Er machte sein Testament und bedachte mich darin mit einem Legat von 6000 fl. rheinisch.

Doch bald ging es bei dem guten Herrn der Besserung zu, und in Kurzem war er vollkommen genesen. Wir kamen glücklich wieder nach Amsterdam zurück; vom Testament war weiter unter uns nicht die Rede gewesen. Da rief mich mein gütiger Herr eines Tages in seine Cajüte, nahm mich bei der Hand und sagte: „deiner zärtlichen Sorgfalt und Pflege verdanke ich wahrscheinlich mein Leben; auf den Fall meines Todes waren dir 6000 fl. bestimmt; diese sollen dir verbleiben. Willst du bei mir bleiben und dich mit dieser Summe bei meinem Geschäft betheiligen, so wird es mich freuen; willst du aber anderswo dein Glück versuchen, so soll dir das Geld ausbezahlt werden.

Ich war tief gerührt, doch konnte ich ihm nicht bergen, daß es mich mächtig in die Heimath ziehe. Er gab mir also 6000 fl. in Wechseln. — Unser beider Augen waren naß beim Abschiede.

Vor meiner Abreise wollte ich die vielen Merkwürdigkeiten der Stadt noch beschauen und miethete mich deßhalb in einen Gasthof ein, in welchem die Deutschen einzukehren pflegten und dessen Eigenthümer selbst ein Deutscher war. Ich hörte, daß der Gastgeber eben in großer Verlegenheit war, weil ein Kellner, den er aus Deutschland erwartet, ihn getäuscht hatte. Ich blieb ein Vierteljahr aushilfsweise bei ihm und bat dann um meinen Abschied. Die Tochter dieses reichen Mannes hatte mich, ohne daß ich's merkte, lieb gewonnen und sich bei ihrem Vater darüber ausgesprochen. So groß mein Wohlgefallen an ihr war, so hätte ich, beim Abstand unserer Verhältnisse, doch nimmermehr gewagt, um sie zu werben. — Ihr Vater gab sie mir zur Frau und so sind wir durch Gottes Gnade ein glückliches Paar. Ich machte nur die einzige Bedingung, daß die Hochzeitreise nach Schwaben, nach Leinfelden, gehen müsse, zu meinen Eltern; zu den Bergen meiner Heimath. Meine gute Karoline freute sich über meine Gefühle und sehnte sich bald eben so sehr nach der Abreise, als ich selbst.

Während nun die Anstalten dazu gemacht wurden, logirte sich ein Fremder bei uns ein, den ich an der Aussprache als einen Landsmann erkannte. Ich redete ihn an und erkannte in ihm meinen lieben zweitältesten Bruder; er erzählte, daß er eine kleine Plantage in

Amerika habe; auch er wolle auf Besuch in die Heimath. Daß wir beschlossen, die Reise gemeinschaftlich zu machen, versteht sich von selbst.

Nun ging es dem geliebten Schwabenlande zu; wir fuhren in einem eigenen Wagen, den mir mein guter Schwiegervater geschenkt hatte, mit Extrapost. Unterwegs auf einer Station waren sämmtliche Postillons abwesend, und da unsere Ungeduld uns nicht warten ließ, so schlug der Postmeister vor, uns von seinem alten Packer fahren zu lassen. Ohne diesen näher anzusehen, stiegen wir wieder in unsern Wagen; hellere Bilder aus der Kindheit stiegen in unsern Seelen auf, je näher wir der Heimath kamen, und wir fingen an, ein schwäbisches Volkslied, das wir in der Jugendzeit mit einander gelernt hatten, zu singen. Da ging dem Postillon auf dem Bock draußen auch das Herz auf und er blies unsere schwäbische Volksmelodie auf seinem Posthorn mit. Verwundert ließen wir ihn halten, fragten hastig: woher er sei? wie er heiße? — und siehe! es war unser ältester Bruder Jakob. Der mußte auch mit! Wir kehrten in das Posthaus zurück und erhielten von dem Poststallmeister mit leichter Mühe die Erlaubniß, daß er uns begleiten dürfe; und so fügte es sich wunderbarlich, daß wir Brüder alle drei zusammen in der lieben Heimath ankamen."

„Ja! Gott ist groß! Er führt seine Kinder wunderbar und macht Alles auf's Beste!" rief der alte Vater aus, als der Sohn geendet hatte, während die Mutter, die die ganze Erzählung hindurch unverwandt mit ihren treuen Mutteraugen voll Liebe an dem Sohn gehangen hatte, in einen Strom von Thränen ausbrach.

Frohe Dankgebete, ein wohlgefälliges Opfer aus einfältigem Herzen, stiegen vom Pfarrhaus in Mußberg denselben Abend in Folge dieser Erzählung zu Gott auf; die wunderbare Geschichte ward bald bekannt und kam auch dem Herzog Karl zu Ohren, der die Brüder sich in seinem Lustschlosse Hohenheim vorstellen ließ und mit Zeichen seines Wohlwollens beschenkte.

Vierzehn Tage blieben die Brüder in ihrem Geburtsort und verließen dann, mit Segenswünschen überhäuft, für immer das Elternhaus. Gerne hätte der jüngste Sohn seine Eltern mit sich nach Amsterdam genommen; aber diese wollten sich nicht von ihrem Dörfchen und ihren gewohnten Verhältnissen trennen. Der gute Sohn bezahlte deßhalb einige kleine Schulden für sie und schickte ihnen nachher alljährlich bis zu ihrem Tode eine reichliche Unterstützung. Der älteste Bruder kehrte, wie er versprochen hatte, an seinen Lieblingsort und Beruf, zu seinem Postmeister zurück, und blieb wahrscheinlich bei ihm, der zweite in das ihm zur Heimath angewiesene Amerika; das elterliche Haus überkam später die Schwester. Von den ferneren Schicksalen der Brüder ist nachher nichts Weiteres bekannt geworden. Ob sie alle drei sammt ihren Eltern sich bei der unzählbaren Schaar Geretteter finden, die Christum als ihren Versöhner erkannt und ihn ewig loben? — Ich weiß es nicht! Gottes leitende Vaterhand wird sich nicht umsonst an ihnen verherrlicht haben; wird sich weiter verherrlichen an uns, unsern Anstaltskindern und Kindern, auch nicht umsonst!

Kredit ist Geld.

Wäre schon recht — meint mein Nachbar, aber wie kommt ein unbemittelter Mann zu Kredit? — Will dir einen Wink, einen guten Rath geben: mach's wie's der Tuchmacher Keller auf der Leipziger Messe gemacht hat.

Dieser Tuchmacher Keller ist ein reicher Tuchfabrikant worden, und als er aus der Fremde gekommen ist und ein eigen Geschäft angefangen hat, warens 1000 Thaler, was er mit Allem und Allem im Vermögen hatte. Aber was meint man als junger, gesunder Bursch mit 1000 Thalern nicht alles auszurichten!

Zum Tuchmachen braucht's Wolle und die kaufte man am besten in Leipzig. Also geht unser junge Meister mit einem Kreditbrief auf Frege und Comp. auf die Messe und der alte Herr Frege schreibt den neuen Geschäftsfreund ins große Buch und wünscht ihm Glück. Aber bald sieht Keller ein, daß Wolle für 1000 Thaler nahe zusammengeht. Doch besser ein Spatz in der Hand als eine Taube auf dem Dach. Er kauft eine Parthie Wolle und holt bei Herrn Frege seine 1000 Thaler; der sagt: „Lieber Herr Keller, es ist grade recht, daß Sie kommen; wußte nicht, wo Sie logiren und möchte Sie auf morgen zum Mittagessen einladen; Sie finden große Gesellschaft."

Keller wußte wohl, warum er Herrn Frege sein Logis nicht geoffenbaret. Er hatte, wie ehedem, sein Absteigequartier auf der Tuchmacherherberge genommen, sintemal dort wohlfeil zu leben war. — Der Eingeladene zieht nun Kundschaft ein, wie es beim Essen eines solchen Herrn her- und zugehe und hört, daß da viele Schüsseln auf den Tisch kommen und es hoch hergehe; aber, obschon geschenkt, sei es doch theuer, da es Sitte wäre, den Bedienten wenigstens 1½ Thaler Trinkgeld zu geben.

„Anderthalb Thaler!" — denkt Keller — „nein das ist zu viel; bleiben von 1000 nur noch 998½; soviel darfst du für ein Mittagessen nicht aufwenden."

Und als am andern Tag es gegen Mittag ging, resolvirt sich Keller schnell, kauft bei einem Metzgerladen eine Wurst für 2 Groschen und für 6 Pfennige Brod bei einem Bäcker, steckt in die Tasche und geht vors Thor ins sogenannte Rosenthal. Allworten setzt er sich auf eine Bank, schneidet seine Wurst in sechs Theile und spricht: „Das ist jetzt meine Suppe, Fleisch, Zugemüse, Fische, Braten und Salat," und wie er in allem Werk ist und denkt, es könnte ihm drinnen bei Frege nicht besser schmecken, reitet ein Herr auf einem Braunen daher. Keller meint, es werde einer von denen sein, welche sich zuerst durch einen Ritt Appetit machen müssen — und während er so denkt, kommt ihm der Reiter ganz nahe und hält an — es ist Herr Frege selber. In der Angst läßt der gute Tuchmacher sein letztes Wurststück fallen, wickelt schnell das Papier zusammen, steht auf, will etwas sagen und weiß nicht was. „Ei, Herr Keller," sagt der Herr

Frege, „was machen Sie da? glauben Sie, Sie bekommen bei mir nicht genug zu essen?"

Keller denkt: Was soll ich darauf sagen? Am besten ist's, ich bleibe bei der Wahrheit. Also sagt er, es möchte sich bei ihm als jungen Anfänger nicht austragen, gegen zwei Thaler Trinkgeld zu geben, und so und so. Auch habe er sich vorgenommen, heute Abend oder morgen früh seine Entschuldigung anzubringen.

Da lacht der Kaufherr laut auf und sagt: „Ja, das müssen Sie jedenfalls thun, sonst werde ich bös. Ich erwarte Sie um fünf Uhr unfehlbar. Wünsche gesegnete Mahlzeit!" Und fort eilt er.

Da steht Keller da und muß ein Weilchen sich besinnen, ehe er zu einem rechten Gedanken kommt. Endlich findet er: „Ho, fressen wird er mich nicht; wird um fünf Uhr noch genug haben vom Mittag her."

Wie es also fünf Uhr geschlagen, geht Keller hin; man weist ihn ins Comtoir. Frege kommt dem Eintretenden freundlich entgegen, führt ihn ins Kabinetchen und spricht: „Lieber Herr Keller, Sie haben 10,000 Thaler Kredit bei mir und wenn Sie mehr, wenn Sie das Doppelte brauchen, so bin ich Ihr Mann."

Keller sagt: „Sie irren sich Herr Frege; ich habe nur für 1000 Thaler Kredit bei Ihnen."

Aber Herr Frege antwortete kurz und scharf: „Sie haben es jetzt schon gehört und es bleibt bei dem, was ich gesagt. Sie sind ein Mann, der zu sparen weiß und heute Abend speisen Sie ganz allein bei meiner Familie."

So geschah es auch und was gar schön ist, Herr Frege hat den Tuchmacher nicht beschämt und von seinem Mittagessen der Frau nichts erzählt. Also ist Herr Keller ein reicher Tuchfabrikant geworden und jedesmal, wenn er nach Leipzig gekommen ist, hat er bei Herrn Frege zu Nacht essen müssen und ist am Ende noch Wurst aufgetragen worden.

Merke: Es thut nicht gut, wenn junge Anfänger hoch fliegen, ehe ihn die Federn gut genug gewachsen sind. Unten herauf ist besser und weniger gefährlich, als von oben hinunter.

Und das ist nun wieder eine Geschichte, die uns der Pilger aus Schaffhausen erzählt hat. Ich denke, wir Alle sagen ihm dafür unsern schönsten Dank.

Aber der Beiblattschreiber hat die Geschichte noch aus einem andern Grunde gern wieder erzählt. Denn derselbe Herr Frege ist auch im Rauhen Hause wohlbekannt. Vor vielen, vielen Jahren kam er einmal die Anstalt zu besehen, ich zeigte ihm Alles und er hörte Alles was man ihm berichtete, so aufmerksam, wie das keineswegs Alle thun. Da kam ihm zufällig durch ein anderes Gespräch, das er mit anhörte, zu Ohren, daß wir hier nie genau wüßten, wie viel Uhr es sei, weil dem Rauhen Hause bis dahin eine große Uhr fehlte. Als nun der alte freundliche Herr fortging, da legte er mir 200 Mark in die Hand, dafür eine Uhr anzuschaffen, die allezeit Jedermann in

Rauhen Hause sagen könne, was es an der Zeit sei. Und von daher stammt über dem Haupteingang in unsern Betsaal jene große Uhr, die jeder von dem großen freien Platze aus sieht. Sie ist ein gutes Andenken, das Herr Frege sich auch im Rauhen Hause gestiftet und das wir ihm nicht vergessen haben und nicht vergessen wollen. Wer die Uhr ansieht, mag dabei zu Zeiten auch an die schöne Geschichte von den 10,000 Thalern gedenken. —

Wem kann Gold helfen?

Daß Gold und Silber und alle Herrlichkeit der Welt uns nichts hilft, wenn's ans Sterben geht, sollte wohl Jeder einsehen, auch wenn er sonst keinen Verstand hätte; allein wer glaubt es, bei wem ist der Glaube solche Kraft, daß er ihn von Gold und Silber befreiet? Erbaulich ist es zu sehen und zu erfahren, daß es Menschen giebt, die viel Gold haben und — weil sie nicht in dessen Fesseln liegen, als die Freien damit schalten nach Gottes Willen und es gebrauchen, Gottes Reich damit zu bauen. Ganz anders aber weiß Gottes Arm zu Zeiten die Menschen davon zu befreien, wo und wenn sie am wenigsten daran gedenken. Diese Gedanken sind mir gekommen, als ich dieses Jahr von dem Untergang des großen Dampfschiffes, das unter dem Namen „Goldnes Thor" fuhr, hörte. Es verbrannte in der Nähe der californischen Küste und hatte viele Passagiere am Bord, die in jenem Lande nach Gold gegraben und es auch gefunden. Eine Menge von diesen Fahrgästen kam jämmerlich um, viele sprangen ins Meer und fanden in den Wellen den in Verzweiflung gesuchten Tod. Das Gold, so erzählte nachher ein Capitain Pirson, der als Passagier mitgefahren war, — das Gold rollte während der Katastrophe nach allen Richtungen hin über das Verdeck. Ein Passagier warf etwa 300 Unzen, in ein Hemd gewickelt, über Bord, mit den Worten: Wenn ich untergehe, soll mir wenigstens niemand nachsagen, daß das verfl— Gold daran Schuld gewesen sei! Ein anderer warf sein Gold handvollweise über Bord. Er war wie stumpfsinnig und rief ein über das andermal: Hier ist Gold, wer will es? Allein niemand begehrte es in diesem schrecklichen Augenblick. Aber noch ein Anderes erzählt derselbe Capitain, einen Zug des Edelmuthes, der an der Goldküste Californiens von doppeltem Werthe ist. Einer der Passagiere trug in seinem Gürtel 3000 Dollars, er war ein vorzüglicher Schwimmer und hatte trotz dieses Gewichtes das Ufer erreicht; allein neben ihm trieb ein Kind her, schon im Begriff unterzugehen. Gürtel und Gold waren unbedenklich geopfert, der Schwimmer nahm das Kind auf den Rücken und kam, statt mit dem Golde, das er verloren, mit dem Kinde, das er gerettet, an das Ufer.

Empfehlenswerthe Bücher und Bilder für Weihnachten.

Jugendschriften von Caroline von Reiche:

I. Die Großmutter unter ihren Enkeln.
Kindergeschichten mit Bildern.
Cart. Preis 15 Sgr.

II. Die Reise in's Geschichtenland.
Ein Buch für Kinder und Eltern.
Mit 26 Bildern. Cart. Preis 15 Sgr.

III. Erzählungen aus der Spiel-Schule.
Cart. Preis 15 Sgr.

Die Verfasserin hat vorstehende drei Bücher nicht geschrieben, um sie drucken zu lassen, sondern im Kinderkreise sind sie geboren, wurden dort erzählt, mit lauschender Aufmerksamkeit gehört, mußten zu erneueter Lust immer wieder erzählt werden, und sind endlich auf den Wunsch Vieler niedergeschrieben, wie sie erzählt wurden. So athmen sie die Wahrheit, Lieblichkeit und Lebendigkeit jenes Kinderkreises, dem sie ihren Ursprung verdanken.

Denkwürdigkeiten aus dem Leben von
Amalie Sieveking.
In deren Auftrage von einer Freundin derselben verfaßt.
Mit einem Vorwort von Dr. **Wichern**.
Preis broch. 1 ℳ. — Eleg. geb. 1 ℳ 12 Sgr.

Amalie Sieveking, die Hamburger Tabea, ist bekannt. Ihr Leben liegt hier vor uns, klar und treu in einfachster Darstellung und wie reich dabei eine Auslegung der Forderung des Apostels: „Lasset uns lieben, nicht mit Worten und mit der Zunge, sondern mit der That und mit der Wahrheit," ein Stück Hamburger, Freireichsstädtischen, ja deutschen Lebens, ein Lebensspiegel und eine Ehrenkrone für Deutschlands Frauen und Jungfrauen. Sie hat einen ehrlichen Kampf gekämpft, aus der Finsterniß des Zweifels zum Licht des lebendigen Glaubens. Sie hat Glauben gehalten, ihren Glauben in der Liebe bewährt, fortan ist ihr beigelegt die Krone des ewigen Lebens.
(Evangel. Schulblatt.)

Aus dem Leben.
Fünf Erzählungen von Caroline Litzmann.
Preis 12 Sgr.

Inhalt: Die beiden Freunde, oder Reich und Arm. — Die Bibel. — Der belehrte Knabe. — Das Versprechen — Marie, oder der Ziegler und seine Tochter.

Der Stoff dieser Erzählungen ist wirklich aus dem Leben geschöpft, das sich einfach und vielgestaltig, aber überall ernst in diesen Geschichten wiederspiegelt, die manchem jugendlichen Leser seine eigene Geschichte, seine eigene Zukunft und die große Frage nach dem Einen, was noth ist, vor Augen und Gewissen stellen werden. — Wenn sich am Sonntage oder an langen Winterabenden Väter und Mütter mit den heranwachsenden Kindern sammeln und nach einem heilsamen Buche fragen, an dem Alle mit gleicher Freude Theil nehmen mögen, so werden diese Erzählungen willkommene Freunde sein und mehr bringen als flüchtige Unterhaltung.

Unsere Lieder.
Mit Vorwort von Dr. **Wichern**.
Dritte bedeutend vermehrte und verbesserte Auflage.
320 Seiten. Preis cart. 12 Sgr. — Vellmausgabe eleg. geb. 1 ℳ.

Es sind mehr als 300 Lieder, in deren Chor die besten deutschen Sänger, genannte und ungenannte, zusammenstimmen; die Lieder sind einstimmig, zwei- und dreistimmig, ihrer viele auch vollchörig gesetzt. Gottes Schöpfung in Wies' und Wald; das Leben des Hauses, wie in ihm Mutter- und Kindesliebe singt und spielt; die Wanderlust, die jauchzend hinauszieht in die Welt; das Vaterland und seine unsterblichen Helden, seine Kaiser aus alten Tagen und seine Geschichte mit allen aus ihr sprießenden Hoffnungen; allerlei Lust und Leid, wie sie unversieglich aus stillem Herzen in beschaulicher Andacht oder in traulicher Liebe und Gemeinschaft, etwa zu Frühlings- und Sommerzeiten, oder wenn der Eiszapfen die Fenster ziert, sich ergießen; Festliches zu Weihnachten und anderen Gotteszeiten, — das Alles spiegelt sich in diesem Büchlein in Worten und Tönen, nach denen sorgfältig gelauscht und geforscht ist, bis sich viele der edelsten und schönsten von beiden hier zusammengefunden, um Herzen und Geister in schönem Einklang zusammenzubinden.

Die Agentur bringt überdies zu Weihnachten in Erinnerung drei bis dahin viel gekaufte Bilderbücher von Oskar Pletsch:

Die Kinderstube in 36 Bildern.

Gez. von O. Pletsch, in Holz gesch. von A. Gaber in Dresden.
Eleg. cart. mit verziertem Umschlage. Preis 27 Sgr.
Schön geb. in engl. Leinen mit Goldschnitt und Pressung. Preis 1⅓ ℳ.

Die Handzeichnungen befinden sich im Besitz des jungen Prinzen Friedrich Wilhelm Victor Albert von Preußen, für welchen sie Ihre Königl. Hoheiten dem Prinzen Friedrich Wilhelm und seiner Gemahlin, der Prinzeß Victoria, von dem Künstler überreicht werden durften. Die Annahme der Dedication von Seiten des Fürstenpaares findet ihre volle Berechtigung auch in dem künstlerischen Werthe der Bilder, welche die Lust und das Leid der Kinderstube und des Kinderlebens gleich ergötzlich und erbaulich für Jung und Alt in wahrer und warmer Lebendigkeit wiedergeben.

Daß zu der Poesie des Bildes auch die des Verses sich gesellt, hat die Künstlergabe um so viel werthvoller gemacht. Das erste Bilderbuch des künftigen preußischen Thronerben ist durch diese Ausgabe der „Kinderstube" aus dem Fürstenschlosse zurückgekehrt und hat bereits in weiten Kreisen Eingang gesucht und gefunden, wo für das Leben und die Wundergestalten der Kinderwelt Herz und Sinn offen steht.

Engelgeschichten der heiligen Schrift.

In 40 Bildern von O. Pletsch. In Holz geschnitten von A. Gaber.
Preis 1 ℳ.

Eine liebliche Idee, 40 biblische Geschichten, in welchen die heiligen Engel dienen, — jede auf einem besonderen Blatte — mit kurzem Schriftworte und trefflichem Holzschnitt, zugleich in prachtvollem Einbande, vorzuführen und zu veranschaulichen; ein gar köstliches Geschenk für die Kleinen, deren Engel allezeit das Angesicht des Vaters sehen.

Unter vorstehendem Titel bietet die Agentur ein Bilderbuch dar, das Vielen, die Kindern ein derartiges Geschenk machen wollen, zur Freude gereichen wird. Es sind 32 Bilder, meist von **Oskar Pletsch**, jedes mit einem Vers oder Bibelspruch, die den Beschauer in das Stillleben der Familie führen; wir belauschen Mutter und Kind an der Wiege, oder in ihrer stillen Andacht, oder in der häuslichen Beschäftigung; uns begegnen Säeleute und Pflüger, und bald darnach hören wir den Klang der Sichel und das Jauchzen im Erntefeld; dort streut das Töchterchen den Tauben und Küchlein das Futter, während ein Blatt weiter zwei Häschen im blumigen Grase naschen und springen, oder dort Bruder und Schwester vorsichtig ein Vogelnest beschauen. Die muthwilligen Jungen in dem Apfelbaum, das in Schnee gehüllte gemüthliche Dorf, und dann wieder das liebliche Weihnachtsbild, das Licht ausgießt über die dunkle Welt, — das Alles noch mag beispielsweise die Mannigfaltigkeit des Ganzen andeuten, das doch innerlich durch den Einen Zug nach Oben zusammengehalten wird. Das Titelbild zeigt die Eltern, die in dem Blicke auf die Kinder, und die Kinder, die an dem **Bilderbesehen** sich freuen.

Eleg. cart. Preis 12 Sgr.

Weihnachtsschriften der Agentur des Rauhen Hauses in Hamburg.

Kaiser Julians Kampf und Ende.
Eine Erzählung aus dem vierten christlichen Jahrhundert.
Von Dr. Fr. Lübker.
157 S. geh. Preis 15 Sgr.

In ergreifender und fesselnder Weise führt der Verfasser in die inneren Kämpfe und Siege des Glaubens, und hält in dem geschichtlichen Bilde zugleich einen Spiegel vor, in welchem sich mancher Geist, der in unseren Tagen um die höchsten Güter des Lebens und Friedens vor Gott ringt, wieder erkennen wird. Es ist ein Büchlein, das für die Kreise höherer Bildung Vielen eine willkommene Gabe sein wird.

Die preußische Expedition nach Ostasien.
Reisebilder aus Japan, China und Siam.
Aus dem Tagebuche von J. Kreyher,
ehemal. Schiffsprediger an Bord S. M. S. „Arcona."
29 Bogen 8. br. Preis 1 ₰ 12 Sgr.

Der Verfasser schildert in vorstehend angezeigtem Buche in ansprechender Weise die Erlebnisse der „Arcona". An seiner Hand begleiten wir dieselbe von ihrer Abreise von Danzig an, aus England und auf die lange Fahrt bis nach dem indischen Ocean, durchleben mit ihm die Ankunft der Expedition in Japan selbst und blicken mit Theilnahme auf die Ueberwindung der unendlichen Schwierigkeiten, welche vor Abschluß des bekannten Vertrages beseitigt werden mußten. Gar manches überraschende Bild entwirft uns der Verfasser von dem Leben und Treiben in Japan, welches er in der langen Zeit seines dortigen Aufenthaltes genugsam kennen zu lernen die Gelegenheit hatte. Von Japan aus geht es weiter nach Peking, der riesigen Hauptstadt des alten China; die chinesischen Zustände schildernd führt uns unser Geleitsmann ein ergreifendes Bild der Civilisation vor, bis zu welcher der natürliche, sich selbst überlassene Menschengeist sich emporzuschwingen vermag. Am letzten Ziele der Expedition — Siam — angekommen, werden wir selbst in den prächtigen Audienz-Saal des stolzen Herrn des siebenfachen Sonnenschirms (welcher als Zeichen des Königthums gilt) und des weißen Elephanten eingelassen und erblicken daselbst Se. Majestät Phra Paramendi Maha Mongkut, dessen ihn umgebende Pracht, so wie die ganze halb friedliche, halb komisch lächerliche Situation einem überraschenden Anblick gewährte. — Auch die auf der Rückreise gemachten kurzen Ausflüge nach Capstadt und Stellenbusch, St. Helena und den Azoren bieten des Interessanten mancherlei dar!
(Neue Hallesche Zeitung.)

Gottlieb Treu, der Tagelöhner von Bergkaten.
Eine erbauliche Geschichte, insonderheit für den norddeutschen Landmann erzählt.
Von H. A. Seidel.
108 S. 12. cart. Preis 6 Sgr.

Es fehlt an Erzählungen, die ganz der Fassungskraft des gewöhnlichen Landmanns angepaßt sind. Der Gottlieb Treu ist ein mecklenburgischer Kathenbewohner, dessen Haus durch das Evangelium ein Haus Gottes geworden ist. Es steht zu hoffen, daß das Büchlein unter denen, für die es zunächst bestimmt ist, seinen Zweck nicht verfehlen wird; es ist unmittelbar aus dem Leben gezeichnet.

Gebet-Büchlein
für Kinder.

Inhalt: Morgengebete. Tischgebete. Abendgebete. Gebete für alle Zeiten. Festgebete. Schulgebete.
9. Aufl. Preis br. 1½ Sgr. Eleg. geb. in Callico mit Goldschn. 3 Sgr.

---

200 Bilder mit Versen.

Zum Vertheilen unter Jung und Alt.

5 Päckchen mit je 40 verschiedenen Bildern.

Preis eines Päckchens 6 Sgr.

Nebenstehend eine Probe.

Wer in einen Kinderkreis tritt, wird sich freuen, wenn er ein paar Bilder in der Tasche trägt. Sie sind der Paß, der zu den Kinderherzen den Zugang öffnet, der Schlüssel, der sie uns aufschließt. Bilder reden einmal die Kindersprache, und manche heilsame Anregung, manch' ernstes Gotteswort wird mit dem Bilde und seiner Unterschrift bewahrt und den Geschwistern oder Eltern in's Haus getragen. Die hier empfohlenen Bilder sind zum Theil von Ludw. Richter, O. Pletsch, O. Spedter u. a. Künstlern neu gezeichnet, von A. Gaber in Holz geschnitten und mit Reimen und Sprüchen wohl ausgestattet. Wir zweifeln nicht, daß Alle, die diese Bilder sehen, ihre Lust daran haben werden.

Weihnachtsschriften der Agentur des Rauhen Hauses in Hamburg.

Aonio Paleario.
Eine Studie über die Reformation in Italien.
Von Jules Bonnet.
Ins Deutsche übertragen von Dr. Merschmann.
285 S. geh. 1 ♃.

Paleario erregte vor mehreren Jahren durch seine wieder aufgefundene Schrift „von der Wohlthat Christi" die größte Aufmerksamkeit. Der durch seine geschichtlichen Studien hinreichend bekannte Jules Bonnet bietet uns hier durch Benutzung der italienischen Archive, namentlich derer von Florenz und Rom, zum ersten Male von dem bis dahin wenig bekannten Leben Paleario's ein ebenso merkwürdiges, wie anziehendes und bedeutungsreiches Bild. In gegenwärtiger Zeit, wo die Blicke wieder auf Italien und seine neue politische und religiöse Freiheit mehr denn sonst gerichtet sind, wird das inhaltsreiche Lebensbild dieses italienischen Märtyrers mit doppeltem Interesse gelesen werden.

Das Leben des württembergischen Pfarrers
Johannes Denner,
von ihm selbst beschrieben.
Herausgegeben von **Dr. Heinrich Merz.**
251 S. cart. 15 Sgr.

Wenige Bücher der Neuzeit dürften wegen des verschlungenen Lebensganges mehr Aehnlichkeit mit dem Leben Jung Stilling's haben, als das vorstehende. Denner, Sohn eines Tagelöhners, Zögling in der Falk'schen Rettungsanstalt in Weimar, stirbt nach den wunderbarsten Führungen im Jahre 1859 als reich gesegneter Pfarrer in Württemberg. Das schön geschriebene Buch, voll der köstlichsten Beweise göttlicher Gnadenführung, gewährt eine ebenso unterhaltende wie anregende und' glaubensstärkende Lectüre.

Balthasar Schuppe.
Ein Beitrag zur Geschichte des christlichen Lebens in der ersten Hälfte des 17. Jahrhunderts.
Von Ernst Oelze.
328 S. geh. 24 Sgr.

Das frisch und lebendig gezeichnete Lebensbild des als Prediger, Seelsorger und Schriftsteller gleich ausgezeichneten, später als Pastor an der St. Jacobikirche zu Hamburg gestorbenen B. Schupplus lehrt uns die Menschen und Zustände des 17. Jahrhunderts, wie wenig andere, kennen. Jeder wird aus der Lectüre des Buches den alten originellen Schupplus bei aller seiner Derbheit, wegen seiner Geradheit und einfachen, ungezierten Frömmigkeit lieb gewinnen und den mannigfachen Stoff zum Nachdenken, wie Belehrung und Genuß davon tragen. Wenn auch gleich anziehend für Jedermann, bietet das Buch doch dem Geistlichen einen Spiegel, wie wenig andere, und gehört die eingefügte Predigt, „Gedenk daran Hamburg", nicht bloß zu den bedeutendsten Predigten des 17. Jahrhunderts, sondern in ihrer Art überhaupt zu dem Großartigsten, was die evangelische Kanzel-Beredsamkeit aufzuweisen hat.

Weihnachtsschriften der Agentur des Rauhen Hauses in Hamburg.

Reise nach dem Morgenlande,

insonderheit nach

Jerusalem und dem heiligen Lande.

Von Dr. Friedrich Liebetrut.

Mit Ansichten von Bethlehem, Jerusalem und 2 Karten.

Preis 24 Sgr. — Eleg. geb. mit Goldpressung 1 ₰.

„Eine Reise nach Jerusalem, nach Kanaan, dem Schauplatz der großen Offenbarungen Gottes in seinem Volke durch Jahrtausende hin; in das geistliche Heimathsland aller Glaubenskinder, in das Land, da der Fuß des Herrn gewandelt, da unsere Brüder seine Herrlichkeit geschaut, da er litt und starb, die Welt versöhnte und zur Herrlichkeit wieder erhoben ward; und zudem eine Reise in das reiche gottgeschmückte Morgenland, die ist einzig und keiner anderen Reise auf Erden vergleichbar."

Der kleine Katechismus Luther's

erläutert durch

Bibelsprüche, schriftmäßige Christenlehre, Erzählungen aus dem Reiche Gottes und geistliche Lieder.

Ein Lern= und Erbauungsbuch für Schule und Haus

von J. A. F. Köhler.

Zweite Auflage. 354 S. geb. 22½ Sgr.

Ein überaus reiches Material, eine wahre Schatzkammer des Edelsten und Besten, was seit lange und von den verschiedensten Seiten zur Erklärung der „deutschen Kinderbibel" geleistet worden. Die Hauptstücke sind nach ihren einzelnen Theilen genau zergliedert, durch Ueberschriften, Einleitungen, Anhänge und Uebergänge eingehend erläutert und ergänzt, und das Ganze klar und übersichtlich geordnet. Die alsbald vergriffene erste Auflage hat bereits die verbreitetste Aufnahme gefunden.

Das Krankenbett.

Worte christlicher Anleitung und Ermahnung für Gesunde, Kranke und Genesene

von Nicolaus Beets, Dr. theol.

Aus dem Holländischen übersetzt und herausgegeben von F. Meyeringh.

120 S. cart. 10 Sgr.

Ein auf tiefer Schrift= und Menschenkenntniß beruhendes Büchlein, das in Holland, dem Vaterlande des Verfassers, die weiteste Verbreitung gefunden. Gesunden wie Kranken, auch dem Geistlichen zum Studium und Förderung in der pastoralen Seelsorge dringend zu empfehlen.

Aus dem Rauhen Hause.
Zu Weihnacht.

So viele unserer Leser wohnen so weit weg oder erhalten diese Blätter erst so spät, daß ich auch dieses Jahr schon wieder im November diese Bitte an sie richten darf, unsers Hauses zu Weihnachten gütigst eingedenk sein zu wollen. Es ist ein großer Weihnachtstisch, auf dem hier bescheert werden soll. Wenn unsere Freunde nicht hülfen, bliebe er leer. Aber wir vertrauen auf den, der so viele Liebe für unser Haus seit dreißig Jahren immer aufs Neue geweckt und dadurch uns jedes Jahr aufs Neue den Weihnachtstisch gefüllt hat; derselbe wird auch dießmal unserer Kinder nicht vergessen und wird die Freunde erinnern, daß sie ihm eine Liebe thun, wenn sie unsers großen Hauses zum Christfest eingedenk sind. An diese Liebe richtet sich diese vertrauensvolle Bitte.

Etwaige derartige Liebesgaben bitte ich freundlichst an meine hier angegebene Adresse gelangen lassen zu wollen.

Horn, Rauhes Haus.
Adresse: Hahntrapp 5, Hamburg.   Dr. Wichern.

Inhalt des Beiblattes: Das Richtfest und die Kranzrede. — Vater Stecklönig zu Leinfelden und seine drei Söhne. — Kredit ist Geld. — Wem kann Gold helfen? — Aus dem Rauhen Hause. Zu Weihnacht.

Inhalt des Hauptblattes: Die Einheit des Menschengeschlechts. III. — Pilgermission auf Chrischona. — Das Genossenschaftswesen. — Rettungshäuser u. s. w.

Herausgeber Dr. Wichern, Vorsteher des Rauhen Hauses. — Verlag der Agentur des R. H. zu Horn bei Hamburg. — Gedruckt im R. H.

14. Jahrgang.
December.

Jährlich 12 Bogen
in monatlichen
Lieferungen
10 Sgr. ob. 45 fl.

Beiblatt
der
fliegenden Blätter
aus dem
Rauhen Hause.

1863.
No. 12.

Durch alle Buch-
handlungen und
Postämter zu
beziehen.

Volksblatt für innere Mission.

O du selige, o du fröhliche,
Gnadenbringende Weihnachtszeit!
Welt war verloren,
Christ ist geboren,
Freue dich, o Christenheit!

Der Vater Jänicke in Berlin.

Es war im October des Jahres 1732 als 12 Männer in böhmischer Tracht, ihr Prediger Liberda führte sie, nach Berlin kamen, um den gestrengen und frommen Preußenkönig Friedrich Wilhelm I, den Vater des großen Friedrich, um Schutz und Aufnahme für die im fernen Böhmenland bedrängten Glaubensgenossen zu bitten. Die Kunde nämlich von der freundlichen Aufnahme, welche die durch den harten Bischof Firminianus vertriebenen Salzburger in Preußen gefunden, war in alle Lande erschollen. Sie hatte den Ruhm des mildherzigen Königs nicht wenig erhöht, war aber in Böhmen eine doppelt frohe Botschaft gewesen; denn den evangelischen Böhmen erging es dazumal nicht besser, wie weiland jenen armen Salzburgern. Zwar hatten bereits Tausende derselben das Land um ihres Glaubens willen, oft heimlich in der Nacht, verlassen müssen, und Unzählige waren durch das Schwert hingerichtet; aber noch immer schmachteten gar viele unter dem Drucke und den Nöthen, welche ihnen die Jesuiten und deren Helfershelfer bereiteten. In dieser Noth und Angst erschien ihnen jene Nachricht von der günstigen Aufnahme der Salzburger in Preußen wie ein heller Stern in der Nacht und sie beschlossen, eine Gesandtschaft an den König nach Berlin abzusenden; derselbe, so hofften sie, werde geneigt sein, wie einst die Salzburger, so auch sie in seine Staaten aufzunehmen. Die Böhmen wurden im Schlosse zu Berlin vor den König geführt; sie ließen sich mit ihren Bitten fußfällig vor ihm nieder. Der König überlegte sich die Sache lange, dann sprach er endlich: Laßt sie kommen. Ich will ihnen Wohnungen geben! — Wie froh und dankbar waren die Männer! sie küßten des Königs Kleid und versprachen heilig, sich jederzeit als treue und gehorsame Unterthanen zu erzeigen. Eilig kehrten sie mit der frohen Kunde zurück zu ihren Kindern. Die Folge davon war, daß nunmehr, wenn auch erst nach Ueberwindung mannigfacher Schwierigkeiten, nach und nach 500 Böhmen in Berlin anlangten. Hier sollten sie erfahren, daß die Evangelischen ihr Wort zu halten wissen. Man verschaffte ihnen Arbeit und gewährte ihnen, was für sie die Hauptsache war, freie Glaubensübung. Sie dagegen bewährten sich als treue und brave Arbeiter; insbesondere waren sie geschickte Leineweber und suchten sich fleißig mit ihrer Hände Arbeit zu ernähren, um Niemandem zur Last zu fallen. An den öffentlichen sonntäglichen Gottesdiensten nahmen sie Theil, so viele ihrer deutsch verstanden; daneben aber versammelten sie sich alle Tage Morgens und Abends zu einer gemeinschaftlichen Andacht, in der sie ihre böhmischen Lieder nach lutherischen Melodien sangen. Am Schlusse sagten dann einige Aelteste ihre gewohnten Gebete laut her, und die ganze Gemeinde, auf den Knieen liegend, betete sie andächtig nach. Es konnte nicht anders kommen — der König wurde ihnen je länger, desto geneigter, und wies ihnen zum Zeichen davon sogar in der großen Wilhelmstraße eine Anzahl Baustellen an, sich dort ihre Häuser zu bauen, und unterstützte sie dazu reichlich mit Geldmitteln. Noch heute erkennt Jedermann diese Häuser, die man freilich erst findet, nachdem man den langen Weg durch alle die Palläste zu Anfang der Wilhelmstraße hinter sich hat.

Als die königlichen Wohlthaten gegen die neuen böhmischen Brüder im Böhmerland bekannt wurden, erklärten sich im Königsgrätzer Kreise auf einmal sieben Dörfer für das Evangelium, und verlangten freie Religionsübung oder ungehinderten Abzug. Es waren an 5000, nach Einigen an 9000 Personen. Wie sich's erwarten ließ, alsbald rührten die Jesuiten sich wieder; aber einer der gläubigen Männer sagte einmal zu ihnen: „Bisher haben wir dem Fürsten dieser Welt gedient und ihr habt uns nichts gesagt, nun dienen wir Jesu nach Gottes Wort, und ihr verfolgt uns!" — „Ihr seid lutherisch," tobten die Jesuiten. — Sie antworteten: „Den Luther kennen wir nicht, wir glauben an Jesum und keinen Andern!" Da die Jesuiten nichts ausrichteten, schickte man Soldaten, sie zu bekehren. Man schlug sie auf's Unbarmherzigste und warf Viele der Angesehensten in schmutzige Gefängnisse. Da flohen Viele in die ihnen geöffnete Freistatt, nach Berlin. Im Jahre 1738 befanden sich nicht weniger als 1575 böhmische Exulanten in der preußischen Königsstadt und deren Umgegend, und ihre Zahl wuchs durch einzelne Nachzügler fortwährend. Der König aber fuhr fort, den armen Leuten, die meistens Hab und Gut eingebüßt hatten, Gutes zu thun. Auch ließ er für seine Böhmen in der Nähe jener Wilhelmsstraße eine Kirche bauen, die bis heute den schönen Namen Bethlehemskirche führt. Der Name sollte ein Andenken sein an jene Bethlehemscapelle in Prag, in welcher einst die mächtige Posaunenstimme eines Johannes Huß ertönt war.

Also ist in Berlin die böhmische Gemeinde, die noch heute existirt, entstanden, und ihre Bethlehemskirche zu Stande gekommen, in der seit einem Jahrhundert Gottes Wort mit Geist und Kraft gepredigt ist und gepredigt wird, jetzt von dem Pastor Knak, vor ihm vom Vater Goßner, und unter Anderen auch von dem „Papa" Jänicke, dessen Name die Ueberschrift dieses Satzes bildet. Von Jänicke wollen wir jetzt ein Weiteres hören, das gewiß Vielen lieb und werth sein wird. Denn es ist wohl eine wahre Erbauung, den Glauben und das Leben eines erleuchteten und so hoch begnadigten Predigers anzuschauen.

Der Prediger Jänicke feierte seinen Geburtstag im Jahre 1748 am 6. Juli — d. h. an demselben Tage, an welchem einst ein anderer Böhme — wer kennte seinen Namen nicht! Johannes Huß geboren war und —, 42 Jahre alt, um seines Glaubens willen den Feuertod erlitten hatte. Berlin war Jänicke's Vaterstadt. Seine Eltern gehörten zu jenen eingewanderten Böhmen, die daselbst in der langen Wilhelmsstraße wohnten. Der Vater war seines Zeichens ein Weber und hatte seinen Sohn, diesen unsern Jänicke, ebenfalls bis zum zwanzigsten Jahre auf dem Webstuhle sitzen lassen. Aber diesem war doch noch etwas anderes beschieden. Er gab nämlich als Webergeselle die Weberei auf und vertauschte sie mit der Schulmeisterei und ruhete dann nicht, bis er in seinem siebenundzwanzigsten Lebensjahre noch so viel gelernt hatte, daß er als Student die Universität Leipzig beziehen konnte. Daselbst hat er dann 3 Jahre lang die Gottesgelehrtheit studirt. Schon in seiner Eltern Hause sah unser Jänicke eine lebendige Frömmigkeit; er war nach der Väter Weise erzogen worden. Seine Mutter hatte manchmal gesagt: „Als wir noch in Höhlen und Klüften in Böhmen die heilige Schrift lasen, habe ich dem Herrn Jesu oft gelobt, mit einem Krug Wasser und trockenem Brod zufrieden sein zu wollen, wenn ich nur das heilige Abendmahl nach des Herrn Einsetzung genießen könnte. Und nun haben wir Haus, Kirche und Schule. Wie sollten wir des Herrn Wohlthaten vergessen können?" Außer diesem schönen Erbtheile christlicher Gesinnung und Gesittung, das er von den Eltern her überkommen, sind unserm Jänicke dann später noch andere Männer zum Wachsthum in der Gottseligkeit besonders förderlich gewesen, namentlich ein böhmischer Prediger in Münsterberg, auf dessen Veranlassung hin er Lehrer geworden, später der gelehrte Professor Crusius in Leipzig und insbesondere der fromme Bischof der Brüdergemeinde Spangenberg. Er war kaum von der Universität zurückgekehrt, als er auch schon nach Berlin zum Pfarrer an die böhmische Gemeinde berufen wurde. Das Arbeitsfeld, das er hier vorfand, war gar nicht leicht. Denn wie damals fast überall, so hatte auch schon dazumal in Berlin — und hier ganz besonders — der Unglaube eine fast unumschränkte Herrschaft erlangt. Die Predigt des lebendigen Wortes Gottes war fast ganz verstummt, und der Verfall des christlichen Glaubens und Lebens und aller guten Sitten nahm unter den Leuten dergestalt zu, daß selbst ein Friedrich der Große die Zeiten seines Vaters in dieser Hinsicht zurückwünschte. Es war eben jene Zeit, wo wunderliche und auch bösartige Weisheitslehrer, namentlich ein berühmter Buchhändler, mit ihrer Allerwelts-Aufklärung Gott und die Menschheit beglücken zu müssen meinten, und wo der damalige Probst von Berlin, der Doctor Teller, öffentlich erklären konnte, daß er die Juden mit ihrem Glauben an Gott, Tugend und Unsterblichkeit als Christen anerkennen wolle, also gerade so wie vor jetzt noch etwa 40 Jahren, wo ein hamburgischer Hauptpastor die „Kanzelreden" eines Reformjuden in einer Vorrede seiner Christengemeinde empfahl, indem zwischen dem, was er, der Prediger an einer Christenkirche, und was der neumodische jüdische Rabbiner lehre, kein Unterschied mehr sei. Wie muß da das Herz eines Predigers entbrennen, der wie Jänicke den Herrn erkannt und die Kraft seines Evangeliums am eigenen Herzen erfahren hat! Inmitten dieser Aufklärung und Verflachung der göttlichen Wahrheit predigte der neue Pastor in der Bethlehemskirche mit glühender Liebe und gewaltiger Kraft das alte und doch ewig junge Evangelium von der selig machenden Gnade Gottes in Christo Jesu. Und Zeitlebens ist er dabei geblieben und hat, wie er selbst aus der Quelle des Lebens getrunken, so auch allen denen, welche zu ihm kamen, das frische lebendige Wasser aus Gottes Brunnen dargereicht. So oft er predigte, war die Bethlehemskirche dicht gefüllt, und zwar nicht bloß von Gliedern seiner Gemeinde, sondern ebenso von Gliedern aus den verschiedensten Gemeinden und Ständen der Königsstadt; selbst der König Friedrich Wilhelm III. wohnte späterhin mitunter seinen Predigten bei. Denn das Wort, das im Geist geglaubt und in der Kraft des Geistes gepredigt wird, ist ein Blitz, der leuchtet und ein Feuer, das zündet, so daß die Herzen und Geister in seiner Gluth entbrennen. Wie unendlich viel Menschen haben das bei Jänicke erfahren. Er redete mit einem Muthe und einer Freimüthigkeit und zugleich einer Einfalt das Wort von Christo, daß man merkte, das Bekenntniß der Väter war in ihm wieder eine Kraft des Lebens geworden, wie denn sein ganzes

Wesen von dem Geist der alten böhmischen Märtyrer durchströmt war. So kam einst ein Prediger, der die Feldzüge von 1813 und 1814 mitgemacht, also ein tapferer Mann, zu ihm in die Bethlehemskirche, und mußte erfahren, wie dieser Prediger die Herzen überwältigte. So hatte ihn noch nie eine Predigt ergriffen und solch einen Prediger hatte er noch nie gesehen, als Jänicke sei, so bezeugte er nachher; aber nicht bloß ein Prediger wie ein Prophet, sondern er stehe da wie ein Vater unter seinen Kindern, so herzlich und so liebevoll, daß man meine einen Johannes vor sich zu haben. — Freilich predigte er anders, als es hier gewöhnlich die Regel war. Dafür erlebte er dann auch wohl seltsame Dinge auf der Kanzel, die ihn aber nicht aus der Fassung brachten. So kam es öfter vor, daß ihm während der Predigt laut widersprochen wurde. Als er einst den Teufel in der Predigt nannte, rief einer von den Anwesenden laut: „Ho, ho! der Prediger Jänicke glaubt also noch an den Teufel." — „Nein, mein Lieber," antwortete dieser mit größter Ruhe und Gelassenheit, „nein, ich glaube Gottlob! nicht an den Teufel, aber ich glaube, daß es einen Teufel giebt, so wahr als es einen Gott giebt," und setzte ihm darnach den Werth dieses Lehrstückes nach der Schrift auseinander. Solche und ähnliche Auftritte ereigneten sich öfter in seinem Gottesdienste. Das Wort rumorte zu Zeiten in der Bethlehemskirche so stark, daß die Behörde glaubte Vorsichtsmaßregeln treffen zu müssen, und ist es wohl vorgekommen, daß man vor dem Gotteshause hat 50 Mann Soldaten aufmarschiren lassen. — Was ihn am meisten befeuerte und in heiligen Eifer versetzen konnte, war sein Glaube an die Gottheit Christi; diese Lehre war ihm, und ganz mit Recht, der Eckstein des ganzen christlichen Glaubens. Der Eifer gegen die, welche diese Wahrheit läugneten, war mitunter gewaltig, und zog manche Neugierige, leider auch wohl Spötter herbei. Wie er dann zu Zeiten verfuhr, ist aus folgender Geschichte zu ersehen: Einst standen seiner Kanzel gegenüber auf dem Chore zwei Offiziere mit Orden auf der Brust. Sie waren keineswegs in guter Absicht gekommen; sie warteten vielmehr mit Spannung auf den Zeitpunkt, wo sie sich über den bekannten Feuereifer des böhmischen Predigers würden lustig machen können. Als es ihnen so weit gekommen schien, steckten beide die Köpfe zusammen und fingen an Gelächter zu treiben. Plötzlich nimmt der alte Pastor — es war schon in den späteren Jahren seines Lebens — bedächtig (wie er bei ähnlichen Fällen zu thun pflegte) seine

Brille, ſetzt ſie zurecht, fixirt die beiden Offiziere und redet ſie dann inſonderheit an: „Da ſehe ich zwei Kriegshelden! Was nützen aber dem Menſchen die Orden, wenn man vor Gott ſteht? Der arme Tagelöhner, welcher den Herrn Jeſum lieb hat, iſt Gott angenehmer, als der Mann mit Orden, der in Gottes Heiligthum lacht." Die ganze Gemeinde ſah hinauf zu den Beiden, denen dieſe ſpecielle Predigt galt, dann aber legte Jänicke ſeine Brille wieder ab und fuhr, als wäre gar keine Unterbrechung vorgekommen, in ſeiner Rede fort. Die Offiziere aber waren leichenblaß geworden und hörten von da ab der Predigt ohne Lachen und andächtig zu. Aehnliches geſchah öfter. Dabei lag es ihm aber nicht daran, die Menſchen zu beſchämen, ſondern für die Wahrheit Gottes zu gewinnen, daß ſie die Seligkeit in Chriſto fänden. Manche Spötter, die er auf dieſe Weiſe ſuchte, ſind durch ihn und ſeine Liebe ſeine und Gottes Freunde geworden.

Gar lieblich konnte er unter Brüdern von göttlichen Dingen reden und die Zuhörer einführen in die tiefere Erkenntniß der göttlichen Geheimniſſe. Das that er insbeſondere aber in Andachtsſtunden, die er in Art der jetzt ſogenannten Bibelſtunden hielt. Um ihm dazu um ſo reicher Gelegenheit zu geben, ließ ihm der König Friedrich Wilhelm III. im böhmiſchen Pfarrhauſe einen beſonderen Betſaal erbauen, womit dem treuen Diener Gottes von dem frommen König eine ganz beſondere große Freude bereitet wurde.

Es läßt nach allem Bisherigen ſich erwarten, daß Jänicke ein wahrer Freund der Armen und Nothleidenden, namentlich in ſeiner Gemeinde geweſen. Und ſolch ein Freund war er ihnen wirklich und in einer Weiſe, wie ſie nicht Jedermanns Art ſein kann, aber eine rechte Offenbarung der in ihm lebenden Liebe war. Es gab Kranke, denen er ſelbſt Jahre lang eigenhändig die Stube gefegt und das Bett gemacht, Andere verpflegte er, ſo daß ſie nicht wußten, wer ihr Wohlthäter ſei. Alles Menſchenlob war ihm gründlich zuwider, und deßwegen mußte und wünſchte er alle ſolche Wohlthaten zu verbergen und verlangte auch von denen, die ſie erfuhren, daß ſie davon nicht redeten. Dahin gehört ſeine Pflege, die er einem alten Mütterchen in der Jeruſalemer Straße, nicht weit von der Wilhelmſtraße, drei Treppen hoch, in einem Dachſtübchen zu Theil werden ließ. Die Alte wohnte ganz allein und hatte Niemand, der ſich ihrer annehmen konnte. Was ſollte aus ihr werden, als ſie nun ſchwer erkrankte? Der Arzt fand, so oft er die Alte besuchte, in dem ärmlichen Stübchen immer Alles in der schönsten Ordnung; aber nie traf er einen Menschen bei ihr; zuletzt fragte er die Kranke: Wer ihr denn das Alles so gut besorge? Das Mütterchen zögerte mit der Antwort und der Arzt mußte sich zufrieden geben. Da ihm aber die Sache je länger desto befremdender und auffallender vorkam, so drang er noch einmal in die Patientin. Und nun erzählte sie ihm im tiefsten Vertrauen, wie sie alle Tage von dem Prediger Jänicke, ihrem lieben Beichtvater und Seelsorger, besucht werde; der alte Herr reinige ihr dann die Stube, mache ihr das Bett, stelle Alles an seinen Ort, besorge ihr auch die Arznei und, was ihr dazu das Liebste sei, tröste sie aus Gottes Wort und bete mit ihr. — Wer am böhmischen Pfarrhause anklopfte, zu welcher Zeit es auch sein mochte, bei Tag oder bei Nacht, kam nie vergeblich, denn der treue Jünger des Herrn fragte nicht nach Wind und Wetter, auch seufzte er nicht, wenn die Wohnung des Kranken noch so weit entlegen war. Dabei machte er freilich mitunter auch schmerzliche Erfahrungen. So klingelte es einst in einer eiskalten Winternacht an seiner Thür. Jänicke eilt an das Fenster. Zwei Männer laden ihn dringend zu einem fernwohnenden Kranken ein, der am Sterben sei, der Jesum lieb habe und nach dem heiligen Abendmahl begehre. Jänicke erscheint alsobald angekleidet und geht mit den beiden Boten. Als aber die Beiden mit ihm auf dem neuen Markt angekommen sind, zeigen sie sich als Buben, erheben plötzlich ein schallendes Gelächter, verhöhnen den Mann Gottes und rennen davon. Den tiefsten Schnee durchwatend, kehrte Jänicke in seine Wohnung zurück. Mehr als einmal mußte er dergleichen erleben.

Wir würden aber kein Ende finden, wenn wir berichten wollten, wie der würdige Mann alle Noth auf seinem Herzen trug, — nicht bloß die seiner eigenen Gemeinde, sondern ebenso die der ganzen Stadtgemeinde und in immer sich erweiternden Kreisen die verschiedenste Noth Aller bis an die Gränzen des Vaterlandes und selbst bis an die Enden der Welt. — Hier einzelne Beispiele aus einer großen Reihe vieler anderer!

Als kurz vor der Schlacht bei Großbeeren die Franzosen zum zweiten Male Berlin einzunehmen drohten und die Stadt in der größten Gefahr schwebte, trat Jänicke mit seiner Hülfe ein. Er vereinigte die tüchtigsten Gebetsleute aus seiner Gemeinde zu einer geistlichen Streiterschaar, die sich verband, dauernd um Gnade und Sieg zum Herrn der Heerschaaren zu schreien; er gedachte dabei des Wortes: „Rosse werden zum Streittag bereitet, aber der Sieg kommt vom Herrn." Und damit in dieser Sache vor dem Herrn bei Tag und Nacht kein Schweigen wäre, so hatte er Einrichtungen getroffen, daß in jeder Stunde bei Tag und Nacht mehrere Beter aus der Gemeinde zugleich vor dem Herrn lagen, ihn um Errettung aus der Hand der Dränger und Feinde anzurufen. Inzwischen wurde die mörderische Schlacht bei Großbeeren vor den Thoren Berlins gekämpft, und die Preußen siegten. Und welch ein Loben und Danken und neues Flaben brach nun in dieser Betgemeinde aus, als alsbald die Siegesnachricht vom blutigen Schlachtfelde eintraf!

Besonders werth sind unter diesen Beweisungen der in ihm wohnenden unerschöpflichen Liebe diejenige, in denen er der Anfänger segensreicher Werke, die noch heute fortleben, geworden. Seinen Landsleuten in Böhmen hatte im Jahre 1781 Kaiser Joseph II. von Oesterreich allgemeine Religionsduldung verkündigt. Kaum war das geschehen, so traten 80,000 Böhmen zum Glauben ihrer Väter zurück. Weil man aber den Leuten vormals ihre Bibeln und evangelischen Erbauungsbücher genommen oder verbrannt, so entstand eine große Noth an Bibeln. Damals kostete eine solche böhmische Bibel mindestens 10 ℛfl. Jänicke, in dessen Gemeinde es ebenfalls an böhmischen Bibeln fehlte, machte seinen Gemeindegliedern und anderen christlichen Freunden diese Noth bekannt, und hatte bald die Freude, von vielen fröhlichen Gebern, und namentlich von dem Fürsten Reuß und von verschiedenen Generälen Liebesgaben zur Abhülfe dieser Noth in Empfang zu nehmen. Das wurde für ihn die Veranlassung, im Jahre 1805 die s. g. "Biblische Gesellschaft" zu gründen. Der König übersandte ihm als Beitrag 20 Friedrichsd'or. Zu derselben Zeit hatte ein hochgestellter Offizier erfahren, daß in Halle noch 3000 Exemplare böhmische neue Testamente zu haben seien. Er fragte Jänicke nach dem Preis. Und als dieser 600 ℛ nannte, übergab ihm der Offizier die Summe, damit er jene 3000 neue Testamente kaufe und unter die armen Böhmen in Berlin und Prag vertheilen lasse. Darnach wuchs der Kreis der Bibelfreunde immer weiter. Auch die neu gegründete englische Bibelgesellschaft in London unterstützte das Werk, so daß man zum Druck böhmischer und später auch polnischer Bibeln schreiten konnte. Dieß ganze Unternehmen war aber der Anfang zu der später (im Jahre 1814) gestifteten und jetzt in so reichem Segen wirkenden Preußischen Haupt-Bibelgesellschaft, deren Secretair Jänicke auch noch lange Jahre gewesen. — Nicht minder eingreifend war seine Betheiligung an der Verbreitung von Erbauungsschriften. Schon in den 90er Jahren des vorigen Jahrhunderts hatte der fromme Oberforstmeister von Schirnding in Berlin erkannt, wie viel durch die Verbreitung von kleinen wohlfeilen Schriften zur Mehrung der seligmachenden Erkenntniß Jesu Christi ausgerichtet werden könnte. Der genannte christliche Edelmann hatte bereits verschiedene Büchlein drucken lassen, um, wie er selbst sagte, "Verirrte zurück zu rufen, Wankende aufrecht zu erhalten, Bekümmerte zu trösten, Muthlose zu erquicken;" und verbreitete dieselben durch besonders dazu angenommene Boten, also Colporteure, die ganz Deutschland, Böhmen, Ungarn, Polen u. s. w. durchzogen. Im Jahre 1812 starb dieser Edelmann und vermachte sein Tractatenlager dem von ihm innig geliebten Pastor Jänicke. Schon im Jahre zuvor war unter Jänicke's Leitung ein "Verein für christliche Erbauungsschriften" gegründet worden; diesem jungen Verein kamen nun diese ererbten 130,000 kleinen Schriften gut zu Statten. Aus dieser Vereinigung ging dann später der „Hauptverein für christliche Erbauungsschriften in den preußischen Staaten" hervor, der bekanntlich bis heute, ohnlängst unter der Leitung des ehrwürdigen Elsner, jetzt unter Major Westphal besteht, und eine höchst segensreiche Thätigkeit entfaltet.

Eben derselbe Herr von Schirmding wurde für Jänicke auch die Veranlassung, das Werk der Heidenmission in Angriff zu nehmen; es war im Jahr 1800. Doch trieb Jänicke diese Mission in solcher Stille und Verborgenheit, daß er fast nicht zu bewegen war, einen Bericht darüber zu erstatten. Einige Jahre später, nachdem aus dem Senfkörnlein bereits ein herrlicher Baum geworden, gab er den Bitten eines Baseler Freundes in dieser Beziehung nach. An 80 Missionare hat der Vater Jänicke mit Hülfe von Freunden in der Nähe und in der Ferne vorbereitet und meist nach Indien versandt. Es muß hier genügen nur einen seiner Schüler, den seligen Gützlaff zu nennen, dessen Werk in China noch heute von der böhmischen Gemeinde aus gepflegt und gefördert wird. Wir wollen hier nicht verschweigen, wie der ehrwürdige Mann zu einem Beitrag seines Königs für das Missionswerk gekommen. Der König Friedrich Wilhelm III. hatte ihm zum Zeichen seiner Anerkennung den rothen Adlerorden überweisen lassen. Jänicke, der das Kreuz Christi mit der Dornenkrone für seinen Orden hielt, glaubte dieses irdische Ehrenzeichen nicht tragen zu dürfen, und schickte dasselbe wieder zurück mit dem unterthänigsten Danke und in Bezeugung der tiefsten Ehrfurcht gegen seinen König und Herrn. Der König verstand den Mann, blieb ihm nach wie vor gewogen, unterstützte kann aber seine Missionsschule mit einem jährlichen Beitrage von 500 Thlr. Das Wort Gottes blieb die Speise dieses seltenen Gottesknechtes. Am Sonntag predigte er mehrmal und ebenso in der Woche, und das immer in gleicher Einfalt und Frische. Männer und Frauen aus allen Ständen umdrängten seine Kanzel, Arme und Reiche, einfältige Leute, schon damals bekannte aber später noch mehr bekannte Professoren der Universität, Staatsmänner, Generäle saßen zu den Füßen dieses merkwürdigen Greises und hörten seine ergreifenden Gebete und seinen Lobpreis der ewigen Gnade, so wie seinen gewaltigen Ernst, mit dem er ohne Ansehen der Person Buße zu predigen verstand. Er hörte bis an sein Lebensende nicht auf, in dem Worte zu forschen. Einst besuchte ihn fast um Mitternacht ein Geistlicher, der sich noch in so später Stunde zu ihm wagte, weil er noch Licht in dem Zimmer des böhmischen Pfarrers gesehen. Er traf den abgematteten Greis auf dem Sopha in Betten gehüllt, bei einem spärlichen Licht — vor ihm ein altes Testament in hebräischer Sprache. Da ging dem Patriarchen der Mund über ob der unergründlichen Tiefe des Worts, das er nicht ergründen könne. „Bei jeder Stelle, die sich direct auf den Erlöser bezieht, möchte ich ihm ein Hallelujah nach dem andern singen." In diesem Geist wirkte und predigte er fort bis in das Jahr 1827. Kurz zuvor hatte er seine treue Lebensgefährtin heimgehen sehen. Jetzt wollte der Herr auch ihn abrufen. Er wurde immer schwächer.

Da kam der 21. Juli; es war ein Sonnabend. Man sahe sein Ende herankommen. Ein Kreis von Freunden umstand das Lager des theuern Simeon, es war sein Sterbelager. Man stimmte in sanfter Weise sein Lieblingslied an: „O Haupt voll Blut und Wunden." Noch sang er mit vollem Bewußtsein im Chor seiner Brüder die beiden Verse:

>Wenn ich einmal soll scheiden,
>So scheide nicht von mir. —
>und Erscheine mir zum Schilde,
>Zum Trost in meinem Tod.

Als er aber bis zu den Worten kam: „Da will ich nach dir blicken, da will ich glaubensvoll," fingen seine zum Himmel gerichteten Augen an zu brechen, sein Mund schloß sich und als es hieß: „Dich fest an mein Herz drücken. Wer so stirbt der stirbt wohl" — war er heimgegangen zu seinem Heiland in jene ewige Ruhe, die noch vorhanden ist dem Volke Gottes. Seine Pilgerschaft hatte 79 Jahre und 15 Tage gewährt. Eine unabsehbare Menschenmenge aus allen Ständen begleitete den Entschlafenen. Solch einen Zug wie diesen, so erzählt Jemand, der zugegen war, haben wir nie gesehen. Die ganze Gemeinde folgte ihm, wie einem Vater die Kinder; Männer und Frauen aus allen Kreisen der Gesellschaft. Unter den Leidtragenden waren auch viele Geistliche, unter diesen auch Schleiermacher und viele Gelehrte, Militärs, Handwerker, Menschen aus allem Volke. „Ja an diesem Tage sah man an der Leute Thränen, sah man an ihrem Seufzen, wie lieb der Hirte seine Gemeinde, wie lieb ihn die Leute gehabt." Auf dem Gottesacker ruht er nun neben seiner geliebten Gattin. Er hinterließ eine Tochter, deren Versorgung der König übernahm. Auf seinem Grabe steht das seligmachende Wort des Herrn: „Ich lebe und ihr sollt auch leben!"

Daß wir das Lebensbild dieses ehrwürdigen Gottesmannes gerade zum Advent und zu Weihnacht unsern Lesern vorgeführt, mag uns zugleich erinnern, was für eine Liebesgabe es ist, die Gott der Welt einst in Bethlehem beschert. Er hat damit Alles neu und selig gemacht. Oder wäre das Leben und Sterben eines Mannes wie unsers Jänicke nicht ein herrliches Zeugniß, das uns Gott für seine Weihnachtsgabe preisen und auch doppelt fröhlich Weihnachten feiern lehrt?*)

---

*) Wer noch mehr vom alten Vater Jänicke hören will, dem empfehlen wir hiermit das über ihn von Pastor Knak in Berlin so eben herausgegebene und von eben demselben zu beziehende Büchlein, aus welchem wir auch die vorstehenden Nachrichten entnommen haben.

Empfehlenswerthe Bücher der Agentur des Rauhen Hauses. Zu Weihnachten.

O du fröhliche, o du selige gnadenbringende Weihnachtszeit!

Ein Weihnachtsgespräch von **Wilhelm Baur**.

Zweite Auflage. 108 S. 8. cart. Preis 12 Sgr. ob. 1 fl.

Das vorstehende Büchlein ist eine sinnreiche Weihnachtsgabe, nicht für Kinder und Anfänger, sondern für solche, die sich in das Geheimniß und den Reichthum des Weihnachtswunders vertiefen wollen.

Dr. Martin Luther's kleiner Catechismus

für die

Pfarrherrn, Schulmeister, Hausväter, Jugend und Kinder.

Mit 32 Bildern von Otto Speckter nach verschiedenen Meistern.

Schulausgabe. 5. Aufl. Preis geb. 4 Sgr. ob. 5 ß.

25 Exempl. 2 ℳ 15 Sgr. ob. 6 ℳ 4 ß.

Bellnausgabe: Preis 7½ Sgr. ob. 10 ß. — 25 Exempl. 5 ℳ ob. 12 ℳ 8 ß.

Empfehlenswerthe
Festgeschenke.

Bücher und Bilder

zu

Weihnachten

1 8 6 3

aus dem

Verlage der Agentur

des

— 198 —

Zu Weihnachten.
24 Bilder für Christen-Kinder.
Preis 7½ Sgr. ob. 10 ß.

Unter diesem Titel bietet die Agentur hiermit 24 sauber in Holz geschnittene, aus der Gaber'schen Offizin hervorgegangene Blätter in einem schönen Titelumschlag dar. Dieselben enthalten meist Bilder aus der Kindheitsgeschichte Jesu (die Ankündigung, die Geburt, die Hirten auf dem Felde, die Darstellung im Tempel, die Weisen aus dem Morgenlande, die Flucht nach Egypten, Jesus im Tempel u. s. w.) und einige andere auf Weihnachten bezügliche Darstellungen. Unter jedem Bild steht ein Vers. Auf der vorhergehenden Seite ist das hübsche Umschlagsbild mitgetheilt. Wir fügen hier noch eins der eigentlichen Bilder zur Probe hinzu.

Nun bist Du hier, da liegest Du,
Hältst in dem Kripplein Deine Ruh;
Bist klein und machst doch alles groß,
Bekleid'st die Welt und kommst doch bloß.

Rauhhäusler Bilderbogen.
Ein Bilderbuch mit 58 Holzschnitten.
12 Bogen. In Carton. Preis 10 Sgr. ob. 14 ß.

Inhalt: Bogen 1. Gott ist die Liebe. — 2. Kommet her zu mir Alle, die ihr mühselig und beladen seid. — 3. Ich bin das A und das O. — 4. Gehorsam ist besser, denn Opfer. — 5. Die Geschichte vom guten und bösen Fritz. — 6. Jesus, der Kinderfreund. — 7. Jesus, der Krankenfreund. — 8. Ich bin gefangen gewesen. — 9. Die Wanderschaft. — 10. Die Jahreszeiten. — 11. Kinder-Räthsel. — 12. Kinder-Reime.

Christus am Kreuz.

Nach einem Original im Stephansdom zu Wien. Holzschnitt von Gaber in Dresden. Groß Folio. 22 Zoll hoch und 17 Zoll breit. Auf Tongrund. Preis eines Blattes 5 Sgr. ob. 7 β. — 10 Exempl. 1 ℳ.

Es sind lediglich besonders günstige Verhältnisse, welche es der Agentur möglich machen, dies überaus sauber gearbeitete Blatt auf Tongrund, so weit der Vorrath reicht, für einen so billigen Preis zu überlassen.

Zwei und dreißig biblische Bilder

aus dem Bilderkatechismus.

Holzschnitte zum Vertheilen. Gezeichnet von Otto Specter nach Raphael, Overbeck, Titian, Dürer u. a. Meistern.

In Umschlag 3 Sgr. ob. 4 g.
(12 Exempl. 1 ℳ und 25 Exempl. 2 ℳ.)

Ferner bringt die Agentur hier abermals in Erinnerung die drei großen Holzschnitt-Bilder nach Dürer und Martin Schön, gezeichnet von C. Andreae in Dresden — die s. g. Haber'schen Holzschnitte —

Anbetung der Weisen. — Auferstehung Christi. — Die Kreuzigung.

2½ Fuß hoch und 2 Fuß breit. Preis eines Blattes in Tondruck 1 ℳ.

Empfehlenswerthe Bücher der Agentur des Rauhen Hauses. Zu Weihnachten.

Nimm und lies! Preisschrift.	Eine Ermunterung und Anweisung zu einem heilsamen, wohlgeordneten Bibellesen in Gesprächen. Von Prediger J. Kraft. 139 S. cart. 7½ Sgr. ob. 10 β.
Das Weib.	Zwei Vorträge. Den deutschen Frauen gewidmet. Von Adolph Monod. Miniatur-Ausgabe. 124 S. cart. 7½ Sgr. ob. 10 β.
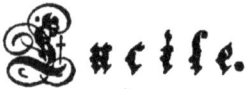 **Lucile.**	Ein Buch für Leser der heiligen Schrift. Von Adolph Monod. 332 S. broch. 22½ Sgr. ob. 1 ℳ 14 β.
Der **Dienst der Frauen.**	Ein Vortrag von Dr. Wichern. Miniatur-Ausgabe. Eleg. cart. mit Goldschn. 10 Sgr. ob. 14 β.
Ernst Moritz Arndt's Leben, Thaten und Meinungen,	nebst einigen seiner geistlichen und vaterländischen Lieder. Ein Buch für das deutsche Volk von Wilhelm Baur. 302 S. broch. 12 Sgr. ob. 1 ℳ. Velin-Ausgabe 15 Sgr. ob. 1 ℳ 4 β.
Das Leben der Olympia Morata.	Eine Episode aus der Zeit des Wiederaufblühens klassischer Studien und der Reformation in Italien. Von Jules Bonnet. Mit dem Bildniß der Fulvia Olympia Morata. Geh. 288 S. 1 ℳ. Eleg. geb. 1 ℳ 12 Sgr. ob. 3 ℳ 8 β.
Das Pfarrhaus zu Beckenham	unter den Arbeitern mit Schaufeln und Hacke, nebst Erinnerungen an Capitain Hedley Vicars. Mit Vorwort von Dr. Wichern. Autorisirte Ausgabe. Geh. 244 S. 20 Sgr. ob. 1 ℳ 11 β.
Geschichten u. Bilder	aus der inneren Mission. Neu aufgelegt und mit vielen Bildern von Otto Speckter u. a. geziert. I. Theil. 188 S. cart. 12 Sgr. ob. 1 ℳ. — II. Theil. 192 S. geh. 12 Sgr. ob. 1 ℳ.
Ein Gebirgsthal Afrika's	oder die Kirche zu Regenstown in Westafrika. Deutsch von Dr. Fr. Merschmann. Mit einem schönen Farbendruck. 265 S. 18 Sgr. ob. 1 ℳ 8 β.

Empfehlenswerthe Bücher der Agentur des Rauhen Hauses. Zu Weihnachten.

Sara Martin, die Schneiderin.	Eine Lebensgeschichte, erzählt von Friedrich Eckart. 131 S. cart. 7½ Sgr. ob. 10 β.
Lebensbilder	aus dem letztverflossenen Jahrhundert deutscher Wissenschaft und Literatur. Von Dr. Lübker. 487 S. 1 ℳ 12 Sgr. ob. 3 ℳ 8 β.
Bildung und Christenthum.	Zwölf Vorträge von Dr. Lübker. 380 Seiten. 1 ℳ 10 Sgr. ob. 3 ℳ 6 β.
Der verlorne Sohn.	Betrachtungen aus dem Leben eines Christenmenschen. Von H. Dalton, Pastor in St. Petersburg. 212 Seiten. 15 Sgr. ob. 1 ℳ 4 β. — Eleg. geb. mit Goldpressung. 25 Sgr. ob. 2 ℳ 1 β.
Vierzig Sprüche der Heiligen Schrift.	ausgewählt für jeden Tag im Monat und für besondere Tage. In großer Schrift auf Cartonpapier in 4°. Dienen in einen Rahmen gesteckt als Losungsworte für Schule und Haus. 1 ℳ.
Lebensbeschreibung St. Anschar's,	des Apostels des Nordens. Eine Volksschrift von O. F. Wehrhan. Mit dem Bilde St. Anschar's. 83 S. cart. 6 Sgr. ob. 8 β.
Lebensgeschichte Johann Arndt's,	des Verfassers vom „wahren Christenthum". Eine Volksschrift von O. F. Wehrhan. Mit dem Bilde Johann Arndt's. 102 S. cart. 6 Sgr. ob. 8 β.
Gottlieb Treu,	der Tagelöhner vom Bergkathen, eine erbauliche Geschichte insonderheit für den norddeutschen Landmann erzählt von H. A. Seidel. Mit einem Bilde. 108 S. cart. 6 Sgr. ob. 8 β.
Aus dem Kellnerleben.	Eine Geschichte aus dem Leben. Volksbuch von Emil Frommel. 99 S. cart. 6 Sgr. ob. 8 β.
Der Rathschreiber.	Eine rheinische Geschichte aus dem Volksleben. Mit 5 Bildern. 138 S. cart. 7½ Sgr. ob. 10 β.

Empfehlenswerthe Bücher der Agentur des Rauhen Hauses. Zu Weihnachten.

Dr. Heinrich Müller's geistliche **Erquickstunden**	oder dreihundert Haus- und Tischandachten. Zwei Ausgaben, eine in Taschenformat. 683 S. 10 Sgr. ob. 14 β, geb. 15 Sgr. ob. 1 ℔ 4 β und eine in größerem Format und größerer Schrift. 408 S. 10 Sgr. ob. 14 β.
Kreuz-, Buß- und Betschule	aus dem Psalm 143. Von Dr. Heinrich Müller. 2. Aufl. geh. 216 S. 9 Sgr. ob. 12 β.
Himmlischer Liebeskuß	eine Uebung des wahren Christenthums, fließend aus der Erfahrung göttlicher Liebe von Dr. Heinrich Müller. geh. 616 S. 18 Sgr. ob. 1 ℔ 8 β.
Dr. Heinrich Müller's	evangelischer Herzensspiegel. I. Thl.: Evangelien-Predigten. 587 S. 1 ℔. II. Thl.: Epistel-Predigten. 615 S. 1 ℔.
Sechs Bücher vom wahren Christenthum nebst **Paradiesgärtlein.**	Das ist, von heilsamer Buße, herzlicher Reue und Leid über die Sünde und wahrem Glauben, auch heiligem Leben und Wandel. 64 Bog. geh. 1 ℔.
Dr. Martin Luther's christliche Lehren	auf alle Tage im Jahre. Auserlesene Stellen aus Luthers sämmtlichen Schriften. 492 Seiten geh. 18 Sgr. ob. 1 ℔ 8 β.
Bibelstunden.	Der Brief Pauli an die Galater erklärt von Julius Müller, weiland Pastor zu Wandsbeck. Mit einem Vorwort von Dr. Nitzsch. 392 Seiten geh. 15 Sgr. ob. 1 ℔ 4 β.
Der erste Brief Johannis	erbaulich erklärt von M. Friedrich Christoph Steinhofer, weiland Stadtpfarrer in Weinsberg. geh. 612 S. 15 Sgr. ob. 1 ℔ 4 β.
Adolph Monod's letzte Worte	an seine Freunde und an die Kirche. 2. Aufl. geh. 189 S. 12 Sgr. ob. 1 ℔. Velin-Ausgabe mit Monod's Bild eleg. geb. 27 Sgr. ob. 2 ℔ 4 β.

Empfehlenswerthe Bücher der Agentur des Rauhen Hauses. Zu Weihnachten.

Ein Weihnachtsbüchlein.	Allen kleinen und großen Kindern, die gerne ein fröhliches Weihnachtsfest feiern wollen, gewidmet von Eduard Raabe. 128 S. Mit 3 Bildern. Cart. 9 Sgr. ob. 12 β.
Augustin.	Eine Erzählung für Mütter. 356 Seiten cart. 12 Sgr. ob. 1 ℳ.
Grüße an die christliche Mädchenwelt.	Blüthen aus dem Pfarrgarten zu Bergheim. Gesammelt für kindliche Jungfrauen von einer Freundin der Jugend. 108 S. cart. 4½ Sgr. ob. 6 β.
Vier kleine Festgeschichten	auf Weihnachten, Charfreitag, Ostern und Pfingsten. 84 S. cart. 5 Sgr. ob. 7 β.
Fanny oder die Kunstreuter.	Eine Erzählung für meine kleine Henriette. 72 S. cart. 4½ Sgr. ob. 6 β.
Kindliche Gedichte,	geordnet nach den Jahres- und Tageszeiten. Ein Lern- und Lesebüchlein für Haus und Schule von Kähler. 132 S. cart. 4½ Sgr. ob. 6 β.
Zwei und zwanzig schöne geistliche Lieder.	Von Dr. M. Luther, N. Hermann, P. Gerhard u. a., mit Fleiß ausgewählt und zum Nutzen des christlichen Volkes herausgegeben von H. A. Seibel. 90 S. cart. 4½ Sgr. ob. 6 β.
Der Ring des Polenkönigs Stanislaus.	Eine Erzählung für die Jugend von Pfeifer. 31 S. cart. In verziertem Umschlage. 3 Sgr. ob. 4 β.
Die Zwillinge.	Eine Erzählung von Hofrath Dr. G. H. von Schubert. 52 S. geh. 4½ Sgr. ob. 6 β.
Frühlingspredigt	für Kinder. Mit 14 Bildern. 32 S. cart. 3 Sgr. ob. 4 β.

Aus dem Rauhen Hause.

Mit herzlichem Vertrauen erneuere ich die
Bitte um eine Weihnachtsgabe
für das Rauhe Haus und seine Kinder, deren mit Einschluß derjenigen Ausgetretenen, die mit bedacht sein wollen, an 130 sind. Es ist also ein großer Weihnachtstisch, auf dem beschert werden soll. Aber wir vertrauen auf den, der ihn uns seit dreißig Jahren gefüllt hat, und bitten in seinem Namen unsere Freunde, auch dieses Jahr, wie bisher, unserer Bitte freundlichst eingedenk sein zu wollen.

Horn, Rauhes Haus.
Adresse: 5 Hahntrapp, Hamburg.   Dr. Wichern.

Die Quittungen über die Gaben zur Deckung des Deficits werden in der nächsten Nummer folgen.

Inhalt des Beiblattes: O du selige, o du fröhliche, gnadenbringende Weihnachtszeit. — Der Vater Jänicke in Berlin. — Festgeschenke zu Weihnachten aus der Agentur des Rauhen Hauses.

Inhalt des Hauptblattes: Die Verpflichtung zur Armenpflege. — Vereinshaus zu Frankfurt a/O. — Mittheilungen über den Bestand und die Erfahrungen verschiedener Rettungs- und verwandter Erziehungshäuser, resp. -Vereine. (Fortsetzung.) — In Sachen des Central-Ausschusses: Quittungen. — Zeitung. — Nachrichten aus dem Rauhen Hause: Verlagsartikel der Agentur; Quittungen u. f. w.

☞ Die Agentur des Rauhen Hauses ersucht, das Abonnement auf das Hauptblatt (Preis 1 ℳ), sowie auf das Beiblatt (Preis 10 Sgr. oder 14 ß) für 1864 bei den resp. Buchhandlungen oder Postämtern rechtzeitig zu erneuen.

Herausgeber Dr. Wichern, Vorsteher des Rauhen Hauses. — Verlag der Agentur des R. H. zu Horn bei Hamburg. — Gedruckt im R. H.